Studien zum ausländischen und internationalen Privatrecht

92

Herausgegeben vom

Max-Planck-Institut für ausländisches
und internationales Privatrecht

Direktoren:

Jürgen Basedow und Klaus J. Hopt

Alexander Peinze

Internationales Urheberrecht in Deutschland und England

Mohr Siebeck

Alexander Peinze, geboren 1972; 1992–94 Studium der Islamwissenschaft, Philosophie und Geschichte in Würzburg und Berlin (FU); 1994–98 Studium der Rechtswissenschaft in Hannover; 1998–99 wissenschaftlicher Mitarbeiter an der Universität Hannover; seit 2000 Referendar in Niedersachsen.

Die Deutsche Bibliothek – CIP-Einheitsaufnahme

Peinze, Alexander:
Internationales Urheberrecht in Deutschland und England / Alexander Peinze. – Tübingen : Mohr Siebeck, 2002
(Studien zum ausländischen und internationalen Privatrecht ; Bd. 92)
ISBN 3-16-147727-8

© 2002 J. C. B. Mohr (Paul Siebeck) Tübingen.

Das Buch wurde von Gulde Druck in Tübingen auf alterungsbeständigem Werkdruckpapier gedruckt und von der Buchbinderei Held in Rottenburg gebunden.

ISSN 0720-1141

Vorwort

Diese Arbeit lag dem Fachbereich Rechtswissenschaften der Universität Hannover im Sommersemester 2001 als Dissertation vor. Die Disputation fand am 14. August 2001 statt. Literatur und Rechtsprechung wurden bis zum 31. März 2001 berücksichtigt, vereinzelt auch später.

Mein tief empfundener Dank gilt meinem Doktorvater Herrn Prof. Dr. Oskar Hartwieg, der die Arbeit stets mit Engagement, Weitsicht und Verständnis gefördert hat. Seine wissenschaftliche Neugier und Sorgfalt, seine Originalität und seine Menschlichkeit haben mich geprägt.

Herrn Prof. Dr. Dieter Stauder, Leiter der Section Internationale des CEIPI der Université Robert Schuman und Mitglied des Europäischen Patentamts, danke ich sehr herzlich für die Zweitbegutachtung und für seine wertvollen Anregungen.

Herrn Prof. Dr. Jan Kropholler danke ich für die Aufnahme in die „Studien zum ausländischen und internationalen Privatrecht". Frau Irene Heinrich hat mir mit redaktionellen Anmerkungen geholfen. Den Bibliothekaren der Max-Planck-Institute in Hamburg und München bin ich für ihre Hilfe ebenso dankbar wie dem Lehrkörper und den Bibliothekaren des Queen Mary & Westfield Colleges, London.

Ermöglicht wurde diese Arbeit durch ein Stipendium der Stiftung der Deutschen Wirtschaft. Dem Fachbereich Rechtswissenschaften der Universität Hannover danke ich für die großzügige Förderung des Drucks.

Herrn Dr. Loukas Mistelis verdanke ich die Anregung zu dem gewählten Thema und zahlreiche Hinweise. Für ihre Hilfe und Gesprächsbereitschaft bedanke ich mich bei Frau Sophie Lendvai und Herrn Tobias Eckardt. Meinen Eltern danke ich für den mir während meiner gesamten Ausbildung gewährten Rückhalt und für die Unterstützung bei der Drucklegung. Meine Freundin Meike Brüdern hat die Arbeit geduldig und verständnisvoll begleitet. Für ihren Beistand danke ich ihr von Herzen.

Hamburg, im Dezember 2001   Alexander Peinze

Inhaltsübersicht

Inhaltsverzeichnis

1. Kapitel:
Einleitung

2. Kapitel:
Grundlagen des internationalen Urheberrechts

3. Kapitel:
Deutschland

4. Kapitel:
England

5. Kapitel:
Rechtsvergleichende Zusammenfassung

Abkürzungsverzeichnis

a.A.	anderer Ansicht
AAA	American Arbitration Association
a.a.O.	am angegebenen Ort
Abb.	Abbildung
Abl.	Amtsblatt
Abs.	Absatz
AC	The Law Reports, House of Lords, Appeal Cases
AcP	Archiv für die civilistische Praxis
a.E.	am Ende
a.F.	alte Fassung
aff'd	affirmed
AfP	Archiv für Presserecht
AG	Aktiengesellschaft; Amtsgericht
AIDA	Annali italiani del diritto d'autore, della cultura e dello spectacolo
ALAI	Association Littéraire et Artistique Internationale
ALI-ABA	American Law Institute – American Bar Association
All ER	The All England Law Reports
Alt.	Alternative
ALR	American Law Reports Annotated
Am. J. Comp. L.	The American Journal of Comparative Law
Anh.	Anhang
Anm.	Anmerkung
App. Cas.	appellate cases
Art.	Artikel
Aufl.	Auflage
Australian L. J.	Australian Law Journal
B. & Ad.	Barnewall Adolphus Reports
BB	Der Betriebs-Berater
Bd.	Band
BegRegE	Begründung des Regierungsentwurfs
Beschl.	Beschluß
BGB	Bürgerliches Gesetzbuch
BGBl.	Bundesgesetzblatt

BGH	Bundesgerichtshof
BGHZ	Entscheidungen des Bundesgerichtshofs in Zivilsachen
BIE	Bijblad Industriële Eigendom
Bing. NC	Bingham, N.C. Reports
Berk. Tech. L.J.	Berkeley Technology Law Journal
BR-Drucks.	Drucksachen des Deutschen Bundesrates
Brown	Brown Reports
BT-Drucks.	Drucksachen des Deutschen Bundestages
Bull.	Bulletin
Burr.	Burrow Reports
BV	besloten vennootschap
BVerfG	Bundesverfassungsgericht
BVerfGE	Entscheidungen des Bundesverfassungsgerichts
BYIL	British Yearbook of International Law
bzw.	beziehungsweise
CA	Court of Appeals
Cal. L. Rev.	California Law Review
Camp.	Campbell Reports
Cardozo Arts & Ent. L. J.	Cardozo Arts and Entertainment Law Journal
Cardozo J. Int. Comp. L.	Cardozo Journal of International and Comparative Law
Cass.	Cour de Cassation (Frankreich)
CDPA	Copyright, Designs and Patents Act (1988)
CJ	Chief Justice
CJJA	Civil Jurisdiction and Judgments Act (1982)
CJQ	Civil Justice Quarterly
Cir.	Circuit
cf.	confer
Ch	Law Reports, Chancery Division
ChD	Chancery Division
Cl.	Clause
CLR	Commonwealth Law Reports
Clunet	Journal du Droit International
CMLR	Common Market Law Review
Co.	company
Columbia L. Rev.	Columbia Law Review
Columbia-VLA JLA	Columbia-VLA Journal of Law & The Arts
CPR	Civil Procedure Rules
CR	Computer und Recht
D.	Recueil Dalloz

DAJV-NL	Newsletter der Deutsch-Amerikanischen Juristenvereinigung
DdA	Le droit d'auteur
ders.	derselbe
d.h.	das heißt
dies.	dieselbe(n)
Dir. Aut.	Il diritto di autore
Diss.	Dissertation
doc.	document
DuD	Datenschutz und Datensicherheit
Duke LJ	Duke Law Journal
EC	European Community
ECC	European Commercial Cases
ECR	European Court Reports
ed.	edition; editor(s)
ED Cal.	Eastern District of California
EEC	European Economic Community
EG	Europäische Gemeinschaft(en)
EGBGB	Einführungsgesetz zum Bürgerlichen Gesetzbuch
EGV	Vertrag zur Gründung der Europäischen Gemeinschaft vom 25.3.1957, konsolidierte Fassung mit den Änderungen durch den Vertrag von Amsterdam vom 2.10.1997
ELR	European Law Reports
EMLR	Entertainment & Media Law Reports
Eng. Rep.	English Reports, Full Reprint, 1307-1865
Einl.	Einleitung
EIPR	European Intellectual Property Review
EPÜ	Münchener Übereinkommen über die Erteilung europäischer Patente
EU	Europäische Union
EuGH	Europäischer Gerichtshof
EuGHE	Entscheidungen des Europäischen Gerichtshofes
EuGVÜ	Europäisches Übereinkommen über die gerichtliche Zuständigkeit und die Vollstreckung gerichtlicher Entscheidungen in Zivil- und Handelssachen
EuZW	Europäische Zeitschrift für Wirtschaftsrecht
EVÜ	Römisches EWG-Übereinkommen über das auf vertragliche Schuldverhältnisse anzuwendende Recht
EWG	Europäische Wirtschaftsgemeinschaft
EZPR	Europäisches Zivilprozeßrecht

EZVR	Europäisches Zivilverfahrensrecht
f., ff.	folgend(e)
F.	The Federal Reporter (1st series)
F.2d	The Federal Reporter (2nd series)
F.3d	The Federal Reporter (3rd series)
FAZ	Frankfurter Allgemeine Zeitung
FCBJ	Federal Circuit Bar Journal
Fordham Int. L.J.	Fordham International Law Journal
Fn.	Fußnote
FS	Festschrift
FSR	Fleet Street Reports
F. Supp.	Federal Supplement
GG	Grundgesetz für die Bundesrepublik Deutschland
GmbH	Gesellschaft mit beschränkter Haftung
GPÜ	Übereinkommen über das Europäische Patent für den gemeinsamen Markt vom 15.12.1975 (Gemeinschaftspatentübereinkommen)
GRUR	Gewerblicher Rechtsschutz und Urheberrecht
GRUR Int.	- (Auslands- und) Internationaler Teil
Harv. Int. L. J.	Harvard International Law Journal
Harv. J. L. & Techn.	Harvard Journal of Law and Technology
Harv. L. Rev.	Harvard Law Review
HCA	High Court of Australia
HL	House of Lords
HLC	House of Lords Cases
h.M.	herrschende Meinung
Hrsg.	Herausgeber
hrsg.	herausgegeben
HS	Halbsatz
HTML	Hypertext Markup Language
IBL	International Business Lawyer
ICC	International Chamber of Commerce
ICLQ	The International and Comparative Law Quarterly
IDEA	The Journal of Law and Technology
i.d.F.	in der Fassung
i.E.	im Ergebnis
IER	Intellectuele EigendomsRecht
IIC	International Review of Industrial Property & Copyright

	Law
ILPr	International Litigation Procedure
Int. Lawyer	International Lawyer
Inc.	Incorporation
IP	Intellectual Property
IPR	Internationales Privatrecht
IPRax	Praxis des Internationalen Privat- und Verfahrensrechts
IPRspr.	Die deutsche Rechtsprechung auf dem Gebiete des Internationalen Privatrechts
i.S.	im Sinne
i.V.m.	in Verbindung mit
IZPR	Internationales Zivilprozeßrecht
IZVR	Internationales Zivilverfahrensrecht
J	Justice
JBL	Journal of Business Law
JJ	Justices
J. Copyright Soc.	Journal of the Copyright Society of the USA
JCP	Juris-classeur périodique (La semaine juridique)
J. Int. Arb.	Journal of International Arbitration
JW	Juristische Wochenschrift
JZ	Juristenzeitung
KG	Kammergericht
KOM	Kommission
LC	Lord Chancellor
LCJ	Lord Chief Justice
LG	Landgericht
lit.	litera, literae
LJ	Lord Justice of Appeal
LJJ	Lord Justices of Appeal
Lloyd's Rep	Lloyd's Reports
LMCLQ	Lloyd's Maritime and Commercial Law Quarterly
LQR	The Law Quarterly Review
LR	Law Reports
L. Rev.	Law Review
Ltd.	Limited (Company)
MarkenG	Markengesetz
MDR	Monatsschrift für Deutsches Recht
m.E.	meines Erachtens

Mich. J. Int. L.	Michigan Journal of Internationl Law
Mitt.	Mitteilungen der deutschen Patentanwälte
MMR	MultiMedia und Recht
Mod. L. Rev.	The Modern Law Review
MPI	Max-Planck-Institut für ausländisches und internationales Privatrecht
MünchKomm	Münchener Kommentar
MR	Master of the Rolls
m.w.N.	mit weiteren Nachweisen
ND Cal.	Northern District of California
ND Ill.	Northern District of Illinois
NDNY	Northern District of New York
NILR	Netherlands International Law Review
NJ	Nederlandse jurisprudentie
NJB	Nederlands juristenblad
NJW	Neue Juristische Wochenschrift
NJW-RR	NJW-Rechtsprechungs-Report
n.F.	neue Fassung
Nr.	Nummer
NSWSC	New South Wales Supreme Court
NZ	New Zealand
OGH	Oberster Gerichtshof (Österreich)
ÖJZ	Österreichische Juristen-Zeitung
ÖZöffR	Österreichische Zeitschrift für öffentliches Recht
OLG	Oberlandesgericht
OLGZ	Entscheidungen der Oberlandesgerichte in Zivilsachen einschließlich der Freiwilligen Gerichtsbarkeit
Ord.	Order
öst. IPRG	(österreichisches) Bundesgesetz vom 15.6.1978 über das internationale Privatrecht
PC	Judicial Commitee of the Privy Council
PCT	Patent Co-operation Treaty
PIL Act	Private International Law (Miscellaneous Provisions) Act (1995)
QB	Queen's Bench
r.	rule
RabelsZ	Rabels Zeitschrift für ausländisches und internationales

	Privatrecht
RBÜ	Revidierte Berner Übereinkunft
RDI	Rivista di diritto internazionale
RefE 1993	Referentenentwurf eines Gesetzes zur Ergänzung des Internationalen Privatrechts (außervertragliche Schuldverhältnisse und Sachen) vom 1.12.1993
Rev. crit.	Revue critique de droit international privé
RG	Reichsgericht
RGBl.	Reichsgesetzblatt
RGRK	Das Bürgerliche Gesetzbuch, Kommentar, hrsg. von Reichsgerichtsräten und Bundesrichtern
RGZ	Entscheidungen des Reichsgerichts in Zivilsachen
RIDA	Revue internationale du droit d'auteur
Riv. dir. int.	Rivista di diritto internazionale
RIW	Recht der Internationalen Wirtschaft
Rl.	Richtlinie
Rn.	Randnummer
RPC	Reports of Patent Design & Trademark Cases
Rs.	Rechtssache
RSC	Rules of the Supreme Court
Rspr.	Rechtsprechung
S.	Seite; Satz
s.	siehe
SA	société anonyme
SARL	société à responsabilité limitée
schweiz. IPRG	(Schweizerisches) Bundesgesetz über das internationale Privatrecht vom 18.12.1987
Schw. Jb. Int. R.	Schweizerisches Jahrbuch für Internationales Recht
SDNY	Southern District of New York
sec.	section(s)
SI	Statutory Instruments Published by Authority
SJZ	Schweizerische Juristen-Zeitung
Slg.	Sammlung
SLT	Scots Law Times
SLR	Singapore Law Review
s.o.	siehe oben
sog.	sogenannt
somm.	sommaire
Stanford L. Rev.	Stanford Law Review
State Tr	State Trials and Proceedings
s.u.	siehe unten

Term Rep	Term Reports
TGI	Tribunal de grande instance
TLR	Times Law Report
Trib.	Tribunal, Tribunale
TRIPs	Trade Related Aspects of Intellectual Property Rights – Übereinkommen über handelsbezogene Aspekte der Rechte des geistigen Eigentums
u.a.	unter anderem
Übk.	Übereinkommen
UCC	Uniform Commercial Code (USA); Universal Copyright Convention
UFITA	Archiv für Urheber-, Film-, Funk- und Theaterrecht
UK	United Kingdom
UN	United Nations
UNCITRAL	United Nations Commission on International Trade Law
UNIDROIT	Institut international pour l'unification du droit privé – International Institute for the Unification of Private Law
U. Penn. L. Rev.	University of Pennsylvania Law Review
U. Pitt. L. Rev.	University of Pittsburgh Law Review
UrhG	Gesetz über das Urheberrecht und verwandte Schutzrechte
Urt.	Urteil
US	United States
USC	United States Codes
USPQ	United States Patents Quarterly
UWG	Gesetz gegen den unlauteren Wettbewerb
v	versus
Va. J. L. & Techn.	Virginia Journal of Law and Technology
Vand. J. Transnat. L.	Vanderbilt Journal of Transnational Law
VC	Vice-Chancellor
vgl.	vergleiche
Virginia J. Int. L.	Virginia Journal of International Law
Vol.	Volume
Vor	Vorbemerkung
WCT	World Copyright Treaty
WIPO	World Intellectual Property Organization
WLR	The Weekly Law Reports
WRP	Wettbewerb in Recht und Praxis
WTO	World Trade Organization

WUA	Welturheberrechtsabkommen
www	World Wide Web
Yale L. J.	Yale Law Journal
z.B.	zum Beispiel
ZEuP	Zeitschrift für Europäisches Privatrecht
ZfRV	Zeitschrift für Rechtsvergleichung
ZGB	Zivilgesetzbuch
ZHR	Zeitschrift für das gesamte Handels- und Wirtschaftsrecht
ZIP	Zeitschrift für Wirtschaftsrecht
zit.	zitiert
ZPO	Zivilprozeßordnung
ZUM	Zeitschrift für Urheber- und Medienrecht
ZVglRWiss	Zeitschrift für vergleichende Rechtswissenschaft
ZZPInt.	Zeitschrift für Zivilprozeß International

„Legislators may ride happily over the cobbles
of different national traditions and attitudes;
but litigation is liable to show how bumpy
the surface actually is."[1]

1. Kapitel:

Einleitung

I. Problemaufriß

Die technologischen und politischen Herausforderungen an das Urheberrecht
sind enorm.[2]

Ein immaterielles Werk läßt sich aufgrund der Technik an verschiedenen
Orten gleichzeitig wahrnehmen. Mit der Erfindung des Buchdrucks verlor der
Schriftsteller die uneingeschränkte Kontrolle über die Verbreitung und Verwertung seines Werkes. Andere technische Errungenschaften wie die Papier-
maschine, die gußeiserne Druckpresse und die dampfgetriebene Schnellpresse
beschleunigten die Kommunikation im 19. Jahrhundert und führten zur Massenverbreitung immaterieller Werke.[3] Heute ermöglicht die Technik die nahezu zeitgleiche Übertragung einer Sendung in verschiedene Staaten. Über Datennetze lassen sich Inhalte in digitaler Form unabhängig von Zeit und Ort bei
geringen Kosten übermitteln.[4] Der Einsatz digitaler Medien beschleunigt die
Internationalisierung des Urheberrechts und führt zu einem drastischen An-
stieg von Verletzungen.[5] Wieder einmal muß der Urheberrechtsschutz der

---

[1] *Cornish*, GRUR Int. 1996, 285, 289.
[2] Allgemein zu den Herausforderungen an das Immaterialgüterrecht, *Cornish,* IP, Chapter
1, insbesondere Rn. 35–38.
[3] *Wadle*, Geistiges Eigentum, 68.
[4] Ausführlich zu den technischen Voraussetzungen des Internet: *Bühler*, Urheberrecht im
Internet, 3-18; *von Hinden,* Persönlichkeitsverletzungen im Internet, 5–14.
[5] Vgl. *Adams,* in: *Rickett/Austin*, 251, 252: „If by 'internationalisation' we mean that
goods the subject of industrial property rights are traded around the world, that is nothing
new, though the volume of such trade has no doubt grown, and the mechanisms which facili-
tate it have improved *so far as the individual consumer is concerned.* The development of
sales through the Internet is an aspect of this. [...] But, is this a change in quantity or kind? I
would argue merely the former. The major change is the facility with which *ordinary members of the public* can, in principle, order goods from other countries through the Internet.

technologischen Entwicklung angepaßt werden.[6] Technische Schutzvorrichtungen vermögen Urheberrechtsverletzungen nur unzureichend und nur zeitweilig einzudämmen.[7] Durch private Verträge zwischen Urheberrechtsinhaber und Nutzer lassen sich Urheberrechtsverletzungen partiell verhindern, aber eben nicht umfassend.[8] Mit einer weltumspannenden Vereinheitlichung des Urheberrechts, die auch Fragen der Gerichtsbarkeit sowie der Anerkennung und Vollstreckung Rechnung trägt, ist in den nächsten Jahren trotz internationaler und regionaler Bemühungen nicht zu rechnen.[9] Effektiver Urheberrechtsschutz ist somit nach wie vor nur durch das internationale Privat- und Verfahrensrecht der Einzelstaaten zu erreichen.

Die politische Herausforderung an das Immaterialgüterrecht besteht darin, eine Vielzahl divergierender einzelstaatlicher Interessen miteinander in Einklang zu bringen. In dem Maße wie der Ruf nach einer weltweiten Verstärkung des Schutzes zunimmt, wird die Kritik am Schutz der Immaterialgüter-

---

They have been able to do the same thing by mail order for years, of course, and it is just becoming a lot easier, at least for those with credit cards."

[6] Vgl. *Geller*, From Patchwork to Network: Strategies for International Intellectual Property in Flux, 31 Vanderbilt J.T.L., 553 ff.; *Williams*, Has Copyright had its Day?, IBL 1999, 148–150 und 163–164; *Ricketson*, New Wine Into Old Bottles: Technological Change and Intellectual Property Rights, 53–82; *Götting*, Einleitung, in: ders., Multimedia, 3: „Meilensteine des technischen Fortschritts, die jeweils einen Anpassungsprozeß des Urheberrechts auslösten, sind, wenn man einen weiten Bogen spannt, die Erfindung der Fotografie, die Erfindung des Films, des Phonographen, des Hörfunks und Fernsehens, des Fotokopierens und des Computers sowie der Videotechnik. [...] Das Urheberrecht wird durch die tiefgreifenden technischen Veränderungen, die durch die Digitalisierung und Vernetzung hervorgerufen werden, erneut auf eine Bewährungsprobe gestellt. Es muß beweisen, daß es auch dieser Herausforderung gewachsen ist."

[7] So lassen sich digitalisierte Werke etwa durch „date bombs" oder „encryption envelopes" schützen. Soll ein Werk in einem Datennetz verwertet werden, bieten sich z.B. digitale Zertifikate an. Vgl. die ausführliche Auflistung bei *Schlachter*, 12 BerkTLJ 1997 15, 38–44. Kritisch dazu: *Hilty*, Rechtsbeziehungen, in: ders., Information Highway, 437, 468. Ein weiteres Beispiel: Zusammen mit den Herstellern von Audiogeräten und Computersoftware wollen die Musikkonzerne einen Kopierschutz entwickeln, mit dessen Hilfe Musikdateien vor der Vervielfältigung im Internet geschützt werden sollen. Zum Stand des technischen Urheberrechtsschutzes zu Beginn des 21. Jahrhunderts: *Federrath*, ZUM 2000, 804–810; *Davies*, GRUR Int. 2001, 915–919.

[8] Vgl. *Austin*, in: *Rickett/Austin*, 105, 121: „[...] content providers may simply opt out of the copyright regime, deciding instead to rely on private law protections, supported by shrink-wrap or click-wrap licences and the like. Content providers are likely to continue to set in place contractual terms that attempt simply to override any possible restrictions on their rights that might be imposed by particular domestic copyright regimes."

[9] Engagierter Befürworter eines weltweiten Urheberrechts ist *Sterling*, der durch akribische rechtsvergleichende Analyse die Grundlagen eines „World Copyright Law" aufzuspüren versucht. Zu den internationalen Urheberrechtsabkommen 2. Kapitel II; zum Entwurf der Haager Konferenz über ein weltweites Gerichtsstands- und Vollstreckungsübereinkommen 3. Kapitel III.2.c.dd.

rechte lauter.[10] Entwicklungsländer, die auf die Nutzung von Erfindungen zur Linderung der ärgsten Not und zur Entwicklung ihrer Wirtschaft angewiesen sind,[11] verfügen oft nicht über die Mittel, die Nutzung zu vergüten.[12] Die Forderung der Entwicklungsländer nach freiem Zugang zum Wissen der Welt ist von den Industrieländern mit einer Gegenoffensive beantwortet worden, die zum Abschluß des TRIPs-Übereinkommens geführt hat.[13] Darin verpflichten sich die Mitgliedstaaten der World Trade Organization zu einem Mindestschutz von Immaterialgüterrechten.[14] Ein weiterer politischer Aspekt betrifft die Monopolstellung, die ein Immaterialgüterrecht seinem Inhaber verschafft. Konzentrieren sich mehrere Schutzrechte auf wenige Marktteilnehmer, gerät der freie Wettbewerb in Gefahr.[15]

Im Kontext von Technologie und Welthandel sind grenzüberschreitende Urheberrechtsverletzungen alltäglich geworden.[16] Häufiger denn je werden

---

[10] *Cornish*, IP, 1–35.

[11] Zur Rolle der Immaterialgüter bei der ökonomischen Entwicklung *Blakeney*, Guide to TRIPs, Appendix I, 149–177.

[12] Zum Interessenkonflikt zwischen Nord und Süd *Hilpert*, TRIPS und das Interesse der Entwicklungsländer, GRUR Int. 1998, 91–99; *Pacón*, What Will TRIPs Do For Developing Countries? 329–356; *Sodipo*, Piracy and Counterfeiting. Gatt, TRIPS and Developing Countries.

[13] Zu Entstehung und Hintergrund des TRIPs-Übereinkommens *Blakeney*, Part I, S. 1–9; *Ricketson*, The Future of the Traditional Intellectual Property Conventions in the Brave New World of Trade-Related Intellectual Property Rights, [1995] IIC, 872–899.

[14] Aus der Präambel des TRIPs-Übereinkommens: „Desiring to reduce distortions and impediments to international trade, and taking into account the need to promote effective and adequate protection of intellectual property rights, and to ensure that measures and procedures to enforce intellectual property rights do not themselves become barriers to legitimate trade [...]."

[15] Zu den wettbewerbspolitischen Auswirkungen des Schutzes von Immaterialgüterrechten *Ullrich*, Technologieschutz nach TRIPS: Prinzipien und Probleme, GRUR Int. 1995, 623–641, insbesondere S. 640 f.

[16] Beispiele: (1.) Der Web-Broadcaster „iCraveTV" hat Ende des Jahres 1999 für Schlagzeilen gesorgt, weil er von Toronto aus die Signale kanadischer und amerikanischer Fernsehstationen über das Internet verbreitete. Inzwischen mußten die Kanadier ihren Service nach einem rasch angestrengten Gerichtsverfahren und der Androhung von Schadensersatzforderungen in Millionenhöhe einstellen. (*Twentieth Century Fox Film Corp v iCraveTV*, No. 00-121 Western District of Pennsylvania, 20.1.2000; die Parteien schlossen am 28.1.2000 einen Vergleich; *Ginsburg*, 2000 Update, 9). (2.) In der Entscheidung *National Football League v PrimeTime 24 Joint Venture* des US Court of Appeals for the Second Circuit vom 28. April 2000 (211 F.3d 10; dt. Übersetzung in GRUR Int. 2000, 1082–1087 m. Anm. *Patry*) geht es um grenzüberschreitende Satellitenübertragungen. Das Berufungsgericht untersagt die Zweitausstrahlung urheberrechtlich geschützter Aufzeichnungen von Football-spielen nach Kanada. Dazu *Austin*, in: *Rickett/Austin*, 105, 112: „Noting that it is 'axiomatic that the copyright laws of the United States do not apply extraterritorially', Primetime 24 argued that the plaintiff had failed to state a proper claim, on the basis that all the actions complained of took place outside the United States. The District Court for the Southern District of New York disagreed, holding that the uploading to the satellite within the United States infringed the right of public performance under section 106 (4) of the US Copyright

staatliche Gerichte mit komplexen internationalen Urheberrechtsstreitigkeiten konfrontiert. Die Frage ist, wie sie auf diese Herausforderungen reagieren.

II. Aufgabe und Programm

Es wird viel über die Zukunft des internationalen Urheberrechts diskutiert. Darüber gerät die forensische Praxis der Gegenwart leicht aus dem Blick. Im Mittelpunkt dieser Arbeit steht deshalb die Darstellung des status quo. Wie gehen deutsche und englische Gerichte mit internationalen Urheberrechtsstreitigkeiten um? Nur auf der Grundlage der lex lata lassen sich die zahlreichen Vorschläge zur Bewältigung internationaler Urheberrechtskonflikte einordnen und besprechen. Ob und inwiefern das System des internationalen Urheberrechts in Deutschland und England verschieden rezipiert wird, soll sich im Rechtsvergleich erweisen. Unterschiede im materiellen Recht sind nicht Gegenstand dieser Arbeit.

Die von den Geschädigten eingeschalteten Anwälte werden mit einer Reihe von Fragen konfrontiert. Die Anwälte der Beklagten stellen sich unter umgekehrten Vorzeichen dieselben Fragen, ehe das Gericht zwischen beiden Positionen abwägt. In einem internationalen Urheberrechtsprozeß sind vor allem folgende Fragen relevant:

- Ist überhaupt ein Urheberrecht verletzt worden? Wo ist es verletzt worden?

- Welche Rechtsbehelfe kommen in Frage? Welche Rechte hat der Klagegegner? Stehen einstweilige Maßnahmen zur Verfügung? Kann notfalls (geheimes) Beweismaterial des Gegners gesichert werden? Erlassen die Gerichte grenzüberschreitende Verfügungen?

- Welche Gerichte sind aufgrund welcher Vorschriften zuständig? Darf sich ein Gericht für zuständig erklären, obwohl es in der Sache um ein ausländisches Urheberrecht geht? Besteht die Möglichkeit des forum shopping?

Act, 'even though it takes one or more further steps for the work to reach the public.'" (3.) Die Verwertungsgesellschaft „Wort" scannte Pressespiegel ein und verbreitete sie per e-mail. Ende Dezember 1999 wurde ihr vom Oberlandesgericht Köln auf Antrag dreier in ganz Deutschland erscheinender Tageszeitungen einstweilig untersagt, einen Vergütungsvertrag mit einem Unternehmen abzuschließen, das im firmeneigenen Kommunikationssystem einen elektronischen Pressespiegel nutzt (OLG Köln, MMR 2000, 365–370). Der Rechtsstreit bekommt eine internationale Dimension, sobald ein ausländisches Unternehmen Pressespiegel mit oder ohne Vergütung nutzt oder sobald ein Unternehmen Pressespiegel per e-mail weltweit an seine Niederlassungen verschickt.

- Wie gestaltet sich das Kollisionsrecht im Forumstaat? Muß der Richter eine (komplizierte) ausländische Urheberrechtsordnung anwenden, obwohl er mit ihr nicht vertraut ist? Darf er umgekehrt heimisches Recht anwenden, obwohl es möglicherweise vom ausländischen Recht abweicht?

- Welche Vorschriften gelten für die Ermittlung ausländischen Rechts? Welchen Einfluß hat das Prozeß- und Beweisrecht des Gerichtsstaates auf den Ausgang des Verfahrens?

- Welche Aussichten hat eine Entscheidung, im Ausland anerkannt und vollstreckt zu werden? Wird durch die Entscheidung der Grundsatz des rechtlichen Gehörs oder die öffentliche Ordnung des Anerkennungsstaates verletzt? Beinhaltet die Entscheidung eine Rechtsfolge, die ein Staat, auf den sich die Entscheidung erstreckt, gar nicht kennt? Ist der Kläger gar gezwungen, wegen der Probleme, die sich bei der Anerkennung und Vollstreckung der Entscheidung ergeben, sein Recht bei verschiedenen Gerichten einzuklagen?

- Wie schnell kann eine Entscheidung erwirkt werden? Wie teuer wird der Prozeß?

In dieser Arbeit werden sechs Phasen der Prüfung eines internationalen Urheberrechtsfalles unterschieden.[17] Sie tragen die Etiketten „Rechtsbehelfe", „Qualifikation und Lokalisierung", „Justitiabilität und internationale Zuständigkeit", „Anwendbares Recht", „Ermittlung und Beweis ausländischen Rechts" und „Anerkennung und Vollstreckung".[18]

Diese sechs Aspekte sind die Koordinaten für den Rechtsvergleich.[19] Da sich Einzelheiten im common law anders darstellen als im civil law, wird auf eine weitergehende Abstimmung der Länderteile verzichtet. Stellvertretend für das civil law wird das internationale Urheberrecht zunächst aus deutscher Sicht systematisch dargestellt. Das englische Recht repräsentiert das common law. Die Entwicklung der englischen Rechtsprechung wird chronologisch nachgezeichnet, ehe in einem systematischen Teil die sechs Aspekte wieder aufgegriffen werden. Auf diese Weise wird versucht, der induktiven Methode der englischen Rechtsprechung gerecht zu werden, die Regeln aus den Fakten eines Falles entwickelt und abstrakte Prinzipien meidet.[20]

---

[17] Vgl. den Überblick *Prüttings*, in: ders., Entwicklung, 38–41.

[18] Eine empirische Untersuchung zur Bestimmung der Prozeßkosten und der Prozeßdauer kann im Rahmen dieser Arbeit nicht geleistet werden.

[19] *Großfeld*, Kernfragen der Rechtsvergleichung, S. 106: „Die Schwierigkeit besteht hier darin, daß wir die fremde Ordnung durch die ‚Brille' unserer Welterfahrung, unserer Sprache, unseres Sprachverständnisses vernehmen: Wir horchen an einer fremden Muschel und halten den eigenen Pulsschlag für das Rauschen des Weltmeeres."

[20] Vgl. Lord *Goff of Chieveley*, The Future of the Common Law [1997] ICLQ 745, 753: „Common lawyers tend to proceed by analogy, moving gradually from case to case. We tend

III. Eingrenzung und Begriffe

Gegenstand dieser Untersuchung sind die Verwertungsrechte (copyrights),[21] nicht die Urheberpersönlichkeitsrechte (moral rights).[22] Im Mittelpunkt steht die auf Schadensersatz oder Unterlassung gerichtete Klage wegen Verletzung eines Urheberrechts (infringement). Gegenstück ist die Klage auf Feststellung, daß eine Handlung die Schutzrechte eines anderen nicht verletzt. Internationales Urhebervertragsrecht wird nicht untersucht; nur die Übertragbarkeit von Urheberrechten wird kollisionsrechtlich gewürdigt. Der Begriff „internationales Urheberrecht" bezeichnet urheberrechtliche Sachverhalte mit Auslandsbezug.

Wo es notwendig erscheint – vor allem bei internationaler Zuständigkeit und Anerkennung – wird zwischen Hauptsacheverfahren und Eilverfahren unterschieden. Verfügungen, die im Eilverfahren erlassen werden, heißen „einstweilige Maßnahmen", wenn von Verfügungen verschiedener Rechtsordnungen die Rede ist.

Urheberrechtsverwandte und gewerbliche Schutzrechte werden nur insofern berücksichtigt, als sie zum Verständnis oder zur Klärung einer urheberrechtlichen Rechtsfrage beitragen. Wenn von gewerblichen Schutzrechten die Rede ist, sind in erster Linie Patente (patents) und Markenrechte (trade marks) gemeint. Der Begriff „Immaterialgüterrechte" bezeichnet Urheberrechte, verwandte Schutzrechte und gewerbliche Schutzrechte. Er entspricht dem englischen Begriff „Intellectual Property Rights".

Da sich diese Arbeit auf den Rechtsvergleich zwischen Deutschland und England konzentriert, wird auf die Darstellung technischer und rechtlicher Einzelprobleme, die die Verbreitung von Daten mittels bestimmter Technolo-

---

to avoid large, abstract, generalisations, preferring limited, temporary, formulations, the principles gradually emerging from concrete cases as they are decided. In other words, we tend to reason *upwards* from the facts of the cases before us, whereas our continental colleagues tend to reason *downwards* from abstract principles embodied in a code. The result is that we tend to think of each case as having a relatively limited effect, a base for future operations as the law develops forwards from case to case – and occasionally backwards if we are modest enough to recognise that perhaps they have gone too far. This method of working can be epitomised in the statement that common lawyers worship at the shrine of the working hypothesis."

[21] Vgl. §§ 15–24 UrhG, einschließlich der in §§ 25–27 kodifizierten sonstigen Rechte; *Cornish,* IP, Chapter 11.

[22] Vgl. §§ 12–14 UrhG; *Bainbridge,* IP, 98–119. Zu den unterschiedlichen Ansätzen der civil und der common law-Systeme *Sterling,* INTERGU 1997, 77, 78: „The differences between the two approaches are well known: these are said to include the recognition and implementation of moral rights, the position of employees, the treatment of films and the criteria of protection. In a world where the protection of intellectual property is increasingly viewed on an international basis – of necessity, because of technological and economic developments – one should not exaggerate these differences." *Sterling* schlägt vor, anstelle von „copyright" oder „author's right" von „creator's right" zu sprechen.

gien (e-mail, Fax, CD-Rom, ftp-Übertragung, etc.) aufwirft, verzichtet.[23] Der Begriff „Internet" wird als Synonym für alle Arten von Datennetzen verwendet, unabhängig davon, ob die Datenstrecken drahtlos oder drahtgebunden ausgelegt sind.[24]

---

[23] Umfassend *Bühler*, Urheberrecht im Internet, 19–317.

[24] Ausführlich zum Internet *Intveen*, Internationales Urheberrecht und Internet, 10 und *Klett*, Urheberrecht im Internet, 18 ff. Vgl. die Definition von *Aldous LJ* in *British Telecommunications v One In A Million* [1998] 4 All ER, 476, 480 d: „At its simplest the Internet is a collection of computers which are connected through the telephone network to communicate with each other."

2. Kapitel:

Grundlagen des internationalen Urheberrechts

I. Territorialitätsprinzip

1. Begriff

Wer sich mit Immaterialgüterrechten beschäftigt, stößt alsbald auf das schillernde Prinzip der Territorialität, das sich in seiner diffusen Vielschichtigkeit nicht ohne weiteres fassen läßt. Cornish spricht von einem many-headed concept.[1] Laut Schack zeichne es sich vor allem dadurch aus, daß es unklar und vieldeutig ist.[2] Koumantos schreibt ihm eine ambiguité totale[3] zu und meint, „qu'il y a autant d'acceptions du principe de territorialité que de juristes qui l'invoquent."[4] Beier schließlich nennt es eine inhaltslose Zauberformel: „au rang de dogme en tant que formule magique commode, sans s'expliquer sur son contenu."[5]

Wer dennoch das Prinzip der Territorialität begreifen und abbilden will, um das internationale Immaterialgüterrecht zu verstehen, begegnet der Herausforderung, etwas darstellen zu müssen, das sich angesichts einer blühenden Vielfalt von Meinungen gar nicht kohärent darstellen läßt.[6] Am sinnvollsten erscheint es, sich den zentralen Aspekten des Territorialitätsprinzips über vier von Cornish formulierte Facetten zu nähern.[7]

---

[1] *Cornish*, Technology and Territoriality, 300.

[2] *Schack*, Anknüpfung, 20.

[3] *Koumantos*, DdA 1988, 339, 441.

[4] *Koumantos*, Il diritto di autore, 1979, 616.

[5] *Beier*, Clunet 1971, 5; ders., GRUR Int. 1986, 12.

[6] *Nussbaum* (Gründzüge, 36–39) erstellt einen Katalog von Anwendungsfällen und betont, daß seine Aufzählung nicht den Anspruch auf Vollzähligkeit erheben könne.

[7] *Cornish*, IP, 3. Aufl., 22; in Anlehnung an *Cornish Wadlow*, Enforcement, 9; *Grosheide*, GRUR Int. 2000, 310, 313, faßt wie folgt zusammen: „(1) Die Wirkungen des Urheberrechts werden in jedem Staat durch das Recht dieses Staates bestimmt; (2) das Urheberrecht erfaßt nur Tätigkeiten innerhalb des schutzgewährenden Staates; (3) das Urheberrecht kann nur durch Angehörige des schutzgewährenden Staates geltend gemacht werden oder durch solche Ausländer, denen durch das nationale Recht ein ähnlicher Status zugebilligt worden ist; (4) das Urheberrecht kann nur vor den Gerichten des schutzgewährenden Staates geltend gemacht bzw. angegriffen werden." Vgl. ferner *Trollers* Katalog, Immaterialgüterrecht, 3. Aufl., 138–139: „Der Grundsatz, daß die Immaterialgüterrechte territorial begrenzt sind, besagt

(1) „The right in each country is determined by the law of that country and is independent of equivalent rights governing the same subject-matter (invention, work, trade mark, etc.) in other countries and neither stands nor falls with them." Der erste, rein *sachrechtliche* Aspekt beruht auf der Annahme, ein Immaterialgüterrecht entstehe durch staatlichen Hoheitsakt – sei es durch Einzelakt wie bei den gewerblichen Schutzrechten, sei es ex lege wie beim Urheberrecht. Da ein Immaterialgüterrecht erst aufgrund staatlichen Handelns entsteht, kann es auch nur innerhalb des Staatsgebiets Geltung beanspruchen.

(2) Dieser Zusammenhang führt zum zweiten, dem *räumlichen* Aspekt des Territorialitätsprinzips. „The right only affects activities undertaken by others within the geographical territory for which it is granted. This area is normally defined by the boundaries of the state concerned, with possible extensions for crossborder, sea, air and space activities connected to it." Der Staat kann auf seinem Territorium nach Belieben verfahren und Immaterialgüterrechte entstehen, ausgestalten und erlöschen lassen.[8] Die staatliche Hoheitsgewalt endet jedoch an den Grenzen, jenseits derer der Staat seine Souveränitätsrechte nicht ausüben darf.[9] Dies folgt aus dem völkerrechtlichen Grundsatz, daß kein Staat sich in die inneren Angelegenheiten des anderen einmischen darf.[10]

(3) „The right may be asserted only by nationals of the country for which it is granted and such others as the law also includes." Als Recht, das kraft staatlicher Hoheitsgewalt entsteht, ist das Immaterialgüterrecht national be-

---

somit: a) Die Ausschließlichkeitsrechte an Immaterialgütern werden in jedem Land unabhängig vom Rechtsschutz in einem andern Land erworben. b) Die Ausschließlichkeitsrechte richten sich gegen alle Personen, auch gegen diejenigen außerhalb des Schutzlandes; sie betreffen aber nur Handlungen, die im Schutzland vorgenommen werden. c) Aus den in einem Land bestehenden Ausschließlichkeitsrechten an Immaterialgütern können keinerlei Folgen für den Rechtsschutz am selben Immaterialgut in einem andern Land abgeleitet werden. d) Die Gesetze jedes Schutzlandes bestimmen Entstehen, Inhalt und Umfang der Ausschließlichkeitsrechte an Immaterialgütern völlig selbständig, sie verweisen nicht auf ausländische Rechte (Territorialitätsprinzip im eigentlichen Sinne)."

[8] Vgl. *Nouvier*, 47; in Anlehnung an *K. Troller*, Manuel, 53: „La territorialité, en matière de propriété intellectuelle, signifie en substance que:
- la loi du pays pour lequel la protection des biens immatériels est invoquée détermine les conditions d'existence, le contenu et l'extinction du droit de propriété intellectuelle;
- la protection accordée par la loi nationale de ce pays est limitée au seul territoire de cet Etat, et n'aura donc en principe pas d'effets au-delà de ses frontières;
- cette protection est indépendante de celle éventuellement octroyée dans d'autres Etats."

[9] Vgl. *Mann*, RabelsZ 1956, 6 f. *Mann* unterscheidet zwischen der Ausübung und der Existenz eines Rechts: „Es wäre gewiß nicht richtig, zu behaupten, daß die aus der territorialen Hoheit eines Staates abgeleiteten Rechte keine extraterritoriale Existenz hätten; im Gegenteil ist die extraterritoriale Existenz im Rahmen des Völkerrechts sowie des internationalen Privatrechts anerkannt. Aber die Ausübung ist territorial beschränkt."

[10] Das Rechtsprinzip der Nichteinmischung hat bereits *Kant* in seiner Schrift „Zum ewigen Frieden" formuliert: „Kein Staat soll sich in die Verfassung und Regierung eines andern Staats gewaltthätig einmischen." Kant's Werke, Bd. VIII, Abhandlungen nach 1781, Erster Abschnitt Nr. 5, 346.

grenzt.[11] Es unterscheidet sich darin von solchen privaten Rechten wie Eigentum und Forderung, die überall (universal) gelten.[12] Anders als diese Rechte wird ein Immaterialgüterrecht im Ausland nicht anerkannt. Jeder Staat schützt nur die von ihm nach Maßgabe seiner eigenen Gesetzgebung anerkannten Immaterialgüterrechte, nicht aber die von ausländischen Staaten verliehenen.[13] Für einen Urheber heißt das – und dies ist der dritte, der *personale* Aspekt des Territorialitätsprinzips – daß er sein Urheberrecht nur gegen Verletzungshandlungen geltend machen kann, die auf dem Gebiet dieses Staates stattgefunden haben.[14] Konsequenterweise dürften viertens nur Gerichte des Staates zuständig sein, der das Immaterialgüterrecht gewährt.

(4) „The right may be asserted only in the courts of the country for which it is granted." Ob der *prozessuale* Aspekt heute noch aktuell ist oder ob sich an ihm erweist, daß sich das Konzept der Territorialität überlebt hat, kann vorerst dahinstehen.[15]

(5) Der prozessuale Aspekt ist die vierte Säule eines Gebäudes, das um eine fünfte Säule, um einen *kollisionsrechtlichen* Aspekt, ergänzt werden könnte: Einerseits wird vertreten, die Regel der Territorialität des Urheberrechts sei zunächst nur Sachrecht, nicht auch Kollisionsrecht und beschränke materiell die Wirkung des subjektiven Urheberrechts, nicht aber kollisionsrechtlich die Anwendbarkeit ausländischen objektiven Urheberrechts.[16] Andererseits mehren sich die Stimmen, die eine Erweiterung des sachrechtlichen Territorialitätsprinzips um ein kollisionsrechtliches Element fordern.[17]

Wie auch immer man sich in dieser umstrittenen kollisionsrechtlichen Frage entscheidet,[18] fest steht, daß das Prinzip der Territorialität eine sachrechtliche, eine räumliche, eine personale und eine prozessuale Facette hat.

2. Kritik

Die Territorialität der Immaterialgüterrechte ist ein Relikt des Privilegienwesens.[19] Ursprünglich verlieh ein Staatsoberhaupt ein Recht des geistigen Eigentums nur ausnahmsweise als Privilegium, dessen Geltung auf das Herrschaftsgebiet beschränkt blieb.[20] Während sich die Privilegien zu Zivilrechten entwickelten und allmählich einen festen Platz in den Rechtsordnungen der

---

[11] *Kropholler*, IPR, § 53 VII 2.

[12] *Kegel/Schurig*, § 23 I 2.

[13] *Wolff*, IPR, 183.

[14] *Cornish*, Technology and Territoriality, 300.

[15] Siehe unten 3. Kapitel III.1; 4. Kapitel B.III.

[16] *Zweigert/Puttfarken*, GRUR Int. 1973, 573, 574.

[17] Vgl. *von Bar*, Kollisionsrecht, Fremdenrecht und Sachrecht, UFITA 108 (1988), 27, 45.

[18] 3. Kapitel IV.6.a.

[19] Zur geschichtlichen Entwicklung der Idee des geistigen Eigentums *Fechner*, Geistiges Eigentum und Verfassung, 18–67.

[20] *Wadle*, Geistiges Eigentum, 64.

Welt einnahmen,[21] blieb das Territorialitätsprinzip unangetastet.[22] Noch heute beschränkt sich jeder Staat auf die Anwendung seiner eigenen Gesetze, wenn ein Immaterialgüterrecht im Inland verletzt wird, so daß der Inhaber eines solchen Rechts so viele verschiedene Rechte besitzt wie es Staaten gibt und kein einzelnes transnationales Urheberrecht (sog. Kegelsche Bündeltheorie).[23]

Historisch ist das Territorialitätsprinzip seit der Aufhebung des Privilegienwesens überholt, da das Urheberrecht anders als gewerbliche Schutzrechte nicht durch einen staatlichen Verleihungsakt, sondern mit der Schöpfung des Werkes ex lege entsteht.[24] Als absolutes Recht, das mit seiner Entstehung gegenüber jedermann wirkt und gegenüber jedermann durchsetzbar ist, läßt es sich nicht auf ein bestimmtes Territorium begrenzen.[25] Warum soll ein Urheberrecht nicht weltweit gelten wie es seiner universalen,[26] aus der

---

[21] Vgl. den Überblick bei *Cigoj*, 53–54, insb. Fn. 1., m.w.N.

[22] Typisch für das territoriale Denken ist eine Entscheidung des Reichsgerichts aus dem Jahre 1890, RG JW Nr. 19, 1890, 280 f.: „Denn nach diesem Patentgesetz werden Patente für das Gebiet des deutschen Reichs ertheilt. [...] Damit ist in keiner Weise die Wirksamkeit ausländischer Patente über die Grenzen des Territoriums, für welches sie verliehen sind, unter Schutz gestellt. [...] Man darf nicht aus den verschiedenen Patentgesetzen der einzelnen Kulturstaaten einen allgemeinen Satz ableiten, es werde das Erfinderrecht geschützt. Ein solcher allgemeiner Satz wäre nur eine Abstraction, welche nicht geeignet ist das, was sich in verschiedenen Gesetzgebungen Gleichmäßiges findet, zu einem gemeinsamen Recht zu machen. [...] In diesem Sinne ist, – man mag es beklagen, – das Erfinderrecht zu einem gemeinsamen Rechtsinstitut der Kulturstaaten noch nicht geworden, und der Richter kann es dazu nicht machen. [...] So gewinnt das Erfinderrecht nicht wie das Eigenthum als wohlerworbenes Recht ein von dem Gesetz, Kraft dessen Autorität es entstanden ist, und von den territorialen Grenzen dieses Gesetzes unabhängiges und selbstständiges Dasein; es bleibt auch in seinem Fortbestand von diesem Gesetz abhängig, und darum kann auch der Schutz des verliehenen Patents nicht über den Machtbereich des Gesetzes hinaus reichen."

[23] *Soergel-Kegel*, Rn. 22, Anh. Nach Art. 12.

[24] Vgl. zum Entstehen des Urheberrechts durch Schöpfungsakt: *Schack*, Urheberrecht, 339 und 103 ff.; *Koumantos*, DdA 1988, 439, 441; *Patry*, [2000] Am. J. Comp. L., 383, 394. Zustimmend *Ulmer*, Gutachten, 9. Warum er in Anlehnung an *Wolff*, International Private Law, No. 521, dennoch an dem Gedanken festhält, daß sich die Wirkung der gesetzlichen Regelung des Urheberrechts auf das Hoheitsgebiet des Staates beschränkt, in dem das Gesetz erlassen wurde, sagt er nicht. Vgl. auch *Ulmer*, Urheberrecht, 70 f.

[25] *Regelin*, 73.

[26] Unter Berufung auf *Locke* haben die Richter der King's Bench 1769 in *Millar v Taylor* die universale Natur des Urheberrechts anerkannt ([1769] 4 Burr. 2303). Nur fünf Jahre später entschied das House of Lords in *Donaldson v Beckett*, daß Urheberrechte in England nur durch Gesetz gewährt werden ([1774] 4 Burr 2408). Unbeeindruckt von *Donaldson v Beckett* sprach sich noch 1854 eine knappe Minderheit des House of Lords in *Jefferys v Boosey* für die Anerkennung der universalen Natur des Urheberrechts aus ([1854] 4 HLC 814–996). Siehe unten 4. Kapitel A.I.4.a. Heute betrachten common law courts ein internationales Urheberrecht als ein Mosaik von territorial begrenzten Urheberrechten. Vgl. *Hoffmann LJ* in *ABKCO Music v Music Collection* [1995] RPC 657, 660: „In principle the law of copyright is strictly territorial in its application." Ausführlich zum Urteil 4. Kapitel A.II.2.c.

naturrechtlichen Idee[27] des geistigen Eigentums geborenen Natur entspräche?[28]

Schon 1934 hat Bartin auf den Widerspruch zwischen universaler Natur und territorialer Rechtswirklichkeit des Urheberrechts hingewiesen und sich für die Anwendung des Rechts des Urspungslandes ausgesprochen.[29] Auch Schwind knüpft in seinem Entwurf eines österreichischen Gesetzes über das internationale Privat- und Prozeßrecht von 1971 unter Berufung auf das Universalitätsprinzip an das Recht der ersten Veröffentlichung des Werkes an, allerdings nicht ohne die Zufälligkeit einer solchen Lösung einzuräumen.[30]

In der Tradition Bartins stehen in den 70er Jahren auch Neuhaus und Schack, die das Territorialitätsprinzip aus internationalprivatrechtlicher Perspektive betrachten. Neuhaus sieht die vornehmste Aufgabe des IPR darin, einen Ausgleich zwischen freier Anerkennung des Bestandes von Rechtsgütern fremder Herkunft einerseits und Gleichheit bezüglich des Rechtsschutzes im Inland andererseits zu schaffen und bedauert, daß das Immaterialgüterrecht die Konsequenz dieser Entwicklung, eine Beurteilung der Immaterialgüter nach dem Recht des Ursprungslandes, nicht mitvollzogen habe.[31] Das Festhalten am Territorialitätsprinzip ist für Schack nurmehr ein schlagwortartiger, zum Selbstzweck geratener Argumentationsersatz,[32] der das eigentliche Ziel des internationalen Urheberrechtsschutzes, die weltweite Anerkennung des Urheberrechts, verbaue.[33]

Zustimmung findet Schack in den 80er Jahren vor allem bei Koumantos und Cigoj. Das Territorialitätsprinzip erweise sich laut Koumantos wegen seiner ambiguité totale als unbrauchbar. Seine Legalisierung täusche über das Fehlen eines theoretischen Fundaments hinweg.[34] Diesen Mangel an theoretischer Klarheit, der durch den Gebrauch der Leerformel vom Territoriali-

---

[27] Ende des 18. Jahrhunderts unterschieden Immanuel *Kant* und Johann Gottlieb *Fichte* erstmals zwischen dem körperlichen Sacheigentum und dem geistigen „natürlichen, angeborenen, unzuveräußernden Eigentumsrecht" des Verfassers. Vgl. *Kant*, Von der Unrechtmäßigkeit des Büchernachdrucks (1785), in: UFITA 106 (1987), 137–144; *Fichte*, Beweis der Unrechtmäßigkeit des Büchernachdrucks (1793), in: UFITA 106 (1987), 155–172; Vgl. auch *Locke*: Two Treatises of Government., Book II, chapter V.

[28] Für die zumindest teilweise Ablösung des Territorialitätsprinzips durch das Universalitätsprinzip im Urheberrecht sprechen sich aus: *Cigoj*, 53, 70 ff.; *Drobnig*, RabelsZ 1976, 195 ff.; *Neuhaus*, RabelsZ 1976, 189, 191 ff.; *Regelin*, 71–84; *Schack*, Urheberrecht, Rn. 806 ff., 904 ff.; *ders.*, Anknüpfung, 36, 61, 88; *ders.*, GRUR Int. 1985, 523 ff.; *ders.*, ZUM 1989, 267, 275 ff.; *Siehr*, UFITA 108 (1988), 9, 24.

[29] *Bartin*, Clunet 1934, 781–833, 793–806.

[30] *Schwind*, ZfRV 1971, 238, 239. Bei der Überarbeitung des Entwurfs wurde die Anknüpfung an das Recht des Ursprungslands durch die Anknüpfung an das Recht des Schutzlands ersetzt. Vgl. *Ulmer*, RabelsZ 1977, 479, 481.

[31] *Neuhaus*, RabelsZ 1976, 189, 191–192.

[32] *Schack*, Urheberrecht, 341.

[33] *Schack*, Anknüpfungen, 24.

[34] *Koumantos*, DdA1988, 439, 441 f.

tätsprinzip entstanden ist, arbeitet Cigoj präzise heraus. Das Territorialitätsprinzip und das auf ihm gründende internationale System sei lückenhaft, weil im Ausland erworbene Rechte zwar weithin anerkannt, aber nicht überall denselben Schutz wie im Ursprungsland genießen würden und eine weltweite Angleichung des Schutzstandards kaum durchführbar sei.[35]

Die von internationalprivatrechtlicher Seite vorgetragene Kritik am Territorialitätsprinzip faßt Siehr mit einem Hinweis darauf zusammen, daß das internationale Urheberrecht bereits im vorigen Jahrhundert den Anschluß an die Entwicklung des modernen Kollisionsrechts verpaßt habe und heute archaisch anmute.[36]

3. Reaktion

Ungeachtet aller theoretischen Einwände beherrscht das Territorialitätsprinzip nach wie vor das internationale Urheberrecht. Bemerkenswert ist, daß die Befürworter des Territorialitätsprinzips der grundsätzlichen Diskussion über das Territorialitätsprinzip ausweichen, indem sie auf positives Recht verweisen. Insbesondere Ulmer bezieht sich in Anlehnung an Wolff[37], Raape[38] und Rabel[39] immer wieder auf die „Realitäten" des internationalen Urheberrechts.[40] Realität sind für Ulmer vor allem die Revidierte Berner Übereinkunft (RBÜ) und das Welturheberrechtsabkommen (WUA), mit deren Regeln sich jeder Einwand gegen die Vorherrschaft des Territorialitätsprinzips vereinbaren lassen müsse.[41]

Bereits in seinem 1975 erschienenen richtungsweisenden Gutachten „Die Immaterialgüterrechte im internationalen Privatrecht" schreibt Ulmer: „Der wichtigste Anstoß für die Durchsetzung der Lehre von der Anknüpfung an das Recht des Schutzlandes geht von den internationalen Konventionen aus."[42] Und bekräftigt zehn Jahre später: „Es war freilich nicht schwer, auf diese [Neuhaus'] Kritik zu erwidern, daß sie mit den Grundsätzen des das Feld beherrschenden Konventionsrechts in eklatantem Widerspruch steht."[43]

---

[35] *Cigoj*, 75.

[36] *Siehr*, UFITA 108 (1988), 9, 24.

[37] *Wolff*, IPR, 138.

[38] *Raape*, IPR, 636 ff.

[39] *Rabel*, The Conflict of Laws IV, 68.

[40] *Ulmer*, Fremdenrecht, 259: „In der Realität wird aber diese Theorie [von der Anknüpfung an das Recht des Ursprungslandes] insbesondere durch die Regeln des Konventionsrechts widerlegt."

[41] Die Übereinkunft von Montevideo betreffend den Schutz von Werken der Literatur und Kunst vom 11.1.1889, die als einzige Konvention dem Universalitätsprinzip gefolgt ist, ist spätestens seit dem Beitritt Argentiniens, Paraguays und Boliviens zur RBÜ grundsätzlich nicht mehr anwendbar (Art. 20 RBÜ). Vgl. *Schricker-Katzenberger*, Vor §§ 120 ff., Rn. 66 f.; *Fromm/Nordemann*, § 121 Rn. 4.

[42] *Ulmer*, Gutachten, 9 f.

[43] *Ulmer*, Fremdenrecht, 262.

Die internationalen Konventionen dienen Ulmer denn auch als Maßstab für die Auseinandersetzung mit Drobnigs Argumenten.[44] Neuhaus (der in seinem Streben nach einer Anpassung des internationalen Urheberrechts an die Entwicklung des internationalen Privatrechts weitergeht als Drobnig)[45] stellt er gar die rhetorische Frage: „Oder will Neuhaus mir zumuten, den Mitgliedstaaten der EWG, die sämtlich den großen multilateralen Konventionen angehören, Regeln für das IPR vorzuschlagen, die mit den Verpflichtungen, die sie weltweit übernommen haben, darunter den Regeln über die Inländerbehandlung und über die Unabhängigkeit der Schutzrechte, in offenbarem Widerspruch stehen?"[46]

In diesem Satz verdichtet sich das Mißverständnis der Diskussion. Neuhaus, Drobnig und die anderen Universalisten bezweifeln die durch die internationalen Konventionen geschaffene „Realität" nicht.[47] Sie setzen auf einer höheren Ebene an, die das Fundament der Konventionen, das Territorialitätsprinzip, in Frage stellt.[48] Ulmer verteidigt dagegen das Gebäude des internationalen Urheberrechts, das auf diesem Fundament errichtet worden ist. Über das Fundament selbst verliert er zunächst kein Wort. Später rechtfertigt er es mit einem Hinweis darauf, daß alles andere, insbesondere eine weltweite

---

[44] *Ulmer*, RabelsZ 1977, 479, 495–503.

[45] Während sich *Neuhaus* für eine Integration des Internationalen Immaterialgüterrechts in das europäische IPR ausspricht und eine universalistische Konzeption in den Blick nimmt, die die Regeln der bestehenden Konventionen verdrängt (RabelsZ 1976, 191, 194), versucht *Drobnig* seine Auffassung von der universalen Geltung der Urheberrechte mit den Konventionen zu vereinbaren (RabelsZ 1976, 195, 197 ff.).

[46] *Ulmer*, RabelsZ 1977, 479, 492.

[47] Anders *Regelin*, 77: „Die Funktion der RBÜ besteht also lediglich in der Sicherstellung des urheberrechtlichen Schutzes über das Territorium hinaus, in dem das Urheberrecht erlangt wurde. Auch wenn das Urheberrecht zu seiner Durchsetzung hiernach offenbar einer Schutzerweiterung bedarf, läßt sich daraus nicht im Umkehrschluß entnehmen, daß es territorial begrenzt sein muß, denn auch ein universales Recht bedarf der Anerkennung und insbesondere der Gleichbehandlung im Ausland." *Regelin* verkennt, daß der Inländerbehandlungsgrundsatz ein Produkt der Idee von der Territorialität der Urheberrechte ist, dazu unten 3. Kap. IV. vor 1. und *Cornish*, IP, 9–25; *Ricketson*, The Berne Convention, Kapitel 5. Die Berner Konvention bestätigt jedoch nur das Vorhandensein der Territorialität. Ihre Existenz kann nicht als Begründung für Territorialität gesehen werden. So auch *Regelin*, 69, in bezug auf die internationalen Übereinkommen der gewerblichen Schutzrechte.

[48] *Neuhaus*, RabelsZ 40 (1976), 191, 194: „Daher steht man bei Schaffung eines europäischen Abkommens – auch ohne Änderung oder Kündigung der bisherigen Konventionen – vor der Wahl, Grundgedanken der bisherigen Abkommen zu bestätigen und auf weitere Gegenstände anzuwenden oder aber einer anderen Konzeption Raum zu geben." Ebenso *Cigoj*, 72: „Es wird behauptet, Bartins Lehre, daß auf Immaterialgüter das Recht des Ursprungslandes anzuwenden ist, sei gescheitert. Seine theoretischen Ausgangspunkte werden jedoch nicht angegriffen und es wird nicht bewiesen, daß ein Universalitätssystem nicht besser funktionieren könnte."

Rechtsvereinheitlichung im Geiste des Universalitätsprinzips, utopisch sei.[49] So entsteht der Eindruck, es handele sich beim Territorialitätsgrundsatz um eine unantastbare Prämisse des internationalen Urheberrechts. Indem sich Ulmer hinter den internationalen Konventionen mit systemimmanenten Argumenten verschanzt, verhindert er von vornherein eine inhaltliche Auseinandersetzung mit der internationalprivatrechtlichen Position.[50]

4. Stellungnahme

Das beharrliche Festhalten Ulmers am Dogma der Territorialität bedeutet das Ende der Diskussion. Unversöhnlich steht das naturrechtliche Ideal eines natürlichen, territorial unbeschränkten, umfassenden und einheitlichen Rechts an der Geistesschöpfung der positivrechtlichen Realität territorial beschränkter Urheberrechte gegenüber.[51] Die Diskrepanz zwischen Ideal und Wirklichkeit offenbart das Dilemma, in dem sich die Anhänger des Universalitätsprinzips befinden. De lege ferenda ist die universale Geltung des Urheberrechts verheißungsvoll; de lege lata führt kein Weg an der Geltung und Anerkennung des allgegenwärtigen Territorialitätsprinzips vorbei, zumal seine Verankerung in den Konventionen seit über hundert Jahren einen wirksamen weltweiten Schutz gewährleistet.[52] Die Einsicht in die normative Kraft der Konventionen veranlaßt denn auch die meisten Autoren sich zum Territorialitätsprinzip zu bekennen – meist unter Berufung auf Ulmer.[53]

Das war die Situation Ende der achtziger Jahre. Das System des internationalen Urheberrechts funktionierte leidlich in den überkommen Bahnen des Territorialitätsprinzips. Die Universalisten wurden als Idealisten belächelt und standen im Abseits. So hätte es weitergehen können, wenn nicht aufgrund

---

[49] *Ulmer*, RabelsZ 1977, 479, 490. Zur Vereinheitlichung *Schricker/Bastian/Dietz*, Konturen eines europäischen Urheberrechts (Textsammlung), 127 ff. und *Sterling*, World Copyright Law.

[50] Wie Ulmer *Sandrock*, Gutachten, 380, 399 ff., mit Hinweis auf *Ulmer*. Schon 1949 stellte *Riezler* (IZPR, 88) fest: „Aber es erscheint aussichtslos, das in Deutschland anerkannte Dogma von der territorialen Begrenzung des Urheberrechts an Schriftwerken, Tonwerken und Werken der bildenden Kunst erschüttern zu wollen; man wird sie trotz aller Zweifel an der Überzeugungskraft rechtspolitischer Begründungsversuche als gewohnheitsrechtlich gegeben hinnehmen müssen.“

[51] *Drobnig*, RabelsZ 1976, 195 ff. In Anlehnung an *von Gamm*, Urheberrechtsgesetz, Einführung, Rn. 29.

[52] *Ulmer*, Fremdenrecht, 264.

[53] BVerfGE 81, 208, 222 – *Bob Dylan*; BGHZ 64, 183, 191 – *August Vierzehn*; BGHZ 126, 252, 252 – *Beuys*; *Bappert/Maunz/Schricker*, Einl. Rn. 30; *von Bar*, IPR II, Rn. 703; *Beier*, Clunet 1971, 5, 16 f.; *Boytha*, DdA 1988, 422, 423 ff.; *Cornish*, IP, 22 ff. *Fromm/Nordemann*, vor § 120, Rn. 1; *von Gamm*, Einführung, Rn. 29, 142; *Staudinger-von Hoffmann*, Art. 38 nF, Rn. 574; *Schricker-Katzenberger*, Vor §§ 120, Rn. 120; *MünchKomm-Kreuzer*, Nach Art. 38 Anh. Rn. 13; *Kropholler*, IPR, § 53 VII 2; *Rehbinder*, Urheberrecht, 370; *Sandrock*, Gutachten, 399 ff.; *Stewart*, International Copyright, 37 ff.; *Troller*, Immaterialgüterrecht, Bd. I, 136 f.; *Wadlow*, Enforcement, 9 ff.

neuer Technologien und der rasanten Entwicklung des Welthandels Zweifel am bestehenden System und an der ökonomischen Bedeutung des Territorialitätsprinzips aufgekommen wären.[54] Die Bedürfnisse der Urheber und der Verwertungsgesellschaften nach schnellem und effektivem Rechtsschutz sind heute – im Zeichen von Internet und Welthandel – größer denn je. Außerhalb des alten Kontinents, der Wiege des Berner Systems, begann man gar der theoretischen Debatten überdrüssig zu werden und den Blick auf die Bedürfnisse der Praxis zu lenken.[55]

Welche Gründe sprechen heute noch für das Territorialitätsprinzip?[56] Das Territorialitätsprinzip könnte man vielleicht noch mit Troller rechtfertigen, wenn man das Urheberrecht als unbewegliche Sache betrachtet, die theoretisch überall in der Welt belegen ist, praktisch aber nur dort, wo ihre Verwertung erfolgt oder in Frage steht.[57] Abgesehen davon, daß eine Gleichstellung des Urheberrechts mit dem Sachenrecht dem immateriellen Charakter einer Geistesschöpfung nicht gerecht wird, ist diese Konstruktion weder auf das Entstehen noch auf das Erlöschen eines Urheberrechts anwendbar und somit im ganzen unbrauchbar.[58] Eine Analogie des Urheberrechts zum internationalen Sachenrecht ist nur im Hinblick auf die universale Geltung beider Rechte plausibel und deshalb eher ein Argument für die Universalitätslehre.[59] Die territoriale Beschränkung des Urheberrechts läßt sich so nicht begründen.

Ein zweites Argument zugunsten der Territorialität versucht die praktischen Konsequenzen des Universalitätsprinzips zu diskreditieren. Würde das Universalitätsprinzip gelten, wäre der ausländische Urheber im Inland privilegiert, auch wenn seine „geistige Schöpfung" nicht die Kriterien des inländischen Urheberrechts erreicht. Umgekehrt wäre der Inländer, der höheren An-

---

[54] Vgl. *Bühler*, 333: „De lege lata könnte der gegenwärtig zu konstatierende, allmähliche Übergang zu kollisionsrechtlichem Denken im internationalen Urheberrecht, die fortschreitende Angleichung des materiellen Rechts, die Öffnung des Welthandels sowie die zunehmende Bereitschaft, Rechtswirkungen auf einem anderen Staatsgebiet zu berücksichtigen, zu einer zumindest partiellen Anerkennung des Ursprungslandprinzips führen."

[55] Bereits 1963 brandmarkte *Currie* die kategorischen Debatten über das Territorialitätsprinzip als „empty and bloodless thing", On the Displacement of the Law of the Forum, in: Selected Essays on the Conflict of Laws 3, 52.

[56] Bereits 1973 haben *Zweigert* und *Puttfarken* in GRUR Int. 1973, 573, 574 bemerkt: „Ein tiefer gelöteter rechtspsychologischer Grund [für das Festhalten am Territorialitätsprinzip] mag sein: Sacheigentum ist greifbar, als Beziehung Eigentümer-Sache für jedermann sichtbar; der Gegenstand des Urheberrechts indessen ist unkörperlich; und obwohl unsere moderne Gesellschaft heute weit mehr von diesen unkörperlichen Gütern lebt als jede frühere, benötigt ihre allgemeine Anerkennung als subjektives Recht doch wohl eine fortgeschrittenere Abstraktionsfähigkeit und damit mehr Zeit, als das bei handgreiflichen Sachen der Fall ist."

[57] *Troller*, IPR, 61; unter Verzicht auf die Gleichstellung mit dem Immobiliarsachenrecht *Ulmer*, RabelsZ 1977, 479, 483.

[58] *Nouvier*, 50.

[59] *Drobnig*, RabelsZ 1976, 195, 197.

sprüchen an die Werkqualität genügen muß, diskriminiert.[60] Diesem Einwand läßt sich mit Cigoj entgegenhalten, daß sich Ungerechtigkeiten auch nicht durch das auf dem Territorialitätsprinzip aufbauende System des internationalen Urheberrechts vermeiden lassen. Die Territorialitätslehre ist gerade dann unsicher, wenn die Frage zu lösen ist, wie man die Urheberrechte, die im Ausland entstanden sind, nach der Inländerbehandlung aufgrund der nationalen Gesetzgebung in die inländischen Rechte umwandeln soll.[61] Einem ausländischen Werk wird im Schutzland oft ein schwächerer Schutz als im Ursprungsland gewährt. Ungerecht sind aber vor allem die Folgen der Nichtanerkennung des Rechtes außerhalb des Gebietes, auf dem es entstanden ist.[62] Das Argument der Diskriminierung von Inländern erinnert an den Ursprung des Urheberrechts, an die individuelle Privilegierung durch den Souverän und daran, daß sich diese vom Geist der Territorialität durchdrungene Praxis fortentwickelt hat im 19. Jahrhundert, in einer Zeit also des extremen – auch juristischen – Nationalismus.[63]

Für das Territorialitätsprinzip lassen sich schließlich noch wirtschaftliche Gründe anführen.[64] Indem der Staat die Bedingungen des Immaterialgüterrechts diktiert, kann er die nationale Industrie protegieren und die Ausübung aller Immaterialgüterrechte auf seinem Gebiet kontrollieren.[65] Innerhalb eines Staates hat sich auf diese Weise ein differenziertes Schutzsystem entwickelt, dessen Bestand durch universale Ansätze gefährdet wird.[66] Allerdings wird durch die weltweite Angleichung des Schutzstandards, die allseitige Anerkennung der Immaterialgüterrechte und durch die in den internationalen Konventionen garantierten Mindestrechte die Territorialität allmählich aufgelöst und eine relative Universalität erreicht.[67] Darüber hinaus führt das TRIPs-

---

[60] *Sandrock*, Gutachten, 401.

[61] *Cigoj*, 75. Zum Problem der Angleichung, z.B. bei translativen Verfügungen *Schack*, Urheberrecht, 390.

[62] *Cigoj*, 62, mit Beispielen.

[63] *Zweigert/Puttfarken*, GRUR Int. 1973, 573, 574.

[64] *Vischer*, GRUR Int 1987, 670, 676.

[65] *Nouvier*, 50 f.; *Vischer*, IPR, 367; anders *Regelin*, 76, der dem Urheberrechtsschutz jegliche Marktbezogenheit abspricht.

[66] *Austin*, in: *Rickett/Austin*, 105, 121: „Extraterritorial approaches to the international regulation of copyright may jeopardise the ability of policy choices reflected in domestic copyright laws to remain meaningful in the states that enacted them."

[67] *Regelin*, 84. Zu den Begriffen „relative und absolute Universalität" *Neuhaus*, Grundbegriffe des IPR, 121: „*Relative Universalität:* das ausländische Rechtsverhältnis wird einem entsprechenden inländischen Rechtsverhältnis gleichgestellt – sei es durch besonderen Akt, sei es automatisch – und hat daher im Inland dieselben Rechtswirkungen wie dieses. Hier sind insbesondere die durch internationale Abkommen geschützten Immaterialgüterrechte zu nennen, die nach ihrer Entstehung im einen Land auch im andern Land mit den Wirkungen eines dort entstandenen Rechtes anerkannt werden. [...] *Absolute Universalität:* das ausländische Rechtsverhältnis hat im Inland dieselben Rechtswirkungen wie in seinem Ursprungsland." Dagegen bringt *Kropholler* (IPR, 4. Aufl., § 22 II.), ausländische Schutzrechte mit dem Be-

Übereinkommen zu einer Vereinheitlichung der Rechtsmittel, mit deren Hilfe sich Urheberrechte global durchsetzen lassen.[68] In Wirklichkeit hat das Urheberrecht dank des kohärenten und effizienten Systems der internationalen Übereinkommen quasi Weltgeltung erlangt,[69] auch wenn das Schutzniveau nicht überall gleich hoch ist[70] und weiterhin Lücken vor allem im Hinblick auf Urheberschaft und Inhaberschaft am Urheberrecht bestehen.[71] Das Schutzgefälle ist jedoch keine Besonderheit des Urheberrechts. Bei allen absoluten Rechten führen die unterschiedlich gestalteten nationalen Gesetze zu

---

griff der „relativen Territorialität" in Verbindung: „Bei relativer Territorialität wird dem ausländischen Recht nur für das betreffende Land unmittelbare Wirkung zuerkannt, für das Inland eventuell eine mittelbare Wirkung." Aus völkerrechtlicher Sicht *Buck,* 29: „Es läßt sich daher festhalten, daß die bestehenden Konventionen zwar im Hinblick auf ihren möglichst weltumfassenden Mitgliederkreis größtenteils universalistisch angelegt sind, daß sie jedoch gegenwärtig keine universelle Konzeption im Sinne einer materiellrechtlich oder internationalprivatrechtlich universellen Lösung verwirklichen."

[68] *Geller,* GRUR Int. 2000, 659, 663. Zum Zusammenhang zwischen Durchsetzbarkeit und Territorialität *Austin,* in: *Rickett/Austin,* 105, 107: „The territoriality of copyright means that there is no domestically enforceable international law of copyright."; *Reindl,* [1998] Mich. J. Int. L. 799, 825. Zu den wettbewerbspolitischen Auswirkungen des TRIPS-Abkommens *Ullrich,* GRUR Int 1995, 623–641, 640 „So wird zunächst die weltweite Angleichung rechtlich verbürgten und auch wirksamen Technologieschutzes bei der Beurteilung der räumlich relevanten Märkte und ihrer Beherrschung ebenso zu berücksichtigen sein wie der insgesamt veränderte und auch erweiterte Wettbewerb. Sodann wird der Legitimitätsschwund des Territorialitätsgrundsatzes zu einer Neubewertung von – ausschließlichen – Gebietslizenzen und namentlich des absoluten Gebietsschutzes führen müssen. Des weiteren bedarf die Wettbewerbsnotwendigkeit von Forschungs- und Entwicklungskooperationen und erst recht die subventionsweise Förderung industrieller FuE-Anstrengungen angesichts des gesteigerten Ertragspotentials weltweiten, aus der Aggregation nationaler Märkte zusammengesetzten Schutzes einer Überprüfung."

[69] *Ginsburg,* GRUR Int. 2000, 97, 110: „‚Internationales Urheberrecht' kann nicht mehr korrekt beschrieben werden als ‚Bündel', das aus vielen getrennten Stöcken besteht, von denen jeder ein separates nationales Gesetz darstellt und die durch ein dünnes Band supranationaler Normen der RBÜ zusammengehalten werden. Das heutige internationale Urheberrecht ähnelt vielmehr stark einem riesigen Tintenfisch, dessen zahlreiche nationale Fangarme aus einem großen gemeinsamen Körper internationaler Normen hervorgehen und von ihm abhängen."

[70] *Geller,* GRUR Int. 2000, 659, 663. *Sterling,* World Copyright Law, 1.29: „Initially these efforts at harmonisation were directed toward the 'traditional' questions concerning the protection of authors' works, performances, sound recordings, films, broadcasts, etc. Since 1990, however, the need for the establishment of common rules has grown progressively more urgent, with the advent of the new means of reproduction and communication."

[71] *Austin,* in: *Rickett/Austin,* 105, 121: „As we have seen, the public international law regime includes areas which dictate the shape of domestic copyright laws in addition to contexts in which public international law instruments permit domestic nations to develop copyright laws in ways that suit domestic circumstances." Ausführlich zu den Lücken, die die internationalen Konventionen und die EU-Richtlinien lassen *Ginsburg,* GRUR Int. 2000, 97, 104–110.

einer Begrenzung der Durchsetzbarkeit als Folge der rechtlichen Souveränität der Staaten.[72]

Hinzu kommt, daß sich urheberrechtlich geschützte Werke, die weltweit über das Internet übertragen werden, kaum mehr verorten lassen.[73] Ein Festhalten an territorial begrenzten Schutzrechten wirkt angesichts weltumspannender Datennetze geradezu absurd. Die technische Entwicklung verlangt nach einem universalen Ansatz des IPR. Die weltweite Geltung eines Urheberrechts muß nicht nur subjektiv, sondern auch objektiv anerkannt werden.[74]

Zu Beginn des neuen Jahrtausends verhelfen Internet und Welthandel den Anhängern einer universalen Geltung des Urheberrechts, die bislang „von hoher Warte aus lehrten"[75] zu einem Triumph in den Niederungen der Praxis. So lautet der Befund, daß das Territorialitätsprinzip die Theorie des internationalen Urheberrechts noch immer beherrscht, praktisch aber immer mehr verblaßt.

---

[72] *Regelin*, 80: „Erkennt ein Staat kein privates Eigentum an, so verlieren auch Ausländer, wenn sie sich innerhalb dieses Staates bewegen, die Rechte an ihrem Eigentum. Dies darf jedoch nicht mit Territorialität verwechselt werden, denn dann wären alle Rechte auf der Welt territorial begrenzt, was anerkanntermaßen nicht der Fall ist."

[73] Zum Problem der Lokalisierung von Urheberrechten 3. Kapitel II.2.

[74] Die universale Geltung des Urheberrechts als subjektives Recht wird als Idealbild nicht von den Territorialisten bestritten. Sie wollen das Urheberrecht jedoch objektiv beschränken, da jedes Gesetz nur auf dem Gebiet desjenigen Staates wirke, der es erlassen hat. In dieser territorialen Begrenzung des objektiven Urheberrechts drückt sich die Rückständigkeit des internationalen Urheberrechts aus. *Regelin*, 80. Zur Differenzierung zwischen subjektivem und objektivem Urheberrecht *von Bar*, UFITA 108 (1988), 27, 29 ff.; *Schricker-Katzenberger*, vor §§ 120 ff. UrhG, Rn. 22: „Wenn in der höchstrichterlichen Rechtsprechung (s. BGHZ 64, 183, 101 – August Vierzehn) gesagt wird, das Urheberrecht sei ‚als einheitliches, umfassendes Recht an der geistigen Schöpfung mit der natürlichen Herrschaftsmacht des Urhebers territorial unbegrenzt', so geschieht dies im Hinblick auf die naturrechtliche Idee des geistigen Eigentums (s. dazu BGHZ 17, 266, 278 – Grundig-Reporter) und unter der ausdrücklichen Einschränkung, daß das dem Urheber von den einzelnen Rechtsordnungen positivrechtlich zugebilligte Urheberrecht ‚notwendig auf die jeweiligen staatlichen Hoheitsgebiete begrenzt ist' (s. auch von Gamm, Einf. Rn. 29)."

[75] *Ulmer* in bezug auf Neuhaus, RabelsZ 1977, 479, 482.

II. Internationale Konventionen

Die Vorherrschaft der Territorialitätslehre manifestiert sich in den internationalen Konventionen zum Urheberrecht.[76] Über ein Jahrhundert war die alte Welt der Berner Konvention in Ordnung. Regionale und bilaterale Abkommen verloren ihre Bedeutung; der Gegenentwurf zur Berner Konvention von 1886, das Welturheberrechtsabkommen von 1952, steht heute im Schatten der RBÜ. Erst in den neunziger Jahren des 20. Jahrhunderts wurde die WIPO durch das TRIPs-Abkommen der World Trade Organization (WTO) erneut herausgefordert.[77] Die WIPO hat mit dem Copyright Treatment und dem Performances and Phonograms Treaty reagiert.

1. Anwendungsbereich und Verbindlichkeit der Berner Konvention

Das älteste mehrseitige internationale Abkommen auf dem Gebiet des Urheberrechs ist die Berner Übereinkunft zum Schutz von Werken der Literatur und Kunst vom 9. September 1886.[78] Ihr Anwendungsbereich erstreckt sich räumlich auf alle Staaten, die sich nach Art. 1 zu einem Staatenverband, der „Berner Union", zusammengeschlossen haben.[79] Gemäß Art. 35 RBÜ (Pariser Fassung)[80] bleibt die Übereinkunft ohne zeitliche Begrenzung in Kraft, kann aber von jedem Land mit einjähriger Wirkungsdauer gekündigt werden. Der sachliche Anwendungsbereich erstreckt sich auf Werke der Literatur und Kunst (vgl. den nicht abgeschlossenen Katalog des Art. 2 Abs. 1).

---

[76] Zur Entwicklung des internationalen Urheberrechts und der internationalen Konventionen *Ginsburg,* Recueil, 257–265.

[77] Vgl. zur Entwicklung des TRIPs-Übereinkommens *Blakeney,* TRIPs, 1.01 – 1.16, S. 1–38; zum Konflikt zwischen WIPO und WTO: *Ficsor,* WIPO-WTO, in: *Jehoram/Keuchenius/Brownlee,* 79-92; *Karnell,* The Berne Convention Between Authors' Rights and Copyright Economics – An International Dilemma, [1995] IIC Vol. 26, 193-213; *Ricketson,* The Future of the Traditional Intellectual Property Conventions in the Brave New World of Trade-Related Intellectual Property Rights, [1995] IIC Vol. 26, 873–899; *Schäfers,* Normsetzung zum geistigen Eigentum in internationalen Organisationen WIPO und WTO – ein Vergleich, GRUR Int 1996, 763–778.

[78] Revisionen dieses Abkommens fanden 1896 in Paris, 1908 in Berlin, 1928 in Rom, 1948 in Brüssel, 1967 in Stockholm und 1971 in Paris statt. Heute wird daher von der Revidierten Berner Übereinkunft (RBÜ) gesprochen.

[79] Eine aktuelle Übersicht der Verbandsländer findet sich bei *Schricker-Katzenberger,* Vor §§ 120 ff., Rz. 45. Katzenberger weist (in Rn. 43) darauf hin, daß nicht auf alle Verbandsländer die gleichen Fassungen der RBÜ Anwendung finden, da nicht alle Verbandsländer den neueren Konventionsfassungen beigetreten sind. Zur Anwendbarkeit der jeweiligen Fassung vgl. Art. 32 RBÜ (Pariser Fassung). Der aktuelle Stand kann über <http://www.wipo.org> ermittelt werden.

[80] Da für fast alle Verbandsländer die Pariser Fassung verbindlich ist, entsprechen (soweit nicht anders angegeben) alle hier verwendeten Artikel dieser Konventionsfassung.

Der persönliche Anwendungsbereich der RBÜ wird mit Hilfe konventions-
rechtlicher Anknüpfungspunkte[81] bestimmt (Art. 3 und 4).[82] Diese Punkte
verbinden den Urheber mit einem Land der Berner Union und sind nicht zu
verwechseln mit Anknüpfungsprinzipien, die über das anwendbare Recht entscheiden.[83] Die RBÜ stellt auf vier verschiedene Anknüpfungspunkte[84] ab:
auf die Staatsangehörigkeit des Urhebers bzw. auf seinen gewöhnlichen Aufenthalt[85] oder auf das erste Erscheinen seines Werkes[86] oder auf die Darbie-
tung seiner Leistung in einem Vertragsstaat.[87] So entscheidet der persönliche
Status des Urhebers, der geographische Ursprung des Werks oder die geographische Verbindung des Werks mit der Öffentlichkeit[88] darüber, ob ein Urheber von der Konvention geschützt wird oder nicht.[89]

Die Mitgliedsländer sind nach herrschender Meinung verpflichtet, das
Konventionsrecht unmittelbar anzuwenden.[90] Verbandsgeschützte Urheber
können sich somit direkt auf die in der RBÜ enthaltenen Rechte berufen, sobald die Vertragsnormen entsprechend der jeweiligen Staatsverfassung in das
Landesrecht aufgenommen worden sind.[91]

---

[81] „Connecting factor", „point de rattachement" oder „Anknüpfungspunkt", vgl. *Stewart*,
International Copyright, 44.

[82] Auf der Konferenz von Stockholm 1967 wurde darauf verzichtet, eine verbindliche Interpretation der Kriterien in die Berner Übereinkunft zu inkorporieren. Statt dessen wurde
beschlossen, daß der Richter im Einzelfall ein Kriterium bestimmt. Conférence de Stockholm
de 1967, Rapport sur les travaux de la Commission principale Nr. I, 29–30. Dazu *Ulmer*,
Points de rattachement, 36 Nordiskt Immateriellt Rättsskydd 1967, 208, 214–216.

[83] Zur Unterscheidung von konventionsrechtlichen und kollisionsrechtlichen Anknüpfungspunkten *Boytha*, DdA, 1988, 422, 431.

[84] Vgl. *Koumantos*, DdA 1988, 439, 444–446 und *Stewart*, International Copyright, 44–
49, die allerdings nicht zwischen konventions- und kollisionsrechtlichen Kriterien
differenzieren und *Boytha*, DdA 1988, 422, 430–432.

[85] Art. 3 Abs. 1 lit. a und Art. 5 Abs. 4 lit. c RBÜ bzw. Art. 3 Abs. 2 RBÜ.

[86] Art. 3 Abs. 1 lit. b und Art. 5 Abs. 4 lit a RBÜ.

[87] Art. 3 Abs. 3 S. 2 RBÜ.

[88] Ein Beispiel findet sich bei *Schack*, ZUM 1989, 267, 275: Ein Auslandsdeutscher in
Argentinien veröffentlicht ein Buch, das in Chile nachgedruckt wird.

[89] Geschützt sind erstens die einem Verbandsland angehörenden Urheber (Art. 3 Abs. 1
lit. a); zweitens die Urheber, die keinem Verbandsland angehören, jedoch ihren gewöhnlichen
Aufenthalt in einem Verbandsland haben (Art. 3 Abs. 2); drittens, die keinem Verbandsland
angehörenden Urheber für die Werke, die sie zum ersten Mal in einem Verbandsland veröffentlichen (Art. 3 Abs. 1 lit. b).

[90] *Saenger*, Das Verhältnis der Berner Konvention zum innerstaatlichen Urheberrecht, 14.
Darüber hinaus hat Art. 19 RBÜ die Anwendung vorteilhafterer Bestimmungen des inneren
Rechts für zulässig erklärt. *Saenger*, ebd., 49 ff.

[91] *Möhring/Nicolini*, Urheberrechtsgesetz, 684; *Nordemann/Vinck/Hertin*, Einleitung,
Anm. 35.

2. Das Verhältnis der Berner Konvention zu anderen Abkommen

Die RBÜ erlaubt ihren Mitgliedsländern in Art. 20, Sonderabkommen insoweit zu treffen, als sie entweder Rechte betreffen, die im Berner Abkommen nicht geregelt sind oder eine für den Urheber vorteilhaftere Lösung vorsehen.

a. Bilaterale Urheberrechtsregelungen

Neben den mehrseitigen Urheberrechtskonventionen wurden zahlreiche[92] bilaterale Vereinbarungen zum Schutze fremder Urheber geschlossen, um den Rechtsschutz auch im Verhältnis zu den Ländern zu sichern, die keinem mehrseitigen Urheberrechtsabkommen beigetreten sind.[93] Da sich der internationale Urheberrechtsschutz mittlerweile auf die multinationalen Konventionen verlagert hat,[94] sind die meisten Abkommen heute ohne praktische Bedeutung.[95]

b. Übereinkunft von Montevideo

Dasselbe gilt für die lateinamerikanische Übereinkunft von Montevideo[96] betreffend den Schutz von Werken der Literatur und Kunst vom 11.1.1889 (mit Zusatzprotokoll vom 13. 2.1889),[97] die durch den Beitritt der lateinamerikanischen Staaten zum WUA und zur RBÜ[98] im Verhältnis zu allen anderen Mitgliedstaaten dieser Abkommen verdrängt worden ist. Unberührt bleiben gemäß Art. XIX S. 3 WUA nur die Rechte an einem Werk, die aufgrund der Übereinkunft von Montevideo erworben worden sind, bevor die WUA für die lateinamerikanischen Staaten in Kraft getreten ist.

---

[92] *Majoros* zählt insgesamt 99 zweiseitige Vereinbarungen. *Majoros*, Les arrangements bilateraux en matière de droit d'auteur, 3 ff.

[93] Das aus deutscher Sicht wohl bedeutsamste ist das Abkommen zwischen Deutschland und dem Iran vom 24.2.1930 über den Schutz von Erfindungspatenten, Fabrik- oder Handelsmarken, von Handelsnamen und Mustern sowie von Werken der Literatur und Kunst, das am 1.2.1931 in Kraft getreten ist (RGBl. 1931 II S. 29) und dessen Geltung am 4.11.1954 protokollarisch bestätigt worden ist (BGBl. 1955 II S. 829). Vgl. *Schricker-Katzenberger*, Vor §§ 120 ff., 68.

[94] *Bappert/Wagner*, Internationales Urheberrecht, 301.

[95] Unter den von *Majoros* angeführten zweiseitigen Vereinbarungen regelten 1975 noch insgesamt 22 den Urheberrechtsschutz im Verhältnis zu Staaten, die weder durch die RBÜ noch durch die WUA verbunden waren. (Nachweis bei *Khadjavi-Gontard*, Grundsatz der Inländerbehandlung, 36, Fn. 143.) 25 Jahre später sind wohl nur noch die Verträge des Iran mit Deutschland (vom 24.2.1930) sowie der Vertrag zwischen San Marino und Italien (vom 31.3.1939) von Bedeutung.

[96] Abgedruckt bei *Bappert/Wagner*, Internationales Urheberrecht, 297 ff. und bei *Nordemann/Vinck/Hertin*, 446 ff.

[97] Die Übereinkunft ist für Deutschland im Verhältnis zu Argentinien und Paraguay am 1. 9.1927 (Bek. vom 22.9.1927, RGBl. 1927 II S. 883) und zu Bolivien am 14.9.1927 (Bek. vom 13.10.1927, RGBl. 1927 II S. 9) in Kraft getreten.

[98] Argentinien 1967, Bolivien 1993, Paraguay 1992.

c. Welturheberrechtsabkommen

Die Bestimmungen des Welturheberrechtsabkommens (WUA) sind nicht unmittelbar anwendbar.[99] Die Vertragsstaaten verpflichten sich vielmehr, alle notwendigen Bestimmungen zu treffen, um einen ausreichenden und wirksamen Schutz der Rechte der Urheber zu gewähren.[100] Nur Art. II WUA, der den Grundsatz der Inländerbehandlung enthält, gilt unmittelbar.[101] Im Verhältnis zur RBÜ tritt das WUA gemäß Art. XVII WUA in den Fällen zurück, in denen ein Werk in den Schutzbereich beider Konventionen fällt und sich ihre maßgeblichen Vorschriften widersprechen.[102] Die praktische Bedeutung des WUA beschränkt sich daher heute im wesentlichen auf die urheberrechtlichen Beziehungen zwischen den wenigen Staaten, die nur dem WUA, nicht aber der Berner Union angehören.[103]

d. Rom-Abkommen

Das Abkommen über den Schutz der ausübenden Künstler, der Hersteller von Tonträgern und der Sendeunternehmen vom 26.10.1961 betrifft lediglich den Schutz verwandter Schutzrechte, nicht aber den Schutz des Urheberrechts selbst, so daß es auf den Anwendungsbereich dieses Abkommens hier nicht ankommt.

e. TRIPs

Der sachliche Anwendungsbereich des Übereinkommens über handelsbezogene Aspekte der Rechte des geistigen Eigentums (TRIPs) wird nach dem Vorbild der RBÜ (und der PVÜ)[104] durch Anknüpfungspunkte bestimmt,[105]

---

[99] So die herrschende Meinung: *Bappert/Wagner*, Internationales Urheberrecht, Einl. Anm. 3; *von Gamm*, Die Pariser Revisionen der Revidierten Berner Übereinkunft und des Welturheberrechtsabkommens, NJW 1972, 2065, 2085; *Möhring/Nicolini*, § 121 Anm. 10b.

[100] Vgl. Art. I, III, IV, V Ziff. 2 WUA.

[101] *Bogsch*, Universal Convention, Art. II Ziff. 10; *Nordemann/Vinck/Hertin*, Art. II, Anm. 1.

[102] Zusatzerklärung zu Art. XVII WUA; BGHZ 118, 394, 396 – *Alf; Bappert/Wagner*, Das Verhältnis zwischen dem Welturheberrechtsabkommen, der revidierten Berner Übereinkunft und den anderen zwischenstaatlichen Abkommen über das Urheberrecht, GRUR Int. 1956, 350 ff., 351; *Schricker-Katzenberger*, Vor §§ 120 ff., Rn. 24; *Troller*, Das Welturheberrechtsabkommen, RabelsZ 1954, 1, 28 f.; *Ulmer*, Urheber- und Verlagsrecht, 104.

[103] *Katzenberger*, GRUR Int. 1995, 447, 455, Fn. 102: Neben Andorra handelt es sich ausschließlich um arabische, asiatische und lateinamerikanische Staaten sowie um Staaten, die aus der ehemaligen Sowjetunion hervorgegangen sind.

[104] Pariser Verbandsübereinkunft zum Schutz des gewerblichen Eigentums vom 20.3.1883, der am 1.1.1995 insgesamt 129 Staaten angehörten.

[105] Art. 1 Abs. 3 S. 2 TRIPs: „[...] the nationals of other Members shall be understood as those natural or legal persons that would meet the citeria for eligibility for protection provided for in the Paris Convention (1967), the Berne Convention (1971), the Rome Convention

da Art. 1 Abs. 3 S. 2 TRIPs auf die Anknüpfungskriterien der traditionellen Abkommen auf den Gebieten des Urheberrechts und der verwandten Schutzrechte verweist.[106]

Die RBÜ wird in ihrer Gültigkeit für die Rechtsbeziehungen unter ihren jeweiligen Verbandsländern durch die in den Teilen I-IV enthaltenen Bestimmungen[107] gemäß Art. 2 Abs. 2 TRIPs nicht beeinträchtigt.[108] Das TRIPs-Übereinkommen läßt die Bestimmungen der älteren Konventionen nicht nur bestehen, sondern knüpft sogar an sie an.[109] Darüber hinaus verpflichtet Art. 9 Abs. 1 S. 1 TRIPs die Mitglieder, die materiellen Vorschriften der RBÜ[110] auf dem Niveau der Pariser Fassung zu befolgen.[111] Ergänzend führt TRIPs zu-

---

and the Treaty on Intellectual Property in Respect of Integrated Circuits (IPIC Treaty), were all Members of the WTO also members of those Conventions." TRIPs folgt mit dieser Regelung nicht den warenbezogenen Kriterien, die für den Anwendungsbereich des GATT entscheidend sind. Vgl. *Katzenberger*, GRUR Int. 1995, 447, 459; *Blakeney*, TRIPs, 3.02, S. 40. Deutsche Fassung BGBl II 1994, 1565–1597, 1730–1745.

[106] Eine Übernahme der Anknüpfungspunkte der Berner Konvention in der Pariser Fassung ergibt sich auch aus der Verweisung des Art. 9 Abs. 1 S. 1 TRIPs auf die Art. 1 bis 21 RBÜ, da der sachliche Anwendungsbereich der RBÜ in Art. 3 und 4 bestimmt wird (siehe oben 2. Kapitel II.1.).

[107] Die Teile I bis IV enthalten: Allgemeine Bestimmungen und Grundprinzipien (Teil I), Normen betreffend die Verfügbarkeit, den Umfang und die Ausübung von Rechten des geistigen Eigentums (Teil II), Durchsetzung der Rechte des geistigen Eigentums (Teil III) und Erwerb und Aufrechterhaltung von Rechten des geistigen Eigentums und damit in Zusammenhang stehende Inter-partes-Verfahren (Teil IV). Gegenstand der übrigen Teile ist: Streitvermeidung und -beilegung (Teil V), Übergangsregelungen (Teil VI) und Institutionelle Regelungen; Schlußbestimmungen (Teil VII).

[108] Dies gilt gemäß Art. 2 Abs. 2 TRIPs auch im Hinblick auf die *bestehenden* Beziehungen der TRIPs-Mitglieder untereinander. Im übrigen bekräftigt die Präambel des TRIPs-Übereinkommens den Wunsch, eine der gegenseitigen Unterstützung dienende Beziehung zwischen der Welthandelsorganisation und der die Revidierte Berner Übereinkunft verwaltenden Weltorganisation für geistiges Eigentum (WIPO) aufzubauen. Vgl. *Katzenberger*, GRUR Int. 1995, 447, 456.

[109] Neben den genannten Schutzkriterien der bestehenden Abkommen, deren Erfüllung Art. 1 Abs. 3 TRIPs verlangt, enthält das TRIPs-Abkommen noch andere rechtstechnische Bezugnahmen. So werden in Art. 3 Abs. 1 S. 1 TRIPs bezüglich der Inländerbehandlung die in den bereits bestehenden Abkommen enthaltenen Ausnahmen berücksichtigt. Art. 3 Abs. 1 S. 3 TRIPs ermöglicht ferner eine Vorbehaltserklärung beim TRIPs-Rat im Sinne von Art. 6 RBÜ. Art. 5 TRIPs verneint die Anwendbarkeit der in Art. 3 und 4 TRIPs aufgeführten Verpflichtungen auf Verfahren, die in (im Rahmen der WIPO geschlossenenen) mehrseitigen Übereinkünften betreffend den Erwerb oder die Aufrechterhaltung von Rechten des geistigen Eigentums enthalten sind. Art. 3 Abs. 2 TRIPs schränkt schließlich die Anwendung des Abs. 1 insoweit ein, als diese Regelungen dem TRIPs-Abkommen nicht zuwiderlaufen dürfen. Vgl. *Rehbinder/Staehelin*, Das Urheberrecht im TRIPs-Abkommen, UFITA 127 (1995), 5, 15–16.

[110] Art. 1 bis 21 RBÜ samt Anhang mit Ausnahme des Bereichs der Urheberpersönlichkeitsrechte, der in Art. 6bis RBÜ geregelt ist.

[111] Dadurch wird zum einen das hohe Schutzniveau der RBÜ bestätigt, zum anderen wird klargestellt, welche Vorschriften der RBÜ im Einzelfall dem Streitschlichtungssystem der WTO unterstellt werden können. Vgl. *Rehbinder/Staehelin*, UFITA 127 (1995), 5, 17; *Rein-*

sätzliche Schutz-elemente ein, die neue Schutzgegenstände (Art. 10)[112] und Rechte (Art. 11) betreffen, aber auch Regelungen über die Schutzdauer (Art. 12) sowie Beschränkungen und Ausnahmen (Art. 13).[113] Folglich sind die RBÜ und TRIPs nebeneinander wirksam und zu beachten.[114] Durch die Annahme des TRIPs-Übereinkommens durch die Mitglieder der Welthandelsorganisation (WTO) erstreckt sich der durch TRIPs abermals erweiterte Mindeststandard nun auch auf Länder außerhalb der Berner Union, die Mitglieder der WTO sind.[115]

Der EuGH hat sich in zwei Urteilen kürzlich zur direkten Anwendbarkeit des TRIPs-Übereinkommens geäußert. In einem Bereich, auf den das TRIPs-Übereinkommen anwendbar sei und in dem die Gemeinschaft bereits Rechtsvorschriften erlassen habe, seien die Gerichte der Mitgliedstaaten nach dem Gemeinschaftsrecht verpflichtet, bei der Anwendung ihrer nationalen Rechtsvorschriften, die zu diesem Bereich gehörten, soweit wie möglich den Wortlaut und den Zweck der Vorschriften des TRIPs-Übereinkommens zu berücksichtigen. In einem Bereich, in dem die Gemeinschaft noch keine Rechtsvorschriften erlassen habe und der somit in die Zuständigkeit der Mitgliedstaaten falle, unterlägen der Schutz der Rechte des geistigen Eigentums und die von den Gerichten hierzu getroffenen Maßnahmen nicht dem Gemeinschaftsrecht. Das Gemeinschaftsrecht gebiete es daher nicht, schließe es aber auch nicht aus, daß die Rechtsordnung eines Mitgliedstaats dem einzelnen das Recht zuerkenne, sich unmittelbar auf die Bestimmungen des TRIPs-Übereinkommens zu berufen, oder die Gerichte verpflichte, diese Vorschriften von Amts wegen anzuwenden.[116]

---

bothe, Der Schutz des Urheberrechts und der Leistungsschutzrechte im Abkommensentwurf GATT/TRIPs, GRUR Int. 1992, 707, 708.

[112] *Ginsburg*, Recueil, 271: „[TRIPs] in its Article 10 (1), however, limits Berne and other World Trade Organization members' freedom to define the subject matter of copyright. That treaty provision obliges World Trade Organization members to protect computer software as literary works within the meaning of the Berne Convention. TRIPs Article 10 (2) further requires member countries to protect databases as intellectual creations. Thus, subsequent multilateral accords fill some of the Berne Convention's lacunae as to new technology."

[113] Diese Ergänzung wird häufig als „Bern-Plus"-Ansatz bezeichnet. Vgl. *Katzenberger*, GRUR Int. 1995, 469, 457; *Reinbothe*, GRUR Int. 1992, 707, 709 ff. Das TRIPs-Übereinkommen hat jedoch die Vorschrift über das Urheberpersönlichkeitsrecht des Art. 6bis RBÜ nicht inkorporiert, vgl. Art. 9 Abs. 1 TRIPs.

[114] *Drexl*, GRUR Int. 1994, 777–788, 777; *Katzenberger*, GRUR Int. 1995, 469, 456; *Ficsor*, WIPO-WTO, in: *Jehoram/Keuchenius/Brownlee*, 79–92.

[115] Zum Stand der Beitritte BGBl. II 1998, 624.

[116] Vgl. zu Art. 50 TRIPs: *Christian Dior v Tuk Consultancy*, EuGH, 14.12.2000, Rs. 300/98 verbunden mit *Assco Gerüste GmbH v Wilhelm Layher* EuGH, 14.12.2000, Rs. 392/98, <http://www.curia.eu.int>. Zusammenfassungen der beiden Urteile in GRUR Int. 2001, 90–91. Bereits in einem Gutachten vom 15.11.1994 stellt der EuGH (EuZW 1995, 210) fest, daß die Zuständigkeit für den Abschluß des TRIPs zwischen der Gemeinschaft und ihren Mitgliedstaaten geteilt ist und empfiehlt eine Zusammenarbeit.

f. WIPO Copyright Treaty

Der WIPO Copyright Treaty (WCT)[117] führt den Trend zunehmender Spezifizierung des internationalen Mindeststandards für urheberrechtlich geschützte Gegenstände und Rechte nicht nur fort, er schafft sogar neue Verpflichtungen zum Schutz gegen die Umgehung technischer Schutzmaßnahmen und die Beseitigung oder Verfälschung von Informationen bei der Urheberrechtswahrnehmung.[118] Der WCT ist gemäß Art. 1 Abs. 1 ein Sonderabkommen (im Sinne des Art. 20 RBÜ), das auf die mit der Digitalisierung für das Urheberrecht auftretenden Probleme reagiert.[119] Gemäß Art. 1 Abs. 4 WCT verpflichten sich die Vertragsstaaten, ihr Recht *ausnahmslos* mit den Art. 1–21 und dem Anhang der Berner Übereinkunft in Übereinstimmung zu bringen.[120] Art. 1. Abs. 1 S. 2 stellt dagegen ausdrücklich fest, daß der WCT keine Verbindung mit anderen internationalen Verträgen (einschließlich TRIPs) hat und weder Rechte noch Verpflichtungen aufgrund anderer Verträge beeinträchtigt. Gleichwohl ist der WCT durch das TRIPs-Abkommen beeinflußt worden.[121]

g. Fazit

Weder das Welturheberrechtsabkommen noch TRIPs oder die zahlreichen von Mitgliedstaaten der Berner Union geschlossenen Sonderabkommen einschließlich des WCT verdrängen die Art. 1 bis 21 RBÜ. Der materiellrechtliche Teil der RBÜ ist somit Grundlage aller Überlegungen zum internationalen Urheberrecht.

---

[117] Der WCT wurde zusammen mit dem WIPO Performances and Phonograms Treaty (WPPT) am 20. Dezember von 127 Staaten einstimmig angenommen und tritt nach 30 Ratifikationen in Kraft.

[118] *Ginsburg*, GRUR Int. 2000, 97, 100.

[119] Vgl. zur Entstehungsgeschichte: *von Lewinski*, UFITA 136 (1998), 103, 111.

[120] Art. 3 WCT übernimmt außerdem die Grundsätze der Inländergleichbehandlung, der Mindestrechte und des Formalitätenverbots aus der RBÜ.

[121] Gemäß Art. 4 WCT sind Computerprogramme in allen Ausdrucksformen geschützt. Art. 5 WCT stellt Datenbanken unter Schutz. Obwohl beide Artikel im Wortlaut von Art. 10 TRIPs abweichen, wird in einer gemeinsamen Erklärung angenommen, daß Art. 4 und 5 WCT in Verbindung mit dessen Art 2 den einschlägigen Bestimmungen des TRIPs-Abkommens entspricht. Schließlich wurde das Vermietrecht des Art. 7 WCT an Art. 11 TRIPs angeglichen. Im Vergleich zum TRIPs-Abkommen neu hinzugekommen ist das ausschließliche Verbreitungsrecht für Urheber gemäß Art. 6 WCT und die Regelung interaktiver Online-Nutzungen in Art. 8. Größere Fortschritte in bezug auf die Möglichkeiten der digitalen Nutzung stellen Art. 11 und 12 dar, die sich mit der Umgehung von technischen Schutzmaßnahmen und mit dem Rechtsschutz gegen die unbefugte Streichung oder Veränderung elektronischer Informationen befassen. Zum Verhältnis zwischen TRIPs und WCT im einzelnen: *von Lewinski*, UFITA 136 (1998), 103, 113–121; *Ginsburg*, Recueil, 274–276.

3. Ratifikation und Transformation

a. Deutschland

Die wichtigsten in der Bundesrepublik Deutschland in Kraft getretenen Konventionen zum Urheberrecht und zu den mit dem Urheberrecht verwandten Schutzrechten sind die Berner Übereinkunft zum Schutz von Werken der Literatur und Kunst;[122] das Welturheberrechtsabkommen;[123] das Übereinkommen zur Errichtung der Weltorganisation für geistiges Eigentum;[124] das Internationale Abkommen über den Schutz der ausübenden Künstler, der Hersteller von Tonträgern und der Sendeunternehmen;[125] das Übereinkommen zum Schutz der Hersteller von Tonträgern gegen die unerlaubte Vervielfältigung ihrer Tonträger;[126] das Übereinkommen über handelsbezogene Aspekte der Rechte des geistigen Eigentums (TRIPs);[127] der WIPO-Urheberrechtsvertrag (WCT) und der WIPO-Vertrag über Darbietungen und Tonträger (WPPT).[128]

---

[122] Die Berner Übereinkunft zum Schutz von Werken der Literatur und Kunst vom 9.9.1886 ist mit Zusatzartikel, Schlußprotokoll und Vollziehungsprotokoll vom gleichen Datum (RGBl. 1887 S. 493/506/508/514) am 5.12.887 in Kraft getreten. Die revidierte Pariser Fassung (RBÜ) vom 24.7.1971 (BGBl. 1973 II S. 1069) ist für die Bundesrepublik Deutschland vollständig am 10.10.1974 in Kraft getreten, Erklärung nach Art. VI Abs. 1 lit. ii wirksam am 18.10.1973. Die Änderungen vom 2.10.1979 sind am 19.11.1984 in Kraft getreten (BGBl. 1985 II S. 81). Angaben in Klammern nach BGBl. 1998 II vom 12.1.1998 – Fundstellennachweis B S. 186.

[123] Das Welturheberrechtsabkommen (WUA), das mit drei Zusatzprotokollen am 6.9.1952 in Genf unterzeichnet und am 24.7.1971 mit zwei Zusatzprotokollen in Paris revidiert wurde, ist am 16.9.1955 in der ursprünglichen und am 10.7.1974 in der revidierten Fassung für die Bundesrepublik Deutschland in Kraft getreten (BGBl. 1955 II S. 101). Das Zusatzprotokoll Nr. 3 ist am 3.6.1955 in Kraft getreten (BGBl. 1955 II S. 892; BGBl. 1973 II S. 1069/1111 und 1974 II S. 1309). Angaben in Klammern nach BGBl. 1998 II vom 12.1.1998 – Fundstellennachweis B S. 318.

[124] Das Übereinkommen zur Errichtung der Weltorganisation für geistiges Eigentum vom 14.7.1967 ist am 19.9.1970 für die Bundesrepublik in Kraft getreten (Bekanntgabe vom 12.10.1970, BGBl. II S. 1070).

[125] Das Internationale Abkommen über den Schutz der ausübenden Künstler, der Hersteller von Tonträgern und der Sendeunternehmen vom 26.10.1961 ist am 21.10.1966 für die Bundesrepublik in Kraft getreten (vgl. das Zustimmungsgesetz vom 15.9.1965, BGBl. 1965 II S. 1243; Bek. vom 21.10.1966, BGBl. 1966 II S. 1473).

[126] Das Übereinkommen zum Schutz der Hersteller von Tonträgern gegen die unerlaubte Vervielfältigung ihrer Tonträger (GTA) vom 29.10.1971 ist am 18.5.1973 für die Bundesrepublik Deutschland in Kraft getreten (vgl. das Zustimmungsgesetz vom 10.12.1973, BGBl. 1973 II S. 1669; Bek. vom 29.3.1974, BGBl. 1974 II S. 336).

[127] Das Übereinkommen über handelsbezogene Aspekte der Rechte des geistigen Eigentums (TRIPs) ist als Anhang 1 C des Übereinkommens zur Errichtung der Welthandelsorganisation (WTO) zum 1.1.1995 in Kraft getreten. (BGBl. II. S. 1730 bzw. Abl. EG L 336/213).

[128] Die Bundesrepublik Deutschland hat den WIPO-Urheberrechtsvertrag (WCT) vom 20.12.1996 und den WIPO-Vertrag über Darbietungen und Tonträger (WPPT) vom 20.12.1996 unterzeichnet. Sämtliche Nachweise bei *Schricker-Katzenberger*, vor §§ 120 Rn. 41 ff.

Die Bundesrepublik – seit 1951 Mitglied des GATT – hat als Mitglied der EU das TRIPs-Übereinkommen gezeichnet, ist ihm beigetreten und hat es ratifiziert.[129] Dennoch meint der deutsche Gesetzgeber, die Regeln des TRIPs-Übereinkommens richteten sich nur an die Bundesrepublik als Staat, für Gerichte und Parteien im Zivilprozeß seien sie irrelevant.[130] Eine differenzierende Sicht hält zumindest Art. 50 Abs. 1–3 TRIPs, also die provisorischen Maßnahmen, dann für unmittelbar relevant, wenn durch ihre Anwendung nicht neue Verfahren oder neue Verfahrenskompetenzen geschaffen werden.[131]

b. Vereinigtes Königreich

Das Vereinigte Königreich hat alle wichtigen internationalen Verträge zum Urheberrecht ratifiziert: Es hat die 1. Fassung der Berner Konvention vom 9.11.1886 durch eine Order in Council vom 2.12.1887 implementiert und alle nachfolgenden Fassungen einschließlich der Pariser von 1971 am 2.1.1990 ratifiziert; es ist seit dem 27.9.1957 Mitglied des Welturheberrechtsabkommens, dessen Pariser Fassung von 1971 es am 10.7.1974 ratifiziert hat; es hat das Rom-Abkommen von 1961 am 18.Mai 1964 ratifiziert; es ist am 1.7.1961 Mitglied des Europäischen Abkommens zum Schutz von Fernsehsendungen geworden; es hat am 26.4.1970 die Konvention zur Errichtung der WIPO von 1967 ratifiziert; es hat das Übereinkommen zum Schutz der Hersteller von Tonträgern gegen die unerlaubte Vervielfältigung ihrer Tonträger von 1971 am 18.4.1970 ratifiziert; es ist am 15.4.1994 ein Mitglied der World Trade Organization geworden und damit auch Vertragspartei des Übereinkommens über handelsbezogene Aspekte der Rechte des geistigen Eigentums (TRIPs) vom 15.4.1994 und es hat den WIPO-Urheberrechtsvertrag (WCT) vom

---

[129] BGBl II 1998, 624; zur inhaltlichen Begründung der Ratifikation BT-Drucksache 12/7655; BT-Drucksache 13/9970.

[130] BT-Drucksache 12/7655, 347: „Alle Vorschriften in Teil III sind so gestaltet, daß sie nicht unmittelbar anwendbar sind, sondern lediglich Verpflichtungen für die Mitgliedstaaten enthalten, bestimmte Regelungen einzuführen oder vorzusehen." Zustimmend *Schäfers,* GRUR Int. 1996, 763, 772–774 m.w.N.

[131] *Drexl,* in: *Beier/Schricker,* From GATT to TRIPS, 18, 37–56; *Katzenberger,* in: *Beier/Schricker,* From GATT to TRIPS, 59, 80; *Dreier,* in: *Beier/Schricker,* From GATT to TRIPS, 248, 270. Deutsche Fassung in GRUR Int. 1996, 205, 215: „An eine unmittelbare Anwendbarkeit ließe sich daher allenfalls dort denken, wo das nationale Recht ein bestimmtes, vom TRIPS gefordertes Verfahren bereits kennt, und lediglich bestimmte Verfahrensregeln oder Rechtsfolgen vorschreibt (also etwa die Anordnung der Vorlage von Beweisen im Besitz des Gegners gemäß Art. 43 Abs. 1, die Entschädigung in Fällen des Klagemißbrauchs gem. Art. 48 Abs. 1 Satz 1 und möglicherweise auch die Anordnung von Maßnahmen zur Sicherung von Beweisen im einstweiligen Verfahren nach Art. 50 Abs. 1 Buchst. b). Dennoch gilt auch insoweit zu bedenken, daß die generelle Regelung des Art. 1 Abs. 1 des TRIPS an die Mitglieder gerichtet ist, und diesen die Verpflichtung auferlegt, ‚die Bestimmungen dieses Übereinkommens an(zuwenden)'. Der deutsche Umsetzungsgesetzgeber geht jedenfalls davon aus, daß es sich demnach durchweg um nicht unmittelbar anwendbare Vorschriften handelt." Kritisch *Hartwieg/Grunert,* ZIP 2000, 721, 724–725.

20.12.1996 sowie den WIPO-Vertrag über Darbietungen und Tonträger (WPPT) vom 20.12.1996 unterzeichnet.[132]

Im Vereinigten Königreich bedürfen völkerrechtliche Verträge jedoch eines Ausführungsgesetzes, das gegebenenfalls zum Erlaß von Verordnungen ermächtigt.[133] Aus einem völkerrechtlichen Vertrag selbst lassen sich keine Rechte ableiten.[134] Die internationalen Konventionen zum Urheberrecht sind nur bruchstückhaft in Ausführungsgesetze überführt worden.[135]

---

[132] Nachweise bei *Bently/Cornish*, UK-78.

[133] Zum Umgang mit völkerrechtlichen Verträgen in England *Mann*, Foreign Affairs in English Courts, 84–119.

[134] Vgl. *Browne-Wilkinson VC* in *Def Lepp Music v Stuart Brown* [1986] RPC, 273, 277, 14–17: „I do not understand how the Berne Convention (being simply a treaty obligation) conferred any individual rights on the plaintiff under English law in the absence of any legislation incorporating the Convention into English law." Zum Erfordernis eines Ausführungsgesetzes für völkerrechtliche Verträge, vgl. *Azrak-Hamway International Inc* [1997] RPC 134, 143; *Lenzing AG* [1997] RPC 245, 269–274.

[135] Der Grundsatz der Inländerbehandlung ist übernommen worden, vgl. 4. Kapitel B.IV.1.

III. Harmonisierungsmaßnahmen innerhalb der Europäischen Union

1. Gesetzgebung

Ein Europäisches Urheberrecht gibt es noch nicht.[136] Das Europäische Urheberrecht ist aber auf dem Weg von einer negativen Integration, die vornehmlich auf die Beseitigung von Handelsschranken und Wettbewerbsverzerrungen gerichtet ist, zu einer „positiven Integration", die sich an positiven wirtschafts-, gesellschafts- und kulturpolitischen Zielsetzungen orientiert.[137] Die EU[138] hat im Urheberrecht bisher ausschließlich zu umsetzungsbedürftigen Richtlinien (Art. 189 Abs. 3 EGV, jetzt Art. 249 Abs. 3 EGV) als Instrument der Rechtsvereinheitlichung gegriffen.[139] Seit 1991 hat der europäische Gesetzgeber fünf Richtlinien im Bereich des Urheberrechts und der verwandten Schutzrechte erlassen.[140] Während die bisherigen fünf Richtlinien Einzelvorschriften über zustimmungsbedürftige Handlungen und Ausnahmen von zustimmungsbedürftigen Handlungen bezüglich spezieller Schutzgegenstände (Computerprogramme und Datenbanken) oder Rechte (Vermietrecht, Verleihrecht, Kabel- und Satellitensendungen) enthalten, stützt sich die Richtlinie zur Infomationsgesellschaft auf den WCT von 1996 und enthält demgemäß eine synthetische Regelung fast aller Urheberrechtsbefugnisse.[141] Insgesamt setzen

---

[136] Zum Stand der Rechtsvereinheitlichung *Gerth*, in: *Prütting*, Entwicklung, 99–118; *Schack*, ZEuP 2000, 799–819; *Röttinger*, UFITA 2001, 9–95; *Reinbothe*, in: FS Thruow, 13.

[137] *Loewenheim*, GRUR Int. 1997, 285, 292.

[138] Im folgenden ist generell von „Europäischer Union" die Rede, um – nicht ganz zutreffend – durchgehend einen einheitlichen Ausdruck zu verwenden. Zur Abgrenzung zwischen „EG" und „EU" *Arndt*, Europarecht, 1–2.

[139] *Schack*, ZEuP 2000, 799, 800.

[140] Richtlinie 91/250/EWG des Rates vom 14. Mai 1991 über den Rechtsschutz von Computerprogrammen, Abl., EG Nr. L 122 S. 42; Richtlinie 92/100/EWG des Rates vom 19. November 1992 zum Vermietrecht und Verleihrecht sowie zu bestimmten dem Urheberrecht verwandten Schutzrechten im Bereich des geistigen Eigentums, Abl. EG Nr. L 346 vom 27.11.1992, S. 61; Richtlinie 93/83/EWG des Rates vom 27.September 1993 zur Koordinierung bestimmter urheber- und leistungsschutzrechtlicher Vorschriften betreffend Satellitenrundfunk und Kabelweiterverbreitung, Abl. EG Nr. L 248 vom 6. Oktober 1992, S. 15; Richtlinie 93/98/EWG des Rates vom 29. Oktober 1993 zur Harmonisierung der Schutzdauer des Urheberrechts und bestimmter verwandter Schutzrechte, Abl. EG Nr. L 290 vom 24. November 1993, S. 9; Richtlinie 96/9/EG des Europäischen Parlaments und des Rates vom 11. März 1996 über den rechtlichen Schutz von Datenbanken, Abl. EG Nr. L 77 vom 27. März 1996, S. 20.

[141] *Ginsburg*, GRUR Int. 2000, 97, 101. Vorschlag der Europäischen Kommission für eine Richtlinie des Europäischen Parlaments und des Rates zur Harmonisierung bestimmter Aspekte des Urheberrechts und der verwandten Schutzrechte in der Informationsgesellschaft vom 10. Dezember 1997, Abl. EG 1998 Nr. C 108, S. 6; KOM 97, 626; abgedruckt in GRUR Int. 1998, 402 ff.; zum Zwischenstand der Diskussion *Hoeren*, MMR 2000, 515–521; kritisch

die Richtlinien einen umfassenden und detaillierten Rahmen als Anleitung für die nationalen Gesetzgeber, wobei sie die Möglichkeit nationaler Abweichungen bezüglich des Umfangs des Urheberrechtsschutzes erheblich einschränken. Ledigich in der Frage der Inhaberschaft am Urheberrecht gewähren die Richtlinien den Mitgliedstaaten einen großen Spielraum.[142]

2. Rechtsprechung

Das *Phil-Collins*-Urteil des EuGH vom 20.10.1993 hat das System des internationalen Urheberrechts erschüttert.[143] Das darin ausgesprochene Gebot einer strikten Gleichbehandlung EU-Angehöriger mit inländischen Urhebern hat die Gleichstellung inländischer Staatsangehöriger mit Staatsangehörigen eines anderen Mitgliedstaates der EU bewirkt. Das *Phil-Collins*-Urteil ist auch für die Auslegung des EWR-Vertrages[144] maßgebend und wirkt damit über die Grenzen der EU hinaus.[145]

Dem *Phil-Collins*-Urteil kommt in Deutschland unmittelbare Wirkung zu.[146] Gleichwohl sah sich der Gesetzgeber veranlaßt, das Urheberrechtsgesetz zu ändern und Staatsangehörige anderer EU- und EWR-Staaten deut-

---

Hugenholtz, [2000] EIPR, 499–505. Zu den Konsequenzen aus der EU-Richtlinie zum Urheberrecht für die innerstaatliche Umsetzung *Schöfisch,* in: *Prütting,* Entwicklung, 23–31.

[142] *Ginsburg,* GRUR Int. 2000, 97, 102.

[143] EuGH, Urteil v. 20.10.1993, Rs. 92/92 u. 326/92 = JZ 1994, 142 mit kritischer Anmerkung von *Schack,* JZ 1994, 144–147; vgl. auch *Braun,* IPRax 1994, 263–266; *Firsching,* Der Schutz der ausübenden Künstler aus europäischer Perspektive im Hinblick auf das „Phil Collins"-Urteil des EuGH, UFITA 133 (1997), 131–147; *Flechsig/Klett,* EU und europäischer Urheberschutz, ZUM 1994, 685–698; *Loewenheim,* Gemeinschaftsrechtliches Diskriminierungsverbot und nationales Urheberrecht, NJW 1994, 1046–1048; *Staudinger-von Hoffmann,* Art. 38 EGBGB, Rn. 575 a.E.; *Mestmäcker,* Schutz der ausübenden Künstler und EWG-Diskriminierungsverbot, GRUR Int 1993, 532–536; *Nirk/Hülsmann,* Urheberrechtlicher Inlandsschutz aufgrund des gemeinschaftsrechtlichen Diskriminierungsverbotes? in: FS Piper 1996, 725–746; *Rhein,* Phil Collins und das 3. Urheberrechtsänderungsgesetz, in: FS Piper, 755–768; *Schack,* Urheberrecht, 368–372. Vgl. auch den Zwillingsfall *Patricia v EMI Electrola* („*Cliff Richard*") EuGH Rs. 341/87, Slg. 1989, 79, dazu *Sterling,* World Copyright Law, 26.09.

[144] Übereinkommen über den Europäischen Wirtschaftsraum vom 2.5.1992, BGBl 1993 II 266; 1993 II 515; in Kraft seit dem 1.1.1994.

[145] Art. 6 EWRV enthält ein dem Art. 6 I EGV entsprechendes Diskriminierungsverbot. Vgl. *Karnell,* Wer liebt Phil Collins? GRUR Int. 1994, 733–741, 733; *Schack,* Urheberrecht, 371.

[146] Vgl. BGHZ 125, 382, 387, 393 f. – *Rolling Stones*; BGH GRUR Int. 1999, 62, 64 – *Bruce Springsteen:* „Danach stellt es einen Verstoß gegen das EG-rechtliche Diskriminierungsverbot dar, wenn ein Mitgliedstaat einen Urheber oder ausübenden Künstler eines anderen Mitgliedsstaates von einem Verbietungsrecht ausschließt, das er inländischen Urhebern oder ausübenden Künstlern gewährt. [...] Da es sich hierbei um eine Beschreibung des geltenden Rechts handelt, kommt dem Urteil – wie das BerG zutreffend angenommen hat – rückwirkende Kraft zu (BGHZ 125, 382, 393 f. – Rolling Stones)."

schen Staatsangehörigen gleichzustellen.[147] Durch die Gleichbehandlung von
Angehörigen anderer EU-Staaten mit Inländern haben die internationalen
Übereinkommen heute praktisch nur noch Bedeutung im Verhältnis zu
Drittstaaten.[148]

An das in Art. 6 Abs. 1 EGV ausgesprochene Diskriminierungsverbot sind
seit *Phil Collins* auch Gerichte des Vereinigten Königreichs gebunden.[149]
„The general principle is that any protection under copyright and related
rights which is granted by a Member State to its own nationals must be granted by that Member State to nationals of all other Member States."[150]

---

[147] Vgl. § 120 Abs. 2 Nr. 2 UrhG: „Deutschen Staatsangehörigen stehen gleich Staatsangehörige eines anderen Mitgliedstaates der Europäischen Union oder eines anderen Vertragsstaates des Abkommens über den Europäischen Wirtschaftsraum."
    Vgl. ÄndG vom 23.6.1995, BGBl. I S. 842 mit Wirkung zum 30.6.1995 zu §§ 120 Abs. 2
Nr. 2, 124, 125 Abs. 1 S. 2, 126 Abs. 1 S. 2, 128 Abs. 1 S. 2, 127a Abs. 1 S. 2 UrhG.
[148] *Staudinger-von Hoffmann,* Art. 38 EGBGB, Rn. 575 a.E.
[149] *Phil Collins v Imtrat* Rs. 92/92 u. 326/92, Slg. 1993, 5145 = JZ 1994, 142 = [1993]
CMLR 773; vgl. *Dworkin/Sterling* [1994] EIPR 187, 190.
[150] *Sterling,* World Copyright Law, 618 und 676.

3. Kapitel:

Deutschland

I. Rechtsbehelfe

Die Suche nach dem passenden Rechtsbehelf steht am Anfang eines Urheber-rechtsprozesses. Der Anwalt prüft, ob Rechtsbehelfe[1] in den Ländern zur Ver-fügung stehen, in denen sein Mandant Schutz sucht. Ein Vergleich der Rechtsbehelfe offenbart, in welchem Land es sich lohnt, Klage zu erheben. Die Trennlinie verläuft zwischen Rechtsbehelfen im Hauptsacheverfahren (1)[2] und einstweiligen Maßnahmen (2).[3] Abschließend ist zu klären, ob die deut-

---

[1] Als „Rechtsbehelf" wird im folgenden jede zivilrechtliche Maßnahme bezeichnet, die geeignet ist, Urheberrechte durchzusetzen. Nicht gemeint sind Rechtsmittel (Berufung, Revision und Beschwerde) und weitere Rechtsbehelfe im Sinne der ZPO (Widerspruch, Einspruch, Wiedereinsetzung, Wiederaufnahmeklage, Erinnerung und Gegenvorstellung). Dazu *Schellhammer*, Zivilprozeß, 430 ff. und 492 ff.

[2] Vgl. den Generalbericht von *Nordemann*, „Zivilprozeß und zivilrechtliche Sanktionen (Schadenersatz, Gewinnherausgabe, Beschlagnahme, etc.) und ihre Wirksamkeit im Kampf gegen die Piraterie", Zusammenfassung von *Wand/Leistner*, ALAI-Kongreß, GRUR Int. 2000, 151, 153 f. *Nordemann* kommt nach Auswertung der Antworten auf die von ihm ver-schickten Fragebögen zu dem Ergebnis, daß in allen untersuchten Rechtsordnungen sowohl zivil- als auch strafrechtliche Sanktionen zur Verfügung stehen, nicht aber verwaltungsrecht-liche Sanktionen. Die hier allein interessierenden zivilrechtlichen Sanktionen sind: Unterlas-sungsverfügungen; Sanktionen, die auf Schadensersatz gerichtet sind – hier ist weiter nach der Schadensbemessung zu differenzieren; Sanktionen, die auf Ersatz für immaterielle Schä-den gerichtet sind.

[3] Auf Initiative der ALAI wurden Fragebögen über Rechtsbehelfe im Urheberrecht ent-wickelt und in 16 Länder verschickt. Das Ergebnis ist im Juni 1999 auf dem ALAI-Kongreß in Berlin präsentiert worden. Vgl. den Generalbericht „Der einstweilige Rechtsschutz – eine starke Waffe gegen Rechtsverletzer?" von *Grosheide*, deutsche Fassung abgedruckt in GRUR Int. 2000, 310–324. *Grosheide* lehnt sich eng an die Struktur und Methodik des Memoran-dums an, das *Kessedjian* für die Sonderkommission der Haager Konferenz für internationales Privatrecht vorbereitet hat: Note on Provisional and Protective Measures in Private Interna-tional and Comparative Law – Preliminary Document No. 10 of October 1998 (The Hague conference on IPL, the Netherlands). Unter Berufung auf *Kessedjian* unterscheidet *Grosheide* folgende Maßnahmen:

- Maßnahmen, die ihrer Natur nach *in personam* sind, d.h. sich gegen die Person des (an-geblichen) Verletzers richten und ihm verbieten, etwas zu tun oder zu unterlassen, oder die jemandem (der eine dritte Person sein mag, die nicht im Hauptfall involviert ist, z.B. eine Bank) gebieten, etwas zu tun oder zu unterlassen (z.B. bestimmte Dokumente zu-gunsten des Rechtsinhabers aufzubewahren);

schen Regelungen mit den Vorschriften des TRIPs-Übereinkommens in Einklang stehen (3).

1. Hauptsacheverfahren

In den §§ 97-99, 101a UrhG ist nicht von Rechtsbehelfen, sondern von „Ansprüchen" die Rede. Die Ansprüche werden gemäß § 104 S. 1 UrhG vor den ordentlichen Gerichten durch Erhebung der Klage (§ 253 ZPO) geltend gemacht. Ein deutsches Gericht ist befugt, den Verletzer eines Urheberrechts zu verurteilen,

- bei Wiederholungsgefahr weitere Verletzungshandlungen sofort zu unterlassen, unabhängig davon, ob der Verletzer gutgläubig war oder schuldhaft gehandelt hat (§ 97 Abs. 1 UrhG);
- den durch den rechtswidrigen Eingriff fortdauernden störenden Zustand zu beseitigen (§ 97 Abs. 1 UrhG);
- Ersatz für den materiellen Schaden zu leisten, wenn der Verletzer schuldhaft gehandelt hat (§ 97 Abs. 1 UrhG);
- an Stelle des Schadensersatzes den Gewinn herauszugeben, den der Verletzer durch die Verletzung des Rechts erzielt hat und über diesen Gewinn Rechnung zu legen (§ 97 Abs. 1 S. 2);
- Ersatz für den immateriellen Schaden zu leisten (§ 97 Abs. 2 UrhG);
- über das Ausmaß der Verletzungshandlungen Auskunft zu geben und Rechnung zu legen (§§ 242, 259, 260 BGB);
- über Hersteller, Zulieferer und Vertriebswege Auskunft zu geben (§ 101a Abs.1 und 2);
- alle rechtswidrig hergestellten, rechtswidrig verbreiteten und zur rechtswidrigen Verbreitung bestimmten Vervielfältigungsstücke oder zur rechtswidrigen Herstellung von Vervielfältigungsstücken benutzten oder bestimmten Vorrichtungen zu vernichten oder dem Verletzten zu überlassen (§§ 98, 99 UrhG).

Außerdem kann im Urteil der obsiegenden Partei die Befugnis zugesprochen werden, das Urteil auf Kosten der unterliegenden Partei öffentlich bekanntzumachen (§ 103 UrhG). Gemäß § 97 Abs. 3 UrhG bleiben Ansprüche aus anderen gesetzlichen Vorschriften unberührt. Urheberrechtsverletzungen können gleichzeitig auch vorsätzliche sittenwidrige Schädigungen (§ 826 BGB),

---

- Maßnahmen, die *in rem* sind, d.h. sich auf einen Gegenstand oder einen Vermögenswert richten, der beschlagnahmt oder gepfändet wurde;
- Maßnahmen, deren Wirkungen auf das Staatsgebiet beschränkt sind, in denen sie erlassen worden sind;
- Maßnahmen, die darauf abzielen, einen extraterritorialen Effekt zu entfalten.

Eingriffe in den eingerichteten oder ausgeübten Gewerbebetrieb (§ 823 BGB) oder Wettbewerbsverstöße (§ 1 UWG) sein und als solche zu einer Verurteilung zu Unterlassung und Schadensersatz führen. Außerdem kann das Gericht sein Urteil auf Ansprüche aus ungerechtfertigter Bereicherung stützen (§§ 812 BGB).[4]

2. Eilverfahren

Der Urheberrechtsinhaber begehrt einstweiligen Rechtsschutz, um andauernde oder weitere Verletzungshandlungen möglichst sofort unterbinden zu lassen. Dem Schutzbedürfnis des Klägers steht das Interesse des Beklagten gegenüber, nicht an der möglicherweise rechtmäßigen Ausübung seiner Rechte gehindert zu werden. Allein auf die Abwägung dieser widerstreitenden Interessen muß der Richter im Eilverfahren seine Entscheidung gründen, wenn die Beweislage lückenhaft ist und der Fall komplizierte Rechtsfragen aufwirft, die erst in der Hauptverhandlung abschließend geklärt werden können. Berücksichtigen muß er dabei, daß auch die im Eilverfahren unterlegene Partei im Hauptverfahren obsiegen und bis zur rechtskräftigen Entscheidung irreparablen Schaden nehmen könnte.

Die meisten deutschen einstweiligen Maßnahmen ergehen in personam. Mit dem Unterlassungsanspruch nach § 97 Abs. 1 UrhG sollen erstmals bevorstehende oder weitere Verletzungshandlungen verboten werden. Auch Ansprüche auf Auskunft über Zulieferer und Vertriebswege (§ 101 a Abs. 1 i.V.m. Abs. 3 UrhG) sind im Wege des einstweiligen Verfügungsverfahrens durchsetzbar; weitergehende Auskunftsansprüche dagegen grundsätzlich nicht.[5] Lediglich in Fällen offensichtlicher Rechtsverletzung kann der Verletzer im Wege der einstweiligen Verfügung zur Auskunftserteilung verurteilt werden, sofern ein Verfügungsgrund vorliegt (Auskunftsanspruch nach dem Produktpirateriegesetz).[6]

Eine Maßnahme in rem ist die Herausgabe der Verletzungsexemplare an einen Gerichtsvollzieher. Sie ist vorläufig durchsetzbar, um den Unterlassungsanspruch vorläufig abzusichern. Besondere Arten der Pfändung oder anderer Verfügungen, die speziell auf Fälle im Bereich des geistigen Eigentums im allgemeinen und des Urheberrechts im besonderen zugeschnitten sind, sieht die deutsche Zivilprozeßordnung nicht vor.[7] Klagen bzw. Anträge im einstweiligen Rechtsschutz auf Unterlassung der Prozeßführung im Erststaat sind unzulässig.[8]

---

[4] *Rehbinder*, Urheberrecht, 353–359.
[5] *Zöller-Vollkommer*, § 940 Rn. 8.
[6] Vgl. *Dunkl/Moeller*, Handbuch, 686 f.
[7] Vgl. aber das griechische Umsetzungsgesetz, das eine Art „Anton-Piller"-Verfügung in das griechische Recht eingeführt hat. *Grosheide*, GRUR Int. 2000, 310, 322.
[8] *Grabinski*, GRUR Int. 2001, 199, 211.

3. TRIPs

Das TRIPs-Übereinkommen enthält ein Gebot der effektiven Rechtsdurchsetzung im internationalen Immaterialgüterrecht.[9] Der deutsche Gesetzgeber ist
der Ansicht, effektive Rechtsdurchsetzung sei schon nach den bestehenden
Regeln gewährleistet. Deshalb hat er darauf verzichtet, materiellrechtliche
oder verfahrensrechtliche Bestimmungen im Hinblick auf die Vorgaben des
TRIPs-Übereinkommens zu ändern.[10] Die Feststellung, das deutsche Recht
stehe mit den Regelungen des TRIPs-Übereinkommens „voll in Einklang",
trifft jedoch nicht zu.[11] Das Einsichtnahmerecht bleibt hinter der Beweissicherungsklausel des Art. 50 Abs. 1 lit. b TRIPs zurück. Eine unmittelbare Anwendung des Art. 50 Abs. 6 TRIPS wird nicht für erforderlich gehalten.[12]
Eine der Anton Piller Order vergleichbare Verfügung ist in das deutsche
Recht bisher nicht aufgenommen worden und das deutsche Arrestverfahren
entspricht in einigen Punkten nicht der in Art. 50 Abs. 2 TRIPs vorgesehenen
Maßnahme.[13] Es ist fraglich, ob die Judikative diese Lücken ausfüllen kann
und soll.[14]

---

[9] Art. 41 Abs. 1 TRIPs: „Members shall ensure that enforcement procedures as specified in
this Part are available under their law so as to permit effective action against any act of infringement of intellectual property rights covered by this Agreement, including expeditious
remedies to prevent infringements and remedies which constitute a deterrent to further infringements. These procedures shall be applied in such a manner as to avoid the creation of
barriers to legitimate trade and to provide for safeguards against their abuse."
Als Rechtsbehelfe haben die Mitglieder Unterlassungsanordnungen (Art. 44) und bei Vorsatz oder Fahrlässigkeit angemessenen Schadensersatz (Art. 45) vorzusehen. Die Gewährung
von Ansprüchen auf Drittauskunft und Auskunft über Vertriebswege ist ins Ermessen der
Mitglieder gestellt (Art. 47). Nach Art. 46 müssen die Gerichte die Beseitigung und die Vernichtung verletzender Produkte anordnen können. Art. 50 regelt die Mindestanforderungen,
denen Verfahren des einsweiligen Rechtsschutzes genügen müssen.
Vgl. zu den Durchsetzungsregeln des TRIPs-Übereinkommens: *Blakeney*, TRIPs, Part III,
119–139; *Dreier*, GRUR Int 1996, 205–218; *Rehbinder/Staehelin*, UFITA 127 (1995), 5, 26–
28; *Reinbothe*, in: *Jehoram/Keuchenius/Brownlee*, 41–51
[10] Vgl. das „Gesetz zu dem Übereinkommen vom 15. April 1994 zur Errichtung der Welthandelsorganisation und zur Änderung anderer Gesetze" vom 30. August 1994, BGBl. II S.
1438. Die Begründung (BT-Drucksache 12/7655, S. 347) sieht das deutsche Recht mit den
Regelungen in Teil III „voll in Einklang, insbesondere aufgrund der mit dem Gesetz zur Stärkung des Schutzes des geistigen Eigentums und Bekämpfung der Produktpriaterie bereits
1990 eingeführten besonderen Vorschriften". Zweifelnd *Dreier*, GRUR Int 1996 205, 216–
218 und *Hartwieg/Grunert*, ZIP 2000, 721, 724–725.
[11] *Hartwieg/Grunert*, ZIP 2000, 721, 724, Fn. 30.
[12] BT-Dr. 12/7655, S. 335, 347.
[13] *Grosheide*, GRUR Int. 2000, 310, 323.
[14] Ausführlich *Karg*, Interferenz der ZPO durch TRIPS, ZUM 2000, 934–945, 945.

II. Qualifikation und Lokalisierung

Die Suche nach dem passenden Rechtsbehelf ist eng mit zwei weiteren Fragen verknüpft: Erstens, was ist verletzt worden – ein Urheberrecht oder ein anderes Schutzrecht (Qualifikation)? Zweitens, wo haben Verletzungshandlungen stattgefunden (Lokalisierung)?[15]

1. Qualifikation

Nicht immer ist klar, ob ein Lebenssachverhalt als Eingriff in ein Urheberrecht zu qualifizieren ist. Selbst wenn ein Vorgang als Eingriff in ein Urheberrecht beurteilt wird, steht noch nicht fest, ob die Streitigkeit Vertragsrecht oder materielles Urheberrecht betrifft.[16] Welches nationale Recht oder welche Rechtsordnungen liefern die Begriffe, nach denen die Verwertung zu qualifizieren ist? Grundsätzlich erfolgt die Qualifikation in Deutschland nach der lex fori.[17]

Auch die Frage, ob eine bestimmte Handlung als Urheberrechtsverletzung qualifiziert werden kann, ist nach deutschem materiellen Zivilrecht zu beurteilen.[18] Bei statutistischer Auslegung[19] der immaterialgüterrechtlichen Vorschriften des Schutzlandes würde hingegen das Recht des Schutzlandes auch über die Frage entscheiden, ob und wann eine Immaterialgüterrechtsverletzung vorliegt.[20] Bei streng territorialer Gebundenheit des Urheberrechts, wäre

---

[15] Vgl. zur Prozeßstrategie in Urheberrechtsfällen: *Geller*, Introduction, § 3.

[16] *Ginsburg*, GRUR Int. 2000, 97, 106 mit Beispielen aus der internationalen Rechtsprechung in Fn. 95–98.

[17] Vgl. *Kegel/Schurig*, § 7 III 2. a) m.w.N.; BGHZ 132, 105, 115; zur Qualifikation *lege fori* im deutschen Zivilprozeßrecht *Kubis*, 92, m.w.N.

[18] RG JW 1911, 412, Nr. 37: „Danach ist die Lage des französischen Künstlers in Deutschland eine andere, je nachdem, ob es sich um ein Werk der reinen Kunst oder des Kunstgewerbes handelt. [...] Und die Frage, ob das Werk der einen oder der anderen Gattung angehört, ist nach deutschem Recht zu unterscheiden." BGHZ 136, 380, 389 – *Spielbankaffaire*: „Die kollisionsrechtliche Frage, ob eine bestimmte Handlung als Urheberrechtsverletzung qualifiziert werden kann mit der Folge, daß das deutsche Recht zur Anknüpfung auf das Recht des Schutzlandes verweist, ist nach deutschem Recht zu beurteilen. Ob eine kollisionsrechtlich als Urheberrechtsverletzung zu bewertende Handlung dann auch sachrechtlich als Urheberrechtsverletzung zu behandeln ist, entscheidet das Recht des Schutzlandes." Ausführlich zu Fall 3. Kapitel IV.5.f. Kritisch *Schack*, der lege causae qualifiziert, Anm. zum Urteil *Spielbankaffaire*, JZ 1998, 1018, 1020.

[19] Zum Begriff *Kegel/Schurig* § 3 IV a.E. Der räumliche Anwendungsbereich eines Rechtssatzes wird von seinem Inhalt her bestimmt.

[20] *Nirk*, Mitt. 1969, 328, 330: „Kein Fall des IPR liegt vor, wenn Ansprüche aus einem *ausländischen* Patent vor deutschen Gerichten geltend gemacht werden. [...] Denn da ein ausländisches Schutzrecht nur dann als verletzt angesehen werden kann, wenn nach dem Recht des erteilenden Staates die dort erfolgte Verletzungshandlung als Ausführungshandlung angesehen werden kann, stellt sich der inländische Handlungsteil wegen des Territorialitätsprinzips nicht als Anknüpfungspunkt im Sinne des IPR für das anzuwendende Recht dar,

diese Sichtweise konsequent.[21] Die Statutenlehre würde das IPR der Immaterialgüterrechte auf die Frage reduzieren: Erfaßt der Geltungsbereich eines Immaterialgüterrechtsstatuts eine auslandsbezogene Verwertungshandlung oder nicht?[22] Mit der universalen Geltung des Urheberrechts läßt sich die statutistische Auslegung von Gesetzen nicht vereinbaren.[23]

Da das Vorliegen einer unerlaubten Handlung sowohl Zuständigkeitsvoraussetzung (vgl. § 32 ZPO, Art. 5 Nr. 3 EuGVÜ) als auch Voraussetzung dafür ist, daß der im Prozeß geltend gemachte Anspruch materiellrechtlich besteht, ist die Verwertungshandlung gegebenenfalls schon im Rahmen der Zulässigkeitsprüfung zu qualifizieren.[24] Für die Frage, ob eine Urheberrechtsverletzung eine „unerlaubte Handlung" i.S.v. § 32 ZPO ist, genügt der schlüssige Vortrag der die Zuständigkeit begründenden Tatsachen. Beweis wird nur erhoben, wenn der Beklagte die Behauptungen rechtzeitig bestritten hat und die Tatsachen für die Begründetheitsprüfung nicht erheblich ist.[25] Stützt ein Gericht seine Zuständigkeit nicht auf den Tatortgerichtsstand, ist der Lebenssachverhalt erst im Rahmen der Begründetheit zu qualifizieren, etwa um die Anwendbarkeit der internationalen Konventionen zu klären oder um die passende Kollisionsregel zu bestimmen.[26]

2. Lokalisierung

Die Bestimmung des Tatorts bereitet Probleme, wenn etwa zwischen Vorbereitungs- und Ausführungshandlung abzugrenzen ist oder wenn eine Mehrheit

---

sondern lediglich als Bestandteil der ausländischen Verletzungshandlung. *Nur* das Recht des Schutzlandes kann darüber Auskunft geben, *ob* und *wann* eine Patentverletzung gegeben ist." So auch *Sandrock,* Gutachten, 423–434, 426; *Schikora,* 215; *Thum,* in: *Bartsch/Lutterbeck,* 127–128; *Ulmer,* Gutachten, 13 ff. Rechtsvergleichend *Stauder,* Patentverletzung, 147–152; ders., GRUR Int. 1983, 586.

[21] *Sandrock,* Gutachten, 427: „Anders als im ‚normalen' IPR, wo die ‚statutistische' Auslegung der Gesetze seit v. Savigny überwunden ist, haben wir es hier – ähnlich wie im öffentlichen Recht – mit Normen zu tun, die nicht fungibel, austauschbar oder gegenseitig substituierbar sind, weil die verschiedenen nationalen Gesetzgeber in streng territorialer Gebundenheit gewollt haben, daß der Schutz ihrer Normen immer nur für diejenigen Verwertungshandlungen in Anspruch genommen werden kann, die auf ihrem Territorium vorgenommen werden."

[22] Allgemein zur Reduktion des IPR durch die Statutenlehre *Mistelis,* 34–36.

[23] Zur relativen Universalität des Urheberrechts 2. Kapitel I.4.

[24] Ausführlich zur Frage der „doppelrelevanten Tatsachen" *Kubis,* 92–102, 200.

[25] BGHZ 124, 237, 240 f., *Kubis,* Internationale Zuständigkeit, 95, Fn. 38 und 39 m.w.N. *Kubis* regt für die Qualifikation im Rahmen der Zuständigkeit einen Verzicht auf die Schlüssigkeitsprüfung an und plädiert für einen eigenständigen Begriff der unerlaubten Handlung, der eine materiellrechtliche Prüfung nicht erfordere (S. 99).

[26] *Ginsburg,* Recueil, 279: „Suppose that instead of granting copyright-like protection to non-copyrightable subject matter, a Berne member nation affords copyright-equivalent protection to works that come (at least in part) within the subject matter of copyright, but makes this protection available under a legal rubric other than copyright."

von Handlungsorten bei arbeitsteiliger Tatverwirklichung besteht oder wenn mehrere Urheberrechte parallel in verschiedenen Ländern verletzt werden. Auch die Bestimmung des Ursprungslands eines Werkes wirft Fragen auf. Wo liegt beispielsweise der Ursprung eines Werkes, wenn mehrere Autoren aus aller Welt ein Werk gemeinsam schaffen oder wenn ein Werk zeitgleich in mehreren Ländern zum ersten Mal veröffentlicht wird oder wenn mehrere Werke zugleich durch eine Handlung verletzt werden?[27] Das Problem der Bestimmung von Tatort und Ursprungsland ist so komplex, daß es eine eigene Monographie verdient: Die Lokalisierung des Tatorts hängt im Urheberrecht nicht nur von der Haftungsart oder der Handlungsform ab,[28] sondern auch von dem bei der Verwertung eingesetzten Medium.[29] Im Rahmen dieser Arbeit stellt sich allein die Frage, wie die Lokalisierung aus Sicht des internationalen Privatrechts dogmatisch zu würdigen ist.

a. Die Lokalisierung als Qualifikationsproblem

Bei der Lokalisierung stellt sich ein Qualifikationsproblem.[30] Wo der Tatort zu lokalisieren ist, wird von den einzelnen Sachrechten unterschiedlich gesehen.[31] Wie bei der Qualifikation einer Handlung oder eines Ereignisses geht es bei der Lokalisierung um die Zuordnung eines Lebenssachverhalts zu einem Systembegriff, um die Subsumtion unter den Tatbestand einer Norm; es wird jeweils der Anwendungsbereich einer Norm bestimmt.[32]

Schon bei der Lokalisierung des Tatorts werden die Weichen für den Ausgang des Rechtsstreits gestellt. Wenn zum Beispiel jemand vom Inland aus Ware ins Ausland anbietet, könnte diese Handlung einerseits nach inländischen Vorschriften im Inland, andererseits nach ausländischen Vorschriften

---

[27] *Geller*, Conflict of Laws, 597.

[28] Allgemein zur Bestimmung von Handlungs- und Erfolgsort, *von Hein,* Günstigkeitsprinzip, Vierter Teil, S. 269–314; zur Bestimmung des Handlungs- und Erfolgsortes bei Persönlichkeitsrechtsverletzungen durch Massenmedien, 320–329.

[29] Zur Bestimmung des Tatorts bei der Verbreitung von Werken über digitale Medien vgl. die Dissertationen von *Bühler,* Urheberrecht im Internet, 360–373 und 394–413; *von Hinden,* Persönlichkeitsverletzungen im Internet, 54–206; *Intveen,* Internationales Urheberrecht und Internet, 56–109; *Löffler,* Mediendelikte im IPR und IZPR, 20–139 (für Deutschland, die Schweiz, Österreich und Frankreich); *Lütcke,* 123–150 und 211–229 (für Deutschland und die USA); *Muth,* Bestimmung des anwendbaren Rechts bei Urheberrechtsverletzungen im Internet, 76–124; *Nerenz,* Urheberschutz bei grenzüberschreitenden Datentransfers, 74–116 und 137–177; *Regelin,* Das Kollisionsrecht der Immaterialgüterrechte an der Schwelle zum 21. Jahrhundert, 230–252. Im Überblick *Lucas,* WIPO Forum, Nr. 62–102; *Thum,* in: *Bartsch/Lutterbeck,* 128–144.

[30] *Dessemontet,* Internet, 289 und *Geller,* Introduction § 1 [3] [a]) sprechen ausdrücklich von „qualification" bzw. „characterization". *Ginsburg* (Update 2000, 7) spricht von „geographic characterization".

[31] Zur Qualifikation des Erfolgsorts *von Hein,* Günstigkeitsprinzip, 306; *Stoll,* IPRax 1989, 89, 90; *Zitelmann,* IPR II, 482 f.

[32] Zum Begriff der Qualifikation *Mistelis,* Charakterisierungen, 24–31.

im Ausland lokalisiert werden.[33] Wenn ein Vorgang, der in einem Land als ursächliches Geschehen einer Rechtsgutverletzung aufgefaßt wird, in einem anderen Land als bloße Vorbereitungshandlung angesehen wird, kann es aufgrund der Lokalisierung passieren, daß sich ein Gericht des ersten Landes für zuständig erklärt, während ein Gericht des zweiten Landes keinen Gerichtsstand für Deliktsklagen begründet.[34] Wenn etwa das Herunterladen von Daten in einem Staat als Verletzungshandlung angesehen wird, in einem anderen Staat hingegen nicht, ist die Lokalisierung entscheidend für den Verlauf des gesamten Verfahrens.[35] Sogar Gerichte desselben Landes können miteinander vergleichbare Handlungen unterschiedlich lokalisieren.[36]

Wie bei der Lokalisierung des Tatorts stellt sich bei der Lokalisierung des Ursprungslands ein Qualifikationsproblem.[37] Nach welchem Recht soll der Ort der ersten Veröffentlichung lokalisiert werden? Sind die internationalen Konventionen einschlägig oder bestimmt sich das Ursprungsland nach autonomem Recht und wenn ja, nach welchem?

b. Lokalisierung des Ursprungslands

Die Lokalisierung des Ursprungslands eines Werkes ist im Urheberrechtsprozeß in doppelter Hinsicht relevant. Sie ist erstens für das Schutzsystem der Berner Übereinkunft maßgeblich. Art. 5 Abs. 4 RBÜ stellt auf den Ort der

---

[33] Vgl. *Sandrock*, Gutachten, 428–429. Zur Bewertung inländischer Herstellungshandlungen zur Belieferung des Auslandsmarktes *Stauder*, Patentverletzung, 147–151.

[34] Weitere Beispiele finden sich bei *Bühler*, 362 (zu grenzüberschreitenden Datenübertragungen) mit Hinweis auf *Dessemontet*, Propriété intellectuelle, 54 und *Geller*, Introduction, § 3 [1] [b] [i].

[35] Vgl. *Geller*, International Copyright, § 3 [1] [b].

[36] Dazu *Ginsburg*, Update 2000, 8: „Under the Second Circuit's approach [in *National Football League v PrimeTime 24*, 211 F.3d 10 (2d Cir. 2000)], then, initiating, or perhaps simply relaying, transmissions from or through the U.S. constitutes a public performance in the U.S. that is subject to U.S. law, even though the „public audience" is not located in the U.S. [...] By contrast, in *LA News v Reuters* [149 F.3d 987 (9th Cir. 1989], discussed in the 1998 Report, the Ninth Circuit indicated that the unauthorized transmission of film footage from New York to Europe and Africa would violate no rights under U.S. law because those transmissions would not constitute 'a completed act of infringement' within the U.S. [...] Under the Primetime 24 analysis, both the transmission from Los Angeles to New York and from New York to points outside the U.S. would be infringing. [...] Taken together with the 'root copy' approach to localizing violations of the reproduction right (see 1998 Report) *Primetime 24*, by localizing copyright infringing acts in the country of initiation, suggests a broad choice of law principle – or at least a broad principle justifying application of U.S. copyright law to transnational infringements. The country of initiation approach does not necessarily repudiate an alternative or additional localization in the country of receipt." Vgl. auch *Patry*, [2000] Am. J. Comp. L., 384, 459–466, zu *NFL v PrimeTime 24*.

[37] *Ginsburg* spricht ausdrücklich von „characterization", Recueil, 269.

Erstveröffentlichung ab.[38] Die Umschreibung des Ursprungslands in Art. 5 Abs. 4 RBÜ[39] klärt jedoch nicht die Frage, wo der Ort einer elektronischen Publikation liegt oder wieviele Werkexemplare abzugeben sind.[40] Der World Copyright Treaty gibt darauf auch keine Antwort. Sofern man auf die Lokalisierung des Ursprungslands im Sinne der RBÜ nicht ganz verzichten will,[41] muß man zusätzliche Kriterien entwickeln.[42]

Abgesehen von der Frage nach der Anwendbarkeit der internationalen Konventionen spielt die Lokalisierung des Ursprungslands zweitens dann eine Rolle, wenn man eine Anknüpfung an das Recht des Ursprungslands erwägt.[43] Auch für die Bestimmung des Ursprungslands zu kollisionsrechtlichen Zwecken bietet sich ein Rückgriff auf die autonomen Begriffe der internationalen Konventionen, insbesondere auf Art. 5 Abs. 4 RBÜ, an. Dagegen spricht jedoch, daß die Defintion des Ursprungslands in der RBÜ nicht in kollisionsrechtlichem, sondern in fremdenrechtlichem Kontext steht.[44] Infolgedessen muß das auf die Bestimmung des Ursprungslands anwendbare Recht nach den Regeln des autonomen IPR bestimmt werden.[45] Das deutsche Schrifttum diskutiert folgende Begriffe: Erstveröffentlichung, Herstellung, gewöhnlicher Aufenthalt des Urhebers und Personalstatut.[46] Stillschweigend vorausgesetzt wird offenbar eine Lokalisierung lege fori, da sich international verbindliche Kriterien zur Bestimmung des Ursprungslands zu kollisionsrechtlichen Zwecken noch nicht herausgebildet haben.[47]

c. Lokalisierung des Tatorts

Die Lokalisierung des Tatorts ist Voraussetzung für die Klärung der Zuständigkeit (vgl. Art. 5 Nr. 3 EuGVÜ und § 32 ZPO) und für die Bestimmung des anwendbaren Rechts. Begreift man die Lokalisierung als Qualifikationsproblem, kann man sich an den zum Qualifikationsproblem vorgetragenen An-

---

[38] Zur Bestimmung des Ursprungslands im Sinne der RBÜ *Bergström,* GRUR Int. 1973, 238, der schon 1973 feststellt, daß in vielen Fällen ein und dasselbe Werk zwei oder mehrere Ursprungsländer erhält.

[39] Vgl. nur *Intveen,* 88–91.

[40] Ausführlich zu den Problemen der Bestimmung des Ursprungslands bei einer Erstveröffentlichung im Internet *Thum,* GRUR Int. 2001, 9, 9–14, die als Beispiel Online-Zeitschriften und eBooks wie Stephen Kings Roman „Riding the Bullet" nennt, der ausschließlich in elektronischer Form über das Internet veröffentlicht worden ist.

[41] So *Thum,* GRUR Int. 2001, 9, 9–14 für zuerst im Internet veröffentlichte Werke.

[42] Vgl. die Vorschläge von *Ginsburg,* Study, 5 ff., die bei einer Erstveröffentlichung im Internet auf die Verlegerfunktion und das Wohnsitzkriterium abstellt.

[43] Zur Anknüpfung an das Recht des Ursprungslands 3. Kapitel IV.6.c.

[44] Vgl. 2. Kapitel II.1.

[45] Vgl. *Bühler,* Urheberrecht im Internet, 394–396, m.w.N.

[46] Ausführlich zur Bestimmung des Ursprungslands *Regelin,* 153–164; *Schack,* Urheberrecht, 380–382.

[47] Zur Anknüpfung an das Recht des Ursprungslands 3. Kapitel IV.6.c.

sätzen orientieren. Neben der Qualifikation lege fori oder lege causae kommen die Qualifikation nach autonomen Kriterien und die parteispezifische Qualifikation in Frage.

aa. Lokalisierung lege fori

Am einfachsten wäre es, den Tatort nach der lex fori zu bestimmen und deutsches Sachrecht anzuwenden.[48] Die Lokalisierung lege fori unter Ausschluß fremden Rechts führt jedoch leicht zu „juristischer Isolierung" und zu unbilligen Ergebnissen.[49] Da es einen einheitlichen Begriff des „Tatorts" für die Schutznormen des deutschen Immaterialgüterrechts (noch) nicht gibt, lassen sich Unrichtigkeiten und Zweideutigkeiten nicht vermeiden.[50] Außerdem durchbricht die Lokalisierung lege fori das Territorialitätsprinzip. Aus dem materiellen Aspekt des Territorialitätsprinzips ergibt sich, daß ein Urheberrecht nur in dem Land besteht, in dem es begründet worden ist. Wenn nun deutsches Urheberrecht als lex fori über den Verletzungsort entscheiden soll, dieser Ort aber auch im Ausland liegen könnte, wird deutsches Urheberrecht möglicherweise auf einen ausländischen Lebenssachverhalt angewandt.

bb. Lokalisierung lege causae

Der BGH bestimmt den Tatort nach dem in der Sache anwendbaren Recht.[51] Dagegen spricht, daß der Rückgriff auf die lex causae die Zuständigkeit deutscher Gerichte vom Kollisionsrecht und unter Umständen von der Ausgestal-

---

[48] Vgl. *Bühler*, 364; *Nerenz*, 36–41.

[49] Zur Kritik an der Qualifikation lege fori: *Mistelis*, Charakterisierungen, 191, m.w.N.

[50] Zweifel an der Durchführbarkeit einer autonomen Bestimmung des Tatorts meldet *Sandrock* an, Gutachten, 428: „Wenn der Gesetzgeber des IPR also den ‚Eingriffsort' für die Verletzung von Immaterialgüterrechten definieren wollte, so müßte er wahrscheinlich – von materieller Schutznorm zu Schutznorm oder von Gruppe zu Gruppe von ihnen fortschreitend – eine ganze Reihe von Definitionen schaffen, weil es als ausgeschlossen erscheint, die unterschiedlichen rationes legum, die den einzelnen materiellen Schutznormen zugrunde liegen, in einer einheitlichen Definition ‚unter einen Hut zu bringen'. Die Definition eines einheitlichen Eingriffsortes könnte sich also als schlichtweg unmöglich erweisen."

[51] BGHZ 98, 263, 274, zu Art. 5 Nr. 3 EuGVÜ. „Ob hiernach eine unerlaubte Handlung schlüssig vorgetragen und das schädigende Ergebnis im Inland eingetreten ist und demgemäß nach Art. 5 Nr. 3 EuG-Übk die Zuständigkeit des hier angerufenen Gerichts zu bejahen wäre, ist nach deutschem Deliktsrecht zu beurteilen. Aus dem Prozeßverhalten der Parteien ergibt sich nämlich, daß sie stillschweigend die Anwendung deutschen Deliktsrechts vereinbart haben. [...] Eine solche Rechtswahl ist zulässig und macht die Ermittlungen des sonst nach dem Tatort anzuwendenden Deliktsstatuts entbehrlich." Zustimmend *Schack*, MMR 2000, 135, 137: „Welche Tathandlungen relevant sind, lässt sich ohne einen Rückgriff auf das Recht des Schutzlandes nicht beurteilen. Das ist zwar misslich, weil die internationale Zuständigkeit damit vom Inhalt einer ggf. ausländischen lex causae abhängt. Doch lässt sich das nicht ändern, weil die klägerische Behauptung einer Verletzungshandlung die Behauptung der Existenz des verletzten Rechts nicht ersetzen kann."

tung materiellen ausländischen Urheberrechts abhängig macht.[52] Entscheidend ist jedoch, daß das Problem nicht gelöst, sondern nur von der Ebene der Zuständigkeit auf die Ebene des Kollisionsrechts verlagert wird: Voraussetzung für die Bestimmung der lex causae ist wiederum die Lokalisierung des Verletzungsorts. Da der Tatort ohne Orientierung an materiellen Kriterien nicht bestimmt werden kann, muß zunächst eine anwendbare Rechtsordnung feststehen.

cc. Lokalisierung nach autonomen Kriterien

Aus diesem circulus vitiosus scheint es ohne autonome Abgrenzungskriterien kein Entrinnen zu geben.[53] Die autonomen Kriterien variieren je nach Art der Verbreitung eines Werkes. Exemplarisch sei hier das Problem der Lokalisierung bei grenzüberschreitenden Übertragungen via Internet herausgegriffen.[54] Die folgende Zusammenfassung der wichtigsten Meinungen illustriert, wie konträr das Problem im internationalen Schrifttum diskutiert wird.

Es ist zwischen der Lokalisierung zur Bestimmung eines Tatortgerichtsstandes und der Lokalisierung zur Bestimmung eines Anknüpfungspunkts zu

---

[52] *Kubis*, 125 und 203.

[53] Zur Bildung autonomer Begriffe: *Dessemontet*, Propriété intellectuelle, 55. *Hoeren/Thum*, 85 in bezug auf das IPR. Schon *Schikora*, 214–245 und *Weber*, 69–87, definieren einheitliche kollisionsrechtliche Begriffe des Verletzungsorts. Auch der EuGH bestimmt den Begriff der „unerlaubten Handlung" des Art. 5 Nr. 3 EuGVÜ nach autonomen Kriterien, vgl. *Kalfelis v Schröder*, EuGH, Rs. 189/87, Slg. 1988, 5565, Rn. 15 f.; *Marinari v. Lloyd's* Rs. 365/93, Slg. 1995, 2719, 18; zustimmend *Kubis,* 102–105, m.w.N.

[54] Zur Lokalisierung bei terrestrischen Rundfunksendungen: Saarländisches OLG, GRUR 2000, 933–936, zum Urteil ausführlich unten 3. Kapitel IV.5.h. Im Blick auf Satellitenrundfunk wird die von *Katzenberger* entwickelte, von dem damaligen Generaldirektor der WIPO aufgegriffene und nach ihm benannte „Bogsch"-Theorie vertreten, die neben dem Urheberrecht des Sendelandes auch die Urheberrechte der Staaten für anwendbar erklärt, wo die Sendung bestimmungsgemäß empfangen werden kann. *Schricker-Katzenberger*, vor §§ 120 ff., Rn. 141, m.w.N. Bei erdgebunden ausgestrahlten, drahtlosen Rundfunksendungen sei allein das Recht des Sendelandes maßgeblich, *von Ungern-Sternberg*, in: *Schwarze*, Rechtsschutz, 109, 113, 117. Vgl. auch *Ginsburg*, Recueil, 324. Die Satellitenrichtlinie von 1993 (siehe oben 2. Kapitel III.1.) enthält in Art. 1 Abs. 2 lit. a eine Legaldefinition für die Verwertungshandlung bei direkten Satellitensendungen, wonach die öffentliche Wiedergabe über Satellit mit der Handlung gleichgesetzt wird, durch die eine Sendung in eine ununterbrochene Kommunikationskette eingegeben wird, die zum Satelliten und zurück zur Erde führt (§ 20a Abs. 3 UrhG). Dazu *von Ungern-Sternberg*, 123: „Die Satellitenrichtlinie hat aber nur einen beschränkten Anwendungsbereich. Sie gilt jedenfalls nicht, soweit Nutzungshandlungen vor dem Zeitpunkt begangen wurden, in dem die Richtlinie umzusetzen war. Die von der Richtlinie vorgeschriebene Rechtsanknüpfung bei Satellitensendungen gilt auch nicht bei Verträgen, deren Laufzeit vor dem 1. Januar 2000 endet. Und schließlich – und für die Zukunft vor allem bedeutsam – bindet die Richtlinie auch nur, soweit es sich um sogenannte europäische Satellitensendungen handelt. Infolge der Beschränkung des Anwendungsbereichs der Satellitenrichtlinie ist die Frage der Rechtsanknüpfung bei direkten Satellitensendungen durch die Richtlinie noch nicht abschließend entschieden."

differenzieren. Als Tatortgerichtsstand kommt zunächst der Ort in Betracht, von dem aus der Täter agiert.[55] So könnten bei Schutzrechtsverletzungen im Internet immer die Gerichte des Staates zuständig sein, in dem die Vervielfältigungsstücke hergestellt worden sind.[56] Bei digitalen Übertragungen kommen der Standort der Computer des Anbieters, des Nachfragers oder beide Standorte in Frage.[57] Standorte der am Datentransport beteiligten Verbindungsrechner[58] scheiden als bloß zufällige Durchgangsstationen aus.[59] Teilweise wird vertreten, daß am Ort des schädigenden Ereignisses nur dann ein Gerichtsstand eröffnet sei, wenn der Verletzer mit der Verwirklichung des Schadenserfolges am betreffenden Ort gerechnet habe.[60] Maßgeblich sei die bestimmungsgemäße Verbreitung, die von der bloßen Vorbereitungshandlung abzugrenzen sei.[61] Nach amerikanischem Zuständigkeitsrecht ist ein Gericht nur dann zuständig, wenn es neben minimalen Kontakten weitere Verbindungen zwischen dem Beklagten und dem Forumstaat gibt.[62]

---

[55] Sofern man überhaupt davon ausgeht, daß sich identifizieren läßt, wann, wo und durch wen ein Urheberrecht im Internet verletzt worden ist, *Dogauchi*, 61

[56] *Dreier*, Digitale Werkverwertung, 45; *Fawcett/Torremans*, 160.

[57] *Bühler*, Internationales Urheberrecht im Internet, 364.

[58] *Bachmann*, IPRax 1998, 179, 182, IV.2.: „Im einzelnen in Frage kommen der Standort des Computers des Täters, der Standort des Einwahlknotens des Provider, der Standort des Internet-Gateway, derjenige von Vermittlungsrechnern, derjenige des angewählten News-Server, derjenige weiterer News-Server und schließlich derjenige des Standorts der Computer von Nutzern, die die Nachricht abrufen können oder dies getan habe, mit anderen Worten der Ort der Abrufbarkeit oder des Abrufs." Vgl. auch *Nerenz*, 148–154, der auf den Aufenthaltsort des abrufenden Nutzers abstellt.

[59] *Bachmann*, IPRax 1998, 179, 184; *Bühler*, 370; *Fawcett/Torremans*, 236 f.; *Mankowski*, RabelsZ 63 (1999), 267.

[60] *Bachmann*, IPRax 1998, 179, 184; *Schack*, UFITA 108 (1988), 51, 70; *Dreyfuss/Ginsburg*, 11, Article 6: „1. A plaintiff may bring an infringement action in the courts of: (a) any State where defendant substantially acted (including preparatory acts) in furtherance of the alleged infringement; or (b) any State to which the alleged infringement was intentionally directed, including those States for which defendant took no substantial measures to deflect the communication of the infringement to that State; or (c) any State in which the infringement foreseeably occurred, including those States for which defendant took no substantial measures to deflect the communication of the infringement to that State. 2. If an action is brought in the courts of a State only on the basis of the intentional direction of the infringement to that State, then those courts shall have jurisdiction only in respect of the injury arising out of unauthorized use occurring in that State, unless the injured person has his habitual residence or principal place of business in that State. 3. If an action is brought in the courts of a State only on the basis of the occurrence of the infringement in that State, then those courts shall have jurisdiction only in respect of the injury arising out of unauthorized use occurring in that State."

[61] *Kubis*, 143 ff., 162 ff., 208. Kritisch *Bettinger*, GRUR Int. 1998, 660, 666; *Kuner*, CR 1996, 453.

[61] Ebenfalls ablehnend *Bachmann*, IPRax 1998, 179, 184 und *Bühler*, 372.

[62] *Bettinger*, GRUR Int. 1998, 660, 666, m.w.N. zur amerikanischen Rechtsprechung: „Während die ausschließlich auf den Begehungsort fixierte Zuständigkeitsprüfung im deutschen und europäischen Recht die Gerichte dazu veranlaßt hat, bereits die Abrufbarkeit einer

Als Anknüpfungspunkt kommt bei einer grenzüberschreitenden Daten-übertragung der Ort in Frage, an dem Daten eingespeist werden.[63] Da der Ort der Einspeisung leicht zu manipulieren sei, wird vorgeschlagen, anstatt auf den Ort des Servers auf den Ort abzustellen, an dem der Betreiber seinen Sitz hat bzw. auf den Ort, von wo aus er urheberrechtsrelevante Handlungen geplant hat.[64] Eindeutige Ergebnisse versprechen sich einige Autoren von einer Lokalisierung des Tatorts in dem Land, in dem ein Werk tatsächlich[65] abgerufen wird.[66] Denkbar ist auch eine Anknüpfung an den Sitz des Beklagten.[67] Als Anknüpfungspunkt kommt schließlich der Ort in Frage, an dem sich die Urheberrechtsverletzung auswirkt. Der Begriff der „Auswirkung" wird nicht einheitlich definiert. Regelin meint, eine Kollisionsnorm zur Bestimmung des anwendbaren Rechts bei Verwertungshandlungen im Internet müsse grundsätzlich am Recht des intendierten Marktes bzw., aus urheberrechtlicher Sicht, am Recht des intendierten Abrufortes anknüpfen.[68] Ginsburg erwägt eine Anknüpfung an das Recht des Landes, „from which the infringement originated,

---

[63] Website bzw. eines Domainnamens für die Zuständigkiet genügen zu lassen [vgl. 3. Kapitel III.3.a], sind die amerikanischen Gerichte schon aufgrund der enger gefaßten Zuständigkeitsgründe in den ‚long-arm statutes' sowie der erforderlichen verfassungsrechtlichen Überprüfung der Zuständigkeitskriterien gehalten, der aufgrund der Globalität des Internets befürchteten ‚universellen' Zuständigkeit der Gerichte Grenzen zu setzen. Wie sich aus dem dargestellten Fallmaterial ergibt, hat bislang keines der angerufenen amerikanischen Gerichte die bloße Abrufbarkeit einer Website für sich allein als Anknüpfungspunkt für seine interlokale bzw. internationale Zuständigkeit ausreichen lassen." Ausführlich zum Zuständigkeitsrecht in den USA *Ginsburg,* Recueil, 282–302.

[64] *Austin,* Conflicts of Law, Columbia-VLA JLA 1999, 1, 13; *Bariatti,* Internet, AIDA 1996, 72, 78; *Bechtold,* Multimedia, 44, 45; *Bühler,* Urheberrecht im Internet, 401; *Cornish,* Technology and Territoriality, 307; *Dreier,* The Cable and Satellite Analogy, 63 f.; *Fawcett/Torremans,* 646–47 (236–237 zur internationalen Zuständigkeit).*Gautier,* Droit applicable, 132; *Geller,* Conflicts of Law, 596; *Ginsburg,* Study, 40 f.; dies., Extraterritoriality, 37 Virginia J. Int. L. [1997], 587; *Hoeren/Thum,* Internet und IPR, 92; *Intveen,* Internationales Urheberrecht und Internet, 64; *Kéréver,* Propriété intellectuelle, 267; *Lucas,* Droit d'auteur et numérique, 330 ff.; ders., Aspects de droit international privé, 17 ff.; *Schønning,* Anwendbares Recht, ZUM 1997, 34, 38; *Strowel/Triaille,* Le droit d'auteur, 383; *Waldenberger* ZUM 1997, 176–188.

[65] *Dessemontet,* Propriété intellectuelle, 54 f.; *Gautier,* Droit applicable, 132; *Ginsburg,* Study, 40; *Intveen,* Internationales Urheberrecht und Internet, 79; *Kéréver,* Propriété intellectuelle, 267; *Lucas,* Aspects de droit international privé, 27; *Strömer,* Online-Recht, 125;

[66] Die blosse Fiktion eines Verletzungsorts genügt nicht. Vgl. *Intveen,* 74.

[67] *Bergé,* Essai, 225; *Bühler,* Urheberrecht im Internet, 403. *Dieselhorst,* Anwendbares Recht, ZUM 1998, 293, 298 ff.; *Gautier,* Droit applicable, 132f.; *Lucas,* Droit d'auteur et numérique, 342; ders., Aspects de droit international privé, 28; *Reindl,* Choosing Law in Cyberspace, 19 Mich. J. Int. L. 1998, 799; *Schønning,* Anwendbares Recht, ZUM 1997, 34, 39; ders., Internet and the Applicable Law, EIPR 1999, 45, 48; *Strowel/Triaille,* Le droit d'auteur, 384.

[67] *Reindl,* [1998] Mich. J. Int. L., 799, 852, kritisch *Ginsburg,* Recueil, 332–336.

[68] *Regelin,* 294–301.

and which is best placed to accord an effective international remedy."[69] Dessemontet spricht von „le pays de résultat": „l'atteinte aux droits de l'auteur ou de son ayant droit se produit dans un lieu déterminé."[70] Beide Autoren haben sich darauf verständigt, darunter das Land zu verstehen, in dem sich der aus der Urheberrechtsverletzung entstehende Schaden verwirklicht hat. Das sei in der Regel das Land, in dem der Verletzte seinen gewöhnlichen Aufenthalt oder seinen Hauptsitz habe.[71] Sie verstehen die Anknüpfung an das Recht des Landes, in dem sich die Verletzung primär auswirkt, als erstes Glied einer Anknüpfungskette.[72]

Der Meinungsüberblick zeigt, daß es feste Regeln zur Lokalisierung eines Tatorts bei Urheberrechtsverletzungen via Internet nicht gibt. Solange kein internationaler Konsens besteht, muß jedes Gericht eigene Kriterien entwikkeln, um den Tatort zu lokalisieren. Dabei werden die Bemühungen der Gerichte zwangsläufig durch die Sichtweise der lex fori geprägt. Innerhalb des Geltungsbereichs des EuGVÜ wird letztlich der EuGH für jeden Eingriff in Verwertungsrechte zu klären haben, an welchem Ort dieser stattgefunden hat.[73]

---

[69] *Ginsburg*, Extraterritoriality and Multiterritoriality, 600 f.; dies., Copyright Without Borders?, 171 f.

[70] *Dessemontet*, Internet, SJZ 92 (1996), 285, 291.

[71] Vgl. *Dessemontet*, Internet, SJZ 92 (1996), 285, 291, 294. Kritisch *Austin*, Conflicts of Law, Columbia-VLA JLA 1999, 1, 27 m.w.N. in Fn. 118; *Bradley*, Territorial Intellectual Property Rights, 37 Virginia J. Int. L. [1997], 505, 549; *Vivant*, Cybermonde, 403 f.

[72] *Ginsburg* und *Dessemontet* haben sich auf einen gemeinsamen Vorschlag geeinigt. Vgl. *Dessemontet*, Internet, SJZ 92 (1996), 285, 293 f. Vgl. auch die modifizierte Version *Ginsburgs*, 2000 Update, 11–12. Zustimmend *Bariatti*, Internet, AIDA 1996, 72 f.; *Bühler*, Urheberrecht im Internet, 411; *Lucas*, Aspects de droit international privé, 32. Kritisch *Austin*, Conflicts of Law, Columbia-VLA JLA 1999, 1, 25. *Cornish*, IP, 4. Aufl., 13–72, faßt den Stand der Diskussion unter Berufung auf *Ginsburg*, *Dreier*, *Lucas* und *Dutson* wie folgt zusammen: „Until the world eliminates all conflicts of substantive law and jurisdiction affecting copyright material on the Internet, the issues of private international law and procedure remain acute and plans for dealing with them proliferate. One school of thought argues, by general analogy to the satellite broadcasting solution in the European Union, that normally the sole applicable law governing Internet placement and transmission should be the law of the Host ISP's operation. Users would thus have a clear point of reference in determining what licences are necessary. The opposite school of thought distances the satellite solution as a regional arrangement between responsible operators, quite unlike the utterly unregulated condition of the Internet. Accordingly it is necessary to leave liability to be settled on a multicountry basis against the whole range of ISPs. Only in this way can it be ensured that hosts do not take their business off to small 'havens' with only very limited copyright laws. The argument over international liability underlies all that will be said about the position in the United Kingdom."

[73] *Bühler*, 363–365.

dd. Parteispezifische Lokalisierung

Will man nicht warten, bis sich allgemein verbindliche autonome Begriffe herausgebildet haben, eine Lokalisierung lege fori aber vermeiden, kann man sich am Vortragsmuster im Prozeß orientieren.[74] Innerhalb eines Qualifikationsvorgangs werden regelmäßig mindestens zwei Qualifikationen vollzogen.[75] Bei den *anwaltlichen vorläufigen* Kanalisierungen werden Lebenssachverhalte parteispezifisch klassifiziert, die dann als Sachvorträge, bzw. Klage und Verteidigung, dem Gericht vorgelegt werden. Die richterliche Charakterisierung muß vorausgegangene Charakterisierungen beider Parteien berücksichtigen. Dieses Modell läßt sich auf die Lokalisierung der Urheberrechtsverletzung übertragen.

Geller schlägt vor, daß der Kläger seine Klage zunächst auf den Rechtsbehelf stützt, der sein Recht am effektivsten schützt. Insbesondere für eine einstweilige Verfügung genüge die Geltendmachung eines Rechtsbehelfs, um umfassenden Rechtsschutz zu erlangen. Der Beklagte habe im Hauptsacheverfahren die Möglichkeit, einer anderen vom Kläger vorgetragenen Rechtsordnung ein Gegenrecht zu entnehmen, um die Klage zumindest in bezug auf diese Rechtsordnung abzuwehren.[76] Entscheidend ist, daß Geller die Verletzungshandlungen allein anhand der vom Kläger geltend gemachten Rechtsbehelfe lokalisieren will.

Hartwieg schlägt vor, daß die Gerichte die Positionen von Kläger und Beklagtem gesondert berücksichtigen. In einem Verfahrenssystem mit Geltung der Parteiherrschaft sei das Gericht verpflichtet, beide rechtlichen Qualifikationen (Lokalisierungen) gleichgewichtig zu handhaben.[77] Der Kläger, der

---

[74] Voraussetzung ist, daß das Gericht von seiner Verpflichtung entbunden wird, Handlungs- und Erfolgsort von Amts wegen zu lokalisieren. Zum Amtsermittlungsgrundsatz bei der Lokalisierung des Tatorts *von Hein*, Günstigkeitsprinzip, 250.

[75] *Mistelis*, Charakterisierungen, 244, umfassend zum aktuellen Meinungsstand.

[76] *Geller*, [1996] Columbia-VLA JLA, 571, 599: „The principle of preference for the most effectively protective law, in such a situation, could allow the court to base the preliminary injunction on any law under which the work at issue is protected in any of these countries served by the network. [...] Once the preliminary injunction has stopped the uncontrolled release of the work at issue into the global network, counsel and the court have the time to explore more differentiated solutions in the light of all possibly applicable laws. In our example, faced with plaintiff's asserting German copyright law, which protects the work in at least part of the global network, defendant could counter by invoking the law of the United States, under whose law the work is no longer protected."

[77] *Hartwieg*, RabelsZ 1993, 638 f.: „Aus vergleichender Sicht ergibt sich für streitige Sachverhalte des privaten Vermögensrechts die Notwendigkeit zur „parteispezifischen" Klassifikation je nach den konkret von den Parteien im Prozeß geltend gemachten Rechtsbehelfen und den damit vorgegebenen Katalogen von Tatbestandsmerkmalen. Notwendige Anpassungen sind (wegen der für die Wertungen erforderlichen Tatsachen) ebenfalls parteispezifisch gesondert vorzunehmen. „Prozeßspaltende" Teilergebnisse (dépeçage) der Anwendbarkeit verschiedenen materiellen Rechts für Klage und Gegenrecht geben allenfalls Anlaß, frühere Teilergebnisse (jeweils mit Rücksicht auf die Beweislast) zu überprüfen und gegebenenfalls

seine Klage auf den Rechtsbehelf eines bestimmten Landes stützt, müsse mit
dem Risiko leben, daß der Beklagte sowohl die Tatsachen als auch das vom
Kläger behauptete (ausländische) Recht und dessen Anwendbarkeit in Frage
stelle. Das folge aus dem Grundsatz audiatur et altera pars. Darüber hinaus
könne der Beklagte aufgrund seiner eigenen Version der Tatsachen unabhängig vom Kläger Gegenrechte vortragen. Stütze sich das Gegenrecht auf die
Rechtsordnung eines anderen als des Landes, dem der Kläger seinen Rechtsbehelf entnommen habe, trage der Beklagte seinerseits das Risiko, das Gericht
von der Anwendbarkeit „seines" Rechts zu überzeugen.[78] Im Gegensatz zu
Gellers Vorschlag wäre demnach der Ort der Verletzungshandlung nicht nur
anhand der Klage zu lokalisieren, sondern anhand von Klage *und* Verteidigung.

Mistelis weist vermittelnd darauf hin, daß es sinnvoll sei, den Streitpunkt
(hier: die Lokalisierung) zunächst anhand der Klage zu fixieren.[79] Dafür
spricht, daß die Verteidigung ohne Klage keinen Existenzgrund hat. Im Ergebnis läßt sich die finale Qualifikation (Lokalisierung) auf den anhand der
Klage fixierten Streitpunkt reduzieren, sofern nicht Gegenrechte zum Wechsel
der Perspektive zwingen.

ee. Stellungnahme

Welche Kriterien zur Lokalisierung einer Verletzungshandlung im Internet
heranzuziehen sind, ist weltweit umstritten. Zur Zeit kann von Rechtssicherheit keine Rede sein. Es ist sogar zweifelhaft, ob ein Katalog verbindlicher
Kriterien zur räumlichen Fixierung von Verwertungshandlungen jemals zu-
stande kommen wird.[80] Dagegen spricht zum einen die Tatsache, daß ein solcher Katalog die Komplexität des jeweiligen Mediums abbilden müßte. Ein

---

zu korrigieren." Vgl. auch *Hartwieg,* Remedial Metamorphoses of Collateral at State Borders,
49–81.

[78] *Hartwieg,* Pleading Actions, 191–192: „The claimant, by pleading his claim as based
upon a certain country's law, has to face the risk that the defendant might question both, fact
and law. Vice versa, the defendant may make use of his natural right (audiatur et altera pars)
by contesting all three elements, the plaintiff's facts, 'his' (foreign) law and its applicability,
thus, he may drive his opponent to evidence. Furthermore, the defendant can plead and addu-
ce affirmative or special defences by relying on his own version of facts. In doing so, he
likewise has to face the risk going along with his strategy of pleading a remedy (defence). He
is well advised to expect that the plaintiff not necessarily might retreat. If his right (and remedy) is based on the law of another country, it will likewise be his, the defendant's, risk to
persuade the court that his defence is resting adequately on a contract, insofar governed by
that foreign law. As far as the claimant denies the content of the foreign law, he is obliged to
give evidence."

[79] *Mistelis,* Charakterisierungen, 246, in Anlehnung an *Lipstein,* Principles of the Conflict
of Laws National and International, 95. *Mistelis* weist darauf hin, daß die hier diskutierte
Aufspaltung der Qualifikation nicht mit der dépéçage zu verwechseln sei (S. 247).

[80] Vgl. *Zitelmann,* IPR II, 483. Zuversichtlicher sind *von Hein,* 306; *Stoll,* IPRax 1989, 89,
90.

komplexes System von aufeinander aufbauenden Kriterien bietet jedoch nicht die gewünschte Rechtssicherheit.[81] Ein abschließender Katalog verbindlicher Kriterien zur Lokalisierung von Verletzungshandlungen läßt sich zum anderen deshalb nicht aufstellen, weil sich aufgrund der technischen Entwicklung immer wieder neue Verbreitungsmöglichkeiten von Werken ergeben, die spezifische Probleme der Lokalisierung aufwerfen, während sich herkömmliche Verbreitungswege weiterentwickeln. Mit anderen Worten: Ein Katalog von Lokalisierungskriterien bedarf der ständigen Pflege, die nur eine supranationale Organisation wie die WIPO leisten könnte.

Da es gegenwärtig nicht einmal auf nationaler Ebene einen verbindlichen Katalog abstrakter Lokalisierungskriterien gibt, hängt die Bestimmung des Tatorts letztlich von der Bewertung der Umstände des Einzelfalls durch Parteien und Richter ab. Wer nach festen Regeln sucht, sollte sich im klaren darüber sein, daß Gerichte typischerweise erheblichen Schwankungen bei der tatsächlichen Lokalisierung von Verletzungshandlungen und der Wahl des anwendbaren Rechts unterliegen, während sie ihre kollisionsrechtlichen Überlegungen auf scheinbar feststehenden räumlichen Anknüpfungspunkten aufbauen.[82] Auch deutsche Gerichte unterliegen diesen Schwankungen.[83] Es besteht die Gefahr, daß ausländische Parteien im Prozeß durch Lokalisierung einer Verletzungshandlung im Inland diskriminiert werden.[84]

Mit Hilfe der parteispezifischen Lokalisierung läßt sich die Bestimmung des Tatorts lege fori zugunsten der internationalprivatrechtlichen Gerechtigkeit überwinden. Für die parteispezifische Lokalisierung des Tatorts spricht die Einzelfallgerechtigkeit. Wenn jede Partei die Möglichkeit hat, den Tatort selbst zu bestimmen, herrscht Waffengleichheit. Die parteispezifische Lokalisierung führt zu einer effektiven Arbeitsteilung zwischen Richter und Anwalt. Dispositions- und Verhandlungsmaxime legen den Verfahrensablauf weitge-

---

[81] Vgl. *Geller*, Conflicts of Laws, 596: „The difficulties of any primary rule, tying the choice of law to any single connecting factor fixed in geographical space, would only be compounded by new difficulties raised by secondary rules multiplying alternative factors of the same type. As a result, this maneuver would undercut any argument for the legal certainty of any such formally simple choice-of-law rule by creating a potentially complex set of exceptions that could swallow up the rule itself. Fixing on any single connecting factor cannot lead to legal certainty in cyberspace for the simple reason that it ignores the ultimately global scope of network exploitation covering many countries at once."

[82] *Geller*, GRUR Int. 2000, 659, 661 mit Beispielen aus den USA.

[83] Siehe unten 3. Kapitel IV.5. Vgl. insbesondere die Lokalisierung in *The Doors* (IV.5.c.) mit der Lokalisierung in *Beuys* (IV.5.d.).

[84] Vgl. *Austin*, Conflicts of Law, Columbia-VLA JLA 1999, 1, 47: „What I believe should not be encouraged, however, is unilateral action by courts of one nation that is inconsistent with fundamental domestic and international assumptions as to the scope of domestic copyright laws."

hend in die Hände der Parteien.[85] Maßgeblich sind nur die Tatsachen und Kriterien, die die Parteien vortragen. Insofern hat die parteispezifische Lokalisierung eine Filterfunktion. Die Richter haben die Aufgabe, den Prozeß zu überwachen und zu lenken.[86] Im Urteil müssen sie die vorgetragenen privaten und öffentlichen Interessen in bezug auf die verschiedenen Verletzungsorte abwägen und transparent aufbereiten. Erforderlich ist eine Urteilsbegründung, die sich dezidiert mit den anwaltlichen Vortragsstrategien auseinandersetzt.[87]

Da das Problem der Lokalisierung unter Umständen bereits auf Zuständigkeitsebene relevant werden kann,[88] muß der Ort der Verletzungshandlung bereits im Rahmen einer Vorprüfung auf Zuständigkeitsebene anhand des Vortrags der Parteien bestimmt werden. Der Beklagte muß zu Beginn des Prozesses Gelegenheit haben, die Entscheidungsfindung über die Lokalisierung der Verletzung aktiv zu gestalten und den Vortrag des Klägers zu entkräften. Die Verlagerung der Lokalisierung auf die Ebene der Begründetheit könnte dazu führen, daß ein Gericht seine Zuständigkeit ablehnt, weil es den Verletzungsort lege fori oder nach autonomen Begriffen im Ausland verortet, obwohl eine parteispezifische Lokalisierung im Rahmen der Begründetheit zu einem anderen Ergebnis führen würde. Dem deutschen Richter bleibt nichts anderes übrig, als die von beiden Seiten vorgetragenen Rechtsbehelfe in seine Schlüssigkeitsprüfung einzubeziehen und ausländisches Recht bereits im

---

[85] Vgl. aus deutscher Sicht vor allem §§ 308 Abs. 1 S. 1, 525, 559 ZPO und §§ 138 Abs. 2–4, 130 Nr. 3, 282 Abs. 1, 331 Abs. 1, 592 ZPO; *Stein/Jonas*, § 138 ZPO, Rn. 7; MünchKomm-*Peters*, § 138 Abs. 1 ZPO Rn. 23.

[86] Nach den Vorschriften der ZPO haben die Richter in jeder Lage darauf hinzuwirken, daß sich die Parteien vollständig erklären (§ 273 Abs. 1 S. 2 ZPO) und insbesondere einen ungenügenden Parteivortrag ergänzen (§ 139 Abs. 1 ZPO). Darüber hinaus hat das Gericht die Aufgabe zu entscheiden, welche der vorgebrachten relevanten Tatsachen beweisbedürftig sind. Zur Ausweitung der richterlichen Prozeßleitungsbefugnis in Deutschland *Hartwieg*, Pleading Actions, 185–186; *Stürner*, ZVglRWiss 2000, 310, 330, m.w.N. in Fn. 102 und 103.

[87] Vorbildlich ist der offene Urteilsstil im common law (vgl. unten 4. Kapitel A.I. und II.). Ein Beispiel für die englische Zurückhaltung gegenüber abstrakten Regelungen sind die Ausführungen der Law Commission von 1990 zum Problem der Charakterisierung einer vertraglichen Einrede im Deliktsprozeß, *Gibson* et al., Report, 3.50: „The relation of contractual defences to claims in tort clearly poses a difficult question of characterisation. The matter could be seen as exclusively contractual, exclusively tortious, as an issue *sui generis*, or as an issue where choice of law rules in contract and tort have roles to play, but different ones. The question of characterisation may depend on the particular factual context as well as on policy considerations. To legislate in relation to this issue would require a close factual analysis of the extent to which it is a practical problem and of what the practical solution would be. In our opinion, it is not sensible to deal with the abstract conflict of laws problem in such a difficult area, without research into and knowledge of the likely substantive rules in foreign countries which may require application under the proposed recommendations. In view of this, and because of the disagreement on the different roles of contract and tort in this area, we are unable to recommend legislative intervention."

[88] Zur Tatortzuständigkeit 3. Kapitel III.2.a.cc. zu § 32 ZPO und 3. Kapitel III.2.b.bb. zu Art. 5 Nr. 3 EuGVÜ.

Rahmen der Lokalisierung zu prüfen, wenn diese umstritten ist.[89] Hinzunehmen ist dabei, daß im Interesse der internationalprivatrechtlichen Gerechtigkeit und im Interesse der Parteien der Zugang zu deutschen Gerichten indirekt (d.h. über die Lokalisierung des Tatorts) von einem ausländischen Recht abhängig gemacht werden kann.[90] Verneint ein deutsches Gericht seine Zuständigkeit, erhält der Beklagte nur ein klageabweisendes Prozeßurteil, das den Kläger nicht daran hindert, erneut vor einem anderen Gericht zu klagen.[91] So unerwünscht dieses Ergebnis für den Beklagten auch sein mag – wenn er wegen Verletzung eines Urheberrechts in Deutschland vor Gericht steht, muß er das Risiko in Kauf nehmen, kein rechtskraftfähiges Sachurteil zu erhalten.[92]

Im Ergebnis wird dem Ideal der Rechtssicherheit durch die parteispezifische Lokalisierung eher entsprochen als durch umstrittene Kriterien, die ein Gericht in der gegenwärtigen Situation weltweiter Unsicherheit im Einzelfall unter dem Eindruck heimischen Rechts zur Bestimmung des Verletzungsorts heranzieht.

---

[89] Zur Anwendung ausländischen Rechts im Rahmen der Bestimmung der internationalen Zuständigkeit BGH NJW 1990, 990 (zum US-amerikanischen Insolvenzrecht).

[90] Gegen die Koppelung der internationalen Zuständigkeit an ausländisches Recht *Geimer,* IZPR, Rn. 1675, 1741, 1757; *Kubis,* 93.

[91] *Kubis,* 94, lehnt die Vorverlagerung der Beweisaufnahme auf Zuständigkeitsebene ab.

[92] Im Falle seiner Säumnis trägt der Beklagte ohnehin das Risiko, mit einem vollstreckbaren Titel belastet zu werden, auch wenn die Tatsachenbehauptungen des Klägers unrichtig waren. Die Geständnisfiktion des § 331 I ZPO regelt auch die internationale Zuständigkeit. Sie ist insofern sachgerecht als der Beklagte wegen seiner Säumnis weniger schutzwürdig ist als wenn er sich auf das Verfahren eingelassen hätte. Vgl. *Kubis,* 97.

III. Justitiabilität, internationale Zuständigkeit und Auslandswirkung

Von der internationalen Zuständigkeit zu unterscheiden ist der Begriff der „Gerichtsbarkeit". Darunter ist die aus der staatlichen Souveränität fließende, durch den Staat seinen Gerichten generell verliehene Entscheidungsgewalt (facultas jurisdictionis) zu verstehen. Sie besteht grundsätzlich auch für Streitsachen mit internationalen Beziehungen, wenngleich sie hier wegen des Vorrangs fremder Souveränität kraft Völkerrechts ausgeschlossen sein kann.[93] Aus Sicht des Urhebers stellt sich die Frage, ob das durch den Beklagten verletzte Schutzrecht einklagbar ist, d.h. ob das Gericht entscheiden darf. Dieser Aspekt wird im folgenden als „Justitiabilität" bezeichnet (1.).[94] Demgegenüber betrifft die internationale Zuständigkeit die Frage, ob im Einzelfall das zur Entscheidung einer Streitsache mit ausländischen Beziehungen angerufene inländische Gericht entscheiden soll (2.).[95] Der Mangel der internationalen Zuständigkeit hat zur Folge, daß das angerufene Gericht seine Gerichtsbarkeit in diesem Streitfall nicht ausüben kann; die Gerichtsbarkeit fehlt deshalb nicht.[96] Der Zusammenhang von Zuständigkeit und Gerichtsbarkeit kann allerdings dazu führen, daß durch willkürliche Ausdehnung eigener Zuständigkeiten in den Bereich der ausländischen Gerichtsbarkeit eingegriffen wird.[97] Deshalb ist abschließend die Wirkung einer Sanktion im Ausland zu berücksichtigen (3.).

---

[93] Vgl. das BGH-Urteil zum Wettbewerbsrecht in GRUR 1958 189, 196 – *Zeiss*, mitgeteilt von *Lindenmaier*.

[94] Man könnte auch von „Gerichtsbarkeit" sprechen, *Neuhaus*, RabelsZ 1955, 201, 207. *Riezler*, IZPR, 230, spricht von „sachlicher internationaler Zuständigkeit". Ihm folgend *Kubis*, 198. *Bornkamm* (131) und *Kieninger* (GRUR Int. 1998, 280, 290) sprechen allgemein von „Zuständigkeit". Ausführlich zum Begriff der Justitiabilität/Justiciability unten 4. Kapitel, A.II.3.

[95] Zur Abgrenzung der Zuständigkeit von der Gerichtsbarkeit *Neuhaus*, RabelsZ 1955, 201, 207, 208: „Im Gegensatz zu diesem Begriff der Gerichtsbarkeit als allgemeiner Entscheidungsgewalt kann man die Zuständigkeit in all ihren Formen als die tatsächliche Berufung eines Gerichtes oder einer sonstigen Behörde zur Entscheidung bestimmter Arten von Fällen umschreiben. Die Zuständigkeit eines Gerichtes setzt also die Gerichtsbarkeit des Staates voraus. [...] Fehlt die nationale Gerichtsbarkeit, so *dürfen* die inländischen Gerichte nicht entscheiden, während sie in anderen Fällen der (innerstaatlichen oder internationalen) Unzuständigkeit nicht entscheiden *sollen* – sei es aus Gründen der Zweckmäßigkeit und des politischen Interesses, sei es aus Gründen der prozessualen Gerechtigkeit." Allerdings meint *Neuhaus*, Klagen aus ausländischen Schutzrechten seien keine Fälle inländischer Gerichtsbarkeit, sondern mangelnder inländischer Zuständigkeit, weil dem Inland nicht die Befugnis fehle, über die ausländischen Vorgänge zu urteilen, sondern höchstens das Interesse, sich damit zu befassen (S. 212).

[96] BGH GRUR 1958, 189, 196 – *Zeiss*.

[97] Anmerkung von *Hefermehl* zu *Zeiss*, BGH GRUR 1958, 197, 198.

Die Punkte (1.) und (3.) flankieren die internationale Zuständigkeit und dienen demselben Zweck in verschiedenen Phasen des Prozesses: stets soll ein Eingriff in fremde Souveränität verhindert werden. Vor der internationalen Zuständigkeit stellt sich die Frage, ob das Gericht überhaupt befugt ist, über ein ausländisches *Recht* zu entscheiden. Nach der internationalen Zuständigkeit stellt sich die Frage, ob das Gericht befugt ist, die beantragte *Sanktion* mit Wirkung im Ausland zu erlassen. Beide Fragen sind im Einzelfall als Korrektiv der abstrakten Regeln zur internationalen Zuständigkeit zu verstehen. Während die Frage nach der Wirkung einer konkreten Sanktion im Ausland eher praktischen Erwägungen entspringt (welche Aussicht hat ein Urteil im Ausland auf Anerkennung und Vollstreckung?), ist die Frage der Justitiabilität Ausdruck des Respekts, den jeder Staat einer fremden Hoheitsmacht schuldet (ist ein Gericht überhaupt zur Entscheidung befugt?).

1. Justitiabilität

Bei strenger Auslegung des Territorialitätsprinzips dürften deutsche Gerichte über im Ausland begangene Urheberrechtsverletzungen nicht entscheiden. „The right may be asserted only in the courts of the country for which it is granted."[98] In Rechtsprechung und Schrifttum war lange Zeit umstritten, wie weit die Entscheidungskompetenz eines deutschen Gerichts im Immaterialgüterrecht reicht.[99]

a. Frühe Entscheidungen des Reichsgerichts (1885 und 1890)

Das Reichsgericht vertrat früher die Auffassung, ein deutsches Gericht dürfe ein bestimmtes Verhalten im Ausland nicht untersagen, weil hierdurch in die Souveränität dieses Staates eingegriffen werde. Am 18. März 1885 stellt das Reichsgericht lapidar fest: „Für die im gegenwärtigen Rechtsstreite auf Grund des § 34 des Patentgesetzes vom 25. Mai 1877 wegen Verletzung des Patentrechtes des Klägers erhobene Entschädigungsklage ist daher das Gericht zuständig, in dessen Bezirke die nach der Behauptung des Klägers sein Patentrecht verletzende Handlung der Beklagten begangen worden ist, welche als Ursache des ihm angeblich erwachsenen Schadens erscheint."[100]

Noch deutlicher wird das Reichsgericht 1890: „Da das englische Patent nur für England ertheilt ist und nur für England ertheilt werden konnte, so können Kl. einen Anspruch auf Schutz des ihnen für England ertheilten Patents auch

---

[98] Siehe oben 2. Kapitel I.1. *Cornish*, IP, 3. Aufl., 22.

[99] Vgl. zum Streitstand: *Bornkamm*, 131; *Stauder*, GRUR Int 1976, 465, 474; ders., GRUR Int 1997, 859; *Troller*, Das internationale Privatrecht im Urheberrecht, 259 f., 271 f.; *Ulmer*, Urheberrecht, 71 f.

[100] RGZ 13, 424, 425. Der Kläger, ein Ingenieur, wirft der bekagten Firma mit Sitz in Braunschweig vor, das ihm auf einen Zentralweichen- und Signalstellapparat erteilte Patent verletzt zu haben.

nur in England erheben. [...] Dem deutschen Richter ist auch in dem Falle, wenn zufällig bei ihm ein Gerichtsstand begründet wäre, nicht anzusinnen, etwa auf die Klage eines Engländers gegen einen Engländer, welcher im deutschen Gerichtsbezirk Vermögen hat, einen Ausspruch dahin zu thun, daß sich der Bekl. in England der gewerblichen Herstellung und Veräußerung von Werkzeugen oder Maschinen zu enthalten habe, welche den Kl. durch ein englisches Patent patentirt [sic] seien."[101]

Noch 1927 hielt das Reichsgericht an dem Grundsatz fest, daß ein deutsches Gericht nicht über die Verletzung eines Schutzrechts im Ausland entscheiden dürfe. „[...] es könnte auch als Übergriff in die Rechtssphäre anderer souveräner Vertragsstaaten gedeutet werden, wenn ein Staat für Rechte, die er – wie das Zeichenrecht – für sein Gebiet geschaffen hat, Geltung in der ganzen Welt beanspruchen wollte, und wäre es auch nur für den Fall des Vorliegens eines inländischen Gerichtsstandes. Schon hieraus ergibt sich, daß auch die im Ausland geschützte Marke räumlich begrenzt ist und daher nicht in den deutschen Herrschaftsbereich herüberwirken kann [...]."[102]

b. *Norsk Vacuum Oil v Eagle Oil (RG, 1930)*

1930 sah das Reichsgericht in *Norsk Vacuum Oil v Eagle Oil* keinen Grund mehr für die Annahme, daß ein Anspruch wegen Verletzung eines ausländischen Warenzeichens im Ausland in Deutschland nicht einklagbar sei.[103]

> Die Beklagte Eagle Oil Company of New York GmbH mit Sitz in Hamburg hat im Jahre 1925 gegen die Norsk Vacuum Oil beim Handelsgericht in Oslo Klage erhoben auf Löschung der Warenzeichen „Vacuum" und „Arctic" und auf Ersatz des ihr durch die widerrechtliche Verwendung dieser Zeichen entstandenen Schadens. Die Norsk Vacuum Oil hat in jenem Verfahren Widerklage erhoben auf Unterlassung der Benutzung mehrerer Bezeichnungen sowie auf Schadensersatz. Die norwegischen Gerichte haben die Klage der Eagle Oil abgewiesen und sie auf die Widerklage zur Unterlassung der Benutzung der

---

[101] RG JW Nr. 19, 1890, 280, 281 (ohne Angaben zum Sachverhalt). Am 6.6.1934 abermals durch das Reichsgericht bestätigt: „Ebenso kommen Patentverletzungsansprüche nach feststehender Rechtsprechung (grundlegend JW 1890 S. 280) nicht in Betracht, soweit es sich um die Verfogung von Ansprüchen wegen Verletzung ausländischer Patente im Auslande handelt."

[102] RGZ 118, 76, 82 – *Springendes Pferd*. Es geht um verwechslungsfähige Zeichen. Die deutsche Klägerin verlangt, daß der italienischen Beklagten untersagt werde, ihr international registriertes Bildzeichen eines springenden Pferdes für Konserven im deutschen Reichsgebiet zu benutzen. Die Widerklage geht auf Verurteilung der Klägerin zur Unterlassung der Ausfuhr von Waren, die mit dem Bildzeichen des springenden Pferdes versehen sind, nach solchen Ländern, in denen der Schutz der internationalen Marke der Beklagten Geltung habe. Das Landgericht gab der Klage im wesentlichen statt und wies die Widerklage ab. Berufung und Revision waren erfolglos. Ob die von einem Deutschen im Ausland begangene Verletzung eines dort kraft internationaler Registrierung wirksamen Zeichenrechts vor deutschen Gerichten verfolgt werden kann, braucht das Reichsgericht nicht zu untersuchen.

[103] RGZ, 129, 385, 388 – *Eagle Oil v Norsk Vacuum Oil*.

Zeichen und zur Zahlung einer Entschädigung von 20.000 norwegische Kronen an die Norsk Vacuum Oil verurteilt. Die Eagle Oil hat diesen Betrag nicht gezahlt. Nunmehr klagt die Norsk Vacuum in Deutschland (Hamburg) auf Zahlung der 20.000 norwegische Kronen. Die Beklagte tritt unter Hinweis auf den Mangel der Gegenseitigkeit zwischen dem Deutschen Reich und Norwegen der Verwendung der norwegischen Urteile entgegen und verlangt selbständige Begründung und selbständigen Beweis des Klaganspruchs. Maßgeblich sei deutsches Recht. Entscheidend sei der Grundsatz des Art. 12 EGBGB. Das Landgericht wies die Klage ab. Das Oberlandesgericht erklärte den Klaganspruch dem Grunde nach für gerechtfertigt. Die Revision der Beklagten führte zur Aufhebung und Zurückverweisung.

Die Klägerin (Norsk Vacuum Oil) müsse ihren Anspruch vor deutschen Gerichten von neuem selbständig geltend machen, weil die Anerkennung von Urteilen norwegischer Gerichte in Deutschland mangels Verbürgung der Gegenseitigkeit zwischen dem Deutschen Reich und Norwegen gemäß § 328 Nr. 5 ZPO ausgeschlossen sei. Die norwegischen Urteile dienten aber in Anbetracht ihrer eingehenden und sorgfältigen Prüfung und Feststellung des Sachverhalts als wichtiges Beweismittel dafür, daß die Beklagte unerlaubte Handlungen begangen habe, die sie nach norwegischem Recht zum Schadensersatz gegenüber der Klägerin verpflichteten. Allerdings könnten aus diesen im Ausland begangenen unerlaubten Handlungen nach dem Grundsatz des Art. 12 EGBGB gegen die Beklagte als eine in Deutschland ansässige Gesellschaft nicht weitergehende Ansprüche geltend gemacht werden, als wenn der in Norwegen verwirklichte Tatbestand dem deutschen Recht unterstellt würde.[104]

Die Beklagte beruft sich in doppelter Hinsicht auf den Schutz dieser Vorschrift. Zum einen erhebt sie unter Berufung auf den Grundsatz des Art. 12 EGBGB mit Erfolg die Einrede der Verjährung. Zum anderen genieße ein ausländisches Warenzeichen, das nicht in die deutsche Zeichenrolle eingetragen sei, in Deutschland keinen Schutz. Der Klaganspruch, der in vollem Umfang auf Verletzung in Deutschland nicht eingetragener Warenzeichen aufbaue, sei daher wegen Art. 12 EGBGB abzuweisen. Diesen Einwand weist das Reichsgericht zurück. „Aus der Nichteintragung eines ausländischen Warenzeichens in der deutschen Zeichenrolle folgt nur, daß diesem Zeichen nicht der Schutz des deutschen Warenzeichenrechts zugute kommt. Das ist von Bedeutung für Verletzungen, die innerhalb des Deutschen Reiches begangen werden. Dagegen besteht kein Grund für die Annahme, daß es unzulässig sei, einen Inländer, der die Verletzungshandlung gegen ein nur im ausländischen

---

[104] Art. 12 EGBGB in der Fassung vom 18.8.1896 entspricht Art. 38 EGBGB in der Fassung vom 21.7.1994: „Aus einer im Auslande begangenen unerlaubten Handlung können gegen einen Deutschen nicht weitergehende Ansprüche geltend gemacht werden, als nach den deutschen Gesetzen begründet sind." Neu gefaßt durch das Gesetz zum IPR für außervertragliche Schuldverhältnisse und Sachen vom 21.5.1999 (BGBl. I, S. 1026).

Staat geschütztes Warenzeichen dort begangen hat, vor einem deutschen Gericht aus dem ausländischen Warenzeichengesetz in Anspruch zu nehmen."[105]

Mit diesen dürren Worten hat das Reichsgericht die strenge Lehre der Territorialisten (und des Reichsgerichts im ausgehenden 19. Jahrhundert) korrigiert. Die prozessuale Hürde des Territorialitätsprinzips ist unauffällig beseitigt worden. Die Richter des Reichsgerichts setzen sich weder mit der früheren Rechtsprechung desselben Gerichts noch mit den Implikationen des Territorialitätsprinzips auseinander. Damit war der Boden für Klagen vor deutschen Gerichten wegen Verletzung ausländischer Immaterialgüterrechte bereitet.[106]

c. *Flava Erdgold (BGH, 1956)*

Der BGH hat sich 1956 in seiner *Flava Erdgold*-Entscheidung dem Diktum des Reichsgerichts in *Norsk Vacuum Oil* angeschlossen.[107]

> Die Klägerin züchtet Kartoffelsaatgut. Ihre Marken „Erdgold" und „Flava" wurden in die deutsche Warenzeichenrolle eingetragen und außerdem international registriert. Die Beklagte, die Pflanzkartoffeln exportiert, unterbreitete einem portugiesischen Unternehmen ein Angebot über „Flava Erdgold"-Kartoffeln. Die Klägerin erblickt hierin eine Verletzung ihrer deutschen und internationalen Zeichenrechte. Die Beklagte wendet u.a. ein, die deutschen Gerichte seien nicht berechtigt, darüber zu entscheiden, ob überhaupt eine Verletzung der internationalen Markenrechte der Klägerin vorliege. Das Oberlandesgericht hat auf die Berufung der Beklagten das Urteil des Landgerichts aufgehoben und die Klage abgewiesen. Die Revision der Klägerin führte zur Aufhebung und Zurückverweisung.

Der BGH meint, daß deutsche Gerichte grundsätzlich auch zur Entscheidung über Ansprüche aus einer in Portugal begangenen Zeichenverletzung befugt seien. „Es ist seit langem in Rechtsprechung und Schrifttum anerkannt, daß ein Inländer mit inländischem Gerichtsstand, der die Verletzungshandlung gegen ein im ausländischen Staat geschütztes Warenzeichen dort begangen

---

[105] RGZ, 129, 385, 388 unter Berufung auf *Seligsohn*, Anm. 5 zu § 12 WZG und *Hagen*, Anm. 6 zu § 12 WZG.

[106] In der *Dreyfuß*-Entscheidung des Kammergerichts vom 3.8.1931 wurde die internationale Zuständigkeit gar nicht problematisiert, obwohl es um den Erlaß einer einstweiligen Verfügung mit Wirkung für Deutschland, England und die USA ging. Der Antragsteller behauptet, daß die Antragsgegnerin im Begriff stehe, einen Tonfilm mit Versatzstücken eines von ihm verfaßten Schauspiels in englischer Fassung in England und Amerika vorführen zu lassen. Er beantragt, daß der Antragsgegnerin bis zur rechtskräftigen Entscheidung des Hauptprozesses bei Vermeidung einer vom Gericht festzusetzenden Strafe für jeden Fall der Zuwiderhandlung verboten werde, „Richard Oswald's Dreyfus"-Film aufzuführen, insbesondere in England und Amerika. Das Kammergericht lehnt den Erlaß einer einstweiligen Verfügung ab, weil der Antragsteller eine Verletzung seiner Interessen nicht glaubhaft gemacht habe. Noch 1934 hielt sich das RG allerdings in bezug auf Verletzungsklagen hinsichtlich ausländischer Patente für unzuständig: RG GRUR 1934, 657, 664.

[107] BGHZ 22, 1, 13.

hat, vor einem deutschen Gericht auf Grund des ausländischen Warenzeichenrechts auf Schadensersatz in Anspruch genommen werden kann (RGZ 129,
385, 388 *Norsk Vacuum Oil*, m.w.N. aus dem Schrifftum). Aber auch für Ansprüche auf Unterlassung der Verletzung im Ausland bestehender Zeichen-
rechte, begangen im Auslande, muß die Verfolgung im Inland offen stehen.
Das von der Beklagten geltend gemachte Bedenken, daß dann das deutsche
Gericht über Bestand und Schutzbereich eines nach ausländischem Recht geschützten Zeichens zu befinden habe, kann als durchschlagend nicht anerkannt werden. Da das vom deutschen Gericht erwirkte Urteil nur Wirkungen
im Inland erzeugt, bleibt die ausländische Souveränität unangetastet. Die von
der Revision hervorgehobenen praktischen Schwierigkeiten, die sich bei der
Ermittlung der im Ausland bestehenden Rechtslage ergeben können, sind
nicht größer als sie sonst bestehen, wenn nach den Regeln des internationalen
Privatrechts fremdes Recht anzuwenden ist."
   Unmittelbar im Anschluß an dieses Diktum prüft der BGH, ob der Verfolgung von Ansprüchen aus einer im Ausland begangenen Zeichenverletzung
(*ausnahmsweise*) Art. 12 EGBGB a.F. entgegensteht, wonach aus einer im
Ausland begangenen unerlaubten Handlung gegen einen Deutschen nicht
weitergehende Ansprüche geltend gemacht werden können, als sie nach deutschen Gesetzen begründet sind.[108] Der BGH verneint diese Frage. Der deutsche Gesetzgeber könne nur solche gesetzlichen Beschränkungen aussprechen, die sich auf deutsche Warenzeichen bezögen. Eine Begrenzung oder
Beschränkung international registrierter Marken stehe dem deutschen Gesetzgeber nicht zu, weil er damit in fremde Hoheitsrechte eingreifen würde. Da
die Bestimmungen des Saatgutgesetzes die international registrierte Marke
nicht erfaßten, würden durch die Geltendmachung ausländischer Marken-
schutzrechte keine weitergehenden Ansprüche erhoben, als sie nach deutschem Zeichenrecht begründet wären. Die Klägerin könne aus ihrer international registrierten Marke wegen einer in Portugal oder anderen Staaten des
Madrider Abkommens begangenen Verletzung des in diesen Staaten geschützten Zeichens alle Ansprüche geltend machen, die bestehen würden,
wenn ein entsprechendes deutsches Warenzeichenrecht bestehen würde. „Wäre nämlich eine im Ausland stattgefundene Verletzung eines dort geschützten
Zeichens zu bejahen, so kann sich die für die deutschen Gerichte aus Art 12
EGBGB ergebende Frage nur dahin stellen, ob nach deutschem Recht die
gegen einen deutschen Staatsangehörigen geltend gemachten Ansprüche für
den Fall begründet wären, daß dieser ein – dem ausländischen Zeichenrecht –

---

[108] Die Beklagte nimmt das ihr in § 7 Abs 3 Nr 2 Saatgutgesetz ausdrücklich eingeräumte
Recht in Anspruch, wonach der Sortenschutzinhaber die Benutzung des Sortennamens, auch
wenn er für ihn als Warenzeichen eingetragen ist, für den Fall nicht verbieten kann, daß er im
Export für anerkanntes Nachbausaatgut verwendet wird und die Worte „anerkannter Nach-
bau" in gleicher Aufmachung wie der Sortenname hinzugefügt wird. Vgl. BGHZ 22, 1, 5.

e n t s p r e c h e n d e s Warenzeichenrecht, [...] in der Bundesrepublik verletzt hätte"[109]

d. Entscheidungen nach Flava Erdgold

Die Frage der Gerichtsbarkeit beschäftigte deutsche Gerichte noch bis in die sechziger Jahre.[110]

In einem nicht rechtskräftigen Urteil des Landgerichts Düsseldorf vom 18. März 1958 bedurfte es keiner Klärung dieses Rechtsproblems, weil nicht nur eine Verletzung des Auslandspatents, sondern zugleich Vertragsbeziehungen geltend gemacht wurden. Das Landgericht Düsseldorf ist der Ansicht, in solchen Fällen werde den deutschen Gerichten die Entscheidung nicht nur über die Vertragsansprüche, sondern gleichzeitig auch über die behauptete Handlung zugebilligt.[111]

In *Kunststofflacke* setzt sich das Oberlandesgericht Düsseldorf ausführlich mit der Gerichtsbarkeit auseinander.[112] Jeder Staat erkenne an, daß andere Staaten Patentrechte mit Wirkung für ihr Staatsgebiet erteilen könnten, und dürften daher auch nicht billigen, daß diese im Ausland wohlerworbenen Rechte durch im Ausland begangene Handlungen verletzt würden.[113] Es könne dem fremden Staat nur recht sein, wenn deutsche Gerichte helfen würden, seinen Willen durchzusetzen.[114] Ein Eingriff in die fremde Souveränität sei schon deshalb nicht zu befürchten, weil das vor einem deutschen Gericht erwirkte Urteil nur Wirkungen im Inland erzeuge. Die Schwierigkeiten, die sich für den deutschen Richter bei der Ermittlung der im Ausland bestehenden Patentrechtslage ergäben, seien mit den Schwierigkeiten vergleichbar, die in mehr oder weniger starkem Maße immer dann aufträten, wenn nach den Regeln des internationalen Privatrechts fremdes Recht anzuwenden sei.[115] Nur eine Unterlassungsklage könne angesichts der unmittelbaren Auswirkungen, die ein von einem deutschen Gericht ausgesprochenes Verbot auf das ausländische Hoheitsgebiet haben könnte, und die Folgen, die eine Vollstreckung dieses Verbots mit sich bringen würde, zusätzliche Probleme aufwerfen. Für die Klage auf Rechnungslegung und Schadensersatz sei die deutsche Gerichtsbarkeit hingegen zu bejahen, da unmittelbare Auswirkungen auf das

---

[109] BGHZ 22, 1, 14. Sperrdruck im Original. Genauso LG Düsseldorf, GRUR Int.1968, 101,103 – *Frauenthermometer.*

[110] Für Warenzeichen BGHZ 41, 84, 89 – *Maja,* mit Hinweis auf *Flava Erdgold.*

[111] GRUR Int. 1958, 430 – *Hohlkörper.* Unter Berufung auf das Reichsgericht.

[112] OLG Düsseldorf, 25.3.1966, GRUR Int. 1968, 100. Mit der Klage haben die Kläger geltend gemacht, daß die Beklagte ihr schweizerisches Patent in der Schweiz verletzt habe und daher zu einer ordnungsgemäßen Rechnungslegung und zur Leistung eines bestimmten Schadensersatzes verpflichtet sei.

[113] Unter Berufung auf *Jungmann,* Das internationale Patentrecht, 2. Aufl., S. 36 ff.

[114] Unter Berufung auf *Raape,* IPR, 5. Aufl., S. 640.

[115] Mit Hinweis auf BGHZ 22, 13 – *Flava Erdgold.*

ausländische Hoheitsgebiet durch die Entscheidung des deutschen Gerichtes nicht zu befürchten seien.[116]

Die Frage, ob Klagen, die ein ausländisches Immaterialgüterrecht betreffen, vor deutschen Gerichten überhaupt justiabel sind, wurde nach *Kunststofflacke* nur noch gestreift[117] und schließlich nicht mehr gestellt.[118] Heute gilt als selbstverständlich, daß Ansprüche wegen Verletzung eines ausländischen Immaterialgüterrechts vor einem deutschen Gericht verfolgt werden können. Erforderlich ist nur, daß das angerufene deutsche Gericht international zuständig ist.[119]

e. Schrifttum

1885 und 1890 macht sich das Reichsgericht noch selbst Gedanken zur Justitiabilität. Mit der Ablehnung der Gerichtsbarkeit entspricht es der Meinung im Schrifttum. Seligsohn vertritt die Ansicht, ein Klageanspruch, der sich auf Verletzung in Deutschland nicht eingetragener Warenzeichen aufbaue, sei aufgrund des Art. 12 EGBGB abzuweisen.[120] Kohler verneint die Zulässigkeit von Klagen über die ausländische Verletzung oder den Bestand eines ausländischen Urheberrechts.[121]

In den zwanziger Jahren kommen Zweifel auf. Ulmer berichtet von der Abweisung einer Klage auf Schadensersatz durch ein niederländisches Gericht unter Hinweis auf die territoriale Beschränkung des streitbefangenen deutschen Patents.[122] Die Meinung der Lehre schlägt um.[123] Das Reichsge-

---

[116] GRUR Int. 1968, 100, 101.

[117] LG Düsseldorf, 27.10.1966, GRUR Int. 1968, 101–104 (*Frauenthermometer*) unter Berufung auf *Kunststofflacke*.

[118] Vgl. für das Urheberrecht die Fälle, in denen nur die internationale Zuständigkeit diskutiert wurde: *Profil* Urteil des BGH vom 3.5. 1977, GRUR 1978, 194–196; *Monumenta Germaniae Historica* Urteil des BGH vom 7.12.1979 GRUR 1980 227–233 m. Anm. *Nordemann*; *Foxy Lady* OLG München ZUM 255–258 = NJW 1990, 3097–3098. Oft wird nicht einmal die internationale Zuständigkeit erwähnt: u.a. in *Alf* BGH 118 (1992) 394–400; *Beuys* BGH 126 (1994), 252–260; *Spielbankaffaire* BGH 136 (1997) 380–393; *Feliksas Bajoras* und *Estnische Komposition* Urteile des Hanseatischen OLG vom 23.10.1997 und vom 18.6.1998, GRUR Int. 1998, 431–436 und GRUR Int. 1999, 76–82; *Felsberg* Urteil des Saarl. OLG vom 28.6.2000, GRUR Int. 2000, 933–936, ausführlich zu den genannten Urteilen unten 3. Kapitel IV.5.

[119] Teilurteil des Landgerichts Düsseldorf vom 25.8.1998, GRUR Int. 1999, 455, 456 – *Schußfadengreifer*: „Der Grundsatz der Territorialität steht dem nicht entgegen; er betrifft nur die materielle Begrenzung des Rechts. Mit der Frage, wo die Ansprüche verfolgt werden können, hat dies unmittelbar nichts zu tun. Erforderlich ist jedoch in einem solchen Fall stets, daß das angerufene deutsche Gericht nach den maßgeblichen Vorschriften auch international zuständig ist."

[120] *Seligsohn*, WZG, Anm. 5 zu § 12.

[121] *Kohler*, Urheberrecht, 393.

[122] Zum Fall *Salomonson*, GRUR 1928, 25–26: „Gegen den holländischen Flugzeugfabrikanten, Herrn A. H. G. Fokker, der bekanntlich während des Krieges in Deutschland wohnte, wurde damals von der Luft-Verkehrs-Ges. m.b.H. Klage erhoben wegen Verletzung eines der

richt folgt 1930 in Norsk Vacuum Oil Hagens Kommentar zum Warenzeichengesetz.[124] Auch der BGH zitiert 1956 Hagen sowie Baumbach-
Hefermehl, Bussmann, Raape, Rabel und Riezler.[125] 1973 halten Zweigert
und Puttfarken den Streit weitgehend für ausgestanden.[126] Das Schrifttum
nennt folgende Gründe:

- Das Territorialitätsprinzip bestimme die materielle Geltung eines Urheberrechts, ohne seinen gerichtlichen Schutz auf ein bestimmtes Land beschränken zu wollen. Diese Beschränkung sei sinnvoll bei Rechtsbehelfen
  gegen konstitutive oder deklaratorische staatliche Formalien wie etwa Re-
  gistereinträge,[127] sie überzeuge jedoch nicht bei Unterlassungsansprüchen
  oder bei Ansprüchen auf Schadensersatz.[128] Im Hinblick auf die Vollstreckbarkeit des Urteils solle eine Klage nach Möglichkeit in dem Land
  erhoben werden, in dem der Verletzer Vermögen habe.[129]

- Sofern man die Hoheitsgewalt eines ausländischen Staates überhaupt
  durch die Anerkennung eines ausländischen Urheberrechts als berührt an-

---

letztgenannten Firma gehörenden deutschen Patentes; [...] Der Liquidator hat, weil in
Deutschland keine Besitztümer des Beklagten vorhanden waren und das deutsche Urteil nicht
in Holland zur Exekution gelangen konnte, die Angelegenheit gemäß Art. 431 der niederländischen ZPO aufs neue in Holland, und zwar in Amsterdam, vor Gericht gebracht. [...] Das
Gericht hat die Klage zurückgewiesen. [...] Denn das Patent habe keine extra-territoriale Wirkung; innerhalb der deutschen Grenzen sei der Inhaber des Patents kraft der besonderen Bestimmungen des deutschen Patentgesetzes geschützt; jedoch könne sich dieser Schutz nicht
über den Bereich der von dem Gesetzgeber gegebenen Machtmittel ausdehnen. Dem niederländischen Gericht fehle also die Zuständigkeit, einer Klage stattzugeben, welche sich auf ein
ausländisches Patent stütze; dieses Ziel wäre nur mittels internationaler Verträge zu erreichen."
[123] *Salomonson* (GRUR 1928, 25, 26) übt vorsichtige Kritik: „Wie Dr. Jsay auf S. 213 der
vierten Auflage seines bekannten Werkes 'Patentgesetz und Gesetz betreffend den Schutz von
Gebrauchsmustern' zutreffend schreibt, ist heute 'das Erfinderrecht ebenso ein gemeinsames
Rechtsinstitut der auf der kapitalisitischen Wirtschaftsordnung aufgebauten Kulturstaaten wie
das Eigentum. Kein Staat hat Anlaß, Verletzungen des ausländischen Patentrechts, die in dem
betreffenden ausländischen Staat erfolgt sind, nicht als Rechtsverletzungen zu betrachten. Das
ergibt sich für die dem Unionsverbande angehörenden Staaten außerdem auch noch aus dem
Geiste und Zweck des Unionsvertrages."
[124] RGZ 129, 385, 388.
[125] *Baumbach-Hefermehl*, 7. Aufl, Allg. 5. Kap Anm. 133; *Bussmann*, MuW 1929, 419 ff;
Raape, IPR, 4. Aufl. 599; *Rabel* The Conflict of Laws, Bd. 2, S. 295; *Riezler*, IZPR 1949,
243, der auf S. 86 die Reichsgerichtsentscheidung *North Vacuum Oil* zitiert: „Es besteht kein
triftiger Grund, warum nicht wegen eines im Ausland geschehenen Eingriffs in ein ausländisches Patent ein Anspruch auf Unterlassung weiterer Eingriffe im Ausland oder ein Schadensersatzanspruch vor einem inländischen Gericht soll geltend gemacht werden können."
[126] GRUR Int. 1973, 573, 576.
[127] So *Zweigert/Puttfarken*, GRUR Int. 1973, 573, 576; Einzelnachweise bei *Weber*, 99 ff.
[128] *Ulmer*, Urheberrecht, § 13 II 1; ders., Gutachten, 16; *von Gamm*, Einf. Rn. 147; *Troller*, Das internationale Privatrecht im Urheberrecht, 261 ff.
[129] *Zweigert/Puttfarken*, GRUR Int. 1973, 573, 576.

sehen wolle, liege darin allenfalls eine Erweiterung der Hoheitsgewalt, aber kein Eingriff. Auch bei Bestandsklagen werde kein ausländischer Hoheitsakt aufgehoben, sondern lediglich ein Feststellungsurteil getroffen, das grundsätzlich nur im Inland Wirkungen entfalten könne. Extraterritoriale Wirkungen würden erst durch die Anerkennug dieses Urteils in anderen Staaten entstehen. Es liege daher kein Problem der Gerichtsbarkeit, sondern ein Problem der Anerkennung der betreffenden Entscheidung im Ausland vor. Die Anerkennung einer deutschen Entscheidung im Ausland sei aber grundsätzlich keine Voraussetzung für die deutsche internationale Zuständigkeit.[130]

- Das EuGVÜ erlaube inzwischen eine Vollstreckung deutscher Unterlassungsurteile in den anderen Vertragsstaaten, so daß das von einem deutschen Gericht ausgesprochene Unterlassungsgebot ohne weiteres in den anderen Vertragsstaaten beachtet werden müsse.[131]

- Die Verneinung der Zuständigkeit deutscher Gerichte könne dazu führen, den Inhaber eines ausländischen Schutzrechts völlig rechtlos zu stellen, wenn der Verletzer in dem betreffenden Auslandsstaat beispielsweise keinen Gerichtsstand hat oder kein Vermögen besitzt oder wenn das ausländische Urteil in Deutschland nicht vollstreckbar ist.[132]

Heute ist der Streit über die Justitiabilität nur noch eine historische Notiz wert.[133] *Bornkamm*, Richter am Bundesgerichtshof, resümiert: „Lange Zeit war in Deutschland die Auffassung herrschend, die über den Beklagtenwohnsitz vermittelte Zuständigkeit deutscher Gerichte für die Verletzung ausländischer Schutzrechte müsse auf Schadensersatzansprüche beschränkt sein. [...] Diese vom Reichsgericht in ständiger Rechtsprechung vertretene Auffassung hat der Bundesgerichtshof 1956 in der Entscheidung ‚Flava-Erdgold' aufgegeben. [...] Heute wird es auch nicht mehr in Frage gestellt, daß die deutschen Gerichte im Falle ihrer internationalen Zuständigkeit auch Unterlassungsgebote aussprechen dürfen."[134]

---

[130] *Schack*, Anknüpfung, 25–26, in Anlehnung an *Weber*, 136; *Neuhaus*, RabelsZ 20 (1955) 212.

[131] *Stauder*, GRUR Int. 1976, 465, 474.

[132] *Tetzner*, GRUR Int. 1976, 669.

[133] *Kieninger*, GRUR Int. 1998, 280, 290; *Kubis*, 198, m.w.N. in Fn. 5; *von Meibom/Pitz*, Mitt. 1996, 181, 182. Die inländische Zuständigkeit ist auch im Hinblick auf die im Verletzungsprozeß auftretende Vorfrage zu bejahen, ob das behauptete ausländische Schutzrecht besteht, vgl.: *Schack*, IZVR, 200 f.

[134] *Bornkamm*, Grenzüberschreitende Unterlassungsklagen im Urheberrecht? 131. Vgl. das Urteil des Obergerichts Tôkyô vom 27. Januar 2000 zur Anwendung des Territorialitätsprinzips in Japan, GRUR Int. 2001, 83–84, 1.1.: „Bei Patentrechtsverletzungen ist das international anerkannte Territorialitätsprinzip anzuwenden. Es kann kein Unterlassungs- oder Vernichtungsanspruch auf der Basis eines ausländischen Patentrechts vor einem inländischen Gericht geltend gemacht werden, selbst wenn eine Handlung im Inland das ausländi-

f. Stellungnahme

Der BGH unterscheidet im Kontext der Justitiabilität zwei Fragen:[135]

(1.) Sind Verletzungsklagen oder Klagen auf Feststellung hinsichtlich ausländischer Schutzrechte auf der Grundlage des Territorialitätsgrundsatzes abzulehnen?

(2.) Scheitern solche Klagen an Art. 38 EGBGB (12 EGBGB a.f.)?[136]

Zu (1.): Der BGH hat in *Flava Erdgold* die Chance vertan, das Territorialitätsprinzip grundsätzlich zu überdenken. Wie selbstverständlich hat er den prozessualen Aspekt der Territorialität[137] aufgegeben, ohne auch die anderen Aspekte in Frage zu stellen. Im Gegenteil. Der BGH bestätigt die Geltung des aus der Territorialität der Immaterialgüterrechte entspringenden Schutzlandprinzips.[138] Konsequent ist das aus dogmatischer Sicht nicht. Wer eine Säule entfernt, muß aufpassen, daß nicht das ganze Gebäude einstürzt. Das Reichsgericht hat in seinen Urteilen von 1885 und 1890 wohl geahnt, daß zu starkes Rütteln am prozessualen Fundament das Gebäude der Territorialität erschüttern würde und eine Befugnis, über ein ausländisches Schutzrecht zu entscheiden, konsequenterweise verneint. Nun soll hier nicht dogmatischem Fundamentalismus das Wort geredet werden. Die Entscheidung ist insofern zu begrüßen als der BGH die Anwendung der lex fori ablehnt und nicht vor den mit der Anwendung ausländischen Rechts verbundenen Schwierigkeiten zu-

---

sche Patentrecht verletzt. Es bestehen auch keine speziellen Gesetze oder völkerrechtlichen Übereinkommen, die zur Erstreckung der Wirkungen des ausländischen Patentrechts auf japanisches Territorium führen könnten. Nach welchem anwendbaren Recht der Unterlassungs- und Vernichtungsanspruch wegen Verletzung eines ausländischen Patentrechts zu beurteilen ist, bedarf keiner Klärung." (Übersetzung von Anja Petersen). Vgl. die Anmerkungen zum Urteil von *Petersen*, GRUR Int. 2001, 84–86; *Dogauchi*, WIPO Forum, Nr. 44–47.

[135] *Flava Erdgold* BGHZ 22, 1, 13–14.

[136] Die Frage stellt sich auch nach der Neufassung des Art. 38 EGBGB durch das Gesetz zum IPR für außervertragliche Schuldverhältnisse und Sachen vom 21.5.1999 (in Kraft getreten am 1.6.1999, BGBHl. I, S. 1026). Das Gesetz enthält eine teilweise damit vergleichbare Norm in Artikel 40 Abs. 3 EGBGB, vgl. Gesetzentwurf der Bundesregierung, Drucksache 14/343, S. 7 und 12: „Ihre völlige Aufhebung würde jedoch [...] neueren internationalen Entwicklungen nicht ausreichend Rechnung tragen: Einerseits würde die Anwendung der Grundsätze einzelner Rechtsordnungen zur Bestimmung der Schadenshöhe, vor allem beim Schmerzensgeld und bei mehrfachem oder Strafschadensersatz („multiple' oder „punitive damages') den deutschen Richter vor schwierige Abgrenzungsprobleme, auch unter dem Blickwinkel des Aritkels 6 EGBGB, stellen. Andererseits enthält das schweizerische IPR-Gesetz in Artikel 135 Abs. 2 für die Produkthaftung und in Artikel 137 Abs. 2 für Wettbewerbsbehinderungen ausdrückliche Begrenzungen, die daran hindern, in solchen Fällen bei Anwendung ausländischen Rechts weitergehende Leistungen zuzusprechen, als sie das schweizerische Recht vorsieht. [Art. 40] Absatz 3 behält daher die weiterhin gerechtfertigt erscheinenden Grundansätze des füheren Artikels 12 EGBGB bei [...]."

[137] Dazu oben 2. Kapitel I.1. und *Cornish*, IP, 3. Aufl., 22.

[138] BGHZ 22, 1, 17: „Nach alledem hängt die Entscheidung dieses Rechtsstreits allein davon ab, wie die Rechtslage nach dem portugiesischen Recht zu beurteilen ist."

rückschreckt. Das Verdienst des Reichsgerichts in *Norsk Vacuum Oil*, des BGH in *Flava Erdgold* und des OLG Düsseldorf in *Kunststofflacke* besteht gerade darin, überkommene Vorstellungen von Territorialität der wirtschaftlichen Entwicklung anzupassen.[139] Allerdings legen die Gerichte die Interessen der Parteien und der Allgemeinheit, zu deren Wohl ein Immaterialgüterrecht vom Staat auch geschützt wird, nicht offen.[140] Mit der Klagbarkeit im Inland ist ein weiterer Anreiz für Investitionen in geistige Schöpfungen geschaffen. Wenn Verletzungen im Ausland vor deutschen Gerichten geahndet werden können, verringert sich das unternehmerische Risiko bei der Erschließung von Auslandsmärkten für Immaterialgüter. Das ist die wirtschaftspolitische Facette der Justitiabilität.[141] Der BGH nimmt anstelle portugiesischer Gerichte portugiesische Interessen wahr, wenn er sich zur Entscheidung über ein portugiesisches Warenzeichen befugt fühlt.[142] Darin liegt der eigentliche Eingriff in die Souveränität eines fremden Staates, der durch die Unterstellung, es könne dem ausländischen Staat nur recht sein, wenn deutsche Gerichte bei der Durchsetzung ihres Willens helfen würden, nicht zu rechtfertigen ist.[143] Davon unabhängig ist die Frage, ob durch das hoheitliche Gebot, das in einem Verletzungsverbot oder in einem auf Zahlung gerichteten Urteil enthalten ist, in fremde Hoheitsgewalt eingegriffen wird.[144]

Zu (2.): Die Klage wegen Verletzung eines portugiesischen Warenzeichenrechts hätte in *Flava Erdgold* auch an Art. 12 EGBGB scheitern können.[145] Hätte der BGH nur den Handlungsort, nicht aber das Schutzrecht fiktiv nach Deutschland verlegt, hätte die Klägerin aufgrund des Territorialitätsprinzips überhaupt keinen Anspruch, da nach deutschem Recht eine im Ausland be-

---

[139] Vgl. die Argumentation des Reichsgerichts aus dem Jahre 1890, RG 1890, RG JW Nr. 19, 1890, 280 f.: „Erst wenn Staatsverträge dahin führen, daß Patente, welche in dem einen Staate erteilt sind, auch für das Gebiet der anderen Staaten als erteilt gelten, würde sich das Patentrecht als ein den kontrahirenden [sic] Staaten gemeinsames Rechtsinstitut ansprechen lassen, so daß dann ein dem Staate, welcher das Patent verliehen hat, begangener Eingriff in das Patent in dem andern Staat verfolgt werden könnte."

[140] Zur Interessenlage auf dem Gebiet des geistigen Schaffens und zur Legitimierung eines Monopolrechts an der geistigen Schöpfung, *Rehbinder*, Urheberrecht, 39–47.

[141] Zur wirtschaftlichen Reziprozität und Instrumentalisierung des gewerblichen Eigentums *Aldous J* in *Plastus Kreativ v 3M*, [1995] RPC 438, 447 (dazu unten 4. Kapitel, A.II.2.d.) und *Ullrich*, GRUR Int. 1995, 623, 633: „Vor allem aber verändert die neue Instrumentalisierung des gewerblichen Eigentums auch die Funktion des Territorialitätsprinzips, das statt zur Scheidung der Interessensphären nunmehr zum Mittel der Interessendurchsetzung gerät."

[142] Ebenso das OLG Düsseldorf in bezug auf ein schweizerisches Patent, GRUR Int. 1968, 100 – *Kunststofflacke.*

[143] Gegen OLG Düsseldorf, GRUR Int. 1968, 100 – *Kunststofflacke.*

[144] Dazu sogleich 3. Vgl. OLG Düsseldorf, GRUR Int. 1968, 100, 101 – *Kunststofflacke.*

[145] Art. 38 in der ab dem 1.9.1986 geltenden Fassung des EGBGB. In der heute geltenden Fassung ist Art. 40 Abs. 3 EGBGB zum Teil mit Art. 38 a.F. vergleichbar, Drucksache 14/343, S. 7 und 12.

gangene Handlung ein deutsches Schutzrecht nicht verletzen kann. Der nach portugiesischem Recht wegen Verletzung eines portugiesischen Schutzrechts bestehende Anspruch wäre in Deutschland nicht einklagbar.[146] Die Fiktion eines deutschen Warenzeichenrechts ist ein (nicht weiter begründeter) Kunstgriff, der dem BGH erlaubt, Klagen wegen im Ausland begangener Verletzungen von Immaterialgüterrechten zu verhandeln. Aus dem Wortlaut des Art. 12 (später Art. 38) EGBGB folgt diese Auslegung nicht. Dort steht, daß nicht weitergehende Ansprüche geltend gemacht werden können, als nach deutschen Gesetzen begründet *sind* – nicht *wären*. Wiederum sieht der BGH von einer strengen Auslegung des Territorialitätsprinzips ab, ohne seine Motive preiszugeben. Ihm ist zugute zu halten, daß er die diskriminierende Vorschrift des Art. 12 EGBGB überwunden und sich „heutigen internationalprivatrechtliche Gerechtigkeitsvorstellungen"[147] angenähert hat.

Fazit: Bei Klagen wegen Verletzung oder Bestandes eines ausländischen Urheberrechts ist die Justitiabilität ein selbständiger dogmatischer Aspekt. Aufgrund der durch Art. 40 Abs. 3 EGBGB n. F. entschärften Vorschrift des Art. 38 EGBGB a. F. wäre die Verletzung eines ausländischen Schutzrechts nicht einklagbar. Um die Hürde der Justitiabilität zu überwinden, setzt sich der BGH über den prozessualen Aspekt des Territorialitätsprinzips hinweg, indem er ein ausländisches Schutzrecht als deutsches fingiert.

2. Internationale Zuständigkeit

Ursprünglich ergab sich die internationale Zuständigkeit allein aus den Vorschriften der ZPO (a.). Heute wird auf die ZPO nur noch dann zurückgegriffen, wenn das mit seinem Inkrafttreten in der Bundesrepublik Deutschland unmittelbar geltende EuGVÜ[148] nicht anwendbar ist (b.).[149] An die Stelle des

---

[146] Deshalb wird Art. 12 a. F. EGBGB hier mit dem BGH unter dem Aspekt der Justitiabilität behandelt, auch wenn sich die Vorschrift als „spezielle Ordre-public-Norm" bezeichnen läßt. Vgl. Entwurf der Bundesregierung zum IPR für außervertragliche Schuldverhältnisse und für Sachen zu Art. 40 Abs. 3 EGBGB, Drucksache 14/343, 12. Zum ordre public unten, 3. Kapitel IV.4.c.

[147] Vgl. Gesetzentwurf der Bundesregierung zum Entwurf eines Gesetzes zum IPR für außervertragliche Schuldverhältnisse und für Sachen, Drucksache 14/343, S. 12: „Eine solche Vorschrift [Art. 38 a. F. EGBGB] entspricht insbesondere beim Abstellen auf die Staatsangehörigkeit des Anspruchsgegners nicht mehr heutigen internationalprivatrechtlichen Gerechtigkeitsvorstellungen."

[148] Das Übereinkommen über die gerichtliche Zuständigkeit und die Vollstreckung gerichtlicher Entscheidungen in Zivil- und Handelssachen (Europäisches Gerichtsstands- und Vollstreckungsübereinkommen, EuGVÜ) vom 27. 9.1968 (BGBl. 1973 II S. 60), mit Protokoll betreffend die Auslegung dieses Übereinkommens vom 3.6.1971 (BGBl. 1972 II S. 846) ist für die Bundesrepublik Deutschland am 1.9.1975 (BGBl. 1975 II S. 1138) in Kraft getreten. Das dieses teilweise ändernde Übereinkommen über den Beitritt des Königreichs Dänemark, Irlands und des Vereinigten Königreichs Großbritannien und Nordirland zum Übereinkommen über die gerichtliche Zuständigkeit und die Vollstreckung gerichtlicher Entscheidungen in Zivil- und Handelssachen sowie zum Protokoll betreffend die Auslegung dieses

EuGVÜ tritt ab 2. März 2002 die Verordnung (EG) Nr. 44/2001 des Rates über die gerichtliche Zuständigkeit und die Anerkennung und Vollstreckung von Entscheidungen in Zivil- und Handelssachen vom 22.12.2000.[150]

Entscheidungen, die in Vertragsstaaten der EFTA ergehen, werden nach den Vorschriften des Luganer Übereinkommens anerkannt und vollstreckt.[151] Da die Regeln des Luganer Übereinkommens über die gerichtliche Zuständigkeit und über die Anerkennung und Vollstreckung gerichtlicher Entscheidungen weitgehend mit den Vorschriften des EuGVÜ übereinstimmen, wird auf eine Analyse des Luganer Übereinkommens verzichtet.[152]

a. Die Regeln der ZPO

aa. Hauptsacheverfahren

Die internationale Zuständigkeit eines deutschen Gerichts ist in der Hauptsache dann gegeben, wenn ein Gericht nach den Gerichtsstandsregeln der §§ 12 ff., 32 ZPO örtlich zuständig ist und die Regelungen des EuGVÜ nicht anwendbar sind.[153] Demnach kommen der Wohnsitz bzw. der Aufenthaltsort des Beklagten (§§ 12, 13 ZPO) als allgemeiner und der Begehungsorts der unerlaubten Handlung (§ 32 ZPO)[154] als besonderer Gerichtsstand in Betracht. Sind danach mehrere Gerichte zuständig, hat der Kläger gemäß § 35 ZPO die Wahl. Nichts anderes gilt, wenn eine negative Feststellungsklage erhoben wird.[155] Grundsätzlich darf am Tatortgerichtsstand im Rahmen eines Verletzungsprozesses auch über vertragliche Vorfragen entschieden werden. Dies bestätigt die Neufassung des § 17 Abs. 2 S. 1 GVG.[156]

Übereinkommens durch den Gerichtshof vom 9.10.1978 (BGBl. 1983 II S. 803) ist am 1.11.1986 für die Bundesrepublik Deutschland und am 1.1.1987 für das Vereinigte Königreich (BGBl. 1986 II S. 1020, 1146) in Kraft getreten. Im Verhältnis zu Großbritannien ist das EuGVÜ in der Fassung des 3. Beitrittsübereinkommens erst seit dem 1.12.1994 anwendbar, vgl. *Jayme/Hausmann*, Internationales Privat- und Verfahrensrecht, 8. Aufl., München 1996 Nr. 72, S. 222 N 4.

[149] *Kropholler*, EZPR, Einl. Rn. 13, vor Art. 2 Rn. 15 ff.

[150] Abl. EG Nr. L 12/1 vom 16.1.2001 (Brüssel-I-VO).

[151] Das Luganer Übereinkommen über die gerichtliche Zuständigkeit und die Vollstreckung gerichtlicher Entscheidungen in Zivil- und Handelssachen vom 16.9.1988 ist für die Bundesrepublik Deutschland am 1.3.1995 im Verhältnis zu Finnland, Frankreich, Irland, Italien, Luxemburg, den Niederlanden, Norwegen, Portugal, Schweden, der Schweiz, Spanien und dem Vereinigten Königreich in Kraft getreten (Bek. v. 8.2.1995, BGBl. II, 221). Es gilt ferner für Island, Dänemark, Österreich, Griechenland und Belgien. Zum Luganer Übereinkommen, *Kropholler*, EZPR, Einl., Rn. 46 ff.

[152] Das Luganer-Übereinkommen bleibt für die früheren EFTA-Staaten Schweiz, Norwegen, Liechtenstein und Island auch nach Inkrafttreten der VO Nr. 44/2001 in Kraft.

[153] *Schack*, IZVR, 92 f. m.w.N.

[154] Sogleich cc.

[155] *Kubis*, 215.

[156] *Kubis*, 217 f.

Eine der Klage bereits entgegenstehende anderweitige Rechtshängigkeit führt nach § 261 Abs. 3 Nr. 1 ZPO zur Unzulässigkeit der späteren Klage über denselben Streitgegenstand.[157] Die Berücksichtigung einer ausländischen Rechtshängigkeit nach dieser Norm läßt die h.M. dann zu, wenn zu erwarten ist, daß das ausländische Urteil anzuerkennen sein wird. Eine Aussetzung kommt analog § 148 ZPO in Betracht, soweit die Anerkennungsprognose unsicher ist.[158]

bb. Eilverfahren

Da das Gericht der Hauptsache gemäß § 937 Abs. 1 ZPO grundsätzlich auch für den Erlaß einstweiliger Verfügungen zuständig ist, werden die Regeln der örtlichen Zuständigkeit (§§ 12 ff., 32 ZPO) doppelfunktional auch auf die Bestimmung der internationalen Zuständigkeit in Eilverfahren angewandt.[159] Daneben besteht nach § 942 Abs. 1 ZPO in dringenden Fällen eine Eilzuständigkeit des Gerichts, in dessen Bezirk sich der Streitgegenstand des Verfügungsverfahrens befindet.[160] Dringend ist ein Fall nur dann, wenn der einstweilige Rechtsschutz im Ausland ungewöhnlich lange dauert.[161]

cc. Der besondere Gerichtsstand des § 32 ZPO

Die Anwendung des § 32 ZPO auf Urheberrechtsverletzungen wirft zwei Fragen auf: Gibt es bei Urheberrechtsverletzungen überhaupt einen Erfolgsort (1)? Und wo ist die Urheberrechtsverletzung zu lokalisieren (2)?[162]

(1) Handlungs- und Erfolgsort

Unter dem Tatort im Sinne des § 32 ZPO versteht man sowohl den Handlungs- als auch den Erfolgsort, also den Ort, an dem das geschützte Rechtsgut verletzt worden ist (Ubiquitätsprinzip).[163] Umstritten ist, ob es bei Urheberrechtsverletzungen einen Erfolgsort gibt.[164] Die Universalisten sind der Meinung, der Erfolg einer Urheberrechtsverletzung könne nicht verortet werden,

---

[157] Zur Frage, welche Auswirkungen das Territorialitätsprinzip auf den Streitgegenstand hat unten 3. Kapitel III.2.b.ff. zu Art. 21 EuGVÜ.

[158] *Prütting*, in: ders., Entwicklung, 40, m.w.N.

[159] Vgl. zur Zuständigkeit für den Erlaß einer einstweiligen Verfügung gegen verletzende Filmvorführungen in England und den USA: KG GRUR 1931, 1090–1993 – *Dreyfuß*. Das Kammergericht stellt lapidar fest, daß die §§ 936 ff. ZPO gegeben seien (S. 1091).

[160] *Stein/Jonas*, § 942 ZPO, Rn. 3.

[161] *Spellenberg/Leible*, 293, 310. Ausführlich *Eilers*, 12 f.

[162] Hier geht es nur um die Ausdeutung der deutschen Rechtsprechung zur Lokalisierung von Urheberrechtsverletzungen im Rahmen des § 32 ZPO. Zur dogmatischen Einordnung des Problems der Lokalisierung oben 3. Kapitel II.2.

[163] Statt vieler *Stein/Jonas*, § 32 Rn. 29.

[164] Die Frage ist doppelt relevant für die Zuständigkeit und für das anwendbare Recht.

weil ein Urheberrecht nirgends real belegen sei.[165] Der Anwendungsbereich des § 32 ZPO (und auch der des Art. 5 Nr. 3 EuGVÜ) sei deshalb auf den Ort verkürzt, an dem die beanstandete urheberrechtsverletzende Handlung begangen wird. Bei strenger Auslegung des Territorialitätsprinzips kommt man mit einer anderen Begründung zu demselben Ergebnis. Da ein ausländisches Schutzrecht im Inland nicht wirksam und demzufolge auch nicht geschützt sei, könne ein ausländisches Recht durch eine im Inland begangene Handlung nicht verletzt werden.[166] Die territoriale Begrenzung der Immaterialgüterrechte auf den Schutzstaat bewirke, daß durch eine inländische Handlung nur inländische und durch eine ausländische Handlung nur ausländische Schutzrechte verletzt werden könnten. Handlungs- und Erfolgsort fielen deshalb zwangsläufig zusammen.[167] Dagegen weist eine dritte Ansicht auf den Unterschied zwischen dem Ideal eines ubiquitären Rechts am geistigen Eigentum und dem rechtlichen Konstrukt eines Urheberrechts hin, das sich durchaus lokalisieren lasse. Der Erfolg einer Schutzrechtsverletzung könne dort lokalisiert werden, wo der Inhaber des Rechts tatsächlich betroffen sei.[168] Abzustellen sei auf den Verbreitungsort.[169] Im Gegensatz zu den strengen Territorialitsten unterstellen die Anhänger dieser Meinung, daß ein ausländisches Schutzrecht im Inland und ein inländisches Schutzrecht im Ausland geschützt werde.

Wenn die universale Geltung des Urheberrechts mit der hier vertretenen Meinung[170] allgemein anerkannt wird, fallen Verletzungshandlung und Verletzungserfolg zusammen, weil sich das universale Urheberrecht räumlich erst durch die Verletzungshandlung konkretisiert. Dafür spricht auch, daß die Verletzungstatbestände des gewerblichen Rechtsschutzes und des Urheber-

---

[165] *Kubis*, 122; *Prütting*, in: ders., Entwicklung, 39–40; *Schack*, Urheberrecht, 308; ders., UFITA 108 (1988), 51, 64–57, m.w.N.

[166] So im Ergebnis *Hoeren/Thum*, Internet und IPR, 84; *Hohloch*, 101, 104; *Torremans*, IPRax 1998, 495, 499. Dasselbe gilt unter umgekehrten Vorzeichen für ein inländisches Schutzrecht und eine im Ausland begangene Handlung.

[167] *Beier/Schricker/Ulmer*, GRUR Int. 1985, 104, 106; *von Bar*, UFITA 108 (1988), 27, 48; *Regelin*, 221 f. zum parallelen Problem im Rahmen des anwendbaren Rechts. LG Düsseldorf, GRUR Int. 1999, 455, 457: „Die behauptete Verletzung des belgischen Anteils des Klagepatents erfolgt allein durch die in Belgien vorgenommenen Handlungen, wobei mit der Vollendung der Vorrichtung und deren anschließendem Vertrieb in Belgien zugleich auch der Erfolg in Form der Rechtsgutverletzung betreffend das belgische Patentrecht eintritt. [...] Denn der Erfolgsort ist allein dort zu lokalisieren, wo das geschützte Rechtsgut – hier: das belgische Patentrecht verletzt wird."

[168] *Von Hinden*, 83, stellt für Persönlichkeitsrechtsverletzungen auf den Ort ab, an dem der „Rechtsgutsträger von der herabsetzenden Äußerung Kenntnis erlangt" oder auf die „Publikumswirkung". *Fawcett/Torremans*, 164–167, diskutieren ein fiktives Schadenskonzept im Hinblick auf Art. 5 Nr. 3 EuGVÜ.

[169] *Geimer/Schütze*, Art. 5 EuGVÜ, Rn. 190; *Mankowski*, RabelsZ 63 (1999), 203, 273 f.; *Schlosser*, EuGVÜ, Art. 2 Rn. 5 Rn. 19.

[170] Siehe oben 2. Kapitel I.4.

rechts Handlungsunrecht normieren. Sie knüpfen an die Vornahme bestimmter Verletzungshandlungen (Herstellen, Feilhalten, Inverkehrbringen, Kennzeichnen, Vervielfältigen, Verbreiten, Aufführen, Vorführen, Senden, etc.) an, ohne Rücksicht darauf, wo der schädigende Erfolg eingetreten ist.[171]

Aus Sicht der Praxis ist ohnehin gleichgültig, welchem Lager man sich anschließt, wenn im Ergebnis mehrere Orte zur Anknüpfung in Betracht kommen. Problematisch ist nicht die dogmatische Einordnung eines urheberrechtlichen Distanzdelikts, sondern die Lokalisierung einer aus mehreren Akten bestehenden Verletzung, zumal bei Urheberrechtsverletzungen über das Internet.[172] In einem solchen Fall mögen manche auf Teilakte abstellen und den Handlungsort als Ort, „in dessen Gebiet die beanstandete Verletzungshandlung jedenfalls teilweise begangen wurde" umschreiben,[173] während andere weiterhin das Begriffspaar „Handlungs-/Erfolgsort" bemühen, um dem Phänomen mehraktiger Delikte gerecht zu werden.[174] Eine eindeutige, aber letztlich vom normativen Verständnis einer nationalen Rechtsordnung geprägte Abgrenzung zwischen Handlungs- und Erfolgsort ist im Rahmen der internationalen Zuständigkeit nur dann erforderlich, wenn man, wie der EuGH in *Shevill*, die Gleichwertigkeit von Handlungs- und Erfolgsort modifiziert.[175]

(2) Foxy Lady (OLG München, 1990)

Zur Lokalisierung des Tatorts wird bei Anwendbarkeit des § 32 ZPO in bezug auf Pressedelikte auf das Merkmal der „bestimmungsgemäßen Verbreitung" abgestellt.[176] Nur solche Orte seien anzuerkennen, an denen das Presseerzeugnis bestimmungsgemäß und nicht bloß zufällig Dritten zur Kenntnis gebracht worden sei.[177] Ferner dürfe der Wohnsitz des Verletzten keinesfalls als Handlungsort konstruiert werden, nur weil sich der Verletzte ein einzelnes Exemplar habe zuschicken lassen.[178] Schließlich genügten Vorbereitungs-

---

[171] *Beier/Schricker/Ulmer,* GRUR Int. 1985, 104, 106.

[172] Siehe oben 3. Kapitel II.2.

[173] *Beier/Schricker/Ulmer*: GRUR Int. 1985, 104, 106.

[174] *Mankowski*, RabelsZ 63 (1999), 203, 273 f.; *von Hinden*, 83 f.; *Nerenz*, 165.

[175] Zu *Shevill v Presse Alliance* sogleich b.bb.(1).

[176] BGH NJW 1977, 1590; BGH GRUR 1980, 227, 230 – *Monumenta Germaniae Historica:* Die Ausführung einer Bestellung an einen bestimmten Ort zeigt im allgemeinen die grundsätzliche Lieferbereitschaft. Als unbeachtlich für die Annahme einer Verbreitung des Werkes i.S.v. § 17 Abs. 1 UrhG kann eine Einzellieferung nur dann angesehen werden, wenn sie außerhalb des regelmäßigen Absatzgebietes nur ausnahmsweise aufgrund einer ausdrücklichen Bestellung vorgenommen worden ist; dazu *Schack*, Die grenzüberschreitende Verletzung allgemeiner und Urheberpersönlichkeitsrechte, UFITA 108 (1988), 51–72.

[177] Zur internationalen Tatortzuständigkeit bei grenzüberschreitend verbreiteten Massenmedien *Bettinger/Thum,* GRUR Int. 1999, 659, 662–669.

[178] In *Profil*, BGH GRUR 1978, 194, 196, meint der BGH, eine nachträgliche Einzelbestellung einer in Wien erscheinenden Zeitschrift nach Berlin, deren regelmäßiger Vertrieb

handlungen[179] ebensowenig wie die bloße Warendurchfuhr[180] ohne darüber hinausgehende Verletzungshandlung.[181] Der Tatort der Verletzung von Firmen- und Namensrechten durch Verwendung von domain names im Internet sei dort, wo der domain name bestimmungsgemäß abrufbar sei.[182]

Urteile über die Lokalisierung der Verwertung eines Urheberrechts sind selten. Das OLG München hat in *Foxy Lady* die internationale Zuständigkeit für Ansprüche wegen einer im Ausland erfolgten Handlung verneint.[183]

Der Kläger veröffentlichte in dem 1980 erschienen Bildband „Foxy Lady" verschiedene von ihm angefertigte Fotografien. Aus dem Impressum des Fotobands geht hervor, daß der Kläger Urheber des Werks ist und sich alle Rechte vorbehält. Die Beklagte, ein Druckunternehmen mit Sitz in der Schweiz, verbreitete über ihr Auslieferungslager in Donaueschingen ein Plakat mit dem Titel „On the road". Der Kläger macht geltend, das vom deutschen Auslieferungslager der Beklagten nach München versandte Poster verletze seine Urheberrechte, weil zwei seiner in dem Bildband „Foxy Lady" wiedergegebenen Fotografien ohne seine Zustimmung verwendet worden seien. Nachdem die Parteien den Auskunftsanspruch sowie den auf Vernichtung gerichteten Klageantrag in der Hauptsache für erledigt erklärt haben, ist noch über den Antrag des Klägers zu entscheiden, die Vervielfältigung, Verbreitung und Ausstellung zu verbieten.

Das OLG München hält die internationale Zuständigkeit hinsichtlich des auf Verbreitung des Posters gerichteten Unterlassungsantrags, nicht aber hinsichtlich des auf das Vervielfältigungs- und Ausstellungsverbot gerichteten Klageantrags für gegeben. Insofern ist es der Ansicht, es fehle an einer inländischen Handlung und damit an einem inländischen Begehungsort gemäß § 32 ZPO.[184] „Aus dem Territorialitätsprinzip, von dem das internationale Urheberrecht beherrscht wird, ergibt sich, daß ein nach dem bundesdeutschen Urheberrechtsgesetz begründetes Urheberrecht Wirkung nur für das Gebiet der Bundesrepublik und West-Berlin besitzt und daher nur durch eine inländi-

---

nach Berlin nicht festgestellt war, genüge nicht, um von einer Verbreitung in Berlin sprechen zu können.

[179] BGHZ 35, 329, 334.

[180] BGHZ 23, 100, 106; BGH GRUR 1958, 189, 197 – *Zeiss*, mit zustimmender Anmerkung von *Hefermehl*; *Martiny*, RabelsZ 1976, 226–228 m.w.N. zur älteren Rechtsprechung in Fn. 42; kritisch *Stein/Jonas*, ZPO, § 32 ZPO Rn. 30, Fn. 103.

[181] Vgl. auch *Dunkl/Moeller*, Handbuch, 676.

[182] KG, Urteil vom 25.3.1997, NJW 1997, 3321–3322. Unter Berufung auf *Kuner*, CR 1996, 453, 455. Auf Seite 455 des zitierten Aufsatzes findet sich nichts über das Kriterium des „bestimmungsmäßigen Abrufs".

[183] OLG München NJW 1990, 3097–3098 = ZUM 1990, 255–248, auch bekannt unter der Bezeichnung *Postervertrieb*.

[184] So im Ergebnis auch *Prütting*, in: ders., Entwicklung, 44–45: „Die prozessuale Konsequenz aus diesen Überlegungen muß es sein, daß eine im Ausland erfolgte Verletzung eines Urheberrechts niemals geeignet sein kann, die internationale Zuständigkeit deutscher Gerichte nach § 32 ZPO zu begründen."

sche Handlung verletzt werden kann.[185] [...] Im Streitfall fehlt es dehalb hinsichtlich der Verletzung des Vervielfältigungsrechts des Klägers gemäß §§ 15
Abs. 1 Nr. 1, 16 UrhG an einer hinreichenden Inlandsbeziehung; durch die
nur im Ausland erfolgte Verwertungshandlung kann das inländische Schutzrecht nicht verletzt werden."[186]

Da der Kläger nicht behaupte, daß sein Ausstellungsrecht in Deutschland
bereits durch eine entsprechende Maßnahme der Beklagten verletzt worden
sei, sei auch der auf das Verbot gerichtete Antrag, das Poster auszustellen,
mangels internationaler Zuständigkeit unzulässig. Dagegen sei der inländische
Gerichtsstand im Hinblick auf die Verbreitung des Posters gegeben, weil die
Beklagte das beanstandete Poster im Gebiet der Bundesrepublik Deutschland
angeboten und damit eine dem Rechtsinhaber vorbehaltene Verbreitungshandlung gemäß § 17 Abs. 1 UrhG im Bundesgebiet vorgenommen habe. Der
internationalen Zuständigkeit stehe nicht entgegen, daß der Kläger ein Poster
an seinen Wohnsitz bestellt hat, da die Beklagte grundsätzlich zur Lieferung
in Deutschland bereit war.[187]

Die Entscheidung *Foxy Lady* zeigt, daß deutsche Gerichte bei Immaterialgüterrechtsverletzungen auf das Territorialitätsprinzip zurückgreifen, um den
Tatort zu bestimmen.[188] Bei Verletzungen deutscher Schutzrechte bestimmt
damit zwangsläufig deutsches Sachrecht, ob eine Handlung im In- oder Ausland stattgefunden hat. Maßstab sind die Verwertungsrechte des deutschen
Urheberrechtsgesetzes wie sie in den §§ 15 ff. UrhG verankert sind, auch
wenn eine Handlung (wie hier die Herstellung der Poster) im Ausland stattgefunden hat. Das eindeutige Bekenntnis zum sachrechtlichen Aspekt des Territorialitätsprinzips ist bemerkenswert,[189] steht es doch im Widerspruch zur

---

[185] OLG München, ZUM 1990, 255, 257 unter Berufung auf *Schricker,* Kommentar,
Vorb. vor §§ 120 ff, Rn. 72.

[186] OLG München, ZUM 1990, 255, 257.

[187] OLG München, ZUM 1990, 255, 258; mit Hinweis auf *Profil* GRUR 1978, 194, 196
und *Monumenta Germaniae Historica* GRUR 1980, 227, 229.

[188] Dagegen meint *Kubis,* 207–208, daß das OLG München die Zuständigkeit letzlich aufgrund von Zurechnungserwägungen verneint habe, weil Herstellung und Vertrieb nicht in
einem so engen Zusammenhang stehen würden, daß beide Aktivitäten als Teilakte einer einheitlichen Handlung anzusehen seien. Er bedauert jedoch (auf Seite 209), daß das OLG München die maßgeblichen Kriterien für die Verneinung der Zuständigkeit nicht deutlich genug
gemacht habe. Entscheidend sei weder Territorialitätsprinzip noch materielles deutsches Urheberrecht, sondern die Frage, ob die vom Kläger beanstandete Verbreitungshandlung bereits
mit der Herstellung der angeblich urheberrechtsverletzenden Poster in der Schweiz begonnen
habe.

[189] So auch Richter am Bundesgerichtshof *Bornkamm,* 130: „Nehmen wir an, die Verletzungshandlungen wären teilweise in Detuschland und teilweise in der Tschechischen Republik begangen worden, so kann mit Hilfe des Gerichtsstands des Begehungsortes in Deutschland nur die Verletzung des deutschen Schutzrechts, in Tschechien nur die Verletzung des
tschechischen Schutzrechts geltend gemacht werden." Und in Fn. 10: „Diese Beschränkung
der Zuständigkeit bei der Anknüpfung an den Begehungsort ergibt sich m.E. schon aus der

Fiktion eines deutschen Schutzrechts in *Flava Erdgold*, durch die der prozessuale Aspekt des Territorialitätsprinzips ausgehöhlt wird.[190] Durch Anwendung deutschen Sachrechts wird die großzügige Auslegung der Gerichtsbarkeit/Justitiabilität bei der Bestimmung des Tatorts wieder korrigiert.

Die Begründung des OLG München führt vor Augen wie sich verschiedene rechtliche Ebenen im Immaterialgüterrecht überlagern. Die Grenzen zwischen internationaler Zuständigkeit, Fremdenrecht, Kollisionsrecht und Sachrecht werden verwischt. Konnex ist das Territorialitätsprinzip, auf das allerdings nur bei Bedarf zurückgegriffen wird. So steht das Territorialitätsprinzip nach einhelliger Meinung nicht im Wege, wenn die internationale Zuständigkeit über den allgemeinen Gerichtsstand der §§ 12 ff. ZPO begründet ist. In der BGH-Entscheidung *Mauerbilder* werden Urheberrechte außerhalb der Bundesrepublik Deutschland verwertet.[191] Dennoch erwähnt der BGH die internationale Zuständigkeit nicht, weil die Beklagte ihren Sitz in Deutschland hat. Auch in *Spielbankaffaire* wird die internationale Zuständigkeit nicht problematisiert, obwohl über die Verletzung eines Urheberrechts in Luxemburg zu befinden ist.[192] Der BGH verrät nicht, ob die Beklagte ihren Sitz in Deutschland hat.[193] „Die dargestellte Entscheidung des BGH [*Spielbankaffaire*] macht jedoch deutlich, daß immer dann, wenn eine internationale Zuständigkeit nach den Regeln des allgemeinen Gerichtsstandes zu bejahen ist, die deutsche Rechtsprechung sehr wohl in der Lage ist, auch im Ausland begangene Verletzungshandlungen rechtlich zu beurteilen und nachdem zur Entscheidung berufenen Sachrecht abschließend zu entscheiden. Dies bedeutet im Ergebnis, daß bei Urheberrechtsverletzungen Fragen des internationalen Prozeßrechts grundsätzlich auftreten können, in der Praxis aber eher selten auftreten werden."[194]

Dieser Befund legt die Vermutung nahe, daß sich das OLG München in *Foxy Lady* über das Territorialitätsprinzip hinweggesetzt und über die Vervielfältigung der Poster in der Schweiz entschieden hätte, wenn die Beklagte ihren Sitz nicht in der Schweiz, sondern in München gehabt hätte. Das Landgericht München wäre in diesem Fall erstinstanzlich nach den Vorschriften der §§ 12, 17 ZPO international zuständig gewesen.[195]

---

territorialen Beschränkung der jeweiligen Schutzrechte; denn das deutsche Urheberrecht wird nur durch eine im Inland begangene, das tschechische Urheberrecht nur durch eine dort begangene Handlung verletzt."

[190] Siehe oben 3. Kapitel III.1.c.

[191] BGH JZ 1995, 835–837, ausführlich 3. Kapitel IV.5.e.

[192] BGHZ 136, 380–393, ausführlich 3. Kapitel IV.5.f.

[193] Kritisch dazu *Prütting*, in: ders., Entwicklung, 44.

[194] *Prütting*, in: ders., Entwicklung, 45.

[195] Vgl. *Bornkamm*, 130: „Die deutsche internationale Zuständigkeit steht in einem solchen Fall außer Frage; sie führt notgedrungen dazu, daß die deutschen Gerichte wegen der behaupteten Verletzung der tschechischen Schutzrechte tschechisches Recht als lex loci pro-

Im Ergebnis bieten sich für einen Anspruchsteller im Rahmen eines grenzüberschreitenden Sachverhalts zwei Wege. Er kann zum einen am allgemeinen Gerichtsstand des beklagten Rechtsverletzers Klage erheben und rechtlich
relevantes Verhalten des Beklagten geltend machen, das sich aus Sicht des
angerufenen Gerichts im Ausland ereignete. Zum anderen kann der Kläger
vor einem Gericht am Tatort seinen Verletzungsanspruch geltend machen,
soweit sich dieser nicht auf eine im Ausland geschehene Rechtsverletzung
bezieht.[196]

b. Die Regeln des EuGVÜ

Innerhalb Europas wird die internationale Zuständigkeit aufgrund des Brüs-
seler EWG-Übereinkommens über die gerichtliche Zuständigkeit und die
Vollstreckung gerichtlicher Entscheidungen in Zivil- und Handelssachen
(EuGVÜ) bestimmt.[197] Heute besteht kein Zweifel mehr daran, daß das EuG-
VÜ sachlich auf Rechte des geistigen Eigentums Anwendung findet.[198]

aa. Wohnsitz des Beklagten – Art. 2 EuGVÜ

Eine Klage, die die Verletzung eines Urheberrechts im Ausland zum Gegenstand hat, kann bei Anwendbarkeit des EuGVÜ grundsätzlich vor deutschen
Gerichten erhoben werden, Das ergibt sich aus dem allgemeinen Gerichtsstand des Art. 2 Abs. 1 EuGVÜ, wonach der Inhaber eines Urheberrechts einen Verletzer ohne Rücksicht auf dessen Staatsangehörigkeit vor den Gerichten des Staates verklagen kann, in dem der Verletzer seinen Wohnsitz hat.[199]
Ist der Sitz einer Gesellschaft oder juristischen Person zu bestimmen, verweist

---

tectionis anwenden müssen. Die einheitliche Rechtsverfolgung ist in einem solchen Fall gewährleistet."
  [196] *Prütting,* in: ders., Entwicklung, 46.
  [197] Ausführlich dazu *Kubis,* 21–25 und 89–91, 102–106, 120; *von Meibom/Pitz,* Mitt.
1992, 181 ff.; *Neuhaus,* Mitt. 1996, 257; *Stauder,* GRUR Int. 1976, 464 ff.; *Stauder/von
Rospatt/von Rospatt,* GRUR Int. 1997, 859; *Stauder,* IPRax 1998, 317–322; aus englischer
Sicht vor allem *Tritton/Tritton,* [1987] 12 EIPR 349; *Tritton,* IP in Europe, Chapter 13, 733–
775; *Jooris* [1996] 3 EIPR 127;
  [198] Urheberrechtsverfahren fallen in den Anwendungsbereich des EuGVÜ, da sie Zivil-
und Handelssachen im Sinn des Art. 1 Abs. 1 S. 1 EuGVÜ und von Art. 1 Abs. 2 EuGVÜ
nicht ausdrücklich ausgeschlossen sind. Vgl. zur Anwendbarkeit des EuGVÜ auf Verfahren,
die die Verletzung von Immaterialgüterrechten betreffen: *Jenard,* Bericht, ABl. EG 1979 C
59, 36; *Duijnstee v Goderbauer,* EuGH, Rs. 288/82, Slg. 1983, 3663; *Lloyd J* in *Pearce v Ove
Arup Partnership Ltd. and others,* [1997] 3 All ER 31, 2 WLR 779, 781; *Kropholler,* EZPR,
Art. 16 Rn. 48 und Art. 5 Rn. 50; *Geimer/Schütze,* EZVR, Art. 16 Rn. 226, 228; *Grosheide,*
GRUR Int. 2000, 310, 317; differenzierend *Stauder,* GRUR Int. 1976, 465, 466.
  [199] Besondere innerstaatliche Zuständigkeiten regelt Art. 2 EuGVÜ dagegen nicht. Vgl.
Stauder, GRUR Int. 1976, 465, 469. Für die Frage, ob die Partei einen Wohnsitz in einem
anderen Vertragsstaat hat, ist an das Recht dieses Staates anzuknüpfen, Art. 52 Abs. 2 EuG-
VÜ.

Art. 53 Abs. 1 S. 2 EuGVÜ auf die Vorschriften des internationalen Privatrechts des Gerichtsstaates. Nach deutschem ungeschriebenem Kollisionsrecht ist der tatsächliche Sitz der Hauptverwaltung maßgebend.[200] Probleme wirft die Frage nach der Zuständigkeit erst auf, wenn

- mehrere Parteien aus verschiedenen Vertragsstaaten an einer Verletzungshandlung beteiligt sind;

- eine Handlung Urheberrechte parallel in verschiedenen Vertragsstaaten verletzt;

- mehrere Verletzungshandlungen in verschiedenen Vertragsstaaten begangen wurden;

- Nichtigkeitsklage nicht in dem Vertragsstaat erhoben wird, in dem wegen Verletzung eines Urheberrechts geklagt wird, sondern in einem anderen Vertragsstaat;

- Klage auf Feststellung, daß keine Verletzung vorliegt, nicht in dem Vertragsstaat erhoben wird, in dem wegen Verletzung eines Urheberrechts geklagt wird, sondern in einem anderen Vertragsstaat;

- zusätzlich Klage wegen anderer deliktischer Handlungen (z.B. Klage wegen unlauteren Wettbewerbs) in einem anderen Vertragsstaat erhoben wird.

Die verschiedenen Konstellationen werden von den besondern Zuständigkeitsregeln des EuGVÜ erfaßt.

bb. Verletzungshandlung – Art. 5 Nr. 3 EuGVÜ

Der Inhaber eines Urheberrechts kann sich neben Art. 2 EuGVÜ auch auf die Sonderbestimmung[201] des Art. 5 Nr. 3 EuGVÜ berufen und Klage vor dem Gericht des Ortes erheben, an dem das schädigende Ereignis eingetreten ist.[202] Damit ist nach vertragsautonomer Auslegung[203] zum einen der Ort, an dem der Schaden eingetreten ist, zum anderen der Ort, an dem die verursachende Handlung begangen worden ist, gemeint.[204] Der EuGH stellt für den Erfolgsort ab auf den Ort des primären Schadens. Nicht erfaßt ist der Ort, wo sich

---

[200] *Grabinski*, GRUR Int. 2001, 199, 200 m.w.N. in Fn. 42 und 43. § 17 S. 1 ZPO, der auf den satzungsmäßigen Sitz abstellt, gelangt nach h. M. nicht zur Anwendung.

[201] *Kalfelis v Schröder*, EuGH, Rs. 189/87, Slg. 1988, 5565.

[202] Vgl. Beschluß des Obersten Gerichtshofs von Österreich vom 13. Juli 1999, GRUR Int. 2000, 795–796. Umstritten ist, ob Art. 5 Nr. 3 EuGVÜ wie § 32 ZPO auch auf den vorbeugenden Unterlassungsanspruch anwendbar ist. Ausführlich zum Streitstand: Landgericht Düsseldorf, *Impfstoff II* (Patentverletzungsstreit) GRUR Int. 1999, 775, 778–779, m.w.N.

[203] *Kalfelis v Schröder*, EuGH, Rs. 189/87, Slg. 1988, 5565, Rn. 15 f.

[204] *Bier v Mines de Potasse*, EuGH, Rs. 21/76, Slg. 1976, 1735. Zuletzt *Fiona Shevill v Presse Alliance*, Rs. 68/93, Slg. 1995, 415, 459 f. Vgl. auch *Kropholler*, EZPR, Art. 5 Rn. 55 m.w.N.

Folgeschäden oder mittelbare Schäden ereignen.[205] Auf die Teilakte der Benutzungshandlung, die sich im Export- oder Transitstaat ereignet haben, kommt es regelmäßig nicht an.[206] In den Anwendungsbereich der Vorschrift fallen neben Klagen, mit denen eine Schadenshaftung des Beklagten geltend gemacht wird, die damit verbundenen Nebenansprüche (vor allem Ansprüche auf Rechnungslegung und Auskunftserteilung) sowie Unterlassungsklagen, die mit Wiederholungsgefahr begründet werden oder bei denen Erstbegehungsgefahr besteht.[207] Eine negative Feststellungsklage kann an jedem von Art. 5 Nr. 3 EuGVÜ eröffneten Deliktsforum erhoben werden.[208]

(1) Shevill v Presse Alliance (1995)

In *Shevill v Presse Alliance*[209] nahm der EuGH zum Problem der Eingrenzung des Handlungs- und Erfolgsortes bei einer Persönlichkeitsrechtsverletzung Stellung:[210]

> Die Kläger klagten in England, weil sie ihre Ehre durch einen Artikel in der Tageszeitung „France Soir" verletzt wähnten (libel). „France Soir" erschien nicht nur in Frankreich, sondern in begrenzter Auflage auch in Großbritannien sowie in einigen anderen europäischen Staaten. Die Kläger sind der Ansicht, daß überall dort, wo die Zeitung erschienen ist, ein schädigendes Ereignis eingetreten und folglich ein Gerichtsstand eröffnet sei.[211]

Der EuGH legt die Wendung „Ort, an dem das schädigende Ereignis eingetreten ist" in Art. 5 Nr. 3 EuGVÜ so aus, daß der Betroffene eine Schadensersatzklage gegen den Herausgeber sowohl bei den Gerichten des Vertrags-

---

[205] *Marinari v Lloyd's Bank*, EuGH, Rs. 364/93, Slg. 1995 I 2719.

[206] *Grabinski*, Richter am OLG Düsseldorf, GRUR Int. 2001, 199, 204.

[207] *Grabinski*, GRUR Int. 2001, 199, 203, MünchKomm-*Gottwald*, Art. 5 Rn. 31; *Schack*, IZVR, Rn. 292; *Kropholler*, EZPR, Art. 5, Rn. 99.

[208] *Geimer/Schütze*, EZVR, Art. 5, Rn. 180; *Schlosser*, EuGVÜ, Rn. 15. Allerdings hat der schwedische Gerichtshof erklärt, daß schwedische Gerichte nicht für eine Klage zuständig seien, mit der die Feststellung begehrt werde, daß eine in Schweden vorgenommene Handlung keine Verletzung einses schwedischen Patents darstelle. Der Beklagte hatte seinen Sitz in einem Vertragsstaat des LuGVÜ. Das Gericht berief sich auf Art. 5 Abs. 3 LuGVÜ. Der Beklagte in diesem Verfahren hatte seinen Sitz in einem Vertragsstaat des LuGVÜ (GRUR Int. 2001, 178). Dazu *Lundstedt*, GRUR Int. 2001, 103–111.

[209] *Shevill v Presse Alliance*, EuGH, Rs. 68/93, Slg. 1995, 415, 459 f. Vgl. auch *Shevill and others v Presse Alliance SA*, [1992] 1 All ER, 409–420 (CA); *Fiona Shevill II*, [1996] 3 All ER 929, auszugsweise deutsche Übersetzung in GRUR Int. 1998, 314.

[210] Außerdem hatte der EuGH darüber zu befinden, nach welchem Recht zuständigkeitsbegründende Tatsachen zu beweisen sind, Rn. 35 f.; zu Beweiserleichterungen im Rahmen der Zuständigkeitsprüfung *Geimer/Schütze*, EZVR, Art. 5, Rn. 198.

[211] Vgl. demgegenüber die *Caroline-von-Monaco*-Entscheidung, BGHZ 128, 1, 15 f., in der es um die Veröffentlichung frei erfundener Interviews und Paparazzi-Fotos geht. Während in dieser Entscheidung der Handlungsort, konkretisiert als Verlagsort, und zumindest der wesentliche Erfolgsort, konkretisiert als Verbreitungsgebiet, in Deutschland zusammenfielen, fallen Handlungs- und Erfolgsort in *Shevill* auseinander. Zum Vergleich beider Urteile *Spickhoff*, IPRax 2000, 1, 4.

staats, in dem der Herausgeber der ehrverletzenden Veröffentlichung nieder-
gelassen ist, als auch bei den Gerichten jedes Vertragsstaates erheben kann, in
dem die Veröffentlichung verbreitet und das Ansehen des Betroffenen nach
dessen Behauptung beeinträchtigt worden ist. Die Gerichte am Niederlas-
sungsort seien für die Entscheidung über den Ersatz sämtlicher durch die Ehrverletzung entstandener Schäden zuständig,[212] alle anderen Gerichte dagegen
nur für die Entscheidung über den Ersatz der in dem Staat des angerufenen
Gerichts verursachten Schäden.[213]

(2) Schußfadengreifer (LG/OLG Düsseldorf, 1998/99)

Fraglich ist, ob sich die *Shevill*-Entscheidung des EuGH, auf den gewerbli-
chen Rechtsschutz und das Urheberrecht übertragen läßt. Die Begrenzung der
Zuständigkeit der Gerichte eines Verbreitungsstaats entspricht bereits der
Rechtslage im deutschen und europäischen Markenrecht.[214] Der französche
Cour de Cassation hat in einer vergleichbaren Konstellation die Grundsätze
von *Shevill* auf eine Urheberrechtsverletzung angewandt.[215] Das Landgericht
Düsseldorf hat *Shevill* 1998 in dem Patentverletzungsstreit *Schußfadengreifer*
berücksichtigt.[216]

Die in Italien ansässige Klägerin ist eingetragene Inhaberin eines unter anderem mit Wirkung für die Bundesrepublik Deutschland und Belgien erteilten europäischen Patents. Das
Patent wurde unter Inanspruchnahme einer italienischen Priorität angemeldet. Die in Belgien ansässige Beklagte stellt in Belgien Greifer für Schußfäden in Webmaschinen her,
die sie sowohl in Belgien als auch in Deutschland anbietet und vertreibt. Wegen Verlet-

---

[212] In *Marinari v Lloyd's Bank*, Rs. 364/93, Slg. 1995, 2719, verneint der EuGH die Frage,
ob auch der Ort, an dem nur ein mittelbarer Vermögensschaden eingetreten ist, einen Gerichtsstand gemäß Art. 5 Nr. 3 EuGVÜ begründen kann.
[213] Der EuGH ist mit seiner Lösung der französischen Rechtsprechung gefolgt. Sowohl bei
Art. 5 Nr. 3 EuGVÜ als auch beim Deliktsgerichtsstand des autonomen internationalen Zivilprozeßrechts gewährt diese am Handlungsort eine umfassende Zuständigkeit für den gesamten Schaden, am Erfolgsort dagegen nur die Möglichkeit, auf Ersatz des in diesem Staat entstandenen Schadens zu klagen. Vgl. *Huber*, ZEuP 1996, 300, 303 m.w.N.
[214] Das europäische Markenrecht enthält mit Art. 93 V, 94 II Marken-VO eine Zuständigkeitsregelung, die die Kognitionsbefugnis des Tatortgerichts auf inländische Handlungen
(und Schäden) begrenzt. Nach Art. 17 Abs. 2 Streitregelungsprotokoll zum GPÜ beschränkt
sich die Zuständigkeit der Gerichte am Tatort auf Handlungen, die im Hoheitsgebiet des Gerichtsstaates begangen wurden oder dort drohen. Bezweckt wurde mit dieser Regelung, die
Kognitionsbefugnis des Tatortgerichts zu begrenzen und dadurch ein forum shopping unat-
traktiv zu machen. Ausführlich *Kubis*, 243 und 231–238; *Stauder*, IPRax 1998, 317, 321.
[215] Cour de Cassation, *Wegmann v Société Elsevier Science Ltd* [1997] IL Pr 760. Der Beklagte hat Fälschungen in mehreren europäischen Staaten verteilt. Der Cour de Cassation
entschied, daß das Opfer entweder den vollen Schaden vor dem Gericht am Domizil des Fäl-
schers oder jeweils einen Teil des Schadens vor Gerichten der Staaten einklagen könne, in
denen die Konterbande verteilt worden war.
[216] GRUR Int. 1999, 455–458. Im Berufungsverfahren bestätigt: OLG Düsseldorf, IPRax
2001, 336–338.

zung des deutschen sowie des belgischen Teils des Klagepatents nimmt die Klägerin die Beklagte auf Unterlassung, Rechnungslegung, Auskunftserteilung, Leistung einer angemessenen Entschädigung und Schadensersatz in Anspruch. Sie ist der Ansicht, daß das angerufene LG Düsseldorf gemäß Art. 5 Nr. 3 EuGVÜ zur Entscheidung über die erhobenen Ansprüche international zuständig sei, und zwar auch hinsichtlich einer Verletzung des belgischen Klagepatents.

Das Landgericht Düsseldorf hält die Klage, soweit sie auf eine Verletzung des belgischen Teils des Klagepatents gestützt wird, für unzulässig.[217] Das folge allerdings nicht aus dem Umstand, daß die Klägerin die Verletzung eines ausländischen Klagepatents geltend macht. „Denn auch Ansprüche wegen Verletzung eines ausländischen Patents können grundsätzlich durchaus vor einem deutschen Gericht verfolgt werden. Der Grundsatz der Territorialität des Patentrechts steht dem nicht entgegen; er betrifft nur die materielle Begrenzung des Rechts. Mit der Frage, wo die Ansprüche verfolgt werden können, hat dies unmittelbar nichts zu tun."[218]

Erforderlich sei jedoch, daß das angerufene deutsche Gericht nach den maßgeblichen Vorschriften auch international zuständig ist. Eine Zuständigkeit der deutschen Gerichte gemäß Art. 2 i.V.m. Art. 52 EuGVÜ sei nicht begründet, da der allgemeine Gerichtsstand des Sitzes der belgischen Beklagten in Belgien und nicht in Deutschland liege. Der Gerichtsstand der unerlaubten Handlung (Art. 5 Nr. 3 EuGVÜ) komme nur ausnahmsweise in Betracht und müsse einschränkend ausgelegt werden.[219] Zwar könne die italienische Klägerin die belgische Beklagte gemäß Art. 3 Abs. 1 i.V.m. Art. 5 Nr. 3 EuGVÜ wegen Verletzung des deutschen Teils des Klagepatents vor dem angerufenen deutschen Gericht verklagen. Für die Entscheidung über die wegen Verletzung des belgischen Teils des Klagepatents geltend gemachten Klageansprüche sei das angerufene Landgericht jedoch nicht zuständig, da das schädigende Ereignis nicht im Inland eingetreten sei.[220] Der EuGH berücksichtige bei der Auslegung des Art. 5 Nr. 3 EuGVÜ insbesondere, daß in bestimmten Fallgestaltungen eine besonders enge Beziehung zwischen einer Streitigkeit und dem zur Entscheidung über sie berufenen Gericht bestehe. Dementsprechend könne sowohl der Handlungs- als auch der Erfolgsort je nach Lage des Falles für die Beweiserhebung und für die Gestaltung des Prozesses in eine besonders sachgerechte Richtung weisen.[221] Hiervon ausgehend

---

[217] Das Landgericht bestätigt sich selbst in *Impfstoff II*, GRUR Int. 1999, 775, 776–777.

[218] GRUR Int.1999, 455, 456, 1. Spalte.

[219] GRUR Int.1999, 455, 456, 2. Spalte. Unter Berufung auf *Kalfelis v Schröder*, EuGH, Rs. 189/87, Slg. 1988, 5565; *Marinari v Lloyd's Bank*, Rs. 364/93, Slg. 1995, 2719; *Dumez France v Hessische Landesbank*, EuGH, Rs. 220/88, Slg. 1990, 49.

[220] GRUR Int.1999, 455, 457, 1. Spalte.

[221] GRUR Int. 1999, 455, 457, 2. Spalte unter Berufung auf die EuGH-Urteile *Bier v Mines de Potasse*, Rs. 21/76, Slg. 1976, 1735; *Marinari v Lloyd's Bank* Rs. 364/93, Slg. 1995, 2719; *Shevill v Presse Alliance*, Rs. 68/93, Slg. 1995, 415.

könne in einem Patentverletzungsrechtsstreit grundsätzlich nur wegen der dort begangenen Patentverletzung geklagt werden, nicht aber auch wegen weiterer Patentverletzungen, die in anderen Vertragsstaaten bestehende parallele oder inhaltsgleiche Patente beträfen. „Wegen des auf dem Gebiet des gewerblichen Rechtsschutzes geltenden Territorialitätsprinzips kann der belgische Teil des Klagepatents allein in Belgien verletzt werden. Ferner ist dieser Teil des Streitverhältnisses allein nach belgischem Recht zu beurteilen, weshalb es an einer Beziehung zu dem angerufenen deutschen Gericht, sowohl was die Herstellung und den Vertrieb der angegriffenen Ausführungsform in Belgien als auch was die Beurteilung nach belgischem Recht anbelangt, fehlt. (Neuhaus, Mitt. 1996, 257, 264). Es ist kein Grund ersichtlich, weshalb das angerufene deutsche Gericht auch über die geltend gemachte Verletzung des belgischen Anteils des Klagepatents durch die belgische Bekl. mitentscheiden sollte."[222]

Da der Ort, an dem nach vollendetem Delikt Folgeschäden oder mittelbare Schäden eintreten, nicht unter Art. 5 Nr. 3 EuGVÜ falle, könne die Klägerin auch nicht argumentieren, daß die Zuständigkeit der deutschen Gerichte begründet wäre, weil sie an ihrem Sitz einen Vermögensschaden erlitten hätte.[223] Ob eine umfassende Zuständigkeit des Gerichts des Ortes, von dem das patentverletzende Erzeugnis auf den Weg gebracht wird, bejaht werden kann, müsse nicht entschieden werden, weil die der Beklagten vorgeworfene Patentverletzung gerade nicht von Deutschland ausgehe. Die Verneinung der internationalen Zuständigkeit hinsichtlich der Entscheidung über die auf den belgischen Teil des Klagepatents gestützten Ansprüche sei auch nicht etwa unbillig für die Klägerin, da sie die Möglichkeit habe, ihre Patentverletzungsansprüche insgesamt – also auch die auf den deutschen Teil des Klagepatents gestützen Ansprüche bei dem gemäß Art. 2 EuGVÜ für den Sitz der Beklagten zuständigen Gericht in Belgien geltend zu machen.[224]

Das OLG Düsseldorf bestätigt: Das Vorhandensein einzelner, territorial geltender Schutzrechtsteile habe zwingend zur Folge, daß sich sowohl der Handlungsort als auch der Erfolgsort im Falle einer Patentverletzung dort befänden, wo der betreffende Schutzrechtsteil belegen sei. Soweit die Klägerin Ansprüche aus dem belgischen Teil des Klagepatents herleite, sei das verletzte Schutzrecht deshalb ausschließlich in Belgien belegen. Nur dort könne der belgische Teil des Klagepatents verletzt werden; nur dort könne auch der (unmittelbare) Schaden eintreten. Daß sich der Abnehmer oder Angebotsempfänger patentverletzender Erzeugnisse im Gebiet der Bundesrepublik Deutschland befinde, begründe keinen inländischen Gerichtsstand. Die Einfuhr der Vorrichtung in das Bundesgebiet und der Zugang des Angebotes

---

[222] GRUR Int. 1999, 455, 457, 2. Spalte a.E.
[223] GRUR Int. 1999, 455, 458, 1. Spalte. Unter Berufung auf *Geimer/Schütze*, EZVR, Art. 5, Rn. 190; *Kropholler*, EZPR, Art. 5, Rn. 59; *Schlosser*, EuGVÜ, Art. 5 Rn. 19.
[224] GRUR Int. 1999, 455, 458, 2. Spalte.

beim inländischen Empfänger berührten allein den deutschen Teil des Klagepatents.[225] Da das OLG die Rechtslage für hinreichend geklärt hält, sieht es
sich nicht veranlaßt, die Sache dem EuGH vorzulegen.[226]

Die zentralen Aussagen der *Schußfadengreifer*-Entscheidung decken sich
mit den Kernsätzen in *Foxy Lady* zu § 32 ZPO. Ein ausländisches Immaterialgüterrecht wird grundsätzlich für justitiabel gehalten, weil das Prinzip der
Territorialität nur die materielle Begrenzung des Rechts betreffe. Konsequenz
wäre, daß der Kläger sich unabhängig vom Sitz des Beklagten nur an ein Gericht in irgendeinem Staat wenden müßte, in dem ein Schutzrecht verletzt
worden ist, um eine Entscheidung über alle parallel verletzten Schutzrechte
herbeizuführen. Das geht den deutschen Gerichten zu weit. Sie korrigieren:
Ausnahmsweise soll die Entscheidungsbefugnis eines Gerichts eingeschränkt
sein, wenn sich die Zuständigkeit nur über Art. 5 Nr. 3 EuGVÜ/§ 32 ZPO
(und nicht mit dem Sitz des Beklagten) begründen lasse. Die Ausnahme führt
im Ergebnis dazu, daß die Verletzung eines ausländischen Immaterialgüterrechts in Deutschland nicht einklagbar ist, wenn der Beklagte seinen Sitz im
Ausland hat.

Kurioserweise wird dieses Ergebnis zur internationalen Zuständigkeit mit
dem Territorialitätsprinzip begründet,[227] das nach eigenem Bekunden nur die
materielle Begrenzung des Rechts betreffe und das für die *Shevill*-
Entscheidung, auf die sich das Landgericht Düsseldorf ausdrücklich beruft,
nicht ausschlaggebend war. So wird dogmatische Konsequenz einer sachgerechten Lösung geopfert. Die restriktive Auslegung des Art. 5 Nr. 3 EuGVÜ
entspringt Billigkeitserwägungen. Das Landgericht Düsseldorf spricht abschließend sogar unverblümt von „Billigkeit". Es soll das Gericht entscheiden, das die engste Beziehung zum Sachverhalt hat, sofern dies für die Parteri-
en keine unbillige Härte darstellt. Und auch das OLG Düsseldorf meint, der
Gesichtspunkt der Sachnähe spreche dafür, daß die in dem jeweiligen Vertragsstaat begangene Verletzungshandlung von einem Gericht desjenigen
Vertragsstaates beurteilt werde, in dem das geschützte Rechtsgut belegen und
der Schaden eingetreten sei.[228]

(3) Stellungnahme

Auch ein Teil des Schrifttums überträgt die Rechtsprechung des EuGH in
Shevill v Presse Alliance auf die Frage der internationalen Zuständigkeit bei
Urheberrechtsverletzungen.[229] Für diese Auffassung spricht zunächst die

---

[225] OLG Düsseldorf, IPRax 2001, 336, 337–338.

[226] OLG Düsseldorf, IPRax 2001, 336, 338.

[227] Kritisch hierzu *Otte,* IPRax 2001, 315, 316 f.

[228] OLG Düsseldorf, IPRax 2001, 336, 338.

[229] *Bachmann,* IPRax 1998, 179, 187; *Dreier,* Digitale Werkverwertung, 46; *Gautier,*
Droit applicable, *Ginsburg/Gauthier,* Celestial Jukebox, 81 ff.; *Ginsburg,* Study, 18; *Lucas,*

Sachnähe. Ein Gericht kann eine Urheberrechtsverletzung besonders gut beurteilen, wenn sie in dessen Kompetenzbereich erfolgt ist. Wird ein Urheberrecht dagegen in einem anderen Staat verletzt, erscheint eine Beschränkung seiner Entscheidungskompetenz geboten. Auf diese Weise ließe sich verhindern, daß der Kläger sich ein für ihn günstiges Forum aussucht, das nur eine lose Verbindung zum Streitgegenstand hat oder daß der Kläger einen Gerichtsstand an seinem Wohnsitz begründet.

Andererseits zwingt die Aufsplitterung der Zuständigkeiten den Geschädigten, mehrere Verfahren gleichzeitig zu führen, um Verletzungen in verschiedenen Staaten zu ahnden.[230] Es drohen einander widersprechende Entscheidungen.[231] Anstatt das Verfahren zu erleichtern und zu beschleunigen, zwingt die Rechtsprechung des EuGH und des OLG Düsseldorf den Kläger, entweder den Rechtsverletzer an dessen Wohnsitz zu verklagen oder jeden Teilschaden gesondert einzuklagen.[232] Will der Geschädigte eine Vervielfältigung von Prozessen vermeiden, muß er am allgemeinen Gerichtsstand klagen.[233] Wenn er nicht in der Lage oder willens ist, den Rechtsverletzer an dessen Wohnsitz zu verklagen, bleibt ihm nur die Möglichkeit, jeden Teilschaden einzeln geltend zu machen – eine für den Kläger unzumutbare Situation, zumal die Schadensposten in allen Vertragsstaaten verstreut sein können.[234]

Droit d'auteur et numérique, 321 ff.; *Nerenz,* 177. Zu Patentverletzungen *Bertrams,* GRUR Int. 1995, 193, 195; *Brinkhof,* GRUR Int. 1997, 489, 491; *Grabinski,* GRUR Int. 2001, 199, 205; *von Meibom/Pitz,* Mitt. 1996, 181, 182; *Stauder/von Rospatt,* GRUR Int. 1997, 859, 862; *Stauder,* IPRax 1998, 317, 321, ders., GRUR Int. 1976, 473–474, mit folgender Einschränkung auf S. 477: „Für den Fall der Verletzung von parallelen Schutzrechten durch identische Verletzungsgegenstände scheint es jedoch angebracht, die grenzüberschreitenden Verletzungshandlungen eines Verletzers gegenüber diesen Parallelschutzrechten zu einer einheitlichen Handlung zusammenzufassen, die auch der Entscheidungsgewalt des forum delicti commissi unterworfen wird."

[230] Vgl. *Jacob J* in *Mecklermedia v DC Congress* [1998] 1 All ER, 148, 157 a: „It would mean that a plaintiff could not forum shop around Europe for a Europe-wide injunction. He could only seek such an injunction in the State of the source of the allegedly infringing goods or piratical acivity." Ausführlich 4. Kapitel A.II.2.e.

[231] *Kubis,* 138, m.w.N.

[232] Zu einem kuriosen Ergebnis führt die Übertragung der *Shevill*-Entscheidung auf Immaterialgüterrechtsverletzungen, wenn in dem Land, in dem der Rechtsverletzer seinen Wohnsitz hat und in dem Klage erhoben wird, kein Schutzrecht besteht. Vgl. *Adams,* in: *Rikkett/Austin,* 251, 256: „The upshot of this is curious. A person can be sued in a country where he has done no wrong, and on the basis of a law which is foreign to the courts of that country. So, if I make goods in a country where there is no patent, and these circulate in a country where there is one, I can be sued in the former country, and have to pay for *all* damage caused by the infringement. This seems absurd, but it is consistent with the wording of the convention."

[233] *Kreuzer/Klötgen,* IPRax 1997, 90, 96.

[234] *Schack,* UFITA 108 (1988), 51, 69 f.; *Ginsburg,* Recueil, 309–311; *Blumer,* WIPO Forum, 32: „The need for litigation in every state in which an infringing product is sold is not only very inefficient but also an anachronism in a time of more and more transnational economic activities. In smaller states, it is often just not worth the money to enforce patent rights

Ferner ist zu bedenken, daß sich eine klare Abgrenzung von Handlungs-
und Erfolgsort nicht immer mit der für Zuständigkeitsfragen notwendigen
Sicherheit und Transparenz durchführen läßt.[235] Die Prinzipien der *Shevill*-
Entscheidung sind nur anwendbar, wenn sich die Tatortgerichtsstände überhaupt lokalisieren lassen. Die Bestimmung des Tatorts ist jedoch bei Immaterialgüterrechtsverletzungen oft schwierig.[236] So ist zweifelhaft, ob in *Schußfadengreifer* nur der unmittelbare Schaden am Belegenheitsort des Schutzrechts in Belgien zuständigkeitsbegründend sein soll wie das OLG Düsseldorf
meint. Mit guten Gründen könnte man auch auf die in Deutschland eingetre-
tene Marktsättigung abstellen.[237] Bei einer Urheberrechtsverletzung via Internet bedeutet der Nachweis des Übertragungswegs oder die Bestimmung der
Anzahl der Rechner, über die das rechtsverletzende Angebot zugänglich war,
ein Hindernis für den Rechtsuchenden.[238]

Neben diesen praktischen Bedenken spricht schließlich die soeben skizzierte dogmatische Inkonsequenz gegen die Einschränkung des Tatortge-
richtsstands, in Fällen, in denen die Gerichtsbarkeit grundsätzlich für ausländische Verletzungsklagen offensteht.[239] Aus dogmatischer Sicht ist die Entscheidung aus zwei Gründen zu kritisieren. Zum einen sollte das Territorialitätsprinzip entweder einheitlich auf allen Stufen zum Zuge kommen oder gar
nicht. Die partielle Berücksichtigung des Territorialitätsprinzips hat etwas
Willkürliches. Zum anderen korrigiert das Landgericht Düsseldorf die Regeln
der internationalen Zuständigkeit durch systemfremde Billigkeitserwägungen
auf Tatbestandsebene. Stringenter wäre die „offizielle" Einführung einer
nachträglichen Überprüfung des aufgrund der Gerichtsstandsregeln gefunde-
nen Ergebnisses wie sie das englische Recht mit der Doktrin forum non conveniens vorsieht.[240]

Die *Shevill*-Entscheidung sollte aus praktischen und dogmatischen Gründen nicht auf Schadensersatz- oder Bestandsklagen im Zusammenhang mit

---

unless there is a way to get a judgment that clarifies the situation for more than one national
market."

[235] Siehe oben 3. Kapitel III.2.a.cc.(1).

[236] Vgl. 2. Kapitel II.2.c.

[237] So *Otte*, IPRax 2001, 315, 317–319.

[238] *Bühler*, 368. *Lucas*, WIPO Forum, Nr. 70: „We are tempted to suggest, symetrically,
that contrary to the court of the place of establishment of the server, which may certainly
prohibit the making available to the public, the courts of the various countries where distribution has taken place would only be able to order prohibitions limited to their territory. However, it is not certain that such restriction could in all cases be implemented from a technical
point of view, at least for the present."

[239] Soeben unter (2) a.E.

[240] Dazu sogleich c.dd.

Urheberrechtsrechtsverletzungen oder gar auf Unterlassungsklagen[241] übertragen werden.[242]

cc. Beklagtenmehrheit – Art. 6 Nr. 1 EuGVÜ

Vor allem Art. 6 Nr. 1 EuGVÜ eröffnet dem Kläger die Möglichkeit des forum shopping.[243] Kommen nach den Art. 2 Abs. 1, Art. 5 Nr. 3, Art. 6 Nr. 1 EuGVÜ mehrere Gerichtsstände in verschiedenen Staaten in Frage, kann der Kläger ihm Rahmen enger Grenzen zwischen den Gerichtsständen wählen.[244] Will der Kläger Ansprüche wegen Verletzung von Schutzrechten in mehreren Ländern vor einem Gericht geltend machen, muß er sich gemäß Art. 2 Abs. 1 EuGVÜ an ein Gericht am Sitz des Beklagten wenden.[245] Nur wenn der Kläger mehrere Personen als Streitgenossen verklagt, die ihren Sitz in verschiedenen Staaten haben, kann er sich unter Umständen gemäß Art. 6 Nr. 1 EuGVÜ den für ihn günstigsten Gerichtsstand aussuchen.[246]

Gemäß Art. 6 Nr. 1 EuGVÜ können mehrere Beklagte gemeinsam am Sitz eines Beklagten verklagt werden.[247] Voraussetzung ist, daß zwischen den Klagen ein ausreichend enger Zusammenhang besteht, so daß eine gemeinsa-

---

[241] Ob *Shevill* auf Unterlassungsklagen übertragen werden kann, ist umstritten. Für eine Einschränkung der Kognitionsbefugnis: *Dreier*, Digitale Werkverwertung, 46; *Stauder,* IPRax 1998, 317, 321; *Spindler*, ZUM 1996, 533, 563; dagegen: *Lucas*, Droit d'auteur et numérique, 323 Rn. 641; *Bachmann*, Unerlaubte Handlungen, 187 und *Bühler*, 369.

[242] So auch im Ergebnis *Bachmann*, IPRax 1998, 179, 187; *Bühler*, 369; *Fawcett/Torremans*, 163, 167. Zu alternativen Lösungsmöglichkeiten sogleich c.

[243] Zum *forum shopping* bei Patentstreitigkeiten *Adams*, Choice of Forum in Patent Disputes, [1995] EIPR 497–502. Sein Fazit lautet: „It is clear that the pitch on which litigants are playing the game of 'forum shopping' is not a level one. If true competition between member states of the Brussels and Lugano Conventions on the basis of *quality* of legal services is to be achieved, levels of state subsidy of the various court bureaucracies will have to be harmonised. That is a problem that only the European Commission can address in relation to the Member States of the European Union, or possibly the member states of the EPC collectively. If that problem ist not addressed, the possibility for achieving much by tinkering with the rules of either the Patents Court or the PCC in my view is slight."

[244] *Torremans*, IPRax 1998, 495, 500.

[245] Vorausgesetzt die *Shevill*-Entscheidung gilt analog im Urheberrecht. Kritisch dazu soeben bb.(3).

[246] Die überwiegende Ansicht im deutschen Schrifttum dehnt Art. 6 Nr. 1 EuGVÜ in analoger Anwendung auch auf Streitgenossen ohne Wohnsitz in einem Vertragsstaat aus. Vgl. *Blumer*, WIPO Forum, 17–18; *Grabinski*, GRUR Int. 2001, 199, 206; *Kropholler*, EZPR, Art. 6 Rn. 5.

[247] Nach Ansicht des Landgerichts Düsseldorf (GRUR Int. 1999, 775, 777 – *Impfstoff II*) setzt Art. 6 Nr. 1 EuGVÜ voraus, daß einer der Beklagten auch im Bezirk des angerufenen Gerichts wohnt bzw. dort seinen Sitz hat, da Art. 6 Nr. 1 EuGVÜ zu den Normen des EuGVÜ gehört, die die internationale und gleichzeitig auch die örtliche Zuständigkeit regeln. Das deutsche Recht sieht in diesen Fällen lediglich die Möglichkeit einer richterlichen Bestimmung des zuständigen Gerichts nach § 36 ZPO vor. Das deutsche Recht setzt insofern eine Streitgenossenschaft zwischen den zu verklagenden Parteien voraus. Vgl. *Bornkamm*, NJW 1989, 2713, 2714–2718.

me Verhandlung und Entscheidung geboten erscheint, um einander widersprechende Entscheidungen zu vermeiden.[248] Art. 6 Nr. 1 EuGVÜ ist unproblematisch anwendbar, wenn mehrere Verletzer wegen der Verletzung eines
Schutzrechts in einem Staat in Anspruch genommen werden.[249] Fraglich ist,
ob zwischen den Klagen gegen verschiedene Beklagte ein Zusammenhang im
Sinne von Art. 6 Nr. 1 EuGVÜ auch dann besteht, wenn vergleichbare
Schutzrechte in verschiedenen Staaten verletzt werden.

(1) Kaiser v Chemax (LG Düsseldorf, 1996)

Das Landgericht Düsseldorf bejaht in *Kaiser v Chemax*[250] vom 16.1.96 seine
Zuständigkeit gemäß Art. 6 Nr. 1 EuGVÜ, obwohl es auch über die Verletzung eines ausländischen (britischen) Patents zu entscheiden hat.[251]

> Die erste Beklagte, das englische Unternehmen Chemax, hat ursprünglich für die Klägerin
> Reinigungschemikalien vertrieben bis sie begann, eigene Produkte zu verkaufen, von de-
> nen die Klägerin behauptet, daß sie ihr europäisches Bündelpatent verletze.

Das Landgericht Düsseldorf nimmt einen sachlichen Zusammenhang aufgrund des gegen alle Beklagten gerichteten Klagevorwurfs der gemeinschaftlichen Patentverletzung an. Da einer der Beklagten seinen Wohnsitz in
Nordrhein-Westfalen und damit im Zuständigkeitsbereich des Landgerichts
Düsseldorf habe, könnten gemäß Art. 6 Nr. 1 EuGVÜ auch die in England
ansässigen Beklagten vor dem Landgericht Düsseldorf im Hinblick auf die
Verletzung eines britischen Bündelpatents verklagt werden.[252]

---

[248] *Kalfelis v Schröder*, EuGH, Rs. 189/87, Slg. 1988, 5565, 5584. Unklar ist, wie eng der
Zusammenhang zwischen den Verfahren sein muß. In *Kalfelis v Schröder* wird lediglich auf
Art. 22 Abs. 3 EuGVÜ verwiesen. Mit dem Gerichtsstand der Streitgenossenschaft solle der
Gefahr widersprechender Entscheidungen begegnet werden.

[249] So auch *Bornkamm*, 135. In *Pearce v Ove Arup* hat ein englischer Architekt englische
und niederländische Personen auf Unterlassung und Schadensersatz in Anspruch genommen.
Sowohl der *High Court* als auch der *Court of Appeal* bejahten ihre Zuständigkeit nach Art. 6
Nr. 1 EuGVÜ. Dazu unten 4. Kapitel A.II.2.f. und k.

[250] Urteil vom 16.1.1996 – 4 O 5/95, zitiert nach *von Rospatt*, GRUR Int. 1997, 861, 862
und *Wadlow*, Enforcement, 23.

[251] Vgl. auch *MCC Nederland v Rexnord Kette/Kettenbandförderer III*, LG Düsseldorf
vom 1.2.94, 4 O 193/87, Entscheidungen 1998, S. 1. Klage wegen Verletzung eines britischen
Patents gegen einen in Nordrhein-Westfalen ansässigen Beklagten, zitiert nach *Wadlow*, Enforcement, 22. In einem Urteil vom 31. Mai 2001 bestätigt das Landgericht Düsseldorf, daß
die internationale Zuständigkeit für die wegen Verletzung eines ausländischen Patents geltend
gemachten Ansprüche gemäß Art. 2 Abs. 1 EuGVÜ nicht dadurch entfällt, daß der Beklagte
im Verletzungsprozeß den nach dem maßgeblichen ausländischen Recht zugelassenen Einwand der Patentnichtigkeit erhebt, vgl. GRUR Int. 2001, 983–986 – *Schwungrad*.

[252] Landgericht Düsseldorf, 16.1.1996: „Die internationale und örtliche Zuständigkeit des
Landgerichts ergibt sich aus Art. 6 Nr. 1 [...]. Gemäß Art. 6 Nr. 1 EuGVÜ kann eine Person,
die ihren Wohnsitz in dem Hoheitsgebiet eines Vertragsstaats hat, wenn mehrere Personen
zusammen verklagt werden, auch vor dem Gericht verklagt werden, in dessen Bezirk (nur)
einer der Beklagten seinen Wohnsitz hat, so daß auf dem Wohnsitz eines Streitgenossen auch
die internationale Zuständigkeit für die Klagen gegen die anderen Streitgenossen basiert. Die

Läßt sich die großzügige Auslegung des Art. 6. Nr. 1 EuGVÜ in *Kaiser v Chemax* auf Urheberrechtsstreitigkeiten übertragen? Stauder betont, daß allein die faktische Identität von Parallelschutzrechten noch keine ausreichend enge Verbindung zwischen verschiedenen Verletzern schaffe.[253] Hinzutreten müsse ein Zusammenhang zwischen den Beklagten.[254] In Anlehnung an Stauder unterscheidet Bornkamm drei Voraussetzungen: (a) Identität des Schutzrechts; (b) Identität der Verletzungsform; (c) Zusammenhang zwischen den Beklagten, etwa in der Weise, daß sie zu derselben Unternehmensgruppe gehören.[255] Noch ist die Vereinheitlichung des Urheberrechts der EU-Staaten nicht so weit fortgeschritten, als daß man von identischen Schutzrechten sprechen könnte.[256] Ob die Verletzungsformen identisch sind und ob ein Zusammenhang zwischen den Beklagten besteht, hängt davon ab, wie die verletzende Ware auf den Markt gebracht wird. Ein ausreichend enger Zusammenhang im Sinne des Art. 6 Nr. 1 EuGVÜ dürfte bestehen, wenn mehrere Personen oder Gesellschaften als Mittäter oder Teilnehmer an der Verletzung eines Urheberrechts beteiligt sind, wenn etwa ein Werk von einer Person vervielfältigt, von einer anderen importiert und von einer dritten verteilt wird.[257]

Wird die in Art. 6 Nr. 1 EuGVÜ geforderte Konnexität gewahrt, ist ein deutsches Gericht befugt, über eine Klage, die sich auf ausländische Immaterialgüterrechte bezieht, zu entscheiden, was bei konsequenter Anwendung des Territorialitätsprinzips nicht möglich wäre.[258]

---

hierfür erforderliche Konnexität der Klagen [...] ist gemäß Art. 22 Abs. 3 EuGVÜ bereits dann gegeben, wenn zwischen den Klagen eine so enge Beziehung besteht, daß eine gemeinsame Verhandlung und Entscheidung geboten erscheint. Da ein solcher sachlicher Zusammenhang aufgrund des gegen alle Beklagten gerichteten Klagevorwurfes der gemeinschaftlichen Patentverletzung gegeben ist, können auch die in England ansässigen Beklagten zu 1,3,4 und 6 vor dem Landgericht Düsseldorf verklagt werden, da der Beklagten zu 5 seinen Wohnsitz in Nordrhein-Westfalen und damit im Zuständigkeitsbereich des Landgerichtes Düsseldorf hat, dem Patentstreitsachen für das Land Nordrhein-Westfalen durch die genannte Verordnung zugewiesen sind."

[253] *Stauder* GRUR Int. 1976, 465, 476.

[254] So auch *Blumer*, WIPO Forum, 17; *Grabinski*, GRUR Int. 2001, 199, 207; *von Meibom/Pitz*, Mitt. 1996, 181, 183 f.; *Stauder*, IPRax 1998, 317, 321; *Tetzner*, GRUR 1976, 669, 671.

[255] *Bornkamm*, Grenzüberschreitende Unterlassungsklagen, 135 m.w.N.

[256] Zum Stand der Rechtsvereinheitlichung oben 2. Kapitel III.1. Im gewerblichen Rechtsschutz ist seit langem anerkannt, daß eine ausreichende Verbindung existiert, wenn in verschiedenen Staaten auf dieselbe Weise gleichartige Immaterialgüterrechte verletzt werden, etwa europäische Bündelpatente oder Benelux-Markenrechte. Vgl. *Fawcett/Torremans,* 173; *Stauder,* GRUR Int. 1976, 465, 476.

[257] Vgl. *Kieninger*, GRUR Int. 1998, 280, 282; *Stauder,* GRUR Int. 1976, 465, 476; allgemein: *Geimer/Schütze*, Europäisches Zivilverfahrensrecht, Art. 6 Rn. 21.

[258] Vgl. zur englischen Rechtsprechung unten *Mölnlycke v Procter and Gamble*, 4. Kapitel A.II.2.b. und *Sepracor v Hoechst Marrion Russel*, 4. Kapitel A.II.2.j.

(2) Expandable Grafts v Boston Scientific (Gerechtshof Den Haag, 1998)

Der Gerechtshof Den Haag erregte in den letzten Jahren international Aufsehen, weil er mehrere grenzüberschreitende Verletzungsverbote im summarischen Verfahren des kort geding[259] auf dem Gebiet des gewerblichen Rechtsschutzes erlassen hat.[260] Da die Auferlegung eines Verletzungsverbots hinsichtlich eines ausländischen Immaterialgüterrechts nicht nur einen Eingriff in die Hoheitsbefugnisse des betreffenden Staates darstellt, sondern auch wirtschaftliche Konsequenzen für diesen Staat hat, stießen die grenzüberschreitenden Verbotsverfügungen niederländischer Gerichte im Schrifttum überwiegend auf Ablehnung.[261] Inzwischen hat der Gerechtshof Den Haag mit der Entscheidung *Expandable Grafts v Boston Scientific* eine Kehrtwende eingeleitet.[262] In Anlehnung an *Shevill* denkt der Gerechtshof in *Expandable Grafts*

---

[259] Das niederländische Verfügungsverfahren (kort geding) ist schnell und kostengünstig. Vgl. zum Verfahrensablauf: *Brinkhof*, GRUR Int. 1993, 387, 389; *Bertrams*, GRUR Int. 1995, 193, 197. Rechtsvergleichend aus amerikanischer Sicht *Bender*, [2000] IDEA, 49–82.

[260] Das wichtigste Präjudiz ist *Interlas v Lincoln* (HR 24.11.1989, NJ 1992, Nr. 404, 1597 mit Anm. Verkade, BIE 1991, 86, Nr. 23). Der Beklagte *Interlas* hatte in den Niederlanden und in Belgien die Benelux-Marke einer amerikanischen Gesellschaft verletzt. Der Gerechtshof Den Haag begründet seine Zuständigkeit im einstweiligen Verfügungsverfahren damit, daß er im Hauptsacheverfahren nach den Bestimmungen des EuGVÜ zuständig sei. Auf Antrag *Lincolns* erläßt der Gerechtshof Den Haag im kort-geding-Verfahren ein Verletzungsverbot mit Wirkung für Belgien, die Niederlande und Luxemburg, das durch den Hoge Raad bestätigt wird. Unter Berufung auf *Interlas v Lincoln* haben niederländische Gerichte seither auch bei Patentverletzungen grenzüberschreitende Verletzungsverbote ausgesprochen (vgl. die Nachweise bei *Bertrams*, GRUR Int. 1995, 193, 194, Fn. 6). In *Applied Research Systems NV v Organon et al.* entscheidet der Gerechtshof Den Haag, daß aufgrund des harmonisierten Patentrechts ein Unterlassungsgebot wegen Verletzung eines europäischen Patents für alle Länder auferlegt werden könne, für die das europäische Patent erteilt worden sei, und zwar auch im summarischen Verfahren des kort geding (GRUR Int 1995, 253–255).

[261] Vgl. *Bertrams*, GRUR Int. 1995, 193–201 mit weiteren Hinweisen auf niederländische Autoren; *Brinkhof*, [1994] 8 EIPR, 360–364; ders., GRUR Int. 1993, 387–394; ders., GRUR Int. 1997, 489–497; *Fawcett/Torremans*, 218–225; *von Meibom/Pitz*, Mitt. 1996, 181; *Neuhaus*, Mitt. 1996, 296; *Tritton*, IP in Europe, 13.011–13.012 und 13.020–13.022; *Stauder/von Rospatt/von Rospatt*, GRUR Int. 1997, 859; *Stauder*, IPRax 1998, 317–322; *Wadlow*, Enforcement, 14–20.

[262] Gerechtshof Den Haag, Urt. vom 23.4.1998 [1999] FSR 352. Eine Zwischenbilanz der niederländischen Rechtsprechung zieht *Rijsdijk* [2000] EIPR 120–124. Sein Fazit lautet: „Based on this research, the following trends may be recognised. Figure 2 shows the trend that proceedings on the merits seem to be preferred over summary proceedings. The cause of this may be the coming into force of the TRIPs Agreement. Apart from this, the developments observed may have been strengthened by the implementation of the experimental accelerated proceeding on the merits and by the judgment that cases which are too complicated do not qualify for summary proceedings. Table 3 shows that more judgments are nullified by the Court of Appeal than are attested. Table 4 shows that only a few patents are nullified. Tables 5 and 6 show that the Court of The Hague and the Court of Appeal consult third parties in only a few cases. Only time will tell if the trends and data examined in this article do indeed indicate a new development."

jetzt über eine restriktive Auslegung des Gerichtsstands der Streitgenossenschaft nach.

Die Kläger sahen ihr Patent auf ein ausdehnbares röhrenförmiges Gerüst verletzt und beantragten vor der Rechtbank Den Haag ein einstweiliges Verletzungsverbot mit Wirkung
in den Niederlanden und anderen Staaten, in denen die Kläger entweder ein europäisches
oder ein nationales Patent innehaben. Dagegen wenden sich die Beklagten erfolgreich mit
dem Einwand, daß die niederländischen Gerichte nicht zuständig seien. Der Gerechtshof
Den Haag gibt der Berufung der Kläger nicht statt.

Der Gerechtshof will die durch Art. 6 Nr. 1 EuGVÜ eröffnete Wahlmöglichkeit auf das Gericht reduzieren, zu dem die Forderung die engste Verbindung
aufweist. „The fact is that the national patents out of the European bundle
exist independently of each other. It is therefore quite possible for one national patent out of the European bundle to be declared wholly or partially null
and void while another is held to be valid. [...] However, having regard to the
pivotal meaning of Aricle 2 of the Brussels/Lugano Convention and the fact
that Article 6 (1) forms an exception, the interest of the defendant in being
sued in the courts for the country in which he is resident or domiciled must
outweigh the inconvenience to the patent proprietor, taking account of the fact
that the possibility of different judgments is inherent in the European patents."[263]

Die restriktive Auslegung dient dem Schutz des Beklagten. Der schutzsu-
chende Inhaber eines europäischen Patents ist gezwungen, Klage am Sitz der
Muttergesellschaft oder am Sitz der führenden Tochtergesellschaft zu erheben
(spider in the web).[264]

Bornkamm weist darauf hin, daß dem Käger häufig die Organisationsstrukturen der Gegenseite unbekannt seien und er nicht beurteilen könne, wo
die maßgeblichen Unternehmensentscheidungen getroffen würden.[265] Im übrigen sei denkbar, daß das Verhalten der europäischen Tochtergesellschaften
von einer außerhalb Europas residierenden Muttergesellschaft gesteuert werde.[266] Die Klage müsse deshalb dort erhoben werden, wo erkennbar der
Schwerpunkt der Tätigkeit der zu verklagenden Konzernunternehmen liege.
Sei aus Sicht des Klägers ein solcher Schwerpunkt nicht festzustellen, solle
ihm das Wahlrecht uneingeschränkt zustehen.[267]

---

[263] [1999] FSR 352; *Brinkhof* hat an der Entscheidung mitgewirkt und sie in [1999] EIPR,
142 erläutert.

[264] *Bornkamm,* 131–132. Zustimmend *Grabinski,* GRUR Int. 2001, 199, 207.

[265] *Bornkamm,* 136–137.

[266] Dazu *Grabinski,* GRUR Int. 2001, 199, 207: „Rechtspolitisch unerfreulich ist das Ergebnis allerdings, wenn die ‚führende' Gesellschaft außerhalb des Vertragsgebiets, etwa in
den U.S.A., ansässig ist und infolgedessen der Gerichtsstand der Beklagtenmehrheit auch
nicht an deren Heimatgericht begründet ist."

[267] *Bornkamm,* 136–137.

Die einschränkende Rechtsprechung des Gerechtshof Den Haag und ihre Modifizierung durch Bornkamm zeigen, daß es letztlich um den Ausgleich von Interessen geht. Schränkt man Art. 6 Nr. 1 EuGVÜ gar nicht ein, kann der Kläger wählen. Folgt man der Rechtsprechung des Gerechtshof Den Haag ist Art. 6 Nr. 1 EuGVÜ nichts weiter als eine Präzisierung des durch Art. 2 Abs. 1 EuGVÜ eröffneten allgemeinen Gerichtsstands zum Wohle des Beklagten: Gegen mehrere Verletzer ist Klage vor den Gerichten am Sitz der führenden Gesellschaft zu erheben. Folgt man Bornkamms Vorschlag, schlägt das Pendel wieder zugunsten des Klägers aus. Ihm wird es in der Regel leicht fallen, darzulegen und zu beweisen, daß für ihn der Schwerpunkt der unternehmerischen Tätigkeit des Beklagten nicht erkennbar war. Hinter dem Für und Wider steht die Frage, ob eine wirkliche Verbindung zwischen der den beantragten Maßnahmen zugrundeliegenden Angelegenheit und der territorialen Zuständigkeit des Gerichts besteht. Wie bei der Doktrin forum non conveniens wird der Wortlaut einer Zuständigkeitsregel nicht blindlings, sondern mit Blick auf den Sachzusammenhang angewandt.[268]

dd. Ausschließliche Zuständigkeiten – Art. 16 EuGVÜ

Klagen wegen Urheberrechtsverletzungen begründen weder nach Art. 16. Nr. 4 noch nach Art. 16 Nr. 1 lit. a EuGVÜ eine ausschließliche Zuständigkeit, die nach Art. 19 EuGVÜ zur Unzuständigkeit anderer Gerichte führen würde.[269] Von Art. 16 Nr. 4 i.V.m. Art. 19 EuGVÜ werden nur Klagen im Zusammenhang mit registerpflichtigen Immaterialgüterrechten wie Paten-ten,[270] Warenzeichen, Mustern und Modellen erfaßt, nicht aber Klagen wegen

---

[268] Vgl. dazu unten 4. Kapitel A.III. und rechtsvergleichend 5. Kapitel III.

[269] Gemäß Art. 16 Abs. 4 EuGVÜ sind für Klagen, welche die Eintragung oder die Gültigkeit von Patenten zum Gegenstand haben ausschließlich die Gerichte des Vertragsstaats zuständig, in dessen Hoheitsgebiet die Registrierung vorgenommen worden ist. Da sich der Beklagte in einem Patentverletzungsprozeß häufig verteidigt, indem er die Nichtigkeit des Patents behauptet, stellt sich die Frage, ob sich die durch Art. 16 Abs. 4 EuGVÜ begründete ausschließliche Zuständigkeit auf den Verletzungsprozeß insgesamt erstreckt. Niederländische Gerichte sehen Art. 16 Abs. 4 EuGVÜ z.B. nicht als Hindernis an und prüfen selbst, ob es eine ernsthafte, nicht zu vernachlässigende Chance gibt, daß das Patent widerrufen oder für nichtig erklärt wird. (Gerechtshof Den Haag 16.5.1991, BIE 1994, 249, Nr. 68 – *flesstop II*; Pres. Rb. Den Haag 5.1. 1993, IER 1993, 61, Nr. 15 – *Rhône Poulenc Rorer/Propragharm.*) Kritisch dazu: *Brinkhof*, GRUR Int. 1997, 489, 493.

[270] Regelmäßig werden Patentverletzungsklagen mit der Widerklage auf Nichtigerklärung des Patents beantwortet. Dadurch wird die Nichtigkeit zu einem Hauptstreitgegenstand i.S.v. Art. 19 i.V.m. Art. 16 Nr. 4 EuGVÜ (jedenfalls in Ländern wie Großbritannien, die anders als Deutschland die Nichtigkeitsklage nicht in einem getrennten Verfahren verhandeln.) Im Ergebnis ist auch die Verletzungsklage der ausschließlichen Zuständigkeit der Gerichte des Staates unterstellt, für dessen Territorium das Schutzrecht erteilt worden ist. Vgl. *Stauder*, IPRax 1998, 317, 319; ders., GRUR Int. 1997, 859, 860.

Verletzungen von Urheberrechten.[271] Urheberrechte fallen auch nicht in die in Art. 16 Nr. 1 lit. a EuGVÜ angesprochene Kategorie der dinglichen Rechte.[272]

ee. Vereinbarung über die Zuständigkeit – Art. 17 und Art. 18 EuGVÜ

Die Zuständigkeit kann vereinbart werden (Art. 17). Ein Gerichtsstandsabkommen dürfte es bei Urheberrechtsverletzungen etwa dann geben, wenn der Lizenznehmer seine Befugnisse überschreitet.[273] Alternativ wird ein Gericht zuständig, wenn sich der Beklagte vor ihm auf das Verfahren einläßt (Art. 18). Besonderheiten für das Urheberrecht gibt es nicht.

ff. Rechtshängigkeit – Art. 21 EuGVÜ

Das EuGVÜ enthält in Art. 21 eine Regel, die einem Gericht verbietet, sich für den Fall einer ausländischen Urheberrechtsverletzung zuständig zu erklären. Art. 21 EuGVÜ setzt voraus, daß Klagen „wegen desselben Anspruchs zwischen denselben Parteien" anhängig sind.[274]

(1) Dieselben Parteien

Der in Art. 21 Abs. 1 EuGVÜ verwendete Begriff „zwischen denselben Parteien" ist autonom zu interpretieren.[275] Ein Problem tritt auf, wenn die Parteien nur teilweise identisch sind.[276] Der EuGH führt dazu in *Tatry v Maciej Rataj* aus[277]: „Stimmen die Parteien des zweiten Verfahrens nur teilweise mit denen des früher anhängig gemachten Verfahrens überein, treten die Rechts-

---

[271] Art. 16 Nr. 4 EuGVÜ hat vor allem in Streitigkeiten wegen Patentverletzungen Bedeutung. Vgl. *Coin Controls v Suzo International*; *Fort Dodge v Akzo Nobel*; *Sepracor v Hoechst Marrion Roussel*, 4. Kapitel A.II.2.g., i. und j.

[272] *Lloyd J* in *Pearce v Ove Arup* [1997] 3 All ER 31, 37, f: „[...] the action is not one which has as its object rights in rem to the copyright." So auch *Jooris*, 3 EIPR [1996] 127, 138; *Fawcett/Torremans*, 175 f.; *Kieninger*, GRUR Int. 1998, 280, 282 f.; *Torremans*, IPRax 1998, 495, 503 f.

[273] *Fawcett/Torremans*, 266. Die Zuständigkeit eines Gerichts kann auch nach Entstehung einer Rechtsstreitigkeit zwischen den Parteien vereinbart werden, statt vieler *Thomas/Putzo*, Art. 17 EuGVÜ, Rn. 5.

[274] Ausführlich zu den Voraussetzungen *Grabinski*, GRUR Int. 2001, 199, 209–211.

[275] *Gubisch Maschinenfabrik v Palumbo*, EuGH, Rs. 144/86, Slg. 1987, 4861, unter Nr. 11; bestätigt durch *Tatry v Maciej Rataj*, Rs. 406/92, Slg. 1994, 5439, 30.

[276] Im Fall *Charly Herscovici and another v Société Karla and another*, [1992] ECC 209, verklagten der Inhaber eines Urheberrechts, Herscovici, und Van Berg den französischen Vertreiber Karla vor einem belgischen Gericht, während Herscovici und die Verwertungsgesellschaft ADAGP Karla und den italienischen Hersteller der inkriminierten Ware, Krizia, vor einem französischen Gericht verklagten. Das zuletzt angerufene französische Gericht erklärte sich für zuständig. Da die Parteien nicht identisch seien, könne Art. 21 nicht angewandt werden.

[277] *Tatry v Maciej Rataj*, EuGH, Rs. 406/92, Slg. 1994, 5439. Vgl. *Kropholler*, EZPR, Art. 21 Rn. 5.

folgen des Art. 21 allein insoweit ein, als die Parteien des bei dem Zweitgericht anhängigen Rechtsstreits auch Parteien des ersten Verfahrens sind."[278] Stimmen die Parteien lediglich teilweise überein, schließe Art. 21 EuGVÜ demgegenüber nicht aus, das Verfahren fortzusetzen. Hinsichtlich dieses Teils des Rechtsstreits komme allenfalls eine fakultative Aussetzung nach Art. 22 EuGVÜ in Betracht.[279] Um zwei verschiedene Parteien handelt es sich beispielsweise, wenn eine Klage vom ursprünglichen Inhaber eines Immaterialgüterrechts, die andere dagegen vom Lizenznehmer erhoben wird.[280] Hierzu ein Beispiel aus Frankreich: Hersovici, Inhaber von Vervielfältigungsrechten, verklagt gemeinsam mit Van Berg die französische Gesellschaft Karla in Belgien. Karla hatte Pullover, die Hersovicis und Van Bergs Rechte verletzten, unautorisiert in Belgien zum Verkauf angeboten. In Frankreich machte Hersovici gemeinsam mit einer Verwertungsgesellschaft eine Klage wegen des Verkaufs der Pullover in Frankreich anhängig. Der Tribunal de Grande Instance in Paris hielt die Parteien nicht für identisch und setzte das Verfahren folglich nicht gemäß Art. 21 EuGVÜ aus.[281]

(2) Derselbe Anspruch – Impfstoff I (1998) und Impfstoff III (1999)

Auch zur Formulierung „wegen desselben Anspruchs" in Art. 21 Abs. 1 hat sich der EuGH in *Tatry v Maciej Rataj* geäußert.[282] Der EuGH stellt auf den „Gegenstand" und die „Grundlage" des Anspruchs ab. Der „Gegenstand" des Anspruchs bezeichne den Zweck der Klage; die „Grundlage" des Anspruchs umfasse den Sachverhalt und die Rechtsvorschrift, auf welche die Klage gestützt wird.

Welche Auswirkungen hat diese Differenzierung für Klagen wegen Verletzung oder auf Bestand eines Immaterialgüterrechts?[283] Bei strenger Anwendung des Territorialitätsprinzips, handelt es sich um zwei verschiedene Ansprüche, wenn zwei Schutzrechte parallel in verschiedenen Staaten verletzt werden. Um denselben Anspruch würde es sich nur handeln, wenn *dasselbe*

---

[278] Heute hätten die französischen Richter in *Herscovici v Karla* im Hinblick auf die Entscheidung *Tatry v Maciej Rataj* keine andere Wahl, als die bereits vor einem belgischen Gericht anhängige Klage von Herscovici gegen Karla nach Art. 21 abzuweisen. Für die Klage der ADAGP gegen Krizia, die keine Parteien im belgischen Verfahren waren, wäre das französische Gericht weiterhin zuständig. Vgl. *Fawcett/Torremans*, 181 f.

[279] *Tatry v Maciej Rataj*, EuGH, Rs. 406/92, Slg. 1994, 5439.

[280] Vgl. *Jacob J* in *Mecklermedia Corp and another v DC Congress GmbH* [1998] 1 All ER 148, 157: „But a mere licensee, a wholly different enterprise which happens to be working with the plaintiff, is simply not the same party." Vgl. 4. Kapitel A.II.2.e.

[281] *Hersovici v Société Karla,* [1992] ECC, 209.

[282] *Tatry v Maciej Rataj*, EuGH, Rs. 406/92, Slg. 1994, 5439, 38 ff. unter Berufung auf *Gubisch Maschinenfabrik v Palumbo*, EuGH, Rs. 144/86, Slg. 1987, 4861, 14 ff.

[283] Einen Überblick über verschiedene Fallkonstellationen geben *Fawcett/Torremans*, 178–182.

Schutzrecht in verschiedenen Staaten verletzt werden würde.[284] Wie ist zu entscheiden, wenn Klage wegen Verletzung von Schutzrechten in einem Vertragsstaat erhoben und in einem anderen Vertragsstaat auf Feststellung der Nichtigkeit dieser Rechte geklagt wird? Muß das zuletzt angerufene Gericht das Verfahren gemäß Art. 21 EuGVÜ aussetzen, weil die beiden Klagen auf denselben Zweck gerichtet sind?

Das Landgericht Düsseldorf hat in *Impfstoff I* einen bei ihm anhängigen Verletzungsprozeß gemäß Art. 21 Abs. 1 EuGVÜ bis zur Klärung der Zuständigkeit des von den Beklagten angerufenen belgischen Gerichts ausgesetzt.[285]

> Klägerin ist die Connaught Laboratories Inc. mit Sitz in den Vereinigten Staaten von Amerika. Sie nimmt die Beklagten, die als deutsche bzw. belgische Tochtergesellschaften zum SmithKline Beecham-Konzern gehören, aus dem deutschen Teil eines europäischen Patents auf Unterlassung, Rechnungslegung, Vernichtung, Entschädigung und Schadensersatz in Anspruch. Die Klage richtet sich gegen den Vertrieb eines Keuchhusten-Schutzimpfstoffes, der von der Beklagten zu 2 in Belgien hergestellt und nach Deutschland exportiert und von der Beklagten zu 1 im Bundesgebiet in Verkehr gebracht wird. Die Beklagte ist zusammen mit weiteren SmithKline Beecham-Gesellschaften Klägerin in einem Verfahren vor dem Tribunal de Premiere Instance in Brüssel. Gegenstand des Rechtsstreits ist die Nichtigerklärung desselben europäischen Patents für das Hoheitsgebiet des Königreichs Belgien sowie die Feststellung des Gerichts, daß keine der SmithKline Beecham-Gesellschaften das Klagepatent in einem der Benennungsstaaten verletzt.

Das Landgericht Düsseldorf vertritt die Auffassung, daß im deutschen und im belgischen Verfahren zwischen denselben Parteien über denselben Anspruch gestritten werde und das belgische Verfahren zwischenzeitlich vor dem deutschen Verfahren anhängig geworden sei. Folglich setzt es den bei ihm anhängigen Verletzungsprozeß gemäß Art. 21 Abs. 1 EuGVÜ aus, bis die Zuständigkeit des von den Beklagten angerufenen Tribunal de Premiere Instance geklärt ist.

Gegen diese Beurteilung legt die Klägerin Beschwerde ein. Das OLG Düsseldorf ist der Ansicht, die Beurteilung der Aussetzungsanordnung hänge von der Auslegung des Art. 21 EuGVÜ ab.[286] Deshalb setzt es das Beschwerdeverfahren aus, um eine Vorabentscheidung des EuGH einzuholen (*Impfstoff III*). Da die Streitparteien mittlerweile die vergleichsweise Beendigung des Rechtsstreits beschlossen haben, wird es nicht zu der erhofften Vorabentscheidung des EuGH kommen.[287] Das OLG Düsseldorf geht davon aus, daß

---

[284] Vgl. *LA Gear v Gerald Whelan* [1991] FSR 671, siehe unten 4. Kapitel, A.II.2.a.

[285] GRUR Int. 1998, 804.

[286] GRUR Int. 2000, 776–780.

[287] *Pitz*, GRUR Int. 2001, 32. Die erste Vorlagefrage bezieht sich auf den Zeitpunkt der Anhängigkeit eines Hilfsantrags. Das OLG möchte wissen, ob der in Art. 21 Abs.1 EuGVÜ verwendete Begriff „anhängig", im Falle eines vor einem Gericht verfolgten Hilfsantrags nach dem nationalen Recht des jeweiligen Vertragsstaates zu beurteilen ist, oder ob Art. 21 Abs. 1 EuGVÜ in solchen Fällen dahingehend auszulegen ist, dass ein solcher Hilfsantrag

der Hauptantrag des vor dem Tribunal de Premiere Instance geführten Verfahrens, der die Nichtigerklärung des belgischen Teils des Klagepatents zum Gegenstand habe, einen anderen Anspruch betreffe als die von der Klägerin angestrengte Verletzungsklage, die sich auf den deutschen Teil des Klagepatents stütze. Allein der Hilfsantrag, mit der die Klägerin die Feststellung des belgischen Gerichts begehre, daß die von ihnen vertriebenen Impfstoff-Präparate das Klagepatent nicht in der Bundesrepublik verletze, betreffe dieselbe Frage der Patentverletzung, die auch im Verletzungsprozeß vor dem Landgericht zu entscheiden sei.[288] Umstritten sei die Auslegung der in Art. 21 Abs. 1 EuGVÜ verwendeten Begriffe „anhängig", „Partei" und der in Art. 21 verankerte Zeitrang.[289]

Im Ergebnis steht das Territorialiätsprinzip der Anwendung des Art. 21 aus deutscher Sicht entgegen, wenn die Parteien über verschiedene Teile eines europäischen Bündelpatents streiten. Ähnlich dürfte die Sache im Urheberrecht liegen, zumal hier ein Schutzrecht in Frage steht, dessen Inhalt und Schranken in den Mitgliedstaaten unterschiedlich definiert werden.[290]

gg. Im Zusammenhang stehende Verfahren – Art. 22 EuGVÜ

Klagen stehen nach der Legaldefinition des Art. 22 Abs. 3 EuGVÜ im Zusammenhang, wenn zwischen ihnen eine so enge Beziehung gegeben ist, daß eine gemeinsame Verhandlung und Entscheidung geboten erscheint, um zu vermeiden, daß in getrennten Verfahren widersprechende Entscheidungen ergehen könnten. Zweck des Art. 22 EuGVÜ ist es, die Rechtspflege in den

---

unabhängig vom jeweiligen nationalen Recht erst dann als rechtshängig gilt, wenn die prozessuale Bedingung eintritt, unter die dieser Hilfsantrag gestellt ist. In der zweiten Vorlagefrage möchte das vorlegende OLG wissen, wer als Partei anzusehen ist, wenn der Kläger als Prozeßstandschafter aufgrund einer Prozeßführungsermächtigung des materiellen Rechtsinhabers dessen fremde Ansprüche im eigenen Namen geltend macht. Mit seiner dritten Vorlagefrage möchte das OLG wissen, ob der Zeitrang einer vom Kläger in Prozeßstandschaft für den Patentinhaber erhobenen Verletzungsklage erhalten bleibt, wenn das Klagepatent im Verlaufe des Rechtsstreits auf den Kläger übertragen wird, und dieser im Prozeß fortan nicht mehr fremde Ansprüche, sondern eigene Rechte als Patentinhaber geltend macht. Mit der vierten Vorlagefrage soll geklärt werden, ob der Zeitrang einer gegen den Patentinhaber erhobenen negativen Feststellungsklage, mit der geklärt werden soll, ob ein bestimmtes Produkt dessen Patent verletzt, fortgilt, wenn das Klagepatent während des Rechtsstreits übertragen und die negative Feststellungklage daraufhin gegen den neuen Patentinhaber gerichtet wird. Das OLG hatte sich darüber hinaus mit der Frage zu befassen, ob der landgerichtliche Aussetzungsbeschluß bereits deshalb aufzuheben sei, weil die negative Feststellungsklage in rechtsmißbräuchlicher Absicht erhoben wurde. Ausführlich zum Urteil *Pitz*, GRUR Int. 2001, 32–35, insbesondere zur rechtsmißbräuchlichen Erhebung einer negativen Feststellungsklage, vgl. dazu auch *Sepracor v Hoechst* 4. Kapitel A.II.2.j.

[288] GRUR Int. 2000, 776, 778.

[289] GRUR Int. 2000, 776, 778–780.

[290] Vgl. *Pitz*, GRUR Int. 2001, 32, 35 zur Verletzung von Patenten, die nicht unter das EPÜ fallen.

Vertragsstaaten zu koordinieren.[291] Deshalb muß der Begriff des „Sachzusammenhangs" weit ausgelegt werden. Er erfaßt alle Fälle, in denen die Gefahr einander widersprechender Entscheidungen besteht, selbst wenn die Entscheidungen getrennt vollstreckt werden können und sich ihre Rechtsfolgen nicht gegenseitig ausschließen.[292] Identität des Streitgegenstands oder Identität der Parteien setzt Art. 22 nicht voraus.[293] Einander widersprechende Entscheidungen sind zu erwarten, wenn die Verletzungsklage in einem anderen Vertragsstaat mit einer Nichtigkeitsklage attackiert wird oder wenn über urheberrechtliche Ansprüche hinaus wettbewerbsrechtliche Ansprüche geltend gemacht werden. In diesen Fällen kann das später angerufene Gericht nach eigenem Ermessen das Verfahren aussetzen (Art. 22 Abs. 1 EuGVÜ) oder sich auf Antrag einer Partei für unzuständig erklären, wenn das zuerst angerufene Gericht für beide Klagen zuständig ist (Art. 22 Abs. 2 EuGVÜ).[294]

Ob die parallele Verletzung von Schutzrechten in mehreren Ländern zur Begründung des Gerichtsstands des Sachzusammenhangs ausreicht, hängt vom Grad der Rechtsvereinheitlichung ab.[295] Voraussetzung ist allerdings, daß das zuerst angerufene Gericht für beide Klagen international zuständig ist.[296] Es steht dann im Ermessen des später angerufenen Gerichts, ob es den Rechtsstreit im Hinblick auf den früheren Rechtsstreit aussetzt, wobei ein deutsches Gericht die zu § 148 ZPO entwickelten Grundsätze heranziehen wird, weil die Aussetzung insoweit in Art. 22 Abs. 1 EuGVÜ nicht näher geregelt ist.[297] Danach sind bei der Ermessensentscheidung die betroffenen Interessen beider Parteien gegeneinander abzuwägen.

---

[291] *Kropholler*, EZPR, Art. 22 Rn. 3; *Fawcett/Torremans*, 183.

[292] *Tatry v Maciej Rataj*, EuGH, Rs. 406/92, Slg. 1994, 5439; *Sarrio SA v Kuwait Investment Authority* [1997] 3 WLR 1143, 1147 (HL).

[293] *Stauder* GRUR Int. 1976, 465, 476.

[294] Der Pariser Tribunal de Grande Instance hält in *Hersovici v Société Karla*, [1992] ECC, 209, den Zusammenhang zwischen einer in Belgien und einer in Frankreich erhobenen Klage für nicht eng genug im Sinne des Art. 22 Abs. 3 EuGVÜ. Im belgischen Verfahren ging es um die Verletzung eines Urheberrechts in Belgien, im französischen Verfahren ging es um die Verletzung eines Urheberrechts in Frankreich. Vgl. auch *Mecklermedia v DC Congress*, unten 4. Kapitel A.II.2.e.

[295] Vgl. *Stauder* GRUR Int. 1976, 465, 477. Zum Stand der Rechtsvereinheitlichung innerhalb der EU oben 2. Kapitel III.

[296] *Stauder* GRUR Int. 1976, 465, 477. Insofern ist auf die Ausführungen zu Art. 5 Nr. 3 und Art. 6 Nr. 1 EuGVÜ zu verweisen, soeben bb. und cc.

[297] *Grabinski*, GRUR Int. 2001, 199, 211. *Grabinski* geht davon aus, daß eine Aussetzung des Verfahrens in der Regel nicht in Betracht komme, wenn anderenfalls der geltend gemachte Unterlassungsanspruch unter Berücksichtigung der in dem anderen Verfahren zu erwartenden Verfahrensdauer und der Restlaufzeit des Patents nicht mehr durchgesetzt werden könne (mit Hinweis auf LG Düsseldorf, GRUR Int. 1998, 803, 804 – *Kondensatorspeicherzellen*; OLG Düsseldorf, Urt. v. 29.6.2000 – 2 U 76/99, Umdruck, S. 20 f.)

hh. Einstweilige Maßnahmen – Art. 24 EuGVÜ

(1) Anwendungsbereich

Art. 24 EuGVÜ ist nur anwendbar, wenn der Schuldner seinen Wohnsitz in einem Vertragsstaat hat. Aus Art. 2 und 4 Abs. 1 EuGVÜ folgt, daß sich die Zuständigkeit sonst allein aus nationalem Recht ergibt.[298] Wie im Hauptsacheverfahren wird der sachliche Anwendungsbereich in Art. 1 EuGVÜ umschrieben.[299]

Einstweilige Maßnahmen im Sinne des Art. 24 EuGVÜ sind solche, „die auf in den Anwendungsbereich des Übereinkommens fallenden Rechtsgebieten ergehen und eine Sach- oder Rechtslage erhalten sollen, um Rechte zu sichern, deren Anerkennung im übrigen bei dem in der Hauptsache zuständigen Gericht beantragt wird."[300] Von diesem Begriff erfasst werden auch die deutsche einstweilige Verfügung nach § 935 ZPO und die englische interlocutory injunction.[301]

Fraglich ist dagegen, ob das summarische Verfahren des kort geding eine einstweilige Maßnahme im Sinne des Art. 24 EuGVÜ ist,[302] die nach den Vorschriften der Art. 26-30 EuGVÜ in den anderen Vertragsstaaten anerkannt werden muß. In *Van Uden v Deco-Line*[303] stellte Generalanwalt Léger fest,

---

[298] *Kropholler*, EZPR, Art. 24 Rn. 2; Bei der Umsetzung des EuGVÜ hat das Vereinigte Königreich auf diese Voraussetzung verzichtet. Selbst wenn der Beklagte seinen Wohnsitz nicht in einem Vertragsstaat hat, kann sich ein englisches Gericht auf Antrag des Klägers für zuständig erklären. Vgl. Order 11 rule 1 (1) (b), *Mercedes Benz AG v Leiduck* [1995] 3 WLR 718, 732.

[299] *De Cavel v De Cavel*, (Nr. 1) EuGH 27.3.1979 Rs. 143/78, Slg. 1979, 1055, 1067.

[300] *Reichert v Dresdner Bank*, EuGH, Rs. 261/90, Slg. 1992, 2149, zur „saisie conservatoire" nach französischem Recht: „Measures which [...] are intended to maintain a legal or factual situation in order to safeguard rights an application for the recognition of which has been made to the court with jurisdiction as to the substance of the matter."

[301] *Albrecht*, Das EuGVÜ und der einstweilige Rechtsschutz in England und in der Bundesrepublik Deutschland; *Eilers*, Maßnahmen des einstweiligen Rechtsschutzes im europäischen Zivilrechtsverkehr, 5 ff.; *Heiss*, Einstweiliger Rechtsschutz im europäischen Zivilrechtsverkehr, 68 ff.

[302] Zur Frage, ob das kort geding als einstweilige Maßnahme i.S.d. Art. 50 TRIPs anzusehen ist, *Hermès v FHT*, EuGH Rs. 53/96, Slg. 1998, 3603. Der EuGH unterscheidet folgende Merkmale einer einstweiligen Maßnahme i.S.d. Art. 50 TRIPs:
-   die Maßnahme wird im innerstaatlichen Recht als „sofortige einstweilige Maßnahme" bezeichnet; ihr Erlaß muß „aus Gründen der Dringlichkeit" erforderlich sein;
-   die gegnerische Partei wird geladen und, wenn sie erscheint, gehört;
-   der Richter des vorläufigen Rechtsschutzes erläßt nach Sachprüfung eine schriftliche, mit Gründen versehene Entscheidung;
-   diese Entscheidung kann mit der Berufung angefochten werden und
-   obwohl die Parteien die Möglichkeit haben, anschließend ein Verfahren zur Hauptsache einzuleiten, behandeln sie diese Entscheidung im allgemeinen als endgültig.

[303] EuGH, Rs. 391/95, Slg. 1998, 7091 = [1999] 2 WLR 1181 = [1999] All ER (EC) 258 = [1999] 1 All ER (Comm) 385 und *Hooge Raad* 8.12.1995, NJ 1999, 339. Van Uden ist ein niederländisches Unternehmen, das Frachtraum von Schiffen an das deutsche Unternehmen

daß es sich bei Entscheidungen des kort-geding-Verfahrens durchaus um einstweilige Maßnahmen im Sinne des Art. 24 EuGVÜ handeln könne.[304] Voraussetzung sei jedoch, daß dem Antragsgegener rechtliches Gehör gewährt werde. Bei einer im kort geding ergangenen Entscheidung handele es sich nicht um eine res iudicata. Ihren endgültigen Charakter erhalte eine solche Entscheidung, wenn überhaupt, nur, weil die Parteien es so wollten und keine weiteren Schritte einleiteten. Da im vorliegenden Fall beide Parteien angehört worden seien, sei die Entscheidung als einstweilige Maßnahme im Sinne von Art. 24 EuGVÜ zu interpretieren. Getreu der dem EuGVÜ zugrundeliegenden Maxime „free movement of judgements", sei die niederländische Verfügung überall auf dem gemeinsamen Markt anzuerkennen und zu vollstrecken. Der EuGH kommt zu dem Schluß: „Interim payment of a contractual consideration does not constitute a provisional measure within the meaning of art 24 of the convention unless, first, repayment to the defendant of the sum awarded is guaranteed if the plaintiff is unsuccessful as regards the substance of his claim and, second, the measure sought relates only to specific assets of the defendant located or to be located within the confines of the territorial jurisdiction of the court to which application is made."

Da der EuGH jedoch keine generelle Regel über die Einordnung von kort-geding-Entscheidungen als einstweilige Maßnahmen aufstellen will, läßt sich die Van-Uden-Entscheidung nicht ohne weiteres auf Immaterialgüterrechtsverletzungen übertragen.[305] Wie zu verfahren ist, wenn aus Anlaß einer Urheberrechtsverletzung eine Unterlassungsverfügung im kort-geding-Verfahren beantragt wird, ist weiterhin unklar.[306]

Deco-Line vermietete. Die Parteien trafen eine Schiedsgerichtsvereinbarung. Van Uden macht vertragliche Ansprüche gegen Deco-Line geltend und leitet ein Schiedsgerichtsverfahren ein. Außerdem beantragt Van Uden eine einstweilige Verfügung vor einem Rotterdamer Gericht. Ungeachtet der Schiedsgerichtsvereinbarung stützt das Gericht seine Zuständigkeit auf Art. 24 EuGVÜ. Nach erfolgreicher Berufung von Deco-Line kommt der Fall zum Hoge Raad, der dem EuGH u.a die Frage vorlegt, ob ein Gericht gemäß Art. 24 auch dann zuständig ist, wenn das Hauptsacheverfahren von einer Schiedsgerichtsvereinbarung beherrscht wird.

[304] Nr. 107 in Anlehnung an *Reichert v Dresdner Bank,* EuGH, Rs. 261/90, Slg. 1992, 2149.

[305] *Grosheide,* GRUR Int. 2000, 310, 319.

[306] In *Mietz v Intership Yachting Sneek BV* (EuGH, Rs. 99/96, Slg. 1999, 2277) hat der Bundesgerichtshof dem EuGH folgende Frage vorgelegt: „Stellt die durch Art. 289–297 der niederländischen Zivilprozeßordnung eingeräumte Möglichkeit, ein auf Vertrag gestütztes Zahlungsurteil durch einen Antrag auf einen vorläufigen Beschluß im Wege eines summarischen Verfahrens (kort geding) zu erhalten, eine einstweilige Maßnahme i.S.d. Art. 24 des Brüsseler Übereinkommens dar?" Der BGH befürchtet, daß die *kort-geding*-Verfahren die Hauptsacheverfahren auf Dauer obsolet werden lassen und die Zuständigkeitsregeln des EuGVÜ umgangen werden. Der EuGH wiederholt im wesentlichen seine Ausführungen in *Van Uden* und trifft keine Aussage zur Natur und zu den prozessualen Voraussetzungen des kort geding-Verfahrens. Wohl als erstes Gericht überhaupt hat der Pariser *Cours d'Appel* eine im *kort-geding*-Verfahren erlassene grenzüberschreitende einstweilige Verfügung mit imma-

(2) Regelungsgehalt

Nach Art. 24 EuGVÜ können nur solche einstweiligen Maßnahmen beantragt werden, die in dem Recht eines Vertragsstaats vorgesehen sind. Unabhängig von der im EuGVÜ geregelten Hauptsachezuständigkeit entscheidet demnach das autonome Recht der Vertragsstaaten über die Eilzuständigkeit.[307] Allerdings werden die Zuständigkeitsregeln des EuGVÜ (Art. 2 ff. EuGVÜ) durch die nationalen Gerichtsstandsregeln nicht verdrängt.[308] Vielmehr hat der Kläger die Wahl zwischen einem nach dem EuGVÜ oder einem nach nationalem Verfahrensrecht zuständigen Gericht.[309]

(3) Eilzuständigkeit bei Anhängigkeit des Hauptsacheverfahrens

Ist die Hauptsache bereits anhängig, ist eine einstweilige Maßnahme in einem anderen Vertragsstaat nicht gesperrt, da Art. 24 EuGVÜ die Zuständigkeit für eine einstweilige Maßnahme nicht an die Zuständigkeit für die Hauptsache koppelt. Verlangt wird insoweit nur, daß das Eilverfahren das Hauptverfahren nicht behindert, sondern unterstützt.[310] Im Extremfall kann ein Gericht für einstweilige Maßnahmen auch dann zuständig sein, wenn es im Hauptsacheverfahren nicht zuständig wäre, vorausgesetzt ein Hauptsacheverfahren in einem anderen Vertragsstaat ist bereits anhängig.[311]

---

terialgüterrechtlichem Gehalt anerkannt (28.1.1994, 1994 BIE Nr. 111, 395 – *Braillecellen II*, mit Anm. *Verkade*).

[307] Vgl. aus deutscher Sicht: *Albrecht*, 110 ff.; *Kropholler*, EZPR, Art. 24 Rn. 6; *Schack*, IZVR, 166. Aus englischer Sicht: *Wadlow* [1985] 10 ELR 305; *Arnold* [1990] 7 EIPR, 254.

[308] Vgl. *Kropholler*, EZPR, Art. 24 Rn. 1: „Denn es zeigt sich allenthalben, daß der vorläufige Rechtsschutz in Fällen mit Berührung zu einem anderen EG-Staat nicht gut unabhängig von der Zuständigkeits- und Anerkennungsordnung des Übereinkommens gesehen werden kann."

[309] *Hausmann*, IPRax 1981, 80.

[310] Selbst wenn ein Gericht nach Art. 21 oder 22 EuGVÜ das Verfahren aussetzt oder sich für unzuständig erklärt, bleibt seine Zuständigkeit für einstweilige Maßnahmen erhalten. Art. 21 steht im übrigen auch nicht der gleichzeitigen Beantragung einstweiliger Maßnahmen in verschiedenen Vertragsstaaten entgegen. Vgl. aus deutscher Sicht: *Kropholler*, EZPR, Art. 21 Rn. 11 und Art. 24 Rn. 7 m.w.N. Aus englischer Sicht: *Lord Mustill in Channel Tunnel Group Ltd v Balfour Beatty Construction Ltd* [1993] AC 334, 365: „The (English) Court does not engage itself at all in the resolution of the dispute, but merely seeks to make the resolution of the dispute by the foreign court more effective. It is a free-standing item of ancillary relief". Vgl. auch *Wadlow*, 147: „Article 24 is not free-standing; it presupposes the existence of proceedings on the merits, presumably in another court and probably in another contracting state, and its purpose is to support them, not to preempt their result or frustrate their continuation."

[311] *Kitechnology BV and others v Unicor GmbH Plastmaschinen and others* [1995] FSR 765. In der Entscheidung geht es um „breach of confidence". In der immaterialgüterrechtlichen Praxis ist dieser Fall noch nicht vorgekommen. Sowohl deutsche als auch englische Gerichte haben ihre Zuständigkeit im einstweiligen Verfügungsverfahren für Klagen wegen Urheberrechtsverletzungen nur angenommen, wenn sie ihre Zuständigkeit im Hauptsachever-

(4) Eilzuständigkeit ohne anhängiges Hauptsacheverfahren

Auch wenn die Hauptsache noch nicht anhängig ist, kann grundsätzlich ein einstweiliges Verfügungsverfahren durchgeführt werden. Allerdings stellt sich die Frage, ob auch solche einstweiligen Verfügungsverfahren zulässig sind, denen kein Hauptsacheverfahren folgt. In *Denilauler v Couchet* hat der EuGH die Pflicht der Gerichte zur „behutsamen" Begründung ihrer Zuständigkeit in einstweiligen Verfügungsverfahren betont. Durch Verknüpfung mit dem Hauptsacheverfahren müsse der vorläufige Charakter der einstweiligen Maßnahme gewahrt werden.[312]

Eine solche Verknüpfung mit dem Hauptsacheverfahren fehlt zum Beispiel im niederländischen einstweiligen Verfügungsverfahren des kort geding.[313] Ergeht eine Entscheidung im kort-geding-Verfahren ist die Streitigkeit häufig beigelegt.[314] In diesem Fall dient die Entscheidung nicht der Unterstützung des Hauptsacheverfahrens. Sie ist vielmehr Selbstzweck. Brinkhof verlangt eine Garantie dafür, daß ein normales Verfahren eingeleitet wird, da ansonsten keine Eilzuständigkeit gemäß Art. 24 EuGVÜ begründet werden dürfe, die dem Richter mehr Kompetenzen zugestehe als im Hauptsacheverfahren.[315] Generalanwalt Léger schwächt diese Forderung in seiner Stellungnahme zum *Van Uden*-Fall ab und meint, daß nach nationalem Recht zumindest die *Möglichkeit* eines Hauptsacheverfahrens bestehen müsse.[316] Nach Ansicht des EuGH könne Art. 24 die Zuständigkeit selbst bei Bestehen einer Schiedsgerichtsklausel begründen. Voraussetzung sei allerdings, daß sich die einstweiligen Maßnahmen auf Angelegenheiten beziehe, die im sachlichen Anwendungsbereich des Art. 1 EuGVÜ lägen. Der Erlaß einer einstweiligen Maßnahme auf Grundlage von Art. 24 sei u.a. davon abhängig, daß eine wirkliche Verbindung zwischen der von den beantragten Maßnahmen betroffenen An-

---

fahren auch nach den Gerichtsstandsregeln des EuGVÜ oder nach internen Zuständigkeitsregelungen hätten begründen können. Vgl. die Fallkonstellationen bei *Fawcett/Torremans*, 217.

[312] EuGH 21.5.1980, Rs. 125/79, Slg.1980, 1553. Zweifelhaft ist, ob diese Entscheidung allgemeine Geltung beanspruchen kann, weil sie sich auf den Fall der Erteilung einer Genehmigung des dinglichen Arrests über ein Bankguthaben bezieht, ohne daß derjenige, gegen den sich die Maßnahme richtete, gehört worden wäre. Vgl. *Brinkhof*, GRUR Int. 1997, 489, 493.

[313] Zum kort-geding-Verfahren soeben (1).

[314] So z.B. im Markenrechtsfall *Interlas v Lincoln*, Hoge Raad, 24.11.1989, NJ 1992, Nr. 404, 1597 und im Patentrechtsfall *Philips v Hemogram*, President Rechtbank Den Haag 30.12.1991, BIE 1992, 323, Nr. 80, IER 1992, 76, Nr. 17.

[315] *Brinkhof*, GRUR Int. 1997, 489, 493; ders., [1994] 8 EIPR 360, 363–364. *Brinkhof* (GRUR, Int. 1997, 489, 493) hat die Situation in Patentfällen im Blick: „Hinsichtlich ausländischer Patente hat das niederländische Gericht dagegen nicht die Kompetenz, das Patent für nichtig zu erklären. Ist es dann angemessen, daß der niederländische Richter im einstweiligen Verfügungsverfahren eine Prognose bezüglich der Chance, daß das ausländische Patent für nichtig erklärt wird, abgibt?"

[316] Stellungnahme des Generalanwalts *Léger* in *Van Uden v Kommanditgesellschaft in Firma Deco-Lino*, Rs. 391/95, Slg. 1998, 7091, Nr. 124–136.

gelegenheit und der territorialen Zuständigkeit des Vertragsstaates besteht, in dem das entscheidende Gericht seinen Sitz hat.[317] Nationale Gerichte sind demnach auch dann für Eilverfahren zuständig, wenn ein Hauptsacheverfahren noch nicht anhängig ist, aber die Möglichkeit besteht, ein solches alsbald einzuleiten.[318]

Im Falle einer Urheberrechtsverletzung ist die Option, ein Eilverfahren durchführen zu können ohne ein Hauptsacheverfahren anstrengen zu müssen, sogar willkommen. Häufig wird durch ein vorläufig ausgesprochenes Verletzungsverbot die Streitigkeit schon abschließend beigelegt. Umso dringender stellt sich die Frage, ob sich die in *Van Uden* ausgesprochene Forderung nach der Existenz einer wirklichen Verbindung zwischen Streitgegenstand und territorialer Zuständigkeit auf Unterlassungsverfügungen im Urheberrecht übertragen läßt. Da sich die *Van Uden*-Entscheidung nur auf Zahlung einer Geldsumme bezieht, bleibt abzuwarten, ob das Kriterium der „wirklichen Verbindung" den nationalen Gerichten künftig auch bei Unterlassungsverfügungen einen Ermessensspielraum eröffnen wird. Nur so viel kann man sagen: Der Richter muß auf die Besonderheiten des Falles und die einschlägigen Handelsgebräuche flexibel reagieren können. Das erfordert besondere Sorgfalt und detaillierte Kenntnisse des Sachverhalts, die am ehesten die Gerichte des Ortes haben, an dem die einstweilige Maßnahme ihre Wirkung enfalten soll.[319]

---

[317] EuGH 17.11.1998 Rs. 391/95. Vgl. auch *Schlosser* Bericht, Abl. 53.1979 Nr. C-59, 111. „No doubt Article 24 is applicable when courts have an application for provisional protective measures before them, even if their decision has, in practice, final effect."

[318] Ist die Hauptsache noch nicht anhängig, fragt sich, ob man die Hauptsachezuständigkeit nach den Gerichtsstandsregeln des EuGVÜ oder gemäß den nationalen Rechtsvorschriften oder gar wahlweise nach einer der beiden Rechtsordnungen bestimmen soll. Zur Streitfrage: *Schack*, IZVR, 166 f.; *Kropholler*, EZPR, Art. 24 Rn. 8–10 m.w.N. Auf diese Streitfrage käme es nur an, wenn sich die Gerichte auf exorbitante Zuständigkeiten stützen würden, die gemäß Art. 3 Abs. 2 EuGVÜ im Hauptsacheverfahren verboten sind. [So gibt es in Deutschland (§ 23 ZPO, § 942 Abs. 1) den besonderen Gerichtsstand des Vermögens, den das EuGVÜ nicht zuläßt.] Da das einstweilige Verfahren wegen Urheberrechtsverletzungen nicht auf vermögensrechtliche Ansprüche gerichtet ist, sondern in erster Linie auf Unterlassung, kommt der besondere Gerichtsstand des Vermögens gar nicht erst in Betracht, so daß in der Frage der Hauptsachezuständigkeit keine Diskrepanz zwischen nationalem Recht und EuGVÜ besteht.

[319] *Grosheide*, GRUR Int 2000, 310, 319–320 in Anlehnung an *Salerno*, in: *von Hoffmann* (Hrsg.), European Private International Law, 115, 140–141.

c. Eingrenzung

Sind mehrere Urheberrechtsverletzungen weltweit lokalisiert worden,[320] stellt sich die Frage, wie die Zahl der Gerichtsstände auf eine überschaubare Größe reduziert werden kann.[321] Die Zulässigkeit mehrerer Gerichtsstände eröffnet dem Kläger die Möglichkeit des forum shopping.[322] So vorteilhaft diese Situation für den Kläger sein mag, so problematisch ist sie für den Beklagten, der nun überall mit einer Klage rechnen muß.[323] In der Praxis reduziert sich die Wahl in aller Regel auf solche Gerichtsstände, an denen der Beklagte über vollstreckungstaugliches Vermögen verfügt, und auf den Gerichtsstand am Sitz des Klägers, vorausgesetzt dass ein dort ergehendes Urteil andernorts anerkennungsfähig und vollstreckbar ist.[324]

Die vom EuGH in *Shevill* entwickelten Kriterien zur Beschränkung der Kognitionsbefugnis lassen sich nicht auf Urheberrechtsverletzungen übertragen.[325] Im internationalen Schrifttum finden sich weitere Vorschläge zur Eingrenzung der Gerichtsstände.[326] Einige Autoren stellen auf den Wohnsitz des Urhebers ab (aa.). Andere plädieren für eine Konzentration der Zuständigkeit (bb.) oder verweisen auf Zuständigkeits- und Schiedsvereinbarungen (cc.). Schließlich werden Ermessensentscheidungen im Einzelfall erwogen (dd.) und (ee.).

aa. Forum auctoris

Angesichts der Schwierigkeit, einen Handlungsschwerpunkt bei digitalen Übertragungen zu ermitteln, favorisieren manche Autoren ausschließlich den Klägergerichtsstand.[327] Danach kann der Rechtsinhaber Klage an seinem

---

[320] Zur Lokalisierung oben 3. Kapitel II.2.

[321] *Ginsburg,* Recueil, 282: „The copyright owner's goal in pursuing an infringement action is to bring as many parties and claims as possible before a single forum." Die Eingrenzung liegt auch im Interesse des Verletzers, der einer Vielzahl von Klagen an verschiedenen Orten aus dem Weg gehen möchte.

[322] Zum *forum shopping Hartwieg,* JZ 51 (1996), 109–118, m.w.N. in Fn. 14.

[323] Wird das Internet zur Übermittlung eingesetzt, ist sogar eine weltweite internationale Zuständigkeit möglich. *Schack,* JZ 1998, 753, 762. Bei der Wahl des Gerichtsstandes geben verschiedene prozessuale, materiellrechtliche, kollisionsrechtliche und persönliche Kriterien den Ausschlag. Vgl. *Perkins/Mills:* Patent Infringement and Forum Shopping in the European Union, [1996] 20 Fordham Int. L. J. 549 ff.

[324] *Schack,* MMR 2000, 135, 139.

[325] Soeben III.2.b.bb.(3).

[326] Eine Regel, die die internationale Zuständigkeit nur den Gerichten des Staates eröffnet, dessen Recht in der Hauptsache anwendbar ist (Gleichlauf), brächte im internationalen Immaterialgüterrecht nichts ein, weil zuständigkeitsbegründender Tatort und anwendbares Recht fast immer übereinstimmen. *Schack,* MMR 2000, 135, 138.

[327] *Ginsburg/Gauthier,* Celestial Jukebox, 85 f.; *Intveen,* Internationales Urheberrecht, 134–141.; *Kubis,* 162 ff., stellt nicht nur auf den Wohnsitz des Opfers, sondern auch auf das Hauptverbreitungsgebiet und das „körperliche Tätigwerden" des Verletzers ab.

Wohnsitz erheben, wenn Rundfunksendungen dort empfangen oder Vervielfältigungsstücke dort abgerufen worden sind. Gerechtfertigt wird dieser Vorschlag damit, daß der Urheber an seinem Wohnsitz einfach und effizient gerichtlichen Schutz in Anspruch nehmen könne. Ein Klägergerichtsstand wird
angesichts der globalen Wirkung von Verletzungshandlungen via Internet
ausnahmsweise mit dem fragwürdigen Argument in Kauf genommen, daß
derjenige, der seinen vertrauten Rechtsraum verlasse, auch mit möglichen
negativen Folgen dieser Entscheidung rechnen müsse, insbesondere mit einer
Klage vor einem ihm unbekannten Gerichtsstand.[328] Selbst wenn man dieser
Argumentation folgen würde, bleibt die Frage, warum der Schädiger *ausschließlich* am Wohnsitz des Klägers verklagt werden soll. Das System der
internationalen Zuständigkeit, das auf dem Vorrang des Beklagtengerichts-
standes beruht, wird durch einen ausschließlichen Klägergerichtsstand unterlaufen.[329] Richtigerweise wird ein forum auctoris deshalb grundsätzlich nicht
von den Gerichten anerkannt.[330]

bb. Konzentration der Zuständigkeit

Alternativ kommt eine europa- oder weltweite Bündelung von Urheberrechtsstreitigkeiten bei einem Gericht in Frage.[331] Im Patentrecht ist der erste Schritt
in Richtung Bündelung bereits getan.[332] Dem deutschen Recht ist dieser Ge-

---

[328] *Ginsburg,* Recueil, 311; *Intveen,* 139.

[329] *Stauder,* GRUR Int. 1976, 465, 474.

[330] Vgl. *Réunion européenne v Spliethoff's Bevrachtingskantoor,* EuGH, Rs. 51/97, Slg.
1998, 6511, 29, 34; *Marinari v Lloyd's Bank,* EuGH, Rs. 364/93, Slg. 1995, 2719, 13; *Dumez
France v. Hessische Landesbank,* EuGH, Rs. 220/88, Slg. 1990, 49, 16 f., 19.

[331] *Adams,* in: *Rickett/Austin,* 251, 264. Denkbar, aber wegen des Souveränitätsverlusts
unrealistisch ist auch ein staatlicher Zuständigkeitsverzicht. Zum Zuständigkeitsverzicht einzelner US-Bundesstaaten: *Kuner,* CR 1996, 453, 457.

[332] Vgl. das im Sommer 2000 verabschiedete „Protocol Under the European Patent Convention on the Settlement of Litigation Concerning European Patents". Dazu *Blumer,* WIPO
Forum, 19; *Addor/Luginbuehl,* [2000] EIPR, S-1–S-12, S-4: „The main elements of the proposed system are: 1. The creation of a European Patent Judiciary (EPJ), *comprising a common court of first instance,* a common second instance court and a Registry. 2. The EPJ
should deal jointly with *both infringement and validity* of European patents, including sanctions and injunctive relief. 3. The jurisdiction of the EPJ should in principle be *exclusive.* 4.
Decisions revoking the European patent wholly or in part should take effect *erga omnes* in all
EPLP [European Patent Litigation Protocol] countries, whereas decisions on infringement
would only take effect inter partes. Enforcement will have to be carried out by national authorities. 5. The main features of the organisation of the EPJ (including the number and qualifi-
cations of the judges) will have to be described in the EPLP, but the practical organisation of
the work will best be left to the courts themselves. The common first instance court must have
a local presence. 6. The main principles of *procedural law* must be set out in the EPLP, but
the more detailed rules of precedure and the practical organisation of the proceedings will
have to be laid down in separate court rules."

danke nicht unbekannt.[333] § 105 UrhG ermächtigt die Landesregierungen zur Konzentration der Zuständigkeit.[334] Ein erster Schritt wäre, die örtliche Zuständigkeit gemäß § 32 ZPO von 25 auf zwei oder drei erstinstanzlich zuständige Landgerichte und entsprechende Kammern zu konzentrieren.[335]

cc. Zuständigkeits- und Schiedsvereinbarungen

Eine weitere Möglichkeit, die universelle Zuständigkeit zu begrenzen, sind Zuständigkeits- und Schiedsvereinbarungen,[336] die jedoch bei außervertraglichen Schuldverhältnissen von untergeordneter Bedeutung sein dürften.[337] Die Schlichtungs- und Schiedsgerichtsordnungen der WIPO enthalten detaillierte Regeln, durch die für die Beteiligten ein einigermaßen vorhersehbares Verfahren gewährleistet wird, ohne daß es darauf ankommt, wo das Verfahren stattfindet.[338] Sie sind im Grundsatz beschränkt auf Streitigkeiten des

---

[333] Schon das LG Düsseldorf hat 1966 festgestellt: „Streitigkeiten über die Verletzung ausländischer Schutzrechte sind in der Regel noch schwieriger zu entscheiden als Streitigkeiten über inländische Schutzrechte und erfordern daher in noch stärkerem Maße eine Konzentration bei wenigen sachkundigen Gerichten." (GRUR Int. 1968, 101, 102 – *Frauenthermometer*).

[334] Die Länder haben von dieser Ermächtigung überwiegend Gebrauch gemacht, *Schrikker-Wild*, § 105 UrhG, Rn. 3. Vgl. BT-Drucksache 4/270 S. 106, rechte Spalte zu § 105: „Eine einwandfreie Rechtsprechung auf dem Gebiet des Urheberrechts setzt Erfahrungen voraus, die das erkennende Gericht nur gewinnen kann, wenn es ständig mit Rechtsstreitigkeiten dieser Art befaßt ist." (Zitiert nach *Thum*, GRUR Int. 2001, 9, 27).

[335] *Thum*, GRUR Int. 2001, 9, 27.

[336] Zur Rolle der Alternative Dispute Resolution im Electronic Commerce: *Perritt*, WIPO Forum.

[337] *Bühler*, 373; *Kuner*, CR 1996, 453, 457. Einen Überblick über Immaterialgüterrechte und alternative Streitschlichtungsverfahren gibt *Plant*, Resolving Intellectual Property Disputes, 11 ff. Vgl. Art. 4 des Haager Entwurfs eines weltweiten Gerichtsstands-, Anerkennungs- und Vollstreckungsübereinkommens; working document 230; abrufbar im Internet unter <http://www.hcch.net/e/workprog/jdgm.html>: „Article 4 [Choice of court] 1. If the parties have agreed that a court or courts of a Contracting State shall have jurisdiction to settle any dispute which has arisen or may arise in connection with a particular legal relationship, that court or those courts shall have jurisdiction, and that jurisdiction shall be exclusive unless the parties have agreed otherwise. Where an agreement having exclusive effect designates a court or courts of a non-Contracting State, courts in Contracting States shall decline jurisdiction or suspend proceedings unless the court or courts chosen have themselves declined jurisdiction. 2. An agreement within the meaning of paragraph 1 shall be valid as to form, if it was entered into or confirmed - in writing; by any other means of communication which renders information accessible so as to be usable for subsequent reference; in accordance with a usage which is regularly observed by the parties; in accordance with a usage of which the parties were or ought to have been aware and which is regularly observed by parties to contracts of the same nature in the particular trade or commerce concerned. 3. Agreements conferring jurisdiction and similar clauses in trust instruments shall be without effect if they conflict with the provisions of Article 7, 8 or 12."

[338] WIPO Arbitration Rules (WAR), WIPO Expedited Arbitration Rules (WEAR), WIPO Mediation Rules (WMR), WIPO-Rules, WIPO Publication Nr. 446 (E), WIPO/Genf 1994,

gewerblichen Rechtsschutzes.[339] Allerdings ist es für die Zuständigkeit und Anwendbarkeit der Regeln unerheblich, ob im Einzelfall tatsächlich eine Streitigkeit des gewerblichen Rechtsschutzes vorliegt. Maßgeblich ist allein die WIPO Schieds- bzw. Schlichtungsklausel.[340] Das WIPO Arbitration and Mediation Center entwickelt zur Zeit ein auf dem Internet beruhendes Online-System für die Behandlung von domain-name-Streitigkeiten und plant eine Ausweitung der von ihr bereitgestellten Online-Arbitrage-Dienste auf andere Arten von Streitigkeiten über geistiges Eigentum.[341] Es spricht nichts dagegen, auch Urheberrechtsstreitigkeiten vor einem Schiedsgericht zu entscheiden.[342]

Fraglich ist, ob staatliche Gerichte Entscheidungen von Online-Schiedsrichtern anerkennen und vollstrecken werden, insbesondere dann, wenn die Autorität des Schiedsrichters auf obligatorischen Schiedsklauseln beruht und es sich bei der Partei gegen die vollstreckt werden soll um einen einfachen Nutzer handelt. Gemäß Art. V des New Yorker Übereinkommens vom 10. Juni 1958 darf die Anerkennung und Vollstreckung eines Schiedsspruchs nur versagt werden, wenn er öffentlichen Interessen widerspricht.[343] Das New Yorker Übereinkommen verlangt von den Schiedsrichtern nicht die Anwendung eines speziellen nationalen Rechts oder nationaler Rechte. Man kann deshalb wohl davon ausgehen, daß nationale Gerichte auch Schiedssprüche, die auf supranationalem Recht beruhen, vollstrecken werden.[344]

dd. Forum non conveniens

Als Korrektiv einer weitgefaßten staatlichen Zuständigkeitsregelung bei Streudelikten bietet sich die anglo-amerikanische Doktrin des forum non conveniens an.[345] Mit ihrer Hilfe läßt sich der Streit über die Zuständigkeit einem Ergebnis zuführen, das den Interessen der Parteien gerecht wird.[346]

<http://www.wipo.org>. Auch die Amended International Rules der American Arbitration Association hat die Handhabung von immaterialgüterrechtlichen Streitigkeiten verbessert, vgl. *Benton/Schmidtberger,* Intellectual Property Disputes Under the Amended AAA International Rules, IBL 1998, 359–363.

[339] Zur bisherigen Spruchpraxis *Renck,* WIPO Arbitration and Mediation Center, MMR 2000, 586–591. Ein Beispiel zur Registrierung von domain names findet sich in CRi 2000, 83–85 m. Anm. *Leistner: LIBRO AG v NA Global Link Limited,* 16.5.2000.

[340] *Schäfer,* BB 1996, 10, 11, Fn. 18.

[341] <http://arbiter.wipo.int/arbitration/>

[342] *Ginsburg,* GRUR Int. 2000, 97, 103, mit Rechtsprechungsnachweisen in Fn. 64–65.

[343] Zur Geltung des Übereinkommens für die Bundesrepublik Deutschland *Jayme/Hausmann,* 623, Fn. 1.

[344] *Ginsburg,* GRUR Int. 2000, 97, 103–104.

[345] Ausführlich zum englischen Recht unten 4. Kapitel A.III. Zur amerikanischen Rechtsprechung im Überblick: 4. Kapitel A.III.4.

[346] *Bühler,* 372, und *Kuner,* CR 1996, 453, 457 schenkem diesem Lösungsansatz Beachtung, ohne ihn zu vertiefen, 372. Ablehnend *Kubis,* 141.

Die forum-non-conveniens-Lehre ist dem deutschen Recht fremd. Die herrschende Meinung lehnt die Anwendung der Lehre im Rahmen des EuG-VÜ und der ZPO ab.[347] Der deutsche Jurist sieht durch Einzelfallentscheidungen die Rechtssicherheit gefährdet und zieht ihnen abstrakt-generelle Regeln vor, die einer verbindlichen Auslegung zugänglich seien und auf deren Grundlage sich überprüfbare Urteile fällen ließen.[348] Nur durch abstrakt-generelle Regeln lasse sich das in Art. 101 Abs. 1 S. 2 GG ausgesprochene Recht auf den gesetzlichen Richter garantieren.[349] Als solche vertypten Formen von forum non conveniens lassen sich etwa die Gerichtsstände des EuG-VÜ begreifen.[350] Dennoch ist der BGH bereit, die Zuständigkeit im Einzelfall zu begrenzen, wenn er für den Gerichtsstand des Vermögens nach § 23 ZPO einen „hinreichenden Inlandsbezug" postuliert, die für eine tragfähige Ermessensentscheidung notwendige ausführliche Faktenarbeit jedoch vermissen läßt.[351] Das deutsche Schrifttum begegnet der Anwendung von Billigkeitsgesichtspunkten überwiegend mit Skepsis. Mit der Einführung solcher „Kriterien" gefährde man einen großen Vorteil, den das deutsche – ebenso wie das europäische – Zuständigkeitsrecht bislang aufweise, das von klaren und verläßlichen Regeln geprägt sei.[352] Klare Zuständigkeitsnormen dienten Parteien grundsätzlich besser als ein langwieriger Streit um das im Einzelfall geeignete Gericht.[353]

Wie schwierig sich die Annäherung des civil law an die Doktrin forum non conveniens gestaltet,[354] zeigt die Haager Konferenz über ein weltweites Zu-

---

[347] Vgl. *Schack,* Germany, in: *Fawcett,* Declining Jurisdiction, 189–205, m.w.N.; *Bettinger/Thum,* GRUR Int. 2000, 659, 667 in bezug auf Zeichenkonflikte im Internet. Für eine Übernahme der Doktrin in das deutsche Recht: *Blomeyer,* 55 f.; *Kuner,* CR 1996, 453, 457; *Hartwieg,* JZ 1996, 109–118; *Stein/Jonas,* Einl., Rn. 760.

[348] Vgl. nur *Kubis,* 142, m.w.N. auf S. 141 in Fn. 299.

[349] *Schack,* in: *Fawcett,* Declining Jurisdiction, 194: „This commandment would not necessarily hinder the adoption of the doctrine of forum non conveniens, if it were possible to make the decisive criteria precise enough so that an unequivocal determination of jurisdiction for every case would be possible in advance of the litigation. But exactly that seems impossible, when one looks at the variety of factors which, for example, in the United States may influence the discretionary decision of the judge."

[350] Vgl. *Huber,* ZEuP 1996, 300, 311 m.w.N. in Fn. 50.

[351] BGHZ 115, 90–99; dazu *Geimer,* NJW 1991, 3072, 3074: „Niemand kann klar sagen, wann ein *hinreichender Inlandsbezug* besteht." *Hartwieg,* JZ 51, 109, 114: „So hat der BGH in üblicher Knappheit seine „juristische Entdeckung" vom *hinreichenden Inlandsbezug* in § 23 ZPO unter Auslassung nahezu aller Auslandsfaktoren des Streits (bis auf den zweifelhaften deutschen Wohnsitz der Kläger) bewerkstelligt."

[352] *Kubis,* 142

[353] *Schack,* IZVR, Rn. 502; *Huber,* ZEuP 1996, 300, 310 f.

[354] Vgl. *Fawcett,* Declining Jurisdiction, 68: „Perhaps the most important single reason for this dichotomy can be found in the relationship between the concepts of *forum conveniens* and *forum non conveniens.* Many States do not have a doctrine of *forum non conveniens* because of their perception that they only have jurisdiction in the first place when the local forum is *forum conveniens.* Conversely, in common law jurisdictions the power to decline to

ständigkeitsübereinkommen.[355] Der von der Special Commision der Haager Konferenz für IPR Ende Oktober 1999 verabschiedete Entwurf eines weltweiten Gerichtsstands-, Anerkennungs- und Vollstreckungsübereinkommens[356] sieht in Article 22 unter der Überschrift „Exceptional Circumstances for Declining Jurisdiction" detaillierte Regeln zum forum non conveniens vor.[357] Danach kann ein Gericht auf Antrag einer Partei das Verfahren ausset-

---

exercise jurisdiction on the basis of *forum non conveniens* is used when the jurisdiction that undoubtedly exists is not based on *forum conveniens*."

[355] Die Verhandlungen im Haag sind an einen kritischen Punkt gelangt. Vgl. *Heß,* Steht das geplante weltweite Zuständigkeits- und Vollstreckungsübereinkommen vor dem Aus?, IPRax 2000, 342 f.; *von Mehren,* The Hague Jurisdiction and Enforcement Convention Project Faces an Impasse – A Diagnosis and Guidelines for a Cure, IPRax 2000, 465–468; *Otte,* Scheitert das Haager Zuständigkeits- und Vollstreckungsabkommen?, DAJV-NL 2000, 43–46, Zur Kritik in den USA *von Mehren/Michaels,* DAJV-NL 2000, 124–128, m.w.N. zur Diskussion in den USA; zu den Entscheidungszuständigkeiten: *Schack,* ZEuP 1998, 931–956. Zur Resonanz in Deutschland *Gloy/Loschelder,* Stellungnahme der Deutschen Vereinigung für gewerblichen Rechtsschutz, GRUR 2001, 404–405; *Schäfers,* Bericht über die Besprechung im Bundesministerium der Justiz Berlin, 29.5.2001, GRUR 2001, 809–810.

[356] Working Document 230; abrufbar unter <http://www.hcch.net/e/workprog/jdgm.html>. Es handelt sich um eine „Convention mixte", die zwischen zwingend verfügbaren (weiße Liste) verbotenen (schwarze Liste) und erlaubten Gerichtsständen (graue Liste) unterscheidet. *Walter/Dalsgaard,* in: *McLachlan/Nygh,* 41–48. Art. 10 (1) und Art. 14 (1) des Entwurfs korrespondieren mit Art. 5 Nr. 3 und Art. 6 Nr. 1 EuGVÜ. Art. 10 (1): „A plaintiff can bring an action in tort or delict in the courts of the State (a) in which the act or omission that caused injury occurred (b) in which the injury arose, unless the defendant establishes that the person claimed to be resposible could not reasonably have foreseen that the act or omission could result in an injury of the same nature in that State." Art. 14 (1): „A plaintiff bringing an action against a defendant in a court of the State in which that defendant is habitually resident may also proceed in that court against other defendants not habitually resident in that State if (a) the claims against the defendant habitually resident in that State and the other defendants are so closely connected that they should be adjudicated together to avoid a serious risk of inconsistent judgments, and (b) as to each defendant not habitually resident in that State, there is a substantial connection between that State and the dispute involving that defendant." Dazu *Blumer,* WIPO Forum, 31: „Like the provision on the jurisdiction based on the situs of the tort, the provision on jurisdiction for multiple defendants is based on a corresponding provision in the European Conventions, based on the case law of the European Court of Justice and amended by including a limitation that should solve due process issues under the U.S. Constitution."

[357] „1. In exceptional circumstances, when the jurisdiction of the court seised is not founded on an exclusive choice of court agreement valid under Article 4, or on Article 7, 8 or 13, the court may, on application by a party, suspend its proceedings if in that case it is clearly inappropriate for that court to exercise jurisdiction and if a court of another State has jurisdiction and is clearly more appropriate to resolve the dispute. Such application must be made no later than at the time of the first defence on the merits. 2. The court shall take into account, in particular – a) any inconvenience to the parties in view of their habitual residence; b) the nature and location of the evidence, including documents and witnesses, and the procedures for obtaining such evidence; c) applicable limitation or prescription periods; d) the possibility of obtaining recognition and enforcement of any decision on the merits. 3. In deciding whether to suspend the proceedings, a court shall not discriminate on the basis of the nationality

zen, wenn dieses Gericht eindeutig nicht geeignet ist und ein Gericht in einem anderen Staat zuständig und eindeutig besser geeignet ist, den Rechtsstreit beizulegen. Bei seiner Entscheidung hat das Gericht die Zweckmäßigkeit eines Gerichtsstandes im Hinblick auf das Domizil der Parteien, Umstände der Beweiserhebung, Verjährungsfristen und die Möglichkeit der Anerkennung und Vollstreckbarkeit einer Entscheidung zu berücksichtigen. Keinesfalls darf eine Partei wegen ihrer Staatsangehörigkeit oder ihres Wohnsitzes benachteiligt oder bevorzugt werden. Entscheidet sich das angerufene Gericht, das Verfahren auszusetzen, kann es dem Beklagten auferlegen, Sicherheit zu leisten. Erst wenn sich ein Gericht in einem anderen Staat für zuständig erklärt oder der Kläger nicht innerhalb einer bestimmten Frist in einem anderen Staat Klage erhebt, darf das erste Gericht seine Zuständigkeit ablehnen; hält sich das andere Gericht für unzuständig, muß das erste Gericht den Fall verhandeln.[358]

Die in Art. 22 des Haager Abkommens verankerte Regelung des forum non conveniens wird auch im Hinblick auf das Immaterialgüterrecht diskutiert.[359] Zwar hat sich die Special Commission nicht ausdrücklich mit urheberrechtlichen Fragen befaßt.[360] Ein im Juni 1997 verteiltes Arbeitspapier weist aber auf die Tendenz hin, daß Immaterialgüterrechtsfälle nicht mehr ausschließlich vor einem Gericht im Ursprungsland verhandelt werden.[361] Ein Gericht im Ursprungsland des Immaterialgüterrechts könne seine Zuständigkeit wegen

---

or habitual residence of the parties. 4. If the court decides to suspend its proceedings under paragraph 1, it may order the defendant to provide security sufficient to satisfy any decision of the other court on the merits. However, it shall make such an order if the other court has jurisdiction only under Aricle 19, unless the defendant establishes that sufficient assets exist in the State of that other court or in another State where the court's decision could be enforced. 5. When the court has suspended its proceedings under paragraph 1, a) it shall decline to exercise jurisdiction if the court of the other State exercises jurisdiction, or if the plaintiff does not bring the proceedings in that State within the time specified by the court, or b) it shall proceed with the case if the court of the other State decides not to exercise jurisdiction."

[358] Vgl. zur Entstehung dieser Vorschriften: *Kessedjian*, Synthesis of the work of the special commission of March 1998, Nr. 101–112, S. 42–44.

[359] Allgemein zu Immaterialgüterrechten in einem weltweiten Vollstreckungs- und Gerichtsstandsübereinkommen *Kur*, GRUR Int. 2001, 908–915.

[360] Sofern die gewerblichen Schutzrechte in den Entwurf aufgenommen werden, heißt dies nicht automatisch, daß auch die Urheberrechte und die ihnen verwandten Schutzrechte unter das Übereinkommen fallen werden. *Wagner*, IPRax 2001, 533, 541.

[361] *Kessedjian*, Synthesis of the Work of the Special Commission of June 1997, Nr. 41: „The first difficulty with which the Special Commission was confronted concerned the traditionally territorial nature of intellectual property rights. However, some experts stated that this territorial nature formed no obstacle, in certain cases, to conferring jurisdiction on a court other than the one in the place where the property righs concerned have been registered. A distinction should therefore be made between actions relating to the validity of the registration itself and actions relating to the violation of intellectual property rights (infringements and other similar violations)."

forum non conveniens zugunsten eines besser geeigneten Gerichtes auch ab-lehnen.[362]

ee. Consolidation of Territorial Claims

Rochelle C. Dreyfuss und Jane C. Ginsburg haben auf dem WIPO Forum on Private International Law and Intellectual Property, das am 30. und 31. Januar 2001 in Genf tagte, eine „Draft Convention on Jurisdiction and Recognition of Judgments in Intellectual Property Matters" vorgelegt.[363] Ihr Ziel ist es, die Vorschriften der Haager Konvention an die Besonderheiten des Immaterial-güterrechts anzupassen.[364] Zentraler Gedanke ist die Verbindung von Klagen (consolidation).[365] In Anlehnung an Art. 22 EuGVÜ schlagen Dreyfuss und Ginsburg in Art. 13 folgende Regelung vor:

„1. Upon the motion of a party, or sua sponte, a court should consider the advantages of worldwide resolution of the dispute among the parties through consolidation of related pending actions, and through inviting the parties to assert all intellectual property claims related to the action in a single forum.

2. For the purposes of this Article, actions are deemed to be related where, irrespective of the territorial source of the rights and the relief sought, the claims arise out of the same transaction or series of transactions or occur-rence.

3. In deciding whether and how to consolidate the action, the court should consult with the parties and with other courts in which related actions are pending, and together they should consider:

(a) which court has jurisdiction over the greatest number of parties with claims relating to the action;

(b) in general, whether consolidating would promote efficiency and conserve judicial resources and the resources of the parties;

---

[362] *Kessedjian*, Synthesis of the work of the special commission of March 1998, Nr. 116, S. 45: „It had also been suggested that a forum non conveniens clause might allow the court of the place of registration to decline jurisdiction in favour of a more appropriate court."

[363] WIPO document pil_01_07.doc; abrufbar unter <http://www.wipo.int/pil-forum/en/>.

[364] *Dreyfuss/Ginsburg*, S. 7: „Although intellectual property infringement is a tort, and therefore could come within the general scope of the Hague project, we nonetheless conclu-ded that a separate convention, specifically focused on intellectual property rights, could be desirable. In part, intellectual property disputes present special problems. For example, locali-zing torts involving intangible rights can be difficult; mass market licenses may pose pro-blems different from those encountered in consumer contracts generally; arbitration is playing an increasingly important role in the resolution of intellectual property disputes. In part, we have determined that some of the rules proposed in the Hague draft, particularly those regar-ding consolidation of claims, and multiple defendants, were not always well-tailored to intel-lectual property disputes."

[365] Zum Konzept der „consolidation": *Dreyfuss/Ginsburg*, 4–5.

(c) whether or not inconsistent judgments would result if multiple courts adjudicated the related claims;

(d) [in a patent case, the relative expertise of the judicial systems in which the cases are pending.]

4. The issue of consolidation must be raised no later than at the time of the first defense on the merits.

5. If there is no consolidation of related actions, the judgment in one action shall not be preclusive of the other."[366]

Der Vorschlag wendet die Doktrin forum non conveniens ins Positive. Ein Gericht kann sich aus eigenem Antrieb oder auf Antrag der Parteien für alle im Zusammenhang stehenden Klagen für zuständig erklären. Ein Gericht ist forum conveniens, wenn es für die meisten Klagen zuständig ist oder ein effizientes, geldsparendes Verfahren zu erwarten ist, das einander widersprechenden Entscheidungen vorbeugt. Das erfordert eine enge Zusammenarbeit des angerufenen Gerichts mit den Parteien und mit anderen Gerichten.[367] Um den Europäern entgegen zu kommen, enthält Art. 12 eine lis-pendens-Regelung zugunsten des zuerst angerufenen Gerichts. Im Unterschied zu Art. 21 EuGVÜ hat jedoch auch das später angerufene Gericht die Möglichkeit zur Konsolidierung der Klagen.[368]

Dreyfuss und Ginsburg gehen davon aus, daß die Regelung der Consolidation of Territorial Claims die meisten Fälle erfasse. Für die Doktrin forum non conveniens bleibe demnach nur ausnahmsweise Raum.[369] In Art. 14 wird die forum-non-conveniens-Regel des Haager Entwurfs modifiziert. Wie im Haager Entwurf müssen die Umstände, die die Nichtausübung der Zuständigkeit rechtfertigen, außergewöhnlich sein und es muß ein eindeutig besser geeignetes Forum geben. Den Gesichtspunkten, die ein Gericht bei seiner Ermessensentscheidung zu berücksichtigen hat, fügen Dreyfuss und Ginsburg zwei weitere Kriterien hinzu: die Beziehung zwischen dem Gericht und dem Streitgegenstand und die Kapazität des Gerichts, über alle geltend gemachten territorialen Schutzrechte zu entscheiden. Keinesfalls dürfe eine Entscheidung

---

[366] *Dreyfuss/Ginsburg*, 13–14.

[367] *Dreyfuss/Ginsburg*, 4 unter (c).

[368] Zu Art. 12 *Dreyfuss/Ginsburg*, 27; zur Konsolidierung *Dreyfuss/Ginsburg*, 28: „Although lis pendens provision could be expanded to centralize the dispute in the courts first seised with the action, thereby limiting judicial discretion in accordance with (what we perceive to be) the preferred approach outside the United States, we rejected that solution. It would give the first plaintiff too much control over the litigation. More important, it would sometimes situate litigation in a court ill suited to the task of dealing with complex matters or in a court far removed from the center of gravity of the dispute." Zum Vergleich des Haager Entwurfs mit dem EuGVÜ *Adams*, in: *Ricket/Austin*, 251, 261–264; *Trooboff*, in: *McLachlan/Nygh*, 124–154.

[369] *Dreyfuss/Ginsburg*, 28.

nur deshalb verweigert werden, weil sich die Klage auf ausländisches Recht stütze.[370]

ff. Stellungnahme

Die von Dreyfuss und Ginsburg vorgeschlagene Verbindung von Klagen bei einem Gericht scheint einen Ausweg aus dem Dilemma universaler Zuständigkeit zu weisen. Voraussetzung ist die Zusammenarbeit der Gerichte, die wiederum nur zwischen einer überschaubaren Zahl von Gerichten funktioniert. Denkbar wäre die nationale Konzentration von Urheberrechtsstreitigkeiten mit internationalem Einschlag. Neben dem Vorteil, daß sich nur einschlägig erfahrene Spruchkörper mit der Spezialmaterie des (internationalen) Urheberrechts auseinandersetzen würden,[371] hätte die innerstaatliche Konzentration von internationalen Urheberrechtsstreitsachen den Vorzug, daß weltweit maximal nur so viele Gerichte zuständig wären wie es Staaten gibt. Unter den nationalen Spruchkörpern ließe sich ein Netzwerk errichten, mit dessen Hilfe die Richter, die mit einem internationalen Fall betraut werden, in Absprache mit den Parteien das geeignetste Gericht ermitteln könnten.

Diesseits der Utopie ist das Problem weltweiter Zuständigkeit noch nicht gelöst. Weltweit verbindliche Eingrenzungskriterien sind nicht in Sicht, nationale oder regionale Alleingänge deshalb zwangsläufig. Konkurrieren mehrere Gerichtsstände miteinander, erscheint eine zurückhaltende Ausübung der staatlichen Zuständigkeit geboten. Die Doktrin forum non conveniens erlaubt einem Gericht im Einzelfall, seine Zuständigkeit nicht auszuüben, wenn die Streitsache vor einem anderen Gericht deutlich besser aufgehoben wäre. Das kann insbesondere bei Urheberrechtsverletzungen via Internet der Fall sein. Bis zur Schaffung autonomer Zurechnungs- und Begrenzungskriterien bleibt auch deutschen Gerichten nichts anderes übrig, als im Einzelfall über die Ausübung der Zuständigkeit zu entscheiden. Wer dennoch auf abstrakte Regeln vertraut, verschließt sich der Tatsache, daß es noch keine allgemein akzeptierte Kriterien zur Lokalisierung und Eingrenzung von Immaterialgüterrechtsverletzungen gibt.[372] Da die Tatortregel bei einer Vielzahl von Gerichtsständen kein brauchbares Ergebnis liefert, läßt sich ein Minimum an Rechtssicherheit nur durch kontrollierte, detail- und faktenorientierte Entscheidungen im Einzelfall gewährleisten. Dafür sind Regeln zur Ausübung des Ermessens erforderlich, an denen sich der Richter orientieren kann.[373] Durch einen ab-

---

[370] Dreyfuss/Ginsburg, 28, mit Hinweis auf Murray v British Broad. Corp., 81 F.3d 287 (2d Cir. 1996).

[371] Vgl. Schack, Urheberrecht, 307, zur Konzentrationsermächtigung in § 105 UrhG.

[372] Vgl. 3. Kapitel II.2.c.

[373] Vorbild könnte das Zivilgesetzbuch der Provinz Quebeck vom 1. Januar 1994 sein. Vgl. Hartwieg, JZ 51 (1996) Fn. 23: „Bien qu'elle soit compétente pour connaître d'un litige, une autorité du Québec peut, exceptionnellement et à la demande d'une partie, décliner cette compétence si elle estime que les autorités d'un autre État sont mieux à même de trancher le

schließenden Katalog der in die Ermessensentscheidung einzustellenden Kriterien ließe sich den im Hinblick auf die Garantie des gesetzlichen Richters geäußerten Bedenken Rechnung tragen (Art. 101 Abs. 1 S. 2 GG). Negative Kompetenzkonflikte[374] können vermieden werden, indem das Verfahren so lange ausgesetzt wird, bis ein ausländisches Gericht sich für zuständig erklärt hat. Das Argument, die Anwendung der Doktrin führe zu langwierigen Verhandlungen über den Gerichtsort, hat ausgedient. Angesichts universeller Zuständigkeiten kommt der Richter auch bei Anwendung abstrakter Zuständigkeitsregeln nicht umhin, die Parteien anzuhören und gegebenenfalls Beweis zu erheben. Gerade im Urheberrecht ist die Zuständigkeit mit größter Sorgfalt zu bestimmen, besteht doch wegen des Territorialitätsprinzips ein enger funktioneller Zusammenhang zwischen Zuständigkeitsregeln, Kollisions- und Sachrecht.[375] Schließlich ist die Doktrin forum non conveniens ein wirksames Instrument, um den Wettlauf der Parteien zu den Gerichten einzudämmen und um die Erhebung von negativen Feststellungsklagen aus prozeßtaktischen Gründen zu verhindern.[376]

Der EuGH hat die Zeichen der Zeit erkannt und macht in *Van Uden* den Erlaß einer einstweiligen Maßnahme auf der Grundlage von Art. 24 EuGVÜ u.a. von einer wirklichen Verbindung zwischen der von der beantragten Maßnahmen betroffenen Angelegenheit und der territorialen Zuständigkeit eines Mitgliedstaates abhängig.[377] Bei der Interpretation des Art. 24 EuGVÜ sind Elemente der Doktrin forum non conveniens also schon jetzt zu berücksichtigen – auch von deutschen Gerichten.[378] Gemäß Art. 22 Abs. 1 und 2 EuGVÜ kann das später angerufene Gericht das Verfahren aussetzen oder sich auf Antrag einer Partei für unzuständig erklären. Art. 22 EuGVÜ dient dazu, einander widersprechende Entscheidungen zu vermeiden. Eine Regelung der Doktrin forum non conveniens enthält der Artikel ebensowenig wie Art. 21 EuGVÜ.[379] Der durch Art. 22 EuGVÜ eingeräumte Ermessensspielraum

---

litige". Vgl. ferner die Erläuterungen von *Glenn,* Codification of Private International Law in Quebec – an Overview, in IPRax 1994, 308, 310.

[374] *Schack,* in: *Fawcett,* Declining Jurisdiction, 189, 195.

[375] Vgl. nur *Foxy Lady,* 3. Kapitel III.2.a.cc.(2).

[376] Bei Patentverletzungen ist diese Strategie unter der Bezeichnung *deploying the Belgian/Italian torpedo* bekannt geworden. Dazu unten 4. Kapitel A.II.2.j. Vgl. *Beaumont,* Great Britain, in: *Fawcett,* Declining Jurisdiction, 207, 232: „The benefit of certainty is outweighed by the fact that it encourages parties to rush to be the first to initiate proceedings, including purely defensive actions for negative declarations, in a forum which is so inconvenient for the other party that it is designed to deter that party from pursuing its positive remedy."

[377] EuGH, 17.11.1998, Rs. 391/95 = [1999] 2 WLR 1181 = [1999] 1 All ER 385. Zum Fall 3. Kapitel III.2.b.hh (1).

[378] Ausdrücklich begrüßt wird dies von *Grosheide,* GRUR Int. 2000, 310, 319.

[379] *Beaumont,* in: *Fawcett,* Declining Jurisdiction, 207, 232: „The alternative mechanism of *lis pendens,* employed in the Brussels and Lugano Conventions, does not concern itself with which is the more appropriate forum to hear the case, but rather with which party launched its action first."

schafft jedoch die Möglichkeit, die Zuständigkeit nicht auszuüben.[380] Jacob J rückt Art. 22 EuGVÜ in die Nähe des forum non conveniens, wenn er erklärt, „normally the most convenient forum for deciding an English trade mark or passing off case is this court."[381]

Es bleibt die Frage, unter welchen Voraussetzungen civil-law-Staaten, denen die richterliche Ermessensentscheidung in Zuständigkeitsfragen weitgehend fremd ist, bereit sind, das Haager Modell der Doktrin forum non conveniens umzusetzen. Im Rahmen der Haager Beratungen ist vorgeschlagen worden, die Anwendung der Doktrin forum non conveniens als Option auszugestalten. Der schwerwiegende Nachteil eines solchen Vorbehalts besteht darin, daß die Parteien eines Rechtsstreits kaum abschätzen können, ob die Doktrin in einem Staat angewendet wird oder nicht. Fraglich ist außerdem, ob der Fall einem Gericht zugewiesen werden darf, das die Doktrin nicht akzeptiert hat und ob das zuletzt angerufene Gericht die Zuweisung ablehnen darf.[382] Auf größere Akzeptanz dürfte deshalb der mittlerweile im Entwurf realisierte Vorschlag stoßen, die forum-non-conveniens-Doktrin nur auf Anregung des Beklagten (oder einer anderen am Prozeß beteiligten Partei) anzuwenden: „The discussion revealed that if a [forum non conveniens] clause were to be accepted, its applicability would have to be limited to the situation in which the defendant requests its application. This also implies that it will be up to defendant to prove that the conditions for applying this doctrine have in fact been met."[383]

Orientierung bietet das englische adversary system.[384] Der Kläger wählt ein Forum, weil er sich Erleichterungen bei der Beweiserhebung oder die Anwendung eines bestimmten Rechts erhofft. Ihm obliegt im Zustellungsverfahren die Darlegung, daß das angerufene Gericht forum conveniens ist.[385] Daraufhin muß der Beklagte im Prozeß die Initiative ergreifen und beweisen, warum ein anderes als das vom Kläger gewählte Forum zweckmäßig ist (application to stay proceedings).[386] Beiden Parteien wird somit eine faire Chance gegeben, sich über die Zuständigkeit des Gerichts zu erklären.

Die Kodifikation der Doktrin forum non conveniens mag die civil law Juristen in ihrer Sorge um Rechtssicherheit besänftigen. Sie allein genügt jedoch nicht, wenn die Doktrin nicht eingebettet ist in eine Rechtskultur, die den sen-

---

[380] *Fawcett/Torremans*, 185.

[381] *Mecklermedia v DC Congress* [1998] 1 All ER 148, 159 j – 160 a; ausführlich 4. Kapitel A.II.2.e.

[382] *Kessedjian*, Synthesis of the work of the special commission of March 1998, Nr. 102, S. 42.

[383] *Kessedjian*, Synthesis of the work of the special commission of March 1998, Nr. 104, S. 42.

[384] Zum Begriff *Hartwieg*, Die Kunst des Sachvortrags im Zivilprozeß, 25–36, 54–57, 72–80.

[385] *Spiliada Maritime Corpn v Cansulex Ltd* [1986] 3 All ER 843, 856 (HL).

[386] Ausführlich zur Doktrin forum non conveniens in England 4. Kapitel A.III.

siblen Umgang mit den Tatsachen eines Falles pflegt.[387] Nur wenn die entscheidungsrelevanten Tatsachen offengelegt und ausführlich beschrieben werden, ist eine sorgfältige und revisible Ermessensentscheidung gewährleistet, die erkennen läßt, was und wie ein Richter etwas verstanden und bewertet hat.[388] Nur so werden die politischen und wirtschaftlichen Interessen transparent, die einen urheberrechtlichen Konflikt stets überlagern. Ziel ist es, einen Ausgleich zwischen den Interessen des Klägers und denen des Beklagten zu schaffen. Deshalb sollte das Wahlrecht des Klägers nur dann eingeschränkt werden, wenn sich Anhaltspunkte für rechtsmißbräuchliches forum shopping finden, durch die der Beklagte schwerwiegend benachteiligt wird. Als Vorbild an Sorgfalt, Detailkenntnis und Flexibilität mag die englische Rechtsprechung dienen.[389]

3. Zur Wirkung zivilrechtlicher Sanktionen im Ausland

Die Anerkennung eines Verletzungsverbots ist die eigentliche Hürde für den Inhaber eines Urheberrechts in seinem Bemühen um grenzüberschreitenden Rechtsschutz. Was nützt dem Urheber das weit geöffnete Tor der internationalen Entscheidungszuständigkeit, wenn die von ihm erwirkte Maßnahme nicht im Ausland anerkannt wird? Die forensische Praxis wird mit zwei Fragen konfrontiert, je nachdem ob sie Verletzungsverbote importiert oder exportiert: Inwieweit sind ausländische Maßnahmen im Inland zu dulden, anzuerkennen und sogar durchzusetzen? Und wie soll mit Klagen und Anträgen verfahren werden, die von vornherein ins Ausland zielen? Von der Anerkennung und Vollstreckung eines ausländischen Urteils im Inland muß die Wirkung von Unterlassung, Schadensersatz oder anderer zivilrechtlicher Sanktionen im Ausland unterschieden werden. Während die Frage nach der Anerken-

---

[387] *Hartwieg*, JZ 1996, 109–118.

[388] Sorgfalt und Flexibilität fordert auch *Salerno* in bezug auf einstweilige Maßnahmen im Sinne des Art. 24 EuGVÜ: „Der Erlaß solcher Maßnahmen erfordert jedoch besondere Sorgfalt von seiten des Gerichts und detaillierte Kenntnisse des Sachverhalts, auf den die jeweilige Maßnahme einwirken soll. Das Gericht muß flexibel reagieren können auf die Besonderheiten des Falles und die einschlägigen Handelsgebräuche. [...] Die Gerichte des Ortes oder jedenfalls des Vertragsstaates, an bzw. in dem die von der beantragten Verfügung betroffenen Vermögenswerte zu belegen sind, sind daher am ehesten fähig, die Umstände, die zu dem Erlaß oder der Verweigerung der beantragten Maßnahme führen mögen, zu beurteilen und Verfahren und Bedingungen zu etablieren, die der Kläger einzuhalten hat, damit der vorläufige oder schützende Charakter der Maßnahmen gewährleistet ist." *Salerno*, The Brussels Jurisdiction and Enforcement Convention. The Judicial Outlook, Chapter 6, in: *von Hoffmann* (Hrsg.), European Private International Law, 140–141. Zitiert nach *Grosheide*, GRUR Int. 2000, 310, 319.

[389] Vgl. 4. Kapitel A.III.

nung ein eigenständiger Punkt ist,[390] ist die Wirkung eines Verbots im Ausland eine Frage der internationalen Zuständigkeit.[391]

a. Hauptsacheverfahren

Art. 26 EuGVÜ bestimmt, daß die in einem Vertragsstaat ergangenen Entscheidungen in den anderen Vertragsstaaten anerkannt werden, ohne daß es hierfür eines besonderen Verfahrens bedarf. Die Zuständigkeit darf vom ausländischen, für die Vollstreckung zuständigen Gericht grundsätzlich nicht nachgeprüft werden. Demnach hat ein ausländisches Urteil grundsätzlich dieselbe Wirkung im Anerkennungsstaat wie im Urteilsstaat.[392] Für den Richter bedeutet die Wirkungserstreckung, daß er sich innerhalb des EuGVÜ nicht um die extraterritoriale Auswirkung seiner Entscheidung zu sorgen braucht, sofern sie mit dem ordre public des Vollstreckungsstaates im Einklang steht. Folgerichtig stellt das Landgericht Düsseldorf in *Kaiser v Chemax* die Frage nach der Wirkung der Entscheidung in England nicht.[393]

Dagegen hat das OLG Düsseldorf die Auslandswirkung in *Kunststofflacke* 1966, also vor Geltung des EuGVÜ, berücksichtigt. Es kommt zu dem Ergebnis, daß unmittelbare Auswirkungen auf das ausländische Hoheitsgebiet durch die Entscheidung eines deutschen Gerichts über Schadensersatz und Rechnungslegung nicht zu befürchten seien. Nur eine Unterlassungsklage könne im Hinblick auf die Vollstreckung des Verbots zusätzliche Probleme aufwerfen.[394]

---

[390] Vgl. 3. Kapitel VI.

[391] Vgl. *Koch*, Grenzüberschreitender einstweiliger Rechtsschutz, 84. So auch *Stauder*, Vortrag anläßlich eines Symposiums des Max-Planck-Institutes vom 12. und 13. Oktober 1999, in: *Hohagen*, Bericht, GRUR Int. 2000, 246, 261. Die Wirkung im Ausland erst auf der Ebene der Anerkennung zu berücksichtigen (so *Schack*, Anknüpfung, 25–26) hieße, die Regeln zur internationalen Zuständigkeit blindlings anzuwenden, ohne Rücksicht auf die Durchsetzbarkeit einer Entscheidung im Ausland. Warum erst dann, wenn es zu spät ist, ausländische Interessen berücksichtigt werden sollen – nämlich nach einem hindernisreichen und langwierigen Zustellungsverfahren im Ausland und womöglich nach Versagung der Anerkennung – ist nicht einzusehen.

[392] *Hoffmann v Krieg*, EuGH, Rs. 145/86, Slg. 1988, 645. Vgl. zur Wirkungserstreckung auch *Kropholler*, EZPR, vor Art. 26 Rn. 9 m.w.N. und *Jenard*, Bericht, ABl. 1979, Nr. C 59, zu Art. 26.

[393] Urteil vom 16.1.1996 – 4 O 5/95, zitiert nach *von Rospatt*, GRUR Int. 1997, 861, 862 und *Wadlow*, Enforcement, 23. In *Alf*, BGHZ 118, 394, wendet sich die Klägerin nur gegen den inländischen Vertrieb im ostasiatischen Raum hergestellter Plüschtiere durch die Beklagte, die ihre Stofftiere aber vermutlich noch in anderen Staaten vertrieben hat.

[394] GRUR Int. 1968, 100, 101. Zum Urteil 3. Kapitel III.1.d. Keine Bedenken haben *Riezler*, IZPR, 243 und *Raape*, IPR, 4. Aufl., 599; 5. Aufl., 640: „Was die Belange des anderen Staates angeht, so werden sie nicht gefährdet, auch treten wir seiner Souveränität nicht zu nahe. Es kann ihm nur recht sein, wenn wir ihm helfen, seinen Willen zu verwirklichen. Vielleicht ist er selbst dazu weniger in der Lage als wir, etwa in dem Fall, daß das Vermögen des Täters hier liegt, hier also seine verwundbarste Stelle liegt."

b. Eilverfahren

In Deutschland scheint sich ein behutsamer und flexibler Umgang mit der Zuständigkeit im einstweiligen Verfahren noch durchsetzen zu müssen. Deutsche Gerichte gebieten oder verbieten den Parteien per einstweiliger Verfügung Handlungen im Ausland,[395] ohne sich die Frage nach ihrer grenzüberschreitenden Wirkung zu stellen oder die Problematik der Anerkennung und Vollstreckung auf der Ebene der internationalen Zuständigkeit zu diskutieren.[396]

So erließ das Landgericht Berlin im Urheberrechtsstreit *EMI Records v Modern Music* eine Verfügung ex parte, ohne sich um die Wirkung der Entscheidung in Großbritannien zu kümmern.[397] Hobhouse J, der über die Anerkennung zu entscheiden hat, stellt als erstes fest: „The order is unqualified in its effect. It does not state what its territorial extent is".[398] Die Suche nach den Gründen für dieses Versäumnis überläßt er den deutschen Gerichten.

Immerhin war sich das Kammergericht der weltweiten Konsequenzen eines Verletzungsverbots bewußt, als es 1997 per einstweiliger Verfügung die Verwendung von domain names untersagte.[399] Ohne zwischen Vor- und Nachteilen eines solchen Verbots für die Parteien abzuwägen, nahm es mit fragwürdiger Begründung in Kauf, daß der Antragsgegnerin die Nutzung des beanstandeten domain names de facto auch außerhalb Deutschlands versagt wurde.[400] „Der von der Ast. geltend gemachte Unterlassungsanspruch ist gem. §§ 12 i.V. mit 823 Abs. 1 BGB begründet, selbst wenn die beanstandeten domain names dann weltweit nicht benutzt werden können. Das liegt an den derzeitigen tatsächlichen Gegebenheiten, da bisher weder internationale Abkommen noch Regelungen auf nationaler Ebene zur Begrenzung der universellen Zuständigkeit im Internet geschaffen worden sind."[401]

---

[395] Vgl. *Grunsky*, in *Stein/Jonas*, § 938 Rn. 32; *Mohrbach*, Einstweiliger Rechtsschutz, 109 ff.; *Vollkommer*, in: *Zöller*, § 928 Rn. 8

[396] Zur Anerkennungspraxis *Geimer*, IZPR, Rn. 396; *Schack*, IZVR, 351–353. *Schack* meint, ein deutsches Gericht sei befugt, zu Handlungen oder Unterlassungen zu verurteilen, die im Ausland vorzunehmen sind, IZVR, Rn. 712, S. 508.

[397] Vgl. *EMI Records Ltd v Modern Music Karl-Ulrich Walterbach GmbH* [1992] 1 All ER, 616–624 QB = [1991] 3 WLR 663 = WRP 1994, 25 mit Anm. *Remien*. Siehe 4. Kapitel B.VI.2.

[398] [1992] 1 All ER, 616, 618.

[399] KG, Urteil vom 25.3.1997, NJW 1997, 3321–3322.

[400] Ausführlich zu internationaler Tatortzuständigkeit, Kollisionsrecht und materiellem Recht bei Kennzeichenkonflikten im Internet: *Bettinger/Thum*, GRUR Int. 1999, 659–681; *Bornkamm*, in: *Bartsch/Lutterbeck*, 99–115, m.w.N. zur deutschen Rechtsprechung auf S. 100; *Celli*, Internationales Kennzeichenrecht.

[401] KG NJW 1997, 3321, 3322 unter Berufung *Kur* (sic), CR 1996, 453, 457. *Kuner* (CR 1996, 453) diskutiert auf Seite 457 Mittel zur Begrenzung der Internet-Zuständigkeit, u.a. die Lehre forum non conveniens. Er weist darauf hin, daß auch deutsche Gerichte die Bereitschaft gezeigt haben, ihre Zuständigkeit einzugrenzen, wenn Zuständigkeit sonst über international anerkannte Grenzen hinausgeht. Ein Beispiel (Fn. 43) sei die Begrenzung des Ver-

In diesem Fall geht es nicht um die Auslandwirkung eines Urteils, sondern um die Problematik, daß ein aufgrund inländischen Rechts und mit Wirkung nur auf das Inland beschränktes Unterlassungsgebot über die Grenzen hinaus internationale Wirkung hat.[402] Der Antragsgegner muß die Benutzung des domain names wegen der technischen Ausgestaltung des Internet einstellen. Ein internationaler Sachverhalt wird nationalisiert.[403] Das inländische Urteil zeitigt nicht expressis verbis, sondern de facto eine Wirkung im Ausland.

Ebenso wie die Auslandswirkung ist die Internationalität des Sachverhalts vor Erlaß einer Verfügung hinreichend zu würdigen. Nur so lassen sich die Interessen und Risiken der Parteien zu einem gerechten Ausgleich bringen.

---

mögensgerichtsstandes (§ 23 ZPO) durch den BGH, BGHZ 115, 90–99. Vgl. *Hartwieg,* JZ 1996, 109–118; *Kuner* schreibt wörtlich (letzter Satz unter b): „Eine solche Zurückhaltung wäre in vielen Fällen, bei denen es um die Zuständigkeit betreffend Handlungen im Internet geht, auch geboten."

[402] *Stauder,* Vortrag, in: *Hohagen,* GRUR Int. 2000, 246, 261.

[403] Ausführlich *Stauder,* Patentverletzung, 107–116 mit Beispielen aus der deutschen höchstrichterlichen Rechtsprechung zur Patentverletzung im grenzüberschreitenden Verkehr.

IV. Kollisionsrecht

Das internationale Urheberrecht steht im Zeichen nationaler Interessen. Ausdruck dessen ist das Dogma der Territorialität. Den Schutz des nationalen Urhebergesetzes eines Staates genießen nur Inländer und im Inland veröffentlichte Werke, nicht aber ausländische Urheber. Das Territorialitätsprinzip fördert nationale Interessen insofern, als es Inländern erlaubt, ausländische Werke nach Belieben zu kopieren.[404] Kulturimportierende Staaten mit geringer eigener Schaffenskraft sind so in der glücklichen Lage, am kulturellen Wirken der Welt teilhaben zu können, ohne dafür bezahlen zu müssen.[405] Die Einstellung eines Staates ändert sich, sobald er selbst Werke exportieren möchte und bemerkt, daß diese im Ausland nicht geschützt werden. Alsbald sucht er nach Strategien, die Werke seiner Staatsbürger im Ausland zu schützen. Da viele Staaten dasselbe Interesse haben, wird ein Kompromiß geschlossen. Zunächst beäugen sich die Staaten mißtrauisch und gewähren den Angehörigen eines anderen Staates nur so viel Schutz wie dieser bereit ist, den eigenen Angehörigen zu geben.[406] Haben mehrere Staaten Vertrauen geschöpft und sich zu der Einsicht durchgerungen, daß auch ausländische Urheber schutzwürdig sind, versichern sie einander, den Urhebern eines Verbandsstaates denselben Schutz zu gewähren wie inländischen Urhebern. Das gelingt nur, wenn die Gegenseitigkeit formal durch einen minimalen gemeinsamen Schutzstandard verbürgt wird, der es einem Staat erlaubt, ein ausländisches Urheberrecht pauschal wie ein inländisches zu behandeln.[407] Neben nationalen Interessen sind nun auch die Interessen des Verbandes zu wahren. Verbandsfremden Ländern wird mit Vergeltung gedroht, wenn sie Ausländer eines Verbandsstaates ihren Staatsangehörigen nicht gleichstellen.[408] Ihnen wird nahegelegt, dem Verband beizutreten, indem ihnen die Vorzüge der Gemeinschaft aufgezeigt werden.[409] Wenn nun aber Arbeitsplätze in den verbandsfremden Ländern davon abhängen, daß Kopien ausländischer Werke hergestellt und vertrieben werden, helfen die sanften Bekehrungsversuche der Ver-

---

[404] Dieser „Naturzustand" ist typisch für den Merkantilismus des 16. und 17. Jahrhunderts. Vgl. *W. Briggs*, The Law of International Copyright, 34 ff.

[405] So wie die USA im 19. Jahrhundert. Vgl. *Ladas*, The International Protection of Literary and Artistic Property, Bd. I, 26.

[406] Auf der Grundlage der materiellen Gegenseitigkeit wurden im 19. Jahrhundert viele bilaterale Verträge geschlossen. Vgl. *Majoros*, Les arrangements bilateraux en matière de droit d'auteur.

[407] Inländerbehandlung, formale Gegenseitigkeit und Mindestrechte wurden erstmals durch die Berner Übereinkunft von 1886 verbürgt. Vgl. *Boytha*, Fragen der Entstehung des internationalen Urheberrechts, 181.

[408] Die Retorsion ist die Kehrseite der Gegenseitigkeit, vgl. *Wolff*, IPR, 108.

[409] *Hansen* spricht von „The Conversion of the Uninitiated", International Copyright: An Unorthodox Analysis, Vand. J. Transnat. L., 579, 586.

bandsstaaten nichts. Die Außenstehenden müssen durch Androhung von Sanktionen zum Beitritt gezwungen werden.[410] Am Ende steht ein globaler Interessenausgleich, der auf der Säule der Inländerbehandlung ruht.

Das System der internationalen Konventionen ist mit der modernen Dogmatik des internationalen Privatrechts nicht zu vereinbaren. Schon als die internationalen Konventionen entstanden, war die fremdenrechtliche Regelungstechnik überholt. Während die Konventionen am Grundsatz der Inländerbehandlung festhielten, trat die Unterscheidung der für Inländer von den für Ausländer geltenden Regeln in den Kodifikationen des Kollisionsrechts immer stärker hinter der Form allseitiger Kollisionsnormen zurück.[411] Heute hat man sich mit der Gleichzeitigkeit des Ungleichzeitigen arrangiert. Neben dem hoheitlichen Grundsatz der Inländerbehandlung (1.), der die Geltung eines bestimmten Rechts vorschreibt, gibt es so etwas wie kollisionsrechtliche Regelungen, die zum anwendbaren Recht führen. Das EG-Recht hat bislang keine Kollisionsregeln hervorgebracht (2.). Ob und inwieweit sich diese aus den internationalen Konventionen ergeben, ist umstritten (3.). Auf jeden Fall bleibt Raum für autonomes deutsches Kollisionsrecht (4.). Ein Blick in die deutsche Rechtsprechung illustriert, wie die Praxis mit diesem Konvolut von Regeln umgeht (5.). Anschließend werden Reformansätze zum deutschen Urheberkollisionsrecht diskutiert (6.). Sind mehrere Rechtsordnungen nebeneinander anwendbar, ist fraglich, wie sich ihre Zahl reduzieren läßt (7.).

1. Der Grundsatz der Inländerbehandlung

Der Grundsatz der Inländerbehandlung ist auf internationaler und nationaler Ebene[412] fest verankert.[413]

Die Revidierte Berner Übereinkunft unterscheidet in Art. 5 zwischen dem Ursprungsland eines Werkes und anderen Verbandsländern.[414] Gemäß Art. 5

---

[410] Der Interessenkonflikt zwischen den Verbandsstaaten der RBÜ und den Ländern, die dem Verband fern blieben, hat auf Initiative der USA zum Abschluß des TRIPs-Abkommens geführt. Vgl. *Hilpert*, TRIPS und das Interesse der Entwicklungsländer, GRUR Int. 1998, 91–99; *Pacón*, What Will TRIPs Do For Developing Countries? 329–356.

[411] Vgl. *Korkisch*, in: *Hartwieg/Korkisch*: Die geheimen Materialien zur Kodifikation des deutschen Internationalen Privatrechts 1881–1896; 9–10.

[412] Zum Rangverhältnis zwischen internationalen Verträgen und nationalem Recht *Schrikker-Katzenberger*, vor §§ 120 ff., Rn. 118.

[413] Ausführlich zum Grundsatz der Inländerbehandlung *Nordemann/Vinck/Hertin/Meyer*, International Copyright, Art. 5 BC, Rn. 1–5. Aus völkerrechtlicher Sicht *Buck*, 73–84.

[414] Article 5 Convention de Berne pour la protection des œuvres littéraires et artistiques, Acte de Paris du 24 juillet 1971 modifié le 28 septembre 1979 (Quelle: <http://clea.wipo.int>):

„1) Les auteurs jouissent, en ce qui concerne les œuvres pour lesquelles ils sont protégés en vertu de la présente Convention, dans les pays de l'Union autres que le pays d'origine de l'œuvre, des droits que les lois respectives accordent actuellement ou accorderont par la suite aux nationaux, ainsi que des droits spécialement accordés par la présente Convention. 2) La

Abs. 3 RBÜ richtet sich der Schutz im Ursprungsland nach den innerstaatlichen Rechtsvorschriften. Grundsätzlich gilt das Verbandsland, in dem ein Werk zum ersten Mal veröffentlicht wird, als Ursprungsland (Art. 5 Abs. 4 lit. a und b RBÜ). Für nichtveröffentlichte Werke gilt das Verbandsland, dem der Urheber angehört, als Ursprungsland (Art. 5 Abs. 4 lit. c RBÜ).[415] Der Schutz des nationalen Urhebergesetzes eines Verbandsstaates umfaßt also zunächst nur Inländer und im Inland veröffentlichte Werke. Eine derartige Beschränkung des Urheberrechtsschutzes auf inländische Urheber ist Ausdruck des Territorialitätsprinzips, kann aber kaum im Interesse der Verbandsstaaten liegen, die sich ja gerade zu dem Zweck zusammengeschlossen haben, ausländischen Urhebern innerhalb des Verbandes Schutz zu gewähren.

Ohne das Territorialitätsprinzip anzutasten haben sich die Verbandsstaaten der Berner Konvention deshalb darauf verständigt, einen Urheber außerhalb

---

jouissance et l'exercice de ces droits ne sont subordonnés à aucune formalité; cette jouissance et cet exercice sont indépendants de l'existence de la protection dans le pays d'origine de l'œuvre. Par suite, en dehors des stipulations de la présente Convention, l'étendue de la protection ainsi que les moyens de recours garantis à l'auteur pour sauvegarder ses droits se règlent exclusivement d'après la législation du pays où la protection est réclamée. 3) La protection dans le pays d'origine est réglée par la législation nationale. Toutefois, lorsque l'auteur ne ressortit pas au pays d'origine de l'œuvre pour laquelle il est protégée par la présente Convention, il aura, dans ce pays, les mêmes droits que les auteurs nationaux. 4) Est considéré comme pays d'origine: a) pour les œuvres publiées pour la première fois dans l'un des pays de l'Union, ce dernier pays; toutefois, s'il s'agit d'œuvres publiées simultanément dans plusieurs pays de l'Union admettant des durées de protection différentes, celui d'entre eux dont la législation accorde la durée de protection la moins longue; b) pour les œuvres publiées simultanément dans un pays étranger à l'Union et dans un pays de l'Union, ce dernier pays; c) pour les œuvres non publiées ou pour les œuvres publiées pour la première fois dans un pays étranger à l'Union, sans publication simultanée dans un pays de l'Union, le pays de l'Union dont l'auteur est ressortissant; toutefois, i) s'il s'agit d'œuvres cinématographiques dont le producteur a son siège ou sa résidence habituelle dans un pays de l'Union, le pays d'origine sera ce dernier pays, et ii) s'il s'agit d'œuvres d'architecture édifiées dans un pays de l'Union ou d'œuvres des arts graphiques et plastiques faisant corps avec un immeuble situé dans un pays de l'Union, le pays d'origine sera ce dernier pays." Der gemäß Art. 37 Abs. 1 b RBÜ amtliche deutsche Wortlaut findet sich in BGBl. 1973 II S. 1071; geändert durch Beschluß vom 2.10.1979, BGBl. 1985 II S. 81.

[415] Vgl. *Bergström*, GRUR Int. 1973, 238, 240. Schwierig zu bestimmen ist der Ort der Erstveröffentlichung im Internet. Hätte die weltweite Abrufbarkeit im Internet eine weltweite Veröffentlichungswirkung zur Folge, könnte dies dazu führen, daß sich Urheber für ihre erstmals über das Internet veröffentlichten Werke in keinem einzigen Verbandsland auf den Berner Mindestschutz berufen könnten. In diesem Fall wäre jedes an das Internet angeschlossene Land als Ursprungsland anzusehen, in dem der Schutzumfang allein durch das innerstaatliche Recht bestimmt wird. Dazu *Ginsburg*, Study, 4; *Thum*, GRUR Int. 2001, 9, 9–14. *Thums* Lösung, im Internet erstveröffentlichten Werken kein Ursprungsland im Sinne der RBÜ zuzuordnen, ist zu begrüßen. Sie hätte zur Folge, daß „erstens der Mindestschutz unionsweit verbindlich wäre, zweitens Verbandsausländern hierfür generell Konventionsschutz gewährt würde und drittens in jedem Land die maximale Schutzdauer ohne Reduktion durch einen Schutzfristenvergleich zur Anwendung käme." (S. 14). Nachfolgend wird unterstellt, daß sich ein Ursprungsland ermitteln läßt.

des Ursprungslandes wie einen Inländer zu behandeln (Art. 5 Abs. 1 und Art. 5 Abs. 3 S. 2 RBÜ).[416] Als Ergänzung zum Inländerbehandlungsgrundsatz – auch Assimilationsprinzip, régime national[417] oder principle of national treatment[418] genannt – wird ein Mindeststandard an Rechten garantiert (Art. 5 Abs. 1 letzter Halbsatz).[419] Die Inländerbehandlung ist die Quintessenz[420] der Berner Konvention. Sie bewirkt, daß ausländische Werke in dem jeweiligen Schutzland in gleicher Weise geschützt werden wie inländische.[421] Die Inländerbehandlung ist ein Gebot des Fremdenrechts, das alle Sachnormen mit ausländischem Tatbestandselement umfaßt, die Ausländer und Staatenlose anders behandeln als Inländer.[422] Die ursprüngliche Rechtlosigkeit des Fremden wird durch die Gleichstellung von Ausländern mit Inländern überwunden.[423] Allerdings kann an Angehörigen solcher Staaten, die Ausländer ihren Staatsangehörigen nicht gleichstellen, ein Vergeltungsrecht (Retorsion) geübt werden.[424] Gerade auf dem Gebiet der Immaterialgüterrechte spielt der Gedanke der Gegenseitigkeit, dessen Kehrseite die Retorsion ist, eine wichtige

---

[416] Auch Art. II WUA ordnet die Inländerbehandlung an:
„1. Veröffentlichte Werke der Angehörigen eines Vertragsstaats und die zum ersten Mal im Hoheitsgebiet eines Vertragsstaats veröffentlichten Werke genießen in jedem anderen Vertragsstaat den gleichen Schutz, den dieser andere Staat den zum ersten Mal in seinem eigenen Hoheitsgebiet veröffentlichten Werken seiner Staatsangehörigen gewährt, sowie den durch dieses Abkommen besonders gewährten Schutz.
2. Unveröffentlichte Werke der Angehörigen eines Vertragsstaats genießen in jedem anderen Vertragsstaat den gleichen Schutz, den dieser andere Staat den unveröffentlichten Werken seinen Staatsangehörigen gewährt, sowie den durch dieses Abkommen besonders gewährten Schutz."

[417] *Püschel*, Urheberrecht, 184.

[418] *Cornish*, Intellectual Property, 346.

[419] Gemäß Art. 19 RBÜ hindern die Bestimmungen der RBÜ über die Mindestrechte nicht daran, die Anwendung von weitergehenden Bestimmungen zu beanspruchen, die durch die Gesetzgebung eines Verbandslandes erlassen werden. Zum Zusammenspiel zwischen Inländerbehandlung und Mindestschutz *Ginsburg*, Recueil, 277–278: „In sum, if a Berne member country determines that a work, albeit non traditional, falls within Article 2 criteria, then the Berne member must accord that work the minimum scope of rights set forth in the Convention. If, on the other hand, the member country determines that the work does not fall within Article 2 criteria, then the country may accord a foreign work of the same kind the domestic scope of protection, even if that scope falls below Berne minima."

[420] *Cornish*, Intellectual Property, 346.

[421] *Khadjavi-Gontard*, Grundsatz der Inländerbehandlung, 67; *Bergsma*, Prinzip der Inländerbehandlung, 37; *Heimsoeth*, Schutz ausländischer Urheber, 11.

[422] *Nussbaum*, Deutsches IPR, 4.

[423] *Wolff*, IPR, 108: „Der Ausländer (der ‚Elende'), ursprünglich schutzlos und rechtlos, höchstens durch die Fürsorge eines Gastfreundes eine Zeitlang gedeckt, hat schon im Mittelalter eine wenn auch beschränkte rechtliche Persönlichkeit erlangt. Die letzten Reste der alten Rechtlosigkeit sind im 19. Jahrhundert verschwunden."

[424] *Wolff*, IPR, 108. Zu Streitbeilegung, Leistungsverweigerungsrecht und Retorsion *Buck*, 188–195.

Rolle.[425] So verpflichtet etwa die RBÜ zur Gewährung von Urheberrechtsschutz auf der Grundlage formeller Gegenseitigkeit und zwar automatisch durch die Übereinkunft zwischen den Verbandsländern und kraft einer Retorsionsmöglichkeit gegenüber verbandsfremden Ländern.[426]

Werken ausländischer Urheber wird der Schutz des deutschen Urheberrechtsgesetzes aufgrund des in § 121 Abs. 1 und 2 UrhG verankerten Fremdenrechts ohne jede Einschränkung gewährt. Dabei handelt es sich um den Schutz von Werken ausländischer Urheber, die erstmals im Geltungsbereich des UrhG erschienen sind (Abs. 1), sowie um den Schutz von Werken der bildenden Künste ausländischer Urheber, die fest mit einem inländischen Grundstück verbunden sind (Abs. 2). Rechtlich unabhängig, selbständig und gleichberechtigt ergibt sich ein eingeschränkter Schutz ferner aus dem Inhalt der Staatsverträge, auf die § 121 Abs. 4 UrhG verweist.[427]

Der deutsche Gesetzgeber hat den Begriff des „Fremden" neu bestimmt als er das *Phil-Collins*-Urteil des EuGH zum Anlaß nahm, Staatsangehörige anderer Mitgliedstaaten der EU sowie des Abkommens über den Europäischen Wirtschaftsraum den eigenen Staatsangehörigen gleichzustellen (vgl. § 120 II UrhG).[428]

2. Zum kollisionsrechtlichen Gehalt der §§ 120 ff. UrhG und des EG-Rechts

Die §§ 120 ff. UrhG regeln allein den persönlichen Geltungsbereich des Urheberrechtsgetzes und setzen damit eine Verweisung auf deutsches Sachrecht bereits voraus, ohne dies selbst auszusprechen. Sie sind deshalb keine kollisionsrechtlichen Bestimmungen und enthalten insbesondere keine Verweisung auf das deutsche Recht als anwendbares Recht.[429] Entsprechendes gilt für Art. 6 Abs. 1 EGV.[430]

---

[425] *Wengler*, Internationales Privatrecht, 112.

[426] *Siehr*, UFITA 108 (1988), 9, 12.

[427] Zum Verhältnis der Staatsverträge zum deutschen Fremdenrecht *Schricker-Katzenberger*, § 121 Rn. 2 m.w.N.

[428] Zum *Phil-Collins*-Urteil 2. Kapitel III.2.

[429] *Schricker-Katzenberger*, vor §§ 120 ff., Rn. 125; *Staudinger-von Hoffmann*, Art. 38 EGBGB, Rn. 574. Es wird als vereinbar mit den Grundrechten (Art. 3 und 14 GG) angesehen, daß mittels Schlechterstellung von Ausländern deren Heimatstaaten zum Abschluß internationaler Übereinkommen bewegt werden sollen, BVerfGE 81, 208.

[430] *Schricker-Katzenberger*, vor §§ 120 ff., Rn. 125; *Schack*, JZ 1995, 837, 838. Der EuGH stellt im *Phil-Collins*-Urteil, JZ 1994, 142, 144, (34) fest: „Nach ständiger Rechtsprechung des EuGH wird das in Art. 7 Abs. 1 EWGV (heute Art. 6 Abs. 1 EGV) verankerte Recht auf Gleichbehandlung unmittelbar durch das Gemeinschaftsrecht verliehen. Dieses Recht kann daher vor dem nationalen Gericht geltend gemacht werden, um von diesem zu verlangen, die diskriminierenden Vorschriften eines nationalen Gesetzes, die den Angehörigen der anderen Mitgliedstaaten den Schutz versagen, den sie den Inländern gewähren, unangewendet zu lassen." Daraus läßt sich nicht schließen, daß z. B. automatisch deutsches Urheberrecht zur Anwendung kommt, wenn sich ein EU-Bürger vor einem deutschen Gericht auf Art. 6 Abs. 1 EGV beruft. Das Diskriminierungsverbot des Art. 6 Abs. 1 EGV betrifft wie

Der EG-Richtlinienvorschlag zum Urheberrecht und zu verwandten Schutzrechten in der Informationsgesellschaft[431] spart den Themenkreis des anwendbaren Rechts bewußt aus.[432] Die Kommission hat jedoch unmißverständlich festgestellt, daß sich an dem auch dem internationalen Recht zugrundeliegenden Territorialitätsgrundsatz durch die neue Art der Verwertung von Werken und Leistungen in digitalen Netzen nichts geändert habe und daß demnach, gemäß internationalem Recht, für Verwertungshandlungen bzw. Rechtsverletzungen das Recht desjenigen Landes maßgeblich sei, für dessen Gebiet Schutz in Anspruch genommen werde.[433] Letzte Zweifel am Schutzlandprinzip wurden mit diesem eindeutigen Bekenntnis auf EU-Ebene ausgeräumt. Der im Grünbuch der Kommission (in Anlehnung an die Satellitenrichtlinie) unterbreitete Vorschlag, das Urheberrecht der Mitgliedstaaten weitgehend zu harmonisieren und das Konzept des Ursprungslandes einheitlich innerhalb der EU anzuwenden, hat sich nicht durchgesetzt.[434]

3. Zum kollisionsrechtlichen Gehalt der Berner Konvention

Ob die Berner Konvention hinsichtlich der Verletzung eines Urheberrechts eine Kollisionsregel enthält, ist zumindest in Deutschland umstritten (b.).[435] Relevant ist diese Frage nur dann, wenn die Berner Konvention überhaupt der Ergänzung durch Kollisionsrecht bedarf. Deshalb muß vorab geklärt werden, in welchen Fällen Raum für Kollisionsrecht bleibt (a.).

---

§ 121 UrhG nur die fremdenrechtliche Pflicht zur Schutzgewährung und nicht das Kollisionsrecht.

[431] Vorschlag der Europäischen Kommission für eine Richtlinie des Europäischen Parlaments und des Rates zur Harmonisierung bestimmter Aspekte des Urheberrechts und der verwandten Schutzrechte in der Informationsgesellschaft vom 10. Dezember 1997, Abl. EG 1998 Nr. C 108, S. 6; KOM 97, 626; abgedruckt in GRUR Int. 1998, 402 ff.

[432] *Von Lewinski*, Der EG-Richtlinienvorschlag zum Urheberrecht und zu verwandten Schutzrechten in der Informationsgesellschaft, GRUR Int. 1998, 637–642, 642; *Dietz*, Die EU-Richtlinie zum Urheberrecht und zu den Leistungsschutzrechten in der Informationsgesellschaft, ZUM 1998, 438–450, 450; zur Entwicklung des Urheberrechts in der Europäischen Union im allgemeinen und zur Richtlinie im besonderen: *Reinbothe*, Der EU-Richtlinienentwurf zum Urheberrecht und zu den Leistungsschutzrechten in der Informationsgesellschaft, ZUM 1998, 429–437; *Kreile/Becker*, Neuordnung des Urheberrechts in der Europäischen Union, GRUR Int. 1994, 901–911; *Flechsig*, Urheberrecht und verwandte Schutzrechte in der Informationsgesellschaft, CR 1998, 225–232. Kollisionsrecht enthält dagegen die EG-Richtlinie über den elektronischen Geschäftsverkehr und das internationale Privatrecht des unlauteren Wettbewerbs, vgl. *Thünken*, IPRax 2001, 15–23.

[433] Begründung zum Richtlinienvorschlag, Kap. 2 Rn. 8.

[434] Europäische Gemeinschaften. Urheberrecht und verwandte Schutzrechte in der Informationsgesellschaft, Grünbuch der Kommission der Europäischen Gemeinschaften vom 19. Juli 1995, abgedruckt in UFITA 130 (1996), 163–201, 168 f. [Fortsetzung von UFITA 129 (1995), 251–289.] Zur Bedeutung des Grünbuchs für das internationale Urheberrecht *Köster*, in: *Götting*, Multimedia, 163–166

[435] Zum kollisionsrechtlichen Gehalt der internationalen Konventionen im allgemeinen *Knörzer*, 27–85.

a. Vorüberlegung

Ausgangspunkt der kollisionsrechtlichen Untersuchung ist die Frage, nach welchem Urheberrechtsstatut sich die Verletzung eines Urheberrechts richtet.[436] Stehen die in Frage kommenden Anknüpfungspunkte fest (aa.), läßt sich anhand eines Schemas veranschaulichen, welche kollisionsrechtlichen Fälle überhaupt denkbar sind (bb.).

aa. Relevante kollisionsrechtliche Anknüpfungspunkte

Die für eine Urheberrechtsverletzung relevanten kollisionsrechtlichen Anknüpfungspunkte lassen sich anhand eines Beispiels ermitteln: Ein Engländer mit allgemeinem Gerichtsstand in Deutschland vermarktet auf dänischem Territorium die Geistesschöpfung eines Franzosen mit Wohnsitz in der Schweiz, die in Italien zum ersten Mal veröffentlicht worden ist.[437] Sechs kollisionsrechtliche Anknüpfungspunkte sind denkbar: die Staatsangehörigkeit des Berechtigten, sein Wohnsitz, der Ort der ersten Veröffentlichung, die Staatsangehörigkeit des Verletzers, der Ort der Verletzungshandlung oder der Ort des Prozesses. Je nachdem, auf welches Kriterium man abstellt, könnte im Beispielsfall französisches, schweizerisches, italienisches, englisches, dänisches oder deutsches Recht berufen sein. Theoretisch kommen noch weitere Anknüpfungspunkte in Betracht, wenn man das Kriterium „Ort der Verletzungshandlung" in den Handlungs-, den Erfolgs- und den Schadensort zerlegt.[438] Hier stellt sich das komplexe Problem der Lokalisierung von Verletzungshandlungen.[439] Der Einfachheit halber wird ein einziger, eindeutig bestimmbarer Verletzungsort (im Beispiel Dänemark) fingiert.

Welche Anhaltspunkte bietet stellvertretend für andere Konventionen die Berner Übereinkunft? Art. 3 RBÜ regelt allein die *konventions*rechtliche Anknüpfung und gibt deshalb keine Auskunft über *kollisions*rechtliche Fragen.[440] Art. 5 Abs. 2 RBÜ[441] verweist auf das Land, „in dem der Schutz beansprucht"

---

[436] Zu den Vorfragen 3. Kapitel IV.4.e.

[437] In Anlehnung an das von *von Bar* (UFITA 108 (1988), 27, 46) entworfene Szenario, erweitert um die Punkte „Wohnsitz" und „Veröffentlichung".

[438] Der Ausgangsfall läßt sich wie folgt anreichern: Der Engländer speist in Schweden digitalisierte Kopien der Geistesschöpfung des Franzosen in das Internet ein, die in Dänemark abgerufen werden. Der französische Urheber erleidet aufgrund der Verletzung einen Schaden, der sich negativ auf sein belgisches Konto auswirkt.

[439] Vgl. 3. Kapitel II.2.

[440] Vgl. *Boytha*, DdA, 1988, 422, 430 ff.; *Stewart*, 3.24 ff.; Art. 3 Abs. 1 RBÜ lautet: „1) Sont protégés en vertu de la présente Convention: a) les auteurs ressortissant à l'un des pays de l'Union, pour leurs œuvres, publiées ou non; b) les auteurs ne ressortissant pas à l'un des pays de l'Union, pour les œuvres qu'ils publient pour la première fois dans l'un de ces pays ou simultanément dans un pays étranger à l'Union et dans un pays de l'Union."

[441] Vgl. auch Art. 6bis Abs. 3, 7 Abs. 8, 14ter Abs. 2, 18 Abs. 2 RBÜ und Art. 2 Rom-Abkommen.

wird.[442] Darunter ist entweder das Land der Rechtsverletzung[443] oder das Land, in dem geklagt wird[444] zu verstehen.[445] Praktisch wirkt sich der Unterschied zwischen der lex loci delicti und der lex fori nur aus, wenn Klage in einem anderen als dem Land erhoben wird, in dem ein Urheberrecht verletzt worden ist. Das ist selten der Fall, weil die Klage meist in dem Land erhoben wird, in dem die Eingriffshandlung begangen worden ist und die lex fori mit dem Recht des Landes übereinstimmt, für dessen Gebiet der Schutz in Anspruch genommen wird.[446] Gleichwohl muß ein vollständiges Schema auch den seltenen Fall erfassen, daß nicht im Schutzstaat geklagt wird. *Verletzungshandlung* und *Forum* sind deshalb zwei unabhängig voneinander zu berücksichtigende Anknüpfungspunkte. Im Beispielsfall könnte demnach sowohl dänisches als auch deutsches Recht zur Anwendung kommen.

Außerdem kommt das *Ursprungsland* als Anknüpfungspunkt im kollisionsrechtlichen Sinne in Betracht.[447] Darunter lassen sich alle Anknüpfungspunkte subsumieren die sich jeweils der Person des berechtigten Urhebers zuordnen lassen.[448] Im einzelnen sind das der „Ort der ersten Veröffentlichung", die „Staatsangehörigkeit" und der „Wohnsitz".[449] Das Ursprungsland bestimmt sich in erster Linie nach dem Ort der ersten Veröffentlichung[450] und

---

[442] Art. 5 Abs. 2 S. 2: „Par suite, en dehors des stipulations de la présente Convention, l'étendue de la protection ainsi que les moyens de recours garantis à l'auteur pour sauvegarder ses droits se règlent exclusivement d'après la législation du pays où la protection est réclamée."

[443] *Ulmer*, Gutachten, 10; *Drobnig*, RabelsZ 40 (1976), 195, 197; *von Martiny*, RabelsZ 40 (1976), 218, 219; *von Bar*, UFITA 108 (1988), 27, 47.

[444] Vgl. *Schack*, Anknüpfung, 29 f. mit Hinweis auf ältere Nachweise in Fn. 83; *Koumantos*, DdA 1988, 450 ff.; ders., Dir. Aut. 1979, 634 f., 636.; *Saenger*, Das Verhältnis der Berner Konvention zum innerstaatlichen Urheberrecht, 10.

[445] Zur Ambiguität dieser Wendung: *Koumantos*, DdA 1988, 439, 446.

[446] MünchKomm-*Kreuzer*, Nach Art. 38 Anh. II, Rz. 8. *Lex fori* und *lex loci delicti* fallen sogar zwingend zusammen, wenn das angerufene Gericht meint, nur für Inlandsverletzungen von Immaterialgüterrechten international zuständig zu sein und nur das eigene Immaterialgüterrecht anwenden zu dürfen, vgl. RG JW 1890, 281.

[447] Es wird vorerst unterstellt, daß sich ein Ursprungsland bestimmen läßt. Zur Bestimmung des Ursprungslands im Sinne der RBÜ bei einer Erstveröffentlichung im Internet *Ginsburg*, Recueil, 266–271; *Thum*, GRUR Int. 2001, 9, 9–14. Zur Anknüpfung an das Ursprungsland 3. Kapitel IV.6.d.bb.

[448] Der Begriff „Ursprungsland" dient hier als Sammelbegriff für mehrere alternativ zur Anwendung kommende Anknüpfungspunkte und ist nicht zu verwechseln mit der Anknüpfung an das Recht des Ursprungslands. Ob die Berner Übereinkunft eine Verweisung auf das Recht des Ursprungslands enthält, ob sie überhaupt eine Kollisionsregel enthält, ist ja gerade Gegenstand der Untersuchung.

[449] *Zweigert/Puttfarken*, Zum Kollisionsrecht der Leistungsschutzrechte, GRUR Int. 1973, 573, 576; vgl. Art. 3 und 5 RBÜ, Art. II WUA, Art. 4–6 Rom-Abkommen.

[450] Vgl. Art. 5 Abs. 4 RBÜ zur Definition des Ursprungslands. Vgl. Art. 3 Abs. 3 RBÜ zur Definition „veröffentlichter Werke": „Par "œuvres publiées", il faut entendre les œuvres éditées avec le consentement de leurs auteurs, quel que soit le mode de fabrication des exemplaires, pourvu que la mise à disposition de ces derniers ait et telle qu'elle satisfasse les be-

zwar unabhängig von der Staatsangehörigkeit des Urhebers.[451] Für die nicht-
veröffentlichten oder die zum ersten Mal in einem verbandsfremden Land
veröffentlichten Werke wird hilfsweise die Staatsangehörigkeit herangezogen.[452] Alternativ kann auf den gewöhnlichen Aufenthalt abgestellt werden,
wenn der Urheber keinem Verbandsland angehört.[453] Da der Franzose im Beispielsfall sein Werk in Italien zum ersten Mal veröffentlicht hat, kommt es auf
seine französische Staatsangehörigkeit oder auf seinen Wohnsitz in der
Schweiz nicht an. Das Ursprungsland ist Italien. Frankreich käme nur dann als
Ursprungsland in Frage, wenn der Urheber sein Werk überhaupt nicht oder
zuerst in einem verbandsfremden Land veröffentlicht hätte.[454] Die Schweiz
würde nur dann als Ursprungsland gelten, wenn der Urheber sein Werk überhaupt nicht oder zuerst in einem verbandsfremden Land veröffentlicht hätte
und keinem Verbandsland angehören, aber in der Schweiz wohnen würde.[455]

Im Gegensatz zum Berechtigten spielt der Verletzer bei der Bestimmung
des anwendbaren Rechts keine Rolle, da einem deliktisch Handelnden nicht
auch noch der Vorteil gewährt werden soll, sich auf sein Heimatrecht zu berufen.[456] Englisches Recht scheidet im Beispielsfall somit von vornherein aus.

Im Ergebnis sind drei Kriterien in einem Schema zur Bestimmung des anwendbaren Rechts bei Urheberrechtsverletzungen zu berücksichtigen: der Ort
der Rechtsverletzung, das Forum und das Ursprungsland. Setzt man voraus,
daß der Ort der Rechtsverletzung und das Ursprungsland eindeutig bestimm-
bar sind, kommen höchstens drei verschiedene Deliktsstatute in Betracht. Im
Beispielsfall kämen dänisches, deutsches und italienisches Recht in Frage,
weil der Verletzer das Schutzrecht eines zuerst in Italien veröffentlichten

---

soins raisonnables du public, compte tenu de la nature de l'œuvre. Ne constituent pas une
publication la représentation d'une œuvre dramatique, dramatico–musicale ou cinématogra-
phique, l'exécution d'une œuvre musicale, la récitation publique d'une œuvre littéraire, la
transmission ou la radiodiffusion des œuvres littéraires ou artistiques, l'exposition d'une
œuvre d'art et la construction d'une œuvre d'architecture."

[451] Als Ursprungsland gilt für die zum ersten Mal in einem Verbandsland veröffentlichten
Werke dieses Land auch dann, wenn der Urheber nicht diesem Land angehört. Das ergibt sich
aus Art. 5 Abs. 3 S. 2: „La protection dans le pays d'origine est réglée par la législation nationale. Toutefois, lorsque l'auteur ne ressortit pas au pays d'origine de l'œuvre pour laquelle il
est protégée par la présente Convention, il aura, dans ce pays, les mêmes droits que les auteurs nationaux."

[452] Vgl. Art. 5 Abs. 4 lit. c RBÜ.

[453] Das ergiebt sich aus Art. 3 Abs. Abs. 2 RBÜ: „Les auteurs ne ressortissant pas à l'un
des pays de l'Union mais ayant leur résidence habituelle dans l'un de ceux–ci sont, pour
l'application de la présente Convention, assimilés aux auteurs ressortissant audit pays."

[454] Art. 5 Abs. 4 lit. c RBÜ.

[455] Art. 5 Abs. 4 lit. c i.V.m. Art. 3 Abs. 2 RBÜ.

[456] *Zweigert/Puttfarken*, GRUR Int. 1973, 573, 576; *von Bar*, UFITA 108 (1988), 27, 44.

Werkes in Dänemark verletzt hat und der Urheber Klage am allgemeinen Gerichtsstand des Verletzers in Deutschland erhebt.[457]

bb. *Schema zum anwendbaren Recht bei Verletzung eines Urheberrechts*

Mit Hilfe dieser Kriterien lassen sich nunmehr alle denkbaren Fälle systematisch darstellen. Das folgende Schema setzt voraus, daß die drei Länder A, B und C dem Verband der RBÜ angehören und daß ein Gericht im Land A zuständig ist.[458] Es gilt das Territorialitätsprinzip.[459] Die Anknüpfungspunkte „Ursprungsland" und „Rechtsverletzung" werden zueinander in Relation gesetzt. Ein Werk des Ursprungslands A, B oder C wird jeweils in A, B oder C verletzt.

		Ursprungsland	
	A	B	C
A	1 a	2 a/b	2 a/c
B	3 a/b	4 a/b	5 a/b/c
C	3 a/c	5 a/b/c	4 a/c

(Zeilen: Verletzungsland A, B, C)

Das Forum befindet sich im Land A.

1-5 = Fallgruppe

a, b, c = anwendbares Recht der Länder A, B oder C

Abb. 1: Grundschema zum anwendbaren Recht.

---

[457] Beruft sich der Verletzer im Beispiel auf ein Gegenrecht aus einem nach amerikanischem Recht geschlossenen Lizenzvertrag, könnte mit der amerikanischen eine weitere Rechtsordnung maßgeblich sein, vgl. 3. Kapitel IV.6.d.
[458] Etwa weil der Verletzer seinen allgemeinen Gerichtsstand in A hat.
[459] Zur Kritik am Territorialitätsprinzip oben 2. Kapitel I.2.

(1) Klagt ein Inländer aus einer im Inland begangenen Verletzung seines inländischen Urheberrechts vor einem inländischen Gericht, liegt ein Inlandsfall vor, der sich nach inländischem Recht bestimmt (1). Dasselbe gilt, wenn ein Ausländer sein Werk zuerst in A veröffentlicht hat, vorausgesetzt das Land A kennt fremdenrechtliche Regeln, die dem § 121 UrhG entsprechen. Theoretisch werden auch diese rein nationalen Sachverhalte vom Kollisionsrecht umfaßt, da das nationale Privatrecht nur ein besonderer Anwendungsfall des IPR ist, bei dem das Ergebnis, die Anwendung der materiellen lex fori, von vornherein feststeht.[460]

(2) Ein typischer Konventionsfall liegt gemäß Art. 3 und 5 RBÜ dann vor, wenn die Rechte eines Urhebers nicht im Ursprungsland B oder C, sondern im Prozeßland A verletzt werden und der Urheber kein Inländer ist, also nicht dem Land angehört, in dem der Prozeß geführt wird. Wenn also ein dem Verbandsland B angehörender Urheber in A geltend macht, daß sein zum ersten Mal in B oder C veröffentlichtes Werk in A verletzt worden ist, genießt er nach dem Grundsatz der Inländerbehandlung denselben Schutz wie die Urheber des Landes A. Hat der Urheber die Staatsangehörigkeit des Landes A, genießt er den urheberrechtlichen Schutz seines Heimatlandes unabhängig davon, ob und wo seine Werke erschienen sind.[461] Der Grundsatz der Inländerbehandlung besagt zunächst nur, daß ausländische Staatsangehörige denselben Urheberschutz wie Inländer beanspruchen können,[462] jedoch nicht zwangsläufig, nach welchem Recht ausländische Urheber geschützt werden. Insbesondere führt die fremdenrechtliche Regelung nicht ohne weiteres zur Anwendung inländischen Urheberrechts.[463]

(3) Denkbar ist auch der Fall, daß der Urheber sein Werk zum ersten Mal in dem Prozeßland A veröffentlicht hat und sein Recht im Ausland B verletzt wird.[464] Wenn der Urheber ein Staatsangehöriger des Landes A ist, genießt er ohne Umweg über die RBÜ den urheberrechtlichen Schutz seines Heimatlandes.[465] Wenn der Urheber kein Angehöriger des Prozeßlandes A ist, genießt er aufgrund der fremdenrechtlicher Vorschriften des Landes A dieselben Rechte, die die einschlägigen Gesetze den inländischen Urhebern gewähren.[466] Frag-

---

[460] *Goldschmidt*, Zur ontologisch-logischen Erfassung des IPR, ÖZÖffR 4 (1952), 121, 122; Nachweis bei *Kropholler*, IPR, § 1 IV.

[461] Vgl. aus deutscher Sicht § 120 Abs. 1 S. 1 UrhG: „Deutsche Staatsangehörige genießen den urheberrechtlichen Schutz für alle ihre Werke, gleichviel ob und wo die Werke erschienen sind."

[462] *Khadjavi-Gontard*, Grundsatz der Inländerbehandlung, 67; *Bergsma*, Prinzip der Inländerbehandlung, 37; *Heimsoeth*, Schutz ausländischer Urheber, 11.

[463] Statt vieler *Knörzer*, 28–30, m.w.N.

[464] Einen solchen Fall skizziert *Ulmer* (Gutachten, 10): Ein deutsches Konzertunternehmen bringt in Dänemark ein in Deutschland geschütztes Werk zur Aufführung. Der Urheber erhebt Klage in Deutschland.

[465] Vgl. aus deutscher Sicht § 120 UrhG.

[466] Vgl. aus deutscher Sicht § 121 UrhG.

lich ist nur, nach welchem Recht das inländische Gericht diesen Schutz gewähren muß. Das Recht des Landes A gilt wegen des Territorialitätsprinzips
nur in A, wo es aber nicht verletzt worden ist. Umgekehrt besteht in B kein
Urheberrecht, wenn es nicht ausdrücklich verliehen worden ist. Abhilfe
könnte eine Kollisionsnorm schaffen, die auf das Recht des Landes abstellt, in
dem das Urheberrecht verletzt worden ist. Dann genössen Urheber den materiellen Schutz des Landes, dessen Schutz der Verletzte für sich in Anspruch
nehmen will, *unabhängig* davon, ob Klage im Inland (3) oder im Ausland (2)
erhoben wird.[467]

(4) Klagt ein Urheber aus einer im Land B begangenen Verletzung eines
Werkes, für das als Ursprungsland B gilt, vor einem Gericht des Landes A,
kommen sowohl die lex fori als auch die lex loci delicti in Betracht.[468] Art. 5
Abs. 1 RBÜ erklärt den Fall, daß das Recht eines Urhebers im Ursprungsland
verletzt wird ausdrücklich zur Ausnahme, die aus dem Anwendungsbereich
der Konvention fällt. Aus Sicht des Landes B liegt ein Inlandsfall vor, der nur
zuständigkeitshalber vor ein Gericht des Landes A gelangt ist. Maßgeblich ist
jedoch die Sicht des Gerichts im Land A. Es hängt vom nationalen Recht des
Landes A ab, ob dessen Gerichte das ausländische Urheberrecht B anerkennen
und welches Recht sie auf die Verletzung anwenden. Wenn ein Gericht in A
das in B bestehende und dort verletzte subjektive Recht nicht anerkennt, steht
der Urheber schutzlos da.[469] Wenn ein Gericht in A das ausländische Schutzrecht anerkennt und das Territorialitätsprinzip beherzigt, scheidet die Anwendung der lex fori aus: Das Urheberrecht des Landes A gilt materiell nur in A,
ist dort aber nicht verletzt worden. Zur Anwendung käme demnach allein das
Recht des Staates, in dem das Schutzrecht verletzt worden ist, nämlich B.

(5) Aufgrund des Inländerbehandlungsgrundsatzes ist ein Gericht im Verbandsstaat A verpflichtet, dem Urheber Schutz zu gewähren, wenn das Recht
eines Urhebers, der sein Werk zuerst in C veröffentlicht hat, in B verletzt und

---

[467] Davon zu unterscheiden ist die Frage, ob bei den Immaterialgüterrechten eine Beschränkung der internationalen Zuständigkeit in dem Sinn anzunehmen ist, daß vor den inländischen Gerichten Rechtsschutz nur aufgrund des inländischen Immaterialgüterrechts in Anspruch genommen werden kann, vgl. *Ulmer*, Gutachten, 11 f.; *Zweigert/Puttfarken*, GRUR
Int. 1973, 573, 576. Die Zuständigkeit des inländischen Gerichts für Ansprüche aus der Verletzung ausländischen Urheberrechts wird unterstellt, siehe oben vor (1).

[468] Vgl. zu dieser Konstellation *Zweigert/Puttfarken*, GRUR Int. 1973, 573, 575. Beispiel:
Ein Franzose klagt wegen einer in Frankreich begangenen Verletzung seines französischen
Urheberrechts vor einem deutschen Gericht, weil der Verletzer seinen allgemeinen Gerichts-
stand in Deutschland hat.

[469] Die Frage, ob in einzelnen Ländern einem im Ausland bestehenden Urheberrecht der
Schutz versagt wird, wenn es in eben diesem Land verletzt wird, hängt vom jeweiligen nationalen Kollisionsrecht ab. In der Regel besteht für ein nationales Kollisionsrecht kein Anlaß,
das im Ausland bestehende und dort verletzte Recht nicht anzuerkennen. Vgl. dazu *Zwei-
gert/Puttfarken*, GRUR Int. 1973, 573, 575.

vor einem Gericht in A eingeklagt wird.[470] Da den fremdenrechtlichen Vorschriften eine kollisionsrechtliche Aussage oder gar eine Verweisung auf das
heimische Urheberrecht ohne weiteres nicht zu entnehmen sind, kommt auch
in diesem Fall Kollisionsrecht zum Zuge. Theoretisch könnte das Recht aller
drei Länder anwendbar sein.

cc. Ergebnis

Anhand der Fälle (2), (3), (4) und (5) wird deutlich, daß der in der RBÜ verankerte Grundsatz der Inländerbehandlung noch Raum für Kollisonsrecht läßt.
Dieser Befund führt zu der Frage, ob die RBÜ selbst eine kollisionsrechtliche
Antwort enthält oder ob generell auf nationales Kollisionsrecht zurückgegriffen werden muß.

b. Der Streit über Art. 5 Abs. 2 S. 2 RBÜ

So einmütig die fremdenrechtliche Bedeutung der RBÜ anerkannt wird,[471] so
umstritten ist, ob die Konvention darüber hinaus für die Verletzung eines Urheberrechts Kollisionsnormen enthält.[472] Im Mittelpunkt der Diskussion steht
Art. 5 Abs. 2 S. 2 RBÜ.[473]

Einige meinen, die jeweils nur territorial begrenzte Wirkung eines Urheberrechts oder eines verwandten Schutzrechts lege es nahe, das Territorialitätsprinzip nicht nur als sachrechtliche, sondern auch als kollisionsrechtliche
Regel zu verstehen, und zwar im Sinne einer Verweisung auf das Recht desjenigen Landes, für dessen Gebiet der Schutz durch ein solches Recht in An-

---

[470] Dieser Fall entspricht dem der Modellbildung zugrunde gelegten Beispielsfall: Ein Urheber, der sein Werk zuerst in Italien veröffentlicht hat, klagt in Deutschland wegen der in
Dänemark begangenen Verletzung seines Urheberrechts.

[471] Das deutsche Recht unterscheidet zwischen Fremdenrecht und Kollisionsrecht. Im
französischsprachigen Raum wird entsprechend zwischen „jouissance des droits" und „con-
flits de lois" differenziert. Im Englischen wird zwischen "law relating to aliens" und „conflict
of laws" unterschieden.

[472] Einen Überblick über den Meinungsstand gibt *Locher,* 9 ff.

[473] Da sich diese Studie auf den Schutz vor Rechtsverletzungen konzentriert wird allein
der kollisionsrechtliche Gehalt des Art. 5 Abs. 2 S. 2 RBÜ untersucht. Möglicherweise haben
auch andere Vorschriften der RBÜ einen kollisionsrechtlichen Charakter wie jene, die Mindestrechte gewähren (Art. 2bis Abs. 3, Art. 6bis, Art. 8, Art. 9, Art. 10, Art. 10bis, Art. 11,
Art. 11bis, Art. 11ter, Art. 12, Art. 13, Art. 14, Art. 14bis, Art. 14ter, Art. 15, Art. 16) oder Normen, die Voraussetzungen für die Anwendung der RBÜ festlegen (Art. 2 Abs. 1, Art. 2
Abs. 3, Art. 2 Abs. 5, Art. 2 Abs. 6, Art. 2 Abs. 8; Art. 3, Art. 4, Art. 18), den Ausschlußvor-
behalt regeln (Art. 2 Abs. 2, Art. 2 Abs. 4, Art. 2 Abs. 7, Art. 2bis Abs. 1 und 2) oder schutz-
begrenzende Normen (Art. 6, Art. 7, Art. 7bis, Art. 17). Ausführlich *Knörzer,* 41–67; *Ginsburg,* Recueil, 350: „In general, the Berne Convention sets forth neither substantive nor
choice of law rules to determine copyright ownership. [...] The Berne Convention affords
insufficient guidance as to the law applicable to contracts of transfer of rights under copyright, and particularly, to designation of initial copyright ownership and authorship status."

spruch genommen werde oder sonst in Frage stehe.[474] Aus der Konventions-
regel über die Inländerbehandlung (Art. 3 Abs. 1, Art. 5 Abs. 1 RBÜ) folge
eine Verweisung auf das Sachrecht des Schutzlandes.[475] Art. 5 Abs. 2 S. 2
RBÜ sei als Verweisung auf das Recht des Landes zu verstehen, für dessen
Gebiet Schutz in Anspruch genommen werde.[476]

Andere sind der Ansicht, das Territorialitätsprinzip und der Grundsatz der
Inländerbehandlung gewährleisteten nur, *daß* ein Urheberrecht in einem anderen Verbandsland als dem Ursprungsland geschützt werde, sagten aber nicht
zwangsläufig etwas darüber aus, *nach welcher* Rechtsordnung sich der Schutz
bestimme.[477] Der RBÜ komme nur fremdenrechtliche Bedeutung zu; eine
Kollisionsnorm lasse sich ihr nicht entnehmen.[478] So brauche ein Staat nicht
notwendigerweise seine Sachnormen anzuwenden, solange er vertragszugehö-
rige Ausländer und Inländer denselben Schutzbestimmungen unterwerfe.[479]

aa. Relevanz des Streits

Zunächst stellt sich die Frage, ob der Streit überhaupt von Bedeutung ist. Einige Autoren bezweifeln die Relevanz dieser Streitfrage, weil das Schutzlandprinzip generell im internationalen Urheberrecht herrsche, also auch für

---

[474] Bei multiplen Verletzungen wird erwogen, nur das Recht des Landes anzuwenden, in
dem die Verletzung ihren Ausgang genommen hat (initiation of the infringement). *Ginsburg,*
Recueil, 323. Dagegen *Austin,* Conflicts of Law, Columbia-VLA JLA 1999, 1, 25: „This
interpretation of article 5 (2) is thus inconsistent with the assumptions as to the territorial
confines of copyright protection that would appear to underlie the Berne scheme."

[475] *Ulmer,* Gutachten, 10 f., 30 ff.; ders., RabelsZ 1977, 479, 487; *Katzenberger,* FS für
Schricker, 225, 243, m.w.N.; *Schricker-Katzenberger,* vor §§ 120 ff., Rn. 124–125.

[476] *Bappert/Maunz/Schricker,* Verlagsrecht, 50; *Bergé,* 391; *Bouche,* 476–482; *Boytha,*
UFITA 85 (1979), 18, 37; ders., Le droit international privé, 433; *Burghardt,* GRUR Int.
1973, 601, 602; *Desbois,* Le droit d'auteur en France, Nr. 805; *Fawcett/Torremans,* 499;
Geller, Introduction, 42 und 181 f.; *Goldstein,* Copyright, Vol. II, 683; MünchKomm-
Kreuzer, nach Art. 38 Anh. II Rn. 3; *Kreuzer:* Gutachten, 148 ff.; *Mackensen,* Der Verlagsvertrag im internationalen Privatrecht, 41 f.; *Nimmer,* GRUR Int. 1973, 302 f.; *Nim-
mer/Nimmer,* Nimmer on Copyright, Vol. 3, 17–39; *Nerenz,* 56; *Plaisant,* Le droit des auteurs, Nr. 498; *Siehr,* UFITA 108 (1988), 12; *Schricker-Katzenberger,* Vor 120 ff., Rn. 124
ff.; *Sandrock,* Gutachten, 392; *Spoendlin,* UFITA 107 (1988), 15 ff.; *Troller,* IPR, 26; ders.,
Riv. Dir. Ind. 25 (1977), 1126 ff.; *Ulmer,* Gutachten, 10 ff.; ders., RabelsZ 41 (1977) 479,
480, 487; ders., Fremdenrecht, 258; *Wille,* 69.

[477] *Neuhaus,* RabelsZ 1976, 191, 193; *Schack,* Urheberrecht, 357.

[478] *Bappert/Wagner,* Internationales Urheberrecht, Einl. RBÜ 13 und Einl. WUA, 2; *von
Bar,* UFITA 108 (1988), 47; *Bergsma,* Inländerbehandlung, 37; *Drobnig,* RabelsZ 40 (1976),
196 f.; *Knörzer,* 28 f.; *Koumantos,* DdA 1988, 448; *Neuhaus,* RabelsZ 40 (1976), 193; *Nor-
demann/Vinck/Hertin,* Einl. 15, 23; *Patry,* [2000] Am. J. Comp. L., 384, 407–408; *Raape,*
IPR, 643; *Rintelen,* UrhR, 228; *Schack,* Anknüpfung, 32 f.; ders. Urheberrecht, 376 ff.; *Schikora,* 78; *Soergel-Kegel,* Anh. Art. 12, Rn. 22; *Soergel-Lüderitz,* BGB VIII, nach Art. 7
EGBGB, 32; *Zweigert/Puttfarken,* GRUR Int. 1973, 573, 575.

[479] *Bühler,* 338, m.w.N. aus der Schweiz in Fn. 2147.

das autonome Kollisionsrecht gelte.[480] Selbst wenn man Art. 5 Abs. 2 RBÜ als fremdenrechtliche Regelung ohne kollisionsrechtlichen Gehalt betrachtete, würde die Gesetzgebung in nahezu allen Ländern der Welt zum Recht des Schutzstaates führen, das sich aus dem Inländerbehandlungsgrundsatz der internationalen Konventionen ergebe.[481]

Eben diese Verknüpfung von internationalen Abkommen und autonomem Kollisionsrecht gilt es jedoch zu vermeiden, will man nicht von vornherein apodiktisch dem Schutzlandprinzip das Wort reden. Erst wenn feststeht, daß die internationalen Abkommen eine Kollisionsnorm enthalten, kann man Schlüsse auf das autonome Kollisionsrecht ziehen; ein lapidarer Hinweis auf den in der RBÜ manifestierten Inländerbehandlungsgrundsatz überzeugt im Hinblick auf die oben skizzierte Unterscheidung zwischen Fremdenrecht und Kollisionsrecht nicht. Die Verankerung des Schutzlandprinzips in der RBÜ würde die Anknüpfungsregeln des einzelstaatlichen Kollisionsrechts ebenfalls an dieses Prinzip binden. Vertragsstaaten wären in der Gestaltung ihres Kollisionsrechts nur gegenüber Nichtvertragsstaaten frei. Wenn umgekehrt der Inländerbehandlungsgrundsatz lediglich eine fremdenrechtliche Dimension hat, entfällt ein gewichtiges Argument für die weltweite Geltung des Schutzlandprinzips. Es fehlt dann eine verbindliche völkervertragsrechtliche Kollisionsnorm, die Urheberrechte generell an das Schutzlandprinzip bindet. Andere Anknüpfungen, etwa an das Recht des Ursprungslands, wären auch gegenüber Verbandsstaaten möglich.

Im übrigen empfiehlt es sich, vor Anwendung einer nationalen Kollisionsnorm immer erst zu prüfen, ob nicht eine staatsvertragliche Kollisionsnorm maßgebend ist, weil der Staatsvertrag aufgrund seiner Eigenschaft als Spezialregelung nationalem Recht vorgeht.[482] Schon deshalb ist es unumgänglich, den kollisionsrechtlichen Gehalt der RBÜ zu bestimmen, bevor man sich nationalem Recht zuwendet.[483]

bb. Auslegung

In den Konferenzakten der Jahre 1884 bis 1886 findet sich kein Hinweis auf Kollisionsrecht.[484] Erst die Version der Berner Übereinkunft von Berlin aus dem Jahre 1908 enthält in Art. 4 Abs. 2 folgenden Passus: „La jouissance et l'exercice de ces droits ne sont subordonnés à aucune formalité; cette jouissance et cet exercice sont indépendants de l'existence de la protection dans le

---

[480] *Staudinger-von Hoffmann*, EGBGB/IPR, Art. 38 EGBGB, Rn. 578; *Kreuzer*, Gutachten, 148 f.
[481] So *Kreuzer*, Gutachten, 148.
[482] *Kropholler*, IPR, § 9 vor I., mit Hinweis auf BegrRegE, BT-Drucks. 10/504, 36.
[483] So auch *Sandrock*, Gutachten, 389. Erst nach Entscheidung dieser Streitfrage kann untersucht werden, ob das Schutzlandprinzip oder das Ursprungslandprinzip auch für das autonome Kollsionsrecht gilt bzw. gelten soll, vgl. 3. Kapitel IV.4./6.
[484] Actes de la Conférence 1884, 1885, 1886, 1908.

pays d'origine de l'œuvre. Par suite, en dehors des stipulations de la présente Convention, l'étendue de la protection ainsi que les moyens de recours garantis à l'auteur pour sauvegarder ses droits se règlent exclusivement d'après la législation du pays où la protection est réclamée."[485]

Ob der nachträglich eingefügte Satz 2, der dem inhaltlich unveränderten Art. 5 Abs. 2 S. 2 RBÜ der Pariser Fassung entspricht, eine Anknüpfung an das Recht des Schutzlandes vorsieht, ist durch Auslegung des Art. 5 Abs. 2 S. 2 RBÜ zu ermitteln. Für die Auslegung kollisionsrechtlicher Staatsverträge[486] gelten aus deutscher Sicht die herkömmlichen Auslegungskriterien: Wortlaut, System, Geschichte und Zweck.[487] Die Orientierung am Wortlaut steht auch in der Tradition der englischen Rechtsprechung seit *Fothergill v Monarch Airlines Ltd.*[488] Weniger wichtig sind danach die travaux preparatoire und die internationale Judikatur. Die Ansicht der Lehre („la doctrine") hat gar nur „persuasive value".[489]

(1) Wortlaut

Der Wortlaut des Art. 5 Abs. 2 S. 2 RBÜ läßt auf den ersten Blick eine Kollisionsnorm vermuten. Der Tatbestand der Norm umfaßt zwei Gegenstände, den Umfang des Schutzes und die dem Urheber zur Wahrung seiner Rechte zustehenden Rechtsbehelfe. Die Rechtsfolge besteht in der Maßgeblichkeit der Rechtsvorschriften des Landes, in dem der Schutz beansprucht wird.[490] In Art. 5 Abs. 2 S. 1 RBÜ ist jedoch im authentischen französischen Text (Art. 37 Abs. 1 c RBÜ) wie schon in Art. 5 Abs. 1 RBÜ von „jouissance de droits", also von Fremdenrecht die Rede. An diesen Satz knüpft der zweite Satz mit der Konjunktion „par suite" an, der in der deutschen Übersetzung das Wort „infolgedessen" entspricht. Schack betont zutreffend, daß Art. 5 Abs. 2 S. 2 aufgrund dieser Verknüpfung auch in den fremdenrechtlichen Zusammenhang gehöre.[491] Andernfalls sei der Satz unlogisch, da sich aus einer

---

[485] Revidierte Berner Übereinkunft vom 13.11.1908 zum Schutze von Werken der Literatur und Kunst. Die deutsche Übersetzung findet sich in RGBl. 1910, 965, 972. Sie lautet: „Soweit nicht diese Übereinkunft ein anderes bestimmt, richten sich demnach der Umfang des Schutzes sowie die dem Urheber zur Wahrung seiner Rechte zustehenden Rechtsbehelfe ausschließlich nach der Gesetzgebung des Landes, in welchem der Schutz beansprucht wird."

[486] Ob es sich bei der RBÜ um einen kollisionsrechtlichen Staatsvertrag handelt oder wegen der in ihr garantierten Mindestrechte um Einheitsrecht, kann dahinstehen, weil dieselben methodischen Grundsätze gelten. Vgl. *Kropholler*, IPR, § 9 V.

[487] *Kropholler*, IPR, § 9 V.

[488] [1980] 2 All ER (HL), 696–721. Das House of Lords hatte über die Interpretation eines Artikels des Warschauer Abkommens zur Vereinheitlichung von Regeln über die Beförderung im internationalen Luftverkehr in seiner Fassung von 1955 zu entscheiden.

[489] Darauf weist Lord *Diplock* hin, 708.

[490] Zur Struktur von Kollisionsnormen *Kropholler*, IPR, § 12 II.

[491] *Schack*, ZUM 6 (1989), 267, 277.

fremdenrechtlichen Norm eine bestimmte Kollsionsnorm nicht zwingend folgern lasse.[492]

Eine weitere Unschärfe findet sich am Ende der Vorschrift. Art. 5 Abs. 2
S. 2 RBÜ verweist auf die Rechtsvorschriften des Landes, „in dem der Schutz
beansprucht wird".[493] Ist darunter das Land zu verstehen, in dem geklagt wird
oder das Land, für das Schutz beansprucht wird? Würde sich der Schutz eines
Urheberrechts nach den Vorschriften des Landes richten, für das der Schutz
beansprucht wird, stünde die Berner Konvention im Einklang mit dem weithin
anerkannten allgemeinen Grundsatz des internationalen Privatrechts, wonach
sich Voraussetzungen und Folgen einer unerlaubten Handlung nach dem
Recht des Handlungs- oder Erfolgsortes richten.[494] Anknüpfungspunkt wäre
nicht der Ort, an dem die Handlung beanstandet wird, sondern der Ort, für den
die Verletzung beanstandet wird.[495] Art. 5 Abs. 2 S. 2 RBÜ würde auf das
Recht des Landes verweisen, in dem eine Verwertung des Urheberrechts erfolgt oder zu besorgen ist.

So wünschenswert diese Auslegung ist, weil sie der modernen Dogmatik
des IPR entspricht – aus der Berner Konvention selbst läßt sie sich nicht ableiten. „Où la protection est réclamée" heißt es im französischen Original;
„where the protection is claimed" lautet die Übersetzung ins Englische. Die
Anhänger einer Verweisung auf die lex loci protectionis sind gezwungen, den
Wortlaut zu verändern und die Wendung „in dem Schutz beansprucht wird"
durch die Worte „für das Schutz beansprucht wird" zu ersetzen.[496]

(2) Systematische Auslegung

Schack macht auf einen vermeintlichen Widerspruch aufmerksam: Wenn
Art. 5 Abs. 2 S. 2 RBÜ eine Kollisionsnorm enthalte, müsse auch die ähnlich
gefaßte Vorschrift des Art. 5 Abs. 3 RBÜ als Kollsionsnorm begriffen werden. Als Kollisionsnorm verweise Art. 5 Abs. 3 auf das Recht des Ursprungslands. Diese Konsequenz widerspreche dem in Art. 5 Abs. 2 S. 2 an-
gelegten Schutzlandprinzip. Deshalb sei in keinem der beiden Absätze eine
Kollisionsnorm zu sehen.[497]

Zweifelhaft ist bereits, ob die beiden Vorschriften ähnlich formuliert sind.
Schack präzisiert nicht, auf welchen Satz des Art. 5 Abs. 3 und auf welche
Wendung er sich bezieht. Art. 5 Abs. 2 S. 2 spricht vom Umfang des Schutzes
(l'étendue de la protection) und von Rechtsbehelfen (les moyens de recours

---

[492] *Schack*, Anknüpfung, 29.
[493] Vgl. auch die englische Fassung: „[...] the extent of protection, as well as the means of
redress afforded to the author to protect his rights, shall be governed exclusively by the laws
of the country where protection is claimed."
[494] *Drobnig*, RabelsZ 40 (1976), 195, 197.
[495] *Von Bar*, UFITA 108 (1988), 27, 48.
[496] *A. M. Braun*, 124; *Lucas*, WIPO Forum, Nr. 32.
[497] *Schack*, Anknüpfung, 30, 31; zustimmend *A. M. Braun*, 125.

garantis à l'auteur pour sauvegarder ses droits), während Art. 5 Abs. 3 nur von Schutz im Ursprungsland (la protection dans le pay d'origin) spricht.

Darüber hinaus sind Art. 5 Abs. 2 und Abs. 3 nicht auf dieselben Sachverhalte anwendbar. Die Vorschrift des Art. 5 Abs. 3 S. 1 RBÜ enthält keine Kollisionsnorm, sondern spricht lediglich den allgemeinen Gedanken aus, daß der Schutz eines Urhebers im Ursprungsland nicht der Berner Konvention untersteht, sondern jedem Ursprungsland zur autonomen Regelung überlassen bleibt.[498] Damit sind die Fälle gemeint, in denen ein Urheber vor einem Gericht des Ursprungslands klagt, also die Konstellationen (1) und (3).[499] Auch hier ist gemäß Art. 5 Abs. 3 S. 2 RBÜ der Grundsatz der Inländerbehandlung für geschützte Werke zu beachten. Demgegenüber erfaßt Art. 5 Abs. 2 RBÜ die Fälle, in denen ein Urheber außerhalb des Ursprungslands klagt, also die Konstellationen (2), (4) und (5).

Ein Widerspruch zwischen beiden Absätzen ist daher ausgeschlossen wie schon das von Schack gewählte Beispiel des Typs (3) zeigt:[500] Ein Schweizer läßt sein Werk in Deutschland erscheinen. Das Urheberrecht wird in der Schweiz verletzt, die Klage in Deutschland erhoben. Der Schweizer genießt im Ursprungsland Deutschland wegen Art. 5 Abs. 3 S. 2 denselben Schutz wie ein Deutscher. Der Schutz richtet sich gemäß Art. 5 Abs. 3 S. 1 nach den innerstaatlichen Vorschriften, also nach deutschem Recht einschließlich[501] deutschen Kollisionsrechts. Art. 5 Abs. 2 S. 2 ist dagegen nicht einschlägig, weil der Schweizer im Ursprungsland und nicht in einem anderen Verbandsstaat klagt. Dennoch wendet Schack beide Vorschriften zugleich an, um zu zeigen, daß sie sich als Kollisionsnormen widersprechen würden: Wenn man die Vorschriften als Kollisionsnormen verstünde, wäre gemäß Art. 5 Abs. 3 deutsches Recht anwendbar, während nach Art. 5 Abs. 2 S. 2 schweizerisches Recht anwendbar wäre. In Wirklichkeit widersprechen die beiden Vorschriften einander nicht, weil sie verschiedene Fälle regeln.

Da die Normen alternativ anwendbar sind, mißlingt die reductio ad absurdum. Die Feststellung, Art. 5 Abs. 3 sei keine Kollisionsnorm, sagt nichts über den kollisionsrechtlichen Gehalt des Art. 5 Abs. 2 S. 2 aus. Die systematische Auslegung gibt keinen Aufschluß über den Regelungsgehalt des Art. 5 Abs. 2 S. 2 RBÜ.[502]

---

[498] *Nordemann/Vinck/Hertin/Meyer*, International Copyright, S. 77; *Siehr*, IPRax 1992, 29, 31; *Stewart*, International Copyright, 107. Das sieht auch *Schack*, Anknüpfung, 31.

[499] Siehe oben 3. Kapitel IV.3.a.bb.

[500] So auch *Wille*, 66.

[501] Vgl. zu dieser Interpretation unten 3. Kapitel IV.4.a.

[502] Im übrigen läßt sich auch aus dem systematischen Gesamtzusammenhang zu anderen Staatsverträgen nichts gewinnen, weil diese auf andere Initiativen zurückreichen, von anderen Organisationen erarbeitet worden sind und teilweise von anderen Ländern getragen werden. Vgl. zum „systematischen Gesamtzusammenhang" *Kropholler*, IPR, § 9 V.

(3) Historische Auslegung

Die Entstehungsgeschichte[503] der Konvention spricht für einen rein fremdenrechtlichen Gehalt, weil ihre Verfasser irrtümlich davon ausgingen, das Assimilationsprinzip mache eine Regelung des Kollisionsrechts überflüssig.[504] Die Urfassung machte den Schutz eines Urhebers davon abhängig, daß ein Urheberrecht im Ursprungsland wirksam entstanden ist (Art. 2 Abs. 1–2 RBÜ).[505] Erst die Berliner Revision von 1908 enthält in Art. 4 Abs. 2 S. 2 RBÜ eine Vorschrift mit demselben Wortlaut wie Art. 5 Abs. 2 S. 2 RBÜ der Pariser Fassung von 1971.[506] Da weder die Berliner noch spätere Konferenzakten Hinweise auf Kollisionsrecht enthalten, liegt die Vermutung einer ungewollten kollisionsrechtlichen Lücke im Konventionsschutz nahe.[507]

Dies mag so sein, führt aber keinen Schritt weiter, wenn man bedenkt, daß sich das System des internationalen Urheberrechts in den letzten hundert Jah-

---

[503] Ausführlich zur Entstehungsgeschichte des Artikels 5 RBÜ *Bouche,* 465–476.

[504] *Schack,* Anknüpfung, 32. *Ulmer,* Fremdenrecht, 260: „Es scheint, als läge hier eine Verweisung nicht auf das Recht des Schutzlandes, sondern auf die lex fori vor. Wie erklärt sich diese Formulierung? Der Grund ist in Wahrheit, daß man es als Regel ansah, die Verletzungsklage werde in dem Land erhoben, in dem die Verletzungshandlung begangen wird, so daß das Recht des Schutzlandes und die lex fori identisch sind. Diese Regel deckte sich auch mit der früher vielfach angenommenen Begrenzung der sogenannten internationalen Zuständigkeit der Gerichte. Man ging davon aus, daß die inländischen Gerichte nur dazu berufen sind, über die Verletzung inländischer, nicht aber über die Verletzung ausländischer Immaterialgüterrechte zu entscheiden, und berief sich dabei auf den in einem zu weiten Sinn verstandenen Territorialitätsgrundsatz."

[505] Vgl. hierzu das Urteil des Reichsgerichts vom 12. Mai 1909, RGZ 71, 145–151. Der Kläger behauptet, Inhaber der Rechte an drei Bronzen und weiteren Kunstgegenständen zu sein, die in Frankreich hergestellt worden seien. Der Beklagte habe die Werke ohne seine Einwilligung in Deutschland nachgebildet und dort gewerbsmäßig verbreitet. Da das deutsche Recht ursprünglich keinen oder nur einen geringen Schutz für Erzeugnisse des Kunstgewerbes vorsah, stellt sich die Frage, ob der Urheber den Schutz des Ursprungslandes (Frankreich) oder den Schutz des Einfuhrlandes (Deutschland) genießt. „Das Reichsgericht nimmt keinen Anstand, das Gesetz des Einfuhrlandes als maßgeblich anzuerkennen." (S. 149). Die Begründung erschöpft sich im Entkräften von Gegenargumenten. Ausschlaggebend ist letztlich, daß das Reichsgericht Inländer nicht schlechter stellen will als Ausländer. „Es würde auch schwer verständlich sein, wenn Länder, die den eigenen Angehörigen nur den weit geringeren Musterschutz gewährten, fremden Urhebern den Kunstwerkschutz hätten zusichern wollen." Das Reichsgericht bestätigt diese Entscheidung zwei Jahre später mit einem Satz, RG JW 1911, 412, Nr. 37.

[506] Vgl. RGBl. 1910, 965; *Wauwermans,* La Convention de Berne (revisée à Berlin) pour la Protection des Œuvres Littéraires et Artistiques, 51.

[507] *Schack,* Anknüpfung, 31 f.; *Stewart,* International Copyright, 47; *Neuhaus* (RabelsZ 40 (1976), 191, 193) erklärt diese Lücke mit dem zur Zeit der Entstehung der Konvention herrschenden Rechtspositivismus und Neomerkantilismus, der den staatlichen Schutz höher veranschlagte als die Freizügigkeit individueller Rechte. Demgemäß sei in den Konventionen nicht von der Anerkennung im Ausland entstandener Immaterialgüterrechte die Rede gewesen, sondern im wesentlichen nur von der Gewährung gleichen Schutzes für Inländer und Ausländer.

ren stark weiterentwickelt hat. Gerade weil die Verfasser der Berner Übereinkunft die Notwendigkeit einer kollsionsrechtlichen Regelung nicht erkannt haben, indizieren sie einen fremdenrechtlichen Zusammenhang mit der Konjunktion „par suite". Andernfalls würden sie sich in Widerspruch zu ihren eigenen Prinzipien setzen. Die Frage ist doch aber nicht, was die Verbandsländer vor hundert Jahren gedacht und gewollt haben, sondern was sie heute denken und wollen.[508] Unterstellt man eine Lücke im Vertragstext, hilft der seit 1928 unveränderte Wortlaut bei einer zeitgemäßen Auslegung nicht weiter.[509]

(4) Rechtsvergleichende und teleologische Auslegung

Zweck der Berner Übereinkunft ist seit jeher, das Urheberrecht international zu vereinheitlichen: „L'exemple des autres Unions internationales est un sûr garant que plus tard, par la force même des principes, les différences qui nous séparent encore tendront à disparaître, et un avenir prochain verra sans doute réaliser l'idéal d'uniformité après lequel beaucoup soupirent. En attendant, les travaux de notre Conférence, lors même qu'ils n'aboutiraient pas sur tous les points à une entente, serviront de précieux jalons pour l'unification future."[510]

Maßgeblich für die Interpretation des Zwecks sind höchstrichterliche Rechtsprechung und Doktrin.[511] Möglicherweise hat ja die Rechtsprechung in dynamischer Weiterentwicklung des Territorialitätsprinzips und des Inländerbehandlungsgrundsatzes die kollisionsrechtliche Lücke inzwischen geschlossen, die der Konventionstext versehentlich enthält.

Die deutsche Rechtsprechung erkennt seit 65 Jahren in Art. 5 Abs. 2 S. 2 eine Kollisionsnorm. Bereits 1934 stützte sich das Reichsgericht auf Art. 4 Abs. 2 S. 2 RBÜ[512] (heute Art. 5 Abs. 2 S. 2), um das Recht des Landes zu

---

[508] Vgl. Lord *Wilberforce* in *Fothergill v Monarch Airlines Ltd* [1980] 2 All ER (HL) 696, 703 f. Auf die travaux préparatoire dürfe man sich nur berufen, wenn zwei Bedingungen erfüllt seien: „[...] first, that the material involved is public and accessible, and, secondly, that the travaux préparatoires clearly and indisputably point to a definite legislative intention. [...] If the use of travaux préparatoires is limited in this way, that would largely overcome the two objections which may properly be made: first, that relating to later acceding states and, secondly, the general objection that individuals ought not to be bound by discussions or negotiations of which they may never have heard."

[509] Vgl. die Fassung von Rom, 1928, Art. 4.

[510] *Droz*, Vorwort zur Konferenz von Bern am 7. September 1885, in: Actes de la Conférence, 1984, 1985, 13.

[511] *Kropholler* (IPR, § 9 V) weist darauf hin, daß es die internationale Rechtseinheit gebiete, die Rechtsprechung und Doktrin zum kollisionsrechtlichen Gehalt der RBÜ rechtsvergleichend zu berücksichtigen. Vgl. dagegen *Fothergill v Monarch Airlines Ltd* [1980] 2 All ER (HL) 696, 702 und 708 per Lord *Diplock,* der die Ansicht vertritt, daß die Lehre allenfalls „persuasive value" habe.

[512] Das RG bezieht sich auf die Berliner Fassung vom 13. November 1908, RGBl. 1910, 965.

berufen, in welchem der Schutz beansprucht wird.[513] Heute wird nur noch lapidar auf Art. 5 Abs. 2 S. 2 RBÜ verwiesen: „Die Rechtsmacht des Urhebers wie des Nutzungsberechtigten eines urheberrechtlichen Verwertungsrechts gehört zum Umfang des gewährten Schutzes und richtet sich gemäß Art. 5 Abs. 2 S. 2 RBÜ nach den Rechtsvorschriften des Landes, in welchem der Schutz beansprucht wird."[514]

Die USA haben bereits vor ihrem Beitritt zur RBÜ den kollisionsrechtlichen Gehalt des Art. 5 Abs. 2 RBÜ anerkannt: „The same Article establishes the principles of the independence of protection. This means that, apart from the specific provisions of the Convention (the Convention minima), the extent of protection is governed by the laws of the country where protection is claimed, and not dependent upon protection anywhere else, nor upon reciprocity."[515] Und auch in anderen Verbandsstaaten wird die Konvention in diesem Sinne interpretiert.[516]

Die Beispiele zeigen, daß in der internationalen Rechtsprechung und Literatur die Ansicht vorherrscht, Art. 5 Abs. 2 S. 2 RBÜ sei eine Kollsionsnorm, die auf das Recht des Schutzlandes verweise. Es gibt jedoch keinen internationalen Konsens, da die englische Rechtsprechung eine andere Meinung vertritt. Roch LJ geht in *Pearce v Ove Arup* davon aus, daß mit dem Land, „in dem Schutz beansprucht wird" nur der Ort gemeint sein könne, an dem der Urheber Klage erhebt.[517] Roch LJ interpretiert Art. 5 Abs. 2 RBÜ wie folgt: „But, in relation to copyright, the question is not, 'in respect of which country is the protection claimed', but 'where is the protection claimed'. The protection is claimed in the country in which the proceedings are brought. Article 5 (2) requires that the extent of the protection to be afforded is governed by the laws of that country. There is, of course, no reason to assume that the laws of that country do not include its own rules of private international law."[518]

---

[513] RGZ 144 (1934), 75, 76 – *Rennvoraussagen.*

[514] Vgl. BGHZ 118 (1992), 394, 397 – *Alf* (3. Kapitel IV.5.b.), mit ausdrücklichem Hinweis auf Art. 5 Abs. 2 S. 2 RBÜ und auf *Ulmer*, Gutachten, 51.

[515] Department of State, Letter of Submittal to the President and the White House, Washington, 4. Juni 1986, in: *Schulze* (Hrsg.), Hundert Jahre Berner Konvention. Sonderband, 25.

[516] In Frankreich: Cour de Cassation, (1960) 28 RIDA 120 – *Société Fox-Europa v Société Le Chant du Monde*, mit Anmerkung *Holleaux*, 121 ff. (ohne direkten Bezug zur RBÜ); *Bergé*, 391; *Bouche*, 476–482; in den Niederlanden: *United Feature Syndicate Inc v Van der Meulen Sneek BV* Arrondissementsrechtbank in Leewarden, [1990] BIE, 329 – *Garfield Puppen*; in Österreich: § 34 Abs. 1 IPRG und *Adolf Loos-Werke II*, GRUR Int. 1994, 638–640; im Beschluß des österr. OGH vom 18.3.1999 wird nur der Grundsatz der Inländerbehandlung diskutiert, GRUR Int. 2000, 447–449. Ferner verweisen die nationalen Gesetze der Schweiz (Art. 110 Abs. 1 IPRG), Spaniens (Art. 10 Nr. 4 span. Código civil i.d.F. vom 31.5.1974) und Ungarns (§ 19 IPR-GesetzesVO Nr. 13/1979 vom 13.5.1979) in Anlehnung an Art. 5 Abs. 2 S. 2 RBÜ auf das Recht des Schutzlandes (vgl. *Siehr*, UFITA 108 (1988), 9, 18).

[517] [1999] 1 All ER 769, 801 h. Ausführlich zum Fall unten 4. Kapitel A.II.2.f. und k.

[518] [1999] 1 All ER 769, 801 h.

Roch LJ versteht Art. 5 Abs. 2 RBÜ nicht als Sachnormverweisung auf das Recht des Schutzlandes,[519] sondern als Gesamtnormverweisung: Die Vorschrift komme erst zur Anwendung, wenn feststeht, wo der Verletzte Schutz beansprucht. Gemäß Art. 5 Abs. 2 RBÜ sei das Recht des Staates maßgeblich, in dem der urheberrechtliche Anspruch gerichtlich geltend gemacht werde. So verstanden ist Art. 5 Abs. 2 RBÜ nur eine Bestätigung des Grundsatzes, daß das Prozeß- und Kollisionsrecht des Gerichtsstaates zur Anwendung kommt. Aus englischer Sicht enthält Art. 5 Abs. 2 RBÜ nur eine Verweisung auf die lex fori unter Einschluß des Kollisionsrechts.

cc. Stellungnahme

Die deutsche Rechtsprechung und die herrschende Meinung des deutschen Schrifttums erkennen neben dem fremdenrechtlichen einen kollisionsrechtlichen Gehalt des Art. 5 Abs. 2 RBÜ an.[520] Demnach richten sich der „Umfang des Schutzes" sowie die dem Urheber zur Wahrung seiner Rechte zustehenden Rechtsbehelfe ausschließlich nach den Rechtsvorschriften des Landes, für das der Schutz beansprucht wird. Das ist die Rechtslage in Deutschland, gegen die sich diejenigen auflehnen, die der Konvention einen kollisionsrechtlichen Aspekt absprechen.[521] De lege ferenda gibt es gute Gründe, das System der Konvention, insbesondere das Territorialitätsprinzip, in Frage zu stellen und ein eigenständiges kollisionsrechtliches Konzept vorzulegen, das auf dem Universalitätsprinzip aufbaut.[522] De lege lata bleibt in Deutschland nur die Anerkennung des in der RBÜ verankerten Territorialitätsprinzips samt seiner zumindest von der Rechtsprechung anerkannten kollisonsrechtlichen Implikationen.[523]

---

[519] Zur Ambivalenz des Begriffs „Sachnormverweisung": *Kropholler*, IPR, § 24 I vor 1.

[520] Demgegenüber enthalten Art. II Abs. 1 WUA und Art. II Abs. 2 WUA schon nach ihrem Wortlaut keine kollisionsrechtliche Aussage. Implizit *Nordemann/Vinck/Hertin*, Art. II WUA, Anm. 1; *Knörzer*, 70; a.A. *Sandrock*, Gutachten, 392.

[521] So vor allem *Neuhaus*, RabelsZ 40 (1976), 191, 193; *Schack*, Urheberrecht, 377; ders., ZUM 1989, 277; ders., Anknüpfung, 28 ff.; *Koumantos*, DdA 1988, 439, 448; *Knörzer*, 28.

[522] Siehe oben, 2. Kapitel I. 2.

[523] Selbst Kritiker des Territorialitätsprinzips beugen sich der Rechtslage. Vgl. *Drobnig*, RabelsZ 40 (1976), 195, 197: „Eine kollisionsrechtliche Regelung muß also vom Prinzip der Universalität ausgehen, wie es auch für andere private Rechte gilt. Freilich ist auch den gegebenen Realitäten Rechnung zu tragen, soweit das erforderlich ist. Als Realität ist das Bestehen der Berner Übereinkunft zu betrachten, die von allen Mitgliedstaaten der Europäischen Gemeinschaften ratifiziert worden ist. Grundgedanke der Berner Übereinkunft ist, daß der Umfang des Schutzes und die Rechtsbehelfe des verletzten Urhebers sich nach den Vorschriften des Landes bestimmen, in dem (oder richtiger: für das) der Schutz beansprucht wird (Art. 5 II 2 RBÜ)."
Neuhaus, Freiheit und Gleichheit, RabelsZ 40 (1976), 191, 194: „Die Anlehnung an die bestehenden Konventionen ist sicherlich das Einfachste."

Darüber darf jedoch nicht vergessen werden, daß die Ableitung einer Kollisionsnorm aus der Berner Konvention keinesfalls selbstverständlich ist. Zutreffend stellt Roch LJ fest, der Wortlaut des Art. 5 Abs. 2 S. 2 RBÜ deute eher darauf hin, daß sich sowohl die dem Urheber zur Wahrung seiner Rechte zustehenden Rechtsbehelfe als auch der Umfang des Schutzes nach dem Recht des Forumstaates richteten.[524] Die Geschichte der Berner Konvention untermauert diese Auslegung. Die Verfasser der Berner Konvention mußten davon ausgehen, daß Forumland und Schutzland wegen einer ausschließlichen Zuständigkeit der Gerichte des Schutzlandes stets zusammenfallen.[525] Hinzu kommt ein systematisches Argument. Art. 5 Abs. 2 S. 1 RBÜ spricht nicht nur von „Genuß" (jouissance), sondern auch von „Ausübung dieser Rechte" (exercise des ces droits). Während Art. 5 Abs. 1 allein den Genuß der Rechte des Urhebers behandelt, regelt Art. 5 Abs. 2 auch die Geltendmachung der Rechte vor Gericht.[526] Angesichts dieser Argumente ist Roch LJ zuzustimmen. Art 5 Abs. 2 S. 2 RBÜ enthält eine Gesamtverweisung auf die lex fori einschließlich des IPR.[527]

Doch ist die Reichweite der staatsvertraglichen Verpflichtungen zu unbestimmt und der diesbezügliche Meinungsstand zu wenig gesetigt, um den Streit auf völkerrechtlicher Ebene zu entscheiden.[528] Jeder Staat muß selbst entscheiden, ob er das Schutzlandprinzip losgelöst von den internationalen Verträgen in seiner Gesetzgebung verankert.[529] Das deutsche Schrifttum und mit ihm die deutsche Rechtsprechung und der deutsche Gesetzgeber verstecken sich immer noch hinter einem vermeintlichen internationalen Konsens, den es nicht gibt und den es auf der Grundlage der bestehenden völkerrechtlichen Bestimmungen auch nie geben wird. Anstatt der Schutzlandanknüpfung staatsvertragliche Legitimität zu verschaffen und so zu tun, als ob die internationalen Konventionen keine andere Deutung zuließen,[530] sollte der Streit um

---

[524] So auch *Knörzer*, 36; *Schack*, Anknüpfung, 30; ders., Urheberrecht, 377; *Bühler*, 339; a.A. *Sandrock*, Gutachten, 405, der ohne Begründung auch die Rechtsbehelfe nach dem Recht des Schutzlandes beurteilt.

[525] *Knörzer*, 36. Zur internationalen Zuständigkeit *Ulmer*, Gutachten, 15 ff.

[526] *Schack*, Anknüpfung, 30.

[527] So auch *Knörzer*, 37.

[528] *Bühler*, 339; *Locher*, 14.

[529] Die Schweiz hat diesen Weg konsequent beschritten. Vgl. *Bühler*, 385 und die Arbeiten zum internationalen schweizerischen IPR der Immaterialgüterrechte von *Locher* und *Nouvier*: Welches Recht schweizerische Gerichte in grenzüberschreitenden, immaterialgüterrechtlichen Angelegenheiten anzuwenden haben, bestimmt Art. 110 IPRG. Der erste Absatz unterstellt Immaterialgüterrechte dem Recht des Schutzstaates. Dem zweiten Absatz zufolge können die Parteien für Ansprüche aus der Verletzung von Immaterialgüterrechten nach Eintritt des schädigenden Ereignisses vereinbaren, daß das Recht am Gerichtsort (lex fori) anzuwenden ist. Für Verträge über Immaterialgüterrechte besteht außerhalb des achten Kapitels des IPRG eine spezifische Kollisionsregel (Art. 122 IPRG).

[530] *Bühler*, 339 in Anlehnung an *Jegher/Schnyder*, in: *Honsell* (Hrsg.), Kommentar, Art. 110 IPRG, Rn. 38.

das Schutzlandprinzip auf die nationale Ebene verlagert werden. Hier ist der deutsche Gesetzgeber gefordert, differenzierte Kollisionsregeln für das Immaterialgüterrecht zu schaffen oder die Regeln des internationalen Deliktsrechts für das Immaterialgüterrecht zu öffnen.[531]

c. Ergebnis

Der Umfang des Schutzes und die Rechtsbehelfe richten sich gemäß Art. 5 Abs. 2 S. 2 RBÜ nach der lex fori. Demnach ist stets autonomes Kollisionsrecht anwendbar. Diese Ansicht steht im Widerspruch zu der in Deutschland herrschenden Meinung, die Art. 5 Abs. 2 S. 2 RBÜ als Verweisung auf das Recht des Landes interpretiert, für das Schutz beansprucht wird.

4. Autonomes deutsches Kollisionsrecht – de lege lata

Geht man mit der hier vertretenen Ansicht davon aus, daß Art. 5 Abs. 2 S. 2 RBÜ auf die lex fori verweist, ist allein das autonome nationale Kollisionsrecht anwendbar. Erkennt man dagegen mit der in Deutschland herrschenden Meinung den kollisionsrechtlichen Gehalt der Berner Konvention an, fragt sich, in welchen Fällen das Kollisionsrecht der Berner Konvention und in welchen Fällen autonomes deutsches Kollisionsrecht zur Anwendung kommt (a.). Danach ist auf die Anknüpfung der Verletzung (b.), auf den ordre public (c.) sowie auf die Anknüpfung der Rechtsbehelfe (d.) und der Vorfragen (e.) einzugehen.

a. Relevanz des autonomen Kollisionsrechts

Die Anerkennung des in der RBÜ verankerten Schutzlandprinzips führt die oben skizzierten Fälle (2), (4) und (5) nach deutscher Lesart einem eindeutigen Ergebnis zu: Das nach dem Recht des Landes B begründete Schutzrecht wird in A verletzt und vor einem Gericht des Landes A eingeklagt (2); das nach dem Recht des Landes B begründete Schutzrecht wird in B verletzt und vor einem Gericht des Landes A eingeklagt (4) oder das nach dem Recht des Landes C begründete Schutzrecht wird in B verletzt und vor einem Gericht des Landes A eingeklagt (5).[532] Gemäß Art. 5 Abs. 2 S. 2 RBÜ sind die Voraussetzungen und die Rechtsfolgen in allen drei Fällen nach dem Recht des Landes B zu beurteilen. Bedarf für autonomes deutsches Kollisionsrecht besteht insoweit nicht.

Autonomes Kollisionsrecht spielt erst dann eine Rolle, wenn Art. 5 Abs. 2 RBÜ nicht anwendbar ist. Das ist der Fall, wenn der Geschädigte im Ursprungsland klagt, das Schutzrecht jedoch im Ausland verletzt wird, also in einem Fall des Typs (3): Wenn der Urheber ein Staatsangehöriger des Landes

---

[531] Vgl. unten 3. Kapitel IV.6.b.
[532] 3. Kapitel IV.3.a.bb.

A ist, richtet sich der Schutz im Ursprungsland A nach den innerstaatlichen Rechtsvorschriften; wenn der Urheber kein Angehöriger des Ursprungslandes A ist, so hat er in diesem Land die gleichen Rechte wie die inländischen Urheber. Das ergibt sich aus Art. 5 Abs. 3 RBÜ. Da Art. 5 Abs. 3 RBÜ keine Kollisionsnorm enthält,[533] ist die Anwendung des Kollisionsrechts des Ursprungslandes nicht ausgeschlossen. Zu demselben Ergebnis kommt man, wenn man Art. 5 Abs. 3 als Gesamtnormverweisung auf die „innerstaatlichen Rechtsvorschriften" begreift.[534] Auf die Vorschrift des Art. 5 Abs. 2 S. 2 RBÜ kommt es nicht an.[535]

Autonomes Kollisionsrecht kommt zum anderen in den Fällen zum Tragen, die nicht von den internationalen Konventionen überlagert werden. Da mittlerweile über 130 Länder dem Verband der RBÜ angehören,[536] kommt ein solcher Fall in der Praxis so gut wie nie vor.

b. Deliktsstatut

Eine spezielle kollisionsrechtliche Vorschrift für die Verletzung von Urheberrechten gibt es in Deutschland nicht. Wie schon erwähnt enthalten die §§ 120 ff. UrhG lediglich Sachrecht in bezug auf den persönlichen Anwendungsbereich des Urhebergesetzes bzw. Fremdenrecht und setzen somit für ihre eigene Anwendbarkeit eine kollisionsrechtliche Entscheidung für das deutsche Recht voraus.[537] Mit der Zeit wurde die kollisionsrechtliche Lücke durch zahlreiche Beiträge aus dem Schrifttum und schließlich durch die Rechtsprechung geschlossen.

aa. Gutachten

Zunächst erschienen Gutachten über die internationalprivatrechtlichen Aspekte des Urheberrechts. 1975 untersuchte Ulmer „Die Immaterialgüterrechte im internationalen Privatrecht" im Auftrag des Bundesministers für Justiz. Sein Ergebnis faßte er in einer Kollisionsregel für ein Übereinkommen über das internationale Privatrecht in den Mitgliedstaaten der Europäischen Wirtschaftsgemeinschaft zusammen. Danach bestimmen sich Entstehung, Wirkung, Erlöschen und Inhaberschaft des Urheberrechts an Werken der Lite-

---

[533] *Nordemann/Vinck/Hertin/Meyer*, International Copyright, 77; *Stewart*, International Copyright, 107; *Siehr*, IPRax 1992, 29, 31; *Schack*, Anknüpfung, 31; *Knörzer*, 39.

[534] Gegen eine kollisionsrechtliche Verweisung des Art. 5 Abs. 3 spricht jedoch, daß der Anknüpfungsgegenstand der Norm mit dem Ausdruck „Schutz" nur unscharf umrissen ist und ein Anknüpfungspunkt überhaupt nicht genannt wird, *Knörzer*, 38.

[535] Vgl. oben 3. Kapitel IV.3.b.bb.(2).

[536] Stand: März 2001, Quelle: <http://www.wipo.org>.

[537] *Schricker-Katzenberger*, Vor §§ 120 ff. Rn. 125; zum Rechtsgehalt der §§ 120 ff. UrhG oben IV.1. und 2.

ratur und Kunst nach dem Recht des Schutzlandes.[538] Der Begriff der lex loci protectionis, der von Ulmer geprägt worden ist, hat sich als terminus technicus durchgesetzt und den allgemeinen Begriff der lex loci delicti commissi[539] verdrängt.[540]

1983 legte die Zweite Kommission des Deutschen Rates für internationales Privatrecht ein Gutachten von Sandrock zur „Kollisionsrechtlichen Behandlung der Deliktshaftung bei der Verletzung von gewerblichen Schutzrechten und Urheberrechten" vor, das sich gegen die Schaffung einer Kollisionsregel ausspricht.[541] Begründet wird dieses Ergebnis damit, daß dem internationalen Gesetzgeber, der „das legislatorische Feld" bereits weitgehend „besetzt" habe, in Zukunft der Vortritt zu lassen sei, um eine Inkongruenz nationaler mit internationalen Regelungen zu vermeiden.[542]

Aus demselben Grund enthalten weder der Referentenentwurf eines Gesetzes zur Ergänzung des internationalen Privatrechts von 1984[543] noch der Referentenentwurf von 1993 eine Anknüpfungsregel für Immaterialgüterrechte.[544] Eine ausdrückliche Regelung wird im Hinblick auf die allgemeine Geltung des Territorialitätsprinzips als nicht zweckmäßig erachtet.[545]

Schließlich gab die Erste Kommission des Deutschen Rates für Internationales Privatrecht 1991 ein Gutachten über das Kollisionsrecht der Immaterialgüterrechte in Auftrag.[546] Kreuzer empfiehlt darin, Immaterialgüterrechte dem Recht des Staates zu unterstellen, für dessen Gebiet ihr Schutz in Anspruch genommen wird.[547]

---

[538] *Ulmer*, Gutachten, 108 (Art. D und E Abs. 1 mit Einschränkungen bei Werken von Arbeitnehmern, vgl. Art. E Abs. 2 i.V.m. Art. F)

[539] Zur grundsätzlichen Maßgeblichkeit des am Begehungsort geltenden Rechts: BGH GRUR 1982, 727, 729 – *Altverträge*; OLG Hamburg UFITA 26 (1958), 344, 349 – *Brotkalender*; LG München I UFITA 54 (1969), 320, 322; *von Gamm*, Urheberrechtsgesetz, Einf. Rn. 143; *Ulmer*, Gutachten, 9.

[540] Vgl. *Ulmer*, Gutachten, 108 (Art. A Abs. 1): „Recht des Schutzlandes im Sinn der Regeln über die Immaterialgüterrechte ist das Recht des Staates, für dessen Gebiet der Schutz in Anspruch genommen wird."

[541] *Sandrock*, Gutachten, 380–439.

[542] *Sandrock*, Gutachten, 406 f.

[543] Kritisch *Beier/Schricker/Ulmer*, Stellungnahme, GRUR Int. 1985, 104, 107; befürwortend *Schack*, GRUR Int. 1985, 523.

[544] *Kreuzer* spricht allerdings davon, daß die Haftung für die Verletzung von Immaterialgüterrechten implizit durch eine eingeschränkte Anwendbarkeit der allgemeinen deliktischen Kollisionsnormen in Art. 42 Abs. 3 RefE (1984) geregelt sei.

[545] Referentenentwurf von 1984, Begründung, 20.

[546] Gutachtliche Stellungnahme zum Referentenentwurf eines Gesetzes zur Ergänzung des Internationalen Privatrechts (Außervertragliche Schuldverhältnisse und Sachen) – Sachenrechtliche Bestimmungen, in: *Dieter Henrich* (Hrsg.), Vorschläge und Gutachten zur Reform des deutschen internationalen Sachen- und Immaterialgüterrechts. Im Auftrag der Ersten Kommission des Deutschen Rates für Internationales Privatrecht.

[547] *Kreuzer*, Gutachten, 148–155.

Das Schrifttum folgt der Meinung der Gutachten und wendet das Schutz-landprinzip auf Urheberrechtsverletzungen an.[548] Sogar diejenigen, die Art. 5 Abs. 2 S. 2 RBÜ nicht für eine Kollisionsnorm halten, kommen zu dem Er-gebnis, daß sich Verletzung, Inhalt und Schranken des Urheberrechts nach dem Recht des Schutzlandes richten.[549] Da es sich um eine Gesamtverweisung handele, sei ein renvoi gemäß Art. 4 Abs. 1 EGBGB beachtlich.[550]

Im Ergebnis sprechen sich alle Gutachten für das Schutzlandprinzip aus. Sie unterscheiden sich lediglich in der Frage, ob die Kodifikation einer Kolli-sionsregel durch den deutschen Gesetzgeber erforderlich ist.

bb. Rechtsprechung

Mittlerweile scheint die Kodifikation einer Kollisionsregel entbehrlich zu sein.[551] Der BGH entschied in Anlehnung an die Gutachten, daß das Recht des Schutzlandes über Inhalt und Umfang des Schutzes entscheide.[552] Dog-matisches Fundament des Schutzlandprinzips sei nach Ansicht der Recht-sprechung das Territorialitätsprinzip, wonach die Wirkung der nationalen Re-gelungen auf das Inland beschränkt sei.[553] Zwar sei das Urheberrecht als ein-heitliches, umfassendes Recht an der geistigen Schöpfung mit der natürlichen Herrschaftsmacht des Urhebers territorial unbegrenzt und insoweit überall belegen,[554] das dem Urheber positivrechtlich von den einzelnen Rechtsord-nungen zugebilligte Urheberrecht sei aber notwendig auf die jeweiligen staat-lichen Hoheitsgebiete begrenzt und im jeweiligen Schutzstaat belegen.[555] Die Geltung des Schutzlandprinzips ist – inzidenter und ohne Begründung – durch das Bundesverfassungsgericht bestätigt worden: „Denn nach dem das interna-tionale Urheber- und Leistungsschutzrecht beherrschenden Territoriali-tätsprinzip, gegen dessen Geltung von Verfassungs wegen keine Bedenken bestehen, beurteilen sich Entstehung, Übertragung, Beendigung, Umfang und

---

[548] *Bappert/Maunz/Schricker*, Verlagsrecht, 50; *von Bar,* IPR, 2. Band, Rn. 702 ff., 710; *Burghardt*, GRUR Int. 1973, 601, 602; MünchKomm-*Kreuzer*, nach Art. 38 Anh. II Rn. 3; *Mackensen*, Der Verlagsvertrag im internationalen Privatrecht, 41 f.; *Schricker-Katzenberger*, Vor 120 ff., Rn. 124 ff.; *Siehr* IPRax 1992, 29, 31 f.; *Ulmer*, RabelsZ 41, 479, 495 ff.; ders., in: *Holl/Klinke* (Hrsg.), Internationales Privatrecht, 257, 266.

[549] *Drobnig*, RabelsZ 40 (1976), 195 ff; *Neuhaus*, RabelsZ 40 (1976), 191, 193; *Schack*, Urheberrecht, 377, 389. Lediglich die Vorfragen nach Entstehung und Inhaberschaft seien nach dem Recht des Ursprungslands zu bestimmen. Dazu sogleich e.

[550] *Schack*, Urheberrecht, 390; *Siehr*, UFITA 108 (1988), 9, 23.

[551] *Schricker-Katzenberger*, Vor §§ 120 ff. Rz. 129.

[552] BGH GRUR Int. 1998, 427, 429 f. – *Spielbankaffaire*; BGH 126 (1994), 252, 256 f. – *Beuys*.

[553] BGHZ 126 , 252, 255 – *Beuys*. Das Territorialitätsprinzip schließe nach Ansicht des BGH jedoch nicht aus, daß ausländische Sachverhalte für die inländische Rechtslage von Bedeutung sein können – vgl. BGHZ 80, 101, 104 – *Schallplattenimport*.

[554] BGHZ 17 (1955), 266, 278 – *Grundig-Reporter*.

[555] BGHZ NJW 1975, 1220, 1222 a.E. – *August Vierzehn*.

Schutzdauer von Urheber- und Leistungsschutzrechten nach dem Recht desjenigen Landes, für dessen Gebiet sie in Rede stehen."[556]

Wie das in Deutschland vorherrschende System der drei Prinzipien „Territorialität – Inländerbehandlung – Schutzland" im einzelnen funktioniert, wird noch anhand der Rechtsprechung untersucht.[557]

cc. Gesetz zum Internationalen Privatrecht für außervertragliche Schuldverhältnisse und für Sachen

Mit dem am 1. Juni 1999 in Kraft getretenen Gesetz zum Internationalen Privatrecht für außervertragliche Schuldverhältnisse und Sachen vom 21. Mai 1999 ist das Deliktskollisionsrecht kodifiziert worden.[558] Im Hinblick auf die „allgemeine Geltung des Schutzlandprinzips" erschien dem Gesetzgeber eine ausdrückliche Regelung entbehrlich.[559] So enthält das Gesetz zum Internationalen Privatrecht für außervertragliche Schuldverhältnisse und für Sachen keine Sondernormen für Verletzungen von Immaterialgüterrechten. Statt dessen wird auf die BGH-Entscheidung *Spielbankaffaire*[560] und auf Ulmers Gutachten von 1975 verwiesen.[561] Danach ist bei Eingriffen in Immaterialgüterrechte das Recht des Staates maßgeblich, für dessen Gebiet der Verletzte Schutz in Anspruch nimmt. Im übrigen lasse das Schutzlandprinzip keinen Raum für eine vorrangige Anknüpfung etwa an das von den Beteiligten gewählte Recht oder an den gemeinsamen gewöhnlichen Aufenthaltsort zu.[562]

---

[556] BVerfGE 81 (1990), 208, 222 – *Bob Dylan*, mit Hinweis auf *Schricker-Katzenberger*, Vor §§ 120 ff. Rdnr. 69 und BGH NJW 1975, 1220, 1222 – *August Vierzehn*.

[557] 3. Kapitel IV.5.

[558] BGBl 1999 I S. 1026 = IPRax 1999, 285f.; dazu *Spickhoff*, IPRax 2000, 1 ff.

[559] Begründung des Regierungsentwurfs vom 1.2.99, Bundestagsdrucksache 14/343, 10: „Der Entwurf enthält auch keine Sondernormen für Verletzungen von Immaterialgüterrechten, wie Patenten, Gebrauchs- und Geschmacksmustern, Marken und sonstigen Unternehmenskennzeichen sowie Urheberrechten. Hier wäre allenfalls eine Kodifikation der Anknüpfung an das Recht des Schutzlandes in Frage gekommen. Danach ist bei Eingriffen in gewerbliche Schutzrechte das Recht des Staates, für dessen Gebiet der Verletzte Schutz in Anspruch nimmt, maßgeblich (BGH WM 1998, 200, 201 f. – „Spielbankaffaire"; Eugen Ulmer, Die Immaterialgüterrecht im Internationalen Privatrecht, 1975, Nr. 22 bis 25). Eine ausdrückliche Regelung erscheint im Hinblick auf die allgemeine Geltung des Schutzlandprinzips entbehrlich, das im übrigen auch keinen Raum für eine vorrangige Anknüpfung etwa an das von den Beteiligten gewählte Recht oder an den gemeinsamen gewöhnlichen Aufenthaltsort läßt. Dieses Anknüpfungsprinzip wird gegebenenfalls auch bei staatsübergreifenden Schutzrechten (z.B. der Gemeinschaftsmarke) zu beachten sein." Zustimmend *Hohloch*, 105.

[560] BGHZ 136, 381, 387 – *Spielbankaffäre*, ausführlich sogleich 3. Kapitel IV.5.f.

[561] Begründung, Bundestagsdrucksache 14/343, 10.

[562] Begründung, Bundestagsdrucksache 14/343, 10.

dd. Ergebnis

Ulmers Verweisung auf das Recht des Schutzlandes hat sich in Deutschland trotz gewichtiger Einwände allgemein durchgesetzt.[563] Recht des Schutzlandes ist das Recht des Staates, für dessen Gebiet Schutz in Anspruch genommen wird.[564]

c. Ordre Public

Die Schutzlandanknüpfung kann zur Anwendung ausländischen Rechts führen. Die Anwendung ausländischen Urheberrechts ist gemäß Art. 6 EGBGB ausgeschlossen, wenn sie zu einem Ergebnis führt, das mit wesentlichen Grundsätzen des deutschen Rechts offensichtlich unvereinbar ist. Das ist der Fall, wenn das konkrete Ergebnis einer Anerkennung vom Standpunkt des inländischen Rechts kraß zu mißbilligen ist,[565] etwa, wenn das berufene ausländische Urheberrecht überhaupt keinen oder nur einen völlig unzureichenden Urheberschutz vorsieht.[566] Solange der Urheber im Ausland nicht völlig rechtlos gestellt ist, können Defizite durch die in den internationalen Übereinkommen verankerten Mindestrechte ausgeglichen werden.[567] Die Durchsetzung der nationalen Rechtsauffassung ist unter Berufung auf den ordre public denkbar, wenn ein nationales urheberschützendes Übertragungsverbot so bedeutend für die öffentliche Ordnung ist, daß dieses unabhängig von dem internationalen Charakter eines Vertrages oder dem ausländischen Ursprung eines Werkes bei inländischen Nutzungsvorgängen Anwendung finden soll.[568] Zwingende Normen zum Schutze des Urhebers bei Verträgen finden sich im deutschen Urheberrecht nur vereinzelt.[569] Dazu zählt insbesondere § 31

---

[563] Zu Besonderheiten bei der Anwendung des Schutzlandprinzips, insbesondere im Hinblick auf Schutzfristen, Auflockerungen, Sende- und Folgerechte: *Schricker-Katzenberger*, Vor §§ 120 ff., Rn. 131–146; *Staudinger-von Hoffmann*, Art. 38 EGBGB, Rn. 591–595.

[564] *Ulmer*, Gutachten, 108, Art. A (1).

[565] BGHZ 122, 16 = NJW 1993, 1801.

[566] BGHZ 35, 329, 337 – *Kindersaugflaschen* zum Wettbewerbsrecht.

[567] *Schack*, Urheberrecht, 390.

[568] *Ginsburg*, Study, 33; *Thum*, GRUR Int. 2001, 9, 18.

[569] *Rehbinder* (Urheberrecht, 248 f.) unterscheidet im deutschen Urheberrecht zwingende Vorschriften, die in erster Linie das schuldrechtliche Verpflichtungsgeschäft betreffen (§§ 31 IV, 36 III, 40 II, 41 IV und 42 II UrhG) von solchen, die sich vornehmlich auf das immaterialgüterrechtliche Verfügungsgeschäft beziehen (§ 40 I und § 40 III UrhG). *Schack* (Urheberrecht, 400) nennt daneben auch noch § 69 g II UrhG für die Herstellung von Sicherungskopien und die Dekompilierung von Computerprogrammen (401, Fn. 26) und weist darauf hin, daß die kartellrechtlichen Schranken des § 20 GWB für Lizenzverträge im Urheberrecht nicht eingreifen. Zur Anwendung des ordre public im Hinblick auf internationale Coproduktionen von Filmen *A. M. Braun*, 130–132.

Abs. 4 UrhG, wodurch die Einräumung von Nutzungsrechten für noch nicht bekannte Nutzungsarten sowie Verpflichtungen hierzu unwirksam sind.[570]

d. Rechtsbehelfe

Der BGH stülpt das Schutzlandprinzip auch über die Rechtsbehelfe.[571] „Das Recht des Schutzlandes ist nicht nur maßgebend für die Beurteilung der Frage, ob eine Handlung als Teilnahme an einer Urheberrechtsverletzung anzusehen ist, sondern auch für die Entscheidung, ob ein Anspruch auf Unterlassung einer Handlung besteht [...] und ob ein vorbeugender Unterlassungsanspruch gegen eine drohende Urheberrechtsverletzung gegeben ist."[572]

Desgleichen unterliegt ein als Bereicherungsanspruch zu qualifizierender Anspruch dem Recht des Schutzlandes als dem Recht des Landes, in dem die Vermögensverschiebung eingetreten ist.[573]

e. Vorfragen

Im Rahmen einer Verletzungsklage ist zunächst zu prüfen, ob ein wirksames Schutzrecht entstanden ist und noch besteht, ob der Kläger Inhaber dieses Schutzrechtes ist (aa.) und ob die spezielle Verwertungshandlung ausschließlich dem Rechtsinhaber vorbehalten ist (bb.).[574] Hierbei handelt es sich nach

---

[570] Die zwingenden Vorschriften sind nicht unmittelbar anwendbares Recht (loi d'application immédiate), sondern erst nach der Anknüpfung an ein ausländisches Recht zu beachten. Vgl. *Ginsburg,* Recueil, 371: „Despite the identity of result, the difference in methodology is important. Had the court applied the traditional conflicts method, it would have first had to enunciate a general choice of law rule for determining authorship status and rights ownership, before determining that local contrary rules outweighed application of the designated foreign law (assuming that applying the choice of law rule would have designated a foreign law)."

[571] Zu den Rechtsbehelfen (Ansprüchen) im deutschen Recht oben 3. Kapitel I.

[572] BGHZ 136, 380, 389 f. – *Spielbankaffaire* unter Berufung auf *Ulmer,* Gutachten, 74 ff.

[573] BGHZ 136, 380, 390 unter Berung auf MünchKomm-*Kreuzer,* 2. Aufl. vor Art. 38 EGBGB I, Rn. 26; *von Bar,* IPR II, Rn. 740; *Beier/Schricker/Ulmer,* GRUR Int. 1985, 104, 106.

[574] In engem Zusammenhang mit dem Geltungsbereich der Schutzrechte steht auch die Frage ihrer Erschöpfung, da auch das Inverkehrbringen in anderen Staaten stattfinden kann. Für das Urheberrecht wird, von der besonderen Problematik der Erschöpfung im gemeinsamen Markt einmal abgesehen, entsprechend dem Gedanken territorialer Begrenzung nur für ein Inverkehrbringen in Deutschland Erschöpfung angenommen. Das urheberrechtliche Nutzungsrecht aus § 17 I kann aber beschränkt erteilt werden. (BGH GRUR 1985, 924, 925 – *Schallplattenimport II*; BGHZ 80, 101–110 – *Schallplattenimport*; BGHZ 41, 84–94 – *Maja* zu Warenzeichen). Dies wird mit der Selbständigkeit der von den unterschiedlichen Staaten gewährten Rechte begründet. Der EuGH nimmt spätestens seit der Entscheidung *IHT v Ideal Standard* (Rs. 9/93, Slg. 1994, 2789) für alle Immaterialgüterrechte grundsätzlich dann Erschöpfung an, wenn das Inverkehrbringen im gemeinsamen Markt entweder durch den Schutzrechtsinhaber selbst erfolgte, also Identität vorlag; mit seiner Zustimmung bzw. durch rechtlich oder wirtschaftlich abhängige Unternehmen erfolgte; oder eine marktbeherrschende Stellung im Sinne des Art. 86 EGV ausgenutzt wurde. In *Silhouette* geht es um die marken-

herrschender Meinung nicht um Teilaspekte des Verletzungsstatuts, sondern um vollständig getrennt anzuknüpfende kollisionsrechtliche Vorfragen, also um präjudizielle Rechtsverhältnisse, ohne dessen vorherige Klärung die Anknüpfung der Hauptfrage nicht möglich ist.[575]

aa. *Entstehung, Inhaberschaft, Inhalt und Schranken des Urheberrechts*

In Prozessen wegen Verletzung eines Urheberrechts wird häufig die Aktivlegitimation in Frage gestellt.[576] Der Beklagte bestreitet, daß ein Urheberrecht beim Kläger entstanden ist oder daß der Kläger weiterhin der Inhaber des Urheberrechts ist. Die herrschende Meinung unterstellt auch die kollisionsrechtlichen Vorfragen nach Entstehung und erster Inhaberschaft dem Recht des Landes, für das der Kläger Schutz beansprucht.[577] Aus dem Grundsatz der Inländerbehandlung folge, daß Entstehung, Inhaberschaft, Inhalt und Umfang einheitlich nach inländischem Recht zu beurteilen seien, also nach dem Recht des Landes, für das Schutz in Anspruch genommen werde.[578]

---

rechtliche Beurteilung von Paralleleinfuhren aus Drittländern (EuGH, Rs. 355/96, Slg. 1998, 4799). Der EuGH bestätigt die Ansicht der Europäischen Kommission, daß den EU-Mitgliedstaaten im Bereich des bestehenden *acquis communitaire* zur Erschöpfungsproblematik die Anwendung des Grundsatzes der internationalen Erschöpfung untersagt sei. Demgegenüber kommt der EFTA-Gerichtshof in *Mag Instrument* zu dem Ergebnis, daß es den EFTA-Staaten überlassen bleibe, ob sie den Grundsatz der internationalen Erschöpfung der Rechte aus der Marke für Waren mit Ursprung außerhalb des EWR beibehalten oder einführen möchten (EFTA-Gerichtshof, E-2/97, GRUR Int. 1998, 309). *Laddie J* vertritt in *Davidoff* den Standpunkt, daß in der Zustimmung des Rechtsinhabers für den Vertrieb seiner Markenparfums in Singapur möglicherweise eine implizite Einwilligung in den freien weltweiten Weiterverkauf der betreffenden Originalware zu sehen sei ([1999] 3 All ER 711 (ChD)). Die Frage, ob und inwieweit Paralleleinfuhren aus Drittländern auf Gemeinschaftsebene zulässig sein sollen, stellt sich für das Urheberrecht nicht in gleichem Ausmaß wie für das Markenrecht. Ausführlich zur Erschöpfungsproblematik *Regelin*, 57–61 und 84–89 und *Gaster*, GRUR Int. 2000, 571–584.

[575] *Regelin*, 90, m.w.N. Zur Vorfrage nach der Gültigkeit von Patenten *Stauder*, GRUR Int. 1997, 859, 860. Vgl. auch 3. Kapitel IV.6.c.

[576] Zur Rechtsprechung sogleich 5.

[577] BGHZ 136, 380, 387 – *Spielbankaffaire; Sandrock*, Gutachten, 390 ff.; *Ulmer*, RabelsZ 1977, 479, 495; *von Bar*, IPR II, 708 f.; *Katzenberger*, FS Schricker, 225, 258.

[578] Vgl. *Ulmer*, Fremdenrecht, 258: „Der Grundsatz der Inländerbehandlung besagt aber nicht nur, daß und unter welchen Voraussetzungen Ausländer im Inland Rechtsschutz genießen. Er besagt vielmehr zugleich, daß Erwerb, Bestand und Wirkung des Rechts nach inländischem Recht, d.h. nach dem Recht des Staats zu beurteilen sind, in dem der Schutz in Anspruch genommen wird. Die Vorschrift der Inländerbehandlung verweist, mit anderen Worten, auf das Recht des Schutzlands, des Landes, in dem eine Verwertung des Immaterialguts erfolgt oder zu besorgen ist." Vgl. auch *Ulmers* Kollisionsregeln, Gutachten, 108–109: Art. D: Entstehung, Wirkung und Erlöschen des Urheberrechts an Werken der Literatur und Kunst bestimmen sich nach dem Recht des Schutzlandes. Art. E: (1) Vorbehaltlich Abs. (2) ist die Frage, wer der oder die ersten Inhaber des Urheberrechts oder bestimmter urheberrechtlicher Verwertungsrechte sind, nach dem Recht des Schutzlandes zu beurteilen. In Anlehnung an *Ulmer Sandrock*, Gutachten, 402.

bb. Übertragbarkeit von Urheberrechten

Häufig ist zwischen den Parteien streitig, ob durch Vertrag ein bestehendes Urheberrecht ganz oder teilweise übertragen, belastet, inhaltlich verändert oder aufgehoben wird. Welches Recht auf die Übertragung urheberrechtlicher Verwertungsrechte anzuwenden ist, ist nicht Gegenstand dieser Arbeit.[579] Fraglich ist hier allein, nach welchem Recht sich der Einwand im Verletzungsstreit beurteilt, das Urheberrecht sei nicht übertragbar bzw. die Einräumung von Nutzungsrechten sei unzulässig.[580] Der BGH und die herrschende Lehre meinen, daß die Rechtsordnung, welche die Schutzwirkung des Immaterialgüterrechts bestimme, der Disposition der Parteien entzogen sei und wendet auf einen nach ausländischem Recht geschlossenen Vertrag das Recht des Schutzlandes an.[581]

5. Rechtsprechung

Die frühen Urteile zum internationalen Urheberrecht beziehen sich überwiegend auf die Verletzung eines ausländischen Urheberrechts in Deutschland (a.). Die folgende Darstellung konzentriert sich auf die deutsche Rechtsprechung seit Beginn der neunziger Jahre (b.-h.).

a. Frühe Entscheidungen

Das Reichsgericht ist bemüht, den Begriff der Inländerbehandlung zu präzisieren. Es stellt 1909 klar, daß sich der Schutz, den ein Ausländer aufgrund der Berner Konvention in Deutschland genieße, allein nach den Vorschriften des Einfuhrlandes (Deutschland) richte. Ein höheres ausländisches Schutzniveau sei insofern unbeachtlich.[582] Das OLG München vertritt dagegen den Standpunkt, daß über die Frage der Existenz eines verletzten Urheberrechtes das Statut entscheide, dem das verletzte Recht im Falle seines Bestehens un-

---

[579] Ein Überblick über den deutschen Meinungsstand findet sich bei *Regelin,* 188–203; allgemein *Mäger,* Der Schutz des Urhebers im Internationalen Vertragsrecht.

[580] Ausführlich zur Anknüpfung der Verfügbarkeit von Nutzungsrechten *Wille,* 104–121.

[581] BGHZ 118, 394, 397 f. – *Alf;* BGHZ 136, 380, 386 – *Spielbankaffaire;* OLG Hamburg UFITA 26 (1958), 344, 350 – *Brotkalender;* OLG München GRUR Int. 1960, 75, 76 – *Le Mans;* BGH GRUR 1988, 296, 298 – *GEMA Vermutung IV;* Drobnig, RabelsZ 40 (1976), 195, 204; *MünchKomm-Kreuzer,* Nach Art. 38 Anh. II, Rn. 20; *Schricker-Katzenberger,* vor §§ 120 ff, Rn. 120, 124; *Staudinger-Firsching,* vor Art. 12, Rn. 436; *Soergel-Kegel,* Anh. Nach Art. 7, Rn. 23; *Ulmer,* Gutachten, S. 50: „Das Recht des Schutzlandes entscheidet über die Zulässigkeit der Übertragung und der Teilübertragung des Urheberrechts sowie der Einräumung von einfachen und ausschließlichen Rechten zur Verwertung des Werkes (Art. F Abs. 1 a des Regelungsvorschlags)." Art. F (1) (a) lautet: Das Recht des Schutzlandes bestimmt über die Zulässigkeit der Übertragung und der Teilübertragung des Urheberrechts sowie der Einräumung von einfachen und ausschließlichen Rechten zur Verwertung des Werkes.

[582] RGZ, 12.5.1909, 71, 146, 148–151; bestätigt in RG JW 1911, 412, Nr. 37.

terworfen wäre.[583] Dem tritt das OLG Koblenz in *Liebeshändel in Chioggia* entgegen. Der Schutz, den ein Urheber beanspruchen könne, richte sich für jeden Staat nach dessen eigenem Recht. Deshalb entfalte ausländisches Urheberrecht in Deutschland keine Schutzwirkungen. Urheberrechte seien jeweils räumlich gebunden an das Gebiet des Staates, der sie verleihe; sie reichten nicht über die Grenzen hinaus.[584] Zu demselben Ergebnis gelangt das OLG Karlsruhe in *Atari*.[585] In *Goldrausch*,[586] *August Vierzehn*[587] und in *Allwetterbad*[588] ist die Anwendung des Grundsatzes der Inländerbehandlung jeweils unproblematisch, weil zwischen den jeweiligen Ursprungsländern und dem deutschen Urheberrecht kein Schutzgefälle besteht. In *Buster Keaton* und in *Lounge Chair* genießt das Werk eines amerikanischen Staatsangehörigen nach einem bilateralen Abkommen Urheberrechtsschutz nach deutschem Recht, unabhängig davon, ob dieses Werk im Ursprungsland USA noch urheberrechtlich geschützt ist.[589] Die Schutzfristen seien nicht nach den Vorschriften des Welturheberrechtsabkommens miteinander zu vergleichen. Dagegen führt

---

[583] OLG München, 29.4.1954, in: *Schulze*, Rechtsprechung zum Urheberrecht, OLGZ Nr. 8.

[584] OLG Koblenz, 14.7.1967, GRUR Int. 1968, 164. Das Mailänder Piccolo Teatro führte Goldonis Komödie „Liebeshändel in Chioggia" auf. Es schloß mit dem italienischen Fernsehen einen Vertrag über eine Aufzeichnung dieser Theateraufführung. Das Theater wandte sich erfolglos gegen die Ausstrahlung im ZDF. Das OLG Koblenz hatte nur noch über die Kosten des Rechtsstreits zu befinden. „Selbst wenn dem Piccolo Teatro hinsichtlich der Fernsehaufzeichnung für Italien urheberrechtlicher Schutz gebührt, ist das bedeutungslos für die Frage des Rechtsschutzes in der Bundesrepublik Deutschland: Es muß sich hier wie ein deutscher Staatsangehöriger behandeln lassen, der unter den gleichen, in Deutschland gegebenen Voraussetzungen Ansprüche erhebt."

[585] OLG Karlsruhe, 14.3.1984, GRUR Int. 1984, 528–529 – *Atari*. Die Beklagte vermietet Atari-Telespiel-Programme, die die Klägerin im Urheberrechtsregister der USA registrieren ließ. „Die Registrierung der streitigen Cassettenprogramme im Urheberrechtsregister der USA begründet demnach für sich allein nicht den urheberrechtlichen Werkcharakter und den Urheberrechtsschutz der inländischen Rechtsordnung."

[586] BGH, 19.5.1972, GRUR Int. 1973, 49–52. Der Beklagte verleiht ohne Erlaubnis Chaplins nach amerikanischem Recht geschützten Stummfilm „Goldrausch" in Deutschland.

[587] BGH, 16.4.1975, BGHZ 64, 183–193. Die Klägerin wendet sich gegen die von den Beklagten verlegte Übersetzung des Romans „August Vierzehn" des russischen Schriftstellers Alexander Solschenizyn.

[588] BGH, 13.11.1981 GRUR 1982, 369–371. Ein französischer Architekt macht gegen eine deutsche Gemeinde, die weitgehend nach seinen Entwürfen ein Allwetterschwimmbad errichten ließ, Urheberrechtsansprüche geltend.

[589] BGH, 27.1.1978, BGHZ 70, 268–276. Die Klägerin hat eine befristete Lizenz für eine Verwertung von Buster-Keaton-Filmen in der Bundesrepublik Deutschland erteilt. Die Beklagte beabsichtigt, die Filme nach Ablauf der Frist weiterhin zu verwerten. Das Berufungsgericht hat der Klage für das Gebiet der Bundesrepublik Deutschland und West-Berlin stattgegeben. Die Revision der Beklagten bleibt ohne Erfolg. Ähnlich OLG Frankfurt, 19.3.1981, GRUR 1981, 739–742 – *Lounge Chair*.

in *Puccini* ein Schutzfristenvergleich zu der im Ursprungsland Italien geltenden Schutzfrist gemäß Art. 7 Abs. 8 RBÜ.[590]

b. Alf (BGH, 1992)

In *Alf* billigt der BGH Inländerschutz gemäß § 121 Abs. 4 S. 1 UrhG i.V.m.
mit Art. 3 Abs. 1, Art. 5 Abs. 1 RBÜ zu.[591]

Der Schöpfer der Figur „Alf" übertrug sämtliche Verwertungsrechte an die US-
amerikanische Klägerin. Diese erteilte der amerikanischen Firma C. eine weltweite Lizenz
zur Herstellung und zum Vertrieb von „Alf"-Produkten. Für das Gebiet der Bundesrepublik Deutschland bewilligte die Firma C. der deutschen Firma S. das Recht zum Exklusiv-
vertrieb von „Alf-Plüschtieren". Die Klägerin wendet sich mit ihrer Klage gegen den inländischen Vertrieb im ostasiatischen Raum hergestellter Plüschtiere durch die Beklagte.
Die Beklagte behauptet, die Klägerin sei nach der Vergabe exklusiver Vervielfältigungs-
und Vertriebsrechte an die Firma C. zur Geltendmachung urheberrechtlich begründeter
Ansprüche nicht befugt. Das Landgericht hat der auf Unterlassung, Vernichtung, Rechnungslegung sowie auf die Feststellung der Schadensersatzverpflichtung der Beklagten
gerichteten Klage stattgegeben. Berufung[592] und Revision der Beklagten blieben ohne Erfolg.

Der BGH ist der Ansicht, die Frage, ob die amerikanische Klägerin als Lizenznehmerin eines ausschließlich urheberrechtlichen Verwertungsrechts zur
Geltendmachung urheberrechtlicher Ansprüche aktivlegitimiert sei, beurteile
sich nicht nach amerikanischem, sondern nach deutschem Recht. Die Rechtsmacht des Urhebers wie des Nutzungsberechtigten eines urheberrechtlichen
Verwertungsrechts gehöre zum Umfang des gewährten Schutzes und richte
sich gemäß Art. 5 Abs. 2 S. 2 RBÜ nach den Rechtsvorschriften des Landes,
in welchem der Schutz beansprucht werde. Zum Umfang des Schutzes zähle
auch die aus dem Immaterialgüterrecht oder einem Nutzungsrecht hieran her-
geleitete materielle Berechtigung zur Verfolgung von Rechtsverletzungen.
Das Recht des Schutzlandes (im vorliegenden Fall deutsches Recht) entscheide über die Ansprüche aus dem Urheberrecht, die der Inhaber eines ausschließlichen Rechts im Falle der Verletzung seiner Berechtigung geltend
machen könne. Die Rechtsordnung, welche die Schutzwirkung des Immaterialgüterrechts bestimme, sei der vertraglichen Disposition der Parteien entzo-

---

[590] BGH, 1.7.1985, GRUR Int. 1986, 802–804. Die Parteien streiten darüber, ob das Urheberrecht an Puccinis Oper Tosca in der Bundesrepublik Deutschland erloschen ist. Vgl. zur
Inländerbehandlung des ausübenden Künstlers BGH, 14.11.1985, GRUR 1986, 454–456 –
Bob Dylan, mit Anm. von *Krüger*, GRUR 1986, 456–458, und *Schack*, GRUR 1986, 734–
736. Ausführlich zum Leistungsschutzrecht ausländischer ausübender Künstler im Falle des
„bootlegging" *Krüger*, GRUR 1986, 381–387. Zum Schutz der ausübenden Künstler gegen
die Verbreitung im Ausland hergestellter Vervielfältigungsstücke ihrer Darbietungen, *Bungeroth* GRUR Int. 1976, 454–466.
[591] BGHZ 118, 394, 396.
[592] OLG Hamburg GRUR 1991, 207.

gen. Deshalb komme der von der Beklagten behaupteten lizenzvertraglichen Absprache für die Beurteilung der im Streitfall maßgeblichen Rechtsordnung keine Bedeutung zu.[593]

Zutreffend wendet der BGH den Grundsatz der Inländerbehandlung an. Die Klägerin genieße gemäß § 121 Abs. 4 S. 1 UrhG i.V.m. Art. 3 Abs. 1 und Art. 5 Abs. 1 RBÜ für die in das Urheberrechtsregister der USA eingetragene Plüschfigur „Alf" in dem Verbandsland Deutschland die Rechte, die die einschlägigen Gesetze den deutschen Urhebern gegenwärtig gewährten. Nach dieser fremdenrechtlichen Feststellung wendet der BGH Art. 5 Abs. 2 S. 2 RBÜ als Kollisionsregel an, ohne Begründung und ohne sich über den Rechtsgehalt dieser Vorschrift zu äußern. Er erklärt das Schutzlandprinzip apodiktisch zum allgemein gültigen Grundsatz, unter dessen Regime die freie Rechtswahl der Parteien unbeachtlich sei. Folglich richte sich auch die Frage der Aktivlegitimation nach deutschem Recht, obwohl die Beklagten einwenden, es sei nach US-amerikanischem Recht zu entscheiden, ob die Klägerin zur Verfolgung von Urheberrechtsverletzungen befugt sei.

Das Urteil wirft mehrere Fragen auf. Unklar ist bereits, ob der Schöpfer von „Alf" der Klägerin seine sämtlichen Rechte übertragen hat – wie der BGH im Tatbestand ausführt – oder ob die Klägerin lediglich Lizenznehmerin ist – wie der BGH später meint.[594] Während nach deutschem Recht das Urheberrecht grundsätzlich nicht übertragbar ist und nur die Einräumung von Nutzungsrechten in Frage kommt,[595] unterscheidet das anglo-amerikanische Recht zwischen assignment und licence.[596] Aus dem zwischen der Klägerin und dem Schöpfer von „Alf" geschlossenen Vertrag ergibt sich, ob die Klägerin überhaupt Rechte geltend machen kann und wenn ja, welche. Da die Beklagte diesen Vertrag offenbar nicht angegriffen hat, äußert sich der BGH zum Inhalt des Vertrages nicht. Die Parteien und der BGH gehen davon aus,

---

[593] BGHZ 118, 394, 397–398 unter Berufung auf *Ulmer*, Gutachten, 50, 51; *Schricker-Katzenberger*, vor §§ 120 Rn. 93; *Benkhard/Ullmann*, Patentgesetz 8. Aufl. § 15 Rn. 134.

[594] BGHZ 118, 394, 397: „Rechtsfehlerfrei ist das Berufungsgericht aufgrund der Zubilligung des Inländerschutzes gemäß § 121 Abs. 4 UrhG davon ausgegangen, daß die Frage, ob die Klägerin als Lizenznehmerin eines ausschließlichen urheberrechtlichen Verwertungsrechts zur Geltendmachung urheberrechtlicher Ansprüche aktivlegitimiert ist, nach deutschem Recht zu beurteilen ist."

[595] *Rehbinder*, Urheberrecht, 226–230, Rn. 298 ff.

[596] *Cornish*, IP, 12-11 zum britischen Urheberrecht: „Often, therefore, there is a choice whether to grant rights by assignment or by exclusive licence. Provided that the contract in which the grant is made is clear about consequential matters, it makes no difference which type is used. But if ambiguities are left, their resolution may be affected by the fact that an assignment is in essence a transfer of ownership (however partial), while a licence is in essence permission to do what otherwise would be infringement." Ein „assignment" nach amerikanischem Recht findet sich z.B. in *Mother Bertha v Bourne Music* [1997] EMLR 457 ff., 4. Kapitel A.II.2.h. Eine „licence" nach amerikanischem Recht findet sich z.B. in *Librairie du Liban*, Lexis-Nexis, 4. Kapitel A.I.4.d. In beiden Fällen beurteilten englische Richter amerikanische Verträge nach amerikanischem Recht.

daß die Klägerin ursprünglich zur Geltendmachung von Vervielfältigungs-
und Vertriebsrechten befugt ist, die ihr von Alfs Schöpfer übertragen oder
eingeräumt worden sind.

Fraglich ist ferner, ob die Klägerin ihre Klagebefugnis dadurch verloren
hat, daß sie der Firma C. nach amerikanischem Recht eine weltweite Lizenz
zur Herstellung und zum Vertrieb von „Alf"-Produkten erteilt hat. Auch zur
Beantwortung dieser Frage würde man zunächst in den betreffenden Vertrag
schauen, um herauszufinden, ob dort etwas zur Geltendmachung von Rechten
steht. Es handelt sich um eine von der Verletzung des Urheberrechts unabhängige Vorfrage, die eine selbständige Anknüpfung des Vertrages erfordert.[597] Der BGH blockt jedoch ab. Um sich nicht mit einem komplizierten
amerikanischen Lizenzvertrag befassen zu müssen, erklärt er kurzerhand
deutsches Recht für anwendbar. Mit Hilfe des Schutzlandprinzips, das sich
angeblich aus Art. 5 Abs. 2 Satz 2 RBÜ ergebe und auf die Rechtsmacht des
Urhebers erstrecke, wird die vertragliche Absprache der Klägerin mit ihrer
Lizenznehmerin C. unterdrückt. Mehr noch, der BGH erklärt sogar Vereinbarungen über das anwendbare Recht für unzulässig, obwohl die Parteien in *Alf*
gar kein Deliktsstatut gewählt haben.[598] Mit der Vertragsfreiheit, die auch die
in Art. 27 EGBGB manifestierte freie Rechtswahl umfaßt, ist das Urteil des
BGH nicht vereinbar.

c. *The Doors (BGH, 1993)*

Ein weiteres Urteil zur Inländerbehandlung ist *The Doors.*[599]

> Der Kläger ist amerikanischer Staatsbürger und Mitglied der Musikgruppe „The Doors".
> Die deutsche Beklagte vertreibt Tonträger, die von einer in Luxemburg ansässigen Firma
> hergestellt werden. Die Parteien streiten darüber, ob die Beklagte berechtigt ist, Tonträger
> mit Aufnahmen eines 1968 in Stockholm gegebenen Live-Konzerts in Deutschland zu
> vertreiben. Der Kläger begehrt im Wege der Stufenklage Auskunft und Rechnungslegung
> und nimmt die Beklagte auf Unterlassung in Anspruch. Die Beklagte ist der Ansicht, die
> Tonträger seien rechtmäßig im Sinne des § 96 Abs. 1 UrhG in Luxemburg hergestellt
> worden, weil die dort geltende Schutzfrist bereits abgelaufen sei.

---

[597] Ausführlich zur Vorfragenproblematik 3. Kapitel IV.4.e.bb./IV.6.d.cc.; *Wagner*, JZ
1993, 1034 unter besonderer Berücksichtigung von Persönlichkeitsrechten.

[598] BGHZ 118, 394, 397: „Die Rechtsordnung, welche die Schutzwirkung des Immaterialgüterrechts bestimmt, ist der vertraglichen Disposition der Parteien entzogen." Bestätigt
durch BGHZ 136, 380, 386 – *Spielbankaffaire*, obwohl die Parteien auch in diesem Fall keine
Rechtswahl getroffen haben: „Entgegen der Ansicht der Revisionserwiderung ist bei Eingriffen in urheberrechtliche Befugnisse auch – anders als im internationalen Deliktsrecht (vgl.
BGHZ 98, 263, 274) – eine Rechtswahl des Verletzten oder eine Vereinbarung über das anwendbare Recht nicht zulässig. Die Rechtsordnung, welche die Schutzwirkung des Immaterialgüterrechts bestimmt, ist vielmehr der Disposition der Parteien entzogen (vgl. BGHZ 118,
394, 397 f. – Alf)." Zustimmend *Schricker/Katzenberger*, vor §§ 120 Rn. 134 a.E.

[599] BGHZ 121, 319; OLG Hamburg ZUM 1991, 496.

Der BGH stellt fest, daß der Kläger als ausländischer Staatsangehöriger gemäß § 125 Abs. 5 UrhG i.V.m. Art. 4 lit. a, Art. 2 lit. a des Rom-Abkommens Inlandsschutz genieße.[600] Im Streitfalle komme es maßgebend auf die Frage an, ob sich die Rechtswidrigkeit im Sinne des § 96 nach deutschem Recht oder nach dem Recht des Herstellerlandes beurteilt. Der BGH ist der Ansicht, daß sich das Verbietungsrecht nach § 96 Abs. 1 UrhG nicht nur auf die im Inland rechtswidrig hergestellten Vervielfältigungsstücke erstrecke, sondern – entgegen dem Wortlaut[601] – auch auf die im Ausland unautorisiert hergestellten Vervielfältigungsstücke. § 96 Abs. 1 UrhG verleihe dem ausübenden Künstler gegenüber der Verbreitung unautorisierter und damit grundsätzlich rechtswidriger Vervielfältigungsstücke Schutz. „Dieser Schutz wäre entwertet, würde er sich nicht auf den Vertrieb importierter Vervielfältigungsstücke erstrecken, deren Herstellung in der Bundesrepublik Deutschland rechtswidrig wäre, die aber im Ausland rechtmäßig hergestellt werden können, zum Beispiel wegen Ablaufs der Schutzfrist oder weil im Herstellungsland kein Leistungsschutz besteht oder das Herstellerland nicht zu den Mitgliedstaaten des Rom-Abkommens zählt. Angesichts der großen wirtschaftlichen Bedeutung, die das Vervielfältigungsrecht des ausübenden Künstlers unter den ihm durch die §§ 74 bis 77 UrhG gewährten Rechten und Ansprüchen besitzt, wäre sein Schutzrecht weitgehend beeinträchtigt."[602]
Diese Auslegung sei auch mit dem Territorialitätsprinzip vereinbar, wonach die jeweilige Rechtslage im Inland nach inländischem Recht und im Ausland nach ausländischem Recht zu beurteilen sei. Das Territorialitätsprinzip schließe nicht aus, daß ausländische Sachverhalte für die inländische Rechtslage von Bedeutung sein könnten.[603]
Nach *The Doors* beurteilt sich die Rechtswidrigkeit der Vervielfältigung stets nach deutschem Recht.[604] Das in Deutschland herrschende hohe Schutzniveau soll nicht durch Kopien unterlaufen werden, die im Ausland rechtmä-

---

[600] BGHZ 121, 319, 324 unter Berufung auf BGH GRUR 1987, 814, 815 – *Die Zauberflöte*.
[601] Die Vorschrift des § 96 Abs. 1 UrhG lautet: Rechtswidrig hergestellte Vervielfältigungsstücke dürfen weder verbreitet noch zu öffentlichen Wiedergaben benutzt werden.
[602] BGHZ 121, 319, 326.
[603] BGHZ 121, 319, 326: „Im Streitfall bedeutet dies, daß die Beurteilung der Rechte und Ansprüche aus dem inländischen Leistungsschutz des ausübenden Künstlers zwar durch tatsächliche Verhältnisse und Vorgänge im Ausland, grundsätzlich aber nicht durch die im Ausland bestehende Schutzrechtslage und damit durch das ausländische Recht beeinflußt werden kann." Unter Berufung auf BGHZ 80, 101, 104 – *Schallplattenimport* und *Bungeroth* GRUR 1976, 454, 458; in Abgrenzung zu BGH GRUR 1972, 141 f. – *Konzertveranstalter*. In *Schallplattenimport* findet sich auf der vom BGH angegebenen Seite der lapidare Hinweis: „Richtig ist, daß dieser Grundsatz in aller Regel nur besagt, daß die Rechtslage im Inland nach inländischem Recht zu beurteilen ist. Er schließt grundsätzlich nicht aus, daß ausländische Sachverhalte für die inländische Rechtslage von Bedeutung sein können. Auf die Anwendung des Territorialitätsprinzips kommt es hier indessen nicht an."
[604] *Rehbinder*, Urheberrecht, 354.

ßig hergestellt worden sind. Auf diese Weise schützt der BGH nicht nur die Urheber, sondern auch die Unternehmen, die ihre Kopien rechtmäßig in Deutschland herstellen, um sie dort zu vertreiben. Die nach deutschem Recht rechtswidrige ausländische Produktion wird zum Wohle der deutschen Wirtschaft mit Hilfe einer weiten Auslegung des § 96 Abs. 1 UrhG indirekt verboten. Der Protektionismus hat seinen Preis. Der BGH ist gezwungen, das dem ausübenden Künstler gemäß § 96 Abs 1 UrhG zustehende Verbietungsrecht auf im Ausland hergestellte Vervielfältigungsstücke auszudehnen. Der BGH sanktioniert nach deutschem Recht eine Handlung, die im betroffenen Ausland rechtmäßig ist. Darin liegt ein Verstoß gegen das Territorialitätsprinzip. Der BGH hat sich dieser Perspektive verschlossen: Das Territorialitätsprinzip bleibe unangetastet, weil die im Ausland bestehende Schutzrechtslage das deutsche Schutzrecht nicht beeinflusse.

Ungeachtet der großen wirtschaftlichen Bedeutung des Vervielfältigungsrechts wäre es aus dogmatischer Sicht konsequenter gewesen, dem deutschen oder europäischen Gesetzgeber die Schließung der durch die unterschiedlich lange Laufzeit der Schutzfristen entstandenen Schutzlücke zu überlassen und die Herstellung der Tonträger nach luxemburgischem Recht zu beurteilen.[605] Nur ein Jahr später, in *Beuys*, war der BGH zurückhaltender bei der Beurteilung von Unterschieden in den Rechtsordnungen der einzelnen EU-Mitgliedstaaten.

d. Beuys (BGH, 1994)

1994 hatte der BGH über die Frage zu entscheiden, ob der Folgerechtsanspruch des Künstlers gegen den Veräußerer gemäß § 26 UrhG einen hinreichenden Inlandsbezug voraussetzt und worin dieser besteht.[606]

> Die Witwe und Erbin Joseph Beuys übertrug die aus dem Urheberrecht an dessen Werken folgenden Rechte zur treuhänderischen Wahrnehmung und Einziehung an die Klägerin, die Verwertungsgesellschaft Bild-Kunst. Der Beklagte, ein deutscher Staatsangehöriger, ließ drei ihm gehörende Werke von Beuys durch das Auktionshaus Christie's in London versteigern. Im Zusammenhang mit der Versteigerung warb das Auktionshaus über seine

---

[605] Um zu einer kollisionsrechtlich sauberen Lösung zu gelangen, schlägt *Schack*, JZ 1994, 43, 45 vor, die rechtswidrige Herstellung der Vervielfältigungsstücke als einen abgeschlossenen Vorgang oder – kollisionsrechtlich gesprochen – als eine Vorfrage im Tatbestand der inländischen Sachnorm des § 96 Abs. 1 UrhG zu betrachten. Auf die Vorfrage sei das Recht des Herstellungslandes, also luxemburgisches Recht, anzuwenden. Allerdings könne ein Verstoß gegen den deutschen ordre public darin liegen, daß das ausländische Recht keinerlei oder keinen ernstlichen Schutz für ausübende Künstler vorsehe und die Herstellung der Vervielfältigungsstücke deshalb stets als rechtmäßig ansehe.

[606] BGHZ 126, 252–260. Die Klage war in erster Instanz vor dem LG Düsseldorf (31.10.1990 – 12 O 196/90, IPRax 1992, 46 Nr. 7 = NJW-RR 1991, 1193) weitgehend erfolgreich. Die Berufungsinstanz (OLG Düsseldorf IPRax 1992, 245 = GRUR 1992, 436 = GRUR Int. 1992, 665) lehnte den geltend gemachten Anspruch ab.

Tochtergesellschaft, Christie's Deutschland GmbH, in Deutschland und entsandte eine Angestellte nach Deutschland, die mit dem Beklagten verhandelte. Die Verwertungsgesellschaft Bild-Kunst macht einen Folgerechtsanspruch nach § 26 UrhG geltend.

Der BGH prüft, wo die Weiterveräußerung der Bilder im Sinne des § 26 Abs. 1 UrhG stattgefunden hat. Nur wenn die Weiterveräußerung zumindest teilweise im Inland erfolgt ist, sei der Folgerechtsanspruch begründet. Anknüpfungsregel sei das Recht des Schutzstaates, d.h. das Recht des Staates, für dessen Gebiet Immaterialgüterrechtsschutz in Anspruch genommen werde.[607] Aus dem Umstand, daß das inländische Urheberrecht seine Schutzwirkungen stets nur im Geltungsbereich seines Territoriums entfalte, sei zu folgern, daß das inländische Urheberrecht auch nur durch eine im Inland begangene Handlung verletzt werden könne. Durch eine nur im Ausland erfolgte Verwertungshandlung könne ein inländisches Schutzrecht dagegen nicht verletzt werden.[608] Das Urheberrecht und mit ihm das Folgerecht gehöre zum souveränen Wirtschaftsrecht eines Staates. Der durch das nationale Recht gewährte Schutz könne nicht auf die Rechtssphäre anderer Länder ausgedehnt werden.[609] Ein sich aus dem Territorialitätsprinzip ergebender Inlandsbezug müsse nicht nur bei einer Verletzungshandlung, sondern auch bei einer Weiterveräußerung im Sinne des § 26 Abs. 1 UrhG bestehen.[610] Dabei genüge es, wenn die Weiterveräußerung nur teilweise im Inland stattgefunden habe.[611] Der für Urheberrechtsverletzungen maßgebende Handlungsort sei überall da, wo jemand eine unerlaubte Handlung ganz oder teilweise ausführe; wobei Orte, an denen Vorbereitungshandlungen durchgeführt werden, nicht dazugehörten. Als maßgebende Rechtsordnung sei dabei das von der Klägerin in Anspruch genommene deutsche Recht als Schutzlandrecht zugrunde zu legen.[612] Der BGH betrachtet die Verhandlungen der Christie's Deutschland GmbH mit dem Beklagten und die Übergabe der Kunstwerke an das mit dem Transport nach London beauftragte Unternehmen als bloße Vorbereitungshandlungen, die nicht ausreichten, um einen auch nur teilweisen Inlandsbezug zu begründen. Abzustellen sei vielmehr auf die rechtsgeschäftliche Eigentumsübertragung. Nur wenn das dingliche Verfügungsgeschäft in Deutschland stattgefunden habe, könne man von einem hinreichenden Inlandsbezug sprechen, der zur Anwendung deutschen Rechts (hier: des Folgerechtsanspruchs) führen würde.[613] Deshalb sei ein Folgerecht zu versagen. Dieses Ergebnis sei auch mit EG-Recht vereinbar. Es sei Sache des Gemeinschaftsrechts und nicht der nationalen Gerichte, Unterschiede in den Rechtsordnungen der einzelnen

---

[607] BGHZ 126, 252, 255 unter Berufung auf BGHZ 118, 394, 397 f. – *Alf.*
[608] BGHZ 126, 252, 256 – *Beuys.*
[609] BGHZ 126, 252, 256, mit Hinweis auf *Ulmer*, Gutachten, 11.
[610] BGHZ 126, 252, 257, wird ausgeführt.
[611] BGHZ 126, 252, 258.
[612] BGHZ 126, 252, 258.
[613] BGHZ 126, 252, 259.

EU-Mitgliedstaaten zu harmonisieren und Unzuträglichkeiten, die sich hinsichtlich des Folgerechts im Blick auf Art. 6 Abs. 1 EGV einerseits und Art. 14ter RBÜ andererseits ergeben könnten, zu beseitigen.[614]

Die Entscheidungen des BGH und der Vorinstanzen wurden vom Schrifttum kontrovers diskutiert.[615] Ein Teil der Kritik zielt auf die dogmatischen Schwächen des Urteils. Bemängelt wird nicht nur das Ergebnis,[616] sondern auch der Umgang mit dem Territorialitätsprinzip und dem Kollisionsrecht.[617] So geht der BGH bei seinen kollisionsrechtlichen Ausführungen von § 26 UrhG aus, also von deutschem Sachrecht, obwohl die Bestimmung des anwendbaren Rechts unabhängig von einer bestimmten Sachnorm erfolgt.[618] Um die einschlägige Kollisionsnorm zu finden, die für den Folgerechtsfall das anwendbare Sachrecht bestimmt, hätte der BGH das Folgerecht zunächst qualifizieren müssen.[619]

Sobald feststeht, daß das Folgerecht zum Inhalt des Urheberrechts zählt, stellt sich die Frage nach der Kollisionsregel. Der BGH bleibt eine Erklärung für die Anwendung des Schutzlandprinzips schuldig. „Ausgangspunkt" sei das Territorialitätsprinzip. Ob sich daraus unmittelbar die Kollisionsregel der lex loci protectionis ableiten läßt, sagt der BGH nicht.[620] In Fällen wie *Beuys*, in denen sich ein Deutscher vor einem deutschen Gericht auf ein deutsches Urheberrecht beruft,[621] ist der Schluß vom Territorialitätsprinzip auf das Recht des Schutzlandes nicht ohne weiteres plausibel, weil der Grundsatz der Inländerbehandlung als Bindeglied zwischen Territorialitäts- und Schutzlandprinzip fehlt: Das Urheberrecht des Inländers ist im Inland uneingeschränkt geschützt, ohne daß es einer fremdenrechtlichen Bestimmung bedürfte. Der BGH ist also zu Recht vorsichtig, wenn er eine explizite Verbindung zwischen Schutzland- und Territorialitätsprinzip vermeidet und nur vage vom „Ausgangspunkt" spricht. Daß im vorliegenden Fall das Recht des Schutzlandes gilt, bezweifeln auch die Anhänger des Ursprungslandprinzips nicht, die

---

[614] BGHZ 126, 252, 260 unter Berufung auf *Loewenheim* NJW 1994, 1046, 1048.

[615] Vgl. zum Sonderproblem des Folgerechts im internationalen Kunsthandel: *Th. Braun*, Joseph Beuys und das deutsche Folgerecht bei ausländischen Kunstauktionen, IPRax 1995, 227–230; *Katzenberger*, Deutsches Folgerecht und ausländische Kunstauktionen, GRUR Int. 1992, 567–588; *Schack*, Anmerkung, JZ 1995, 357–359; *Siehr*, Das urheberrechtliche Folgerecht inländischer Künstler nach Versteigerung ihrer Werke im Ausland, IPRax 1992, 29–33; ders., Joseph Beuys und das Internationale Folgerecht: Eine Zwischenbilanz, IPRax 1992, 219–221; *Vorpeil*, Deutsches Folgerecht und Versteigerung eines Werkes im Ausland, GRUR Int. 1992, 913 f.

[616] *Siehr*, IPRax 1992, 29, 32, schließt sich der Meinung des Landgerichts an und befürwortet ein Folgerecht auch dann, wenn ein im Inland ansässiger Veräußerer das Kunstwerk eines deutschen Urhebers im Auland versteigern läßt.

[617] Vgl. *Schack*, JZ 1995, 357, 359

[618] *Th. Braun*, IPRax 1995, 227.

[619] *Th. Braun*, IPRax 1995, 227, 228; *Schack*, Urheberrecht, 394.

[620] Kritisch dazu *Schack*, JZ 1995, 357, 358; *Th. Braun*, IPRax 1995, 227, 229.

[621] Es handelt sich um einen Fall des Typs (3), siehe oben 3. Kapitel IV.3.a.bb.

ebenso wie die herrschende Meinung für den Inhalt des Urheberrechts (nicht aber für Entstehung und erste Inhaberschaft) das jeweilige Recht des Eingriffsortes für maßgebend halten.[622]

Folgt man dem BGH und dem Schutzlandprinzip, stellt sich die Frage, in welchem Land der folgerechtliche Urheberschutz beansprucht wird, welches Land das Schutzland ist: England, der Ort der Versteigerung, oder Deutschland, wo der Beklagte mit dem Auktionshaus verhandelt hat?[623] Die Klägerin beansprucht den Schutz des § 26 UrhG, weil das Vereinigte Königreich kein Folgerecht kennt.[624] § 26 UrhG ist aber nur anwendbar, wenn die Weiterveräußerung zumindest teilweise in Deutschland stattgefunden hat. Aus dem Territorialitätsprinzip folgert der BGH, daß das inländische Urheberrecht auch nur durch eine im Inland begangene Handlung verletzt werden könne, weil das inländische Urheberrecht seine Schutzwirkungen stets nur im Geltungsbereich seines Territoriums entfalte. Der durch das nationale Recht gewährte Schutz dürfe nicht auf die Rechtssphäre anderer Länder ausgedehnt werden.[625] Die Anwendung deutschen Urheberrechts auf einen Vorgang, der sich vollständig im Ausland abgespielt hat, verletze die ausländische Souveränität.[626] Diese Sichtweise, die einer konsequenten Anwendung des Territorialitätsprinzips entspringt, verblüfft,[627] hat doch der BGH in *The Doors* einen weniger strengen Maßstab angelegt, als er deutsches Recht auf die in Luxemburg erfolgte Herstellung von Tonträgern ausdehnte.[628]

Mit der Feststellung, daß der Klageanspruch nur begründet sei, wenn die Weiterveräußerung zumindest teilweise in Deutschland stattgefunden habe, ist der BGH zum zentralen Problem des Falles vorgedrungen: zur Lokalisierung des Orts der Weiterveräußerung. Sie ist erforderlich, um die Kollisionsnorm auszulegen, d.h. um den Begriff „Schutzland" zu konkretisieren.[629] Der BGH wendet ohne Begründung „das von der Klägerin in Anspruch genommene deutsche Recht als Schutzlandrecht" an, um den Ort der Weiterveräußerung zu bestimmen.[630] Die Anwendung deutschen Rechts wäre unproblematisch, wenn bereits feststünde, daß die Weiterveräußerung der Werke in Deutsch-

---

[622] *Schack*, JZ 1995, 357, 358; *Th. Braun*, IPRax 1995, 227, 229.

[623] *Siehr*, IPRax 1992, 29, 32.

[624] *Siehr*, IPRax 1992, 29, 30.

[625] BGHZ 126, 252, 256.

[626] Vgl. *Katzenberger*, GRUR Int. 1992, 567, 577, 578.

[627] Kritisch zur Sichtweise des BGH: *Siehr*, IPRax 1992, 219, 221; *Schack*, JZ 1995, 357, 358: „Eine derartige extraterritoriale Anwendung inländischen Rechts ist im internationalen Wirtschaftsrecht nichts Besonderes."

[628] Auf diesen Zusammenhang weist *Th. Braun* hin, IPRax 1995, 227.

[629] *Th. Braun*, IPRax 1995, 227, 229.

[630] BGHZ 126, 252, 258. Schon *Ulmer* hat in seinem Gutachten, S. 15 unter (25.) ausgeführt: „Internationalprivatrechtlich ist demnach von der Regel auszugehen, daß die Frage nach dem Begehungsort der Eingriffshandlung nicht nach dem Recht der lex fori, sondern nach dem Recht des Landes zu beurteilen ist, dessen Schutz in Anspruch genommen wird."

land stattgefunden hat. Genau das soll aber erst ermittelt werden. Die Argumentation des BGH ist zirkulär, weil er die Lokalisierung auf sachrechtliche Erwägungen stützt, deren Statut es erst zu finden gilt. Hier stellt sich die Frage, wie der Ort, an dem das Folgerecht verwirklicht worden ist, darüber entscheiden soll, *ob* es verwirklicht ist.[631] Eine Möglichkeit wäre, den Ort der Verletzung (hier: den Ort der Weiterveräußerung) wie bei der Qualifikation des Folgerechts[632] nach der lex fori zu bestimmen.[633]

Doch scheint eine autonome kollsionsrechtliche Konkretisierung des Begriffs „Schutzland" am ehesten geeignet zu sein, einen Weg aus dem Dilemma zu weisen.[634] Art. 14ter Abs. 1 RBÜ bietet einen Anhaltspunkt für eine autonome Bestimmung des Folgerechts. Dort ist von „Verkäufen nach der ersten Veräußerung durch den Urheber" die Rede.[635] Danach käme es allein auf das Verpflichtungsgeschäft an, zumal viele Staaten das Abstraktionsprinzip nicht kennen.[636] Abzustellen wäre auf den Verkaufsort. Da die kaufvertraglichen Willenserklärungen im vorliegenden Fall in London abgegeben wurden, hat die rechtsgeschäftliche Einigung in England stattgefunden.[637] Der BGH verschließt sich der Anwendung des Art. 14ter RBÜ und stellt allein auf das in England getätigte dingliche Verfügungsgeschäft ab.[638] Nach beiden Ansichten ist die Veräußerung in England zu lokalisieren. „Schutzland" ist somit England und nicht Deutschland.

Die Kollisionsregel „lex loci protectionis" ist hier dem (ungeschriebenen) autonomen deutschen Kollisionsrecht i.V.m. Art. 14ter Abs. 2 RBÜ[639] und

---

[631] Das Problem hat *von Hinden* präzise für die Verletzung ideeller Rechtspositionen herausgearbeitet, *von Hinden,* Persönlichkeitsverletzungen im Internet, 81.

[632] Zum Problem der Lokalisierung 3. Kapitel II.2.

[633] So offenbar *Th. Braun,* IPRax 1995, 227, 229. Kritisch zur Bestimmung des Verletzungsorts nach der lex causae *von Hein,* 306.

[634] *Von Hein,* 306; *von Hinden,* 81 f.; *Kropholler,* IPR, § 16 II 2; *Rabel,* Das Problem der Qualifikation, RabelsZ 5 (1931) 241, 249, 287. Ausführlich zum Problem der Lokalisierung 3. Kapitel II.2.

[635] Art. 14ter (1) RBÜ: „En ce qui concerne les œuvres d'art originales et les manuscrits originaux des écrivains et compositeurs, l'auteur – ou, après sa mort, les personnes ou institutions auxquelles la législation nationale donne qualit – jouit d'un droit inaliénable à être intéresse aux opérations de vente dont l'œuvre est l'objet après la première cession opérée par l'auteur."

[636] So geht z.B. im französischen Recht das Eigentum mit Abschluß des Kaufvertrages auf den Erwerber über (Konsensprinzip), vgl. *Koch/Magnus/Winkler von Mohrenfels,* 296. Allgemein *Kropholler,* IPR, § 54 I 2.

[637] So auch *Schack,* JZ 1995, 357, 359; *Th. Braun,* IPRax 1995, 227, 229.

[638] BGHZ 136, 252, 258 ff.

[639] Nach dieser in ihrer Bedeutung umstrittenen staatsvertraglichen Vorschrift kann ein Folgerecht in einem Verbandsland nur beansprucht werden, sofern die Heimatgesetzgebung des Urhebers diesen Schutz anerkennt und soweit es die Rechtsvorschriften des Landes zulassen, in dem dieser Schutz beansprucht wird. Vgl. *Siehr,* IPRax 1992, 29, 32 m.w.N. in Fn. 35.

nicht Art. 5 Abs. 2 S. 2 RBÜ zu entnehmen,[640] weil es sich um einen Fall des Typs (3) handelt, der nicht von den internationalen Konventionen überlagert wird.[641] Da das Vereinigte Königreich, auf das die Schutzlandregel verweist, kein Folgerecht in sein Urheberrecht aufgenommen hat, geht die Klägerin leer aus.[642]

Der BGH stellt zu Recht fest, daß der EU-Gesetzgeber und nicht die nationalen Gerichte die Aufgabe haben, dieses für deutsche Urheber nachteilige Ergebnis[643] zu korrigieren und Unterschiede in den Rechtsordnungen der einzelnen EU-Mitgliedstaaten zu harmonisieren.[644] Merkwürdig ist nur, daß sich der BGH nicht zurückgehalten hat, als es in *The Doors* darum ging, Nachteile auszugleichen, die der Klägerin durch die in Europa unterschiedliche Schutzfristenregelung entstanden waren. Im Ergebnis zeigt das *Beuys*-Urteil, daß die Definition des Schutzlandes leerläuft, solange nicht feststeht, wo ein Urheberrecht überhaupt verletzt worden ist.

e. Mauerbilder (BGH, 1995)

In *Mauerbilder* wendet der BGH auf einen Veräußerungsvorgang im Ausland deutsches Recht an mit der Begründung, daß die Kläger als deutsche und französische Staatsangehörige nach § 120 Abs. 1 UrhG bzw. Art. 6 Abs. 1 EGV schutzberechtigt seien.[645]

> Die Kläger sind Graffitikünstler, die zwischen 1985 und 1988 Teile der Berliner Mauer großflächig bemalt haben. Die von den Klägern bemalten Betonflächen wurden in Monte Carlo bei einer von der deutschen Beklagten mitveranstalteten Versteigerung angeboten. Die Parteien streiten darüber, ob durch die Veräußerung von Mauersegmenten mit Bemalungen der Kläger in deren Recht eingegriffen worden ist.

Der BGH beanstandet nicht, daß das Berufungsgericht seiner Beurteilung das in der Bundesrepublik Deutschland geltende Urheberrechtsgesetz zugrundegelegt hat. Es greife § 120 Abs. 1 UrhG ein, wonach deutsche Staatsangehöri-

---

[640] Das deutsche Kollisionsrecht sieht eine Sonderanknüpfung für das Folgerecht nicht vor. Vgl. *Th. Braun*, IPRax 1995, 227, 229 f.; *Siehr*, IPRax 1992, 29, 32.

[641] Vgl. 3. Kapitel IV.4.a. Zum Modell 3. Kapitel IV.3.a.bb. Ursprungsland der Werke von Beuys ist Deutschland; die Werke sind in England weiterveräußert worden; der Gerichtsstand liegt in Deutschland.

[642] Anhaltspunkte für eine bewußte Gesetzesumgehung liegen nicht vor, *Th. Braun*, IPRax 1995, 227, 230. Kritisch zum Begriff „Gesetzesumgehung" *Siehr*, IPRax 1992, 29, 32.

[643] *Schack*, JZ 1995, 357, 359, weist auf die bedenklichen rechtspolitischen Konsequenzen des Urteils hin: Die Versagung des Folgerechts führe zu einer Schlechterstellung deutscher Urheber insofern, als sie bei einer Versteigerung ihrer Werke in England kein Folgerecht geltend machen könnten, wohl aber englische Urheber bei einer Versteigerung in Deutschland. Zum anderen werde der deutsche Kunstmarkt international noch unattraktiver, wenn trotz der zahlreichen Inlandsbeziehungen des Sachverhalts das deutsche Folgerecht so einfach durch Verlagerung der Versteigerung ins Ausland umgangen werden könne.

[644] BGHZ 126, 252, 260.

[645] BGH JZ 1995, 835–837.

ge den urheberrechtlichen Schutz für alle ihre Werke genössen, egal wo sie geschaffen und veröffentlicht worden seien. Der französische Kläger sei nach Art. 5 Abs. 1 RBÜ und Art. 6 Abs. 1 EGV den deutschen Staatsangehörigen gleichzustellen.[646]

Schack kritisiert zu Recht, daß der BGH die fremdenrechtliche Frage, ob die Kläger überhaupt Urheberrechtsschutz genießen mit der kollisionsrechtlichen Frage vermengt, welches Recht auf die Urheberrechtsverletzung anwendbar ist.[647] Der deutsche Kläger kann nach § 120 Abs. 1 UrhG, der französische Kläger nach § 120 Abs. 2 Nr. 2 UrhG oder nach § 120 Abs. 1 S. 2 UrhG Urheberschutz beanspruchen. Der BGH geht davon aus, daß mit dieser Feststellung auch die Frage beantwortet sei, nach welchem Recht sich der Schutz richte. Er wendet die lex fori an. Nach dem Schutzlandprinzip wäre jedoch das Recht der DDR anwendbar oder das Recht des Fürstentums Monaco, wo die Mauersegmente veräußert worden sind.

Der Fall ist sowohl dem Typ (4) als auch dem Typ (5) zuzuordnen.[648] Die DDR war Mitglied des Berner Verbands.[649] Monaco und die Bundesrepublik Deutschland sind es heute noch.[650] Ursprungsland ist gemäß Art. 5 Abs. 4 lit. c (ii) RBÜ die DDR, weil Werke der graphischen Kunst Bestandteile der Berliner Mauer geworden sind. Das Urheberrecht der beiden Kläger ist durch Veräußerung der Mauersegmente sowohl in der DDR als auch in Monaco verletzt worden. Anwendbar ist demnach die – nach der in Deutschland herrschenden Meinung als Kollisionsregel zu verstehende – Vorschrift des Art. 5 Abs. 2 S. 2 RBÜ.[651]

f. Spielbankaffäre (BGH, 1997)

In der Entscheidung Spielbankaffäre dehnt der BGH 1997 das Schutzlandprinzip auf die Fragen zur Entstehung und Inhaberschaft eines Urheberrechts aus.[652]

Der VEB DEFA-Studio für Spielfilme in Potsdam-Babelsberg schloß mit Erich M. am 10. Dezember 1955 einen Koproduktionsvertrag über die Auswertungsrechte am Spielfilm „Spielbankaffaire". Am 21. Januar 1985 übertrug die Beklagte (die offenbar ihren Sitz in Deutschland hat) die Fernsehauswertungsrechte für Luxemburg an den privaten Fernsehsender RTL plus. Die Klägerin, eine schweizerische Gesellschaft, erwarb am 10. Mai

---

[646] BGH JZ 1995, 835 unter Berufung auf das *Phil-Collins*-Urteil des EuGH, GRUR 1994, 280 ff. = JZ 1994, 142.

[647] *Schack*, JZ 1995, 838. Zustimmend *Schricker-Katzenberger,* vor §§ 120 ff., Rn. 125.

[648] Zum Modell 3. Kapitel IV.3.a.bb.

[649] Die DDR ist der Pariser Fassung der Berner Übereinkunft am 18.2.1978 beigetreten, BGBl 1978 II, S. 266.

[650] Vgl. die Liste der Verbandsländer bei *Schricker-Katzenberger,* vor §§ 120 Rn. 45.

[651] Zur Abgrenzung zwischen autonomem und staatsvertraglichem Kollisionsrecht 3. Kapitel IV.4.a.

[652] BGHZ 136, 380–393 = GRUR Int. 1998, 427 ff. = WM 1998, 200 ff.

1990 die bei der DEFA verbliebenen Auswertungsrechte für das Lizenzgebiet Luxemburg. RTL plus strahlte den Spielfilm dreimal aus, wobei Sendungen teilweise in der damaligen Bundesrepublik Deutschland in Kabelnetze eingespeist wurden. Die Klägerin genehmigte diese Verfügung und verlangte die Herausgabe der von RTL plus geleisteten Lizenzzahlung in Höhe von DM 45 000. Obendrein soll die Beklagte jegliche Verfügung über Fernsehauswertungsrechte an dem Film „Spielbankaffaire" für das Lizenzgebiet Luxemburg unterlassen und Auskunft darüber erteilen, welche Verfügungen über Auswertungsrechte sie noch getroffen hat. Die Beklagte ist der Ansicht, die Klägerin sei nicht aktivlegitimiert. Die DEFA-Außenhandel sei nicht berechtigt gewesen, Rechte an dem Spielfilm zu übertragen. Das Berufungsgericht hat der Klägerin einen Zahlungsanspruch nach deutschem Recht zugesprochen, ohne internationales Privatrecht zu berücksichtigen.[653] Die Revision der Beklagten führt zur Aufhebung des Berufungsurteils und zur Zurückverweisung der Sache an das Berufungsgericht.

In Anlehnung an die Entscheidungen *Alf* und *Beuys* stellt der BGH fest, daß sich die Ansprüche, die der Inhaber einer ausschließlichen urheberrechtlichen Befugnis im Fall der Verletzung dieses Rechts geltend machen kann, nach dem Recht des Schutzlandes richteten.[654] Die für das allgemeine Deliktsrecht geltende Rechtsanknüpfung an das Recht des Tatorts, d.h. des Handlungs- oder des Erfolgsorts, sei bei Verletzungen von urheberrechtlichen Befugnissen nicht anwendbar.[655] Urheberrechtsschutz für den Spielfilm „Spielbankaffaire" bestehe in Luxemburg gemäß Art. 5 Abs. 1 RBÜ schon deshalb, weil Luxemburg, die DDR und die Bundesrepublik Deutschland der Berner Übereinkunft in deren Pariser Fassung beigetreten seien.[656] Das Recht des Schutzlandes entscheide aber nicht nur über die Frage der Schutzwirkung des Urheberrechts, sondern auch darüber, wer als Urheber und erster Inhaber des Urheberrechts an einem Filmwerk anzusehen sei und ob urheberrechtliche Befugnisse übertragbar seien. Deshalb sei nach dem Recht Luxemburgs zu entscheiden, ob von den Filmurhebern des im Jahre 1956 hergestellten Spielfilms über das Recht zur Satellitensendung verfügt werden konnte.[657] Offenbar will der BGH luxemburgisches Recht nur auf die Frage anwenden, ob die Koproduzenten des Films zur Zeit ihres Vertragsschlusses am 10. Dezember 1955 berechtigt waren, über die Senderechte an dem Spielfilm in vollem Um-

---

[653] OLG München, ZUM 1995, 792.

[654] BGHZ 136, 380, 385.

[655] BGHZ 136, 380, 386, in Anlehnung an *von Bar,* IPR II, Rn. 710; *Schricker/Katzenberger,* vor §§ 120 ff., Rn. 81; *Kropholler,* IPR, 2. Aufl., 459; *Beier/Schricker/Ulmer,* GRUR Int. 1985, 104, 106. Der Hinweis auf *von Bar* verblüfft, weil sich *von Bar* ausdrücklich für die Anwendung der lex loci delicti commissi im Immaterialgüterrecht ausspricht, *von Bar,* UFITA 108 (1988), 27, 47.

[656] BGHZ 136, 380, 387.

[657] BGHZ 136, 380, 387, mit Hinweisen auf BGH GRUR 1988, 296, 298 – *GEMA-Vermutung IV;* BGH GRUR Int. 1965, 504, 506 – *Carla* (zum Warenzeichenrecht); *Ulmer,* Gutachten, 51; *Ulmer,* RabelsZ 41 (1977) 479, 495 ff.; *von Bar,* IPR II, Rn. 708 f.; *Katzenberger,* FS *Schricker,* 225, 258; *Mäger,* 33 ff., 40 f.

fang zu verfügen. Wem das Recht zur Satellitensendung zustehen soll, sei dagegen im Wege der ergänzenden Vertragsauslegung, also nach dem deutschen Vertragsstatut, zu ermitteln, wobei der BGH nicht zwischen dem Recht der DDR und dem Recht der Bundesrepublik Deutschland differenziert.[658]

Nach Ansicht des BGH könne auch die Verurteilung gemäß dem Unterlassungsantrag keinen Bestand haben. Das Recht des Schutzlandes sei nicht nur maßgebend für die Beurteilung der Frage, ob eine Handlung als Teilnahme an einer Urheberrechtsverletzung anzusehen sei, sondern auch für die Entscheidung, ob ein Anspruch auf Unterlassung einer Handlung bestehe, die im Schutzland als Teilnahme an einer Urheberrechtsverletzung gewertet werde, und ob ein vorbeugender Unterlassungsanspruch gegen eine drohende Urheberrechtsverletzung gegeben sei.[659] Ebenso wie die Ansprüche aus der Verletzung des Urheberrechts unterliege der geltend gemachte Bereicherungsanspruch dem Recht des Schutzlandes als dem Recht des Landes, in dem die Vermögensverschiebung eingetreten sei.[660] Bei der Entscheidung über die Anspruchshöhe sei zu bedenken, daß ein nach dem Recht des Schutzlandes bestehender Bereicherungsanspruch wegen eines Eingriffs in das dortige Urheberrecht im Inland nur insoweit gegeben sein könne, als der Eingriff den Rechtsbestand des Anspruchsberechtigten im Schutzland berührt habe. Im Hinblick darauf könne die Kägerin nicht etwas beanspruchen, was die Beklagte durch Verfügung über die Rechte zur Kabelweitersendung des Films in der Bundesrepublik Deutschland erlangt habe.[661] Schließlich richte sich auch ein Schadensersatzanspruch und ein Anspruch auf Auskunft nach luxemburgischen Recht, als dem Recht des Schutzlandes, sofern sie sich auf Verfügungen über Rechte für das Gebiet von Luxemburg bezögen.[662]

Mit der Entscheidung *Spielbankaffaire* hat der BGH das Schutzlandprinzip für alle relevanten Aspekte des internationalen Urheberrechts implementiert. Dabei stützt er sich auf „deutsches internationales Privatrecht", obwohl die Kollisionsregel mit der in Deutschland herrschenden Meinung Art. 5 Abs. 2 S. 2 RBÜ zu entnehmen wäre. Ursprungsland des Spielfilms „Spielbankaffaire" ist gemäß Art. 5 Abs. 4 lit. c (i) RBÜ die DDR, wo die Hersteller ihren Sitz hatten.[663] Da die Berechtigte ihr Urheberrecht in Luxemburg verletzt sieht und vor einem deutschen Gericht klagt, liegt ein Fall des Typs (5) vor,

---

[658] BGHZ 136, 380, 388.
[659] BGHZ 136, 380, 390.
[660] BGHZ 136, 380, 390.
[661] BGHZ 136, 380, 391.
[662] BGHZ 136, 380, 392–393.
[663] Der BGH stellt selbst fest, daß Luxemburg, die DDR und die Bundesrepublik Deutschland der Berner Übereinkunft in deren Pariser Fassung beigetreten sind, BGHZ 136, 380, 387. Der BGH wendet Art. 5 Abs. 1 RBÜ an, um einen Urheberrechtsschutz in Luxemburg zu begründen und nicht (wie etwa in *Alf* oder *The Doors*), um einen Urheberrechtsschutz in Deutschland zu begründen.

der zur Anwendung der (nach in Deutschland herrschender Meinung als Kollisionsregel aufzufassenden) Vorschrift des Art. 5 Abs. 2 S. 2 RBÜ führt.[664]

Der BGH macht sich nicht die Mühe, Geltung und Anwendung des Schutzlandprinzips zu begründen. Er leitet das Schutzlandprinzip nicht einmal mehr aus dem Territorialitätsprinzip ab, sondern beruft sich allein auf die Gutachten, allen voran auf Ulmer. Eine Begründung dafür, warum sich auch die Entstehung und erste Inhaberschaft nach dem Recht des Schutzlandes richten soll, bleibt der BGH schuldig. Indem er es bei einem lapidaren Hinweis auf die „andere Ansicht" von Drobnig und Schack beläßt, vergibt er eine Gelegenheit, sich mit der gegenüber dem Territorialitätsprinzip vorgetragenen Kritik auseinanderzusetzen.[665] Dem Schutzlandprinzip hat er damit in Deutschland endgültig den Weg geebnet.

Sogar Bereiche, die gar nicht Gegenstand der Klage waren, überzieht der BGH mit dem Schutzlandprinzip:[666] Obwohl die Parteien keine Vereinbarung über das anwendbare Recht getroffen haben, betont der BGH, daß die Schutzwirkung des Immaterialgüterrechts anders als im internationalen Deliktsrecht[667] der Disposition der Parteien entzogen sei.[668] Der BGH kann auch nach Inkrafttreten des neuen Deliktskollisionsrechts an seiner Meinung festhalten. Art. 42 S. 1 EGBGB läßt zwar eine nachträgliche Rechtswahl allem anderen vorgehen.[669] In der Begründung des Änderungsgesetzes wird jedoch klargestellt, daß das Schutzlandprinzip keinen Raum für eine vorrangige Anknüpfung etwa an das von den Beteiligten gewählte Recht oder an den gemeinsamen gewöhnlichen Aufenthaltsort zulasse.[670]

Da der BGH die Rechtsanknüpfung an das Recht des Tatorts ausdrücklich ablehnt,[671] ist fraglich, ob der BGH künftig die Tatortregel des Art. 40 EGBGB und insbesondere das in Art. 40 Abs. 1 S. 2 u. 3 ausgestaltete Bestimmungsrecht anwenden wird. Das uneingeschränkte Bekenntnis zum Schutzlandprinzip, das durch die Begründung des Gesetzes zum IPR für außervertragliche Schuldverhältnisse und Sachen bestätigt wurde,[672] legt die Vermutung nahe, daß der BGH weiterhin ohne Ausnahme am Schutzlandprinzip festhalten und das Bestimmungsrecht in immaterialgüterrechtlichen Fällen beschneiden wird.

---

[664] Siehe 3. Kapitel IV.3.b.bb. und 4.a.
[665] *Schack*, Anm., JZ 1998, 1018, 1019.
[666] Differenzierter *Schack*, Anm., JZ 1998, 1018–1020.
[667] Vgl. BGHZ 98, 263, 274.
[668] BGHZ 136, 380, 386; in Anlehnung an BGHZ 118, 394, 397 f. – *Alf.*
[669] *Spiekhoff*, IPRax 2000, 1, 2.
[670] Begründung, Bundestagsdrucksache 14/343, 10 unter Berufung auf *Spielbankaffaire* und *Ulmers* Gutachten.
[671] BGHZ 136, 380, 386.
[672] Vgl. Begründung, Bundestagsdrucksache 14/343, 10

Bemerkenswert ist schließlich, daß der BGH das Recht des Schutzlandes auf die Einrede der Beklagten angewandt wissen will, die Klägerin sei gar nicht aktivlegitimiert, dann aber doch das Vertragsstatut[673] bemüht, um eine ergänzende Vertragsauslegung vorzunehmen und um zu klären, ob eine zwingende vertragsrechtliche Vorschrift über die Übertragbarkeit von Rechten an unbekannten Nutzungsarten bestand.[674] In *Alf* hat der BGH den Vertrag nicht gesondert angeknüpft. Dort beurteilte sich die Aktivlegitimation ungeachtet der nach amerikanischem Recht geschlossenen Verträge allein nach deutschem Recht.[675]

g. Feliksas Bajoras (Hanseatisches OLG Hamburg, 1997)

Auch das Hanseatische Oberlandesgericht Hamburg knüpft in *Feliksas Bajoras* einen schuldrechtlichen Vertrag gesondert an.[676]

> Die Parteien sind Musikverleger und GEMA-Mitglieder. Sie streiten um die Berechtigung der Beklagten, die Verlagsrechte an einem Werk des litauischen Komponisten Feliksas Bajoras wahrzunehmen. Die Klägerin schloß mit Bajoras am 29.9.1990 über das Werk einen Musikverlagsvertrag. Die Beklagte hatte am 24.11.1978 mit der „Allunions-Agentur für Urheberrechte" (VAAP), der staatlichen Urheberrechtsorganisation der damaligen Sowjetunion, einen Generalvertrag geschlossen. Am 15.6.1989 teilte die Beklagte der VAAP mit, im Rahmen des Generalvertrages übernehme sie das Werk des Feliksas Bajoras. Die Klägerin beantragt, festzustellen, daß die Beklagte nicht berechtigt sei, die Verlagsrechte an dem Werk wahrzunehmen. Das Landgericht hat der Klage stattgegeben.

Das Oberlandesgericht hält die negative Feststellungsklage für unbegründet. Das Landgericht habe für die Beurteilung des Vertragsverhältnisses zwischen der Beklagten und der früheren VAAP zutreffend deutsches Recht angewandt, da der Vertrag mit der Bundesrepublik Deutschland die engste Verbindung aufweise (Art. 28 EGBGB). Die charakteristische Leistung des Vertrages sei nicht die Übertragung der Nutzungsrechte, sondern deren Auswertung, die durch die in Hamburg ansässige Beklagte erfolgen sollte und geschehen sei.[677] Hinsichtlich des Fortbestandes des dinglichen Nutzungsrechts sei – wie auch

---

[673] Ob das Recht der Bundesrepublik Deutschland oder das Recht der DDR anzuwenden ist, läßt der BGH offen. Da der Kooperationsvertrag in der DDR zwischen Erich M. und der DEFA über einen in der DDR gedrehten Spielfilm geschlossen wurde, liegt die Anwendung des Rechts der DDR nahe.

[674] BGHZ 136, 380, 388; kritisch *Schack*, JZ 1998, 1018, 1019, der für die Anknüpfung an das Recht des Ursprungslands plädiert: „Danach hätte das frühere Recht der DDR ein für allemal geregelt, wer Urheber des Filmwerkes ist und ob die 1955 erfolgte Einräumung von Nutzungsrechten auch das damals noch unbekannte Recht zur Satellitensendung erfassen konnte."

[675] Siehe oben 3. Kapitel IV.5.b, BGHZ 118, 394, 397.

[676] GRUR Int. 1998, 431–436. Vgl. die parallele und zum Teil wortgleiche Entscheidung des OLG Hamburg, GRUR Int. 1999, 76–82 vom 18.6.1998, in der es um die Werke eines estnischen Komponisten geht.

[677] GRUR Int. 1998, 431, 432.

sonst bei Urheberrechten – gesondert an das Recht des Schutzlandes, also ebenfalls an deutsches Recht, anzuknüpfen.[678]

Das Landgericht sei zutreffend vom Fortbestand des subjektiven deutschen Urheberrechts des Komponisten ausgegangen.[679] Die Beklagte habe aber die Verlagsrechte an der Komposition aufgrund der vertraglichen Vereinbarung mit der VAAP sowohl nach sowjetischem als auch nach anzuwendendem deutschen Recht rechtswirksam erworben.[680] Der Wirksamkeit der Verfügung der VAAP über die Nutzungsrechte stehe der deutsche ordre public nicht entgegen, weil die Bundesrepublik Deutschland völkerrechtlich verpflichtet gewesen sei, das Außenhandelsmonopol der UdSSR zu beachten.[681] Die Verlagsrechte stünden der Beklagten auch weiterhin zu. Die „Berechtigung" der VAAP beruhe allgemein auf sowjetischem Gesetz und nicht auf einer vertraglichen Vereinbarung mit dem Urheber. Die Wirkungen der Verfügungen der VAAP seien zu Lasten des Komponisten eingetreten, weil die VAAP wie ein gesetzlicher Vertreter aufgetreten sei. Nach den Grundsätzen des Vertretungsrechts ende eine vertragliche Beziehung mit dem Vertretenen und einem Dritten nicht mit dem „Wegfall" des Vertreters, sondern bestehe fort. Der sogenannte Heimfall des Nutzungsrechts, den das OLG nach deutschem Recht beurteilt, führe zu keinem anderen Ergebnis. Etwas anderes ergebe sich auch nicht aus litauischem oder russischem Urheberrecht. Die Wahrnehmungsberechtigung der Beklagten sei weder durch Kündigung aus wichtigem Grund noch wegen Wegfalls der Geschäftsgrundlage entfallen.[682]

Feliksas Bajoras ist ein Fall des Typs (2). Im Kern geht es um die Frage, ob ein ursprünglich nach sowjetischem Recht geschütztes Werk weiterhin in Deutschland geschützt ist. Das OLG wendet ohne Begründung das Schutzlandprinzip auf die Frage des Fortbestandes des Nutzungsrechts an, wobei es sich auf zwei über zehn Jahre alte Kommentare beruft. Dennoch wirft das OLG einen Blick auf das litauische und sogar auf das russische Urheberrecht, um die Frage des Fortbestands unter dem Aspekt des „Heimfalls des Nutzungsrechts" abschließend zu klären.

Interessanter sind die sorgfältigen Ausführungen zum Vertragsstatut. Das OLG unterscheidet zwei rechtlich relevante Beziehungen, das Verhältnis zwi-

---

[678] GRUR Int. 1998, 431, 432; unter Berufung auf *Bappert/Maunz/Schricker,* Verlagsrecht, 2. Aufl., 1984, Einl. Rn. 31; *Schricker-Katzenberger,* Urheberrecht, 1987, Vor §§ 120 ff. UrhG Rn. 93.

[679] GRUR Int. 1998, 431, 433. Der Schutz ergibt sich aus § 121 Abs. 4 S. 1 UrhG i.V.m. Art. 2 Abs. 1 Welturheberrechtsabkommen. Problematisch ist, daß zwar die UdSSR Mitglied des WUA war, Litauen aber noch kein Mitglied ist. Auf dieses völkerrechtliche Problem braucht hier nicht eingegangen zu werden.

[680] GRUR Int. 1998, 431, 434, linke Spalte.

[681] GRUR Int. 1998, 431, 434, rechte Spalte. Im übrigen könne die Aufhebung des Außenhandelsmonopols der VAAP den wirksamen Rechteerwerb der Beklagten nicht rückwirkend beseitigen (unter 3.).

[682] GRUR Int. 1998, 431, 435–436.

schen Bajoras und der VAAP und das Verhältnis zwischen der VAAP und der Beklagten. Das Verhältnis zwischen dem Komponisten und der sowjetischen Agentur beurteilt das OLG nach sowjetischem Recht. Es kommt zu dem Ergebnis, die VAAP sei als gesetzlicher Vertreter des Künstlers aufgetreten. Sodann wendet das OLG offenbar deutsches Vertretungsrecht an, um zu bestimmen, ob eine vertragliche Beziehung mit dem Vertretenen (Bajoras) und einer Dritten (der Beklagten) nach dem „Wegfall" des Vertreters fortbesteht.[683] Eine selbständige Anknüpfung des Vollmachtstatuts fehlt. Wenn man mit der deutschen Rechtsprechung vom Recht des Wirkungslandes ausgeht,[684] ist tatsächlich deutsches Recht anwendbar, weil die nach sowjetischem Gesetz begründete Vollmacht ihre Wirkung in Deutschland entfaltet.[685] Das Verhältnis zwischen der VAAP und der Beklagten beurteilt das OLG zutreffend nach deutschem Recht. Beim Verlagsvertrag führt die objektive Anknüpfung nach ganz überwiegender Ansicht zu dem am Sitz des Verlegers geltenden Recht, da der Verleger dort die vertragstypischen Leistungen der Vervielfältigung und Verbreitung erbringt.[686] Sowohl die Möglichkeit einer Kündigung als auch den Wegfall der Geschäftsgrundlage prüft das OLG anhand deutschen Rechts.

h. Felsberg (Saarländisches OLG, 2000)

Zum Problem der Lokalisierung von Verletzungshandlungen nimmt das Saarländische Oberlandesgericht im *Felsberg*-Urteil Stellung.[687]

Die Beklagte strahlt über den bei Saarlouis installierten, 300 Meter von der französischen Grenze entfernten Sender Felsberg Hörfunksendungen in Richtung Frankreich aus. Die Programme werden von der Muttergesellschaft der Beklagten in Paris produziert und von dort nach Felsberg überspielt. Die von der Beklagten ausgestrahlten Sendungen können nur in äußerst geringem Umfang auf deutschem Boden empfangen werden. Klägerin ist die Deutsche Verwertungsgesellschaft für die Rechte der ausübenden Künstler und der Tonträgerhersteller. Sie ist der Ansicht, nach dem Sendemastprinzip sei deutsches Urheberrecht einschlägig. Mit der Klage macht die Klägerin für die Jahre 1997 und 1998 Vergütungsansprüche in Höhe von insgesamt 1.000.000,- DM zuzüglich Mehrwertsteuer und Zinsen geltend. Die Beklagte bestreitet die Aktivlegitimation der Klägerin und meint, ihre Sendetätigkeit unterliege französischem Urheberrecht. Das Landgericht hat die Klage dem Grunde nach für gerechtfertigt erklärt.

Das OLG hält die Berufung der Beklagten für zulässig und begründet. Das OLG referiert die in Deutschland herrschende Meinung zum internationalen

---

[683] GRUR Int. 1998, 431, 435, vor 2.
[684] Vgl. BGHZ 43, 21; BGHZ 64, 183 – *August Vierzehn.*
[685] Zum Meinungsstand *Kropholler, IPR,* § 41 I.
[686] BGH GRUR 1980, 227, 230 – *Monumenta Germaniae Historica; Schack,* Urheberrecht, 467; *Schricker/Katzenberger,* vor §§ 120 UrhG, Rn. 99, m.w.N.; a.A. *Mäger,* 224.
[687] BGHZ 126, 252–260; Saarländisches OLG, GRUR Int. 2000, 933–936.

Urheberrecht.[688] Das Recht des Schutzlandes entscheide über die Ansprüche aus dem Urheberrecht, die der Inhaber eines ausschließlichen Rechts im Falle der Verletzung seiner Berechtigung geltend machen könne.[689] Nebenbei bemerkt das OLG, daß das Recht des Schutzlandes auch bestimme, welche Handlungen als Verwertungshandlungen unter das Schutzrecht fielen.[690] Dementsprechend diskutiert das Gericht die Sendelandtheorie und die Bogsch-Theorie aus deutscher Sicht.[691] Im Streitfall komme nur eine Anknüpfung an das deutsche Urheberrecht unter dem von beiden Theorien anerkannten Gesichtspunkt des Sendelands in Betracht. Um zu bestimmen, wo das Sendeland liegt, stellt das OLG auf § 20 UrhG ab.[692] Nach § 20 UrhG sei deutsches Urheberrecht anzuwenden, weil die Beklagten ihre Sendungen von deutschem Hoheitsgebiet ausstrahlt.[693] Die in dem für die Beklagte erstellten Privatgutachten von Katzenberger vertretene Auffassung, wonach bei grenzüberschreitenden Sendevorgängen auf die Eingabe der Programmsignale als ausschlaggebenden Sendevorgang abzustellen sei, läßt das OLG nicht gelten. Maßgeblich für die urheberrechtliche Behandlung grenzüberschreitenden, terrestrischen Rundfunks sei vielmehr der Ort des Staates, wo sich die Sendestelle befinde. Demzufolge sei hier grundsätzlich deutsches Urheberrecht einschlägig. „Nach diesen Grundsätzen ist Felsberg als Sendeort zu qualifizieren und mithin grundsätzlich deutsches Urheberrecht einschlägig. Die von der Beklagten betriebene Sendestelle liegt auf deutschem Territorium. Die Übertragung des Programms über Richtfunk oder Satellit durch die Konzernmutter an die in Deutschland gelegene Sendestelle der Bekl. ist wie der Transport von Programmsignalen zwischen dem Sendestudio und der Sendeantenne

---

[688] GRUR Int. 2000, 933, 934: „Ausgangspunkt dieser Kollisionsregel ist das für Immaterialgüterrechte heute allgemein anerkannte Territorialitätsprinzip, wonach diese Rechte – anders als z.B. das Eigentum – in ihrer Geltung räumlich auf das Territorium des Staates begrenzt sind, der sie individuell verleiht oder unter bestimmten Voraussetzungen generell anerkennt. Das Territorialitätsprinzip besagt, dass sich die Wirkung der nationalen Regelungen auf das Inland beschränkt, was allerdings nicht ausschließt, dass ausländische Sachverhalte für die inländische Rechtslage von Bedeutung sein können. Aus dem Umstand, dass das inländische Urheberrecht seine Schutzwirkungen stets nur im Geltungsbereich seines Territoriums entfaltet, ist zu folgern, dass das inländische Urheberrecht auch nur durch eine im Inland begangene Handlung verletzt werden kann. Durch eine nur im Ausland erfolgte Verwertungshandlung kann ein inländisches Schutzrecht daher nicht verletzt werden." In enger Anlehnung an *Schricker-Katzenberger*, vor §§ 120 Rn. 124 ff.; BGHZ 118, 394, 389 – *Alf*; BGHZ 126, 252, 255 – *Beuys*; BGHZ 136, 380, 385 f. – *Spielbankaffaire*.
[689] GRUR Int. 2000, 933, 934.
[690] GRUR Int. 2000, 933, 934.
[691] Vgl. 3. Kapitel II.2.c.cc.
[692] § 20 UrhG: Das Senderecht ist das Recht, das Werk durch Funk, wie Ton- oder Fernsehrundfunk, Satellitenrundfunk, Kabelfunk oder ähnliche technische Mittel, der Öffentlichkeit zugänglich zu machen.
[693] GRUR Int. 2000, 933, 935.

kollisionsrechtlich unbeachtlich, weil allein der unmittelbaren Ausstrahlung an die Öffentlich [sic] Bedeutung zukommt."[694]

Ausnahmsweise sei jedoch anstelle des deutschen Sendelandrechts französisches Urheberrecht anzuwenden, weil das von der Beklagten ausgestrahlte, auf deutschem Hoheitsgebiet kaum empfangbare Hörfunkprogramm ausschließlich für Frankreich bestimmt sei. In einem solchen Fall sei kollisionsrechtlich von einem Umgehungstatbestand auszugehen, der die ausschließliche Anwendbarkeit der Rechtsordnung des Empfangsstaates nach sich ziehe.[695] Da die Klägerin nicht berechtigt sei, Vergütungsansprüche für das Schutzland Frankreich geltend zu machen, sei sie nicht aktivlegitimiert und die Klage unbegründet.

Das Hauptproblem des Falles ist die Lokalisierung der Verwertungshandlung. Das OLG beantwortet die Frage, wo eine urheberrechtsrelevante Handlung vorliegt unter Vorwegnahme der Frage des anzuwendenden Rechts und dreht sich deshalb im Kreis: Deutsches Urheberrecht bestimme, welche Handlung als Verwertungshandlung unter das Schutzrecht falle. Da Felsberg als Sendeort zu qualifizieren sei, sei grundsätzlich deutsches Urheberrecht anwendbar. Das OLG steht vor dem Dilemma, daß man, ohne eine anwendbare Rechtsordnung bestimmt zu haben, nicht prüfen kann, ob und wo in einer bestimmten Verwertungshandlung eine urheberrechtliche Handlung liegt, solange es nicht überall die gleichen Verwertungsrechte gibt.[696] Das OLG behilft sich mit der lex loci protectionis, erkennt aber, daß es sich im Kern um ein Qualifikationsproblem handelt. Dafür hält das IPR verschiedene Lösungen bereit.[697] Mit der in Deutschland von der Rechtsprechung vertretenen Ansicht hätte das OLG die lex fori anwenden können.[698] Es wäre dann zwar ebenfalls zur Anwendung deutschen Rechts gelangt, hätte sich aber auf dogmatisch halbwegs gesichertem Grund bewegt. Wie bei *Beuys* hätte auch eine autonome kollisionsrechtliche Konkretisierung des Begriffs „Schutzland" weitergeholfen.[699] Katzenberger plädiert in seinem für die Beklagten erstellten Privatgutachten eine ganzheitliche Betrachtung des Sendevorgangs in Anlehnung an

---

[694] GRUR Int. 2000, 933, 935, rechte Spalte unter (2).

[695] GRUR Int. 2000, 933, 935 unter (3): „Wenn die Ausstrahlung von Sendungen für ein bestimmtes Land nur oder fast ausschließlich deshalb in das Ausland verlegt wird, um der Rechtsordnung des Bestimmungslandes zu entgehen, erscheint es angebracht, diesen Umgehungsversuch scheitern zu lassen. Es ist dann das inländische Senderecht anzuwenden, auch wenn es an dem umgangenen Anknüpfungspunkt – der Ausstrahlung vom inländischen Boden aus – fehlt. Dies bedeutet, dass Ausstrahlungen von Sendeantennen, die in das Ausland gerichtet sind, dem Urheberrecht des Empfangslandes unterliegen" Mit Hinweisen auf Öst. OGH GRUR Int. 1991, 920, 922 – *Tele-Uno II; von Ungern-Sternberg*, 109, 118.

[696] Zum Problem bei Verletzungen über Internet *Intveen*, 47.

[697] Vgl. oben 3. Kapitel II.

[698] Vgl. *Kegel/Schurig*, § 7 III 2. a) m.w.N.; BGHZ 132, 105, 115 und oben 4.b.

[699] *Von Hein*, 306; *von Hinden*, 81 f.; *Kropholler*, IPR, § 16 II 2; *Rabel*, Das Problem der Qualifikation, RabelsZ 5 (1931) 241, 249, 287.

die den Satellitenrundfunk und die Kabelweiterverbreitung betreffende Europäische Richtlinie.[700] Danach ist bei grenzüberschreitenden Sendevorgängen auf die Eingabe der Programmsignale als ausschlaggebenden Sendevorgang abzustellen, hier also auf die Eingabe der Programme in Frankreich durch die französische Mutter der Beklagten. Doch das OLG weigert sich, diese zumindest in Europa geltende Konkretisierung ohne gesetzliche Legitimation auf terrestrische Ausstrahlungen zu übertragen.[701]

Statt dessen bemüht das OLG das Institut der Gesetzesumgehung.[702] Dieses Korrektiv greift bei der Bestimmung des anwendbaren Rechts ein, wenn absichtlich ein Anknüpfungsgrund geschaffen wird, um arglistig die Anwendbarkeit eines bestimmten Rechts zu erreichen.[703] Voraussetzung ist die bewußte Umgehung eines ungünstigen Rechts durch die Verlagerung des Anknüpfungspunktes ins Ausland. Da die Beklagte ihre Ausstrahlungen für Frankreich gezielt nach Deutschland verlegt habe, um die Anwendung der französischen Rechtsordnung zu vermeiden, die Privatrundfunk ursprünglich nicht gestattete, sei die Rechtsordnung des Bestimmungslandes, also französisches Recht, maßgeblich. Gegen diese Subsumtion ist im Prinzip nichts einzuwenden, sofern man das Institut der Gesetzesumgehung nicht insgesamt ablehnt.[704] Fraglich ist nur, warum das OLG den umständlichen Weg über die Gesetzesumgehung wählt, wenn es zuvor mit Hilfe einer autonomen kollisionsrechtlichen Lokalisierung des Sendeortes in Frankreich und bei nachfolgender Anwendung des Schutzlandprinzips ohne Umschweife zu französischem Recht hätte gelangen können. Das OLG fühlt sich nicht berechtigt, ohne gesetzliche Legitimation die Grundsätze der Europäischen Richtlinie für Satellitensendungen auf terrestrische Rundfunksendungen zu übertragen und auf die Eingabe der Programmsignale abzustellen, weist aber andererseits auf die Bestimmung der Sendungen in Frankreich und auf die in Frankreich erzielten Werbeeinnahmen hin, um doch noch französisches Recht anwenden zu können.[705] Tatsächlich tauscht das Gericht nur ein Anknüpfungskriterium gegen ein anderes aus.

Die *Felsberg*-Entscheidung und insbesondere der Rückgriff auf das Institut der Gesetzesumgehung offenbaren, wie sehr die Rechtswahl im Urheberrecht von den „faktischen Gegebenheiten" des Falles abhängt.[706] Die Entscheidung

---

[700] RL 93/83/EWG vom 27.9.1993, EG-Abl. L 248, S. 15 = GRUR int. 1993, 936–940.
[701] GRUR Int. 933, 935, unter (bb).
[702] GRUR Int. 2000, 933, 935–936 unter (3.).
[703] *Th. Braun*, IPRax 1995, 227, 230, in bezug auf *Beuys; Kegel/Schurig,* § 14 I, II.
[704] Kritisch zur Gesetzesumgehung *Keller/Siehr,* Allgemeine Lehren des IPR, 532.
[705] GRUR Int. 2000, 933, 936.
[706] Vgl. den Wortlaut des OLG GRUR Int. 2000, 933, 936: „Vom Boden dieser einleuchtenden, den faktischen Gegebenheiten Rechnung tragenden Rechtsauffassung aus ist die von deutschem Hoheitsgebiet ausgehende Sendetätigkeit der Bekl. allein französischem Recht zuzuweisen."

erinnert an Carvers Principles of Preference.[707] Für den Fall, daß die Ausstrahlung von Sendungen für ein bestimmtes Land nur oder fast ausschließlich
deshalb in das Ausland verlegt wird, um der Rechtsordnung des Bestimmungslandes zu entgehen, hat der Österreichische OGH die Rechtsordnung
des Empfangsstaates bevorzugt.[708] Diesem Bevorzugungsprinzip schließt sich
das Saarländische OLG an, ohne die internationalprivatrechtlichen Interessen,
auf denen die Wahl der Anknüpfungspunkte im Umgehungsfall beruht, vollständig aufzudecken. Im Ergebnis ist mit der Anwendung französischen
Rechts der internationalprivatrechtlichen Gerechtigkeit Genüge getan.[709]

i. Zusammenfassung

Die besprochenen Urteile lenken das Augenmerk auf fünf zentrale Probleme
des internationalen Urheberrechts.

(1) Aufschluß über die Reichweite des Territorialitätsprinzips geben *The
Doors* und *Beuys*. Während der BGH in *The Doors* den Anwendungsbereich
des deutschen Urheberrechtsstatuts auf eine in Luxemburg begangene Handlung ausdehnt, schreckt er davor zurück, aus einer Weiterveräußerung in
England ein Folgerecht nach deutschem Recht abzuleiten.

(2) Entgegen der Entscheidung *Mauerbilder* enthalten die §§ 120 ff. UrhG
und der Art. 6 Abs. 1 EGV keine Kollisionsregel. Nach Feststellung der Inländerbehandlung muß die kollisionsrechtliche Frage deshalb selbständig geklärt werden.

(3) Voraussetzung für die Anwendung der Schutzlandregel ist die Lokalisierung des Verwertungsorts. In *Beuys* und *Felsberg* wird dieser Ort nach dem
Recht des Schutzlandes bestimmt. Die Qualifikation einer Handlung als urheberrechtlich relevante Verwertungshandlung erfolgt dagegen nach der lex fori
(*Spielbankaffaire*).

(4) Mit seiner Entscheidung *Spielbankaffaire* dehnt der BGH die Geltung
des Schutzlandprinzips ohne Begründung auf alle Bereiche des Urheberrechts
aus. Danach ist eine Rechtswahl des Verletzten oder eine Vereinbarung über
das anwendbare Recht im Sinne des Art. 42 EGBGB nicht zulässig. Entste-

---

[707] *Carvers*, The Choice-of-Law Process, Ann Arbor 1965, 63; „Zu jeder Streitfrage eines
Falles, bei der die Rechte der betroffenen Staaten möglicherweise kollidieren, hat das Gericht
diese Rechte mit Hilfe der üblichen Interpretationstechniken auszulegen, um zu entscheiden,
ob die betroffenen Staaten im Hinblick auf die in ihren Rechten sich ausdrückenden Zwecke
und unter den Umständen des Falles ein Interesse an der Anwendung ihres Rechtes auf die
umstrittene Fragen haben. [...] Soweit kollidierende Interessen bestehen ist ein Bevorzugungsprinzip zu suchen, das entweder spezifisch zwischenstaatlichen Zielsetzungen zu entsprechen oder eine Grundlage für eine vernünftige Abstimmung der unterschiedlichen Norm-
zwecke abzugeben hat. Ein Bevorzugungsprinzip ist in allen rechtlich und tatsächlich gleich-
artig strukturierten Fällen anwendbar und stützt ein bevorzugtes Ergebnis auf kollisionsrechtliche Gründe." Übersetzung bei *Joerges,* 42; zitiert nach *Mistelis,* Charakterisierungen, 126.
[708] GRUR Int. 1991, 920, 922 – *Tele-Uno II.*
[709] Zum Gelingen der Umgehung grundsätzlich *Kegel,* 7. Aufl., § 14 II a.E.

hung und erste Inhaberschaft unterliegen ebenfalls dem Recht des Schutzlandes. Somit wird der häufige Angriff der Beklagten auf die Aktivlegitimation ebenfalls dem Recht des Schutzlandes unterstellt. Das Schutzlandprinzip überlagert auch das Bestimmungsrecht, das der Verletzte gemäß Art. 40 Abs. 1 S. 2 EGBGB hat. Unter Berufung auf das Institut der Gesetzesumgehung ist das Saarländische OLG in *Felsberg* ausnahmsweise vom Schutzlandprinzip abgewichen.

(5) Die Verteidigung der Beklagten stützt sich häufig auf Verträge. Während der BGH in *Alf* alle Verträge nach dem Recht des Schutzlandes beurteilt, knüpft das OLG Hamburg die einschlägigen Verträge selbständig an.

j. Übersicht

		Ursprungsland		
		A	B	C
A	Judikatur	1	2 *Alf* *The Doors* *Feliksas Bajoras*	2
	anwendbares Recht	a	a	a
	anwendbare Regel		Inländer-behandlung	Inländer-behandlung
B	Judikatur	3 *Beuys* *Felsberg*	4 *Mauerbilder*	5 *Mauerbilder* *Spielbankaffaire*
	anwendbares Recht	b	b	b
	anwendbare Regel	autonomes deutsches Kollisionsrecht	Art. 5 Abs. 2 S. 2 RBÜ	Art. 5 Abs. 2 S. 2 RBÜ
C		3	5	4

*(Left vertical label: **Verletzungsland**)*

Das Forum befindet sich im Land A.

1-5 = Fallgruppe

a, b = anwendbares Recht der Länder A oder B

Erläuterungen zu Abbildung 2:

- Zu *The Doors:* Vorausgesetzt die Herstellung in Luxemburg ist unbeacht-
  lich. Sonst würde es sich in bezug auf die Herstellung um einen Fall des
  Typs (5) handeln: Ursprungsland Schweden, Handlung in Luxemburg,
  Gerichtsstand in Deutschland.
- Zu *Feliksas Bajoras:* Hier ist auch der Parallelfall *Estnischer Komponist*
  einzuordnen.[710]
- Zu *Beuys:* Vorausgesetzt die Weiterveräußerung wird mit dem BGH nicht
  in Deutschland, sondern in England lokalisiert. Sonst würde es sich um
  einen Fall des Typs (1) handeln.
- Zu *Mauerbilder* unter (4): Soweit Mauersegmente in der DDR veräußert
  wurden.
- Zu *Mauerbilder* unter (5): Soweit Mauersegmente in Monaco veräußert
  wurden.
- Zu *Felsberg:* Vorausgesetzt die Sendung wird in Frankreich lokalisiert.
  Hätte die Klägerin sich auch auf die Verletzung französischer Urheberrechte berufen können, was ihr als deutscher Verwertungsgesellschaft versagt war, läge ein Fall des Typs (4) vor, weil französische Urheberrechte
  in Frankreich verletzt worden wären.

6. Das deutsche Kollisionsrecht – de lege ferenda

Die Allianz von Schrifttum, Rechtsprechung und Gesetzgebung hält am
Schutzlandprinzip fest. Es beruht auf dem scheinbar unumstößlichen Grundsatz der Territorialität. Die Gegner dieses Systems befürworten das Universalitätsprinzip und plädieren für das Ursprungslandprinzip. Der Streit durchzieht
alle Ebenen des Kollisionsrechts. Die Legitimation des Schutzlandprinzips
(a.) ist ebenso umstritten wie die Ausgestaltung des Deliktsstatuts (b.), die
Anknüpfung der Rechtsbehelfe (c.) und die Anknüpfung der Vorfragen (d.).

a. Zur Legitimation des Schutzlandprinzips

Vor allem praktische Erwägungen haben Gutachter und Rechtsprechung be-
wogen, sich für das Schutzlandprinzip zu entscheiden. Deutschland scheint es
sich kaum leisten zu können, abweichend von internationalen Konventionen
und anderen nationalen Gesetzgebern das Ursprungslandprinzip zu kodifizieren, weil sich der deutsche Rechtsverkehr dann ständig nach ausländischen
Urheberrechten umsehen müßte.[711] Ein Blick ins Ausland verrät jedoch, daß
andere Möglichkeiten der Anknüpfung durchaus in Betracht kommen und das

---

[710] Hanseatisches OLG GRUR Int. 1999, 76

[711] Vgl. *von Bar*, UFITA 108 (1988), 27, 45; Praktische Gründe führt auch *Kreuzer* an,
Gutachten, 148, 153–155: „Von einem – allem Anschein nach – die Praxis zufriedenstellen-
den Rechtszustand ohne Not abzugehen, ist nicht zu empfehlen." (S. 155).

Schutzlandprinzip nicht überall kategorisch auf alle Aspekte des Urheberrechts ausgedehnt wird.[712] Zum einen läßt sich bereits die Schutzlandanknüpfung unterschiedlich deuten. Zum anderen wird dieses Prinzip vereinzelt zugunsten der Anknüpfung an das Ursprungslandprinzip durchbrochen.[713] Es gibt nicht nur eine „Realität" des internationalen Urheberrechts,[714] sondern so viele „Realitäten" wie es Staaten gibt.[715]

Der Siegeszug des Schutzlandprinzips in Deutschland verdeckt die Fragwürdigkeit seines theoretischen Ursprungs.[716] Aus den internationalen Konventionen, insbesondere aus Art. 5 Abs. 2 S. 2 RBÜ läßt sich vielleicht noch das Territorialitätsprinzip ableiten,[717] nicht aber die Schutzlandanknüpfung.[718]

---

[712] So haben sich die internationalprivatrechtlichen Bestimmungen des neuen portugiesischen Zivil-Gesetzbuches von 1966 (in deutscher Übersetzung abgedruckt in RabelsZ 32 (1968), 513 ff.) den Regelungen der internationalen Konventionen nicht angeschlossen und die Immaterialgüterrechte im Wege einer Einheitsanknüpfung der lex originis ihres jeweiligen Schöpfers unterworfen. Das gleiche gilt für Art. 49 des Entwurfs der französischen „Commission de Réforme du Code Civil" von 1949/50. Rechtsvergleichend *Sandrock*, Gutachten, 421 f.; zum schweizerischen Recht *Bühler*, 385 und *Vischer* GRUR Int. 1987, 670–682; Zum englischen Recht 4. Kapitel.

[713] Einen Sonderweg beschreitet z.B. das IPR-Gesetz Rumäniens von 1992, dessen Art. 60 auf das Recht des Ursprungsstaates verweist, Nachweis bei *Staudinger-von Hoffmann*, Art. 38, Rn. 592 a.E.

[714] Gegen *Ulmer*, Fremdenrecht, 259, siehe oben 2. Kapitel I.2.

[715] Rechtsvergleichende Betrachtungen finden sich bei *Sandrock*, Gutachten, 412–422 und *Siehr*, UFITA 108 (1988), 9, 15–20.

[716] Vor Einführung des Begriffs „Schutzland", d.h. bis in die Sechziger Jahre des 20. Jahrhunderts, wurden die Immaterialgüterrechte in Deutschland der lex rei sitae, d.h. dem Recht des Lageorts unterstellt. Danach war diejenige Rechtsordnung maßgebend, die das Schutzrecht gewährte. Man sprach von der „Belegenheit des Rechts." Die Zuordnung zur lex rei sitae wurde damit begründet, daß sowohl das Eigentumsrecht als auch das Schutzrecht gegenüber jedermann wirke. *Wolff*, Private International Law, 547–548; *Nirk*, in: Ehrengabe Heusinger, 217, 228 f. Zum Urheberrecht *Hoffmann*, UFITA 11 (1938), 185, 190 ff.: „Wenn man nun von dem Anknüpfungsmoment der lex rei sitae ausgeht, so ergeben sich für einzelne urheberrechtliche Probleme folgende Lösungen: Ob ein 'Werk' im urheberrechtlichen Sinne vorliegt, wird nach dem Gesetz des Staats unterschieden, in dem das Urheberrecht an diesem Werke verwertet werden soll. [...] Wer Inhaber oder Träger des Urheberrechts ist, entscheidet sich gleichfalls nach dem Gesetz des Landes, wo dieses Urheberrecht ausgeübt werden soll. [...] Auch hier scheint es auf den ersten Blick selbstverständlich zu sein, daß der Inhalt des Urheberrechts sich nach dem Recht desjenigen Landes beurteilt, in dem dieses Recht ausgeübt wird, daß also die lex rei sitae in richtig verstandenem Sinne entscheidet. [...] Auch hierbei kommen lediglich die Bestimmungen über die Schutzfristen in allen ihren Auswirkungen in Betracht, die das Land, in dem das Recht verwertet wird, erlassen hat."

[717] *Ginsburg*, Recueil, 354: „But there is ample evidence from the Berne Convention itself that rigorous territoriality is not the general rule. The Berne Convention in fact abandons or loosens the principle of territoriality with respect to a variety of provisions that establish several supranational obligations or designate the application of the law of the country of origin."

[718] Vgl. die Stellungnahme im 3. Kapitel IV.3.b.cc. Ebensogut wie das Schutzlandprinzip ließe sich das Ursprungslandprinzip aus der Berner Übereinkunft ableiten. So beruft sich *Bartin* auf die Definition des Ursprungslands der Berner Übereinkunft, um das Bestehen, den

Da die internationalen Konventionen als Legitimationsgrundlage wegfallen, bleibt nur der Rückgriff auf das Territorialitätsprinzip. Ulmer, auf den sich Schrifttum, Rechtsprechung und Gesetzgebung gleichermaßen berufen, leitet das Schutzlandprinzip aus dem Territorialitätsprinzip ab: „Als theoretische Anknüpfung an das Recht des Schutzlandes erscheint vor allem in der deutschen, italienischen, niederländischen und skandinavischen Rechtslehre und in der Rechtsprechung des Vereinigten Königreichs das sogenannte Territorialitätsprinzip. Im Patentrecht läßt sich das Prinzip auf den Gedanken zurückführen, daß das Recht ein Monopolrecht ist, das durch den Staat im Wege der Patenterteilung verliehen wird, und daß dieser Verleihungakt seine Wirkung nur innerhalb der Staatsgrenzen entfaltet. In anderen Rechtsgebieten, insbesondere im Urheberrecht, fehlt es zwar an einem solchen besonderen Verleihungsakt: An Stelle des Privilegs, das zu Beginn des Urheberrechtsschutzes dem Urheber, dem Verleger oder dem Drucker gewährt worden ist und das der Natur der Sache nach in seiner Wirkung territorial beschränkt war, ist der Grundsatz getreten, daß das Urheberrecht mit der Schöpfung des Werkes unmittelbar ex lege entsteht. Man hielt dabei aber an dem Gedanken fest, daß sich die Wirkung der gesetzlichen Regelung des Urheberrechts auf das Hoheitsgebiet des Staates beschränkt, in dem das Gesetz erlassen wurde. Ergänzend pflegt man auch auf das Deliktsrecht hinzuweisen: Der Eingriff in das Urheberrecht oder die gewerblichen Schutzrechte erscheint als unerlaubte Handlung, die nach dem Recht des Begehungsortes zu beurteilen ist."[719]

Bereits Schack hat darauf hingewiesen, daß mit dem Privilegienwesen der historische Grund fortgefallen ist.[720] Die Feststellung, daß die Wirkung der gesetzlichen Regelung des Urheberrechts auf das Hoheitsgebiet des Staates beschränkt sei, entspricht dem allgemein anerkannten materiell-rechtlichen Kern des Territorialitätsprinzips. Eine Kollisionsregel läßt sich aus ihr nicht ableiten, da sowohl ein Anknüpfungsgegenstand als auch ein Anknüpfungspunkt fehlt.[721] Die Feststellung, ein inländisches Urheberrecht sei nicht im Ausland geschützt, ist etwas anderes als etwa eine allgemeine lex-fori-Regel oder als die Nichtanwendung ausländischen Rechts wegen Verstoßes gegen den ordre public.[722] Knörzer stellt zutreffend fest, daß die unmittelbare Ab-

---

Umfang, die Begrenzung und die Dauer des Urheberrechtsschutzes dem Recht des Landes zu unterstellen, in dem das Werk zuerst veröffentlicht worden ist. *Bartin*, Principes de droit international privé, Bd. 3, S. 61 ff.

[719] *Ulmer*, Gutachten, 9, mit Hinweis auf *Wolff*, International Private Law, No. 521 in bezug auf die unstreitige materiell-rechtliche Aussage des Territorialitätsprinzips.

[720] *Schack*, Anknüpfung, 20 f., 23.

[721] Allgemein zur Struktur der Kollisionsnormen *Kropholler*, IPR, § 12 II. Die Urheberrechtsnormen eines Staates sind auch nicht etwa wegen des Territorialitätsprinzips versteckte Kollisionsnormen, also Sachnormen mit eigener Bestimmung ihres räumlich-persönlichen Anwendungsbereichs. Ihre Anwendung hängt vielmehr von einer entsprechenden Kollisionsnorm ab.

[722] *Zweigert/Puttfarken*, GRUR Int. 1973, 573, 574.

leitung des Schutzlandprinzips aus dem Territorialitätsprinzip nur mit Hilfe einer petitio principii gelingt, indem man den Inhalt der Schutzlandformel in das Territorialitätsprinzip hineinlegt, um jenes aus diesem abzuleiten.[723]

Das sachrechtliche Territorialitätsprinzip nimmt die Statutbestimmung in Form einer Anknüpfung an das Recht des Staates, für dessen Gebiet Schutz beansprucht wird, auch nicht vorweg.[724] Aus dem Territorialitätsprinzip und der damit verbundenen Begrenzung aller subjektiven Rechte auf ein einziges Territorium folgt, daß nur dort ein Recht verletzt werden kann, wo es geschützt ist. Da der Schutz subjektiver Urheberrechte über die internationalen Konventionen nahezu weltweit garantiert ist, wird das Urheberrecht auch objektiv beinahe weltweit geschützt, wenn auch in unterschiedlichem Umfang. Wer allein auf das Territorialitätsprinzip abstellt, verkennt die durch die internationalen Konventionen erreichte relative Universalität des Urheberrechts.[725] Ausländisches Recht kann durchaus von inländischen Gerichten angewandt werden, so etwa bei einer Klage aus einer im Ausland begangenen Urheberrechtsverletzung, die wegen des inländischen Gerichtsstandes des Beklagten vor einem deutschen Gericht erhoben wird.[726] Damit stellt sich ein Kollisionsproblem, das durch das Territorialitätsprinzip nicht gelöst wird.[727] Anstatt auf das Schutzlandprinzip ist auf das allgemeine Deliktskollisionsrecht abzustellen und – um mit Ulmer zu sprechen – der Eingriff in das Urheberrecht nach dem Recht des Begehungsortes zu beurteilen.[728]

Eine konkludente Verweisungsnorm auf das Schutzland läßt sich auch nicht aus dem Zusammenspiel zwischen Assimilationsprinzip und dem materiellrechtlichen Territorialitätsgrundsatz ableiten.[729] Der Grundsatz der Inländerbehandlung ist reines Fremdenrecht, durch das einem ausländischem Urheber, der sonst wegen der territorial begrenzten Wirkung der Immaterialgüterrechte schutzlos dastünde, derselbe Schutz gewährt wird wie dem inländischen Urheber.[730] Der kollisionsrechtliche Gehalt des Inländerbehandlungs-

---

[723] *Knörzer*, 95.

[724] *Regelin*, 92, dessen Ausführungen sich der Überschrift nach zu urteilen auf alle Immaterialgüterrechte einschließlich des Urheberrechts beziehen, der sich aber im Text nur auf die gewerblichen Schutzrechte bezieht: „Wenn nun sachrechtlich festgestellt wird, daß deutsches Patentrecht außerhalb des deutschen Hoheitsgebietes keine Wirkungen entfalten kann, muß dies auf kollisionsrechtlicher Ebene dazu führen, daß sobald durch eine behauptete Verwertungshandlung ein Bezug zu einem anderen Staat entsteht, die Frage, ob dort ein wirksames Recht bestand, nach dessen Recht anzuknüpfen ist."

[725] Zur relativen Universalität des Urheberrechts 2. Kapitel I.4., auf die *Regelin* auf S. 84 selbst hinweist.

[726] Siehe die Fallkonstellation (4) im 3. Kapitel IV.3.a.bb.

[727] *Zweigert/Puttfarken*, GRUR Int. 1973, 573, 574, 575.

[728] Dazu sogleich b.

[729] So aber *Kreuzer*, Gutachten, 148; MünchKomm, Nach Art. 38 Anh. II, Rn. 3; *Staudinger-von Hoffmann*, Art. 38, Rn. 574.

[730] Zum Inländerbehandlungsgrundsatz oben 3. Kapitel IV.1.

grundsatzes wird in der Literatur nur deshalb diskutiert, weil der Wortlaut des
Art. 5 Abs. 2 S. 2 RBÜ mißverständlich ist.[731] Aus dem Inländerbehandlungsgrundsatz allein ergibt sich das Schutzlandprinzip ebensowenig wie aus einem
wie auch immer gearteten Zusammenspiel mit dem Territorialitätsprinzip.[732]
Niemand käme schließlich auf die Idee aus dem in Deutschland herrschenden
Territorialitätsprinzip in Verbindung mit dem in den §§ 120 ff. enthaltenen
fremdenrechtlichen Bestimmungen die Schutzlandregel abzuleiten.[733] Selbst
wer den Grundsatz der Inländerbehandlung als einseitige Kollisionsnorm verstanden wissen will, die automatisch zur Anwendung inländischen Rechts
führe,[734] klärt die kollisionsrechtliche Frage nur für einen Fall: Nur wenn ein
ausländischer Urheber geltend macht, sein Urheberrecht sei in Deutschland
verletzt worden, käme mit dem Grundsatz der Inländerbehandlung automatisch deutsches Recht zur Anwendung.[735] In allen anderen Fällen wäre weiterhin eine Kollisionsregel erforderlich.[736]

Ein letztes Argument gegen die Ableitung des Schutzlandprinzips aus dem
Grundsatz der Territorialität ist die begriffliche Unschärfe des Territoriali-

---

[731] Vgl. *Ulmer,* Gutachten, 10: „Die kollisionsrechtliche Regel, die in dem Grundsatz der
Inländerehandlung enthalten ist, ist freilich keine vollkommene Kollisionsnorm. Die Kon-
ventionen sehen vor, daß die geschützten Personen in jedem Vertragsstaat den Schutz der
nationalen Gesetze in Anspruch nehmen können. Die RBÜ [genauer Art. 5 Abs. 2 S. 2]
spricht dabei von den Rechtsvorschriften des Landes, ‚wo der Schutz beansprucht wird.'"
Schack, Anknüpfung, 20: „Nicht ganz so leicht zu beantworten ist die Frage, ob sich aus dem
Assimilationsprinzip eine Kollisionsnorm ergibt. [...] Für sich genommen bedeutet dieser
Grundsatz nur, daß auf die ausländischen Urheber dieselben Gesetze angewandt werden sollen wie auf die inländischen. Eine Aussage darüber, welche Gesetze dies sind, ist damit noch
nicht getroffen. Art. 5 II RBÜ lautet: [...]." *Sandrock,* Gutachten, 390.

[732] *Patry,* [2000] Am. J. Comp. L., 384, 405: „Up to this point, there is nothing to suggest
that national treatment operates as a choice of law principle; instead, it functions as a non-
discrimination device, restricting countries' ability to enact laws that treat domestic authors
more favorably than foreign authors. Indeed, a case may be made that national treatment
alone never operates as a choice of law principle, in the sense of directing a court to apply the
laws of one country in a case where the court might also apply the laws of another country."

[733] Daß die §§ 120 ff. UrhG keine allseitigen kollisionsrechtlichen Bestimmungen sind, ist
unstreitig, *Schricker-Katzenberger,* vor §§ 120 ff., Rn. 125, siehe 3. Kapitel IV.2.

[734] So offenbar *Sandrock,* Gutachten, in seinem Beispiel auf S. 401; *von Bar,* IPR I, Rn.
228; ders. UFITA 108 (1988), 27, 32 f.: „Denn Fremdenrecht ist zwar Sachrecht, will als
solches aber stets angewandt sein und bedarf deshalb, wenn es sie nicht schon gäbe, der In-
terpolation einer einseitigen Kollisionsnorm. Man darf deshalb die rechtsanwendungsrechtli-
chen Entstehungsvoraussetzungen für subjektive deutsche Urheberrechte jedenfalls in der
Form von einseitigen Kollisionsnormen für das deutsche objektive Urheberrecht ausdrücken."

[735] Siehe Fall (2), 3. Kapitel IV.3.a.bb. *Sandrock,* 402, beruft sich allein auf dieses Beispiel.

[736] Also in den Fällen (3), (4) und (5), 3. Kapitel IV.3.a.bb. So auch *von Bar,* UFITA 108
(1988), 27, 33: „Wichtig ist allein, daß diese einseitigen Regelungen nicht zu allseitigen ausgebaut werden dürfen: unter welchen Voraussetzungen ein Deutscher ein englisches Urheberrecht erwirbt, kann und will das UrhG nicht bestimmen."

tätsprinzips.[737] Der BGH hat sich in *The Doors* über das Territorialitätsprinzip hinweggesetzt und deutsches Urheberrecht auf eine im Ausland begangene Handlung angewandt.[738] Die Ausdehnung des deutschen Rechts auf ein ausländisches Geschehen gelingt – wie schon bei der Justitiabilität[739] – nur mit Hilfe einer Fiktion. Es wird fingiert, daß schon zur Zeit des Ereignisses auf fremdem Territorium das Inlandsrecht für dieses Ereignis seine Geltung ausübte.[740] Solange die Rechtsprechung das Territorialitätsprinzip nicht präzise definiert, eignet es sich nicht als Prämisse für das Schutzlandprinzip, schon gar nicht, wenn der Zusammenhang zwischen beiden Prinzipien nicht begründet wird. Vermittelnd läßt sich mit Lucas festhalten, daß das Territorialitätsprinzip dem Schutzlandprinzip zumindest nicht entgegensteht.[741]

b. Deliktsstatut

Nach der hier vertretenen Ansicht ergibt sich die Schutzlandregel weder aus den internationalen Konventionen noch aus dem Territorialitätsprinzip oder aus dem Inländerbehandlungsgrundsatz. Ebensowenig läßt sich eine Kollisionsregel aus der subjektiven universalen Geltung eines Urheberrechts ableiten, die objektiv über die Berner Konvention und die übrigen Abkommen erreicht wird.[742] Das Universalitätsprinzip besagt nur, daß ein inländisches Rechtsverhältnis außerhalb der Grenzen des eigenen Staates anzuerkennen ist.[743] Es sagt nichts darüber aus, nach welchem Recht das Rechtsverhältnis zu beurteilen ist. Da der deutsche Gesetzgeber auf eine spezielle Kodifikation des Kollisionsrechts der Immaterialgüterrechte verzichtet hat,[744] könnten die

---

[737] Siehe 2. Kapitel I. Vgl. *von Bar*, UFITA 108 (1988), 27, 48: „Damit ist aber auch bereits gesagt, daß dem Ausdruck ‚Territorialitätsprinzip' gleichfalls mit Zurückhaltung zu begegnen ist. Denn er ist mindestens vom Sachrecht her geprägt, oder anders formuliert: er steht als ein Begriff für verschiedene Inhalte, und das ist der Klarheit nirgendwo förderlich."

[738] Siehe 3. Kapitel IV.5.b. Weitere Beispiele für die Ausdehnung inländischen Rechts auf ausländische Sachverhalte finden sich in BGHZ 80, 101, 104 – *Schallplattenimport;* OLG Koblenz GRUR Int. 1968, 164 – *Liebeshändel in Chioggia.* Dazu *Martiny*, RabelsZ 1976, 220, 223: „Ein italienisches Theater erlaubt dem italienischen Fernsehen die Aufzeichnung eines Theaterstücks. Das italienische Fernsehen überträgt einer deutschen Fersehanstalt das Recht zur Ausstrahlung. Auf einen etwaigen Unterlassungsanspruch des Theaters gegenüber dem deutschen Fernsehen ist deutsches Recht anzuwenden. Aber auch die Frage, ob überhaupt ein Urheberrecht des italienischen Theaters mit Wirkung für Deutschland entstanden ist, unterliegt dem deutschen Recht. Gleiches gilt für die Frage, ob es noch besteht."

[739] Vgl. BGHZ 22, 1, 14 – *Flava Erdgold,* 3. Kapitel III.1.d.

[740] *Cigoj,* 66.

[741] *Lucas,* Aspects de droit international privé, 4 f. Rn. 6.

[742] Vgl. 2. Kapitel I.4.

[743] *Regelin,* 150.

[744] Zur deutschen Gesetzgebung 3. Kapitel IV.4.b.cc. Der Entwurf eines Gesetzes zur Ergänzung des internationalen Privatrechts enthielt in Art. 42 Abs. 3 eine Regel, die die Nichtanwendbarkeit einzelner Bestimmungen des Entwurfs im Falle eines Eingriffs in Immaterialgüterrechte vorsah. Diese Regel ist nicht in das Gesetz übernommen worden. Für die

modernen Regeln des internationalen Privatrechts mit der gezielten Anknüpfung an bestimmte Merkmale befolgt werden.[745] Die deutsche Rechtsprechung hat es selbst in der Hand,[746] anstelle der Schutzlandregel die neu geschaffenen Kollisionsregeln[747] für unerlaubte Handlungen anzuwenden.[748]

aa. Art. 40 Abs. 1 EGBGB

Eine Urheberrechtsverletzung ist wie alle anderen Delikte dem allgemeinen Deliktsstatut zu unterstellen.[749] Statt von der lex loci protectionis sollte allein von der lex loci delicti commissi die Rede sein.[750] Kollisionsrechtlicher Anknüpfungspunkt ist im internationalen Urheberrecht nur der Ort, an dem die beanstandete Handlung gesetzt wird.[751] Da allein auf die Verletzungshandlung abzustellen ist, durch die das immaterielle Urheberrecht konkretisiert wird, muß das in Art. 40 Abs. 1 EGBGB kodifizierte Ubiquitätsprinzip bei Urheber-

---

Verletzung von Immaterialgüterrechten gelten deshalb grundsätzlich die gleichen kollisionsrechtlichen Regeln wie für andere unerlaubte Handlungen. Zum Entwurf *Ferid*, IPR, 254 f.

[745] Für die Anwendung des allgemeinen Deliktskollisionsrechts *von Bar*, UFITA 108 (1988), 27, 46–49; *Siehr*, UFITA 108 (1988), 8, 25.

[746] Zur Gestaltung des Kollisionsrechts durch die Rechtsprechung *Wagner*, IPRax 1998, 429, 437.

[747] Einen Überblick über die neuen Regelungen geben *Spickhoff*, NJW 1999, 2209, 2212–2213; *Pfeiffer*, NJW 1999, 3674, 3675; ausführlich *Kropholler*, IPR, 4. Aufl., § 53 IV.

[748] Das gilt selbst dann, wenn man die Schutzlandregel aus Art. 5 Abs. 2 S. 2 RBÜ ableitet, vgl. *Staudinger-von Hoffmann*, Art. 38 Rn. 590: „Zumindest jenseits des Anwendungsbereichs der Abkommen stellt sich auch heute noch die autonom-kollisionsrechtlich zu beantwortende Frage nach dem Deliktsstatut im internationalen Immaterialgüterrecht." Allerdings geht *von Hoffmann* davon aus, daß die Anknüpfung an das Schutzland weiterhin gelte, Rn. 595. Kritisch zur Anwendbarkeit des neuen Deliktskollisionsrechts auf das Urhberrecht *Hohloch*, 104-105.

[749] *Siehr*, UFITA 108 (1988), 9, 25.

[750] Vgl. *von Bar*, UFITA 108 (1988), 27, 47: „Vom Standpunkt des deutschen Kollisionsrechts her gesehen handelt es sich bei der sog. lex protectionis aber genau genommen überhaupt nicht um einen Anknüpfungspunkt, sondern um die Beschreibung eines als weltweit verbreitetes vorausgesetztes sachrechtliches Phänomens. Der Satz von der Herrschaft des Schutzlandes geht davon aus, daß nach Maßgabe des sachrechtlichen Territorialitätsprinzips immer nur ein einziges Urheberrecht effektiv ist und deshalb immer auch nur das Recht eines Landes Schutz gewährt. Das mag richtig sein, muß es aber nicht, und deshalb ist eine solche statutentheoretische Sicht- und Beschreibungsweise zu vermeiden." Auch *Schack* zieht den Begriff „Deliktsstatut" der „lex loci protectionis" vor, JZ 1995, 357, 358. *Stauder* hält das Recht des Staates für maßgebend, in dem das Immaterialgüterrecht verletzt wird, GRUR Int. 1983, 586. Dagegen BGH GRUR Int. 1998, 427, 429 – *Spielbankaffaire*: „Die für das allgemeine Deliktsrecht geltende Rechtsanknüpfung an das Recht des Tatorts, d.h. des Handlungs- oder des Erfolgsorts, ist bei Verletzungen von urheberrechtlichen Befugnissen nicht anwendbar." Die ältere Rechtsprechung spricht dagegen noch vom Verletzungsort: BGHZ 22, 1, 13 – *Flava Erdgold*, siehe 3. Kapitel III.1.c.; OLG Hamburg UFITA 26 (1958), 344 – *Brotkalender*.

[751] Zur Frage, ob es im Immaterialgüterrecht einen vom Handlungsort unterscheidbaren Erfolgsort gibt 3. Kapitel III.2.a.cc.(1).

rechtsverletzungen auf den Handlungsort reduziert werden.[752] Anwendbar ist nur Art. 40 Abs. 1 S. 1 EGBGB. Die fakultative Anknüpfung an den Erfolgsort, die Art. 40 Abs. 1 S. 2 EGBGB vorsieht, scheidet aus.[753]

Etwas anderes ergibt sich nur dann, wenn man annimmt, daß auch Eingriffe in das reine Vermögen einen Erfolgsort haben. Im Falle des Vermögensschutzes käme es danach auf das Recht an, in dem sich das Vermögen (z.B. ein Bankguthaben) befindet, an dem die primären Vermögensinteressen verletzt worden sind.[754] Nahezu unstreitig ist, daß im Falle von Personen- oder Sachschäden der bloße Schadenseintrittsort als Erfolgsort ausscheidet.[755] Doch führen Urheberrechtsverletzungen nicht zu Personen- oder Sachschäden, sondern zu reinen Vermögensschäden. Die Verletzung eines Verwertungsrechts hat *unmittelbare* Auswirkungen auf das Vermögen des Inhabers dieses Rechts. Insofern kommt der Ort, an dem sich das Vermögen befindet, als Erfolgsort durchaus in Frage. Allerdings ist zu überlegen, ob ein Eingriff in das Vermögen ausschließlich als ungerechtfertigte Bereicherung zu qualifizieren ist. Dann käme allein Art. 38 Abs. 2 EGBGB zur Anwendung, wonach Ansprüche wegen Bereicherung durch Eingriff in ein geschütztes Interesse dem Recht des Staates unterliegen, in dem der Eingriff geschehen ist. Dafür spricht, daß der Begriff des „geschützten Interesses" zwar aus der Reformdiskussion zum Deliktskollisionsrecht stammt, jetzt aber in Art. 38 Abs. 2 EGBGB für die Eingriffskondiktion verwendet wird.[756] Zugunsten einer klaren Abgrenzung zwischen ungerechtfertigter Bereicherung und unerlaubter Handlung ist der Eingriff in das Vermögen allein nach der Vorschrift des Art. 38 Abs. 2 EGBGB zu beurteilen. Der Ort, an dem sich das Vermögen befindet, scheidet als Erfolgsort im Sinne des Art. 40 Abs. 1 S. 2 EGBGB aus. Bei Urheberrechtsverletzungen ist allein auf den Handlungsort abzustellen.

Kommen mehrere Handlungsorte in Betracht, ist es aus prozeßökonomischen Gründen sinnvoll, die Auswahl unter mehreren Handlungsorten wie beim Erfolgsort von einer notwendigen Bestimmung durch den Geschädigten abhängig zu machen.[757] Begreift man das Urheberrecht als ein nahezu welt-

---

[752] So auch die Anhänger des Schutzlandprinzips, vgl. nur *Beier/Schricker/Ulmer*, GRUR Int. 1985, 104, 106. Zur Frage im Kontext der Zuständigkeit 3. Kapitel III.2.a.cc.(1).

[753] Die Abgrenzung von Handlung und Erfolg hat also auch praktische Bedeutung für das Kollisionsrecht, *von Hinden*, 80: „Denn während das Recht des Handlungsorts ex lege anwendbar ist (Art. 40 I EGBGB), wird das Erfolgsortrecht gemäß Art. 40 I 2 EGBGB nur auf Verlangen des Geschädigten berufen (fakultative Anknüpfung)."

[754] *Von Bar*, IPR II, Rn. 665, der anstelle des Begriffs „Erfolgsort" den Begriff „geschütztes Interesse" empfiehlt.

[755] MünchKomm-*Kreuzer*, Art. 38 EGBGB Rn. 48, m.w.N.

[756] *Spickhoff*, IPRax 1, 5, m.w.N.

[757] *Freitag/Leible*, ZVglRWiss 2000, 101, 133–139; *Spickhoff*, IPRax 2000, 1, 5. A.A. *Kropholler*, IPR, 4. Aufl., § 53 IV 2.b). Bei einer Mehrheit von Handlungsorten entscheide derjenige, zu dem die engste Verbindung bestehe (Art. 41 Abs. 1 EGBGB). Der Gesetzgeber hat sich nicht festgelegt, vgl. BT Drucks. 114/343, S. 10, 22.

weit anerkanntes (universales) Recht,[758] spricht nichts gegen die Übertragung dieser Option auf das Urheberrecht.[759] Die Ausübung der Wahlbefugnis bei mehreren Handlungsorten würde das Gericht in gleicher Weise wie die Ausübung des Optionsrechtes beim Erfolgsort nach Art. 40 Abs. 1 S. 2 und 3 EGBGB entlasten.[760] Zweck des in Art. 40 Abs. 1 S. 2 und 3 EGBGB verankerten Wahlrechts ist die frühzeitige Festlegung auf eine Rechtsordnung – es sollen nicht in mehreren Instanzen mehrere Rechtsordnungen geprüft werden müssen.[761] Art. 40 Abs. 1 S. 3 EGBGB dient sowohl dem Interesse des Staates an einem effizienten Einsatz knapper Justizressourcen als auch den verfahrensrechtlichen Interessen der gegnerischen Partei und damit der Waffengleichheit.[762] Wenn der Geschädigte zwischen sämtlichen Deliktsorten unbeschränkt wählen und sich dabei für das ihm günstigste Recht entscheiden kann, erhält sein Bestimmungsrecht den weitestgehenden Anwendungsbereich.[763] Übt der Geschädigte seine Wahlbefugnis nicht aus, hat das Gericht von Amts wegen zu prüfen, ob eines der Handlungsortsrechte den geltend gemachten Anspruch trägt.[764]

---

[758] Zur relativen Universalität des Urheberrechts 2. Kapitel I. 4.

[759] Vgl. *Schack*, MMR 2000, 59, 65, Fn. 72. Etwas anderes gilt nur, wenn man am Territorialitätsprinzip festhält, vgl. *Hohloch*, 105: „Dieses Bestimmungsrecht jetzt dem Verletzten einzuräumen, verträgt sich mit der Territorialität des Urheberrechts aber wiederum nicht." *Hohloch* räumt allerdings ein, daß für besondere Gebiete gegebenenfalls zu differenzieren sei, 107: „Was für Rundfunksendungen richtig erscheinen mag („Recht des Ausstrahlungsortes"), muß für andere Medien, die kabelnetzartig gebunden sind, nicht ebenfalls richtig sein. Die Flexibilität des Handlungsortbegriffes erlaubt auch hier Flexibilität im Sinne eines besseren Verletztenschutzes."

[760] *Spickhoff*, IPRax 2000, 1, 5.

[761] Es soll verhindert werden, daß Richter in mehreren Instanzen dazu gezwungen werden können, von Amts wegen die Begründetheit der Ansprüche nach mehreren Rechtsordnungen zu prüfen. BT Drucksache 14/343, S. 11. Deshalb kann das Bestimmungsrecht gemäß Art. 40 Abs. 1 S. 3 nur im ersten Rechtszug bis zum Ende des frühen ersten Termins oder dem Ende des schriftlichen Vorverfahrens ausgeübt werden.

[762] Umstritten ist die Rechtsnatur des neuen Bestimmungsrechts. *Lorenz* (NJW 1999, 2215, 2217) spricht von einer rein prozessualen Qualifikation; *Spickhoff* (IPRax 2000, 1, 6) schließt sich an, mit der Einschränkung, daß das Optionsrecht nicht je nach Streitgegenstand unterschiedlich ausgeübt werden könne. *Von Hein* (NJW 3174, 3175; ZVglRWiss 2000, 251, 263 f.; Günstigkeitsprinzip, 258–259) klassifiziert das Bestimmungsrecht als kollisionsrechtliches Gestaltungsrecht. Das Recht sei verbraucht, sobald es ausgeübt und die Rechtslage insoweit gestaltet werde. *Freitag/Leible* (ZVglRWiss 2000, 101, 117–121) stimmen *von Hein* zu. Ebenso *Junker*, RIW, 2000, 241; *Kropholler*, IPR, 4. Aufl., § 53 IV 2. b); *Pfeiffer*, NJW 1999, 3674, 3675.

[763] *Freitag/Leible*, ZVglRWiss 2000, 101, 137.

[764] *Spickhoff*, IPRax 2000, 1, 5. Zustimmend *Freitag/Leible*, ZVglRWiss 2000, 101, 138 mit Einschränkungen. Zur Frage, ob dies aus prozeßökonomischer Sicht sinnvoll ist 3. Kapitel V.3. Skeptisch *Kropholler*, IPR, 4. Aufl., § 53 IV 2.b).

Im Ergebnis hat der Geschädigte in analoger Anwendung des Art. 40 Abs. 1 S. 2 und 3 EGBGB bei mehreren Handlungsorten ein Bestimmungsrecht.[765] Da das Gericht von Amts wegen den Vorrang der wesentlich engeren Verbindung gemäß Art. 41 EGBGB und Art. 40 Abs. 2 EGBGB zu berücksichtigen hat, kommt das Bestimmungsrecht aus Art. 40 Abs. 1 S. 2 EGBGB nur dann zum Zug, wenn weder akzessorisch noch an den gemeinsamen gewöhnlichen Aufenthalt anzuknüpfen ist.[766]

bb. Art. 40 Abs. 2 EGBGB

Wer die rechtliche Gewährleistung der Immaterialgüterrechte auf das jeweilige Hoheitsgebiet beschränkt, hält die Verweisung auf das Recht des Schutzstaates für zwingend und lehnt Auflockerungen des Verletzungsstatuts ab.[767] So muß die Anwendung des gemeinsamen Heimatrechts im Sinne des Art. 40 Abs. 2 zu einem Konflikt führen, da nach der Schutzlandregel allein das Recht des Landes anwendbar ist, für das der Kläger Schutz beansprucht.[768] Mit dem Übergang vom Territorialitätsprinzip zum Universalitätsprinzip entfällt die Notwendigkeit einer derart restriktiven Auslegung.[769] Der Einwand, der Rückgriff auf gemeinsames Aufenthaltsrecht benachteilige den Verletzer,

---

[765] Die direkte Anwendung des Art. 40 Abs. 1 S. 2 EGBGB ist ausgeschlossen, weil es nach der hier vertretenen Ansicht bei einer Urheberrechtsverletzung keinen Erfolgsort gibt. Genau genommen müßte man von einer doppelten Analogie sprechen, weil Art. 40 Abs. 1 S. 2 EGBGB unterstellt, daß *ein* Erfolgsort *einem* Handlungsort gegenübersteht und nicht *mehrere* Handlungsorte miteinander konkurrieren.

[766] *Von Hein,* Günstigkeitsprinzip, 143–152; ders., ZVglRWiss 2000, 251, 262 f. *Spickhoff* (NJW 1999, 2209, 2214) und *von Hein* weisen darauf hin, daß sich die systematische Hierarchie der Artikel 40–42 EGBGB am besten erschließe, wenn man sie „von hinten" lese. *Von Hein,* ZVglRWiss 2000, 251, 260: „An erster Stelle steht die einvernehmliche Rechtswahl (Art. 42 EGBGB), dann die akzessorische Anknüpfung (Art. 42 II Nr. 1 EGBGB), anschließend der gemeinsame gewöhnliche Aufenthalt (Art. 40 II EGBGB), schließlich die nur subsidiär, also wenn keine der vorgenannten Regeln eingreift, anwendbare Tatortregel (Art. 40 I EGBGB), die zudem noch durch die allgemeine Ausweichklausel verdrängt werden kann (Art. 41 I EGBGB)."

[767] So die in Deutschland herrschende Meinung. Statt vieler LG Düsseldorf GRUR Int. 1968, 101, 102 – *Frauenthermometer* (zum Gebrauchsmusterrecht) zur Verordnung über die Rechtsanwendung bei Schädigungen deutscher Staatsangehöriger außerhalb des Reichsgebietes vom 7.12.1942 (RGBl. 1942 I S. 706); *Hohloch,* 105: „Nach wie vor versteht sich, daß die jetzt in Art. 41 Abs. 2 EGBGB (sic) angesiedelte ‚Auflockerung' zugunsten des Rechts des ‚gemeinsamen gewöhnlichen Aufenthalts' für die Urheberrechtsverletzung nicht paßt." MünchKomm-*Kreuzer,* Nach Art. 38 Anh. II, Rn. 15; *Schricker-Katzenberger,* vor §§ 120 ff., Rn. 134. *Weber* schlägt für das Urheberrecht vor, nur die Haftungsfolgen dem deutschen Recht zu entnehmen, den Haftungstatbestand hingegen weiterhin dem Recht des Eingriffsortes zu unterstellen.

[768] Vgl. Bundestags-Drucksache 14/343, wonach der gemeinsame gewöhnliche Aufenthaltsort der Parteien kein Grund für eine Abweichung von der Schutzlandregel sei.

[769] *Schack,* Anknüpfung, S. 85;

weil er nicht auf die Anwendung des Verletzungsstatuts vertrauen könne,[770]
richtet sich über den urheberrechtlichen Kontext hinaus gegen die Auflockerungsregel des Art. 40 Abs. 2 EGBGB als solche.[771] Eine Diskussion über
Sinn und Zweck der Sonderanknüpfung an den gemeinsamen gewöhnlichen
Aufenthaltsort würde hier zu weit führen.[772] Die Vorschrift ist bei Urheberrechtsverletzungen wie bei allen anderen Delikten zu berücksichtigen. Bei
multiplen Urheberrechtsverletzungen hat die Auflockerungsregel den Vorteil,
daß die Zahl der in Frage kommenden Rechtsordnungen auf das am gemeinsamen Aufenthaltsort der Beteiligten geltende Recht durch ein sachnahes und
eindeutig bestimmbares Kriterium reduziert wird, das zwar von einem Zufall
abhängt,[773] das aber keine Partei benachteiligt.

cc. Art. 40 Abs. 3 EGBGB

Die in Art. 40 Abs. 3 EGBGB kodifizierte Begrenzung von Forderungen ist
auch für das Urheberrecht sinnvoll. Art. 40 Abs. 3 Nr. 1 und 2 EGBGB verbieten als spezielle ordre-public-Normen gegenüber jedermann die Anwendung fremden Rechts, das etwa zu mehrfachem oder Strafschadensersatz führen würde.[774]

Art. 38 EGBGB a.F. hat die Geltendmachung von über das deutsche Recht
hinausgehenden Ansprüchen gegen Deutsche ausgeschlossen. Demgegenüber
schränkt Art. 40 Abs. 3 Nr. 3 EGBGB, der nicht auf die Staatsangehörigkeit
abstellt, die Anwendbarkeit ausländischen Rechts zum Schutz des Ersatzpflichtigen ein, wenn es nicht mit den haftungsrechtlichen Bestimmungen
derjenigen multilateralen völkerrechtlichen Verträge übereinstimmt, die für
die Bundesrepublik Deutschland in Kraft getreten sind.

Völkerrechtlicher Maßstab für Urheberrechtsverletzungen ist das TRIPs-
Übereinkommen, das zwar keine haftungsausfüllenden oder -beschränkenden
Regelungen enthält,[775] wohl aber in Teil III Regelungen zur Durchsetzung
von Rechten des geistigen Eigentums, durch die die Haftung begründet
wird.[776] Da in Art. 40 Abs. 3 Nr. 3 nicht nur von haftungs*ausfüllenden*, son-

---

[770] So aber aus Sicht eines deutschen Verletzers im Hinblick auf die Verordnung vom
7.12.1942 *Regelin*, 225 und *Schack*, Anknüpfung, S. 84.

[771] So auch *Knörzer*, 114.

[772] Allgemein zur Auflockerung *Kropholler*, IPR, § 53 V.

[773] *Schack*, Anknüpfung, 85 und GRUR Int. 1985, 525, schließt daraus, daß sie kollisionsrechtlich ohne jede Bedeutung sei. Laut *Knörzer*, 116, liegt die kollisionsrechtliche Bedeutung darin, daß der Gesetzgeber das Parteiinteresse an der Anwendung des gemeinsamen
Heimatrechts stärker gewichtet als das Verkehrsinteresse an der Anwendung des Rechts des
Eingriffsortes.

[774] *Wagner*, IPRax 1998, 429, 433.

[775] *Blakeney*, S. 129, 13.14: „There is no assistance contained in Article 45.1 to deal with
the complex issue of quantifying the damages suffered as the result of an intellectual property
infringement."

[776] Zur Durchsetzung *Dreier*, GRUR Int. 1996, 205–218.

dern allgemein von haftungs*rechtlichen* Regelungen die Rede ist, können Ansprüche, die dem Recht eines anderen Staates unterliegen, nicht geltend gemacht werden, soweit sie den haftungs*begründenden* Regelungen des TRIPs-Übereinkommens widersprechen.[777]

dd. Art. 41 EGBGB

Art. 41 Abs. 1 EGBGB erlaubt für außervertragliche Schuldverhältnisse eine abweichende Anknüpfung, wenn der Sachverhalt nach den gesamten Umständen eine wesentlich engere Verbindung zu einer anderen Rechtsordnung hat als zu derjenigen, die nach den Artikeln 38 bis 40 Abs. 2 EGBGB maßgeblich wäre. In der Begründung des Gesetzentwurfs zum IPR für außervertragliche Schuldverhältnisse und Sachen wird die Anwendung des Art. 41 EGBGB auf Verletzungen von Immaterialgüterrechten nicht ausdrücklich ausgeschlossen. Allerdings deutet die darin ausgesprochene Verdrängung der Rechtswahl durch das Schutzlandprinzip darauf hin, daß auch die allgemeine Ausweichklausel des Art. 41 von der Schutzlandregel überlagert wird.[778]

Die Ausweichklausel hat gegenüber der Auflockerungsregel des Art. 40 Abs. 2 EGBGB den Nachteil der Unbestimmtheit.[779] Denn für unerlaubte Handlungen ist das Bestehen einer wesentlich engeren Verbindung zu einer anderen Rechtsordnung in Art. 41 Abs. 2 Nr. 1 nur für den Fall konkretisiert, daß eine besondere rechtliche oder tatsächliche Beziehung besteht.[780] Für das Urheberrecht kommt insbesondere eine akzessorische Anknüpfung an vertragliche Beziehungen der Parteien in Betracht (Art. 41 Abs. 2 Nr. 1 EGBGB)[781] – vorausgesetzt man löst sich vom Dogma der Territorialität.[782]

Nach Wortlaut und Logik des Art. 41 Abs. 1 EGBGB ist das Recht des Staates, mit dem eine wesentliche engere Verbindung besteht, nur dann anzuwenden, wenn es sich nicht zugleich um das am Handlungsort geltende Recht handelt. Das Kriterium der „wesentlich engeren Verbindung" wäre (ungeachtet seiner Unbestimmtheit) jedoch auch hilfreich, um bei einer Vielzahl von Handlungsorten eine Rechtsordnung zu filtern. So könnte die Zahl der in Frage kommenden Rechtsordnungen mit Hilfe des Kriteriums der „we-

---

[777] Zur Umsetzung der haftungsrechtlichen Vorschriften des TRIPs-Übereinkommens in Deutschland: 3. Kapitel I.3.

[778] Vgl. Bundestags-Drucksache 14/343. So *Schack,* MMR 2000, 59, 65.

[779] *Kropholler,* IPR, § 53 VI 4.

[780] Art. 41 Abs. 2 Nr. 2 betrifft nur Fälle des Art. 38 Abs. 2 und 3 und des Artikels 39 EGBGB. Der gemeinsame gewöhnliche Aufenthalt ist bei unerlaubten Handlungen ohnehin über Art. 40 Abs. 2 EGBGB zu berücksichtigen.

[781] Allgemein zu Art. 41 Abs. 2 Nr. 1 EGBGB *Freitag/Leible,* ZVglRWiss 2000, 101, 109–115.

[782] *Knörzer,* 114; a.A. MünchKomm-*Kreuzer,* Art. 38 Anh. II Rn. 15.; *Locher,* 73 in bezug auf Art. 133 Abs. 3 schweizerisches IPR-Gesetz.

sentlich engsten Verbindung" eingegrenzt werden, wenn bei parallelen Urheberrechtsverletzungen mehrere Handlungsorte in Betracht kommen.[783]

Die *Felsberg*-Entscheidung[784] läßt erahnen, daß die starre Schutzlandregel der Massenverbreitung über den terrestrischen Rundfunk und schon gar nicht der Verbreitung über das Internet gewachsen ist. Anstatt das zweifelhafte Institut der Gesetzesumgehung zu bemühen, könnten deutsche Gerichte in analoger Anwendung der Ausweichklausel des Art. 41 EGBGB bereits auf Tatbestandsebene auf das Kriterium der engsten Verbindung abstellen, das letztlich in *Felsberg* den Ausschlag gab. Es besteht eine wesentlich engere Verbindung mit dem Recht eines Staates, für das eine von Deutschland ausgestrahlte Sendung bestimmt ist als mit deutschem Recht, das nach der Tatortregel berufen ist.

ee. Art. 42 EGBGB

Artikel 42 EGBGB hat die vorherige Rechtswahl im internationalen Deliktsrecht abgeschafft.[785] Eine durch Art. 42 EGBGB zugelassene nachträgliche Rechtswahl lehnen die Anhänger der Schutzlandregel ab. Die Vorschrift passe nicht für Immaterialgüterrechte, da die Verletzungstatbestände einschließlich der mit ihnen verbundenen Sanktionen und ihrer Voraussetzungen in so engem Zusammenhang mit dem durch Gesetz und Rechtsprechung des Schutzlandes definierten Inhalt und Umfang der geschützten Rechte stünden, daß eine davon abweichende Rechtswahl der Parteien nicht zugelassen werden könne.[786]

Abgesehen davon, daß eine Aufsplitterung der Elemente einer Haftungsnorm regelmäßig auch nicht im Interesse der Parteien liegt, ist die Parteiautonomie stärker zu gewichten als die Einheit von Haftungsvoraussetzungen und Haftungsfolgen, die zumal bei multiplen Urheberrechtsverletzungen nicht mehr als ein unerreichbares Ideal ist.[787] Da die Rechtswahl der Streitbeilegung dient, ist sie ein willkommenes Instrument, komplexe Urheberrechtsstreitig-

---

[783] Siehe 3. Kapitel IV.7.f.

[784] Saarländisches OLG GRUR Int. 2000, 933–936, 3. Kapitel IV.5.h.

[785] Allgemein zu Art. 42 EGBGB und zur Rechtswahlfreiheit im internationalen Deliktsrecht *von Hein*, RabelsZ 2000, 595–613; *Freitag/Leible*, ZVglRWiss 2000, 101, 103–109.

[786] *Beier/Schricker/Ulmer*, GRUR Int. 1985, 104, 106 f.; *Staudinger-von Hoffmann*, Art. 38 EGBGB Rn. 591, 595; *Zweigert/Puttfarken*, GRUR int. 1973, 573, 577. Das zweite Argument von *Beier, Schricker* und *Ulmer*, bei Immaterialgüterrechtsverletzungen handele es sich in aller Regel um Dauerdelikte, bei denen bis zur Einstellung der Verletzungshandlungen mit jedem Akt eine weitere Rechtswahl getroffen werden müßte, hat *Knörzer*, 112, zutreffend mit dem Hinweis entkräftet, daß eine Rechtswahl im Regelfall erst nach Vornahme der letzten Eingriffshandlung getroffen wird. Für den Fall, daß nach erfolgter Rechtswahl der Verletzer weitere Eingriffe vornimmt, hängt es von der Rechtswahlvereinbarung ab, ob die Rechtswahl auch nachträglich vorgenommene Eingriffshandlungen erfaßt. Vgl. auch *Schack*, GRUR Int. 1985, 523, 525, Fn. 38.

[787] *Schack*, GRUR Int. 1985, 523, 525. Zustimmend *Knörzer*, 113.

keiten rasch, effizient und im Interesse der Parteien beizulegen. Dies gilt umso mehr als die Interessen Dritter (und der Allgemeinheit), die bei der Definition der Verletzungstatbestände eines Landes und der daran anknüpfenden
Sanktionen berücksichtigt wurden, gemäß Art. 42 S. 2 EGBGB von der
Rechtswahl unberührt bleiben.

Zuzugeben ist, daß der Parteiwille die Interessen eines ausländischen
Schutzstaates an der Regelung der fraglichen Geschehnisse nicht in jedem
Falle aufwiegt.[788] Wer deshalb darauf besteht, die Fragen nach Bestand und
Verletzung eines Schutzrechts einheitlich zu beurteilen, möge die Rechtswahlmöglichkeit auf die Frage der Rechtsfolgen beschränken, um zumindest
den Sachzusammenhang zwischen den Vorfragen und der Verletzung nicht zu
gefährden.[789]

ff. Art der Verweisung

Die Verweisung auf das Schutzland wird als allseitige Gesamtverweisung
verstanden.[790] Auch die Verweisung auf das Recht des Handlungsortes
(Art. 40 Abs. 1 S. 1 EGBGB) ist gemäß Art. 4 Abs. 1 EGBGB als IPR-
Verweisung anzusehen, sofern dies nicht dem Sinn der Verweisung widerspricht.[791] Nur wenn bei mehreren Handlungsorten verschiedene Deliktsrechte
in Frage kommen, und der Geschädigte analog Art. 40 Abs. 1 S. 2 EGBGB
ein Sachrecht bestimmt, wäre eine Gesamtverweisung im Hinblick auf eine
mögliche Rückverweisung sinnwidrig.[792] Die Auswahlentscheidung sollte
dem Geschädigten nicht zusätzlich durch die Beachtlichkeit eventueller Rück-
bzw. Weiterverweise erschwert werden.[793] Die Anknüpfung an den gemeinsamen gewöhnlichen Aufenthalt (Art. 40 Abs. 2 EGBGB) ist eine Gesamtverweisung, während die allgemeine Ausweichklausel des Art. 41 EGBGB

---

[788] *Bühler,* 393.

[789] So die herrschende Lehre in der Schweiz in bezug auf Art. 110 Abs. 2 IPRG. Die Par-
teien können nach Eintritt des schädigenden Ereignisses das Recht am Gerichtsort vereinbaren.
Die Rechtswahlmöglichkeit ist auf die Frage der Rechtsfolgen beschränkt und nur dann von
Bedeutung, wenn gestützt auf Art. 110 Abs. 1 IPRG ausländisches Recht anzuwenden wäre.
Dazu *Vischer* GRUR Int. 1987, 670, 679–680; *Bühler,* 391, m.w.N. in Fn. 2464. Für die Zu-
lassung der Rechtswahl im Bereich der Haftungsfolgen aus deutscher Sicht *Staudinger-von
Hoffmann,* Art. 38, Rn. 595.

[790] *Ulmer,* RabelsZ 41 (1977), 498 f.; MünchKomm-*Kreuzer,* nach Art. 38 Anh. II, Rn.
10.

[791] Rechtsvergleichend zur Beachtlichkeit der Rückverweisung im Internationalen Deliktsrecht *von Hein,* Günstigkeitsprinzip, 154–163; ders., ZVglRWiss 2000, 251, 253–254.

[792] Begrifflich ausscheiden müßte eine Rück- oder Weiterverweisung, wenn das Bestimmungsrecht ausschließlich prozeßrechtlich qualifiziert wird, da ein deutsches Gericht verfah-
rensrechtlich grundsätzlich nur die lex fori anwendet. *Von Hein,* ZVglRWiss 2000, 251, 263.

[793] *Freitag/Leible,* ZVglRWiss 2000, 101, 140; *von Hein,* ZVglRWiss 2000, 251, 264–
272; Zu Persönlichkeitsrechtsverletzungen im Internet *von Hinden,* 229–232.

eine Sachnormverweisung ausspricht.[794] Haben die Parteien das anwendbare Deliktsrecht gemäß Art. 42 EGBGB vereinbart, können sie gemäß Art. 4 Abs. 2 EGBGB nur auf die Sachvorschriften verweisen.[795]

gg. *Fazit*

Das neue Deliktskollisionsrecht bietet mit dem Bestimmungsrecht, der Ausweichklausel, der Auflockerungsklausel und der Rechtswahl mehrere Möglichkeiten, bei einer Mehrheit von Handlungsorten die starre Tatortregel zu durchbrechen. Von dieser Möglichkeit könnte auch bei einer Multiplikation von Urheberrechtsverletzungen Gebrauch gemacht werden.[796]

c. *Rechtsbehelfe*

Das Deliktsstatut umfaßt auch die Ansprüche, die ein Kläger geltend macht. Das gilt auch für vorbeugende Unterlassungsklagen, für die der präsumtive Begehungsort maßgeblich ist.[797] Damit ist die Einheit der Verletzungstatbestände und der mit ihnen verbundenen Sanktionen gewahrt, die auch die Befürworter des Schutzlandprinzips fordern.[798]

d. *Vorfragen*

Das Gesetz zum IPR für außervertragliche Schuldverhältnisse enthält keine Vorschriften über das Problem der Anknüpfung von Vorfragen.[799] Nach welcher Rechtsordnung die in der Praxis so wichtigen Vorfragen nach den Voraussetzungen der Haftung zu beurteilen sind, ist deshalb weiterhin offen.[800] Fraglich ist zunächst, ob die Vorfragen im Rahmen einer Deliktsklage selbständig oder unselbständig anzuknüpfen sind (aa). Von den urheberrechtsspe-

---

[794] *Von Hein,* ZVglRWiss 2000, 251, 272–276.

[795] *Freitag/Leible,* ZVglRWiss 2000, 101, 140–141.

[796] Die Regelungen des EGBGB werden möglicherweise durch ein einheitliches europäisches Deliktskollisionsrecht verdrängt. Zu den Vereinheitlichungstendenzen *Freitag/Leible,* ZVglRWiss 2000, 101, 141–142; Allgemein zum europäischen Kollisionsrecht *Jayme/Kohler,* IPRax 2000, 454, 465 a.E.: „Das europäische Kollisionsrecht steht so unter dem Eindruck einer unkoordinierten Aufbruchstimmung. Wie angesichts dessen die Herausforderungen bestanden werden, die sich mit der Vergemeinschaftung des EVÜ und der Ausarbeitung eines Rechtsakts über das Delikts-IPR stellen, kann nur mit Skepsis abgewartet werden." Zur Entwicklung des Kollisionsrechts „zwischen Postmoderne und Futurismus" *Jayme,* IPRax 2000, 165–171.

[797] *Wagner,* IPRax 1998, 429, 434.

[798] Vgl. nur *Beier/Schricker/Ulmer,* GRUR Int. 1985, 104, 106.

[799] Vgl. § 34 des österreichischen IPR-Gesetzes von 1978. Dessen Absatz 1 lautet: „Das Entstehen, der Inhalt und das Erlöschen von Immaterialgüterrechten sind nach dem Recht des Staates zu beurteilen, in dem eine Benützungs- oder Verletzungsbehandlung gesetzt wird."

[800] *Beier/Schricker/Ulmer,* GRUR Int. 1985, 104, 105: „Die isolierte Regelung der Haftung im Rahmen des Deliktstatuts hängt daher gewissermaßen in der Luft."

zifischen Vorfragen nach Entstehung, Inhaberschaft, Inhalt und Schranken des Urheberrechts (bb) ist die vertragliche Vorfrage zu unterscheiden (cc).

aa. Zur Anknüpfung der Vorfrage

Die in Deutschland überwiegende Meinung knüpft Vorfragen grundsätzlich selbständig an.[801] Auch die immaterialgüterrechtlichen Vorfragen sollen gesondert angeknüpft werden.[802] Die Anknüpfung der Vorfragen an das Schutzland führt zu demselben Ergebnis wie eine unselbständige Anknüpfung, die Voraussetzungen und Rechtsfolgen der deliktischen Haftung geschlossen dem Recht des Schutzlandes unterstellt. Wer von der universalen Geltung des Urheberrechts ausgeht, ist versucht, dem Ideal einer einheitlichen Anknüpfung nachzueifern und die Vorfragen unselbständig anzuknüpfen, um eine Zersplitterung des Urheberrechts zu vermeiden.[803] Eine Zersplitterung droht jedoch gerade dann, wenn die Vorfrage nicht ebenso beantwortet wird, wie sie als Hauptfrage in einem inländischen Verfahren zu beantworten wäre.[804] Die Gerichte eines Landes sollen ein und dieselbe Rechtsfrage gleichmäßig beantworten. Deshalb sind die urheberrechtlichen Vorfragen nach dem Kollisionsrecht des Forums selbständig anzuknüpfen. Dies empfiehlt sich im Urheberrecht schon deshalb, weil die internationalen Konventionen Anknüpfungsmöglichkeiten für bestimmte Fragen vorsehen.[805]

bb. Entstehung, Inhaberschaft, Inhalt und Schranken des Urheberrechts

Keine Frage des internationalen Urheberrechts wird von den Anhängern des Universalitätsprinzips heftiger diskutiert als die Frage nach der Anknüpfung der Voraussetzungen für die deliktische Haftung. Geklärt werden müssen Entstehung, Inhalt und Schranken des Urheberrechts. Geklärt werden muß auch, wer zur Geltendmachung von Verletzungsansprüchen berechtigt ist. Wie bereits erwähnt[806] will die in Deutschland herrschende Meinung all diese Fragen dem Recht des Schutzlandes unterstellen, sofern internationale Konventionen nicht dagegen sprechen.[807] Gerechtfertigt wird die Anknüpfung an das Recht des Landes, für das Schutz beansprucht wird, mit der Notwendigkeit, Voraus-

---

[801] *Kegel/Schurig*, § 9 II 1 mit Nachweisen aus der deutschen Rechtsprechung. Ausführlich zur Vorfragenproblematik *Wagner* JZ 1993, 1034.

[802] MünchKomm-*Kreuzer*, nach Art. 38, Anh. II, Rn. 26; *Sandrock*, 380, 386.

[803] So *Knörzer*, 128 unter Berufung auf das „Verkehrsinteresse".

[804] *Kropholler*, IPR, § 32 IV 1.

[805] *Knörzer* selbst untersucht eingehend den kollisionsrechtlichen Gehalt der inhaltlichen Konventionen, S. 27–85.

[806] 3. Kapitel IV.4.e.

[807] So verweist Art. 7 Abs. 8 RBÜ für die Dauer des Urheberrechtsschutzes zwar auf die Regelungen im Schutzland, das Recht des Ursprungslandes kann diese Schutzfrist aber nach unten begrenzen. Ob es sich bei dem letzten Halbsatz des Art. 7 Abs. 8 RBÜ um eine Kollisionsnorm handelt, ist umstritten. Vgl. nur *Schricker-Katzenberger*, Vor §§ 120 ff, Rn. 49.

setzungen und Rechtsfolgen eines Delikts einheitlich anzuknüpfen.[808] Notwendig erscheint eine einheitliche Anknüpfung aber nur bei strenger Beachtung des Territorialitätsprinzips, die im Widerspruch zu der durch die internationalen Konventionen geschaffenen relativen Universalität des Urheberrechts steht.[809]

Gegenstück zur Anknüpfung an das Recht des Schutzlandes ist die Anknüpfung an das Recht des Ursprungslandes, also an das Recht des Landes, in dem das Urheberrecht entstanden ist.[810] Die Meinungen im Schrifttum oszillieren zwischen diesen beiden Polen. Zusammenfassend[811] läßt sich aus deutscher Sicht[812] folgendes feststellen: Regelin will nur die Erstinhaberschaft an das Ursprungsland anknüpfen.[813] Drobnig und Schack knüpfen die Vorfragen nach erster Inhaberschaft und Entstehung selbständig an das Recht des Ursprungslandes an, unterwerfen Inhalt und Schranken jedoch dem Recht des Schutzlands.[814] A. Braun will das Ursprungslandprinzip anwenden, soweit es um Entstehung, Inhaberschaft, Inhalt, Übertragung und Dauer des Urheberrechts geht und dem Recht des Schutzlandes nur die Schranken des Urheberrechts entnehmen.[815] Neuhaus fordert, daß Entstehung, Träger und wesentlicher Inhalt der Immaterialgüter überall nach dem Recht des Ursprungslandes zu beurteilen sind.[816] Für eine einheitliche Anknüpfung des Urheberrechts an das Recht des Ursprungslandes spricht sich Intveen aus.[817] Auch Muth liebäu-

---

[808] *Beier/Schricker/Ulmer*, GRUR Int. 1985, 104, 106.

[809] Zur relativen Universalität 2. Kapitel I.4. Allgemein zur Kritik an der Schutzlandregel 3. Kapitel IV.6.a. Vgl. auch *Ginsburg*, Recueil, 355 und 363: „Thus, if it is generally true that the Berne Convention does not resolve the question of the law applicable to copyright ownership, it is also true that the treaty as a whole does not support the radical territoriality that would equate the law applicable to the scope of protection with that applicable to the determination of ownership. [...] In essence, the Ulmer analysis implies a highly territorialistic conception of copyright ownership. The results of this approach, viewed from within any given country's borders, may seem logical and appropriate. [...] From an international perspective, however, such a territorialist approach may appear not only parochial, but detrimental to the multi-national commerce in copyrighted works.“

[810] Die Anknüpfung an das Land, in dem das Urheberrecht entstanden ist, ist nicht zu verwechseln mit der Anknüpfung an das Ausgangsland einer Übertragung. Der Begriff „Ursprungsland" wird für beide Formen beansprucht. Vgl. *Bühler*, Urheberrecht im Internet, 394; *Intveen*, Internationales Urheberrecht und Internet, 91–93; Im folgenden wird „Ursprungsland" im erstgenannten Sinne verwendet.

[811] Zuletzt hat *Regelin* die (deutsche) Diskussion in seiner im Jahre 2000 erschienenen Dissertation akribisch auf 57 Seiten nachgezeichnet: *Regelin*, S. 150–207. Vgl. auch die Dissertationen von *Intveen*, 85–133 und *Muth*, 139–153.

[812] Aus französischer Sicht *Bergé*, 230–267.

[813] *Regelin*, 178–184.

[814] *Drobnig*, UFITA 40 (1976), 195 ff.; *Schack*, Anknüpfung, 44 ff., 66; ders., ZUM 6 (1989), 267, 277; ders., Urheberrecht, 377.

[815] *A. M. Braun*, 180–196.

[816] *Neuhaus*, RabelsZ 40 (1976), 191, 193

[817] *Intveen*, 85–133.

gelt mit der Anknüpfung an das Ursprungsland.[818] Im internationalen Schrifttum wird die Anknüpfung der Entstehung und der ersten Inhaberschaft an das Ursprungsland ebenfalls diskutiert.[819] In den USA[820] und in Frankreich[821] haben Gerichte zugunsten des Ursprungslandprinzips entschieden. Der Vorteil einer Anknüpfung von Entstehung und erster Inhaberschaft an das Recht des Ursprungslandes ist die Vorhersehbarkeit der internationalen Rechtssituation für den Urheber, der in der Theorie darauf vertrauen darf, daß beide (Vor-)fragen stets nach demselben Recht beurteilt werden. In der Praxis läßt sich das Ursprungsland jedoch nicht in allen Fällen eindeutig bestimmen. Fraglich ist zunächst, welches Recht auf die Bestimmung des Ursprungslandes anwendbar ist.[822] Ferner ist das angestrebte Ziel einer einheitlichen Anknüpfung von Entstehung und Erstinhaberschaft bei paralleler Veröffentlichung in vielen verschiedenen Ländern oder bei einer Erstveröffentlichung, an der mehrere Personen verschiedener Nationalität beteiligt sind, nicht erreichbar.[823] Zudem führt die Anknüpfung an das Ursprungsland dazu, daß sich Urheber und Verwertungsgesellschaften das Land mit dem höchsten

---

[818] *Muth*, 139–154; Zusammenfassung auf S. 178. Voraussetzung sei jedoch, daß alle Werke, die über das Internet angeboten werden, eine Bezeichnung des Urhebers oder sonst Berechtigten tragen. Zusätzlich müßten alle Daten über den Ort der Erstveröffentlichung bzw. die Nationalität des Urhebers zentral gespeichert werden und zur Verfügung stehen. Hierzu müßten die sogenannten Clearingstellen als weltweite Informations- und Lizenzierungszentren ausgebaut werden (vgl. auch *Intveen*, 67–69). Das bedeutet, daß die Rechte der Urheber kollektiv von Verwertungsgesellschaften wahrgenommen werden. Ohne eine solche Unterstützung bleibt dieser Lösungsansatz unpraktikabel. Abgesehen davon verlagert der Vorschlag, Clearingstellen einzusetzen oder gesetzliche Lizenzen einzuführen (*Intveen*, 69–71) die kollisionsrechtliche Frage nur, löst sie aber nicht. Wenn die Rechte der Urheber kollektiv von Verwertungsgesellschaften wahrgenommen werden, stellt sich die Frage des anwendbaren Rechts nicht für den Urheber, sondern für die Verwertungsgesellschaften. Auch für gesetzliche Lizenzen muß zur Bestimmung ihrer Reichweite die anzuwendende Rechtsordnung festgestellt werden.

[819] Vgl. nur *Bariatti*, Internet, AIDA 1996, 79; *Bühler*, Urheberrecht im Internet, 394–398; *Dessemontet*, Propriété intellectuelle, 54; *Ginsburg*, Study, 26 ff.; *Kéréver*, Propriété intellectuelle, 261; *Lucas*, Aspects de droit international privé, 14; ders., Droit d'auteur et numérique, 328 f.; ders., WIPO Forum, Nr. 9–58.

[820] Vgl. *Itar Tass v Russian Kurier Inc*, US Court of Appeals, Second Circuit, 153 F.3d 82 (2nd Cir. 1998), 27. 8.1998, GRUR Int. 1999, 639–645, mit zustimmender Anmerkung von *Schack*, GRUR Int. 1999, 645–647. Ausführlich dazu unten 3. Kapitel IV.7.b.cc.

[821] Vgl. die Nachweise bei *Schack*, GRUR Int. 1999, 645–647 in Fn. 23. Vgl. insbesondere *Sté Panek v Sté IBM Corp*, TGI Paris, Urteil vom 16.5.1997, 77 Rev. Droit de propriété industrielle (1997), 46. Die Werkqualität eines Werks britischen Ursprungs wird nach britischem Urheberrecht beurteilt.

[822] Zur Lokalisierung des Ursprungslands 2. Kapitel II.2.b.

[823] *Ginsburg* (Study, 32 ff.) erwägt in diesem Zusammenhang eine Anknüpfung der Urheberschaft und ersten Inhaberschaft an das Recht des Landes, welches zu dem in Frage stehenden Werk bzw. Vertrag „the most significant relationship" aufweise. Die entscheidende Frage, unter welchen Umständen jeweils welcher Anknüpfungspunkt ausschlaggebend sein soll, läßt *Ginsburg* jedoch offen (*Thum*, GRUR Int. 2001, 9, 17).

Schutzniveau aussuchen können. Anstelle von „Haftungsoasen" für Piraten sind „Schutzparadiese" für Urheber und Verwertungsgesellschaften zu befürchten.[824] Klagt der Rechtsinhaber an seinem Wohnsitz,[825] läuft die Anknüpfung an die lex originis auf die Anwendung der lex fori hinaus. Ein Ergebnis, das sich mit dem Ideal der prozessualen und internationalprivatrechtlichen Gerechtigkeit nicht vereinbaren läßt und im Zeitalter des Internet veraltet und deplatziert wirkt.[826] Angesichts der Manipulationsmöglichkeiten, die das Ursprungslandprinzip dem Urheber eröffnet, kann von der postulierten Rechtssicherheit keine Rede sein. Die Anknüpfung an das Ursprungsland wirft wie die Anknüpfung an das Schutzland die Frage auf, ob die flexible Ermittlung der engsten Beziehung im Einzelfall einer festen Anknüpfungsregel vorzuziehen ist.[827]

cc. Übertragbarkeit des Urheberrechts

Der BGH und der überwiegende Teil der Lehre wendet auf einen nach ausländischem Recht geschlossenen Vertrag das Recht des Schutzlandes an.[828] Die Konsequenz frappiert. Bereits bei der Übertragung müßte darauf Rücksicht genommen werden, wo überall in der Welt das Urheberrecht verwertet werden könnte.[829] Die Inhaberin eines Urheberrechts, die irgendwo auf der Welt ein Urheberrecht überträgt, muß bei Vertragsschluß darauf achten, daß sie nach deutschem Recht weiterhin zur Geltendmachung ihrer Rechte berechtigt ist und nach deutschem Recht unzulässige Übertragungen vermeiden, wenn zu befürchten steht, irgendwann einmal in Deutschland klagen zu müssen. Ein derartiger Eingriff in die Parteiautonomie[830] verstößt gegen den kollisionsrechtlichen Grundsatz des Vertrauensschutzes.[831] Die Parteien müssen

---

[824] *Dessemontet,* Internet, SJZ 92 (1996), 285, 290.

[825] So wie es *Intveen* vorschlägt, vgl. Internationales Urheberrecht und Internet, 134–141.

[826] Kritisch zum „nationalistischen" Ansatz des Ursprungslandprinzips *Lucas,* Aspects de droit international privé, Rn 53; zustimmend *Thum,* GRUR Int. 2001, 9, 18–20.

[827] Zum Problem der Eingrenzung in Frage kommender Rechtsordnungen sogleich 7.

[828] Siehe 3. Kapitel IV.4.e.bb. BGHZ 118, 394, 397 f. – *Alf;* BGHZ 136, 380, 386 – *Spielbankaffaire;* OLG Hamburg UFITA 26 (1958), 344, 350 – *Brotkalender;* OLG München GRUR Int. 1960, 75, 76 – *Le Mans;* BGH GRUR 1988, 296, 298 – *GEMA Vermutung IV; Drobnig,* RabelsZ 40 (1976), 195, 204; *MünchKomm-Kreuzer,* Nach Art. 38 Anh. II, Rn. 20; *Schricker-Katzenberger,* vor §§ 120 ff, Rn. 124; *Staudinger-Firsching,* vor Art. 12, Rn. 436; *Soergel-Kegel,* Anh. Nach Art. 7, Rn. 23; *Ulmer,* Gutachten, S. 50; m.w.N.

[829] *Regelin,* 195; *Schack,* Anknüpfung, S. 46.

[830] Zum Grundsatz der Parteiautonomie und seiner Verankerung in der Rome Convention vgl. nur *Hartwieg,* Pleading Actions, 179–181, mit rechtsvergleichenden Hinweisen.

[831] Zum Vertrauensschutz im IPR *Kropholler,* IPR, § 21 II; *Cigoj,* 68, argumentiert mit der „unklaren und einseitigen" (*Kropholler,* IPR, § 21 I 4) Theorie der wohlerworbenen Rechte, meint aber dasselbe: „Der Einwand im Verletzungsstreit, es habe gar keine wirksame Übertragung des Rechtes stattgefunden, wird nach der bisher wohl überwiegenden deutschen Auffassung gemäß der Rechtsordnung geprüft, dem das Urheberrecht seine Entstehung verdankte, nämlich dem Recht des Schutzlandes. Die Tatsache also, daß das durch den Vertrag

damit rechnen können, daß das von ihnen gewählte oder von ihnen stillschweigend vorausgesetzte Recht tatsächlich auf den Vertrag angewandt wird.

Die Parteiautonomie wird auch dann beschnitten, wenn man mit Schack
die Übertragbarkeit des Urheberrechts nach dem Recht des Ursprungslandprinzips beurteilt.[832] Den Parteien steht es grundsätzlich frei, Schutzvor-
schriften durch die Wahl eines bestimmten Vertragsstatuts zu umgehen. Den
Vertrag an den Vorschriften des für die Übertragung bedeutungslosen Ursprungslandes zu messen, hieße, die Bestimmungen des Ursprungslandes als
zwingendes Recht anzuwenden.[833] Eine derartige staatliche Bevormundung
kann nicht im Interesse derjenigen liegen, die mit dem Ursprungslandprinzip
auch dem Universalitätsprinzip zur weltweiten Geltung verhelfen wollen.

Unabhängig vom Verständnis des Urheberrechts als territorial begrenztes
oder universal geltendes Recht, ist die Übertragbarkeit eines Urheberrechts im
Interesse der Parteiautonomie nach den allgemeinen IPR-Regeln über vertragliche Schuldverhältnisse zu beurteilen.[834] Von diesem Grundsatz ist selbst
dann nicht abzuweichen, wenn die Parteien ein Recht gewählt haben, das den
Urheber vermeintlich schlechter stellt als das Recht des Schutzlandes.[835] Dem
Recht des Schutzlandes unbekannte Verfügungen wie die vollständige Übertragung des Urheberrechts nach amerikanischem Vorbild sind hinzunehmen.
Allenfalls ist zu erwägen, eine Übertragung von Urheberrechten nur insoweit
zuzulassen wie es die kumulative Anwendung der lex contractus und der lex
loci protectionis[836] oder die Anwendung der lex contractus korrigiert durch
den ordre public der lex fori erlaubt.[837] Es ist jedoch nicht Aufgabe des deutschen Richters, ausländische Verträge an das Recht des Schutzlandes anzu-

---

erworbene Recht unter einer fremden Rechtsordnung zustandegekommen ist und es dort ein
wohlerworbenes Recht darstellt, kommt bei der Inländerbeurteilung nicht in Betracht." Zur
Theorie der vested rights: *Beale,* A Treatise on the Conflict of Laws, S. 1969.

[832] Anknüpfung, S. 46; Urheberrecht, 385 f.; vgl. auch *Hoffmann,* UFITA 11 (1938), 185,
195 f.

[833] *Regelin,* 196–197.

[834] *Cigoj,* 53, 66 f.; *Ginsburg,* Recueil, 363–368; *Locher,* 49; *Regelin,* 197; *Siehr,* UFITA
108 (1988), 9, 25; kritisch *Wille,* 120–122, der eine Anknüpfung an das Recht des Landes
anregt, in dem der Urheber zum Zeitpunkt des (Kausal)Vertrages seinen gewöhnlichen Aufenthalt hat. Zu den Schwierigkeiten bei der Bestimmung der lex contractus bei Vertragsschluß über das Internet, *Hartwieg,* Pleading Actions; 174 ff.; *Lucas,* WIPO Forum, Nr. 13–
18.

[835] So aber *Regelin,* 197, der den Umfang der übertragenen Befugnisse dem Recht des
Schutzlandes vorbehalten möchte und *Locher,* 49, 51 ff., der einen Rückgriff auf den ordre
public oder die Annahme zwingender Vorschriften im Schutzland erwägt. Vgl. BGHZ 118,
394 – *Alf,* 3. Kapitel IV.5.b.

[836] *Ginsburg,* Study, 33;

[837] *Ginsburg,* Recueil, 368: „Moreover, systematic application of the lex protectionis does
not take into account whether, in a given case, the country of protection has a significant
interest in applying its law to a contract between foreign authors and exploiters. A better
approach would be to designate the lex contractus as normally applicable, but subject to local
public policy exceptions [...]."

passen, nur weil das Urhebergesetz des Schutzlandes ein höheres Schutzniveau als das Vertragsstatut hat. Wenn der Urheber tatsächlich schutzbedürftig ist, weil er vom Vertragspartner getäuscht oder unter Druck gesetzt worden ist, kann er das Zustandekommen und die materielle Wirksamkeit des Vertrages anhand des Vertragsstatuts überprüfen lassen (Art. 31 EGBGB). Wer von dem Vertragsstatut abweicht, riskiert zudem, daß im umgekehrten Fall, wenn das Urhebergesetz des Schutzlandes ein niedrigeres Schutzniveau hat als das Vertragsstatut, der Urheber schlechter dasteht als nach dem Recht, das er gewählt hat. Die *Bajoras*-Entscheidung, die die Übertragung eines Urheberrechts insgesamt dem Vertragsstatut unterstellt, ist zu begrüßen.[838]

7. Eingrenzung

Wer nach einer Kollisionsregel für das Urheberrecht sucht, muß sich zwei Probleme vergegenwärtigen: Erstens, ein Werk kann mehrere Ursprungsländer haben. Zweitens, Urheberrechte an diesem Werk können an mehreren Orten verletzt werden. Diesen beiden Problemen vorgelagert sind die Fragen, nach welchem Recht das Ursprungsland und der Ort der Verletzungshandlung zu bestimmen sind. Erst wenn feststeht, wo ein Urheberrecht entstanden und wo es verletzt worden ist, kann darüber nachgedacht werden, nach welchem Recht sich Entstehung, Inhaberschaft, Inhalt und Umfang einerseits und Verletzung und Sanktionen andererseits beurteilen. Das Qualifikationsproblem der Lokalisierung ist bereits erörtert worden.[839] Für die nun zu untersuchende Frage der Eingrenzung muß unterstellt werden, daß sich Ursprungsland und Verletzungsort eindeutig bestimmen lassen.

Die Lösungsvorschläge zur Eingrenzung des anwendbaren Rechts verlaufen parallel zu den Bemühungen um Eingrenzung der internationalen Zuständigkeit.[840] In Betracht kommt zunächst eine Mosaikbeurteilung in Anlehnung an die Rechtsprechung des EuGH zur internationalen Zuständigkeit (a.). Wer die Bündelung der Zuständigkeit bei einem forum auctoris erwägt, denkt auch über einen Rückgriff auf die lex fori nach (b.). Die Konzentration der Zuständigkeit korrespondiert mit dem Gedanken einer weltweiten Harmonisierung des Urheberrechts (c.). Als Mittel, die potentiell anwendbaren Normen anderer Länder zu umgehen, kommen Rechtswahl- und Gerichtsstandsklauseln in Frage (d.). Entsprechend der flexiblen Handhabung der internationalen Zuständigkeit mit Hilfe der Doktrin forum non conveniens ist schließlich die einzelfallbezogene Ermittlung des anwendbaren Rechts zu erwägen (e.).

---

[838] OLG Hamburg GRUR Int. 1998, 431–436 – *Feliksas Bajoras*, 3. Kapitel IV.5.g.; vgl. auch den Parallelfall OLG Hamburg GRUR Int. 1999, 76–82 – *Estnischer Komponist*.
[839] Siehe 3. Kapitel II.2.
[840] Siehe 3. Kapitel III.2.c.

a. Mosaikbeurteilung

Für Persönlichkeitsrechtsverletzungen wird unter Berufung auf die Rechtsprechung des EuGH zu Art. 5 Nr. 3 EuGVÜ vorgeschlagen, daß das Recht des Handlungsortes für den gesamten Schaden gelte. Das Recht der jeweiligen Erfolgsorte sei hingegen nur insoweit heranzuziehen, als der Schaden dort eingetreten sei.[841] Die Mosaikbeurteilung, die zwischen Handlungs- und Erfolgsort differenziert, geht ins Leere, wenn – wie bei Urheberrechtsverletzungen – ein Erfolgsort fehlt und mehrere Handlungsorte gleichberechtigt nebeneinander stehen. Im übrigen wird auf die oben geübte Kritik an der Übertragung der *Shevill*-Entscheidung auf Urheberrechtsverletzungen verwiesen.[842] Zu einer Mosaikbeurteilung (distributiven Rechtsanwendung) kommt es nur insofern, als in einem Gerichtsstand immaterialgüterrechtliche Vorgänge beurteilt werden müssen, die sich in mehreren Staaten abgespielt haben.[843] Dementsprechend beurteilen sich der Eingriff in die Verwertungsrechte und der Schaden nach mehreren nebeneinander anwendbaren Rechtsordnungen. Die Frage bleibt, wie sich die Zahl der miteinander konkurrierenden Rechtsordnungen reduzieren läßt, um die Anknüpfung für die Praxis zu erleichtern.

b. Lex fori

Die Anwendung der lex fori auf Urheberrechtsfälle ist verlockend:[844] Anstatt sich mit dem „Dornenbusch"[845] fremder Urheberrechtsordnungen auseinandersetzen zu müssen, kann das angerufene Gericht vertrautes eigenes Recht anwenden.[846] Immerhin ist zu erwägen, ob die lex fori aus Gründen der Rechtssicherheit und der Praktikabilität als Ersatzrecht herangezogen werden kann.[847] Die Berufung der lex fori als Ersatzrecht kann aber – wenn überhaupt – nur eine Übergangslösung sein bis sich international eine Anknüpfungsregel herausgebildet hat und auch nur dann, wenn eine starke Inlandsbeziehung besteht. Gegen die Anwendung der lex fori sprechen vor allem rechtspoliti-

---

[841] *Von Hein*, Günstigkeitsprinzip, 329–339, m.w.N. auf S. 330, Fn. 74.; kritisch *Lütcke*, 134; *Löffler*, 197–220; *von Hinden*, 158–168.

[842] 3. Kapitel III.2.b.bb.(3).

[843] *Schack*, MMR 2000, 59, 64.

[844] Allgemein zur Wahl der *lex fori* anstelle herkömmlichen Kollisionsrechts *Ehrenzweig*, Private International Law – General Part, 47–74.

[845] *Austin* weist in diesem Zusammenhang auf die Verwendung des Ausdrucks „bramble bush" in dem Urteil eines US-District Courts hin, vgl. *Austin*, Domestic Laws and Foreign Rights, Columbia-VLA JLA 1999, 1, 8, mit Hinweis auf *ITSI TV Productions Inc v California Authority Of Racing Fairs*, 785 F. Supp. 854, 866 (E.D. Cal. 1992) und 3 F.3d 1289 (9th Cir. Court, 1993).

[846] *Gautier*, Droit applicable, 132 f. und *Ginsburg*, Study, 44. Kritisch *Austins*, Conflicts of Law, Columbia-VLA JLA 1999, 1, 25.

[847] *Ginsburg*, Study 45.

sche Gründe.[848] Neben der kollisionsrechtlichen Gerechtigkeit steht die internationale Entscheidungsgleichheit in Urheberrechtsfällen auf dem Spiel.[849] Außerdem könnte der Kläger mit der Wahl des Gerichtsstandes zugleich das anzuwendende Recht bestimmen und so den Fall ohne Einflußmöglichkeit des Beklagten in die gewünschte Richtung lenken.[850] In diesem Fall einer Vorverlagerung der kollisionsrechtlichen Frage auf die Ebene der internationalen Zuständigkeit würde dem forum shopping eine zentrale Bedeutung zukommen.[851]

c. Harmonisierung des Urheberrechts

Trotz fortschreitender Harmonisierung des Urheberrechts durch internationale Konventionen und innerhalb der EU[852] bleiben nationale Urheberrechtsgesetze insbesondere für Urheberrechtsinhaberschaft sowie für Ausnahmen und Schranken von Bedeutung.[853] Zumindest insoweit bleibt Raum für nationale Urheberrechtsgesetze und damit für Kollisionsrecht.

Ein weltweit einheitliches kollisionsrechtliches System hat sich für das Urheberrecht bislang nicht herausgebildet.[854] Die Schutzlandregel mag zwar weit verbreitet sein, ist aber längst nicht in allen Staaten kodifiziert.[855] In einer Welt grenzüberschreitender Datenübertragungen bedarf sie der Ergänzung durch Eingrenzungskriterien. Bislang hat sich noch kein national oder gar international verbindlicher Katalog von Anknüpfungskriterien durchgesetzt.[856]

---

[848] Vgl. *Dessemontet*, Internet, SJZ 92 (1996), 285, 289; *Hoeren/Thum*, Internet und IPR, 93 f.

[849] Das gilt auch für eine Anknüpfung an das Recht des Ortes, an dem der Urheber seinen Sitz hat, *Ginsburg*, Recueil, 329–332, 330: „This solution certainly enjoys the virtue of simplicity, but it may be too simple. It tends to undermine the role of a choice of law rule in enabling business actors to predict their liabilities. Moreover, it may be in tension with the law of a forum that has exercised jurisdiction on the basis of a territorial connection between the forum and the claim."

[850] Vgl. *Bühler*, Urheberrecht im Internet, 404.

[851] *Reindl*, Choosing Law in Cyberspace, 19 Mich. J. Int. L. 1998, 799, 805 f.

[852] Zur globalen Harmonisierung *Dreier*, CR 2000, 45–49; *Gerhart*, [2000] EIPR 309–313; *Lehmann*, CR 2000, 50, 56; *Sterling*, World Copyright Law; *Wilder*, Global Harmonisation of Intellectual Property, in: Fletcher/Mistelis/Cremona (ed.), Foundations and Perspectives of International Trade Law, 513–533. Zu Vereinheitlichungstendenzen innerhalb der EU 2. Kapitel III.

[853] *Ginsburg*, GRUR Int. 2000, 97, 108.

[854] *Dogauchi*, 65; *Dinwoodie*, A New Copyright Order: Why National Courts Should Create Global Norms [2000] U. Penn. L. Rev., 469–579. *Dinwoodie* unterscheidet zwischen „Public International Copyright Lawmaking" und „Private International Copyright Lawmaking".

[855] Vgl. die rechtsvergleichenden Nachweise oben 3. Kapitel IV.6.a.

[856] Zur Stimmenvielfalt 3. Kapitel I.2.c.cc. Das „WIPO Forum on Private International Law and Intellectual Property" ist ein vielversprechender Versuch, die weltweiten Bemühungen zu konzertieren. Die erste Sitzung fand am 30. und 31. Januar 2001 in Genf statt.

Harmonisierung wird nicht nur durch „harte" völkerrechtliche Verträge erreicht. Nebenbei entwickelt sich ein System „weicher" Standards. Im internationalen Handelsrecht spricht man von lex mercatoria oder genauer von leges mercatoriae, da verschiedene Kodifizierungen miteinander konkurrieren.[857] Mehrere Autoren haben vorgeschlagen, das Konzept der lex mercatoria, vielleicht umbenannt in lex informatica, auf kommerzielle Streitigkeiten im Cyberspace anzuwenden.[858] Eine lex informatica bietet sich insbesondere für die Beilegung von Urheberrechtsstreitigkeiten durch Schiedsgerichte an. Anders als die lex mercatoria, die sich über Jahrhunderte entwickelt hat,[859] steht die lex informatica jedoch erst am Anfang ihrer Entwicklung. Auch paßt die Analogie zur lex mercatoria allenfalls beim elektronischen Handel unter gewerblich tätigen Vertragsparteien. Eine der internationalen Gemeinschaft von Kaufleuten vergleichbare Homogenität der Akteure und Interessen ist im internationalen Urheberrecht nicht erkennbar.[860]

d. Rechtswahl

Eine weitere Möglichkeit, eine Vielzahl relevanter Rechtsordnungen auf eine zu reduzieren, besteht darin, dem Kläger einseitig die Möglichkeit zu geben, das für ihn günstigste Recht zu wählen.[861] Gegen diese Lösung spricht die unverhältnismäßig starke Benachteiligung des der Willkür des Klägers ausgesetzten Beklagten.[862]

Wenn sich Urheberrechtsstreitigkeiten über zahlreiche Territorien erstrecken, sind Rechtswahlklauseln ein geeignetes Mittel, Einfluß auf das anwendbare Recht zu nehmen. Soweit der ordre public des Gerichtsstaates nicht entgegensteht, lassen sich durch Rechtswahl die potentiell anwendbaren Normen anderer Länder umgehen.[863] Das deutsche Kollisionsrecht sieht diese Mög-

---

[857] Statt vieler *Berger*, Einheitliche Rechtsstrukturen durch außergesetzliche Rechtsvereinheitlichung, JZ 1999, 369–377; *Lord Mustill*, The New Lex Mercatoria, 149–183; *Mistelis*, Is Harmonisation a Necessary Evil?, in: *Fletcher/Mistelis/Cremona* (ed.), Foundations and Perspectives of International Trade Law, 3–27, m.w.N. in Fn. 102: „A number of leges mercatoriae are compatible with one another. This is by-and-large the case for the UNIDROIT Principles of International Commercial Contracts, the Principles of European Contract Law and the CENTRAL List of Principles, Rules and Standards of Lex Mercatoria."

[858] Beispielsweise *Burnstein*, Vand. J. Transnat. L. 29 (1996) 75, 108; *Hardy*, U. Pittsburgh L. Rev. 55 (1994) 993, 1019 ff.; *Johnson/Post*, Stanford L. Rev. 48 (1996) 1367, 1389 f.; vgl. auch *Ginsburg*, Recueil, 376–398; dies., GRUR Int. 2000, 97, 102, m.w.N. in Fn. 51 und *von Hinden*, 259, m.w.N. in Fn. 81.

[859] *Burnstein*, Vand J Transnat L 29 (1996), 75, 108: „The Law Merchant was a collection of customary practices among traveling merchants in Medieval Europe and Asia that was enforceable in all the commercial countries of the civilized world."

[860] *Von Hinden*, 260.

[861] *Bachmann*, Internet und IPR, 181.

[862] *Bühler*, Urheberrecht im Internet, 403; *Lucas*, Aspects de droit international privé, 30.

[863] *Ginsburg*, GRUR Int. 2000, 97, 106.

lichkeit a posteriori in Art. 42 EGBGB vor. Löst man sich vom Territorialitätsprinzip, spricht nichts gegen die Vereinbarung eines auf die Schutzfähigkeit und die Verletzung anwendbaren Rechts.[864] Die Rechtswahl deckt jedoch nicht alle Fälle ab. Haben die Parteien keine wirksame vertragliche Wahl des anwendbaren Rechts vorgenommen, muß das anwendbare Recht weiterhin nach den Grundsätzen des internationalen Privatrechts bestimmt werden. Eine weitere Besonderheit der Rechtswahl besteht darin, daß durch sie staatliche Interessen, die das Urheberrecht überlagern, ausgeblendet werden.[865]

e. Einzelfallbezogene Ermittlung des anwendbaren Rechts

Die in der Tradition von Savignys[866] stehenden abstrakten Anknüpfungsregeln, die nur einen einzigen Anknüpfungspunkt enthalten,[867] werden vor allem in den USA mit einer funktionalen Analyse des urheberrechtlichen Kollisionsrechts konfrontiert, die das amerikanische IPR seit den sechziger und siebziger Jahren des 20. Jahrhunderts beherrscht.[868]

Geller fordert einen Paradigmenwechsel „from categorical to functional choice-of-law analysis".[869] Ausgangspunkt der kollisionsrechtlichen Überlegung sei das Interesse der Parteien und der involvierten Staaten.[870] Mittel zur Durchsetzung dieser Interessen seien die Rechtsbehelfe: „Interest analysis, rather than limiting itself to the acts subject to the particular rights asserted in

---

[864] Zum deutschen Recht 3. Kapitel IV.6.b.ee.

[865] Allgemein zu Vertragsfreiheit im Urheberrecht und staatlichen Interessen *Austin,* in: *Rickett/Austin,* 105, 121: „However, this objection does not account for the possibility that untrammeled contractual freedom in the area of information policy may prove intolerable. Indeed, this has been acknowledged already in some contexts. Consistently with the European Council Directive on the Legal Protection of Computer Programs, section 50B(4) of the United Kingdom Copyright, Designs and Patents Act 1988 voids conditions in agreements which seek to limit the ability of authorised users of computer programs to decompile the program in order to create an independent program to be operated with it."

[866] Vgl. *von Savigny,* System des heutigen römischen Rechts.

[867] Zu Entstehung und Wirkung *von Savignys* Methode *Dogauchi,* WIPO Forum, Nr. 9–12.

[868] Allgemein zum „flexible approach" in den USA *Scoles/Hay,* Conflict of Laws, Comments on Restatement 2nd § 2.12, § 2.15, §§ 18.28–18.41; US Uniform Computer Information – Transactions Act (UCITA), Definitions, with Official Comment, (beruht auf Entwurf des Art. 2B UCC) <http://www.ucitaonline.com/ucita.html>. Zum Vergleich des kollisionsrechtlichen Ansatzes *von Savignys* mit dem *Storys Hartwieg,* Pleading Actions, 189–190.

[869] Allgemein zur funktionalen Rechtsanwendung *von Mehren/Trautman,* The Law of Multistate Problems, 76 f., 341–375.

[870] In Anlehnung an *Curries* „governmental interest analysis", Notes on Methods and Objectives in the Conflict of Laws, Duke LJ 1959, 171–181; ders., On the Displacement of the Law of the Forum. Nach dieser Methode soll der Richter im konkreten Fall untersuchen, welcher Staat ein Interesse an der Anwendung seiner Normen hat. Ausführlich *Mistelis,* Charakterisierungen, 117–121.

a case, tends to focus on the remedies sought to vindicate those rights, asking whether interests at stake in the case are served by such remedies."[871]

Er schlägt deshalb vor, das Recht des Landes anzuwenden „where remedies take effect."[872] Danach sei z.B. das Recht des Landes anwendbar, in dem eine nicht autorisierte Werknutzung unterbunden werden soll oder in dem infolge einer Verletzungshandlung dem Urheber ein Gewinn entgangen ist. Der Sache nach handelt es sich um eine Anknüpfung an den Schadensort. Sie hat den Nachteil, daß der Geschädigte durch die Wahl eines Rechtsbehelfs das anwendbare Recht einseitig beeinflussen kann. Der Beklagte kann nur reagieren, da auch die Verteidigung dem vom Kläger berufenen Recht unterworfen ist.[873] Mit dem Grundsatz der internationalprivatrechtlichen Gerechtigkeit läßt sich Gellers Ansatz nicht vereinbaren.

In *Itar Tass* folgt der U.S. Court of Appeals, Second Circuit, dem Vorschlag Patrys, der als amicus curiae fungiert.[874] Das Gericht beruft sich bei der Bestimmung der relevanten Anknüpfungsfaktoren[875] auf das Restatement

---

[871] *Geller*, Conflicts of Laws, [1996] Columbia-VLA, 571, 577.

[872] *Geller*, Conflicts of Laws, [1996] Columbia-VLA, 571, 595; ders., Introduction, § 3 [1] [b] [ii]; zustimmend *Strowel/Triaille*, Le droit d'auteur, 384.

[873] *Geller*, Introduction, § 3 [1] [b] [ii], Fn. 49.

[874] Vgl. *Itar Tass v Russian Kurier Inc.*, US Court of Appeals, Second Circuit, 153 F.3d 82 (2nd Cir. 1998), 27.8.1998, GRUR Int. 1999, 639–645. Die preliminary injunction der Vorinstanz ist abgedruckt in 886 F.Supp. 1120 (SDNY 1995), die Hauptsacheentscheidung vom 24.3.1997 in 42 USPQ2d 1810 (SDNY 1997). Die Beklagte ist eine wöchentlich in russischer Sprache unter dem Namen „Kurier" erscheinende Zeitschrift, die in New York mit einer Auflage von ca. 20 000 Exemplaren herausgegeben wird. Im Mai 1995 hat der District Court von New York eine einstweilige Verfügung erlassen, in der er den Beklagten untersagt, die „Werke" von vier verschiedenen klägerischen Nachrichtenagenturen zu vervielfältigen. Das Gericht hat festgestellt, daß nach russischem Urheberrecht den Autoren von Zeitungsartikeln das Urheberrecht an von ihnen verfaßten Artikeln verbleibt, soweit nicht abweichende vertragliche Regelungen mit den Arbeitgebern getroffen werden oder gesetzliche Spezialvorschriften eingreifen. Der US Court of Appeals, Second Circuit, bestätigt das erstinstanzliche Urteil, soweit es dem Klagebegehren von *Itar Tass* stattgab und verweist das Urteil bezüglich der Ansprüche der übrigen Kläger zur weiteren Verhandlung an den District Court zurück. Über die Fragen nach der Inhaberschaft und der grundlegenden Ausgestaltung der Urheberrechte sei nach russischem Recht zu entscheiden. Nach dem Recht der Vereinigten Staaten beurteile sich hingegen, ob eine Verletzung dieser Rechte auf dem Gebiet der Vereinigten Staaten stattgefunden habe und welche Entschädigung in einem solchen Falle zu gewähren sei.

[875] GRUR Int. 1999, 639, 642: „Da die hier umstrittenen Werke von russischen Staatsangehörigen geschaffen und auch in Rußland erstveröffentlicht wurden, ist nach russischem Recht zu bestimmen, wer Inhaber des Urheberrechts ist. Dies ist die wohlüberlegte Ansicht des amicus curiae Prof. Patry, die mit der Auffassung beider Parteien zu diesem Punkt übereinstimmt. [...] Allerdings beurteilt sich die Rechtsinhaberschaft nicht notwendigerweise immer nach dem Recht des Ursprungslandes." *Schack*, GRUR Int. 1999, 645, 647 und MMR 2000, 59, 63 meint, das „Ursprungslandprinzip" für die Anknüpfung der Erstinhaberschaft sei mit der *Itar-Tass*-Entscheidung zum Durchbruch gelangt. Vgl. dagegen *Thum*, GRUR Int. 2001, 9, 16; *Patry*, [2000] Am. J. Comp. L., 383, 389: „This second opinion reached the

Second.[876] Ginsburg weist darauf hin, daß der U.S. Court of the Western District of Pennsylvania in *icraveTV* das anwendbare Recht aufgrund der vorgetragenen Fakten ebenfalls durch wertende Betrachtung bestimmt hat:[877] „On the facts of the case, the territorial connection was far from slight or fortuitous: U.S. viewers made up close to half of icraveTV's audience, and the large number of U.S. viewers attracted advertisers. And much of the programming retransmitted by icraveTV originated in the U.S. A harder case might have been presented had the U.S. nexus been weaker."[878]

Gegen die wertende Betrachtung im Einzelfall spricht vor allem, daß eine umfassende Abwägung bei einer Vielzahl involvierter privater und öffentlicher Interessen beschwerlich oder gar undurchführbar ist.[879] Zudem besteht die Gefahr, daß ein Gericht bei der mehr oder weniger freien Abwägung der Interessen eher zur Anwendung heimischen Rechts neigt als zur Anwendung fremden (und unbekannten) Rechts.[880] Um eine generelle Bevorzugung der lex fori zu verhindern, bedarf die Anknüpfung an das Recht des Landes, zu dem die „most significant relationship" besteht, zumindest der Ergänzung durch weitere die Rechtswahl beeinflussende Faktoren im Sinne des „better

---

correct result (U.S. law applies to the question of originality), but did so without any perceptible governing principle." *Austin,* Overview, Nr. 41: „Where the facts render the test less easy to apply (and, moreover, might be applied differently by courts in different jurisdictions), the efficiency gains of single governing law approaches of the kind adopted by the Second Circuit may be less obvious."

[876] American Law Institute, Restatement of the Law Second, Conflict of Laws, St. Paul, 1971. Soweit entsprechende Vorschriften fehlen, hat das Gericht die folgenden, nicht abschließenden Gesichtspukte bei der Wahl des anwendbaren Rechts zu beachten: 1. die Bedürfnisse der interstaatlichen und der internationalen Ordnung; 2. die maßgeblichen ordnungspolitischen Gesichtspunkte anderer interessierter Staaten einschließlich deren Interesse an der Anwendung ihres Rechts auf eine bestimmte Rechtsfrage; 3. den Schutz der Erwartungen der Prozeßparteien; 4. die grundlegenden rechtspolitischen Gesichtspunkte, auf denen ein bestimmtes Rechtsgebiet basiert; 5. die Ziele Rechtssicherheit, Vorhersehbarkeit, Entscheidungseinklang und 6. die Einfachheit der Bestimmungen und der Anwendung des auf diese Weise als anwendbar ermittelten Rechts. Kritisch zur Anwendung des Restatement Second auf internationale Urheberrechtsfälle *Miller,* [2000] Cardozo J. Int. Comp. L., 239, 254–257, 258: „Second, the court's reliance on Restatement (Second) of Conflict of Laws section 222 to establish a principle for deciding which country's laws should be applied to determine copyright ownership is likely to be challenged in subsequent litigation. The Restatement had not previously been applied to intellectual property. Furthermore, a proper reading of Restatement section 222 requires a careful balancing of the need for international legal clarity with the desires of Congress."

[877] *Twentieth Century Fox Film Corp v iCraveTV*, No 00-121 Western District of Pennsylvania, 20.1.2000; zum Fall oben 1. Kapitel, I. a.E.

[878] *Ginsburg,* 2000 Update, 10.

[879] *Bühler*, Urheberrecht im Internet, 409 f. mit Hinweis auf *Ginsburg*, Study, 36; *von Hinden,* 238.

[880] *Von Hinden,* 238; *Miller,* [2000] Cardozo J. Int. Comp. L., 239, 259: „As one court has implied, the Itar-Tass decision is likely to lead to an increasing number of conflicting experts testifying on the meaning of foreign laws throughout the Second Circuit."

law approach".[881] Appelle an kollisionsrechtliche Ideale, die etwa das Restatement Second enthält, können die Anwendung heimischen Rechts nicht verhindern; sie deuten im Gegenteil darauf hin, daß das Heimwärtsstreben dem funktionalen Ansatz immanent ist, sonst müßte man nicht ausdrücklich vor einer pauschalen Anwendung der lex fori warnen. Vergessen werden darf auch nicht, daß die Abwägung der relevanten Anknüpfungspunkte aus der amerikanischen Rechtskultur hervorgegangen ist, die geprägt wird von *interstate conflicts* zwischen materiell divergierenden statutes amerikanischer Gliedstaaten.[882] Dagegen hat es der europäische Richter mit *echten* Auslandsfällen zu tun. Abschließend ist deshalb zu klären, ob und inwieweit sich ein einzelfallbezogener Ansatz aus deutscher Sicht empfiehlt.

f. Stellungnahme

Das größte kollisionsrechtliche Problem besteht darin, daß eine Vielzahl von Ursprungsländern und eine Vielzahl von Tatorten miteinander konkurrieren. Knüpft man an das Recht des Ursprungslands an, ist bei einer simultanen Erstveröffentlichung in mehreren Ländern das Recht jedes einzelnen Landes maßgeblich. Knüpft man an das am Tatort geltende Recht an, sind bei einer parallelen Verletzung in mehreren Ländern die Statute all dieser Länder nebeneinander anwendbar. Die Regeln liefern also nicht für alle denkbaren und (dank moderner Kommunikationstechnologien) realistischen Fälle eine brauchbare Lösung. Hier offenbart sich die begrenzte Leistungsfähigkeit des auf abstrakten Kategorien aufbauenden Kollisionsrechts.[883]

Die Vielzahl der in Frage kommenden Rechtsordnungen macht eine Eingrenzung erforderlich. Durch die Beschränkung mit Hilfe abstrakter Kategorien werden die Interessen jeweils einer Partei vernachlässigt.[884] So ist die Anknüpfung an das Ursprungsland für den Urheber vorteilhaft, während die Anknüpfung an das Ausgangsland einer Übertragung dem Nutzer zugute kommen dürfte, der von einem Land mit geringem Schutzniveau aus agiert. Noch fragwürdiger ist eine von wirtschaftspolitischen Interessen diktierte Anknüpfung an die lex fori, um die heimische Kulturgüterindustrie gegen ausländische Schutzrechtsordnungen abzuschotten. Ein Interessenausgleich

---

[881] Allgemein zum „better law approach" *Leflar,* 54 (1966) Cal. L. Rev., 1584, 1586, der zur Bewahrung der internationalen und interstaatlichen Ordnung eine willkürliche Bevorzugung des lokalen Rechts und der eigenen Staatsbürger ausdrücklich vermeiden will.

[882] *Mistelis,* Charakterisierungen, 139.

[883] Vgl. *von Hinden,* 241, zu Persönlichkeitsverletzungen im Internet.

[884] *Ginsburg,* 2000 Update, 11: „In the context of infringement claims, however, so long as significant substantive differences persist in national copyright laws, a choice of law rule that designates a single applicable law risks vesting legislative competence in laws that are either relatively underprotective or, for that matter, relatively overprotective (depending on the choice of forum and its choice of law rules) compared with the laws of other affected countries."

zwischen Kläger und Beklagtem kann auf diesem Wege staatlich vorgeschrie-
bener Anknüpfungsstrategien nicht erzielt werden.

Nimmt man das Desideratum der prozessualen und internationalprivatrechtlichen Gerechtigkeit ernst,[885] bleibt nur der Ausweg, alle Interessen –
private und staatliche – im Einzelfall zu berücksichtigen und abzuwägen. Dies
gelingt am besten mit Hilfe flexibler Anknüpfungsregeln. Die Tatortregel des
deutschen IPR ist in ein differenziertes Anknüpfungssystem eingebettet,[886]
das für das Problem der Eingrenzung pragmatische Lösungen bereit hält.
Durch die in Art. 40 Abs. 2 EGBGB vorgesehene Anknüpfung an den gewöhnlichen Aufenthalt der Parteien und die Ausweichklausel des Art. 41
EGBGB kann die Zahl konkurrierender nationaler Normen sinnvoll beschränkt werden.[887] Außerdem können die Parteien gemäß Art. 42 EGBGB
das anwendbare Recht auch im Urheberrechtsprozeß nachträglich wählen.[888]
Kommen dennoch mehrere Rechtsordnungen in Frage – etwa weil die Partei-
en ihren gewöhnlichen Aufenthalt in verschiedenen Staaten haben oder weil
eine wesentlich engere Verbindung zu einem Recht nicht auszumachen ist
und die Parteien eine Rechtswahl nicht treffen wollen – sollte der Geschädigte
die Möglichkeit haben, gemäß Art. 40 Abs. 1 S. 2 EGBGB analog ein Recht
zu bestimmen.[889]

Allerdings muß der Verletzer aus Gründen der prozessualen und internationalprivatrechtlichen Gerechtigkeit seinerseits ein anderes Deliktsstatut bestimmen können. Nur dann herrscht Waffengleichheit. Bei den selbständig
anzuknüpfenden Vorfragen nach Entstehung, Inhaberschaft, Inhalt und
Schranken des Urheberrechts muß der Beklagte in der Regel sogar selbst die
Initiative ergreifen und für die Anwendung eines bestimmten Rechts plädieren, wenn darauf seine Verteidigungsstrategie aufbaut. Stellt der Beklagte
etwa die Entstehung des Urheberrechts in Frage oder die Inhaberschaft des
Klägers (und damit die Aktivlegitimation) handelt es sich eigentlich um ein
Gegenrecht des Beklagten, das der Kläger von sich aus nicht vortragen wür-

---

[885] Vgl. *Geller*, Conflicts of Laws, 574.

[886] *Von Hinden*, 241.

[887] *Von Hinden* schlägt für Persönlichkeitsverletzungen im Internet die Anknüpfung an
den gewöhnlichen Aufenthalt des Verletzten als Schwerpunkterfolgsort vor, 168–187. Dies
mag bei Persönlichkeitsrechten sinnvoll sein, wenn man davon ausgeht, daß die Persönlich-
keitssphäre des jeweiligen Rechtsgutsträgers an seinem jeweiligen Aufenthaltsort betroffen ist
(*von Hinden*, 82). Auf die Verletzung von Verwertungsrechten läßt sich die Anknüpfung
nicht übertragen, da ein Verwertungsrecht unabhängig vom Aufenthaltsort des Inhabers verletzt werden kann. Die persönlichen Umstände des Verletzten können aber nicht ausschlaggebend für die Bestimmung des Deliktsstatuts sein, zumal eine Anknüpfung an das Personalstatut in den Art. 40 bis 42 EGBGB nicht vorgesehen ist.

[888] Ausführlich zur Rolle der Art. 40 bis 42 EGBGB im Urheberrechtsprozeß.

[889] Siehe 3. Kapitel IV.6.b.aa.

de.[890] Der Kläger kann in diesem Fall nur reagieren, indem er innerhalb der vom Beklagten vorgetragenen Rechtsordnung nach Gegenargumenten sucht oder die Anwendbarkeit eines anderen Urheberrechtsstatuts darlegt, aus dem sich die Entstehung oder Inhaberschaft des geltend gemachten Urheberrechts ergibt.

Das hier vorgeschlagene Schema zur Eingrenzung anwendbarer Rechtsordnungen orientiert sich am Vortragsmuster im Prozeß. Wie die Qualifikation des Rechtsstreits und die Lokalisierung der Verletzungshandlung, durch die das gesamte Verfahren kanalisiert wird,[891] erfolgt die Bestimmung des anwendbaren Rechts *parteispezifisch*.[892] Der Kläger muß zunächst nachweisen, daß ein Urheberrecht entstanden ist und daß er Inhaber dieses Rechts ist. Kommen mehrere Ursprungsländer in Frage, hat er die Möglichkeit, sich auf ein Ursprungsland zu beschränken. Sodann trägt er vor, der Beklagte habe sein Urheberrecht in bestimmten Ländern verletzt. Der Kläger reduziert die Zahl der auf die Verletzung anwendbaren Rechtsordnungen selbst, indem er für sich festlegt, für welche Verletzungen in welchen Ländern er Ansprüche geltend machen will. Der Beklagte hat zwei Möglichkeiten auf die Klage zu reagieren: Entweder er bestreitet die Verletzung oder er trägt urheberrechtsspezifische Einreden vor oder er tut beides. So kann er behaupten, daß das Urheberrecht in einem der Länder, in dem es verletzt sein soll, nicht bestehe oder bereits erloschen sei oder von seiner Handlung nicht berührt sei oder daß der Kläger gar nicht Inhaber des Urheberrechts sei oder daß die Nutzung des Urheberrechts wissenschaftlichen Zwecken diene, etc.[893] Natürlich kann der Beklagte auch beides zugleich tun, also sowohl die Anknüpfung der Verletzung attackieren als auch urheberrechtsspezifische Gegenrechte vortragen.[894] Um einen Mißbrauch des Bestimmungsrechts durch die Parteien zu vermei-

---

[890] Die Aktivlegitimation ist in vielen Urheberrechtsprozessen zentraler Streitpunkt, vgl. nur *Alf, Spielbankaffaire, Felsberg* und *Bajoras,* 3. Kapitel IV.5.b., f., g. und h. Aus den Tatbeständen ergibt sich, daß die *Beklagte* die Aktivlegitimation in jedem dieser Prozesse in Frage gestellt hat.

[891] Vgl. dazu 3. Kapitel II. *Hartwieg,* Remedial Metamorphoses of Collateral at State Borders, 49–81; ders., RabelsZ 1993, 638 f.; ders., Pleading Actions and Defences under Foreign Law (zu Verträgen im e-commerce); *Mistelis,* 244–250.

[892] Insofern unterscheidet sich der Lösungsvorschlag von den soeben diskutierten amerikanischen Ansätzen, die die Rechtswahl im Einzelfall dem Richter überlassen.

[893] Die Liste der prozessualen Einreden läßt sich noch erweitern, vgl. zur Orientierung die „defences" im englischen Recht 4. Kapitel B.IV.5.

[894] Vgl. *Hartwieg,* Pleading Actions, 182–184, zu Verträgen im e-commerce in bezug auf die US-amerikanischen pleading-Regeln (Rule 8 Federal Civil Judicial Procedure Rules): „The adversarial view leaves it to the claimant's and his counsel's discretion whether to rely on foreign law in their claim. The opponent's contributions in defining the issue are threefold: he may either rely on the factual strategy by denying the plaintiff's averments or he may raise affirmative defenses (exceptiones in iure), or he may do both and, perhaps, alternatively. The most persuasive concept is, and will be in all adversarial systems, mixed composites of time, cost and success."

den, ist eine Präklusion ab Ende der ersten mündlichen Verhandlung sinnvoll.[895]

Solange die Parteien nicht übereinstimmend für die Anwendung eines Rechts plädiert haben, besteht ein Schwebezustand, der erst beendet wird, wenn der Richter nach Abwägung der Positionen das Deliktsstatut definiert und so ein bestimmtes materielles Recht für anwendbar erklärt.[896] In einem Verfahrenssystem mit Geltung der Parteiherrschaft muß der Richter beide rechtlichen Positionen gleichgewichtig handhaben und alle Umstände berücksichtigen, die von den Parteien vorgetragen werden. Darin unterscheidet sich dieses Schema von der einzelfallbezogenen Anknüpfung nach amerikanischem Vorbild. Dort muß der Richter alle – d. h. auch die nicht von den Parteien vorgetragenen – Umstände nach ihrer Bedeutung für das internationale Urheberrecht gewichten.[897] Voraussetzung für beide Schemata ist ein faktenorientierter Urteilsstil, der Prinzipielles meidet.[898] Eine Einschränkung erfährt die parteispezifische Anknüpfung nur durch völkervertragliche Sonderanknüpfungen urheberrechtlicher Spezialfragen.[899] Korrektiv ist der ordre public, wobei aus der Nichtanwendung ausländischen Rechts kraft der negativen Funktion des ordre public keineswegs automatisch die positive Anwendbarkeit heimischen Rechts folgt. Vielmehr tritt als geringster Eingriff an die Stelle des ordre public-widrigen ausländischen Rechts der internationale Mindeststandard.[900] Angesichts der auf dem Spiel stehenden staatlichen Interessen, die das Urheberrecht überlagern, ist ein Heimwärtsstreben der Gerichte auch bei parteispezifischer Anknüpfung nicht ausgeschlossen. Da jedoch der Richter das anzuwendende Recht nicht selbst wählt, sondern nur die von den Parteien vorgeschlagenen Rechtsordnungen auf ihre Anwendbarkeit prüft,

---

[895] Vgl. Art. 40 Abs. 1 S. 3 EGBGB. Zur Ausdehnung des Bestimmungsrechts auf die unterschiedlichen Handlungsorte *Freitag/Leible*, ZVglRWiss 2000, 101, 138. *Von Hein* (Günstigkeitsprinzip, 255) hält die Präklusion der Rechtswahl nur dann für unbedenklich, wenn das Gericht seiner Hinweispflicht (§ 139 ZPO) genügt.

[896] Zur Gestaltung der Kollisionsrechtslage nach Art. 40 Abs. 1 S. 2 EGBGB *von Hein*, ZVglRWiss 2000, 251, 263–264.

[897] *Patry*, Choice of Law and International Copyright, II.1.: „Courts should examine all possible connecting factors and assign to those factors the weight they are given in customary international copyright law." (Zitiert nach *Thum*, GRUR Int. 2001, 9, 16).

[898] Zum Vergleich der Rechtsstile im common law und im civil law *Hartwieg*, Auslandsurteile im Wirkungsvergleich, in: *Hof/Schulte*, Wirkungsforschung zum Recht.

[899] Nach der hier vertretenen Ansicht enthält Art. 5 Abs. 2 S. 2 RBÜ keine Kollisionsnorm. Ob sich aus anderen Vorschriften der internationalen Konventionen Kollisionsnormen ergeben, müßte gesondert untersucht werden. Vgl. *Knörzer*, 41–67; *A. M. Braun*, 126–127; *Wille*, 56–75. Z.B. meint *Austin*, (in: *Rickett/Austin*, 106 Fn. 14), Art. 14bis Abs. 2 lit. a enthalte eine Kollisionsnorm für die Inhaberschaft an einem Filmwerk. Der 2nd Circuit Court hielt diese Vorschrift in *Itar-Tass*, 153 F 3d 82, jedoch nicht für allgemein verbindlich. Vgl. auch *Ginsburg*, Recueil, 354: „Each Berne Union forum is free to apply its conflicts rules to determine initial ownership."

[900] *Schack*, JZ 1994, 43, 45.

darf er die lex fori (anders als bei der funktionalen Anknüpfung amerikanischer Prägung) bei entgegenstehendem Parteiwillen nicht anwenden. Eine Rückverweisung ist ausgeschlossen, um eine Durchkreuzung der Parteiinteressen zu verhindern.[901]

Im vorläufigen Verfahren kann unter Zeitdruck auf das Recht zurückgegriffen werden, das den effektivsten Schutz verspricht.[902] Die Gerichte sind gemäß Art. 50 Abs. 3 HS 1 TRIPs befugt, dem Antragsteller aufzuerlegen, alle vernünftigerweise verfügbaren Beweise vorzulegen, um sich mit ausreichender Sicherheit davon überzeugen zu können, daß der Antragsteller der Rechtsinhaber ist und daß das Recht des Antragstellers verletzt wird oder daß eine solche Verletzung droht. Diese Befugnis muß sich auch auf den Beweis des Rechts erstrecken, auf das sich der Kläger im vorläufigen Verfahren stützt. Der Antragsgegner wird durch Kaution oder gleichwertige Sicherheitsleistung vor überzogenen Forderungen des Klägers im vorläufigen Verfahren geschützt (Art. 50 Abs. 3 HS 2 TRIPs).

Prozeßspaltende Teilergebnisse der Anwendbarkeit verschiedenen materiellen Rechts für Klage und Gegenrecht sind hinzunehmen.[903] Es ist allerdings sinnvoll, die Gegenrechte – namentlich die auf Entstehung, Inhaberschaft, Inhalt und Schranken des Urheberrechts zielenden – demselben Urheberrechtsstatut zu unterstellen, da sie von Gesetz und Rechtsprechung eines Landes unter Berücksichtigung der Interessen Dritter und der Allgemeinheit definiert und aufeinander abgestimmt worden sind.[904] Die hier diskutierte parteispezifische Aufspaltung ist deshalb nicht mit einer Aufspaltung in Teilfragen (dépeçage) zu verwechseln, die zu einer Zerstückelung umfassender Kollisionsnormen führt.[905] Im Gegensatz zu den logisch nebeneinander stehenden Teilfragen, tauchen die Vorfragen nach Entstehung, Inhaberschaft, Inhalt und Schranken des Urheberrechts erst nach vollzogener kollisionsrechtlicher Anknüpfung der Hauptfrage auf.[906] Eine selbständige Anknüpfung der Vorfragen

---

[901] Vgl. section 9 (5) PIL Act. 4. Kapitel B.IV.4.a. Zu den Argumenten für und gegen eine Sachnormverweisung in bezug auf Art. 40 Abs. 1 S. 2 EGBGB *von Hein*, ZVglRWiss 251, 264–272.

[902] *Geller*, [1996] Columbia-VLA, 571, 598–599 in Anlehnung an die Präambel der RBÜ. „The principle of preference for the most effectively protective law, in such a situation, could allow the court to base the preliminary injunction on any law under which the work at issue is protected in any of these countries served by the network." Vgl. auch *Dessemontet*, SJZ 1996, 285.

[903] *Hartwieg*, RabelsZ 1993, 638 f. in bezug auf Mobiliarsicherheiten.

[904] Zur Einheit der Haftungsvoraussetzungen *Beier/Schricker/Ulmer*, GRUR Int. 1985, 104, 106.

[905] Zum Begriff *Gibson* et al. (Law Commission 1990), Report, 3.52. Zu Teilfrage und dépeçage *von Bar*, IPR I, Rn. 28; *Kegel/Schurig*, § 2 II 3 b) a.E.; *Kropholler*, IPR, § 18 I vor 1; zum Verhältnis der parteispezifischen Anknüpfung zur dépeçage *Mistelis*, Charakterisierungen, 247.

[906] Allgemein zum Unterschied zwischen Teilfrage und Erst-/Vorfrage *Kropholler*, IPR, § 18 II.

– und damit die Möglichkeit einer Prozeßspaltung – wird nach herrschender Meinung befürwortet.[907] Eine Aufspaltung in Teilfragen läge nur dann vor, wenn man die gleichberechtigt nebeneinander stehenden Fragen nach Entstehung, Inhaberschaft, Inhalt und Schranken des Urheberrechts unterschiedlich beurteilen würde, wie das ein Teil des deutschen Schrifttums vorschlägt.[908]

Will man eine weitergehende Einheit bewahren, kann man daran denken, neben den Haftungsvoraussetzungen auch die Verletzungstatbestände und die daran anknüpfenden Sanktionen einheitlich nach dem Recht eines Landes zu beurteilen.[909] Maßgeblich könnte das Recht des Landes sein, für das der Kläger Schutz beansprucht[910] oder – prozessual gesprochen – in dem sich die von ihm geltend gemachten Rechtsbehelfe auswirken.[911] Dem Beklagten bliebe nichts anderes übrig, als die urheberrechtsspezifischen Gegenrechte dem Recht des Landes zu entnehmen, auf das der Kläger die Verletzung stützt.[912] Der Beklagte könnte nur reagieren, nicht agieren. Nach der hier vertretenen Ansicht dient die Klage zwar der Fixierung des Rechtsstreits. Der Beklagte hat jedoch die Möglichkeit, seine Version der Fakten vorzutragen und einen Perspektivwechsel herbeizuführen (audiatur et altera pars).[913] Deshalb sind die urheberrechtsspezifischen Gegenrechte einheitlich, aber unabhängig von den Rechtsbehelfen des Klägers zu beurteilen. Dafür spricht, daß die Einheit von Haftungsvoraussetzungen und Haftungsfolgen durch eine getrennte Anknüpfung von Rechten und Gegenrechten nicht mehr gefährdet wird. Die klägerischen Rechtsbehelfe und Sanktionen sind inzwischen durch TRIPs vereinheitlicht und auf die nationalen Vorschriften der WTO-Staaten abgestimmt worden.[914] Das „Bündel" von Urheberrechten hat sich zu einem „Tintenfisch" entwickelt, dessen zahlreiche nationalen Fangarme aus einem großen gemeinsamen Körper internationaler Normen hervorgehen und von ihm abhängen.[915]

---

[907] Siehe 3. Kapitel IV.6.c.aa.

[908] All diejenigen, die für eine Anknüpfung der Fragen nach Entstehung und erster Inhaberschaft an das Recht des Ursprungslands plädieren, vgl. 3. Kapitel IV.6.c.bb.

[909] So *Beier/Schricker/Ulmer*, GRUR Int. 1985, 104, 106, die die Haftungsvoraussetzungen, die Verletzungstatbestände und die daran anknüpfenden Sanktionen einheitlich dem Recht des Schutzlandes unterstellen.

[910] Auch die Schutzlandregel stellt auf die einseitige Inanspruchnahme eines Rechts ab. Vgl. *Ulmer*, Gutachten, 108, Artikel A (1): „Recht des Schutzlandes im Sinn der Regeln über die Immaterialgüterrechte ist das Recht des Staates, für dessen Gebiet der Schutz in Anspruch genommen wird." Die passivische Formulierung „für dessen Gebiet der Schutz in Anspruch genommen wird" könnte durch die aktivische Formulierung „für das der Urheber Schutz beansprucht" ersetzt werden.

[911] *Geller*, Introduction, § 3 [1] [b] [ii]: „Rights may be thought of as territorially applied on the spots where they are given effect as remedies."

[912] *Geller*, [1996] Columbia-VLA, 571, 599 und oben 3. Kapitel II.2.c.ee.

[913] Siehe oben, zur parteispezifischen Lokalisierung, 3. Kapitel II.2.c.dd.

[914] Zu TRIPs 2. Kapitel II.2.e.

[915] *Ginsburg*, GRUR Int. 2000, 97, 110.

Ergebnis: Die Kollisionsregeln des EGBGB erlauben bei einer Mehrheit von Handlungsorten eine flexible Anknüpfung der Verletzung nach den Vorstellungen des Klägers. Aus Gründen der Waffengleichheit muß der Beklagte seinerseits die Möglichkeit haben, die sich aus relevanten[916] Rechtsordnungen ergebenden Gegenrechte selbst zu bestimmen. Entstehung, Inhaberschaft, Inhalt und Schranken des Urheberrechts sind dabei für jedes Land einheitlich nach demselben Urheberrechtsstatut zu beurteilen. Da die Parteien den Richter von „ihrer" Anknüpfung überzeugen müssen, kommt der Ermittlung ausländischen Rechts eine Schlüsselfunktion zu.

---

[916] Relevant ist eine Rechtsordnung, wenn eine Partei dort eine Urheberrechtsverletzung lokalisiert.

V. Ermittlung ausländischen Rechts

Die Ermittlung ausländischen Rechts kann in einem internationalen Urheberrechtsprozeß in doppelter Hinsicht relevant werden.[917] Zum einen kann – sofern nicht lege fori lokalisiert wird – ausländisches Recht ermittelt werden, um die Verwertungshandlung(en) zu lokalisieren.[918] Zum anderen kann nach ausländischem Recht geprüft werden, ob eine lokalisierte Verwertungshandlung tatsächlich das Urheberrecht einer Partei verletzt.[919]

1. Die Regeln der ZPO

Grundsätzlich ist es Recht und Pflicht des deutschen Instanzrichters, den Inhalt des anwendbaren ausländischen Rechts von Amts wegen zu erforschen, und zwar ohne Beschränkung auf die für Tatsachen geltenden formellen Beweisregeln (§ 293 ZPO).[920] Umfang, Intensität und Grenzen der Ermittlungspflicht des Gerichts hängen vom Einzelfall ab. Komplexität und Fremdheitsgrad des anzuwendenden fremden Rechts, Vortrag und sonstige Beiträge der Parteien sind zu berücksichtigen.[921] Das Gericht hat alle zugänglichen Erkenntnisquellen auszuschöpfen und ist gehalten, das Recht als ganzes zu ermitteln, wie es sich in Rechtsprechung und Lehre entwickelt hat und in der Praxis angewandt wird. Dazu muß es alle in Frage kommenden ausländischen Regelungen vollständig ermitteln, darf sich nicht auf bloße Auslegung einzelner Vorschriften beschränken.[922] Es ist jedoch zu prüfen, ob und inwieweit das Verlangen des Geschädigten nach der Anwendung eines bestimmten Rechts substantiiert begründet werden muß. Nach der neueren Rechtspre-

---

[917] Zur Rolle des Beweises ausländischen Rechts im internationalen Urheberrechtsprozeß *Austin*, Overview, Nr. 55: „Many of these issues might be resolved by establishing clear rules on burden of proof. In an era of increasing standardisation of international intellectual property norms, a key issue will be to determine which party should bear the burden of establishing that, in one or other of the jurisdictions in which the courts' order will have effect, there exist material differences in the relevant law or the parties' rights. Issues such as burden of proof warrant particular emphasis in the present context: proprietors of intellectual property rights want effective international protection of these rights. Sound substantive principles are critical to this. However, on a practical day-to-day level, efficient procedural mechanisms are also essential."

[918] Siehe 3. Kapitel II.2.c. entweder (wie hier vorgeschlagen) im Rahmen einer Vorprüfung oder im Rahmen der Tatortregel.

[919] Im Verletzungsprozeß behauptet der Kläger, Inhaber des Urheberrechts zu sein; im negativen Festellungsverfahren wird der mutmaßliche Inhaber zum Beklagten.

[920] *Kropholler*, IPR, § 59 I 2.

[921] BGHZ 118, 151, 163.

[922] MünchKomm-*Peters*, § 293, Rn. 1–32; *Stein/Jonas*, § 293 ZPO, Rn. 26–51; *Thomas/Putzo*, § 293, Rn. 4. Das deutsche IPR ist ex officio anzuwenden (BGH WM 1995, 1060). Zur Rolle der Dispositions- und Verhandlungsmaxime (§§ 138, 308 ZPO) *Hartwieg*, Pleading Actions, 185–186 m.w.N.; zu historischen Aspekten der Wahrheitspflicht im Zivilprozeß *Olzen*, ZZP 1985, 403–426; zu neueren Entwicklungen *Junker*, RIW 741, 742.

chung des BGH ist eine Partei dazu verpflichtet, das ausländische Recht konkret darzulegen, wenn sie zu den Erkenntnisquellen der in Betracht kommenden ausländischen Rechtsordnung unschwer Zugang hat.[923] Fallen Handlungs-
und Erfolgsort eines Delikts auseinander und liegt einer dieser Orte im Inland,
findet deutsches Recht Anwendung, es sei denn, der Kläger beruft sich ausdrücklich auf das Recht des anderen Ortes.[924]

Der Ermittlungsgrundsatz beherrscht auch das Eilverfahren. Gemäß §§ 920
Abs. 2, 936 ZPO ist der geltend gemachte Anspruch glaubhaft zu machen.
Während die Parteien die Wahrscheinlichkeit der anspruchsbegründenden
Tatsachen darlegen müssen, muß der Richter in vollem Umfang nachprüfen,
ob sich aus diesen Tatsachen rechtlich der Anspruch ergibt. Im Rahmen dieser
Prüfung muß der Richter das deutsche Kollisionsrecht ermitteln und von
Amts wegen anwenden.[925] Darüber hinaus ist er gemäß § 293 ZPO auch im
Eilverfahren verpflichtet, sich die erforderliche Kenntnis des ausländischen
Rechts zu verschaffen.[926] Nur wenn das ausländische Recht unter dem im
Eilverfahren herrschenden Zeitdruck nicht feststellbar ist, darf als „praktika-
belste Lösung" die lex fori angewandt werden, zumindest wenn der Sachver-
halt Beziehungen zum Inland aufweist und solange nicht „die Anwendung des
eigenen Rechts äußerst unbefriedigend wäre".[927]

2. Zur Ermittlung ausländischen Rechts im Urheberrechtsprozeß

Für die Ermittlung ausländischen Urheberrechts gilt grundsätzlich nichts anderes als im normalen Zivilverfahren.[928] In *Spielbankaffaire* betont der BGH,
daß ausländisches Recht gemäß § 293 ZPO von Amts wegen zu ermitteln
sei.[929] Werden Urheberrechte in mehreren Staaten verletzt, muß ein deutsches
Gericht demnach alle in Frage kommenden Rechtsordnungen prüfen. Das ist
aus Gründen der Prozeßökonomie wenig sinnvoll. Kegel schlägt vor, alternativ geltendes Auslandsrecht nicht zu prüfen, wenn der erhobene Anspruch
schon nach deutschem Recht begründet ist.[930] Dagegen spricht aus urheberrechtlicher Sicht folgendes: Da es trotz weltweiter Bemühungen um die Har-

---

[923] *Von Hein,* Günstigkeitsprinzip, 262, mit Nachweisen aus der Rechtsprechung.

[924] *Von Hein,* Günstigkeitsprinzip, 251 (zur Rechtslage bis zur Einführung der neuen De-
liktskollisionsregeln) und 267 (zur heutigen Rechtslage).

[925] BGH NJW 1993, 2305, 2305; BGH NJW 1996, 54.

[926] *Schack,* IZVR, 245.

[927] BGHZ 69, 387, 394.

[928] Zum Nachweis der anknüpfungsrelevanten Tatsachen bei Immaterialgüterrechtsverletzungen im Internet *von Hinden,* 70–73; *Mankowski,* RabelsZ 63 (1999) 203, 260 ff. Zur Dar-
legungs- und Beweislast im Prozeß des gewerblichen Rechtsschutzes *Mes,* GRUR 2000, 934–
942.

[929] BGHZ 136, 380, 386: „Soweit danach ausländisches (luxemburgisches) Recht anzuwenden ist, wird dieses gemäß § 293 ZPO von Amts wegen zu ermitteln sein."

[930] *Kegel/Schurig,* § 18 IV 1 a bb.

monisierung des Urheberrechts immer noch ein Schutzgefälle gibt,[931] impliziert die Verletzung eines Urheberrechts in Deutschland nicht zwangsläufig eine Verletzung in anderen Ländern. Zudem könnte die Anwendung deutschen Rechts in Fällen weltweiter paralleler Urheberrechtsverletzungen deutschen Gerichten als Vorwand für die Anwendung heimischen Rechts dienen. Der Rückgriff auf deutsches Recht ist allerdings dann zweckmäßig, wenn sich die Parteien rügelos darauf einlassen. In allen anderen Fällen, muß der Richter das ausländische Recht für jede einzelne Verletzung ermitteln.

3. Stellungnahme

Der Ermittlungsgrundsatz stößt an Grenzen, wenn das Gericht eine Vielzahl ausländischer Rechtsordnungen prüfen muß. Bei multiplen Urheberrechtsverletzungen wäre es aus Sicht des Gerichts ökonomischer, die Partei mit dem Nachweis ausländischen Rechts zu belasten, die sich zu ihren Gunsten darauf beruft.

Das OLG Hamburg stellt in *Bajoras* en passant fest, daß seine Ausführungen bezüglich des Schutzlands „Deutschland" entsprechend für die anderen Staaten gelte, für die die Nutzungsrechte vergeben worden seien.[932] Da die Klägerin nicht vorgetragen habe und auch sonst nicht „ersichtlich"[933] sei, daß sich im Hinblick auf die übrigen Schutzländer etwas anderes ergebe, wendet das OLG auf alle Schutzrechte deutsches Recht an. Indem das OLG den Nachweis ausländischen Rechts, also die Feststellung seines Inhalts, den Parteien aufbürdet, setzt es sich über die gemäß § 293 ZPO bestehende Ermittlungspflicht hinweg.[934] Das Vorgehen des OLG geht über eine bloße Inanspruchnahme der Parteien hinaus, verlangt es doch nicht bloß die Übersetzung

---

[931] *Sterling,* World Copyright Law, Introduction.

[932] OLG Hamburg GRUR Int. 1998, 431, 436 a.E.: „Die vorstehenden Ausführungen des Schutzlandes Deutschland gelten entsprechend auch für die anderen Staaten, für die die Nutzungsrechte vergeben worden sind. Es ist nicht vorgetragen oder sonst ersichtlich, daß sich im Hinblick auf die übrigen Schutzländer etwas anderes ergibt." Die Verlagsrechte der Beklagten beziehen sich gemäß Art. 32 des Generalvertrages mit der VAAP im einzelnen auf Deutschland, Dänemark, Griechenland, Island, Israel, die Niederlande, Portugal, die Schweiz, Spanien und auf die Türkei. Identisch GRUR Int. 1999, 76, 82 – *Estnischer Komponist.* Vgl. auch OLG Düsseldorf, GRUR Int. 1968, 100, 101 – *Kunststofflacke:* „Wegen der Ähnlichkeit der Rechtsfragen im internationalen Patentrecht, die auch durch die Pariser Verbandsübereinkunft zum Ausdruck kommt, und angesichts der sich immer stärker anbahnenden internationalen Verflechtung erscheint es geboten, die Vorschrift des § 51 PatG entsprechend auf Klagen anzuwenden, die die Verletzung ausländischer Schutzrechte zum Gegenstand haben."

[933] OLG Hamburg GRUR Int. 1998, 431, 436, 3. Kapitel IV.5.g

[934] Schon unter V. auf S. 435 rückt das OLG den Nachweis ausländischen Rechts in die Nähe eines Tatsachenbeweises: „Die Klägerin trägt für ihren gegenteiligen Rechtsstandpunkt, die VAAP habe im eigenen Namen und aufgrund eigenen Rechts ‚verfügt', keine (weiteren) Tatsachen zum Generalvertrag mit der Beklagten und/oder bezüglich des B-Werkes vor, sondern argumentiert mit ihrer anderweitigen Rechtsauffassung zum damaligen Recht in der UdSSR, die aber in der Literatur – soweit ersichtlich – keine Unterstützung findet."

eines Gesetzestextes oder ein auslandsrechtliches Gutachten.[935] Über die Wirkung, die das Urteil in den Ländern haben könnte, deren Schutzrechte betroffen sind, macht sich das OLG keine Gedanken.[936]

Für die hier vorgeschlagene parteispezifische Anknüpfung ist der Nachweis ausländischen Rechts durch die Parteien unverzichtbar: Die Feststellung des Inhalts ausländischen Rechts ist dem Beweis von Tatsachen gleichzustellen[937] und ganz den Parteien aufzubürden.[938] Grundsätzlich ist davon auszugehen, daß der Instanzrichter nur deutsches Recht kennt. Das in einem anderen Staate geltende Recht, die Gewohnheitsrechte und Statuten bedürfen deshalb des Beweises. Die Pflicht des Instanzrichters, den Inhalt des anwendbaren ausländischen Rechts von Amts wegen zu erforschen, wird durch die für Tatsachen geltenden formellen Beweisregeln beschränkt. Es gilt die Verhandlungsmaxime.[939] Kommt eine Partei ihrer Beweispflicht nicht nach, wird vermutet, daß deutsches Sachrecht anwendbar ist. Eine obligatorische richterliche Hinweispflicht in bezug auf die Wahl oder den Inhalt einer Rechtsordnung besteht nicht. Maßgeblich sind nur die allgemeinen Regeln des Prozeßrechts zu richterlichen Hinweisen (§§ 273 Abs. 1, 278 Abs. 3, 139 ZPO).[940]

Für die Parteien stellt sich das Problem, daß die Zahl der Rechtsordnungen, deren Anwendungsinteressen zu berücksichtigen ist, beträchtlich sein kann

---

[935] Kritisch zur Tendenz der deutschen Rechtsprechung, die konkludente Wahl deutschen Rechts zu vermuten *von Hoffmann,* IPRax 1996, 1, 5; *von Hein,* Günstigkeitsprinzip, 253–255.

[936] Vgl. die Entscheidung des Schweizerischen Bundesgerichts vom 29. August 2000 in GRUR Int. 2001, 477–478, in der es um Zahlungsansprüche aus einem nach kalifornischem Recht geschlossenen Patentlizenzvertrag geht. Dort heißt es unter 3.c.bb: „Der Inhalt des anzuwendenden ausländischen Rechts ist von Amts wegen festzustellen. Dazu kann die Mitwirkung der Parteien verlangt werden. Bei vermögensrechtlichen Ansprüchen kann der Nachweis den Parteien überbunden werden (Art. 16 Abs. 1 IPRG) [...]. Wird bei der Ermittlung des ausländischen Rechts unbesehen von der schweizerischen Dogmatik ausgegangen, führt dies – namentlich wenn Regelungen eines fremden Rechtskreises in Frage stehen – regelmässig zu einer unvollständigen Feststellung des ausländischen Rechts und damit zu einer Verletzung von Art. 16 Abs. 1 IPRG. Folge dieses nicht sachgerechten Vorgehens ist nicht nur eine [...] falsche Anwendung des ausländischen Rechts. Vielmehr wird diesfalls das massgebende ausländische Recht nicht in dem vom schweizerischen Kollisionsrecht geforderten Umfang angewendet, womit der Rügegrund von Art. 43a Abs. 1 lit. a OG gegeben ist.“

[937] *Hartwieg,* Kunst des Sachvortrags, 105, weist darauf hin, daß die Grenze zwischen Tatsachen und Recht nicht immer leicht zu ziehen sei. Vgl. zum Beweisverfahren §§ 355–494a ZPO und Art. 43 TRIPs.

[938] Zur Antragslast im englischen Recht 4. Kapitel B.V.

[939] Zu den Beweisregeln des § 138 ZPO *Stein/Jonas,* § 138 ZPO, Rn. 7; MünchKomm-*Peters,* § 138 Abs. 1 ZPO, Rn. 23.

[940] Zur richterlichen Hinweispflicht *Spickhoff,* IPRax 2000, 1, 7–8, m.w.N. *Spickhoff* verneint die richterliche Hinweispflicht, wenn der Streit vom Geschädigten nur auf der Grundlage des deutschen Rechts geführt wird und der Handlungsort innerhalb Deutschlands liegt. „Eine entsprechende einseitige Begünstigung des Geschädigten im Prozeß wäre mit der richterlichen Neutralität nur schwer vereinbar.“

und die Ermittlung der in Frage kommenden Rechtsordnungen entsprechend aufwendig ist.[941] So wird dem Rechtsinhaber die Prozeßführung erheblich erschwert, wenn er für jeden involvierten Staat die dort begangenen Rechtsverletzungen und deren Folgen nachzuweisen hat.[942] Internationale Urheberrechtsfälle mit einer Vielzahl in Betracht zu ziehender Rechtsordnungen stellen die Parteien jedoch vor keine größeren Herausforderungen als andere Fälle mit Auslandslandsberührung, bei denen die Gefahr, daß ausländisches Recht nicht korrekt ermittelt und aufgefaßt wird, genauso besteht. Ja, man darf sogar vermuten, daß die Anwendung ausländischen Urheberrechts wegen der fortschreitenden Harmonisierung und der weltweiten Etablierung von Mindestrechten leichter fällt als in anderen, weniger vereinheitlichten Rechtsgebieten.[943] Dementsprechend sollte eine beschwerliche Rechtsfindung und -anwendung kein Grund sein, von der Anwendung einer Vielzahl von (Urheber-) Rechtsordnungen abzusehen.

Die parteispezifische Anknüpfung hat zudem eine Filterfunktion.[944] Eine Partei wird angesichts des Beweisrisikos ihre Rechte bzw. Gegenrechte nur insoweit geltend machen, als es nach Abwägung ihrer wirtschaftlichen Interessen sinnvoll erscheint. So wird die Prozeßführung gerade dadurch erleichtert, daß der Rechtsstreit bereits bei den Parteien kanalisiert wird und nur der Kern des Rechtsstreits vor Gericht gelangt. Die Parteien sind gezwungen, ihre Prozeßstrategie sorgfältig zu planen. Versäumt eine Partei, ein Recht aus einer ausländischen Rechtsordnung darzulegen oder tritt eine Partei einen Beweis nicht an, spielt das entsprechende Recht im weiteren Prozeß, möglicherweise sogar im weiteren Rechtsstreit, keine Rolle mehr. Die Entlastung der Gerichte ist enorm, zumal die Parteien unter dem Druck der Beweislast eher geneigt sind, einen Vergleich zu schließen.

Das Modell geht von der Waffengleichheit der Parteien aus. In Wirklichkeit stehen sich jedoch nur selten zwei gleich starke Gegner gegenüber.[945] Die Antragslast erscheint unbillig, wenn die betreffende Partei sich über das in Frage kommende Recht nur schwer orientieren kann,[946] bzw. nicht über die finanziellen Mittel verfügt, Gutachten zum ausländischen Recht einzuholen. Einen Ausweg weist die zunehmende Harmonisierung des Urheberrechts. Der Kläger kann sich im Verletzungsprozeß auf die durch RBÜ und TRIPs garantierten Mindestrechte berufen und auf die damit einhergehende Vermutung,

---

[941] Dieser Vorwurf richtet sich auch gegen die flexiblen amerikanischen Methoden (siehe oben 3. Kapitel IV.7.e. und *von Hinden*, 238). Allerdings zielt er auf die praktischen Probleme, vor die der *Richter* bei der Ermittlung mehrerer Rechtsordnungen gestellt wird. Bei der parteispezifischen Anknüpfung verlagert sich das Problem vom Richter auf die Parteien.

[942] *Bühler*, Urheberrecht im Internet, 409 f., mit Hinweis auf *Ginsburg*, Study, 36.

[943] Vgl. *Austin*, Conflicts of Law, Columbia-VLA JLA 1999, 1, 42.

[944] Zur Lenkungsfunktion der parteispezifischen Lokalisierung 3. Kapitel II.2.ee

[945] Zur sozialen Problematik *von Hein*, Günstigkeitsprinzip, 261–266.

[946] *Kropholler*, IPR, § 59 I 1.

daß das Schutzniveau in allen Verbandsstaaten der Berner Konvention oder in allen Mitgliedstaaten der WTO gleich sei.[947] Die Mindestrechte kann er mit Hilfe der im TRIPs-Übereinkommen verankerten Rechtsbehelfe geltend machen.[948] Hilfsweise kann er auf den Nachweis ausländischen Rechts verzichten und sich auf die Vermutung stützen, daß ausländisches Recht der lex fori entspreche.[949]

Der Beklagte hat es schwerer. Er muß darlegen und beweisen, daß bestimmte ausländische Rechtsordnungen ein niedrigeres Schutzniveau haben.[950] Zudem unterliegen die wichtigsten Gegenrechte, die Urheberrechtsinhaberschaft sowie Ausnahmen und Schranken, weiterhin unterschiedlichen nationalen Vorschriften.[951] Dem Beklagten wird deshalb daran gelegen sein, seine Verteidigung auf ein einziges anwendbares Recht zu konzentrieren, aus dem sich ein Gegenrecht ergibt. Sollte es dem Kläger gelingen, nachzuweisen, daß die Verletzung schon nach der vom Beklagten vorgetragenen Rechtsordnung nicht gerechtfertigt ist, gewinnt er den Prozeß, da anzunehmen ist, daß sich ein Gegenrecht aus den Rechtsordnungen, die der Beklagte selbst verworfen hat, erst recht nicht ergibt. Hält das Gegenrecht den klägerischen An-

---

[947] Vgl. *Thum,* GRUR Int. 2001, 9, 9–14 für zuerst im Internet veröffentlichte Werke: „Die hier vorgeschlagene Lösung, bei der im Internet erstveröffentlichten Werken kein Ursprungsland zugeordnet wird, hätte somit zur Folge, dass für diese Werke *erstens* der Mindestschutz unionsweit verbindlich wäre, *zweitens* Verbandsausländern hierfür generell Konventionsschutz gewährt würde und *drittens* in jedem Land die maximale Schutzdauer ohne Reduktion durch einen Schutzfristenvergleich zur Anwendung käme."

[948] Vgl. Art. 44 Abs. 1 S. 1, 45–47 für das Hauptsacheverfahren und 50 Abs. 1–2 TRIPs für das Eilverfahren. Daneben ergeben sich hoheitliche Befugnisse aus Art. 50 Abs. 3, 5 sowie aus Art. 59.

[949] *Ginsburg,* Recueil, 337: „Thus, one way to alleviate the difficulty of distributive application of the laws of the countries of receipt of infringing communications might be to presume that the laws of all these countries have assimilated Berne Convention and TRIPs minima, and leave proof to the contrary to the defendant. In effect, the forum (assuming it is a Berne or WTO country) would apply its own copyright law to adjudicate the infringement claim, on the theory that its domestic law implements the substantive provisions of these treaties. Through its adoption of the treaties, the lex fori thus becomes a kind of supranational copyright law, subject to demonstration that in particular countries the standard is less (or more) protective; the court would then apply the national law(s) at issue to determine whether an infringement occurred in that particular territoriy, and if so, what should be the remedy."

[950] Auch *Ginsburg* (Study, 130), die eine Anknüpfung der Verletzung an die lex fori erwägt, meint, dem Beklagten müsse der Beweis des Gegenteils für länderspezifische Besonderheiten offenstehen.

[951] *Ginsburg,* GRUR Int. 2000, 97, 108. TRIPs sieht in Art. 48 Abs. 1 lediglich ein (nachträgliches) Gegenrecht. Gemäß Art. 48 Abs. 1 S. 1 TRIPs, sind die Gerichte befugt anzuordnen, daß eine Partei, auf deren Antrag hin Maßnahmen ergriffen wurden und die Durchsetzungsverfahren mißbräuchlich benutzt hat, einer zu Unrecht mit einem Verbot oder einer Beschränkung belegten Partei angemessene Entschädigung für den durch einen solchen Mißbrauch erlittenen Schaden zu leisten hat. Dasselbe gilt gemäß Art. 48 Abs. 1 S. 2 TRIPs für die Kosten, insbesondere für die Anwaltshonorare. Art. 50 Abs. 4, 6, 7 enthalten prozessuale Gegenrechte für das Eilverfahren.

griffen stand, ist der Anspruch zumindest in bezug auf die Urheberrechtsverletzung in dem betreffenden Staat unbegründet. Der Beklagte muß jedoch weitere Gegenrechte aus anderen Rechtsordnungen vortragen, um die vom Kläger behauptete Verletzung Schritt für Schritt und Land für Land zu entkräften.

Ist der Beklagte dem Kläger in seinen finanziellen Mitteln deutlich unterlegen, erscheint dieses Vorgehen unbillig. Dem Beklagten entsteht ein Rechtsschutzdefizit, wenn er sich aus finanziellen Gründen nicht mehr verteidigen kann. In diesem Fall bietet sich eine Umkehr der Beweislast an: Der Kläger darf sich nicht länger auf der Vermutung ausruhen, daß seine Urheberrechte in verschiedenen Ländern verletzt worden sind. Er muß selbst darlegen und beweisen, daß das Urheberrecht, auf das er sich beruft, entstanden ist und noch besteht und daß er Inhaber des Urheberrechts ist. Grundsätzlich muß eine Partei die für sie günstigen Umstände darlegen und beweisen. Der Richter darf in die „natürliche" Beweislastverteilung im Einzelfall nur dann eingreifen, wenn er zuvor die Kapazitäten der Parteien ausgelotet hat. Das englische Beweisrecht mag als Vorbild für Zurückhaltung und Sensibilität im Umgang mit vorgetragenen Fakten dienen.[952]

---

[952] Vgl. 4. Kapitel B.V. Das TRIPs-Übereinkommen enthält in Art. 34 nur eine Regel zur Beweislast im Patentverfahren. Die Vorschriften des Art. 43 beziehen sich nur auf den Beweis von Tatsachen, nicht auf den Nachweis ausländischen Rechts. Art. 43 Abs 2 ist aber insofern im Hinblick auf den Nachweis ausländischen Rechts beachtlich, als die Partei sanktioniert wird, die ihrer Prozeßförderungspflicht nicht nachkommt. (Vgl. § 296 Abs. 2 ZPO).

VI. Anerkennung und Vollstreckung

Entscheidungen von Gerichten, die nicht in einem Vertragsstaat des EuGVÜ liegen, und Eilverfügungen, die ex parte ergangen sind,[953] werden nach den Regeln des autonomen nationalen Rechts anerkannt und vollstreckt (1.). Ansonsten richtet sich die Anerkennung nach den Art. 26 ff. EuGVÜ (2.).[954] Wird eine ausländische Entscheidung anerkannt, richtet sich ihre Vollstreckung nach den Vorschriften der §§ 722 ff. ZPO oder der Art. 31-45 EuGVÜ.[955] Für urheberrechtliche Verletzungsverbote ergeben sich insoweit keine Besonderheiten. Auch die Zustellung wirft keine urheberrechtlichen Sonderfragen auf.[956]

1. Die Regeln der ZPO

Die Anerkennung ausländischer Entscheidungen ist in § 328 ZPO geregelt.[957] Urteil im Sinne dieser Vorschrift ist jede gerichtliche Entscheidung, die den Prozeß rechtskräftig und endgültig entscheidet, nachdem beiden Parteien rechtliches Gehör gewährt worden ist.[958] Nicht anerkennungsfähig und gemäß §§ 722 f. ZPO nicht vollstreckbar sind demnach einstweilige Maßnahmen, die

---

[953] *Denilauler v Couchet*, EuGH, 21. 5.1980, Rs. 125/79, 1553. Sogleich 3. Kapitel V.2.b.

[954] Der Entwurf der Haager Konferenz zum internationalen Privatrecht enthält in Kapitel III ebenfalls Vorschriften zur Anerkennung und Vollstreckung, vgl. working document 230; abrufbar im Internet unter <http://www.hcch.net/e/workprog/jdgm.html>.

[955] Vgl. statt vieler *Kropholler*, IPR, § 60 V.

[956] Die Zustellung ist ein spezifisches Hindernis bei der Vollstreckung einstweiliger Maßnahmen. Im Ausland genügt die Zustellung allein nicht. Vielmehr muß die einstweilige Verfügung vor ihrer Vollziehung erst anerkannt werden. Die bloße Zustellung im Wege der Rechtshilfe greift deshalb regelmäßig nur dann in ausländische Hoheitsrechte ein, wenn die Zustellung der Verfügung im Ausland als Beginn oder Teil ihrer Vollstreckung angesehen wird und die Zustellung nach Art. 13 I Haager Zustellungsübereinkommen abgelehnt wird. Vgl. Haager Übereinkommen über die Zustellung gerichtlicher und außergerichtlicher Schriftstücke im Ausland in Zivil- oder Handelssachen vom 15. November 1965 (BGBl. 1977 II, S. 1453). Das Übereinkommen ist für die Bundesrepublik Deutschland am 26.6.1979 im Verhältnis zu dem Vereinigten Königreich in Kraft getreten (Bek. vom 21.6.1979, BGBl. II, S. 779 und vom 23.6.1980, BGBl. II, S. 907). OLG Frankfurt, NJW-RR 1987, 764, 765; OLG Hamm, RIW 1985, 973, 975; *Stein/Jonas*, § 929 Rn. 30; *Koch*, Grenzüberschreitender einstweiliger Rechtsschutz, 89; *Spellenberg/Leible*, 293, 327; *Schack*, IZVR, 375.

[956] *Spellenberg/Leible*, 293, 323.

[957] Daneben wird die Anerkennung und Vollstreckung durch bilaterale Konventionen geregelt, die in ihren Voraussetzungen im wesentlichen denen des § 328 ZPO entsprechen. Vgl. das Abkommen zwischen der Bundesrepublik Deutschland und dem Vereinigten Königreich Großbritannien und Nordirland (BGBl. 1961 II, 301). Danach genügt eine rechtskräftige Entscheidung, die den Rechtsstreit endgültig erledigt, so daß auch vorläufig vollstreckbare Urteile anerkannt werden können. Das Günstigkeitsprinzip sieht vor, daß die Anerkennung nach autonomem *oder* nach Staatsvertragsrecht möglich ist. (Vgl. Art. II Abs. 3 des Abkommens mit Großbritannien); dazu *Koch*, Anerkennung und Vollstreckung, 161, 172 m.w.N.

[958] RGZ 16, 427, 428.

per definitionem keine endgültigen Entscheidungen sind.[959] Eine Ausnahme von diesem Grundsatz ist lediglich dann möglich, wenn die einstweilige Maßnahme nicht nur die Sicherung eines Anspruches des Gläubigers zum Ziel hat, sondern de facto zur Erledigung des Rechtsstreits führt.[960] Eine Leistungsverfügung mit der ein urheberrechtliches Verletzungsverbot ausgesprochen wird, das die Streitsache in der Regel endgültig erledigt, ist eine solche Ausnahme und damit anerkennungsfähig.

Die Anerkennung setzt nach autonomem deutschen Recht die internationale Zuständigkeit des anordnenden Gerichts voraus, die sich aus den eigenen Zuständigkeitsregeln des Erststaats ergibt.[961] Auch rechtliches Gehör des Gegners ist erforderlich (Art. 103 Abs. 1 GG). Nur wenn durch mündliche Verhandlung oder vorherige Zustellung des Antrags auf eine einstweilige Verfügung rechtliches Gehör gewährt worden ist, ist diese anzuerkennen und nach den Vorschriften des deutschen Rechts zu vollstrecken. Ex-parte-injunctions, die ohne Anhörung des Gegners erlassen werden, sind deshalb nach autonomem deutschen Recht nicht anerkennungsfähig.[962]

Die größte Hürde auf dem Weg zur Anerkennung ist nach autonomem deutschen Recht der ordre public (§ 328 Abs. 1 Nr. 4 ZPO).[963] Versteht man das Urteil eines fremden Staates über ein territorial begrenztes Urheberrecht als einen Akt ausländischer Staatsgewalt, der seine Wirkung aufgrund der Souveränität der Staaten allein auf das Territorium des Entscheidungsstaates beschränken muß, so läge der Grundsatz nahe, ausländische Entscheidungen grundsätzlich nicht anzuerkennen.[964] So weit geht das deutsche Schrifttum jedoch nicht. Rehbinder stellt folgende Regeln auf:

- Ausländische Gerichtsentscheide betreffend Urheber- und Nachbarrechte werden in Deutschland anerkannt, wenn der Beklagte im betreffenden Staat seinen Wohnsitz hatte oder wenn der beanspruchte Immaterialgüterschutz den Staat betraf, dessen Gericht die Entscheidung getroffen hat, und der Beklagte in der Bundesrepublik keinen Wohnsitz hat.

- Feststellungsurteile des Auslands über Rechte im Ausland werden in Deutschland nur anerkannt, wenn sie aus dem Staat stammen, in dem Im-

---

[959] *Schack*, IZVR, 321.

[960] *Hausmann*, IPRax 1981, 79, 80; *Martiny*, Handbuch IZVR, Bd. III/1, Rn. 493; *Matscher*, ZZP 95 (1982), 170, 180; *Geimer*, in: Zöller, § 722 Rn. 8; *Eilers*, Einstweiliger Rechtsschutz, 223–284.

[961] Siehe 3. Kapitel.III.2.b.

[962] *Koch*, Grenzüberschreitender einstweiliger Rechtsschutz, 100.

[963] Nach der Rechtsprechung des BGH ist ein Urteil nur dann mit dem deutschen materiellen ordre public unvereinbar, wenn das Ergebnis der Anwendung des ausländischen Rechts zu den Grundgedanken der deutschen Regelungen und den in ihnen enthaltenen Gerechtigkeitsvorstellungen in so starkem Widerspruch steht, daß es nach inländischen Wertvorstellungen als untragbar erscheint, BGHZ 50, 370, 375 f.

[964] *Prütting*, in: ders., Entwicklung, 41.

materialgüterschutz beansprucht wird, oder wenn sie im dortigen Staat anerkannt werden.[965]

Demnach ist eine den Schutz für das Inland versagende ausländische Entscheidung nicht anzuerkennen.[966] Dagegen spricht jedoch, daß deutsche Gerichte selbst über ausländische Urheberrechte entscheiden.[967] Die Anerkennung ihrer Entscheidungen im Ausland können sie aber nur erwarten, wenn sie ihrerseits bereit sind, ausländische Entscheidungen über deutsche Urheberrechte anzuerkennen.[968]

2. Die Regeln des EuGVÜ

Das Anerkennungsgericht muß sich die Frage nach dem Anwendungsbereich des EuGVÜ erneut stellen – ungeachtet der Antwort die das Entscheidungsgericht bereits gegeben hat.[969] Da Urhebersachen nach autonomer Vertragsauslegung von Art. 1 EuGVÜ erfasst werden,[970] dürfte ein Gericht des Zweitstaats im Hinblick auf den sachlichen Anwendungsbereich in der Regel zu keinem anderen Ergebnis kommen als das Gericht, das die Entscheidung erlassen hat. Richtet sich die anzuerkennende Entscheidung gegen einen Beklagten, der seinen Wohnsitz nicht in einem Vertragsstaat hat, ist sie gleichwohl nach den Grundsätzen des EuGVÜ in einem anderen Vertragsstaat anzuerkennen.[971]

In Art. 26 Abs. 1 wird der Grundsatz aufgestellt, daß „Entscheidungen" im Sinne des Art. 25 automatisch anzuerkennen sind, ohne daß es einer gerichtlichen Entscheidung bedarf.[972] Ist die Frage der Anerkennung eines grenzüberschreitenden Verletzungsurteils zwischen den Parteien streitig, kann nach Art. 26 Abs. 2 EuGVÜ jede Partei, welche die Anerkennung geltend macht, die Feststellung beantragen, daß die Entscheidung anzuerkennen ist. Ein solcher Antrag wird vor allem bei allein auf Unterlassung gerichteten Urteilen in Betracht kommen, weil Unterlassungsurteile nicht für vollstreckbar erklärt werden müssen und die Anerkennung infolgedessen nicht im Verfahren zur Klärung der Vollstreckbarkeit nach Art. 31 ff. EuGVÜ problematisiert wird.[973]

---

[965] *Rehbinder*, Urheberrecht, Rn. 473; zustimmend *Hohloch*, 102.

[966] So *Wieczorek*, ZPO, § 328, E IV b 1; unter Berufung auf Wieczorek: *Martiny*, Handbuch IZVR, Kap. I, Rn. 1087, S. 486.

[967] Vgl. *Mauerbilder* und *Spielbankaffaire*, 3. Kapitel IV.5.e. und f.

[968] Zur Justitiabilität und zur Wirkung zivilrechtlicher Sanktionen im Ausland 3. Kapitel III.1. und 3.

[969] *Kropholler*, EZPR, Art. 25 Rn. 3.

[970] Siehe oben 3. Kapitel.III.2.b.

[971] *Ginsburg*, Recueil, 317.

[972] *Jenard*, Bericht, ABl. 1979 Nr. C 59, zu Art. 26.

[973] *Grabinski*, GRUR Int. 2001, 199, 212.

Die ausländische Entscheidung darf keinesfalls in der Sache selbst nachgeprüft werden (Art. 29 EuGVÜ).[974] Anerkennungsfähig im Sinne der Art. 25 und 26 EuGVÜ ist jede von dem Gericht eines Vertragsstaats erlassene Entscheidung, ohne Rücksicht auf ihre Bezeichnung. In *De Cavel v De Cavel* bestätigte der EuGH, daß darunter auch einstweilige Maßnahmen im Geltungsbereich des EuGVÜ fallen.[975] Der Grundsatz der Anerkennung wird durch mehrere in Art 27 EuGVÜ verankerte Ausnahmen durchbrochen. Zunächst überprüft das anerkennende Gericht, ob das ausländische Verfahren nach rechtsstaatlichen Grundsätzen abgelaufen ist, insbesondere, ob rechtliches Gehör gewährt worden ist. Entscheidend sind Kriterien wie die ordnungsgemäße und rechtzeitige Benachrichtigung des Beklagten (vgl. Art. 27 Nr. 2 EuGVÜ), der stets Gelegenheit haben muß, seine Argumente vorzutragen.

Aus urheberrechtlicher Sicht sind zwei Probleme relevant. Während die Ausnahmetatbestände des Art. 27 Nr. 2-5 für das Urheberrecht keine besonderen Probleme bereithalten, ist im Hinblick auf das Territorialitätsprinzip fraglich, ob Entscheidungen im Urheberrecht der öffentlichen Ordnung im Anerkennungsstaat widersprechen (Art. 27 Nr. 1 EuGVÜ). Problematisch ist zum anderen die Anerkennung von ex-parte-Verfügungen, die ohne vorherige Anhörung des Antragsgegners allein auf der Grundlage der vom Antragsteller vorgetragenen Argumente vollzogen worden sind.

a. Art. 27 Nr. 1 EuGVÜ – Renault v Maxicar (EuGH, 2000)

Nach Art. 27 Nr. 1 EuGVÜ wird eine Entscheidung nicht anerkannt, wenn die Anerkennung der öffentlichen Ordnung des Staates, in dem sie geltend gemacht wird, widersprechen würde. Maßgeblich ist allein die öffentliche Ordnung des Zweitstaates, die nicht durch den EuGH definiert werden kann.[976] Der EuGH hat nur über die Grenze zu wachen, innerhalb derer sich das Gericht eines Vertragsstaats auf den Begriff der öffentlichen Ordnung stützen darf.[977] Art. 27 Abs. 1 EuGVÜ ist nach der Rechtsprechung des EuGH eng auszulegen.[978] Die Anerkennung ist dann ausgeschlossen, wenn sie zu den Grundgedanken der inländischen Regelung und zu den in ihnen liegenden Gerechtigkeitsvorstellungen in so starkem Widerspruch steht, daß sie für un-

---

[974] *Fawcett/Torremans*, 729.

[975] *De Cavel v. De Cavel* (Nr. 1), Rs. 143/78, Slg. 1979, 1055; (Nr. 2), Rs. 120/73, Slg. 731; IPRax 1981, 19 mit Anm. *Hausmann*.

[976] BGHZ 75, 167, 171 = NJW 1980, 527 = RIW 1979, 861; *Kropholler*, EZPR, Art. 27, Rn. 4; *Schack*, IZVR, 334.

[977] *Krombach*, EuGH, Urteil vom 28.3.2000, Rs. 7/98.

[978] *Hoffmann v Krieg*, EuGH, Rs. 145/86, Slg. 1988, 645, Rn. 21; *Hendrikman v Feyen*, EuGH, Rs. 78/95, Slg. 1996, 4943, Rn. 23; allgemein zu Art. 27 *Solo Kleinmotoren*, EuGH, Rs. 414/92, Slg. 1994, 2237, Rn. 20.

tragbar gehalten werden muß.[979] Damit das Verbot der Nachprüfung der ausländischen Entscheidung auf ihre Gesetzmäßigkeit gewahrt bleibt, muß es
sich um eine offensichtliche Verletzung einer in der Rechtsordnung des Vollstreckungsstaats als wesentlich geltenden Rechtsnorm oder eines dort als
grundlegend anerkannten Rechts handeln.[980] Das ist im Rahmen des Immaterialgüterrechts nur denkbar, wenn man die Territorialiät der Immaterialgüterrechte so versteht, daß ausschließlich der Staat über die Gültigkeit eines solchen Rechts entscheiden darf, der es gewährt hat.[981] Dieser Gedanke kommt
in Art. 16 Abs. 4 EuGVÜ zum Ausdruck, findet jedoch auf urheberrechtliche
Fälle keine Anwendung.[982]

Die Voraussetzungen für den Rückgriff auf die ordre-public-Klausel ändern sich nicht dadurch, daß ein möglicher Rechtsfehler Bestimmungen des
Gemeinschaftsrechts betrifft. In *Renault v Maxicar* hat das Gericht des Vollstreckungsstaats Zweifel daran, ob es mit den Grundprinzipien des freien Wa-
renverkehrs und des freien Wettbewerbs vereinbar ist, daß das Gericht des
Ursprungsstaats ein geistiges Eigentumsrecht an Karosserieteilen für Kraftfahrzeuge anerkannt hat, das es dem Inhaber ermöglicht, in einem anderen
Vertragsstaat ansässigen Marktbeteiligten Herstellung und Vertrieb dieser
Karosserieteile in diesem Vertragsstaat sowie Durchfuhr, Einfuhr oder Ausfuhr zu untersagen.[983] Der EuGH verneint einen Verstoß gegen eine grundle-
gende Rechtsvorschrift des Vollstreckungsstaats: „Das Gericht des Vollstrek-
kungsstaats darf die Anerkennung einer Entscheidung aus einem anderen
Vertragsstaat nicht allein deshalb ablehnen, weil es der Ansicht ist, daß in
dieser Entscheidung das nationale Recht oder das Gemeinschaftsrecht falsch
angewandt worden sei, da sonst die Zielsetzung des Übereinkommens in Frage gestellt würde. Vielmehr ist in solchen Fällen davon auszugehen, daß das
in jedem Vertragsstaat eingerichtete Rechtsbehelfssystem, ergänzt durch das

---

[979] *Kropholler*, EZPR, Art. 27 Rn. 13.
[980] *Krombach*, EuGH, Urteil vom 28. März 2000, Rs. 7/98, Rn. 37.
[981] *Wadlow*, 10 ELR 1985, 305, 313.
[982] Zur patentbezogenen Fragestellung: *Coin Controls Ltd v Suzo International Ltd* [1997]
3 All ER 45 (ChD); deutsch in GRUR Int. 1998, 314 und *Ford Dodge Animal Health Ltd and
others v Akzo Nobel NV* [1998] FSR 222 (ChD); FSR 237 (CA), 4. Kapitel A.II.2.g.und i.
[983] EuGH, Rs. 38/98, GRUR Int. 2000, 759–761. Der Cour d'appel Dijon verurteilte den
Antragsgegner Formento mit Urteil vom 12.1.1990 wegen Fälschung. Formento hatte für
Kraftfahrzeuge der Marke Renault bestimmte Karosserieteile hergestellt und in den Verkehr
gebracht. Der Cour d'appel Dijon verurteilte den Antragsgegner zudem gesamtschuldnerisch
mit der von ihm geführten Maxicar SpA zur Zahlung von 100 000 FRF Schadensersatz an die
Antragstellerin, die an dem Verfahren als Zivilpartei beteiligt war. Dieses Urteil wurde am
6.6.1991 rechtskräftig. Die Antragstellerin beantragte am 24.12.1996 bei der Corte d'appello
Turin die Vollstreckbarerklärung des Urteils in Italien gemäß den Art. 31 und 32 des Übereinkommens. Die Antragsgegner vertraten die Ansicht, das Urteil des Cour d'appel Dijon
könne in Italien nicht für vollstreckbar erklärt werden, da es mit einer zwischen denselben
Parteien in Italien ergangenen Entscheidung unvereinbar sei und gegen die öffentliche Ordnung im Bereich der Wirtschaft verstoße.

Vorabentscheidungsverfahren in Art. 177 EG-Vertrag, den Rechtsbürgern eine ausreichende Garantie bietet.“[984]

Im Ergebnis steht das Territorialitätsprinzip der Anerkennung gemäß Art. 26 EuGVÜ nicht entgegen.[985] Art. 27 Abs. 1 EuGVÜ kann nur in Ausnahmefällen eine Rolle spielen.[986] Angesichts der fortgeschrittenen Harmonisierung des Urheberrechts sind Konflikte mit dem ordre public nicht zu erwarten.[987]

b. *Zur Anerkennung von ex-parte-Verfügungen*

Die Anerkennung von Verfügungen, die ohne Anhörung des Gegners ergangen sind, ist im Hinblick auf den Grundsatz des rechtlichen Gehörs problematisch. In *Denilauler v Couchet Frères* stellt der EuGH fest:[988] „Die Bestimmungen des Übereinkommens, und zwar sowohl die des Titels II (Zuständigkeit) als auch die des Titels III (Anerkennung und Vollstreckung) bringen insgesamt das Bestreben zum Ausdruck sicherzustellen, daß im Rahmen der Ziele des Übereinkommens die Verfahren, die zum Erlaß gerichtlicher Entscheidungen führen, unter Wahrung des rechtlichen Gehörs durchgeführt werden. [...] Im Lichte dieser Erwägungen wird deutlich, daß das Übereinkommen maßgeblich auf solche gerichtlichen Entscheidungen abstellt, denen, bevor in einem anderen Staat ihre Anerkennung und Vollstreckung beantragt wurde, im Urteilsstaat nach unterschiedlichen Modalitäten ein kontradiktorisches Verfahren vorangegangen ist oder hätte vorangehen können.“[989]

---

[984] GRUR Int. 2000, 759, 761, (33).

[985] Im Rahmen der Bemühungen der Haager Konferenz wird erwogen, die Anerkennungs- und Vollstreckungspflicht im Bereich des Urheberrechts ausnahmsweise auf Entscheidungen zu beschränken, die auf dem Sachrecht beruhen, das aus der Sicht des Anerkennungs- und Vollstreckungsstaats anzuwenden wäre (kollisionsrechtliche Kontrolle). Vgl. *Wagner*, IPRax 2001, 533, 542.

[986] So kann etwa eine Verletzung zwingenden Gemeinschaftsrechts, verstärkt durch eine Verletzung der Vorlagepflicht durch das Gericht des Urteilsstaates, die Versagung der Anerkennung nach Art. 27 Nr. 1 rechtfertigen. *Jayme/Kohler*, IPRax 2000, 454, 460, m. Anm. zu *Renault v Maxicar*: „Die dort im Anerkennungsstaat aufgeworfene Frage des Gemeinschaftsrechts war bereits vom EuGH entschieden worden, und die im Urteilsstaat ergangene Entscheidung stand hiermit im Einklang.“

[987] *Ginsburg*, Recueil, 316: „But so long as the substantive copyright laws of the contracting States are harmonious – for example, as a result of common membership in the Berne Convention and common subjection to EU Directives – sharp public policy conflicts are unlikely to arise.“

[988] EuGH, Rs. 125/79, Slg. 1980, 1535 = IPRax 1981, 95 = RIW 1980, 510 = NJW 1980, 2016.

[989] IPrax 1981, 96.

Die restriktive Rechtsprechung des EuGH löste eine heftige Debatte aus.[990] Kernpunkt der Kritik ist der Vorwurf, daß der EuGH den internationalen einstweiligen Rechtsschutz seiner wichtigsten Eigenschaft beraube, des Überraschungseffekts.[991] Der Gläubiger müsse sich zwischen dem Überraschungseffekt der einstweiligen Maßnahme einerseits und deren Anerkennungs- und Vollstreckungsfähigkeit im Ausland andererseits entscheiden.[992] Da der Debatte aus Sicht des Urheberrechts keine neuen Argumente hinzuzufügen sind, wird auf eine Stellungnahme verzichtet.

---

[990] Vgl. die umfassenden Darstellungen bei *Eilers*, Maßnahmen des einstweiligen Rechtsschutzes, 262–284; *Albrecht*, Einstweiliger Rechtsschutz, 156–158; *Grunert*, „World-wide" Mareva Injunction, 172–177.

[991] *Schack*, IZVR, 322.

[992] *Hausmann*, IPRax 1981, 79, 82; *Kropholler*, Art. 25, Rn. 24.

4. Kapitel:

England

Vollständig erschließt sich eine Regel des englischen case law erst, wenn man ihren Ursprung kennt. Da sich englisches case law nicht ohne weiteres in Kategorien kontinental-europäischer Prägung zwängen läßt, empfiehlt es sich, die englische Rechtsprechung zunächst chronologisch darzustellen (A.). Um Regeln, die die englische Rechtsprechung über Jahrhunderte entwickelt hat, überhaupt mit den abstrakten Regeln des deutschen Rechts vergleichen zu können, werden anschließend die internationalen Aspekte des Urheberrechts systematisch aus englischer Sicht dargestellt (B.).[1]

A. Chronologische Darstellung

Drei Phasen der englische Rechtsprechung zum internationalen Immaterialgüterrecht lassen sich unterscheiden: Lange Zeit wurden Klagen wegen Verletzung eines Immaterialgüterrechts von englischen Gerichten abgewiesen, wenn die Verletzungshandlung außerhalb Großbritanniens stattgefunden hatte oder ein ausländisches Immaterialgüterrecht in England verletzt worden war (I.). Die Rechtslage hat sich erst durch das EuGVÜ geändert (II.) In Zukunft wird die forum-non-conveniens-Doktrin eine Rolle spielen (III.). In jedem dieser drei Abschnitte wird der Einfluß der Regeln auf den gewerblichen Rechtsschutz und auf das Urheberrecht chronologisch anhand der Rechtsprechung dargestellt. Die Rechtsprechung zum gewerblichen Rechtsschutz wird nur in ihren wesentlichen Punkten nachgezeichnet und nur insoweit, als sie für das Verständnis der Rechtsprechung zum Urheberrecht notwendig erscheint.

---

[1] Allgemein zum Vergleich „Kontinentaleuropa-England" *Großfeld*, 3–5; zum anglo-amerikanischen Rechtskreis *Zweigert/Kötz*, 177–250.

I. Die traditionellen Regeln

Die double actionability (1.) und die Moçambique rule (2.) standen bis in die neunziger Jahre des 20. Jahrhunderts im Mittelpunkt der Rechtsprechung zum internationalen gewerblichen Rechtsschutz (3.) und zum internationalen Urheberrecht (4.).[2]

1. Die double actionability rule

a. Doulson v Matthews (1792)

Seit jeher zeigten sich englische Gerichte offen für Klagen, die auf Verletzungen im Ausland gründen.[3] Eine bedeutsame Einschränkung wurde jedoch in bezug auf den lokalen Charakter mancher Klagegründe gemacht. So entschied Buller J im Jahre 1792 in *Doulson v Matthews*, daß eine Klage wegen Besitzstörung oder anderer Delikte in bezug auf Grundstücke (trespass to land) nicht vor einem englischen Gericht verhandelt werden dürfe, wenn die Handlung im Ausland begangen worden sei.[4] Ein Gerichtsstand für diese local action werde nur in dem betreffenden ausländischen Staat begründet. Nur eine transitory action sei zulässig. „It is now too late for us to inquire whether it were wise or politic to make a distinction between transitory and local actions: it is sufficient for the courts that the law has settled the distinction, and that an action quare clausum fregit is local. We may try actions here which are in their nature transitory, though arising out of a transaction abroad, but not such as are in their nature local."[5] Die bis heute gültige Unterscheidung zwischen local und transitory action hat hier ihren Ursprung.

b. Phillips v Eyre (1870)

78 Jahre später hatten es englische Richter in *Phillips v Eyre*[6] mit einem anderen ausländischen Delikt zu tun:[7]

Der Kläger wurde 1865 bei Unruhen in der damaligen britischen Kolonie Jamaika von Regierungstruppen gefangen genommen und verschleppt. Er klagt auf Schadensersatz ge-

---

[2] Da die Regeln des Private International Law Acts von 1995 erst am 1.5.1996 in Kraft traten, haben sie die Rechtsprechung noch nicht geprägt. *Pearce v Ove Arup* wurde zwar erst 1997 verkündet, der Sachverhalt ist aber vor dem 1.5.1996 abgeschlossen gewesen, so daß die Regeln des PIL Act nicht zur Anwendung kamen und nur nebenbei erwähnt wurden. Siehe unten A.II.2.f. und k. Die Regeln des PIL Act werden erst im systematischen Abschnitt (B.IV.) ausführlich erörtert.

[3] Vgl. *Willes* J in *Phillips v Eyre* [1870] Law Reports 6 QB 28.

[4] [1792] 4 Term Rep 503.

[5] *Buller* J in *Doulson v Matthews* [1792] 4 Term Rep 503, 504.

[6] [1870] Law Reports 6 QB 1–31, 28 f.

[7] Zur Entwicklung unmittelbar vor *Phillips v Eyre Lipstein*, in: FS *Rheinstein*, 411, 414–420.

gen den Gouverneur der Insel wegen assault und false imprisonment. Dieser beruft sich auf ein jamaikanisches Gesetz (Act of Indemnity), das nach der Niederschlagung des Aufstands erlassen worden ist und alle während des Ausnahmezustandes veranlaßten Maßnahmen straflos stellt. Der Kläger ist der Ansicht, daß der Beklagte lediglich in Jamaika, nicht aber in England durch dieses Gesetz geschützt sei. Da das Gesetz keine extraterritoriale Wirkung habe, sei der Anspruch in England einklagbar.

Die mit sieben Richtern besetzte Court of Exchequer Chamber gab dem Beklagten recht. Das Indemnitätsgesetz sei eigenständiges jamaikanisches und damit ausländisches Recht. Da das Verhalten des beklagten Gouverneurs in Jamaika nach diesem Gesetz nicht zu beanstanden sei, sei es auch nicht in England zu beanstanden. Der Anspruch sei somit nicht in England einklagbar. Willes J führt dazu aus: „[...] the civil liability arising out of a wrong derives its birth from the law of the place, and its character is determined by that law. Therefore, an act committed abroad, if valid and unquestionable by the law of the place, cannot so far as civil liability is concerned, be drawn in question elsewhere [...]."[8] Unter Berufung auf *Doulson v Matthews* formuliert er folgenden Grundsatz: „As a general rule, in order to found a suit in England for a wrong alleged to have been committed abroad, two conditions must be fulfilled. First, the wrong must be of such a character, that it would have been actionable if committed in England."[9]

Denkt man die in *Doulson v Matthews* aufgestellte Unterscheidung zwischen local und transitory action hinzu, so ist die Regel wie folgt zu ergänzen: Nicht einklagbar sind solche ausländischen Ansprüche, die nach englischer Auffassung nur an Ort und Stelle eingeklagt werden können oder um mit den Worten Willes J zu sprechen: „[...] but there are restrictions in respect of locality which exclude some foreign causes of action altogether, namely, those which would be local if they arose in England, such as trespass to land: *Doulson v. Matthews*."[10]

Der Grund für die Zurückhaltung Willes J, das Indemnitätsgesetz Jamaikas in Frage zu stellen, findet sich am Ende der Entscheidung: Die comity of nations, der aus dem freundschaftlichen Umgang geschuldete gegenseitige Respekt vor der Souveränität eines anderen Staates, verbiete es einem englischen Gericht, sich für kompetent zu erklären, ein ausländisches Gesetz als ungerecht oder unwirksam zu verurteilen und zu mißachten.[11] Aus diesem Grund

---

[8] [1870] Law Reports 6 QB, 28.
[9] [1870] Law Reports 6 QB, 28.
[10] [1870] Law Reports 6 QB, 28.
[11] [1870] Law Reports 6 QB, 30. Nach dem Prinzip der comitas gentium sind die Wirkungen des Rechts eines Staates auf dessen Territorium beschränkt. Die Rechte eines Staates können deshalb auf fremdem Staatsgebiet nur durch freundliches Entgegenkommen unter souveränen Staaten zur Geltung kommen. Vgl. zum Begriff der comity: *D'Amato/Long*, International IP Law, 375; rechtsvergleichend und –historisch *Paul,* Comity in International Law, Harv. Int. L. J. 1991, 1–79; *Riezler,* Internationales Zivilprozeßrecht, 20; *Mann,* Foreign

stellt Willes J eine zweite Regel auf: „Secondly, the act must not have been justifiable by the law of the place where it was done."[12] Willes J nennt mit *Dobree v Napier* ein Beispiel.[13] Admiral Napier hatte sich der portugiesischen Krone angedient und ein englisches Schiff in portugiesischen Hoheitsgewässern aufgebracht, das versucht hatte eine Blockade zu durchbrechen. Indem er sich der portugiesischen Krone unterstellte, verstieß der Admiral gegen englisches Recht. Der Court of Common Pleas stellte jedoch auf portugiesisches Recht ab, wonach sein Handeln gerechtfertigt war. Die Klage wurde abgewiesen.

Die erste und die zweite Regel sind zwei Seiten derselben Medaille. Der nach englischem Recht begründete Anspruch darf nach ausländischem Recht nicht gerechtfertigt sein. Nur dann ist ein ausländisches Delikt in England einklagbar.

c. Machado v Fontes (1897)

Angewandt wurde der Grundsatz aus *Phillips v Eyre* in *Machado v Fontes*:[14]

Der Beklagte hatte in Brasilien ein Pamphlet veröffentlicht, in dem er den Kläger verunglimpfte. Beide Parteien sind brasilianische Staatsangehörige. Da der Kläger in Brasilien keinen Schadensersatz erhielt, klagt er in England.

Lopes und Rigby LJJ halten beide Voraussetzungen für erfüllt: Die Ehrverletzung (libel) wäre in England einklagbar, wenn sie dort begangen worden wäre und nicht nach brasilianischem Recht gerechtfertigt. Folglich habe der Kläger einen Schadensersatzanspruch. „Willes J in *Phillips v Eyre* was laying down a rule which he expressed without the slightest modification, and without the slightest doubt as to its correctness; and when you consider the care with which the learned judge prepared the propositions that he was about to enunciate, I cannot doubt that the change from 'actionable' in the first branch of the rule to 'justifiable' in the second branch of it was deliberate. [...] The innocency of the act in the foreign country is an answer to the action. That is

---

Affairs in English Courts, 134–147. Die comity doctrine des niederländische Gelehrten *Huber* fand durch ihre Darstellung in *Storys* Commentaries weite Verbreitung. *Davies,* 18 BYIL 49, 56–67 (1937) stellt drei Axiome auf: „1. The laws of every sovereign authority have force within the boundaries of its state, and bind all subject to it, but not beyond. 2. Those are held to be subject to a sovereign authority who are found within its boundaries, whether they be there permanently or temporarily. 3. Those who exercise sovereign authority so act from comity, that the laws of every nation having been applied within its own boundaries should retain their effect everywhere so far as they do not prejudice the powers or rights of another state, or its subjects."

[12] [1870] Law Reports 6 QB, 28.

[13] Vgl. *Willes* J, [1870] Law Reports 6 QB, 29. *Dobree v Napier*: 2 Bing. NC 781.

[14] [1897] 2 QB 231. Zur Entwicklung nach *Phillips v Eyre Lipstein*, FS *Rheinstein*, 411, 426–431.

what is meant when it is said that the act must be 'justifiable' by the law of the place where it was done." [15]

Das Besondere dieses Falles ist, daß die Ehrverletzung nur gegen brasilianisches Strafrecht, nicht aber gegen brasilianisches Zivilrecht verstößt. Die Richter halten die Handlung des Beklagten schon aufgrund der in Brasilien begründeten „criminal liability" für nicht gerechtfertigt (not justifiable). Eine civil liability sei nicht erforderlich. [16]

d. Boys v Chaplin und Chaplin v Boys

In *Boys v Chaplin* befaßt sich zunächst der Court of Appeal vertreten durch Lord Denning, MR, Lord Upjohn and Diplock, LJ mit der Reichweite des in *Phillips v Eyre* aufgestellten Grundsatzes.

> Der Kläger wurde bei einem Verkehrsunfall auf Malta schwer verletzt. Der Beklagte handelte fahrlässig. Beide haben die britische Staatsangehörigkeit und einen festen Wohnsitz in England. Sie gehören den auf Malta stationierten britischen Streitkräften an. Nach maltesischem Recht hat der Kläger keinen Anspruch auf Schmerzensgeld, wohl aber nach englischem Recht.

Die von Willes J in *Phillips v Eyre* formulierten Voraussetzungen sind erfüllt. Die unerlaubte Handlung (negligent driving) wäre auch in England einklagbar, wenn sie sich dort zugetragen hätte und sie ist nach maltesischem Recht nicht gerechtfertigt. [17] Welches Recht ist nun bei der Bestimmung der Schadenshöhe (assessment of damages) anzuwenden? [18]

aa. Court of Appeal (1968)

Lord Denning warnt davor, die beiden Regeln aus *Phillips v Eyre* so anzuwenden als seien sie in einem Statut verankert. [19] Er gibt zu bedenken, daß es sich bei *Machado v Fontes* um eine rein brasilianische Angelegenheit gehandelt habe. Beide Parteien waren aufgrund ihrer portugiesischen Namen vermutlich brasilianische Staatsangehörige und die Ehrverletzung hat in Brasilien stattgefunden. Er stellt die entscheidende Frage: „Suppose that Fontes had not come to England but had gone to Portugal, to France, or anywhere else. Can it really be supposed that Machado could follow Fontes all over the world and choose the forum that suited him best?" Um sie selbst zu beantworten: „It cannot be. If the libel was not actionable in Brazil, it should not be actionable in England. If general damages could not be recovered in Brazil, they should not be recoverable in England." [20] Die Bestimmung der Schadenshöhe dürfe

---

[15] *Rigby* LJ [1897] 2 QB 231, 234.
[16] *Lopes* LJ [1897] 2 QB 231, 233–234.
[17] [1968] 1 All ER CA, 283, 289 H.
[18] [1968] 1 All ER CA, 283, 286 F.
[19] [1968] 1 All ER CA, 283, 288 D.
[20] [1968] 1 All ER CA, 283, 288 E–F.

sich deshalb keinesfalls nach der lex fori, also nach englischem Recht, richten, wenn beide Parteien eine ausländische Staatsangehörigkeit haben. Maßgeblich sei allein die lex loci delicti. Anders verhalte es sich, wenn – wie im vorliegenden Fall – beide Parteien britische Staatsangehörige seien und ihren Wohnsitz in England hätten. Hier sei die Schadenshöhe nach englischem Recht zu bestimmen, da zu England die engste Verbindung bestehe.[21] Die lex loci delicti dürfe nicht rigoros angewandt werden. Entscheidend sei die Frage, welcher Ort mit der Angelegenheit am engsten (most significantly) verbunden ist.[22]

Lord Upjohn streicht heraus, daß Willes J in *Phillips v Eyre* so vorsichtig war, nicht zu verlangen, daß sich das Delikt insgesamt nach der lex loci delicti richtet. „[...] it would have been so simple to have said, had the court so intended, that foreign torts were, by the law of England, in an action in this country to be judged by the lex loci delicti and not by the law of England."[23] Da sich die Klage auf einen englischen Rechtsbehelf (remedy) stütze, seien alle mit ihr verbundenen Fragen nach englischem Recht zu beurteilen. Die Schadenshöhe müsse schon aus praktischen Gründen nach englischen Prinzipien ermittelt werden.[24] Während Lord Denning für eine flexible Handhabung plädiert, verlangt Lord Upjohn kategorisch die Anwendung der lex fori. Den (damals gerade erst geborenen) amerikanischen „proper law approach" lehnt er wie alle anderen Richter dieser und der Revisionsinstanz ab.[25]

Diplock LJ definiert actionability wie folgt: „the question whether or no there is any right of action in England".[26] Die beiden von Willes J aufgestellten Regeln beantworteten diese Frage. Diplock LJ verweist auf die von Willes J getroffene Unterscheidung zwischen „wrong" und „act".[27] „[...] ‚wrong' as a noun is used in the sense of an act giving rise to civil liability in the place where it is committed."[28] Die erste Regel befasse sich mit der Frage, ob die im Ausland begründete zivilrechtliche Haftung in England durchsetzbar sei. Es handele sich um eine Zuständigkeitsregel (rule of jurisdiction), die auf public policy beruhe.[29] „It is a rule of public policy that our courts do not hear

---

[21] [1968] 1 All ER CA, 283, 290 F.

[22] [1968] 1 All ER CA, 283, 289 E.

[23] [1968] 1 All ER CA, 283, 293 C.

[24] [1968] 1 All ER CA, 283, 295 B.

[25] [1968] 1 All ER CA, 283, 294 B.

[26] [1968] 1 All ER, 283, 298 I.

[27] Siehe oben A.I.2. [1870] Law Reports 6 QB, 28.: „As a general rule, in order to found a suit in England for a *wrong* alleged to have been committed abroad, two conditions must be fulfilled. First, the *wrong* must be of such a character that it would have been actionable if committed in England. [...] Secondly, the *act* must not have been justifiable by the law of the place where it was done." [Hervorhebungen des Verfassers].

[28] [1968] 1 All ER CA, 283, 297 I.

[29] Zu den Begrifen „comity" und „public policy" *Mann,* Foreign Affairs in English Courts, 148–149.

and determine liability for acts of a kind which are not regarded as giving rise to liability in tort in England."[30] Demgegenüber sei die zweite Regel eine Kollisionsregel (rule about choice of law), die zur Anwendung der lex loci delicti führe.[31] Entscheidend sei, ob durch die Verletzungshandlung in dem betreffenden ausländischen Staat eine civil liability begründet worden ist.[32] Die criminal liability allein genüge nicht. Die Entscheidung *Machado v Fontes* sei deshalb abzulehnen. Im Gegensatz zu Lord Denning und zu Lord Upjohn ist Diplock L.J. der Ansicht, daß das Recht des Tatorts nicht nur über den Schadensgrund, sondern auch über die Schadenshöhe entscheide. Andere Anknüpfungspunkte läßt er nicht gelten.[33]

bb. *House of* Lords *(1971)*

Die Entscheidung des House of Lords wird von Lord Wilberforce und von Lord Hodson beherrscht. Sie vertreten die Ansicht, Willes' in *Phillips v Eyre* formulierter Grundsatz erfordere double actionability. Ausnahmen seien jedoch möglich, wenn ein flexibler Umgang mit der Regel aus Gründen der public policy[34] geboten erscheine.[35] Ein solcher Grund sei im vorliegenden Fall die Tatsache, daß beide Parteien einen englischen Wohnsitz haben. Lord Wilberforce äußert sich auch zur dogmatischen Natur der double actionability rule. „I accept what I believe to be the orthodox judicial view that the first part of the rule is laying down, not a test of jurisdiction, but what we now call a rule of choice of law: is saying, in effect, that actions on foreign torts are brought in English courts in accordance with English law."[36] Im Ergebnis führen Lord Hodson und Lord Wilberforce eine Ausnahme der Regel der lex loci delicti ein, um bei kollisionsrechtlichen Fragen ein gewisses Maß an Flexibilität zu erreichen.

Lord Guest stellt allein auf die lex fori ab.[37] Lord Donovan hält als einziger die in *Phillips v Eyre* aufgestellten Regeln für anwendbar.[38] Er ist auch der einzige, der an der Wendung „not justifiable" festhält. Im Gegensatz zu Lord Hodson und Lord Wilberforce hält Lord Pearson die double actionability rule nicht für eine materielle, sondern für eine prozessuale Regel: „Even in an action for a tort committed abroad the English court is administering English

---

[30] [1968] 1 All ER CA, 283, 298 C.

[31] [1968] 1 All ER CA, 283, 298 D.

[32] [1968] 1 All ER CA, 283, 297 C ff.

[33] [1968] 1 All ER CA, 283, 301 E ff. die connecting factors des zweiten American Restatement Conflict of Laws von 1964 ablehnend.

[34] Vgl. die Rezeption *Fosters* in *John Walker & Sons v Henry Ost* [1970] 2 All ER 106, 120 f. unten A.I.3.e.

[35] Lord *Wilberforce*, [1969] 2 All ER 1085, 1097 ff.

[36] [1969] 2 All ER 1085, 1098.

[37] Lord *Guest* [1969] 2 All ER 1085, 1094–1096.

[38] Lord *Donovan* [1969] 2 All ER 1085, 1096–1097.

law and enforcing a cause of action which must be valid according to English law, and is not enforcing a foreign cause of action according to foreign law. As appears from other cases, the foreign law, proved by evidence as a matter of fact, may come in as a secondary factor providing a defence to the cause of action."[39]

Robert Walker, Tuckey LJJ und Sir Murray Stuart Smith bringen die Meinungsvielfalt in ihrem im November 2000 veröffentlichten Urteil *Grupo Torras v Al-Sabah* auf den Punkt: „Their lordships gave differing reasons (although all rejected the notion of the 'proper law of the tort', and all but Lord Donovan agreed that the test should be whether the wrong was actionable – rahter than 'not justifiable' – under local law). Lord Wilberforce (with whom Lord Hodson agreed on this point) thought that English law could be applied in determining the damages recoverable, not because the issue was procedural, but because a degree of flexibility was required to deal with special cases. [...] Lord Pearson, on the other hand, relied particularly on [The Halley] as showing the dominant role of English law, once the bare threshold of double actionability was reached."[40]

e. Red Sea Insurance Co Ltd v Bouygues SA (1995)

Lord Wilberforces flexibler Ansatz hat sich durchgesetzt. Lord Slynn of Hadley betont in *Red Sea Insurance Ltd v Bouygues SA*, daß die in *Boys v Chaplin* gemachte Ausnahme auch zugunsten der lex loci delicti ausfallen könne.[41]

Die Kläger klagten in Hong Kong gegen ein Versicherungsunternehmen, das dort registriert war, aber seinen Hauptsitz in Saudi-Arabien hatte. Die Kläger sind der Ansicht, die Beklagte müsste Ihnen aufgrund einer Versicherungspolice für einen Schaden Ersatz leisten, der bei einem Bauprojekt in Saudi-Arabien entstanden ist. Die Beklagte erhebt gegen das aus zehn Klägern bestehende Konsortium P.C.G. Widerklage mit der Behauptung, P.C.G. habe fehlerhafte Betonbausteine geliefert und dadurch seine Sorgfaltspflichten gegenüber den anderen Klägern verletzt. Dementsprechend werde die Beklagte als Versicherer in die Rechte der anderen versicherten Kläger gegenüber P.C.G. eingesetzt. P.C.G. beantragt, die Widerklage auszustreichen (striking out). Daraufhin macht die Beklagte Schadensersatzansprüche nach saudi-arabischem Recht gegen P.C.G. wegen fahrlässiger Schädigung der anderen Kläger geltend.

---

[39] Lord *Pearson* [1969] 2 All ER 1085, 1108, G–H; in Anlehnung an *The Liverpool, Brazil and River Plate Steam Navigation Co v Benham (The Halley)* [1868] LR 2 PC 193.

[40] *Robert Walker, Tuckey* LJJ, Sir *Murray Stuart Smith* in *Grupo Torras SA v Al-Sabah*, 2. November 2000, CA, Lexis-Nexis [128–129]. Es geht um die Veruntreuung von Geldern durch die Geschäftsführung eines von Kuwait aus gelenkten Unternehmens in Spanien, England und der Schweiz. Die Sorgfaltspflichtverletzung eines involvierten Anwalts wird nach spanischem Recht bejaht.

[41] [1994] 3 All ER 749–763.

Da das Recht Hong Kongs einen solchen Gegenanspruch nicht vorsehe, wäre die Widerklage gemäß der ersten Regel aus *Phillips v Eyre* in Hong Kong unzulässig. Nach Durchsicht der Rechtsprechung stellt Lord Slynn fest, daß es sich um eine generelle Regel handele, die Ausnahmen zulasse. „In principle the exception can be applied in an appropriate case to enable a plaintiff to rely exclusively on the lex loci delicti [...] though the fact that the forum is being required to apply a foreign law in a situation where its own law would give no remedy will be a factor to be taken into account when the court decides whether to apply the exception."[42]

Dementsprechend wendet der Privy Council anstelle der lex fori (des Rechtes Hong Kongs) ausnahmsweise die lex loci delicti commissi (saudisches Recht) an.[43] Als Grund führt Lord Slynn die enge Verbindung der Klage mit Saudi-Arabien an: die Versicherungspolice folge saudischem Recht; das Bauprojekt werde in Saudi-Arabien ausgeführt; das Grundstück, auf dem das Gebäude errichtet werden solle, gehöre der saudischen Regierung; der Hauptvertrag, die Lieferverträge und verschiedene andere Verträge unterlägen saudischem Recht und sollten in Saudi-Arabien erfüllt werden; die Vertragsverletzungen und der Schaden seien in Saudi-Arabien aufgetreten; dort würden die Aufwendungen zur Behebung des Schadens gemacht und dort habe die Beklagte ihren Hauptsitz, wenngleich sie in Hong-Kong als Kapitalgesellschaft eingetragen sei.[44]

Der Privy Council bestätigt die dogmatische Zuordnung der double actionability rule zum Kollisionsrecht. Lord Slynn beschreibt die erste Regel „as a starting point in the exercise, not of deciding whether English courts should have jurisdiction, but of deciding which law should be chosen to determine the relevant issue or issues."[45]

f. Dicey & Morris (1993 und 2000)

Die Rechtsprechung gerann seit *Phillips v Eyre* allmählich zu einer festen Regel, die von Dicey & Morris noch in der zwölften Auflage 1993 als rule 203 aufgeführt wurde: „(1) As a general rule, an act done in a foreign country is a tort and actionable as such in England, only if it is both (a) actionable as a tort according to English law, or in other words is an act, if done in England, would be a tort; and (b) actionable according to the law of the foreign country where it was done. (2) But a particular issue between the parties may be governed by the law of the country which, with respect to that issue, has the most significant relationship with the occurrence and the parties."[46]

---

[42] [1994] 3 All ER 749, 762.
[43] [1994] 3 All ER 749, 762.
[44] [1994] 3 All ER 749, 763 b–c.
[45] [1994] 3 All ER 749, 755 c.
[46] *Dicey & Morris*, 12. Aufl., rule 203-1.

Die zweite Regel (1b) läßt nicht mehr den urspünglichen Wortlaut aus *Phillips v Eyre* erkennen. Dort hieß es „must not have been *justifiable*". Jetzt heißt es „*actionable* according to the law of the foreign country where it was done."[47] Dabei gerät aus dem Blick, daß sich die zweite Regel ursprünglich nur auf die Verteidigung, also auf das Gegenrecht, bezog. Die Aufweichung der Regel durch *Boys v Chaplin* und *Red Sea Insurance* findet in Absatz (2) ihren Ausdruck. In der dreizehnten Auflage aus dem Jahr 2000 ist rule 203 durch rule 201 ersetzt worden: „The law applicable to an issue in tort is, in general, and subject to Rule 205, determined in accordance with the provisions of Part III of the Private International Law (Miscellaneous Provisions) Act 1995." Ein Blick in den Private International Law Act von 1995 verdeutlicht, was gemeint ist.

g. Private International Law (Miscellaneous Provisions) Act (1995)

Cornish stellte in einem Memorandum auf Anfrage von Lord Wilberforce in bezug auf den Entwurf des International Private Law Act von 1995 (PIL Act) fest: „To take account of the desirability of applying Cl. 11 to intellectual property infringement actions, it is desirable to ensure that the rule excluding 'local' actions is abolished, as well as that requiring double actionability. If this is not done, the 'local action' exception might be held to remain in force by virtue of Cl. 13 (4)."[48] Tatsächlich ist die double actionability rule durch Section 10 PIL Act ohne eine solche Klarstellung aufgehoben worden.[49] Das Gesetz ist seit dem 1.5.1996 in Kraft.[50] Ausdrücklich ausgenommen sind Klagen wegen Ehrverletzung (defamation).[51] Während solche Klagen weiter-

---

[47] *Diplock* LJ weist auf diesen Unterschied hin, [1968] 1 All ER CA, 283, 298 E.

[48] House of Lords, Paper 36 (1995), 64–65.

[49] Vgl. zum Hintergrund *Gibson et al.,* Report, Part II, insbesondere 2.6–2.11 „Defects of the present law and the need for reform". Section 10 PIL Act: „The rules of the common law, in so far as they (a) require actionability under both the law of the forum and the law of another country for the purpose of determining whether a tort or delict is actionable; or (b) allow (as an exception from the rules falling within paragraph (a) above) for the law of a single country to be applied for the purpose of determining the issues, or any of the issues, arising in the case in question, are hereby abolished so far as they apply to any claim in tort or delict which is not excluded from the operation of this Part by section 13 below."

[50] S.I. 1996 Nr. 995.

[51] Vgl. *Dicey & Morris,* 13. Aufl., rule 205. Section 9(3) PIL Act: „The rules in this Part do not apply in relation to issues arising in any claim excluded from the operation of this Part by section 13 below." Section 13 PIL Act: „(1) Nothing in this Part applies to affect the determination of issues arising in any defamation claim. (2) For the purposes of this section 'defamation claim' means (a) any claim under the law of any part of the United Kingdom for libel or slander or for slander of title, slander of goods or other malicious falsehood and any claim under the law of Scotland for verbal injury; and (b) any claim under the law of any other country corresponding to or otherwise in the nature of a claim mentioned in paragraph (a) above."

hin den Regeln des common law unterliegen, ist das IPR-Gesetz auf Urheberrechtsverletzungen, die nach dem 1.5.1996 begangen wurden,[52] anwendbar.

Man könnte sich deshalb fragen, warum eine Auseinandersetzung mit der double actionability rule über das historische Interesse hinaus lohnt, wenn nur von Urheberrechtsverletzungen die Rede sein soll. Die Antwort gibt Cornish: „The rule must nonetheless be understood, in order to appreciate the special approach which so far has been taken towards actions for infringement of foreign intellectual property rights; and in order to understand the approach which may still prevail in other parts of the Commonwealth."[53]

h. Stellungnahme

Willes J hat in *Phillips v Eyre* eine janusköpfige Regel formuliert.[54] Beide Teile enthalten sowohl Elemente einer Gerichtsstandsregel als auch Elemente einer Kollisionsnorm.[55] Der Begriff „actionability" ist in diesem doppelten Sinne zu verstehen. Vor der Klammer steht die Frage, ob die Verletzung eines Rechts im Ausland in England einklagbar ist: „As a general rule, in order to found a suit in England for a wrong alleged to have been committed abroad"[56] heißt es im Einleitungssatz Willes' berühmter Regel.

Zunächst wird hypothetisch danach gefragt, ob dieselbe Handlung nach englischem Recht ein Delikt (tort) begründen würde, wenn sie in England begangen worden wäre. Es folgt eine Prüfung des Delikts nach englischem Recht, also nach der lex fori – insofern enthält der erste Teil Elemente einer Kollisionsnorm. Wurde ein örtlich gebundenes Recht verletzt, über dessen

---

[52] Section 14 (1) PIL Act: „The provisions of this Part do not apply to acts of omissions giving rise to a claim which occur before the commencement of this Part."

[53] GRUR Int. 1996, 285, 287. Allerdings sind auch andere Teile des Commonwealth im Begriff, sich von der double actionability rule zu lösen. Vgl. die australische Entscheidung *Pfeiffer Pty Limited v Rogerson* [2000] HCA 36, Nr. 102: „Development of the common law to reflect the fact of federal jurisdiction and, also, the nature of the Australian federation requires that the double actionability rule now be discarded. The lex loci delicti should be applied by courts in Australia as the law governing all questions of substance to be determined in a proceeding arising from an intranational tort." Abrufbar unter <http://www.austlii.edu.au>.

[54] Zur Diskussion im Schrifttum vgl. *Graveson,* Towards a Modern Applicable Law in Tort, LQR 85 (1969), 505, 508–514; *Karsten,* Chaplin v Boys: Another Analysis, ICLQ 19 (1970), 35, 37–43; *Lipstein,* Phillips v Eyre – A Re-Interpretation, in FS für Max Rheinstein, 411, 420; *North/Webb,* The Effect of Chaplin v Boys, ICLQ 19 (1970), 24, 26–29, 32 f; *Phegan,* Tort Defences in Conflict of Laws – The Second Condition of the Rule in Phillips v Eyre in Australia, Australian LJ 58 (1984), 24–37; *Reese,* Choice of Law in Tort Cases, Chaplin v Boys, Am J. Comp. L. 18 (1970), 189–194.

[55] *Adams,* in: Rickett/Austin, 251, 256: „The rule is not strictly a test of jurisdiction, but a choice of law rule providing, in effect, that actions on foreign torts were brought in English courts under English law."

[56] *Willes J in Phillips v Eyre* [1870] Law Reports 6 QB, 28.

Geltung in England wegen der Comitas gentium nicht entschieden werden darf, ist die Prüfung zu Ende. Der ausländische Anspruch ist nicht justitiabel.

Nur wenn feststeht, daß ein universales Recht verletzt worden ist, kommt die zweite Regel zum Zuge: Der Anspruch darf nach ausländischem Recht nicht gerechtfertigt sein.[57] Es darf kein Gegenrecht (Rechtfertigungsgrund) nach lokalem Recht bestehen. In *Phillips v Eyre* ist die Klage aus diesem Grund gescheitert. Auch die zweite Regel hat kollisionsrechtlichen Charakter. Die Verteidigung mit der Frage, ob die unerlaubte Handlung gerechtfertigt ist, richtet sich nach dem (Zivil-)Recht, das am Ort des Geschehens gilt, also nach der lex loci delicti commissi. Wenn danach ein Delikt gerechtfertigt ist, ist die Klage in England abzuweisen.[58]

Sind beide Voraussetzungen erfüllt, ist die Klage justitiabel. Darüber hinaus weiß das Gericht nun, daß ein Anspruch nach englischem Recht dem Grunde nach besteht und daß die unerlaubte Handlung nicht nach der lex loci delicti gerechtfertigt ist. Es bleibt die Frage, nach welchem Recht die übrigen Aspekte des Falles, insbesondere die Höhe des Schadens, zu bestimmen sind. Maßgeblich ist das Recht des Staates, der die engste Verbindung zu dem Fall hat. Streiten zwei Ausländer über eine in ihrem Staat begangene Verletzungshandlung ist die lex loci delicti commissi anwendbar (*Machado v Fontes*). Klagt ein Engländer gegen einen anderen Engländer wegen eines im Ausland verübten Delikts, ist die lex fori anwendbar (*Boys v Chaplin*). Ausnahmsweise ist das Recht des Staates anwendbar, mit dem die Klage die engste Verbindung hat (*Red Sea Insurance*).

Mit der Zeit ist die double actionability rule auf ihren kollisionsrechtlichen Gehalt reduziert worden.[59] Den Grundstein legte das House of Lords in *Boys v Chaplin*. Indem es mehrheitlich die Unterscheidung zwischen „actionable" und „justifiable" aufgab, verwischte es die Dichotomie von Recht und Gegenrecht. Die zweimalige Verwendung des Wortes „actionable" in der von Dicey & Morris formulierten rule 203-1 ist Indiz für diese Entwicklung. In diesem

---

[57] *Lipstein*, in: FS *Rheinstein*, 411, 430: „The ultimate question is solely whether a purely admonitory rule of the lex loci, unaccompanied by any compensatory function, can confer an unneutral character upon the act for the purpose of an action in tort in England in accordance with the general principle."

[58] Vgl. den schottischen Fall *McElroy v McAllister* [1949] SLT, 142, per Lord *Justice-Clerk:* „The Court of the forum has insisted (1) that the pursuer must satisfy it that the wrong of which he complains is actionable according to the law of the forum, and (2) that matters of ‚remedy', being truly matters of procedure and not of substantive right, fall to be dealt with according to the law of the forum. [...] So far as remedy is concerned, the reasons are practical, though the line between what is matter of remedy and what is substantive right may be difficult to draw. So far as actionability is concerned, it would be too much to expect the Court of the forum to entertain an action for what is not a wrong by the law of the forum."

[59] Zur Entwicklung des englischen tort law: *Carter*, The Private International Law (Miscellaneous Provisions) Act 1995, LQR 112 (1996), 190–194; *Kaye:* Recent Developments in the English Private International Law of Tort, IPRax 1995, 406–409.

Sinne hat auch Lord Slynn of Hadley in *Red Sea Insurance* die Regel verstanden als er feststellte, daß die Wahl der lex fori keine zwingende Regel sei, sondern nur der Ausgangspunkt (starting point) zur Bestimmung des anwendbaren Rechts. Aus der in *Phillips v Eyre* formulierten umfassenden Regel wurde eine reine Kollisionsregel. Die Entwicklung läßt sich wie folgt zusammenfassen: „The need for a sufficient causal link between the defendant's fault and the claimant's loss cannot be regarded as a procedural rather than a substantive matter. The line of reasoning (based on The Halley) which led Lord Pearson, in *Boys v Chaplin*, to award general as well as special damages, seems not to have prevailed over the alternative line of reasoning followed by Lord Wilberforce and adopted and extended by the Privy Council in *Red Sea Insurance*."[60]

Darüber darf der Leitgedanke nicht vergessen werden, dem die in *Phillips v Eyre* aufgestellten Regeln entspringen: die Comitas gentium. Noch immer stellt sich die Frage, ob die Souveränität eines anderen Staates verletzt wird, wenn ein englisches Gericht über ein im Ausland begangenes Delikt entscheidet. Die zweite zentrale Regel des internationalen Deliktsrechts, die Moçambique rule, knüpft an diese Frage an.

2. Die Moçambique rule

a. British South Africa Co v Companhia de Moçambique (1893)

Wie schon 1792 in *Doulson v Matthews*[61] halten englische Richter Klagen wegen trespass to foreign land in *British South Africa Co v Companhia de Moçambique* für nicht justitiabel.[62]

Die ursprüngliche Klägerin, Companhia de Moçambique, beantragt erstens, festzustellen, daß sie rechtmäßig im Besitz bestimmter Grundstücke, Bergwerke und Schürfrechte in Südafrika ist. Sie beantragt zweitens eine Verfügung, die es der British South Africa Company untersagt, diese Rechte zu verletzen (trespass) und begehrt drittens Schadenersatz. Unstreitig wäre die Klage vor der 1873 durchgeführten Prozeßrechtsreform[63] in England nicht justitiabel gewesen, da sie nicht vor einem lokalen südafrikanischen Gericht erhoben worden ist. Der Streit geht darum, ob diese Schranke prozessualer oder materiellrechtlicher Natur ist. Die Kläger sind der Ansicht, daß die Voraussetzung der Lokalität aus dem Prozeßrecht stamme und durch die Reform abgeschafft worden sei.

---

[60] *Robert Walker, Tuckey* LJJ, Sir *Murray Stuart Smith* in *Grupo Torras SA v Al-Sabah*, 2. November 2000, CA, Lexis-Nexis [144].

[61] Siehe oben A.I.1.a.

[62] [1893] AC 602 (HL) = [1891–4] All ER Rep 640.

[63] Supreme Court of Judicature Act 1873.

aa. Court of Appeal

Die Mehrheit des Court of Appeal vertritt die Ansicht, daß die Regel, eine lokale Klage vor ein lokales Gericht zu bringen, durch die Reform von 1873 abgeschafft worden sei.[64] Allein Lord Esher MR ordnet das Prinzip dem materiellen Recht zu und weicht von der Mehrheitsentscheidung ab. In seinem Votum beruft er sich auf die Doktrin der comity of nations: „With regard, then, to acts done within the territory of a nation, all are agreed that such nation has without doubt more jurisdiction to determine the resulting rights growing out of those acts; but, with regard to acts done outside its territory it has no jurisdiction to determine the resulting rights growing out of those acts, unless such jurisdiction has been allowed to it by the comity of nations. This reduces the question under discussion to be, whether, in regard to an act of trespass done to land situate outside its territory, there is evidence to justify the inference that by the comity of nations the jurisdiction to determine the rights resulting from such an act has been allowed by other nations to this country. And the form of the inquiry shows, that the solution of that question does not depend upon the laws of procedure in litigation adopted by this country, but upon the comity of nations as between this country and other countries."[65] Er kommt zu dem Schluß, daß unter den Staaten keine Einigung bestehe, die Zuständigkeit für Klagen wegen Verletzung eines Immobiliarsachenrechts (immovable property) einem anderen Gericht zu übertragen als dem, in dessen Bezirk das Grundstück belegen ist. „[...] no consent of other nations by way of comity to the exercise of such jurisdiction can be inferred."[66]

bb. House of Lords

Lord Herschell LC, der die leading speech hält, stellt die entscheidende Frage: „whether the Supreme Court of Judicature has jurisdiction to try an action to recover damages for trespass to lands situate [sic] in a foreign country."[67] Das House of Lords bestätigt Lord Esher MR und widerspricht der Mehrheit des Court of Appeal, die die Ansicht vertreten hatte, die Zuständigkeitsschranke sei durch den Judicature Act 1873 hinfällig geworden. „My Lords, I have come to the conclusion that the grounds upon which the Courts have hitherto refused to exercise jurisdiction in actions of trespass to lands situate abroad were substantial and not technical, and that the rules of procedure under the Judicature Acts have not conferred a jurisdiction which did not exist before."[68]

---

[64] *Companhia de Moçambique v British South Africa Company*, [1892] 2 QB 358.
[65] [1892] 2 QB 358, 395–396.
[66] [1892] 2 QB 358, 398.
[67] [1893] AC 602, 617.
[68] [1893] AC 602, 629.

Lord Herschell LC befaßt sich eingehend mit der Geschichte der Unterscheidung zwischen local and transitory actions und mit den Konsequenzen, die diese Unterscheidung für das englische Recht hat. So finde sich die Unterscheidung zwischen local und transitory actions bereits im römischen Recht: „Story, in his work on the Conflict of Laws, after stating that by the Roman law a suit might [...] be brought, either where property was situated or where the party sued had his domicil, proceeds to say that 'even in countries acknowledging the Roman law it has become a very general principle that suits in rem should be brought where the property is situated; and this principle is applied with almost universal approbation in regard to immovable property.'"[69]

Story zitiert ausführlich aus Vattel's Law of Nations von 1797, um darzulegen, daß die Unterscheidung des römischen Rechts auch im common law gelte.[70] Detailliert zeichnet Lord Herschell LC die Entwicklung von *Skinner v East India Co*[71] bis zu *Doulson v Matthews*[72] nach.[73] In bezug auf *Doulson* bemerkt er: „In saying that we may not try actions here arising out of transactions abroad which are in their nature local, I do not think that the learned judge [Buller J] was referring to the mere technical difficulty of there being no venue in this country in which these transactions could be laid, but to the fact that our Courts did not exercise jurisdiction in matters arising abroad 'which were in their nature local'. The case of *Doulson v Matthews* has ever since been regarded as law, and I do not think it has been considered as founded merely on the technical difficulty that in this country a local venue was requisite in a local action."[74]

Historisch läßt sich das Begriffspaar damit begründen, daß ursprünglich jede Tatsache, die mit einem bestimmten Ort zusammenhing, von einer Jury beurteilt wurde, die aus diesem Ort stammte und die Umstände an diesem Ort genau kannte. Als sich im Laufe der Zeit herausstellte, daß es auch Tatsachen gibt, die nicht an einen bestimmten Ort gebunden sind, wurde mit der transitory action die Möglichkeit geschaffen, die Sache an einem beliebigen Ort zu verhandeln.[75] Die Ablehnung der Gerichte, Recht zu sprechen, wenn das in Frage stehende Grundstück im Ausland belegen ist, sei aber nicht bloß auf

---

[69] [1893] AC 602, 622–623; vgl. *Story*, Conflict of Laws, 8. Aufl. (1883), 770–771, section 553.

[70] Conflict of Laws, 8. Aufl. (1883), s. 553, 554 „[...] as property of the kind is to be held according to the laws of the country where it is situated, and as the right of granting it is vested in the ruler of the country, controversies relating to such property can only be decided in the state in which it depends."

[71] [1666] 6 State Tr 710.

[72] Siehe oben A.I.1.a., [1792] 4 Term Rep 503.

[73] [1893] AC 602, 621 ff.

[74] [1893] AC 602, 621.

[75] Lord *Herschell* LC [1893] AC 602, 618.

technische Schwierigkeiten zurückzuführen, sondern habe vor allem substantielle Gründe.[76]

Nach Durchsicht früherer Entscheidungen ergänzt Lord Halsbury, daß die Unterscheidung zwischen local und transitory actions im common law fest verankert sei. Und auch Lord Morris stellt auf die Unterscheidung zwischen local und transitory action ab. Lord Macnaghten stimmt zu.

Unter dem Eindruck dieser Entwicklung kommen die Lordrichter zu dem Schluß, daß die Unterscheidung zwischen local und transitory action nicht bloß eine technische Regel sei, sondern eine Regel der jurisdiction, die sich aus dem Prinzip der comity entwickelt habe.[77] „But in considering what jurisdiction our Courts possess, and have claimed to exercise in relation to matters arising out of the country, the principles which have found general acceptance amongst civilised nations as defining the limits of jurisdiction are of great weight."[78]

Lord Halsbury, der sich ausdrücklich den Gründen Lord Eshers anschließt, äußert sich schließlich zur Beweislast. Wenn der Beklagte nachweisen könne, daß trespass to land außerhalb Englands stattgefunden habe, sei die Klage in England nicht justitiabel.[79]

b. *Hesperides Hotels Ltd v Aegean Turkish Holidays Ltd and another (1977 und 1978)*

Von den jüngeren Urteilen, die auf die Moçambique-Entscheidung bezug nehmen, sei *Hesperides Hotels Ltd v Aegean Turkish Holidays Ltd* erwähnt.[80] Wiederum geht es um Schadensersatzforderungen wegen trespass to land outside the United Kingdom (auf Zypern). Lord Fraser of Tullybelton gibt zu Bedenken, daß der Kläger am Ende ohne Rechtsbehelf dastehen könnte, wenn die Moçambique rule angewandt werde. Nur historische Gründe rechtfertigten die Beibehaltung der Regel, die weder logisch noch im Ergebnis zufriedenstellend sei.[81] Sie sorge weder für effektiven Rechtsschutz, noch sei sie aus Rücksichtnahme auf andere Nationen geboten (comity of nations).[82] Effektiver Rechtsschutz werde schon dadurch gewährleistet, daß der Beklagte der englischen Gerichtsbarkeit unterworfen sei. Im Hinblick auf die comity of

---

[76] Lord *Herschell* LC [1893] AC 602, 629.

[77] Lord *Herschell* LC [1893] AC 602, 623.

[78] [1893] AC 602, 624; zustimmend Lord *Halsbury*, 631.

[79] [1893] AC 602, 632.

[80] [1978] 1 All ER CA 277–295 und [1978] 2 All ER HL 1168–1184.

[81] [1978] 2 All ER HL 1168, 1181 f.

[82] vgl. *Viscount Dilhorne* [1978] 2 All ER HL 1168, 1179, f.: „Questions of comity of nations may well be involved and if any change in the law is to be made it should only be made after detailed and full investigation of all the possible implications which we sitting judicially cannot make."

nations sei fraglich, ob andere Staaten eine ähnliche Regel kennen.[83] Trotz dieser Bedenken spricht sich Lord Fraser dafür aus, angesichts der Entwicklung eines europäischen Gerichtsstandsübereinkommens, die Abschaffung oder Änderung der Moçambique rule dem Parlament zu überlassen.[84] Das House of Lords verfüge als Gericht nicht über die Informationen, die es in den Stand setzten, die Auswirkungen einer solchen Änderung des Rechts zu überblicken. Eine mögliche Folge sei die Anwendung der forum-non-conveniens-Doktrin. „One probable repercussion would be that, if the English courts were to have the wider jurisdiction of the suggested 'true rule', they might at the same time have to limit their new jurisdiction by applying it to a rule of forum non conveniens."[85] Hier kündigt sich der Paradigmenwechsel an, der zwanzig Jahre später in der Diskussion um die Anwendung der Moçambique rule im internationalen Immaterialgüterrecht eine zentrale Rolle spielen wird.[86]

c. Dicey & Morris (1922 und 2000)

1922 erschien die Moçambique rule erstmals bei Dicey & Morris als rule 53:[87] „Subject to the exceptions[88] hereinafter mentioned, the court has no jurisdiction to entertain an action for (1) the determination of the title to, or the right to the possession of, any immovable situate out of England (foreign land); or (2) the recovery of damages for trespass to such immovable." In leicht abgewandelter Fassung hat sie bis heute überdauert.[89] Anders als die double actionability rule ist die Moçambique rule nicht durch section 10 PIL Act aufgehoben worden. Einem entsprechenden Vorschlag ist bei der Umsetzung des Entwurfs nicht entsprochen worden.[90]

d. Civil Jurisdiction and Judgments Act 1982

Der Anwendungsbereich der Moçambique rule ist durch section 30 Civil Jurisdiction and Judgments Act (CJJA) 1982 eingeschränkt worden. Dieser Schritt war notwendig, um die Bestimmungen des EuGVÜ zu transformieren. Die Vorschrift ist seit dem 24.8.1982 in Kraft. Sie lautet: „(1) The jurisdiction of any court in England and Wales or Northern Ireland to entertain procee-

---

[83] [1978] 2 All ER 1168, 1182 a.

[84] Vgl. Lord *Fraser* [1978] 2 All ER 1168, 1183 a, der sich auf eine in der Vorbereitung befindliche europäische Konvention bezieht „dealing with jurisdiction of national courts so that litigation is likely to be required before long."

[85] [1978] 2 All ER 1168, 1183, e; unter Berufung auf *The Atlantic Star* [1973] 2 All ER 175 und *MacShannon v Rockware Glass Ltd* [1978] 1 All ER 625.

[86] Siehe unten B.II.3. und B.III.

[87] *The Conflict of Laws*, 3. Aufl., rule 53 herausgegeben von Prof. *Dicey* selbst. Später rule 79 (2), 9. Aufl., 1973.

[88] Die Ausnahmen beruhen auf action in equity.

[89] Vgl. *Dicey & Morris*, 13. Aufl., rule 114 (3).

[90] *Wadlow*, Enforcement, 337.

dings for trespass to, or any other tort, affecting immovable property shall extend to cases in which the property in question is situated outside that part of the United Kingdom unless the proceedings are principally concerned with a question of the title, or the right to possession, of that property. (2) Subsection (1) has effect subject to the 1968 Convention and the Lugano Convention [...]."

Dem entspricht Art. 16 Nr. 1 EuGVÜ i.V.m. section 2 (1) CJJA: Für Klagen, welche dingliche Rechte an unbeweglichen Sachen sowie die Miete oder Pacht von unbeweglichen Sachen zum Gegenstand haben, sind ausschließlich die Gerichte des Vertragsstaats zuständig, in dem die unbewegliche Sache belegen ist (Art. 16 Nr. 1a). Klagen, die nicht unter diese Vorschrift fallen und etwa auf trespass to land gründen, können hingegen in allen Vertragsstaaten verhandelt werden, sofern die Zuständigkeit nach anderen Vorschriften des EuGVÜ begründet ist. Stünde *British South Africa v Companhia de Moçambique* heute zur Entscheidung an, müßten die Lordrichter die Klage wohl zur Entscheidung annehmen.

e. Stellungnahme

Die Unterscheidung zwischen local und transitory actions ist nicht ohne weiteres in die Dogmatik des IPR einzuordnen. Mit der Zuweisung von Rechtsstreitigkeiten an die Gerichte des Ortes, an dem die Sache belegen ist, wird automatisch das an diesem Ort geltende Recht, die lex fori, berufen. Insofern ist die Moçambique rule genau wie die double actionability rule Zuständigkeitsregel und Kollisionsregel zugleich.

Phillips v Eyre und *British South Africa v Companhia de Moçambique* haben beide dieselbe Wurzel. Ausgangspunkt ist jeweils die Unterscheidung zwischen local und transitory action, die seit *Doulson v Matthews* in England geltendes Recht ist und ihren Ursprung in der public policy hat: Prägend für beide ist die Comitas gentium.[91] Diplocks These, daß es sich bei der ersten Regel aus *Phillips v Eyre* in Wahrheit um eine rule of jurisdiction handele[92], deutet sogar daraufhin, daß die Regeln teilweise identisch sind. Dennoch wird die double actionability rule spätestens seit der Entscheidung *Chaplin v Boys* des House of Lords als reine Kollisionsregel aufgefaßt,[93] während die Moçambique rule als rule of jurisdiction in Dicey & Morris eingezogen ist.

---

[91] Vgl. *Mann,* Foreign Affairs in English Courts, 148: „It is submitted with great respect that on none of these occasions any advantage was gained by invoking comity. Nor is it clear what is meant by the word. About the cases in which the phrase occured one can only accept Lord Reid's statement: 'The real question is one of public policy.'"

[92] [1968] 1 All ER CA, 283, 298 C: „It is a rule of public policy that our courts do not hear and determine liability for acts of a kind which are not regarded as giving rise to liability in tort in England."

[93] Siehe oben A.I.1.d.bb. per Lord *Wilberforce,* [1969] 2 All ER 1085, 1098.

Der gemeinsame Ursprung und die gemeinsame Funktion beider Regeln geriet dadurch in Vergessenheit.

3. Die Rechtsprechung zum gewerblichen Rechtsschutz

Englische Urteile zum internationalen Urheberrecht beziehen sich immer wieder auf Urteile zum gewerblichen Rechtsschutz. In die folgende Auswahl sind nur Entscheidungen aufgenommen worden, die in der Rechtsprechung zum internationalen Urheberrecht berücksichtigt werden.

a. Badische Anilin und Soda Fabrik v The Basle Chemical Works (1898)

Um die Territorialität von Patenten geht es in *Badische Anilin v Basle Chemical Works*.[94]

> Die Beklagte, ein schweizerisches Unternehmen, verkaufte und verschickte von Basel aus ein Produkt an ein englisches Unternehmen mit der Post. Das Produkt beruht auf einer nach englischem Recht geschützten Erfindung.

Die Richter des House of Lords sind der Ansicht, der Kaufvertrag sei mit der Übergabe der Ware an die Post in der Schweiz erfüllt, da die schweizerische Post die Ware für die Käufer in Empfang genommen habe. Diese Handlung könne das englische Patentrecht jedoch nicht verletzen. „[...] our patent law does not extend beyond this country. Acts which here would be infringements of the patent are no infringement if they are done in a country which is not wihtin the ambit of the patent."[95] Folglich lehnen es die Lordrichter ab, über den Fall in der Sache zu entscheiden.

Streitentscheidend ist die Lokalisierung der Verletzungshandlung. Der Verletzungsort geht in diesem Fall mit dem Leistungsort einher. Die Mehrheit der Richter des House of Lords und des Court of Appeal orientieren sich an der Vereinbarung der Parteien und machen den Leistungsort nach umfangreicher Zeugenvernehmung in der Schweiz aus. Allein Rigby LJ widerspricht. Seiner Ansicht nach komme es aus Sicht des Patentinhabers nicht auf die Umstände des Warenversands an, sondern nur auf den Ort, an dem sich die Konsequenzen des Versands auswirkten. Das sei in diesem Fall London.[96]

---

[94] [1898] AC 200 HL.

[95] [1898] AC 200, 206.

[96] [1897] 2 Ch 322, 346 a.E.: „It seems to me that, in an action against the sender, the patentee has nothing to do with the questions whether other persons may be infringers of the patent or not – whether the person posting the parcel did so as agent for some one else, or as a principal acting on his own account; whether he is or is not the owner of the parcel at or after the posting; whether he sends it in fulfilment of an order or only on approval or offer; whether he does or does not retain any control of the parcel after the posting; whether he pays the postage or leaves it to be paid on delivery in London – that, in short, the nature and consequence of the act done can alone be taken into account. Everything else is a matter of indifference to the patentee, with which he need not concern himself."

b. Potter v Boken Hill Proprietary Co Ltd (1906)

Als erstes Gericht des common law setzt der Supreme Court of Victoria (Australien) 1906 gewerbliche Schutzrechte mit immovable property gleich und wendet die Moçambique rule in *Potter v Broken Hill* analog auf Patente an.[97] Eine Patentrechtsverletzung sei ebenso wie eine Grundstücksverletzung eine local action, die einen Bezug zu einem bestimmten Ort aufweise (anders als die transitory action).[98] Die Entscheidung des Supreme Court of Victoria wird durch den High Court of Australia bestätigt.[99]

Die Klage ist im Staat Victoria eingereicht worden. Sie bezieht sich auf die Verletzung eines neusüdwalisischen Patentes in New South Wales durch ein in Victoria inkorporiertes Unternehmen, das in New South Wales Bergbau betreibt. Die Klägerin beantragt eine Unterlassungsverfügung und Schadensersatz. Die Beklagte ist der Ansicht, das Patent sei ungültig.

Griffith CJ meint, die Beklagte stelle durch ihren Einwand auch die Zuständigkeit in Frage. Dementsprechend müsse sich das Gericht zunächst mit der Zuständigkeit befassen. Er stellt fest, daß ein Patent dem Inhaber innerhalb eines bestimmten Gebiets ein Monopol verleihe. In dieser Hinsicht sei es mit immovable rights vergleichbar.[100] Das Recht entstehe, indem der Staat seine Hoheitsmacht ausübe. Solche Staatsakte seien der Überprüfung durch Gerichte eines anderen Staates entzogen.[101] Deshalb dürfe die Gültigkeit eines Patents des Staates New South Wales nicht in einem anderen Staat überprüft werden. Die Moçambique rule sei auf Patentrechtsverletzungen entsprechend anwendbar. „But I apprehend that any exercise by a de facto repository of any power of sovereignty, which results in the creation of a right of property that can only be created by such an exercise, must be regarded as an act of the State itself. This appears to be the foundation of the doctrine referred to in the passage cited by Story J from Vattel and quoted both by Lord Herschell LC and Lord Halsbury in *Britisch South Africa C v Companhia de Moçambique* [...] controversies relating to such property [of land] can only be decided in the State in which the property is situated. The reason appears equally appli-

---

[97] Zu dieser Entwicklung: *Cornish,* GRUR Int. 1996, 285–289; *Fawcett/Torremans,* 280–299 und *Kieninger,* GRUR Int. 1998, 280, 283 ff.

[98] *Potter v Broken Hill Proprietary Co Ltd,* [1905] VLR 612 (Supreme Court of Victoria).

[99] [1906] 3 CLR 479.

[100] [1906] 3 CLR 479, 494. „There is no doubt also, that this franchise or monopoly has no effective operation beyond the territory of the state under whose laws it is granted and exercised. In this respect it partakes of the nature of an immovable as distinguished from a movable. [...] Yet there can be no doubt that, as the [patent] right is the creation of the state, the title to it must devolve, as in the case of land, according to the laws imposed by the state. In two important particulars, therefore, it is analogous to an immovable. It differs from an immovable in that it is neither itself visible nor appurtenant to any particular thing that is visible and fixed within the state. It may perhaps be regarded as, in a sense, pertinent to the whole territory.“

[101] [1906] 3 CLR 479, 495.

cable to patent rights, which [...] are created by a similar exercise of the sovereign power." [102] Barton J und O'Connor J stimmen zu. [103] Beide verweisen auf die comity.

c. Rey v Lecouturier (1908/1910)

In *Rey v Lecouturier* entscheidet Buckley LJ, daß ein französisches Gericht keine Befugnis habe, über Gültigkeit und Verletzung eines englischen Markenrechts (trade mark) zu entscheiden. [104]

Der Kläger vertritt die Mönche des Klosters „Grand Chartreuse", die den als englische Marke geschützten Likör „Chartreuse" herstellen. Aufgrund eines im Jahre 1901 in Kraft getretenen französischen Gesetzes wurde dem Orden der Status einer religiösen Vereinigung aberkannt. Nach Auflösung des Ordens wurde sein Vermögen von einem staatlich bestellten Verwalter liquidiert. Im Jahre 1903 sprach ein französisches Gericht (bestätigt durch den Cour de Cassation) dem Liquidator alle Rechte an der Marke einschließlich ihres ideellen Firmenwerts (goodwill) zu. Daraufhin ließ der Liquidator das Markenrecht in England auf seinen Namen registrieren. Der Kläger beantragt, den Liquidator zu verurteilen, den Mißbrauch der Marke (passing off) in England zu unterlassen und die Eintragung des Liquidators im englischen Register zu löschen.

Beiden Anträgen wird vor dem Court of Appeal und dem House of Lords stattgegeben: „[...] but that [the French] court had no jurisdiction to determine what ought to be the entries in the register of trade marks. [105]

Lord Macnaghten hebt hervor, daß der Liquidator seine Berechtigung lediglich auf ein französisches Strafgesetz von 1901 stützen könne, das keine extra-territoriale Wirkung habe. [106] Eine ähnliche Beobachtung stellt Lord Shaw an: „It is accordingly clear that, when the English courts are appealed to on the ground that the law of the republic refferred to operated a transfer of foreign trade marks, that is done in face of a judicial declaration by high French authority that the law sought to be enforced abroad was an an exceptional and police law." [107]

---

[102] [1906] 3 CLR 479, 496–497.

[103] *Barton* J, 500, 503: „In the absence of legislative power to interfere with the right of any other State to exclude its own subjects from the use of a manufacture, the whole subject matter is excluded from the cognizance or competence of the State itself, and its Courts cannot sit in judgment to determine whether such rights are validly granted."

O'Connor J, 510, 516: „I am of opinion that the Supreme Court of Victoria could not try this case without inquiring into the validity of the patent grant, and could not make that inquiry without violating a fundamental principle of the comity of nations which is binding upon the Victorian Courts in the absence of any Victorian law authorizing them to make such inquiry."

[104] *Buckley* LJ [1908] 2 Ch 715, 731 CA.

[105] *Buckley* LJ [1908] 2 Ch 715, 731 CA.

[106] [1910] AC 262, 265 HL.

[107] [1910] AC 262, 271 HL.

In dem Maße wie sie ausländische Immaterialgüterrechte als Ausdruck fremder Souveränität respektieren, erwarten die englischen Lordrichter Respekt vor englischen Immaterialgüterrechten. Ein französisches Gericht hat über ein englisches Markenrecht nicht zu entscheiden. Ein englisches Gericht würde sich ja auch nicht anmaßen, über ein französisches Markenrecht zu urteilen. Die Einmischung der französischen Gerichte in die innerenglischen Angelegenheiten, den Verstoß gegen den ehernen Grundsatz der comity of nations, strafen die Lordrichter mit Nichtachtung. Über die Gültigkeit oder Verletzung eines Immaterialgüterrechts darf nur ein Gericht des Staates entscheiden, in dem es entstanden ist.[108] Siebzig Jahre später bestätigte Vinelott J in *Tyburn v Conan Doyle* die Geltung dieses Grundsatzes auch für Urheberrechte, obwohl diese keiner Registrierungspflicht unterliegen.[109]

d. Norbert Steinhardt & Son Ltd. v Meth (1961)

Die zweite wichtige australische Entscheidung ist *Norbert Steinhardt & Son Ltd v Meth*. Fullagar J vom High Court of Australia hatte es mit der Verletzung eines australischen Patents in England zu tun.[110]

> Die Klägerin ist in Großbritannien registriert. Der Beklagte, Max Meth, wohnhaft in New Jersey (USA), ist Inhaber eines australischen Patents für das Auftragen von Kupferschichten auf Metall. Die Klage richtet sich auch gegen sein Unternehmen, das in New South Wales seinen Sitz hat. Die Klägerin beanstandet zwei Briefe. Der eine wurde im Auftrag von Max Meth in den USA geschrieben und an den Hauptsitz der Klägerin in Großbritannien geschickt; der andere stammte von dem beklagten Unternehmen und richtete sich an einen potentiellen Kunden der Klägerin. Im ersten Brief droht der Beklagte zu 1, die Klägerin mit Patentverletzungsklagen in verschiedenen Staaten, u.a. auch in Australien, zu überziehen. Die Klägerin beantragt festzustellen, daß sie keine Patentrechte der Beklagten verletzt und die Beklagten zu verurteilen, derartige Drohungen zu unterlassen.

Fullagar J ist der Ansicht, eine Klage könne nicht vor einem australischen Gericht verhandelt werden, wenn Drohungen im Ausland ausgesprochen werden. Die zweite Voraussetzung der double actionability rule sei nicht erfüllt, da ein australisches Patent nicht in England einklagbar sei. Ein Patent verhelfe seinem Inhaber zu einer Monopolstellung in dem Staat, der das Patent verleihe. Außerhalb dieses Staatsgebiets habe es keine Wirkung. Das australische Patentgesetz beziehe sich nur auf australische, das englische Patentgesetz nur auf englische Patente. Wenn folglich ein australischer Patentinhaber in Australien wegen einer in England begangenen Verletzung klage und sich die Frage stelle, ob diese Handlung in England einklagbar sei, laute die Antwort

---

[108] *Vinelotts* Fazit aus *Rey v Lecouturier* (unten A.I.3.c.), [1990] 3 WLR 167, 177 G, unten A.I.4.g.

[109] [1990] 3 WLR 167, 177 G.

[110] [1961] 105 CLR 440. Abrufbar unter <http://www.austlii.edu.au>.

„nein": „For his Australian patent gives him no monopoly in England, and what the defendant has done in England is perfectly lawful according to English law. There can, in truth, be no such thing as an infringement in England of an Australian patent."[111] Daran ändere sich auch nichts, wenn – wie hier – lediglich über angedrohte Klagen zu entscheiden sei. Es verstoße nicht gegen das englische Patentgesetz, wenn in England damit gedroht werde, ein australisches Patent zu verletzen oder wenn in Australien damit gedroht werde, ein englisches Patent zu verletzen.[112] Während die Klage in bezug auf den ersten Brief aus diesen Gründen abgewiesen wird, entscheidet Fullagar J über den zweiten Brief in der Sache. Da dieser in Australien geschrieben und empfangen worden sei, stelle sich die Frage der actionability nicht.[113]

Die beiden australischen Urteile verdeutlichen wie die double actionability rule schon vor *Chaplin v Boys* von Gerichten des Commonwealth ausgelegt wurde. Die erste Voraussetzung ist erfüllt, weil ein australisches Patent vor einem australischen Gericht in Frage steht. Die zweite Voraussetzung ist nicht erfüllt. Nach der lex loci delicti (hier: englisches Recht) hat gar keine Verletzung stattgefunden, weil ein australisches Patent in England nicht verletzt werden kann. Im Hinblick auf die zweite Regel ist also nicht fiktiv auf das englische Pendant zum australischen Patent abzustellen – dann wäre die zweite Voraussetzung erfüllt – sondern auf das nach den tatsächlichen Umständen des Falles allein in Frage stehende australische Patent. Gestützt wird diese Auslegung auf die Comitas gentium, auf den Respekt vor der ausländischen Hoheitsmacht, die eine Erfindung mit territorialer Wirkung als Patent schützt.[114]

e. John Walker & Sons Ltd v Henry Ost & Co Ltd (1969)

Auf dem Gebiet des Immaterialgüterrechts haben englische Gerichte crossborder injunctions bislang nur in Fällen von passing off erlassen.[115] *John Walker v Henry Ost* ist als Prolog dieser Entwicklung zu verstehen.[116]

---

[111] [1961] 105 CLR 444, 7, auf die *Potter*-Entscheidung verweisend.

[112] [1961] 105 CLR 444, 8.

[113] [1961] 105 CLR 445, 10 ff. In der Entscheidung *Meth v Norbert Steinhardt and Son Ltd* ging es nur noch um den zweiten Brief, vgl. [1962] 107 CLR 187 (High Court), abrufbar unter <http://www.austlii.edu.au>.

[114] *Fullagar* J zitiert *Wolff*, Private International Law, 2. Aufl., 487

[115] Lord *Diplock* unterscheidet in *Erven Warnink BV v J Townsend & Sons (Hull) Ltd* [1979] 2 All ER 927, 932–933 fünf Voraussetzungen für passing off: „(1) a misrepresentation (2) made by a trader in the course of trade (3) to prospective customers of his or ultimate consumers of goods or services supplied by him, (4) which is calculated to injure the goodwill of another trader [...] and (5) which causes actual damage to a business or goodwill of the trader by whom the action is bought." Zur Abgrenzung zu trade marks vgl. *Bainbridge*, IP, 598 ff.: „Passing off is a tort and can be described as the common law form of trade mark law."

[116] [1970] 2 All ER 106–123.

Die Kläger veredeln und vertreiben schottischen Whisky. Sie erwirken eine Verfügung, die der Beklagten zu 1, einer englischen Destillerie, verbietet, ihre Produkte unter dem Markenzeichen „Scotch Whisky" in England zu vertreiben. Beklagte zu 2 sind Händler aus Ecuador, die ein Gebräu in diesem Land als schottischen Whisky verkaufen.

Unter Berufung auf die double actionability rule, die kurz zuvor das House of Lords in *Boys v Chaplin* präzisiert hat,[117] hält Foster J ein englisches Gericht für zuständig, über den Fall zu entscheiden. Das Delikt sei sowohl nach dem Recht Ecuadors als auch nach englischem Recht einklagbar.[118] Überdies sei die englische Gerichtsbarkeit das geeignete Forum, da alle Handlungen der ersten Beklagten in England ihren Ursprung hätten und Beweise dafür vorlägen, daß sie versuche, das Getränk auch in anderen lateinamerikanischen Ländern zu vertreiben.[119]

f. Alfred Dunhill Ltd v Sunoptic S.A. (1979)

Der wohl bedeutendste englische Fall im Kontext von passing off ist Alfred Dunhill Ltd and another v Sunoptic SA and another:[120]

1978 beantragte das weltweit operierende Unternehmen Alfred Dunhill Ltd/Société Anonyme Francaise Alfred Dunhill, eine interlocutory injunction bei der Chancery Division des High Court of Justice gegen Sunoptic SA, eine schweizerische Gesellschaft, und gegen Christopher Dunhill, Urenkel des Gründers und Sohn des Vorsitzenden von „Alfred Dunhill". Die beiden Antragsgegner schloßen miteinander einen Lizenzvertrag, der es der Sunoptic SA erlaubt, Sonnenbrillen unter dem Namen „CD Christopher Dunhill – London" anzupreisen und zu verkaufen. Die Antragsteller wollen der Sunoptic den Vertrieb der Sonnenbrillen unter diesem Namen verbieten lassen.

Whitford J meint im Hinblick auf die seit American *Cyanamid v Ethicon*[121] angewandte „balance of convenience", daß die Antragstellerin keinen nennenswerten Schaden erlitte, wenn sie die Hauptverhandlung abwarten würde. Dagegen würde der Erlaß einer injunction den Betrieb der Sunoptic SA ernsthaft beeinträchtigen. Abschließend bemerkt Whitford J, daß sich die Wirkung einer injunction ohnehin nur auf das Gebiet des Vereinigten Königreichs erstreckt hätte.[122]

Die Antragsteller wenden sich mit weiterem Beweismaterial an den Court of Appeal. Sie sind der Ansicht, daß die Antragsgegner den geschützten Namen „Dunhill" in betrügerischer Absicht verwendeten. Da Schadensersatz für die Kläger kein ausreichender Rechtsbehelf sei, müßten die Antragsgegner durch ein Verletzungsverbot gestoppt werden.

---

[117] [1969] 2 All ER HL 1085, siehe oben A.I.d.bb.
[118] [1970] 2 All ER 106, 120 g.
[119] [1970] 2 All ER 106, 123 f.
[120] *Alfred Dunhill Ltd. v. Sunoptic S.A.* [1979] FSR 337 (Entscheidung des High Court of Justice vom 24. November 1978 und Entscheidung des Court of Appeal vom 18. Dezember 1978). Der Besprechung liegen die bei Lexis-Nexis abrufbaren Textversionen zugrunde.
[121] [1975] 1 All ER 504, siehe unten B.I.2.
[122] [1979] FSR 337 ff.

Die Richter des Court of Appeal (Roskill, Browne und Megaw LJJ) geben den Antragsstellern in diesen Punkten recht. Der voraussichtliche Schaden, den die Antragsgegner im Falle einer interlocutory injunction in Kauf nehmen müßten, sei angesichts der neuen Beweislage wesentlich geringer als bislang von Whitford J in erster Instanz erwartet und befürchtet. Sie erlassen eine interlocutory injunction, die sich nicht nur auf das Vereinigte Königreich, sondern auch auf die Schweiz erstreckt.[123]

Der Antrag der Kläger vor dem Court of Appeal ist jedoch auf Erlaß einer worldwide interlocutory injunction gerichtet. Da die Antragsteller beweisen konnten, daß auch nach schweizerischem Recht ein dem passing off vergleichbares Delikt begangen worden sei, stehe einer Verfügung mit Wirkung in der Schweiz nichts entgegen. Dagegen scheitere der Erlaß einer weltweiten Verfügung am Beweis ausländischen Rechts. Die bloße Vermutung, nach ausländischem Recht müsse wie nach englischem Recht ein Verletzungsverbot ausgesprochen werden, reiche nicht aus. Dieser vom Anwalt der Antragsteller unternommene Versuch, doch noch zu einer weltweiten Verfügung zu kommen, sei nicht haltbar, weil er die Beweislast von dem Antragsteller auf den Antragsgegner verlagern würde. Allerdings räumt Roskill LJ ein: „If at some later stage acts are done or attempted to be done in other countries, similar to those acts which I would restrain in relation to this country and Switzerland and Dunhill's were to return under a liberty to apply with a fresh application for an injunction in relation to any of those other countries, supported by proper evidence of attempted passing off in those other countries, of confusion, and all the rest, whatever the local law is, then, if the evidence were satisfactory, a judge of the Chancery Division might, in the light of this judgment, see fit to grant a wider injunction. But at this stage I think that it would be wrong to grant a wider injunction than that I have already indicated."[124]

g. Intercontex and another v Schmidt and another (1988)

Nach *Dunhill* war in Fällen von passing off der Weg frei für den Erlaß von interlocutory injunctions mit extra-territorialer Wirkung wie durch *Intercontex and another v Schmidt and another* 1988 von der Chancery Division bekräftigt wurde.[125]

Die Antragsteller veröffentlichen weltweit Telexverzeichnisse wie das „International Telex Directory Intercontex". Sie werden gewahr, daß die Antragsgegner (ein Unternehmen mit Adressen in London und Deutschland, das ähnliche Verzeichnisse vertreibt) ihre Rechnungen mit „International Telex Directory" überschreibt. Die Antragsteller bewirken eine Anton Piller Order, mit der Unterlagen des Antragsgegners gesichert werden und be-

---

[123] *Alfred Dunhill Ltd. v. Sunoptic S.A.* [1979] FSR 337, 369 CA.

[124] [1979] FSR 337, am Ende *Roskills* Beitrags.

[125] [1988] FSR 575 ChD Abrufbar bei Lexis-Nexis.

antragen eine interlocutory injunction, mit der sie sich gegen den mißbräuchlichen Gebrauch ihres Namens wehren wollen.

Gibson J versagt den Antragstellern eine interlocutory injunction u. a. unter Berufung auf *Alfred Dunhill v Sunoptic*, weil die in Frage stehende Verletzung ausländischen (deutschen) Rechts nicht von den Antragstellern bewiesen worden sei.

h. *James Burrough Distillers plc v Speymalt Whisky Distributors Ltd (1989)*

Wie schon in *John Walker v Henry Ost* geht es in diesem schottischen Fall um Whisky, der im Ausland als schottischer verkauft wird.[126]

Die Kläger destillieren und vertreiben schottischen Whisky unter dem Namen „Laphroaig". Unter diesem Namen ist ein Markenrecht für die erste Klägerin in Großbritannien und für die zweite Klägerin in Italien registriert. Die zweite Klägerin verkaufte Whisky an die Beklagte. Nachdem der Whisky ausgereift war, füllte ihn die Beklagte ab, versah die Flaschen mit dem Etikett „Laphroaig" und verkaufte diese in Schottland und in Italien. Die Kläger meinen u. a., daß die Beklagte das italienische Markenrecht verletzt habe.

Das Outer House vertreten durch Lord Coulsfield entschied, daß (1.) das Erfordernis der double actionability nicht nur bei Klagen auf Schadensersatz, sondern auch bei Klagen auf Unterlassung gelte; (2.) der vom italienischen Zivilgesetzbuch gewährte Schutz dem schottischen Delikt des passing off ähnlich sei; (3.) für den Fall einer im Ausland begangenen unerlaubten Handlung, eine Klage in Schottland nur dann Erfolg habe, wenn der Kläger im Ausland und in Schottland ein Recht verliehen bekommen habe. Hier habe der erste Kläger nur ein Markenrecht in Schottland, während der zweite Kläger nur ein Markenrecht in Italien habe. (4.) ein Markenrecht jedenfalls einen strikt territorialen Charakter habe, so daß die double actionability rule nicht erfüllt sei.

Lord Coulsfield schließt sich dem klaren Bekenntnis der englischen und australischen Rechtsprechung zur Territorialität an.[127] Die Urteile *Badische Anilin, Potter, Norbert Steinhardt* und zuletzt *Def Lepp Music*[128] hätten den Weg für Klagen auf Schadensersatz gewiesen. Über die Frage, ob die double actionability rule auch bei Verletzungsverboten gelte, sei dagegen bislang weder in Schottland noch in England entschieden worden. Lord Coulsfield hält es für logisch, daß dieselben Regeln auf alle Rechtsbehelfe gleichermaßen angewandt werden müßten. Wenn ein Gericht schon keinen Schadensersatz für eine Handlung zusprechen dürfe, die nach eigenem Recht erlaubt sei, dürfe es erst recht kein Verbot aussprechen. „If the court of the forum can-

---

[126] [1989] SLT 561; [1991] RPC 130.

[127] Das Gericht stellt die Frage nach der Vereinbarkeit der traditionellen Regeln mit dem EuGVÜ nicht, obwohl es von Amts wegen dazu verpflichtet wäre, das EuGVÜ zu berücksichtigen. Vgl. *Kieninger*, GRUR Int 1998, 280, 287.

[128] Siehe unten A.I.3.a./b./d.; A.I.4.f.

not be expected to grant a remedy in damages for what is not a wrong by its own law, still less, in my view, can it be expected to prohibit an act which is not a wrong by its own law and, presumably, proceed to enforce that prohibition by the sanctions applicable in cases of breach of interdict." [129] Diese Argumentation steht in der Tradition der schottischen Rechtsprechung seit *McElroy v McAllister,*[130] die Lord Coulsfield ausführlich zitiert.[131] Am Rechtsbehelf des Klägers, an der jus actionis, muß sich der Beklagte beim Entwurf seiner Verteidigungsstrategie orientieren.[132]

4. Die Rechtsprechung zum Urheberrecht

Englische Fälle zum internationalen Urheberrecht sind rar. Es galt als aussichtslos, vor einem englischen Gericht wegen Verletzung eines ausländischen Urheberrechts in England oder wegen Verletzung eines britischen Urheberrechts im Ausland oder gar wegen Verletzung eines ausländischen Urheberrechts im Ausland zu klagen. Bevor sich die Staaten in völkerrechtlichen Verträgen gegenseitig verpflichteten, die Urheberrechte anderer Vertragsstaaten zu schützen, war ein Urheberrecht im Ausland nichts wert.[133] Nachdem sich das Vereinigte Königreich mit der Unterzeichnung der Berner Konvention zur Inländerbehandlung verpflichtet hatte, war zumindest die Verletzung ausländischer Urheberrechte in England einklagbar.[134] Dabei blieb es. Achtzig Jahre lang wurde gar nicht versucht, Urheberrechtsklagen mit Auslandsbezug in England anhängig zu machen. Erst in den achtziger Jahren wurden Klagen wegen Verletzung eines britischen Urheberrechts im Ausland[135] oder wegen Verletzung eines ausländischen Urheberrechts außerhalb Großbritanniens[136] vor englischen Gerichten verhandelt – ohne Erfolg. Aussichtsreicher als Klagen im Hauptsacheverfahren schienen Anträge auf Erlaß einstweiliger Verfügungen zu sein, denen jedoch jedesmal aus prozeßtechni-

---

[129] [1989] SLT 561, 16. Absatz der Entscheidungsgründe.

[130] [1949] SLT, 142.

[131] [1989] SLT 561, 10. –13. Absatz.

[132] [1949] SLT, 142, 149, per Lord *Justice-Clerk*: „The principle [...] is that the Scottish Courts will not recognise in such a pursuer any specific jus actionis which is denied to him by the lex loci delicti. In other words, when considering whether the act or omission complained of is 'actionable' by the lex loci delicti, the Scottish Courts will not limit the enquiry to the question whether the act or omission is 'actionable' in the abstract, but will extend it to the further question – On whom does the lex loci delicti confer a jus actionis, and for what? This is surely the reasonable view and the only one which will do substantial justice not only to pursuers but also to defenders, whose interests in matters of privat international law are too apt to be overlooked."

[133] Vgl. *Jefferys v Boosey,* [1854] 4 HLC 814–996, sogleich A.I.4.a.

[134] Vgl. *Baschet v London Illustrated Standard* [1900] 1 Ch 73, sogleich A.I.4.c.

[135] Vgl. *Def Lepp Music v Stuart Brown* [1986] RPC 273–277 ChD, sogleich A.I.4.f.

[136] Vgl. *Tyburn Productions v Conan Doyle* [1990] 3 WLR 167–179 ChD, sogleich A.I.4.g.

schen Gründen nicht stattgegeben wurde.[137] So verschloß sich England dem internationalen Urheberrecht bis an die Schwelle zum 21. Jahrhundert, bis das EuGVÜ die englischen Gerichte zur Aufgabe ihrer Zurückhaltung zwang.[138]

a. Jefferys v Boosey (1854)

Vor der Unterzeichnung der Berner Konvention im Jahre 1886 wurde ausländischen Autoren Urheberrechtsschutz in England nur gewährt, wenn sie ihren Wohnsitz dort hatten.[139] In *Jefferys v Boosey* sprachen sich die Richter des House of Lords gegen die Geltung eines universalen Urheberrechts nach common law aus und verankerten das Territorialitätsprinzip in England: Ein Urheberrecht wird durch Gesetz gewährt und besteht nur im Rahmen der durch das Gesetz gezogenen Grenzen.

> Der in Mailand lebende Komponist Bellini übertrug die Rechte an einer im Februar 1831 vollendeten Oper dem Verleger Ricordi. Der Vertrag wurde am 19.2.1831 nach Mailänder Recht geschlossen. Am 9.6.1831 erwarb der englische Verleger Boosey von Ricordi durch einen nach englischem Recht geschlossenen Vertrag das Recht, die Oper in Großbritannien zu veröffentlichen. Einen Tag später, am 10.6.1831, veröffentlichte Boosey die Oper, ließ sein Recht registrieren und hinterlegte Kopien des Werkes. Die Veröffentlichung war die erste weltweit. Der Beklagte, der Engländer Charles Jefferys, druckte die Oper nach und brachte Boosey so um seinen Gewinn. Jefferys verteidigt sich mit dem Einwand, der ausländische Verleger Ricordi sei niemals Inhaber eines nach englischem Recht anerkannten Urheberrechts gewesen. Folglich könne Boosey kein Recht von Ricordi erworben haben. Der Court of Exchequer Chamber hat der Klage am 20.5.1851 stattgegeben. Das House of Lords hat die Entscheidung am 1.8.1854 aufgehoben.

Lord Brougham und Lord St. Leonards stellen klar, daß der ausländische Komponist Bellini kein gesetzliches Urheberrecht in England besaß, das er hätte übertragen können. „It is a generally understood principle, that a municipal law, such as that of copyright, does not extend beyond the limits of the country which enacts it."[140] Nach den Statutes of Anne genieße ein ausländischer Urheber (author), der im Ausland wohne, keinen Schutz in England, auch wenn sein Werk hier erstmals veröffentlicht werde.[141] Nur wenn der

---

[137] Vgl. *Librairie du Liban v Pardoe Blacker* Chancery Division, 21.12.1983, sogleich A.I.4.d.; *Krone GmbH v Amphenol Ltd,* Court of Appeal, 27. Juli 1984, sogleich A.I.4.e.. Beide Entscheidungen über Lexis-Nexis abrufbar. Vgl. auch den umgekehrten Fall der Anerkennung einer ausländischen Verfügung: *EMI Records Ltd v Modern Music Karl-Ulrich Walterbach GmbH,* (QB) [1992] 1 All ER, 616–624, unten B.VI.2.

[138] Vgl. *ABKCO Music v Music Collection International* [1995] RPC 657; *Pearce v Ove Arup* [1997] 3 All ER 31 und [1999] 1 All ER CA 769; *Mother Bertha Music v Bourne Music* [1997] EMLR 457 (headnote), 463.

[139] Vgl. *Sterling,* World Copyright Law, 1.13., Fn. 22; *Cornish,* IP, 9-03, Fn. 14.

[140] [1854] 4 HLC 814, 819 unter Berufung auf *Story's* Conflict of Laws (7–18, 375, 425, 436) und *Don v Lippmann,* 5 Clark and F. 1.

[141] [1854] 4 HLC 814, 819 unter Berufung auf *Chappell v Purday* 14 Mee. And Wels. 303.

ausländische Urheber seinen Wohnsitz in England habe und sein Werk in England veröffentliche, könne er den Schutz des englischen Gesetzes in Anspruch nehmen.[142] Eine extra-territoriale Wirkung habe dieses Gesetz nicht.[143] Auf diese Weise biete das englische Statut Künstlern den aus wirtschaftspolitischen Gründen durchaus erwünschten Anreiz, nach England zu ziehen und ihre Werke dort zu veröffentlichen.[144]

Die entscheidende Frage ist nun, ob es neben dem gesetzlich verankerten Urheberrecht ein universales Recht nach common law gibt, auf das sich Boosey berufen könnte. Die Universalität des Urheberrechts wurde bereits ausführlich in *Millar v Taylor*[145] und in *Donaldson v Beckett*[146] diskutiert. Während die Richter in *Millar v Taylor* unter der Führung von Lord Mansfield noch mit der Idee eines universal gültigen Urheberrechts sympathisierten, betonten die Lordrichter in *Donaldson v Beckett*, daß ein Urheberrecht durch das Gesetz beschränkt werde.[147] Lord Brougham und Lord St. Leonards gehen noch einen Schritt weiter, wenn sie sagen, daß ein Urheberrecht seine Existenz allein dem innerstaatlichen Recht verdanke und nicht auf universale Prinzipien des Rechts zurückzuführen sei.[148] Die Veröffentlichung eines Werkes im Ausland mache es im Inland zu einem nicht einklagbaren Allgemeingut (publici juris). Mit anderen Worten: Das Mailänder Urheberrecht Bellinis ist in England nicht durchsetzbar. „As soon as a copy of a book is landed in

---

[142] [1854] 4 HLC 814, 826 f.

[143] [1854] 4 HLC 814, 830.

[144] [1854] 4 HLC 814, 827.

[145] [1769] 4 Burr 2302–2416, 2304: „Let it suffice to say, in general, that the counsel for the plaintiff insisted, 'that there is a real property remaining in authors, after publication of their works; and that they only, or those who claim under them, have a right to multiply the copies of such their literary property, at their pleasure, for sale.' And they likewise insisted, 'that this right is a common law right, which always has existed, and does still exist, independent of and not taken away by the statute of 8 Ann. C. 19.'"

[146] [1774] 2 Brown, PC 129–145. Der Act of Anne diente dazu, den Umfang der Rechte nach ihrer Veröffentlichung ohne Rücksicht auf ein universal geltendes Recht nach common law zu begrenzen (129): „The copyright of books is only under the statute of 8 Ann, c. 19, whereby the sole right of printing and disposing of copies is vested in the author, or his assigns, for fourteen years from the first publication. But if the author be living at the expiration of that term, then the right returns to him for another term of fourteen years."

[147] Diese Entscheidung wurde von Lord *Kenyon* in *Beckford v Hood*, 7 Term Rep 621–629, und in einigen weiteren Entscheidungen anerkannt und interpretiert (629): „I was at first struck with the consideration, that six to five of the Judges who delivered their opinions in the House of Lords in the case of Donaldson v Becket, were of opinion that the common law right of action was taken away by the Statute of Anne; but upon further view, it appears that the amount of their opinions went only to establish that the common law right of action, could not be exercised beyond the time limited by that statute."

[148] [1854] 4 HLC 814, 826 und 841: „This case is not like that of a watch, or a picture, brought to this country; for in each of those cases there would be substantive property in possession; here the claim is one of a right, which does not depend on universal principles of law, but is entirely the creature of statute."

any foreign country, all complaint of its republication is, in the absence of a treaty, fruitless, because no means of redress exist, except under the law of the author's own country. It becomes public property, not because the justice of the case is changed by the passage across the sea or a boundary, but because there are no means of enforcing the private right".[149] Bellinis Oper genieße nur den Schutz des Mailänder Gesetzes. Da dieser Schutz in England nicht anerkannt werde[150] und das englische Gesetz das Werk nicht schütze, habe Ricordi niemals ein Urheberrecht erworben, das er an Boosey hätte übertragen können.

Mit ihrem positivistischen Votum setzen sich die Lordrichter über die Meinung der beratenden Richter hinweg, die sich mehrheitlich für die Anerkennung eines universalen Urheberrechts nach common law aussprechen.[151] Den Ausschlag geben wirtschaftliche und politische Überlegungen: Zwischen dem Staat und dem Urheber bestehe ein gegenseitiger Vertrag. Ein Ausländer werde nur geschützt, wenn er sein Werk, in dem sich sein Fleiß und sein Wissen manifestiere, der englischen Öffentlichkeit zur Verfügung stelle.[152] Warum solle er geschützt werden, wenn er seine intellektuelle Leistung einem anderen Staat zur Verfügung stelle?[153] Schutz werde nur gewährt, wenn auch andere Staaten garantierten, daß sie ihrerseits Werke englischer Künstler schützten.[154] Das bedeutet für den Urheber, daß sein universales Recht in eine

---

[149] [1854] 4 HLC 814, 826.

[150] Der Grundsatz der Inländerbehandlung wurde erst 32 Jahre nach *Jefferys v Boosey* in der Berner Konvention verankert.

[151] *Cornish*, IP, 299, Fn. 14.

[152] Mr Justice *Crompton* [1854] 4 HLC 814, 852 a.E.: „My opinion therefore is, that a foreigner residing and composing abroad, is not prevented by anything in our copyright statutes from acquiring a monopoly if he sends over his work to be published first in England, and it is really and bona fide first published here as an English publication." und ders., 863: „[...] and gives the British public the advantage of his industry and knowledge by first publishing the work here, the author shall have copyright in this country."

[153] Noch deutlicher wird Lord *St. Leonard's* [1854] 4 HLC 814, 986, der Justice *Bayley* in *Clementi v Walker* (2 B. and C. 861–867) zitiert: „He says, ,[...] but the British Legislature must be supposed to have legislated with a view to British interests and the advancement of British learning. By confining the privilege to British printing, British capital, workmen, and materials would be employed, and the work would be within the reach of the British public. By extending the privilege to foreign printing, the employment of British capital, workmen, and materials might be superseded, and the work might never find its way to the British public." Dem ersten Teil stimmt Lord *St. Leonard's* ausdrücklich zu. Den letzten Halbsatz entlarvt er als unlogisch. Ein Werk könne den Schutz englischer Gesetze erst beanspruchen, nachdem es nach England gelangt sei.

[154] Lord *Chief Baron Pollock* [1854] 4 HLC 814, 938: „Such foreign author is not within the scope and meaning of the Acts of Parliament referred to, and probably it is better that the rights of foreigners should be the subject of treaty confirmed by Act of Parliament (by which means the corresponding or correlative interests of British subjects in foreign countries may be secured)." Einen solchen völkerrechtlichen Vertrag gab es 1854, drei Jahrzehnte vor der Unterzeichnung der Berner Konvention, noch nicht.

Vielzahl von Einzelrechte zerfällt. Es herrscht eine Atmosphäre gegenseitigen Mißtrauens unter den Staaten.[155] Das Ideal eines universalen Urheberrechts wird dem Protektionismus geopfert.

Die Ansicht der Unterlegenen bündelt Justice Wightman in einem Satz: „The right or property is merely personal, and an alien friend, by the common law, has as much capacity to acquire, possess, and enjoy such personal right or property as a natural-born British subject."[156] Das Epitaph geriet in Vergessenheit. In den nächsten hundertfünfzig Jahren wurde das Urheberrecht als lokales Recht begriffen.[157] Mit ihrer Entscheidung gegen die Universalität und für die Territorialität stellten die Lordrichter in *Jefferys v Boosey* die Weichen für die spätere Ablehnung aller Urheberrechtsfälle mit Auslandsbezug.[158] Da das Urheberrecht seit *Jefferys v Boosey* endgültig als lokales Recht verstanden wurde, bedurfte es keiner besonderen Kraftanstrengung mehr, die in *British South Africa Co v Companhia de Moçambique* bestätigte Unterscheidung zwischen local und transitory actions auf Immaterialgüterrechte zu übertragen.[159] Erst heute, da sich Urheberrechte im Internet kaum mehr verorten lassen, wächst der Druck, die Diskussion über die Natur des Urheberrechts erneut zu führen.

b. Morocco Bound Syndicate Ltd v Harris (1895)

Die erste englische Entscheidung, die die Berner Konvention erwähnt,[160] ist *Morocco Bound Syndicate Ltd v Harris*.[161]

Die Kläger haben ihren Sitz in England und die Aufführungsrechte an einem Musiktheaterstück für Großbritannien inne. Sie klagen gegen Engländer, die damit drohen, das Stück in Deutschland aufzuführen. Den Klägern gelingt mit Hilfe eines deutschen Sachverstän-

---

[155] Kritisch zur Mißachtung ausländischer Urheberrechte durch die USA, Lord *St. Leonard's*, [1854] 4 HLC 814, 989.

[156] [1854] 4 HLC 814, 885.

[157] Mr Justice *Crompton* [1854] 4 HLC 814, 853: „The right to be gained under the assignment being local in its nature, and being the creation of or regulated entirely by our statute law, the assignment must, I think, be such as our law requires in such a case, whether the execution of the instrument takes place in this country or abroad."

Mr *Baron Parke* [1854] 4 HLC 814, 932: „The sole right of printing copies of a work, and publishing them within the realm, is clearly of a local nature, and, therefore, must be transferred by such a conveyance only as our law requires."

[158] Mit Ausnahme der Fälle, in denen der Grundsatz der Inländerbehandlung angewandt werden muß, siehe unten A.I.4.c. *Baschet v London Illustrated Standard* [1900] 1 Ch 73.

[159] Siehe unten A.I.4.g. *Tyburn Productions v Conan Doyle* [1990] 3 WLR 167.

[160] Vgl. dazu unten die Urteile aus den achtziger Jahren *Librairie du Liban v Pardoe Blacker* (A.I.4.d.) und *Def Lepp v Stuart Brown* (A.I.4.f.). Beide Urteile nehmen bezug auf *Morocco Bound v Harris*. Der *Court of Appeal* hat sich erst vor kurzem in einem obiter dictum in *Pearce v Ove Arup* (A.II.2.f./k.) mit der Berner Konvention auseinandergesetzt. Zur RBÜ und zum Grundsatz der Inländerbehandlung vgl. unten B.IV.1.

[161] [1895] 1 Ch 534.

digen der Beweis, daß die Handlung der Beklagten nach deutschem Recht eine Urheberrechtsverletzung darstellen würde.

Kekewich J stellt zunächst fest, daß ein englisches Gericht nicht befugt sei, die Verletzung eines britischen Urheberrechts mit Wirkung für das Ausland zu untersagen. Das Werk sei jedoch nicht nur in England, sondern wegen der Berner Konvention auch in Deutschland und in anderen Staaten urheberrechtlich geschützt. Allerdings könne ein englisches Gericht einem deutschen Urheberrecht in Deutschland keine Geltung verschaffen. „Then arises the question, ought I, in this action, enforce the Plaintiffs' rights here? The only reason that I can do so is that one or other of the Defendants is in England and is a British subject. [...] It is a matter of ordinary jurisdiction for the Court to restrain one of her Majesty's subjects from infringing the rights of another of her Majesty's subjects. [But ...] What I am asked to do is, not only to enforce the German law, but to enforce that law in Germany. [...] No doubt, it is part of the duty of an English Court, in a proper case, to enforce German law – that is to say, enforce it in England; and the German Courts will, similarly, enforce English law in Germany. But to enforce German law in Germany is no more a part of the duty or power of an English Court than it is of a German court to enforce English law in England. If these defendants are not in England, they may set any such judgment at defiance, and unless they come to England there will be no means of enforcing it against them."[162] Folglich bleibe den Klägern nichts anderes übrig als die Klage vor ein deutsches Gericht zu bringen. Mit der zwei Jahre zuvor ergangenen Entscheidung *British South Africa Co v Companhia de Moçambique* oder mit den Regeln aus *Phillips v Eyre* befaßt sich Kekewich J nicht.

Die Entscheidung zeigt, daß sich ein englischer Richter schon vor hundert Jahren über die extra-territoriale Wirkung einer Verfügung Gedanken gemacht hat. Ein englisches Gericht wird sich nicht für zuständig erklären, wenn es nicht auch die Macht hat, seine Entscheidung durchzusetzen und schon gar nicht, wenn es Gefahr läuft, daß die Beklagten die Entscheidung außerhalb des Zuständigkeitsbereichs mißachten.[163] Die Frage der Zuständigkeit impliziert die Frage nach der Durchsetzbarkeit der Entscheidung im Ausland. Eine klare systematische Trennung von jurisdiction, choice of law und enforcement gibt es nicht. Dieser Aspekt wird noch bei späteren Unterlassungsverfügungen eine Rolle spielen.[164]

---

[162] [1895] 1 Ch 537, 538.

[163] Vgl. die Stellungnahme *Vinelotts* in *Librarie du Liban v Pardoe Blacker*, Lexis-Nexis, 21.12.1983, unten A.I.4.d.

[164] Siehe *Librairie du Liban v Pardoe Blacker* (A.I.4.d.) und *Krone v Amphenol* (A.I.4.e.); vgl. auch *Alfred Dunhill v Sunoptic SA*, [1979] FSR 337 CA (oben A.I.3.f.).

c. Baschet v London Illustrated Standard (1900)

Wie in *Jefferys v Boosey* geht es in *Baschet v London Illustrated Standard* um die Geltung eines ausländischen Urheberrechts in England.[165]

Der Kläger macht ein französisches Urheberrecht an Bildern und Fotos geltend, die die Beklagten, Mitarbeiter einer englischen Zeitschrift, ohne die Zustimmung des Klägers in England veröffentlichten. Der Kläger beantragt, den Druckern das Drucken, den Herausgebern die Veröffentlichung und den Verkäufern den Vertrieb zu untersagen und verlangt Schadensersatz. Die Beklagten stellen Entstehung und Inhaberschaft des Urheberrechts in Frage. Sie tragen vor, die Bilder genössen keinen Urheberrechtsschutz, weil sie unanständig (indecent) seien. Drucker und Verkäufer berufen sich außerdem darauf, daß sie von dem Urheberrecht des Klägers nichts gewußt hätten (ignorance of the copyright).

Kekewich J ist der Ansicht, der Kläger habe durch einen französischen Sachverständigen nachgewiesen, daß er nach französischem Recht Inhaber eines französischen Urheberrechts sei. Dieses Urheberrecht sei durch die Veröffentlichung der Bilder in England durch die Beklagten verletzt worden. Der Kläger müsse gemäß Art. 2 der 1886 geschaffenen Berner Konvention in England effektiven Rechtsschutz erlangen, da er berechtigt sei, in Frankreich wegen Verletzung seines Urheberrechts zu klagen.[166] Der Rechtsbehelf ergebe sich aus englischem Recht. Französische Rechtsbehelfe seien nicht zu berücksichtigen. Nur die Schutzdauer im Ursprungsland sei relevant. „In other words, a copyright owner is only entitled to protection for the term which the country of origin gives him; but everything else is left open. I cannot believe that the Court has to consider the remedies of another country. It would be impossible to work two systems of jurisprudence together in that way."[167] Nach section 6 Fine Arts Copyright Act 1862[168] hafteten neben den Herausgebern auch die Drucker, da sie an der Veröffentlichung der Bilder beteiligt

---

[165] [1900] 1 Ch 73.

[166] Art. 2 der Berner Konvention in der Fassung von 1886 lautet: „Authors of any of the countries of the Union [...] shall enjoy in the other countries for their works [...] the rights which the respective laws [...] grant to natives. The enjoyment of these rights is subject to the accomplishment of the conditions and formalities prescribed by law in the country of origin of the work, and cannot exceed in the other countries the term of protection accorded in the said country of origin. The country of origin of the work is that in which the work is first published [...]." (zitiert nach *Kekewich* J [1900] 1 Ch 71, 74).

[167] *Kekewich* J [1900] 1 Ch 71, 78 unten.

[168] Section 6 Fine Arts Copyright Act 1862: „[...] If any [...] person, not being the proprietor [...] of copyright in any painting, drawing, or photograph, shall, without the consent of such proprietor, repeat, copy, colourably imitate, or otherwise multiply for sale, [...] or distribution, or cause or procure to be repeated, copied, colourably imitated, or otherwise multiplied for sale, [...] or distribution, any such work or the design thereof; or, knowing that any such repetition, copy, or other imitation has been unlawfully made, shall import into any part of the United Kingdom, or sell, publish, [...] or distribute, [...] any repetition, copy, or imitation of the said work, or of the design thereof, made without such consent as aforesaid, such person for every such offence shall forfeit to the proprietor of the copyright [...] a sum not exceeding ten pounds; [...]" (zitiert nach *Kekewich* J [1900] 1 Ch 71, 74).

gewesen seien.[169] Dagegen seien die Verkäufer von der Haftung ausgenommen, wie der Kläger selbst zugegeben habe.[170] Die Einrede der indecency läßt Kekewich J nur für zwei Bilder gelten. Die auf ignorance beruhende Verteidigung erwähnt Kekewich J nur im Zusammenhang mit den Prozeßkosten.[171]

Das Urteil zeigt zweierlei. Zum einen wird deutlich, daß englische Richter Rechtsbehelfe grundsätzlich der lex fori entnehmen. Zum anderen ist *Baschet v London Illustrated Standard* ein Musterbeispiel für die Aktionenstruktur im englischen Zivilprozeß. Der Kläger muß Entstehung, Inhaberschaft, Inhalt und Verletzung des Urheberrechts vortragen und beweisen. Die Beklagten können jeden einzelnen dieser Punkte angreifen. Hier beschränken sie sich auf die Einrede, der Kläger sei nicht (mehr) Inhaber eines französischen Urheberrechts. Zudem können die Beklagten vom Vortrag des Klägers unabhängige defences geltend machen. Hier berufen sie sich auf indecency und ignorance.

d. Librairie du Liban Inc v Pardoe Blacker Ltd and others (1983)[172]

Üblicherweise verteidigt sich der Beklagte mit der Moçambique rule oder mit der double actionability rule gegen eine auf die Verletzung eines ausländischen Immaterialgüterrechts gründenden Klage. Was passiert, wenn sich der Beklagte gar nicht auf diese Weise verteidigen will, sondern sich auf die Klage vor einem englischen Gericht einläßt? Über diesen kuriosen Fall hatte Vinelott J in *Librairie du Liban Inc v Pardoe Blacker Ltd and others* zu entscheiden.[173]

Die Klägerin Librairie du Liban, ein Verlag, hat ihren Sitz im Libanon. Beklagte sind die Verlage Harper & Row und deren Tochtergesellschaft Barnes & Noble, die beide im Staat New York registriert sind. Die Urheberrechte an drei wissenschaftlichen Sammelwerken liegen bei der Klägerin. Die Thesauri wurden in England von dem Verlagshaus Longman veröffentlicht. In ihrem Vertrag mit Longman hatte sich die Klägerin ihre Rechte für die

---

[169] *Kekewich* J [1900] 1 Ch 71, 77.

[170] *Kekewich* J [1900] 1 Ch 71, 76 unten.

[171] *Kekewich* J [1900] 1 Ch 71, 79.

[172] In den 83 Jahren zwischen *Baschet* und *Librairie* wurde in England – soweit ersichtlich – nur ein weiterer Urheberrechtsfall mit internationalem Bezug entschieden: *Jonathan Cape v Consolidated Press* [1954] 3 All ER, 253. Die Klage wurde vor der Queens's Bench Division wegen einer Urheberrechtsverletzung in Australien erhoben. Da sich aus dem Copyright Act von 1911 ein Urheberrecht ergab, das in allen Staaten des Commonwealth, also auch in Australien, galt, brauchte *Dankwerts* J über internationalprivatrechtliche Aspekte nicht zu entscheiden. Vgl. dazu *Wadlow*, 397: „Thus [...] a truly international copyright existed. It was no more appropriate to speak of English and Australian copyrights than it would have been to speak of Yorkshire and Devonshire copyrights. In strong contrast to patents, the copyright existing in Australia was indeed the very same right as the copyright in England and the English judge was neither enforcing foreign law nor applying English law to a transaction governed by foreign law. Finally, the plaintiffs claimed only damages and a declaration, so no question arose of the judge being asked to grant an injunction with extraterritorial effect."

[173] Chancery Division, 21.12.1983. Nicht veröffentlicht, abrufbar bei Lexis-Nexis.

USA versehentlich nicht vorbehalten. Eine britische Gesellschaft übertrug die Nutzungsrechte an die beiden Beklagten, die die Sammelwerke nachdrucken ließen und damit begannen, sie in den USA zu veröffentlichen. Die Klägerin behauptet, sie habe die britische Gesellschaft nicht autorisiert, die Rechte an die Beklagten zu übertragen. Sie beantragt im Wege einer einstweiligen Verfügung den Beklagten zu untersagen, die Bücher in den USA zu veröffentlichen. Die Klägerin erhob am 27.07.1983 Klage auf Schadensersatz in England gegen drei an dem Geschäft mit den Beklagten beteiligte britische Unternehmen. Am 13.10.1983 stellte die Klägerin einen Antrag auf Erlaß einer ex parte Verfügung gegen die Beklagten vor dem District Court of the Southern District of New York. Daraufhin erließ der District Court eine temporary restraining order. Am 28.10.1983 beantragten die Beklagten, die order wegen forum non conveniens aufzuheben und unterwarfen sich der Jurisdiktion der Chancery Division des High Court of Justice. Am 23.11.1983 beantragte die Klägerin, die Klage gegen die drei britischen Unternehmen um die beiden amerikanischen Parteien zu erweitern.

Nach sorgfältiger Abwägung der beiden Parteien drohenden Schäden[174] weist Vinelott J den Antrag auf Erlaß einer einstweiligen Verfügung ab, da die Kläger die Dringlichkeit ihres Anliegens nicht glaubhaft gemacht haben. Somit hatten die Beklagten mit ihrer Verteidigungsstrategie Erfolg. Diese zielte nicht auf die Zuständigkeit des englischen Gerichts, sondern beruhte auf dem Einwand, die Beklagten hätten eine Lizenz zur Veröffentlichung rechtmäßig erhalten.

Dennoch befaßt sich Vinelott J mit der jurisdiction. Obwohl sich die Beklagten der englischen Gerichtsbarkeit unterworfen hätten, müsse geprüft werden, ob ein englisches Gericht zuständig sei, über eine behauptete Urheberrechtsverletzung in den USA zu entscheiden.[175] Außer Frage stehe, daß der High Court zuständig wäre, wenn den Beklagten die Prozeßladung mit Klageschrift in England zugestellt worden wäre.[176] Da es keinen relevanten Unterschied zwischen US-amerikanischem und englischem Urheberrecht gebe, wäre die Veröffentlichung in den USA entsprechend dem in *Chaplin v Boys* verankerten Prinzip auch in England als unerlaubte Handlung einklagbar.[177] Nicht anders sei der vorliegende Fall zu beurteilen. Die Einlassung der Beklagten auf die Verhandlung in England sei mit der üblichen Begründung der Zuständigkeit durch Zustellung gleichzusetzen. Hinzu komme der enge Bezug

---

[174] Einen Überblick über die bei der Prüfung einer interlocutory injunction zu durchlaufenden Stationen in Fällen von Urheberrechtsverletzungen geben *Copinger/Skone James*, On Copyright, 13. Aufl., 11-35–11-47.

[175] 26. Absatz. „However, it is trite law that parties cannot by agreement confer a jurisdiction which the Court would not otherwise have."

[176] Ein englisches Gericht ist zuständig, über eine actio in personam zu entscheiden, wenn die Prozeßladung (writ) dem Beklagten in England zugestellt worden ist. Ein vorübergehender Aufenthalt des Beklagten in England genügt (presence within jurisdiction). Zu Zustellung und Zuständigkeit siehe unten B.I. Vgl. *Cheshire/North*, 12. Aufl., 183–188.

[177] 28. Absatz.

des Falls zu England, wo der streitbefangene Vertrag mit den Beklagten aus-
gehandelt und geschlossen worden sei.

Bedenken hat Vinelott J jedoch im Hinblick auf *Morocco Bound v Harris*.
Zur Erinnerung: Kekewich J fühlte sich nicht berufen, deutsches Recht in
Deutschland durchzusetzen. „More importantly it is, I think, clear from the
judgment of Mr. Justice Kekewich that he founded his judgment on the principle that the court will not assume jurisdiction unless it has the power to enforce its judgment and in particular will not do so if defendants outside the
jurisdiction may set a judgment of the English courts at defiance."[178] Diesem
Prinzip wäre Vinelott J wohl gefolgt, wenn sich die Beklagten nicht auch damit einverstanden erklärt hätten, jedes Urteil eines englischen Gerichts wie
ein Urteil des New Yorker Gerichts anzuerkennen. Da die Durchsetzung gesichert erscheint, erklärt sich Vinelott J für zuständig.[179] Kein Zweifel, Vinelott
hätte eine einstweilige Verfügung mit grenzüberschreitender Wirkung im
Staat New York erlassen, wenn nicht sachliche Gründe[180] dagegen gesprochen hätten.

Die Entscheidung überrascht. Vinelott J faßt die vom House of Lords in
Chaplin v Boys aufgestellte Regel als Zuständigkeitsregel auf,[181] obwohl Lord
Wilberforce ausdrücklich von einer choice of law rule spricht,[182] während
Lord Diplock zuvor den ersten Teil der Zuständigkeit und den zweiten Teil
dem Kollisionsrecht zugeordnet hat. Von der Moçambique rule ist keine Rede. Offenbar genügt es Vinelott J, daß eine der beiden Regeln erfüllt ist. Diese
Gleichsetzung stößt auf Kritik. Fawcett und Torremans halten die Moçambique rule für eine Zuständigkeitsregel und die double actionability rule für eine
Kollisionsregel. Würde man beide Regeln in eins setzen, verstieße man ekla-
tant gegen die Systematik des IPR. „But a choice of law rule cannot give jurisdiction to the English courts, when they would not otherwise have this, any
more than it can deprive an English court of jurisdiction. Again, all it can do

---

[178] 33. Absatz.

[179] 34. Absatz.

[180] 48. Absatz.: „In these circumstances it would, to my mind, be contrary to principle and
good sense to allow the plaintiff to build upon a situation which has come about, as I understand it, with no judicial determination, merely because the plaintiff succeeded on 13th October in an ex parte application for a TRO [temporary restraining order] which, because of the
unusual cirumstances of this case, has been entended beyond the period originally contem-
plated. Nor is that all. In my judgment the plaintiff has disentitled itself from an interim injunction by its delay in making any application here or in New York."

[181] „It must be borne in mind, however, that this case was decided long before the House
of Lords in Chaplin v Boys made it clear that an action can be entertained in this jurisdiction
founded on a wrong alleged to have been committed abroad if the conduct complained of
would be actionable both in England and in the jurisdiction where the conduct complained of
occured." 32. Absatz.

[182] Siehe oben A.I.1.d., Lord *Wilberforce* [1971] AC HL, 356, 385–387 und *Diplock* LJ
[1968] 1 All ER CA, 283, 298 D.

is to indicate whether an action would be successful if the English courts were to have jurisdiction to try the case."[183]

Abstrakt betrachtet haben Fawcett und Torremans mit ihrer Feststellung recht. Doch handelt es sich bei der Moçambique rule wirklich um eine reine Zuständigkeitsregel und bei der double actionability rule um eine reine Kollisionsregel? Wir haben gesehen, daß beide Regeln eine gemeinsame Wurzel haben – die Unterscheidung zwischen local und transitory action wie sie Buller J in *Doulson v Matthews* getroffen hat. Beide Präjudizien, *Phillips v Eyre* und *British South Africa v Companhia de Moçambique*, gründen auf dieser Unterscheidung. Die dogmatische Einteilung erfolgte später und nicht ohne Verrenkung. Die Richter des Court of Appeal und die Richter des House of Lords hatten große Mühe, der double actionability rule ein dogmatisches Etikett zu verpassen, als sie über einen Verkehrsunfall auf Malta entscheiden mußten und zu durchaus unterschiedlichen Ergebnissen kamen.[184] Auch wenn heute, nach Abschaffung der double actionability rule, scheinbar mehr Klarheit herrscht, darf bei der Besprechung eines älteren Falles nicht so getan werden, als sei die eindeutige Trennung zwischen jurisdiction und choice of law schon immer selbstverständlich gewesen. 1983, vierzehn Jahre nach *Chaplin v Boys*, war sie es jedenfalls noch nicht. Noch hatte kein Gesetz den Fluß der Rechtsprechung begradigt. So ist es keineswegs 'startling', daß Vinelott J die Regel aus *Chaplin v Boys* anwendet, um die Zuständigkeit zu bestimmen und die Moçambique rule außer acht läßt, gründen doch beide Regeln auf derselben Überlegung. Löst man sich von der später entwickelten Dogmatik, spricht einiges dafür, daß die eine Regel ohne die andere auskommt, weil beide dieselbe Funktion haben.[185]

Erstaunlich ist jedoch, daß sich Vinelott J auf *Morocco Bound* und auf *Chaplin v Boys* beruft, *Phillips v Eyre* aber mit keinem Wort erwähnt. Eine Auseinandersetzung mit diesem Urteil hätte ihm wohl den Vorwurf erspart, die geheimnisvolle double actionability rule mißverstanden zu haben. Darüber darf nicht vergessen werden, daß es sich bei *Librairie du Liban* nur um eine Entscheidung über eine interlocutory injunction handelt, die nicht einmal veröffentlicht worden ist und deren Bedeutung für künftige Judikate nicht allzu groß sein dürfte.

---

[183] *Fawcett/Torremans*, 296, zu *Librairie du Liban*.
[184] Siehe oben (A.I.1.d.) *Boys v Chaplin* [1971] AC 356 (HL) und [1968] 1 All ER 283 (CA).
[185] Zur Diskussion über die Dogmatik unten A.II.3.

e. *Krone GmbH v Amphenol Ltd (1984)*

Ein weiterer Urheberrechtsfall, der die Frage nach der extra-territorialen Wirkung einer injunction aufgreift, ist *Krone GmbH v Amphenol Ltd* aus dem Jahr 1984.[186]

Antragstellerin ist die deutsche Krone GmbH, die Ausrüstung für die Telekommunikationsindustrie entwickelt und produziert. Die Antragsgegnerin Amphenol Ltd, ein englisches Unternehmen mit amerikanischer Mehrheitsbeteiligung, stellt Verbindungsmodule für Telefongeräte her und versucht in den von der Krone GmbH beherrschten Markt einzubrechen. Es wird nicht bestritten, daß die Verbindungsmodule der Amphenol Ltd die Urheberrechte verletzt, die die Krone GmbH an den Zeichnungen in mehreren Staaten innehat. Amphenol Ltd beruft sich auf Art. 86 EGV und wirft der Krone GmbH mißbräuchliche Ausnutzung einer marktbeherrschenden Stellung vor. Die Krone GmbH hat in erster Instanz eine injunction erwirkt, die durch den Court of Appeal (nach einer „three-fold application") vorläufig bestätigt wird.

Oliver LJ befaßt sich mit dem Begehr der Antragsgegnerin, die Wirkung der injunction zumindest auf das Vereinigte Königreich zu beschränken. Als order in personam beruhe ihre Vollstreckung allein auf der Anwesenheit des Antragsgegners bei Gericht. Handlungen des Antragsgegners, die im Ausland erlaubt seien, könnten durch eine injunction nicht verboten werden. Da das Kopieren einer technischen Zeichnung im europäischen Ausland mangels künstlerischer Qualität vermutlich nicht urheberrechtlich geschützt sei, dürfe sich die injunction nicht ohne weiteres auf Gebiete außerhalb des Vereinigten Königreichs erstrecken.

Seit *Dunhill* habe eine injunction wahrscheinlich keinen extra-territorialen Effekt, wenn nicht der Beweis einer Urheberrechtsverletzung in den einzelnen Staaten erbracht werde. Abschließend müsse diese Frage aber vom Court of Appeal beantwortet werden, wenn sich dieser mit der interlocutory injunction endgültig befasse. Die Territorialität der Urheberrechte scheint Oliver LJ nicht zu stören. Bedenken wegen der Einklagbarkeit ausländischer Urheberrechtsverletzungen in England äußert er jedenfalls nicht. Da weitere Urteile zu diesem Fall leider nicht ergangen oder veröffentlicht sind, kann nur darüber spekuliert werden, ob englische Richter tatsächlich ein grenzüberschreitendes Verletzungsverbot im Urheberrecht aussprechen würden.

Zwischen den passing-off-Fällen, *Dunhill* und *Intercontex* und dem Urheberrechtsfall *Krone* besteht ein fundamentaler Unterschied. In Fällen von passing off galt bis zu ihrer Abschaffung durch den PIL Act die double actionability rule, nicht aber die Moçambique rule,[187] die in *Def Lepp v Stuart Brown* erstmals auf Urheberrechtsverletzungen im Ausland angewandt wurde.[188] Um so erstaunlicher ist, daß sich Oliver LJ in *Krone v Amphenol* weder

---

[186] Court of Appeal, 27. Juli 1984, bei Lexis-Nexis abrufbar.
[187] *Fawcett/Torremans*, 386, 387.
[188] Siehe unten A.I.4.f.

um die double actionability rule noch um die Moçambique rule kümmert. Schon die Richter des Court of Appeal befaßten sich in *Dunhill* nicht ausdrücklich mit der double actionability rule. Problematisiert wurde allein die Beweisfrage. In *Intercontex* wurde die Regel zumindest erwähnt, aber im Rahmen der interlocutory injunction (wohl aus Zeitmangel) nicht diskutiert. „It is, I think, we established that passing off outside the jurisdiction is actionable here only if that which is done is actionable both under English law and the law of the foreign country where the passing off is perpetrated."[189]

Ein anderer Aspekt rückt dafür in den Vordergrund: die Darlegungs- und Beweislast. Grundsätzlich muß die Partei, die sich auf ausländisches Recht beruft, dieses auch darlegen (plead) und beweisen (prove).[190] Beruft sich keine Partei auf ausländisches Recht, wendet das Gericht normalerweise englisches Recht an. Dasselbe gilt, wenn sich eine Partei auf ausländisches Recht beruft, dieses aber nicht beweisen kann.[191] Nur in Ausnahmefällen kann ein Gericht von einer Partei verlangen, das relevante ausländische Recht darzulegen und zu beweisen. Darunter fallen die besprochenen Entscheidungen *Dunhill* und *Intercontex*.[192] Hier genügte es nicht, daß die Kläger eine unerlaubte Handlung nach englischem Recht (passing off) vortrugen. Sie waren aufgefordert, eine Verletzung ausländischen Rechts darzutun und zu beweisen. Nur *Dunhill* ist dies für die Schweiz gelungen. Die Klage von *Intercontex* ist daran gescheitert und auch die *Krone GmbH* scheint vor den praktischen Schwierigkeiten zurückgeschreckt zu sein, die der Beweis ausländischen Rechts mit sich bringt. Sonst hätten sie den Prozeß vermutlich weiterverfolgt.

Die beiden Urteile *Librairie du Leban v Pardoe Blacker* und *Krone v Amphenol* zeigen, daß grenzüberschreitende Verfügungen im Urheberrecht grundsätzlich möglich sind, sofern die Durchsetzung im Ausland gesichert und der Beweis ausländischen Rechts erbracht ist. So wird die englische Rechtsprechung möglicherweise schon bald nicht nur passing off, sondern auch Urheberrechtsverletzungen im Ausland untersagen.[193]

---

[189] *Gibson J*, [1988] FSR 575, 5. Absatz seines Beitrags.

[190] *Fentiman*, Foreign Law in English Courts, 97–106.

[191] *Dicey & Morris*, 13. Aufl., 35-060. Diese Regeln bleiben von Part III des PILA gemäß s. 14(3)(b) unberührt, ausführlich dazu unten B.IV.4.

[192] *Dicey & Morris*, 13. Aufl., 35-062.

[193] Umgekehrt könnte es englischen Richtern einfallen, Fälle von passing off territorial zu begrenzen. *Fawcett/Torremans* geben zu Bedenken, daß es sich bei einem passing off auch um eine local action handele, die auf einen bestimmten Staat begrenzt sei und auf die theoretisch auch die Moçambique rule angewandt werden könnte. *Fawcett/Torremans*, 387. Ein solcher Sinneswandel ist mit Blick auf *Dunhill* und die anderen Entscheidungen jedoch eher unwahrscheinlich.

f. Def Lepp Music and others v Stuart-Brown (1986)

In *Def Lepp Music v. Stuart Brown* wurde erstmals die double actionability rule auf im Ausland begangene Urheberrechtsverletzungen angewandt.[194]

Kläger sind die Mitglieder der Rockgruppe Def Leppard, die behaupten, daß sie Inhaber eines britischen Urheberrechts an einer Tonbandaufnahme seien, die die Beklagten mutmaßlich illegal kopiert und massenhaft verkauft hätten. Die Beklagte zu 6, ein Unternehmen mit Sitz in Luxemburg, habe von der Tonbandaufnahme Platten angefertigt und an die Beklagte zu 8, ein niederländisches Unternehmen, verkauft, das diese in den Niederlanden wiederum an die Beklagte zu 9 weiterverkauft habe, die die Platten in das Vereinigte Königreich einführte. Die Klage gegen die Beklagten zu 6 und 8 ist zugelassen worden. Sie beantragen, die Zulassung (leave) aufzuheben und hilfsweise striking out. Sie sind der Ansicht, daß Handlungen, die außerhalb des Vereinigten Königreichs vorgenommen worden sind, keine Verletzungen des britischen Urheberrechts darstellten.

Browne-Wilkinson VC gibt dem Hauptantrag der Beklagten statt. Er stellt fest, daß die Klage allein auf den Copyright Act von 1956 gestützt werden könne. Dieser erstrecke sich aber nicht auf außerhalb seines Geltungsbereichs in Luxemburg oder den Niederlanden begangene Handlungen[195]: „It is therefore clear that copyright under the English Act is strictly defined in terms of territory."

Auch keine Regel des internationalen Privatrechts verleihe einer Prozeßpartei ein englisches Recht, das dieser ansonsten nicht zustehe. Die erste Voraussetzung der double actionability rule in der Fassung der Regel 172 von Dicey & Morris sei nicht erfüllt. Browne-Wilkinson VC räumt ein, daß er den Zusatz „in other words is an act which, if done in England, would be a tort" nicht verstehe. Klar sei jedoch, daß die von den Beklagten zu 6 und 8 begangenen Handlungen nicht als tort in England einklagbar wären.[196] Die erste Hälfte der double actionability rule besage nur, daß die lex fori, also englisches Recht, und nicht die lex loci delicti angewandt werden müsse. Nach materiellem englischen Recht (substantive law) könnten Handlungen, die in Luxemburg oder den Niederlanden, also außerhalb des Copyright Acts von 1956 stattgefunden haben, ein britisches Urheberrecht nicht verletzen.[197] Keinesfalls dürfe so getan werden, als ob ein englisches Urheberrecht in Frage stehe. Diese Interpretation der double actionability rule sei unzulässig: „Having once applied rule 172 [Dicey & Morris] to establish which law is applicable and found that the applicable law is the law of England, the question must be whether under English law those acts constitute an actionable wrong. For that purpose, if under English law the plaintiff's right is to complain of acts done in England alone (the place of the doing of the act being of the very

---

[194] [1986] RPC 273–277 ChD.
[195] [1986] RPC 275, 26–47.
[196] [1986] RPC 276, 25–30.
[197] So auch *Copinger/Skone James,* On Copyright, unter 11-31, 318 f.

essence of the claim) it could not be right for the trial judge to proceed on the footing that acts in fact done abroad were done in the United Kingdom. In other words, although for the purpose of establishing what is the appropriate law the acts may have to be deemed to have been done in England, on the trial of the substantive case the court must be bound to have regard to the actual facts not to any deemed facts."[198]

Es folgt ein lapidarer Hinweis auf *Potter v Broken Hill* und *Norbert Steinhardt v Meth*.[199] Damit bestätigt Browne-Wilkinson VC für das Urheberrecht, was die Richter des House of Lords schon 1898 für das Patentrecht in *Badische Anilin v Basle Chemical Works* entschieden haben.[200] Der territoriale Charakter der Immaterialgüterrechte verhindere eine Entscheidung über ein ausländisches Delikt in England.

In bezug auf passing off kommt Browne-Wilkinson VC zu demselben Ergebnis wie Roskill LJ in *Dunhill*:[201] Grundsätzlich könne eine Entscheidung mit extraterritorialer Wirkung in Fällen von passing off ergehen, wenn die Kläger bewiesen haben, daß die Handlung auch im betreffenden Staat unerlaubt ist. Da die Kläger keinen Beweis dafür erbracht hätten, daß die in Luxemburg und den Niederlanden vorgenommenen Handlungen dort ein Delikt darstellten, sei passing off nicht einklagbar.[202]

In einem obiter dictum befaßt sich Browne-Wilkinson VC schließlich mit *Morocco Bound v Harris*.[203] Er könne nicht verstehen, warum Kekewich J. die Berner Konvention angewandt habe, da diese niemals in ein englisches Gesetz überführt worden sei und somit lediglich staatsvertragliche Verpflichtungen enthalte. Ein justitiables englisches Urheberrecht lasse sich mit Hilfe der Berner Konvention jedenfalls nicht begründen.[204] Wäre dies jedoch der Fall, bestehe für Browne-Wilkinson VC kein Grund, warum englische Gerichte nicht Verfügungen (injunctions) mit extraterritorialer Wirkung erlassen dürften: „Moreover, contrary to the judge's [Kekewich's] view, the English court does have jurisdiction to enforce rights under English law by granting injunctions against a person within the jurisdiction restraining him from doing acts outside the jurisdiction, although in many cases the court would be reluctant to exercise such jurisdiction."[205]

Browne-Wilkinson VC unterscheidet zwischen „Begründung" und „Ausübung" der Zuständigkeit. Die Begründung der Zuständigkeit bedeutet nicht

---

[198] [1986] RPC 276, 38–48.
[199] Noch in den siebziger Jahren war zweifelhaft, ob die beiden australischen Entscheidungen in England überhaupt berücksichtigt würden. Vgl. *Ulmer*, Gutachten, 18.
[200] [1898] AC 200.
[201] *Alfred Dunhill Ltd v Sunoptic SA* [1979] FSR 337 CA, siehe oben A.III.6.
[202] [1986] RPC 277, 36–42.
[203] Siehe oben A.IV.2. [1895] 1 Ch 534.
[204] [1986] RPC 277, 7–17.
[205] [1986] RPC 277, 18–22.

automatisch, daß sie auch ausgeübt wird. Selbst wenn ein englischer Richter zuständig ist, überlegt er sich, ob er eine Verfügung mit Wirkung für das Ausland erlassen soll. Gegebenenfalls verweigert er eine Entscheidung trotz bestehender Zuständigkeit.[206] Nichts anderes haben Kekewich J in *Morocco Bound* und Vinelott J in *Librairie du Liban* getan.[207] Insoweit steht auch die *Def Lepp*-Entscheidung in der Tradition der beiden Entscheidungen, die den Erlaß von einstweiligen Verfügungen mit grenzüberschreitender Wirkung von ihrer Durchsetzbarkeit im Ausland abhängig machen. Neu ist allein Browne-Wilkinsons Unterscheidung zwischen „to have jurisdiction" und „to exercise such jurisdiction".

An der Def-Lepp-Entscheidung fällt weiterhin auf, daß die Moçambique rule unerwähnt bleibt. Browne-Wilkinson VC macht sich nicht die Mühe, über die „local nature" von Immaterialgüterrechten nachzudenken. Er begnügt sich mit Hinweisen auf den Geltungsbereich des Copyright Act 1956 und auf die australischen Entscheidungen *Potter* und *Steinhardt*. Bemerkenswert sind seine Ausführungen zur Dogmatik der double actionability rule. Diese sei eine choice of law rule.[208] Browne-Wilkinson VC wendet sie jedoch an, um die Frage zu klären, ob eine außerhalb Großbritanniens begangene Handlung Gegenstand (subject matter) einer Verletzungsklage vor englischen Gerichten sein könne.[209] Dies mag als Indiz dafür gelten, daß die Abgrenzung zwischen sachlicher Zuständigkeit (subject matter jurisdiction) und Kollisionsregeln (choice of law) unscharf ist, ja, daß es auf sie vielleicht gar nicht ankommt, wenn über ein ausländisches Immaterialgüterrecht zu entscheiden ist. Die von Fawcett und Torremans getroffene Unterscheidung zwischen subject matter jurisdiction und choice of law mag hilfreich sein, um in Zukunft Immaterialgüterrechtsfälle besser zu strukturieren. Aus der Entscheidung ableiten läßt sie sich nicht. Dem Urteil sollte nicht ex post facto eine Gliederung unterstellt werden, der Browne-Wilkinson VC gar nicht gefolgt ist.[210]

---

[206] Zum Beispiel wegen forum non conveniens, siehe unten A.III.

[207] Siehe oben A.I.4.b./d.

[208] [1986] RPC, 276, 33–35: „The majority decision in Chaplin v Boys seems to me to show that rule 172 is a rule for regulating the choice of law to be applied to the tort."

[209] Aufschlußreich sind die Zeilen unmittelbar vor der Auseinandersetzung mit der double actionability rule: „In the circumstances, it is not surprising that, with one exception, the text books have taken the view that acts done outside the United Kingdom cannot be the subject matter of an action for infringement in the English courts." [1986] RPC 275, 49–53.

[210] *Fawcett/Torremans* meinen auf S. 305, die Unterscheidung manifestiere sich in dem Satz „No common law rule of international law can confer on a litigant a right under English law that he would not otherwise possess." [1986] RPC 273, 276, 25. Von subject matter jurisdiction ist in diesem Zusammenhang aber gar nicht die Rede. *Browne-Wilkinson* VC bezieht sich allein auf den Vortrag des Prozeßbevollmächtigten der Kläger zur actionability: „Therefore, he says, the acts although done outside the United Kingdom are *actionable* in the English Courts." [1986] RPC 273, 276, 15 [Hervorhebung durch Verfasser]. *Fawcett/Torremans* betonen selbst immer wieder das *actionability* nicht dasselbe sei wie *jurisdiction*.

g. *Tyburn Productions Ltd v Conan Doyle (1990)*

In *Tyburn Productions Ltd v Conan Doyle*[211] wurde mit der Chancery Division des High Court of Justice erstmals ein englisches Gericht mit der Frage konfrontiert, ob die Unterscheidung zwischen „local and transitory acts", die vom House of Lords in *British South Africa Co v Companhia de Moçambique* berücksichtigt wurde, auf eine Urheberrechtsstreitigkeit anwendbar sei.

Die Klägerin, Tyburn Productions Ltd. mit Sitz in England, produzierte den TV-Spielfilm „The Abbot's Cry" mit den Charakteren „Sherlock Holmes" und „Dr. Watson". Den Film, der nicht auf den Werken Sir Arthur Conan Doyles beruht, wollte Tyburn in den Vereinigten Staaten über Lorimar Distribution International Inc. vertreiben. Die Beklagte, Dame Jean Conan Doyle, genannt Lady Bromet, mit Wohnsitz in England, ist das einzige noch lebende Kind Sir Arthur Conan Doyles. Bereits 1984 hatte Tyburn einen Film mit „Sherlock Holmes" und „Dr. Watson" hergestellt. Daraufhin schloß Lady Bromet mit Lorimar ohne Zustimmung Tyburns einen Vergleich, in dem sie gegen Zahlung von $ 30,000 darauf verzichtete, Ansprüche wegen Verletzung ihres Urheberrechts geltend zu machen. Nun befürchtet Tyburn, daß Lady Bromet vor amerikanischen Gerichten versucht, Tyburn an der Vertreibung seines neuen Films, „The Abbot's Cry", zu hindern, sofern keine weitere Zahlung zu ihren Gunsten erfolgen sollte. Die Klägerin beantragt erstens, festzustellen, daß die Beklagte nach amerikanischem Urheber-, Wettbewerbs- oder Markenrecht keine Rechte an den Charakteren „Sherlock Holmes and Dr. Watson" hat, die sie dazu berechtigen würden, die Verbreitung (distribution) des Films „The Abbot's Cry" oder irgend eines anderen von Tyburn produzierten Sherlock-Holmes-Films zu verhindern und zweitens, die Beklagte zu verurteilen, es zu unterlassen, gegenüber Dritten zu behaupten, sie sei nach amerikanischem Recht berechtigt, die Verbreitung eines Sherlock-Holmes-Films zu verhindern. Die Beklagte beantragt, die Klage aus dem Prozeßregister zu streichen (striking out).

Vinelott J gibt dem Antrag der Beklagten statt und streicht die gesamte Klage. Er hält es nicht für erforderlich, darüber zu entscheiden, ob Ansprüche der Beklagten nach amerikanischem Recht bestehen. Der Fall wirft zwei zentrale Fragen auf: Hat die Unterscheidung zwischen transitory and local actions, die vom House of Lords in *British South Africa Co v Companhia de Moçambique* 1893 für die Verletzung von Immobiliarsachenrechten bestätigt worden ist, präjudiziellen Charakter? Und wenn ja, ist auch eine Klage, die die Gültigkeit oder die Verletzung eines Immaterialgüterrechts betrifft, lokaler Natur?[212] Es folgen verschiedene Zitate aus *British South Africa Co v Companhia de Moçambique*, die die Bindungswirkung der Unterscheidung zwischen local und transitory action belegen. Vinelott J befaßt sich sodann ausführlich mit den australischen Entscheidungen *Potter v Broken Hill* und *Norbert Steinhardt v Meth*, an die er freilich nicht gebunden ist. Dennoch sieht er keinen Grund von ihnen abzuweichen, da er nicht davon überzeugt ist, daß sie engli-

---

[211] [1990] 3 WLR 167–179 ChD = [1990] 1 All ER 909 ChD = [1990] RPC 185.
[212] [1990] 3 WLR 170 H.

sches Recht nicht reflektierten oder daß sich die gesellschaftlichen und wirt-schaftlichen Umstände derart geändert hätten, daß die Moçambique rule auf das Immobiliarsachenrecht beschränkt bleiben müsse.[213] Er kommt zu dem Ergebnis, daß die Frage, ob die Beklagte ein Urheberrecht nach US-amerikanischem Recht habe, als territorial gebundene local action in England nicht justitiabel sei.[214]

Dieses Ergebnis lasse sich überdies aus der double actionability rule ablei-ten, die in *Phillips v Eyre* erstmals formuliert, von Dicey & Morris als Regel 172 aufgenommen und in *Def Lepp* auf Urheberrechte angewandt worden sei: „The first limb of rule 172 cannot be satisfied because an infringement of a foreign copyright cannot constitute a tort under English law; the fact that the act complained of if done in England would have constituted a breach of an English copyright law if any is then irrelevant; for the locality of the act is inseparable from the wrong."[215] Entscheidend sei demnach die „locality", die territoriale Gebundenheit des Urheberrechts. Ein ausländisches Urheberrecht habe in England keinen Bestand und könne deshalb dort auch nicht verletzt werden. Die erste Voraussetzung der double actionability rule sei nicht erfüllt.

Anders verhalte es sich nach Ansicht von Vinelott J in Fällen von passing off, das (wie bereits in *Alfred Dunhill v Sunoptic* festgestellt) als tort of mis-representation lokal gebunden sei.[216] Diese Form der unerlaubten Handlung sei zu unterscheiden von Urheber-, Patent- und Markenrechten, die aus-schließlich in dem Staat justitiabel seien, indem sie entstanden sind. Bereits Buckley LJ habe in *Rey v Lecouturier*[217] entschieden, daß französische Ge-richte keine Befugnis (jurisdiction) hätten, über ein englisches Markenrecht zu entscheiden.[218]

Vinelotts Argumentation verdeutlicht, daß die Moçambique rule und die double actionability rule zwei Seiten derselben Medaille sind. Letztlich kommt es allein auf die local nature der Immaterialgüterrechte an. Mit wel-chem juristischen Kunstgriff die Ablehnung der Entscheidungsbefugnis be-gründet wird, ob mit der Moçambique rule oder mit der double actionability rule, ist zweitrangig. Vinelott stützt seine Entscheidung auf beide Argumenta-tionsstränge.

---

[213] [1990] 3 WLR 174 H.

[214] „In my judgment therefore the question whether the defendant is entitled to copyright under the law of the United States of America or of any of the states of the United Satets of America is not justiciable in the English courts." [1990] 3 WLR 177 H.

[215] [1990] 3 WLR 176 G–H.

[216] [1990] 3 WLR 176 H.

[217] Siehe oben A.I.3.c.

[218] [1990] 3 WLR 177 G.

h. Stellungnahme

Das unbeirrte Festhalten englischer Gerichte an der Moçambique rule stößt im Schrifttum überwiegend auf Kritik.[219] Torremans hält die Regel aus dem Jahre 1893 spätestens seit Erlaß des Civil Jurisdiction and Judgement Acts von 1982 nicht mehr für zeitgemäß. Die Analogie zwischen Land und geistigem Eigentum beruhe auf der überholten Vorstellung, Immaterialgüterrechte als Privilegien zu begreifen, die ebenso wie Grundstücke auf das souveräne Territorium eines Staatsgebiets begrenzt seien.[220] Moderne Immaterialgüterrechte würden jedoch nicht mehr vom Staat verliehen, sondern vom Gesetz als persönliche Rechte zu kommerziellem Gebrauch geschützt. Insbesondere im Urheberrecht, das ohne Registrierung auskomme, erschöpfe sich die Souveränität des Staates in der Verleihung des Rechts durch Gesetz und erstrecke sich nicht auf die Anwendung des Gesetzes im Einzelfall.[221] Deshalb seien Immaterialgüterrechte als movables zu klassifizieren, auf die die Moçambique rule nicht anwendbar sei.[222]

Arnold gibt zu Bedenken, daß intellectual property rights nach wie vor von lokalen Verwaltungsbehörden verliehen würden und daß sich Dauer, Geltung und Verletzung nach lokalem Recht richteten. Auch seien sie weitaus weniger beweglich als etwa Schulden, die sich per Knopfdruck um die Welt schicken ließen. Die Einordnung von gewerblichen Schutzrechten und Urheberrechten in die Kategorie der immovables sei zweitens schon wegen ihrer wirtschaftlichen und politischen Bedeutung gerechtfertigt. Drittens sprächen praktische Gründe wie Schwierigkeiten bei der Beweissicherung und bei der Durchsetzung gerichtlicher Entscheidungen dafür, diese Rechte wie immovables zu behandeln.[223]

Den ersten Einwand Arnolds halten Torremans, Jooris und Austin für konstruiert. Legislative Akte seien stets auf das Territorium eines Staates beschränkt und nur innerhalb dieses Territoriums gültig. Das bedeute jedoch nicht, daß ein durch Hoheitsakt begründetes Recht zwangsläufig mit einem situs verbunden und deshalb als immovable zu behandeln sei. Das eine habe mit dem anderen nichts zu tun. Die territoriale Begrenzung eines Rechts sei

---

[219] *Cornish*, IP, 77 ff.; *Fawcett/Torremans*, 286 ff.; *Torremans*, Copyright in English Private International Law, IPRax 1998, 495, 502 ff.; *Wadlow*, Enforcement, 344 ff.; a.A.: *Arnold*, „Can One Sue in England for Infringement of Foreign Intellectual Property Rights?" [1990] 7 EIPR 254, 258. Vgl. auch *Kieninger*, GRUR Int. 1998, 280, 286 f.

[220] *Fawcett/Torremans*, 286.

[221] *Torremans*, IPRax 1998, 495, 504; *Fawcett/Torremans*, 286; a.A.: *Arnold*, [1990] 7 EIPR 254, 258.

[222] Vereinzelt wird zwischen den Immaterialgüterrechten differenziert und betont, daß die australischen Präzedenzfälle auf Urheberrechte nicht anwendbar seien, die ja nicht registriert werden müßten. Doch überwiege das Gemeinsame. Sowohl durch ein Patent- als auch durch ein Urheberrecht verleihe der Staat ein Monopol, das die Rechte an ein Territorium binde, vgl. *Fawcett/Torremans*, 298 f.

[223] *Arnold* [1990] 7 EIPR 254, 258.

für die Bestimmung des Status dieses Rechts irrelevant.[224] Die Differenzierung zwischen verschiedenen immateriellen Rechten und dem Grad ihrer Beweglichkeit sei auf die unterschiedliche Behandlung zurückzuführen, die sie im internationalen Privatrecht erfahre.[225] Auch der zweite Punkt erweise sich bei genauer Betrachtung als fadenscheinig, sind doch gewerbliche Schutzrechte und Urheberrechte nicht die einzigen Rechte, an denen der Staat aus politischen, wirtschaftlichen und gesellschaftlichen Gründen ein besonderes Interesse habe, das die Einordnung in die Kategorie der immovables rechtfertigen würde.[226] Drittens wird kritisiert, daß die Moçambique rule englischen Gerichten nur als Vorwand diene, die Anwendung ausländischen Immaterialgüterrechts zu vermeiden.[227] Das Heimwärtsstreben englischer Gerichte sei durch nichts gerechtfertigt, zumal sie sonst – in ähnlich komplexen Fällen – durchaus geneigt seien, ausländisches Recht anzuwenden.[228]

Diesen Argumenten ist aus dogmatischer Sicht nichts hinzuzufügen. Intellectual property rights sind keine immovables. Das hat auch die Rechtsprechung bestätigt.[229] Doch wird die Anwendbarkeit der Moçambique rule im Immaterialgüterrecht dadurch nicht in Frage gestellt. Die theoretische Debatte geht an der Realität vorbei. Der Unterscheidung zwischen local und transitory actions liegen pragmatische Erwägungen zugrunde, die nicht zuletzt das öffentliche Interesse berücksichtigen.[230] So ist nicht verwunderlich, daß die akademischen Einwände die englischen Gerichte bislang nicht überzeugt haben.[231] Der Court of Appeal hat die Anwendung der Moçambique rule auf Immaterialgüterrechte nur einmal grundsätzlich in Frage gestellt, obiter in *Apple Corps v Apple Computer*.[232] Das war ein Jahr nach *Tyburn* und geschah offenbar unter dem Eindruck der Kritik.

---

[224] *Torremans*, IPRax 1998 495, 504; *Jooris*, [1996] 3 EIPR 127, 138; *Austin* [1997] LQR 321, 326.

[225] *Austin* [1997] LQR 321, 327.

[226] *Austin* [1997] LQR 321, 327.

[227] *Arnold* betrachtet das sogar als Vorteil der Moçambique rule, [1990] 7 EIPR 254, 258.

[228] *Torremans*, IPRax, 1998, 495, 504.

[229] Allerdings in bezug auf section 30 CJJA. Vgl. *Pearce v Ove Arup* [1997] 3 All ER 31, 37 e–f; *Coin Controls* [1997] 3 All ER, 46, 54 d. Siehe unten A.II.2.f./g.

[230] Siehe oben. So auch *Austin* [1997] LQR 321, 331 ff.; *Wadlow*, Enforcement, 6-114–6-162 und *Carter* [1990] 61 BYIL 306, 401: „A legitimate enquiry is not as to whether the matter has some mystical quality which compels the courts of other countries to refrain from adjudication, but rather as to whether there are policy grounds indicating the desirability of such restraint by other countries. The response to this enquiry should be pragmatic not a priori."

[231] Vgl. unten: *LA Gear v Whelan; Plastus v 3M; Pearce v Ove Arup* (A.II.2.a./d./f./k.).

[232] *Apple Corps v Apple Computer* [1991] 3 CMLR 49 CA. Die Kläger klagten, um Rechte aus einem Vertrag durchzusetzen, in dem sich die Beklagten verpflichtet hatten, nicht gegen die weltweit eingetragenen Markenrechte der Kläger anzugehen. *Ferris* J lehnte den Antrag der Beklagten ab, im Wege der Duplik Beweise für die Ungültigkeit der Markenrechte in neun Staaten beizubringen. Die Berufung blieb erfolglos, da die Frage der Gültigkeit für

Größeren Druck als die Kritik des Schrifttums dürfte das beständige Wachstum des internationalen Handels mit Gütern und Informationen aus-üben.[233] Möglicherweise werden es sich englische Gerichte auf absehbare Zeit gar nicht leisten können, ihre Zuständigkeit zu versagen, weil sie Gefahr lau-fen, durch andere benachbarte Jurisdiktionen im Wettbewerb um internatio-nale Fälle überholt zu werden.[234] „So it may follow that, despite the traditio-nal rule, British domiciled individuals or companies who infringe (say) a French or German copyright not only may, but must, be sued here."[235]

Die Abkehr englischer Gerichte von der Moçambique rule in Fällen, auf die das EuGVÜ anwendbar ist,[236] unterstreicht ihre Bereitschaft, auf eine ver-änderte Situation zu reagieren.[237] Inwieweit Technik und Welthandel engli-sche Gerichte zu einer umfassenden Revision ihrer Rechtsprechung veranlas-sen werden, bleibt abzuwarten. Dicey & Morris sehen schon jetzt den Zeit-punkt gekommen, bei nächster Gelegenheit die Moçambique rule gänzlich aufzugeben und die englische Zuständigkeit auf Fälle auszuweiten, die keinen Bezug zum EuGVÜ haben.[238] Das Abschneiden eines hundert Jahre alten Zopfes bedeutet jedoch nicht, daß die Gerichte jeder Möglichkeit beraubt sind, die Zuständigkeit nach Lage des Falles abzulehnen. Wie schon Lord Fraser in *Hesperides* angedeutet hat,[239] könnte an die Stelle der starren tradi-

---

den Fall irrelevant war. Allerdings folgten *Neill* LJ und *Nicholls* LJ nicht dem Argument der Kläger, daß eine Entscheidung über die Gültigkeit eines ausländischen Markenrechts in Eng-land wegen der Moçambique rule nicht justitiabel sei. Da es sich nur um einen interlocutory appeal handelte, verzichteten sie auf eine Begründung. „The rule has not escaped criticism. [...] I would be reluctant to be driven to the conclusion that this issue of validity was not justi-ciable." (per *Neill* LJ).

[233] Siehe *Cornish*, IP, 78, Fn. 76; *Wadlow* (Enforcement, 337) faßt die Gründe *Cornishs* wie folgt zusammen: „The momorandum went on to list five reasons why actions for infrin-gement of foreign intellectual property rights ought to be entertained in the future, which might be summarised as the
- increasing trade in goods and services protected by intellectual property;
- standardisation of intellectual property protection through international conventions such as TRIPs;
- piratical defendants infringing in states where they had no local assets;
- the implications of the Brussels Convention and
- the example set by the Dutch courts in particular."
(zur niederländischen Rechtspraxis unten *Fort Dodge*, A.II.2.i.).

[234] Insbesondere wird befürchtet, daß die Niederlande zum europäischen Zentrum für Kla-gen wegen Verletzungen von Immaterialgüterrechten werde und daß die englischen Gerichte ihr „Geschäft" mit solchen Klagen verlieren werden. Vgl. *Cornish*, IP, 80, Fn. 86; *Fawcett/Torremans*, 220.

[235] *Laddie et al.*, The Modern Law of Copyright, 917.

[236] *Pearce v Ove Arup; Coin Controls* siehe unten A.II.2.f./g.

[237] Siehe unten [1997] 3 All ER ChD 31 und [1999] 1 All ER CA 769.

[238] *Dicey & Morris*, 13. Aufl., Rule 201, 35-031.

[239] [1978] 2 All ER 1168, 1183, e; unter Berufung auf *The Atlantic Star* [1973] 2 All ER 175 und *MacShannon v Rockware Glass Ltd* [1978] 1 All ER 625. (A.I.2.b.).

tionellen Regeln das flexible Instrument der Doktrin forum non conveniens treten.[240]

---

[240] Das erwägen alle Autoren unisono. Siehe unten A.III.

II. Die Regeln des EuGVÜ

Die zweite Phase der englischen Rechtsprechung zum internationalen Immaterialgüterrecht hat mit der Umsetzung der Regeln des EuGVÜ durch den Civil Jurisdiction and Judgment Act begonnen. Der Anwendungsbereich dieses Gesetzes und sein Verhältnis zu den common law rules of jurisdiction wird kurz dargestellt (1.), ehe die Rechtsprechung zum EuGVÜ beleuchtet wird (2.). Die Reaktionen des englischen Schrifttums auf die Rechtsprechung runden diesen Teil ab (3.).

1. Der Civil Jurisdiction and Judgment Act (CJJA)

a. Anwendungsbereich

Die Vorschriften des EuGVÜ sind in England seit dem 1.1.1987 gemäß section 2 (1) Civil Jurisdiction and Judgment Act (CJJA) von 1982 unmittelbar geltendes Recht. Der CJJA regelt darüber hinaus die Zuständigkeit von England und Wales, Schottland und Nordirland im Verhältnis zueinander. Anhang 4 enthält eine modifizierte Version des II. Titels des EuGVÜ über die Zuständigkeit.[241] Gemäß section 16 (1) (a) CJJA regelt Anhang 4 die Zuständigkeit im Vereinigten Königreich in allen Fällen, die unter den in Art. 1 EuGVÜ festgeschriebenen Anwendungsbereich der Konvention fallen, auch wenn das EuGVÜ ansonsten nicht anwendbar ist.[242] Das bedeutet, daß Anhang 4 in allen Fällen mit internationaler oder innerbritischer Dimension maßgeblich ist. Voraussetzung ist allerdings, daß der Beklagte seinen Wohnsitz im Vereinigten Königreich oder in einem anderen Vertragsstaat hat.[243] Muß ein englisches Gericht entscheiden, ob eine Partei im Hoheitsgebiet Großbritanniens einen Wohnsitz hat, so wendet es gemäß Art. 52 Abs. 1 EuGVÜ englisches Recht an. Maßgeblich sind sections 41 bis 46 CJJA.[244] Hat eine Partei keinen Wohnsitz im Vereinigten Königreich, so wendet ein englisches Gericht, wenn es zu entscheiden hat, ob die Partei einen Wohnsitz in einem anderen Vertragsstaat hat, gemäß Art. 52 Abs. 2 EuGVÜ das Recht dieses Staates an.[245] Stellt es fest, daß der Beklagte seinen Wohnsitz weder in Großbritannien noch in einem anderen Vertragsstaat hat, prüft es gemäß s. 41 (7) CJJA, wo sich der

---

[241] U.a. ist Art. 5 Abs. 3 geändert worden: zusätzlich wird die Androhung von Delikten erfaßt, *Cheshire/North,* 338.

[242] Da der CJJA die internationale Zuständigkeit umfassend regelt, ist Art. 4 EuGVÜ im CJJA gestrichen worden.

[243] Das folgt aus s.16 (1)(b) CJJA.

[244] Sections 41–46 CJJA sind darüberhinaus anwendbar, wenn im Rahmen von RSC Order 11 der Wohnsitz des Beklagten zu bestimmen ist.

[245] Vgl. Art. 53 EuGVÜ. Ist der Sitz von juristischen Personen zu bestimmen, ist das britische IPR anzuwenden.

Beklagte aufhält und ob er eine substantielle Verbindung mit diesem Staat hat.[246]

b. Der CJJA und die common law rules of jurisdiction

In Zivil- und Handelssachen kommen die common law rules of jurisdiction neben rein britischen Fällen nur noch in solchen internationalen Fällen zur Anwendung, in denen der Beklagte seinen Wohnsitz außerhalb Großbritanniens hat (out of jurisdiction). Alle anderen Fälle unterliegen den Vorschriften des Anhangs 4 CJJA.[247]

Nach den Regeln des common law wird die Zuständigkeit im Vereinigten Königreich durch die Zustellung eines das Verfahren einleitenden Schriftstücks (writ) an den Beklagten begründet. Dessen vorübergehende Anwesenheit in Großbritannien genügt.[248] Hält sich der Beklagte außerhalb Großbritanniens auf, sind die englischen Gerichte zuständig, wenn

- sich der Beklagte rügelos auf das Verfahren einläßt;

- ein englisches Gericht die Zustellung des writ außerhalb Großbritanniens gemäß Part 50 (3) CPR[249] i.V.m. RSC Order 11 rule 1 (1) gestattet;[250]

- die Zustellung des writ außerhalb Großbritanniens gemäß RSC Order 11 rule 1 (2) aus anderen Gründen erlaubt ist, hauptsächlich weil das EuGVÜ anwendbar ist.[251]

---

[246] Zum „standard of proof to be applied to question whether defendant domiciled in England": *Canada Trust Co and others v Stolzenberg and others (No 2)* [1998] 1 All ER 318.

[247] *O'Malley/Layton*, § 1.25.

[248] *Cheshire/North*, 290; *O'Malley/Layton*, § 1.26. Es handelt sich um eine exorbitante Gerichtsstandsregel gemäß Art. 3 Abs. 2 EuGVÜ.

[249] RSC Order 11 ist als Anhang in die am 26.4.1999 in Kraft getretenen Civil Procedure Rules (CPR) aufgenommen worden, vgl. Part 50 (3) CPR. Die Rules of the Supreme Court (RSC) sind kommentiert im *White Book*, The Supreme Court Practice. Die CPR sind im Internet abrufbar unter <http://www.open.gov.uk/lcd/>. Ausführlich über Ausarbeitung und Reformabsichten *Woolf*, Access to Justice, Final Report 1996, abrufbar unter <http://www.open.gov.uk/lcd/>. Die CPR betreffen auch das Verfahren vor den Patentgerichten, vgl. *Lambert*, I.P. Litigation after Woolf, [1999] EIPR 427–440. Allgemein zur Reform des englischen Zivilprozesses *Hartwieg/Grunert*, ZIP 2000, 721, 726, m.w.N. in Fn. 54 ff; *Stürner*, ZVglRWiss 2000, 310–337, m.w.N. in Fn. 5–7.

[250] RSC Order 11 [Service of Process, etc., out of the Jurisdiction]

„Rule 1: Principal cases in which service of claim form out of jurisdiction is permissible (1) Provided that the claim form does not contain any claim mentioned in Order 75, r.2 (1) and is not a claim form to which paragraph (2) of this rule applies, a claim form may be served out of the jurisdiction with the permission of the Court if (a) a remedy is sought against a person domiciled within the jurisdiction; (b) an injunction is sought ordering the defendant to do or refrain from doing anything within the jurisdiction (whether or not damages are also claimed in respect of a failure to do or the doing of that thing); (c) the claim is brought against a person duly served within or out of the jurisdiction and a person out of the jurisdiction is a necessary or proper party thereto; [...] (f) the claim is founded on a tort and the damage was sustained, or resulted from an act committed, within the jurisdiction; [...]."

Der Kläger beantragt im Zustellungsverfahren die Erlaubnis (leave) der Zustellung im Ausland ex parte. Das Gericht prüft sodann, ob die Klage unter eine der in RSC Order 11 aufgeführten Fallgruppen fällt.[252]

Wird ein Urheberrecht im Ausland verletzt, sind folgende Fallgruppen relevant:

- Der Beklagte hat seinen Wohnsitz in England.[253] Da in diesem Fall das EuGVÜ anwendbar ist, bedarf es der Erlaubnis des Gerichts nicht.[254]

- Der Kläger beantragt den Erlaß einer einstweiligen Verfügung, um die Unterlassung oder Vornahme von Handlungen zu erzwingen.[255]

- Mehrere Personen werden zusammen verklagt. Voraussetzung ist, daß die Klage zumindest einer Person zugestellt werden kann.[256]

- Die Klage stützt sich auf ein Delikt und der Kläger hat den Schaden in England erlitten oder die Verletzungshandlung ist in England begangen worden.[257]

Das Gericht erteilt die Erlaubnis, die Klageschrift (writ) im Ausland zuzustellen nur, wenn es meint, daß es sich um einen proper case handele. Das ist der Fall, wenn

---

[251] RSC Order 11 Rule 1: „(2) A claim form may be served out of the jurisdiction on a defendant without the permission of the Court provided that each claim against that defendant is either (a) a claim which by virtue of the Civil Jurisdiction and Judgments Act 1982 the Court has power to hear and determine, made in proceedings to which the following conditions apply (i) no proceedings between the parties concerning the same cause of action are pending in the courts of any other part of the United Kingdom or of any other Convention territory; and (ii) either the defendant is domiciled in any part of the United Kingdom or in any other Convention territory, or the proceedings begun by the claim form are proceedings to which Article 16 of Schedule 1, 3C or 4 refers, or the defendant is a party to an agreement conferring jurisdiction to which Article 17 of Schedule 1, 3C or 4 to that Act applies; or (b) a claim which by virtue of any other enactment the High Court has power to hear and determine notwithstanding that the person against whom the claim is made is not within the jurisdiction of the Court or that the wrongful act, neglect or default giving rise to the claim did not take place within its jurisdiction."

[252] Ausführlich dazu *Norton Rose*, 177–187.

[253] RSC Order 11 rule 1 (1) (a).

[254] RSC Order 11 rule 1 (1) (2) (a).

[255] RSC Order 11 rule 1 (1) (b).

[256] RSC Order 11 rule 1 (1) (c).

[257] RSC Order 11 rule 1 (1) (f). Im Gegensatz zu Art. 5 Nr. 3 EuGVÜ, wo von „harmful event" die Rede ist, knüpft RSC Order 11 rule 1 (1) (f) daran an, daß „some significant damage" im Forumstaat entstanden ist, vgl. *Metall- und Rohstoff AG v Donaldson Lufkin & Jenrette Inc* [1989] 3 All ER 14, 34, CA. Ist danach ein Gerichtsstand im Inland begründet, ist die Kognitionsbefugnis eines englischen Gerichts nicht auf den im Inland entstandenen Schaden beschränkt, sondern umfaßt den gesamten erlittenen Schaden. Vgl. *Kubis*, 54; *Rauscher*, ZZP Int. 1 (1996), 151, 158.

- es nicht ungerecht erscheint, den Beklagten vor ein englisches Gericht zu stellen und

- die Klage Aussicht auf Erfolg hat (good arguable case) und

- England das geeignete Forum ist, um über den Fall zu entscheiden (forum conveniens).[258]

Demnach prüft ein englisches Gericht im Zustellungsverfahren nicht nur die Zuständigkeit, sondern auch summarisch die Erfolgsaussichten der Klage in rechtlicher Hinsicht.[259]

2. Die Rechtsprechung zum gewerblichen Rechtsschutz und zum Urheberrecht seit 1991

Die Kollision der traditionellen Regeln mit den Regeln des EuGVÜ prägt die englische Rechtsprechung zum internationalen Immaterialgüterrecht seit 1991. Da die Urteile innerhalb kurzer Zeit verkündet wurden und in enger Beziehung zueinander stehen, wird hier auf eine Trennung zwischen gewerblichem Rechtsschutz und Urheberrecht verzichtet. Geboten erscheint eine streng chronologische Darstellung, deren Schwerpunkt auf drei Entscheidungen zum internationalen Urheberrecht liegt: *ABKCO Music v Music Collection International* (c.); *Pearce v Ove Arup* (f. und k.) und *Mother Bertha v Bourne Music* (h.).

a. LA Gear Inc v Gerald Whelan & Sons Ltd (24.5.1991)

Die *Tyburn*-Entscheidung wurde von Mummery J in *LA Gear Inc v Gerald Whelan & Sons Ltd* bestätigt.[260]

Die Klägerin ließ die Marke „LA Gear" auf ihren Namen in Irland und im Vereinigten Königreich registrieren. Die Beklagte vertrieb Schuhe mit der Aufschrift „LA Gear" in Irland und Großbritannien. Die Klägerin hat zunächst in Irland Klage erhoben. Sie beantragt bei der Chancery Division des High Court of Justice den Erlaß eines Versäumnisurteils. Die Beklagte ist der Ansicht, das Gericht müsse das Verfahren gemäß Art. 21 oder 22 EuGVÜ aussetzen, weil derselbe Anspruch zwischen denselben Parteien vor einem irischen Gericht anhängig gemacht worden sei.

Mummery J verlängert die Klageerwiderungsfrist um 21 Tage und bürdet der Beklagten die Kosten für den Antrag der Klägerin auf. Da die in Irland anhängige Klage nicht auf denselben Anspruch gerichtet sei wie die in England anhängige Klage, müsse das Gericht das Verfahren nicht gemäß Art. 21 Abs. 1 EuGVÜ aussetzen. Ein britisches Markenrecht gelte in Irland nicht und könne daher auch nicht in Irland verletzt werden. Vinelott J habe in *Tyburn v*

---

[258] *Norton Rose*, 191.
[259] Kritisch *Kubis*, 58.
[260] [1991] FSR 670, 677.

Conan Doyle zu Recht festgestellt, daß eine Klage wegen Verletzung eines Immaterialgüterrechts lokaler Natur sei. Im übrigen habe die Klägerin nicht dargelegt, daß sich das irische Recht in dieser Hinsicht vom englischen Recht unterscheide.[261]

Mummery J lehnt es auch ab, das Verfahren gemäß Art. 22 Abs. 1 EuGVÜ auszusetzen. Zwar stünden die beiden Klagen insofern im Zusammenhang als sich dieselben Parteien über dieselbe Handlung der Beklagten stritten. Die Klägerin würde jedoch im Falle einer Aussetzung ihrer Möglichkeit beraubt, in England wegen der Verletzung ihres britischen Markenrechts zu klagen. Da das britische Markenrecht in Irland nicht einklagbar sei, stünde die Klägerin am Ende schutzlos da.[262] Der Einwand, daß das EuGVÜ einem irischen Gericht erlaubt, über die Verletzung eines britischen Immaterialgüterrechts in England zu entscheiden, wird nicht vorgetragen.[263]

b. *Mölnlycke AB v Procter & Gamble (No. 4) (27.6.1991)*

Das in *Badische Anilin v The Basle Chemical Works* manifestierte Territorialitätsprinzip schreckt Opfer einer Patentverletzung ab, in England wegen der Verletzung eines ausländischen Patents in England oder wegen der Verletzung eines britischen Patents im Ausland zu klagen. Oft scheitern die Klagen schon im Zustellungsverfahren, weil englische Gerichte eine writ out of jurisdiction gemäß Part 50 (3) CPR i.V.m. RSC Order 11 rule 1(1) verweigern.[264] Gemäß Order 11 rule 1 (1) (f) geben sie dem Antrag statt, wenn ein Immaterialgüterrecht im Vereinigten Königreich verletzt worden ist.[265] Außerdem lassen sie die Zustellung an eine Partei im Ausland zu, wenn sie gemäß Order 11 rule 1 (1) (c) eine „necessary and proper party" ist. Der Kläger muß darlegen und beweisen, daß eine für den Streit relevante Frage nur beantwortet werden kann, wenn die dritte Partei hinzugezogen wird („a serious question to be tried").[266] Dillon LJ hat in *Mölnlycke AB v Procter & Gamble Ltd* klargestellt, daß dieser Grundsatz auch dann gilt, wenn RSC Order 11 rule 1 (1) durch Art. 6 Nr. 1 EuGVÜ verdrängt wird.[267]

---

[261] [1991] FSR 670, 674.

[262] [1991] FSR 670, 676.

[263] Siehe unten *Lloyd* J in *Pearce v Ove Arup* [1997] 3 All ER, 31–44, 40 e, der feststellt, daß die Klägerin diesen Einwand in *LA Gear* nicht vorgebracht habe. A.II.2.f..

[264] Seit 26.4.1999 i.V.m. Part 50 (3) CPR.

[265] Vgl. *Kalman and another v PCL Packaging (UK) Ltd and another* [1982] FSR 406, die Zustellung im Ausland wird nicht gewährt, weil der amerikanische Beklagte kein Patent im Vereinigten Königreich verletzt hat.

[266] *Unilever plc v Gillette (UK) Ltd* [1989] RPC 583, der Court of Appeal gibt dem Antrag auf Zustellung im Ausland statt, weil die amerikanische Muttergesellschaft gemeinsam mit ihrer englischen Tochter ein Europäisches Patent durch den Import eines Produkts verletzt hat; auch in *The Electric Furnace Co v Selas Corpn of America,* [1987] RPC 23 wird dem Antrag stattgegeben, weil mehrere gemeinsam ein Patent verletzt haben.

[267] [1992] 4 All ER 47, 51 e.

Eine schwedische Gesellschaft ist Inhaberin eines britischen Patents für Windeln. Gemeinsam mit dem englischen Lizenznehmer verklagt sie ein englisches Unternehmen und den amerikanischen Mutterkonzern, die ebenfalls Windeln im Vereinigten Königreich vertreiben und zur Procter & Gamble Gruppe gehören. Nachdem die Kläger festgestellt haben, daß sich Beweismaterial bei einer deutschen Tochter der Gruppe befindet, beantragen sie, das deutsche Unternehmen zum Verfahren hinzuzuziehen. Dem Antrag wird stattgegeben. Die Beklagten legen ohne Erfolg Berufung ein.

Die Kläger müssen beweisen, daß das Design ihrer Windeln mit dem Design der von den Beklagten produzierten und in England vermarkteten Windeln übereinstimmt.[268] Um den Beweis führen zu können, sind sie auf die bei der deutschen Tochter befindlichen Dokumente angewiesen. Das deutsche Tochterunternehmen sei deshalb zum Verfahren hinzuzuziehen.[269] Der Schutz der Beklagten sei insofern gewährleistet, als englische Gerichte über den Umfang der Offenlegung wachten.[270]

Die Entscheidung ist noch aus einem anderen Grund bemerkenswert. Dillon LJ bestätigt inzidenter die Geltung des Territorialitätsprinzips: „But, from the nature of a United Kingdom patent, proceedings for infringement of a United Kingdom patent can only be brought in a United Kingdom court, in the present case the English court, and could only be founded on infringement in England. The German court could entertain an action for infringement of the comparable German patent, but could not entertain a claim for infringement of an English patent. Conversely the English court could not entertain a claim for the infringement of a German patent."[271] Lloyd J wird sich fünf Jahre später in *Pearce v Ove Arup* nicht an Dillons obiter dictum gebunden fühlen, zumal Dillon J nicht darüber entscheiden mußte, ob das EuGVÜ einer strengen Auslegung des Territorialitätsprinzips entgegensteht.[272]

c. *ABKCO Music & Records Inc v Music Collection International Ltd* (7.11.1994)

Hoffmann LJ hat es in *ABKCO Music v Music Collection International* mit der Frage zu tun, ob eine Klage gegen ein ausländisches Unternehmen zulässig ist, das ein englisches Unternehmen im Ausland ermächtigt hat, ein britisches Urheberrecht in England zu verletzen.[273]

---

[268] [1992] 4 All ER 47, 57 e.

[269] Die deutsche Tochter kann dann im Verfahren gegebenenfalls durch eine Anton Piller Order gezwungen werden, Beweismaterial herauszugeben. Zur Anton Piller Order B.I.2.

[270] [1992] 4 All ER 47, 58 a: „The process of the English court is well capable of preventing oppressive demands against a party who has been joined in such circumstance as those of the present case."

[271] [1992] 4 All ER 47, 52 g–h.

[272] [1997] 3 All ER 31, 40 a–b. A.II.2.f.

[273] [1995] RPC 657. Die umgekehrte Frage, ob ein englisches Gericht zuständig ist, wenn ein englisches Unternehmen in England die Verletzung eines Urheberrechts im Ausland auto-

Die Klägerin behauptet, die Nutzungsrechte an Tonbandaufnahmen eines Stücks von Sam Cooke zu besitzen. Die zweite Beklagte („Charly"), ein dänisches Unternehmen, behauptet, ihr gehörten die Nutzungsrechte. Am 26.02.1991 räumte sie der ersten Beklagten („Music Collection"), einem in England registrierten Unternehmen, das Recht ein, Kopien der Aufnahmen zu produzieren und in Großbritannien und Irland zu verkaufen. „Music Collection" brachte CDs auf den britischen und irischen Markt. „Charly" hat beantragt, die Zustellung der gegen sie gerichteten Klage außer Kraft zu setzen (applied by summons to set aside service). Da sich das in section 16 (2) Copyright Designs and Patents Act 1988 ausgesprochene Verbot auf Ermächtigungen innerhalb Großbritanniens beschränke, die Ermächtigung aber in Dänemark erteilt wurde, fehle es an einer Verletzungshandlung in England, die Voraussetzung für die Zuständigkeit des Gerichts gemäß RSC Ord. 11 rule 1 (f) ist.[274] Colin Rimer QC, stellvertretender Richter am High Court, hat den Antrag zurückgewiesen. „Charly" legt Beschwerde vor dem Court of Appeal ein. Der Prozeßbevollmächtigte der Beklagten ist der Ansicht, section 16 (2) sei nicht auf Lizenzen anwendbar, die außerhalb Großbritanniens erteilt worden sind (1). Außerdem habe „Charly" „Music Collection" gar nicht dazu ermächtigt, Kopien zu vertreiben (2).

Den zweiten Punkt lehnt Hoffmann LJ unter Berufung auf den Wortlaut des Vertrages ab. Da „Charly" die „Music Collection" vertraglich autorisiert habe, sei die Voraussetzung des Art. 6 Nr. 1 EuGVÜ („a serious issue to be tried")[275] erfüllt.

Im Hinblick auf den ersten Punkt gibt er dem Prozeßbevollmächtigten der Beklagten und Beschwerdeführerin zu, daß der Anwendungsbereich des britischen Urheberrechtsgesetzes auf das Gebiet Großbritanniens beschränkt ist. Das Territorialitätsprinzip sei schon in *Def Lepp Music v Stuart-Brown* bestätigt worden.[276] Allerdings stehe das Territorialitätsprinzip der Zuständigkeit eines englischen Gerichts im vorliegenden Fall nicht entgegen. Sowohl nach autonomem englischen Recht gemäß RSC Ord. 11 rule (1) (f) als auch gemäß Art. 5 Nr. 3 EuGVÜ sei ein englisches Gericht schon dann zuständig, wenn die eigentliche Verletzungshandlung, wie hier, in Großbritannien stattgefun-

---

risiert, lag englischen Gerichten bislang nicht vor. Amerikanische Gerichte haben die Extraterritorialität des in § 106 Copyright Act (USA) ausgesprochenen Verbots, Verletzungshandlungen zu autorisieren, anerkannt, vgl. *Austin*, [1997] LQR, 321, 339, Fn. 90, der als Beispiele *Thomas v Pansy Ellen Products Inc* 672 F.Supp 237 (N.D. Ill., 1987) und *Peter Starr Production Co v Twin Continental Films Inc* 783 F.2d 1440 (9th Cir, 1986) nennt.

[274] 16 – „(1) The owner of the copyright in a work has, in accordance with the following provisions of this Chapter, the exclusive right to do the following acts in the United Kingdom – to copy the work (see section 17); (a) to issue copies of the work to the public (see section 18) [...]; (2) Copyright in a work is infringed by a person who without the licence of the copyright owner does, or authorises another to do, any of the acts restricted by the copyright."

[275] *Mölnlycke AB v Procter & Gamble Ltd* [1992] 1 WLR 1112.

[276] „In principle the law of copyright is strictly territorial in its application: see *Def Lepp Music v Stuart Brown*." [1995] RPC 657, 660, 10–25, oben A.IV.6.

den habe.[277] Das sei auch dann der Fall, wenn eine im Ausland begangene Handlung Konsequenzen in England nach sich ziehe.[278] „As those are the rules of jurisdiction, I can see no reason why, on grounds of international comity or the principle of territoriality, it is necessary to construe the substantive provision creating such a tort so as to require the preliminary act to have taken place in the United Kingdom"[279] Die territoriale Beschränkung der Urheberrechte erfordere nicht, daß auch die Vorbereitungshandlung in Großbritannien stattgefunden habe. Sonst könnte jeder, der beabsichtige, einem anderen fremde Nutzungsrechte einzuräumen, seiner Haftung entgehen, indem er die Lizenz im Ausland erteilte.[280] Im Ergebnis sei das britische Urheberrecht in England verletzt worden, so daß die Voraussetzungen der Ord. 11 rule 1 und Art. 5 Nr. 3 EuGVÜ erfüllt seien. Neill LJ stimmt Hoffmanns Votum zu.[281]

Hoffmann LJ bringt hundert Jahre Rechtsprechung zum internationalen Immaterialgüterrecht auf den Punkt, indem er das Territorialitätsprinzip mit der international comity verknüpft. Fawcett und Torremans leiten daraus ab, daß die territoriale Beschränkung der Immaterialgüterrechte durch das britische Urheberrechtsgesetz der Frage nach dem Kollisionsrecht vorgeschaltet sei. Sie sprechen in diesem Zusammenhang von „mandatory rules of the forum": „When it comes to the English intellectual property statutes, it has already been seen that they territorially define the scope of their application by only providing redress in respect of UK rights and normally only when these have been infringed in England. This raises the argument that in a number of very common scenarios the UK infringement provisions are intended to apply as mandatory rules, regardless of the law governing the tort of infringement."[282] Anhand von *ABKCO v Music Collection* veranschaulichen sie ihre These.[283] Die dänische Beklagte habe die englische Beklagte in Dänemark autorisiert. Ort dieser Verletzungshandlung sei demnach Dänemark. Da 1994 noch die double actionability rule gegolten habe, habe sich das Gericht fragen müssen, ob das britische Urheberrecht durch eine in Dänemark begangene Handlung verletzt werden könne. Diese Frage habe Hoffmann LJ unter Beru-

---

[277] „It is well-established that in the case of torts or crimes which include in their definition a described consequence, the English Courts can assert jurisdiction on the grounds that consequence took place, or was intended to take place in England: see *DPPP v Stonehouse* [1978] AC 55, Ord. 11,r.1(1) (f) and Article 5(3) of the Brussels Convention. It does not matter that the acts which preceded that consequence all took place abroad." [1995] RPC 657, 660, 35–40.

[278] Vgl. die Rechtsprechungsnachweise bei *Neill* LJ [1995] RPC, 664, 17–24, der von „double locality" spricht.

[279] [1995] RPC 657, 660, 51–54.

[280] [1995] RPC 657, 661, 2–11.

[281] [1995] RPC 657, 663–665.

[282] *Fawcett/Torremans*, 598.

[283] *Fawcett/Torremans*, 603 f.

fung auf *Def Lepp* und *Tyburn* konsequenterweise verneinen müssen. Statt-
dessen habe er Art. 16 (2) als zwingendes Recht angewandt.

Zu ergänzen ist, daß es sich im Kern um ein Qualifikationsproblem handelt. Hoffmann LJ hat im Rahmen der Beschwerde allein über die Zustellung
der Klageschrift zu entscheiden. Die Zustellung ist nur dann zulässig, wenn
das Urheberrecht der Klägerin gemäß RSC order 11 r (1) (f) in England verletzt wurde. Doch nach welchem Recht bestimmt sich, wo ein Urheberrecht
verletzt wurde?[284] Zur Lokalisierung des Tatorts stützt sich die Klägerin auf
britisches Recht. Die Beklagten lehnen eine Bestimmung des Verletzungsorts
nach britischem Recht wegen der territorialen Beschränkung des Urheberrechts ab. Hoffmann LJ bekennt sich zwar ausdrücklich zum Territorialitätsprinzip, beurteilt die Verletzungshandlung aber insgesamt (also auch die
Autorisierung in Dänemark) nach britischem Recht. Die Vorschrift der section 16 (2) CDPA begreift er stillschweigend als einseitige Kollisionsnorm
(règle d'application immédiate), die ihren räumlichen Anwendungsbereich
selbst bestimmt.[285] Hoffmanns Ansicht, section 16 (2) CDPA erfasse auch
ausländische Vorbereitungshandlungen, führt dazu, daß eine britische
Sachnorm extraterritoriale Wirkung erlangt. Da Hoffmann LJ die Verletzungshandlung in England lokalisiert, muß er sich nicht mit der Frage auseinandersetzen, ob ein britisches Urheberrecht in Dänemark verletzt worden ist.
Folglich bleibt die double actionability rule unberücksichtigt. Hätte Hoffmann
LJ die Verletzungshandlung in Dänemark lokalisiert, wäre die Klage vermutlich ausgestrichen worden.[286]

d. *Plastus Kreativ AB v Minnesota Mining and Manufacturing Co (9.12.1994)*

Englische Richter lassen sich eher von praktischen als von dogmatischen Erwägungen leiten, wie ein Blick in *Plastus Kreativ AB v Minnesota Mining and
Manufacturing Co* zeigt.[287]

Die Minnesota Mining and Manufacturing Company (3M) verkauft Folien für overhead-
Projektionen im Vereinigten Königreich, Deutschland und Frankreich. Für alle diese
Staaten hat sie ein europäisches Patent inne. 3M behauptete in einem an das schwedische
Unternehmen Plastus Kreativ gerichteten Schreiben, daß Plastus Kreativ dieses Patent
durch den Vertrieb von Folien im Vereinigten Königreich verletzt hätte. Daraufhin for-
derte Plastus 3M auf, zu erklären, daß die Aktivitäten von Plastus in Frankreich,
Deutschland und im Vereinigten Königreich das Patent von 3M nicht verletzt hätte. Da

---

[284] Zur Vergleichbarkeit von Lokalisierung und Qualifikation 3. Kapitel II.2.a.
[285] Zum Begriff „règle d'application immédiate" *Kropholler,* IPR, § 12 V.
[286] „Technically, the act of infringement performed by the Danish defendant took place in
Denmark. Application of tort choice of law rules, at that time common law rules, would have
doubtless meant, according to the second limb of the double actionability rule, that Danish
law governed with the result that the plaintiff's claim would have failed." 604.
[287] [1995] RPC 438 Ch D.

sich 3M weigert, erhebt Plastus Feststellungsklage. Die Beklagte, 3M, beantragt, die Teile der Klageschrift auszustreichen, die sich auf Deuschland und Frankreich beziehen.[288] Aldous J gibt dem Antrag statt. Da die Beklagte niemals behauptet habe, daß die Klägerin ihr Patent in Deutschland und Frankreich verletzt hätte, bestehe kein Grund, das Gegenteil festzustellen. („Wait until you are attacked and then raise your defence"). Schon aus diesem Grund sei der auf Deutschland und Frankreich gerichtete Teil der Klage auszustreichen. Obwohl Aldous J über die Frage, ob die Deutschland und Frankreich betreffenden Teile der Klage wegen des Territorialitätsprinzips auszustreichen seien, nicht mehr ent- scheiden muß, nimmt er obiter zu Patentverletzungen im Ausland Stellung. „Although patent actions appear on their face to be disputes between two par- ties, in reality they also concern the public. A finding of infringement is a finding that a monopoly granted by the state is to be enforced. The result is invariably that the public have to pay higher prices than if the monopoly did not exist. If that be the proper result, then that result should, I believe, come about from a decision of a court situated in the state where the public have to pay the higher prices."[289]

In dieser Deutlichkeit hat kein Richter zuvor ausgesprochen, daß die Ver- letzung eines Immaterialgüterrechts aus Respekt vor fremder Hoheitsmacht nur in dem Staat geahndet werden sollte, in dem das Immaterialgüterrecht geschützt wird.[290] Bemerkenswert ist die Betonung wirtschaftlicher Interes- sen.[291] Man kann Aldous J auch so verstehen: Da die Angehörigen eines Staates, in diesem Fall Deutschland, mehr für die Nutzung einer Erfindung zahlen müssen, wenn diese vom Staat als Patent geschützt wird, haben sie ein Interesse daran, daß der deutsche Staat mit Hilfe seiner Gerichte auch darüber wacht, ob das Patent vom jemandem verletzt wird, der es ohne zu bezahlen nutzt. Wird nun das Gericht eines anderen Staates, etwa ein englisches Ge- richt, mit der Frage konfrontiert, ob das deutsche Patent von einem englischen Unternehmen verletzt wird, so muß es anstelle der deutschen Gerichte die Interessen der deutschen Öffentlichkeit wahrnehmen. Das englische Gericht muß gewissermaßen fremde Hoheitsmacht ausüben und sich zum Hüter deut- scher Interessen aufschwingen. Dabei gerät es in Konflikt mit dem Interesse der britischen Öffentlichkeit an einer möglichst billigen Nutzung von Erfin-

---

[288] Am 9.11.1994 reichte 3M tatsächlich eine Klage gegen Plastus ein, die *Jacob* J für un- begründet hielt. Der Court of Appeal bestätigte am 1.5.1997, daß die von 3M erfundenen Folien nicht mit der Ausführungsweise der von Plastus hergestellten Folien übereinstimmten. Letztere seien technisch minderwertiger. Vgl. *Minnesota Mining & Manufacturing Co and another v Plastus Kreativ AB and another* [1998] RPC 737 per *Aldous, Gibson, Stuart-Smith* LJJ.

[289] [1995] RPC 438, 447.

[290] Vgl. *Fawcett/Torremans*, 290.

[291] Der Gedanke ist nicht neu. Schon Lord *St. Leonard's* hat sich 1854 mit den wirtschaft- lichen Implikationen des Urheberrechtsschutzes befasst. *Jefferys v Boosey*, [1854] 4 HLC 814, 986, oben A.I.4.a.

dungen. Diesem Interessenkonflikt möchte Aldous J aus dem Weg gehen. Nur wenn der ausländische Staat keinen angemessenen Rechtsbehelf bereithalte, sei zu überlegen, ob die Klage dort erhoben werden dürfe, wo es einen solchen Rechtsbehelf gebe.[292]

e. *Mecklermedia Corporation and another v DC Congress GmbH (7.3.1997)*

Im Jahre 1997 häufen sich die Klagen wegen Verletzung ausländischer Immaterialgüterrechte. Am 7. März werden die ersten zwei Urteile verkündet, *Mecklermedia v DC Congress*[293] und *Pearce v Ove Arup.*

Klägerinnen sind die Mecklermedia Corp, ein amerikanisches Unternehmen mit Sitz in Delaware, und ihre englische Tochtergesellschaft. Mecklermedia publizierte seit 1993 das erfolgreiche Internetmagazin „Internet World" in den USA. Diesen Namen trugen auch zwei Internetadressen von Mecklermedia. In den Jahren 1994-96 veranstaltete Mecklermedia drei „trade shows" in Großbritannien unter den Bezeichnungen „Internet World and Document Delivery World" und „Internet World International". 1996 wurde das Magazin auf dem britischen Markt eingeführt. Die Beklagte DC Congress, ein deutsches Unternehmen, verwendete den Namen „Internet World" auf eigenen „trade shows" und speicherte die Namen und Adressen von Besuchern der „trade shows" von Mecklermedia. Außerdem betrieb DC Congress von Deutschland aus eine Internetseite unter dem domain name „internet-world.de". Vor dem Landgericht München I beantragte sie den Erlaß einer einstweiligen Verfügung, weil sie ihr in Deutschland eingetragenes Markenrecht durch eine Lizenznehmerin der Klägerin verletzt sah. Die Klägerin möchte ihrerseits den Gebrauch des Namens „Internet World" durch die Beklagte unterbinden und beantragt den Erlaß einer injunction wegen passing off. Die Beklagte beantragt, die Klage nicht zuzulassen. Hilfsweise beantragt sie, das Verfahren gemäß Art. 21/22 EuGVÜ auszusetzen oder die Klage auszustreichen.

Jacob J kommt zu dem Ergebnis, daß die Klage schlüssig und die Zustellung im Ausland gerechtfertigt sei.[294] Die Zuständigkeit sei gemäß Art. 5 Nr. 3 EuGVÜ eröffnet, da der Gebrauch des Namens „Internet-world" geeignet erscheine, der Reputation (goodwill) der Klägerinnen in England zu schaden. Die Klägerin habe die Wahl, die Beklagte entweder vor den Gerichten des Staates zu verklagen, in dem diese ihren Wohnsitz hat (Art. 2 Abs. 1 EuGVÜ) oder in dem Vertragsstaat, in dem das schädigende Ereignis eingetreten ist (Art. 5 Nr. 3 EuGVÜ).[295] Allerdings stehe seit *Shevill v Presse Alliance SA*[296] fest, daß die Klägerin den gesamten Schaden nur vor den Gerichten eines

---

[292] [1995] RPC 438, 447.

[293] [1998] 1 All ER, 148–160.

[294] [1998] 1 All ER, 148, 153 f.

[295] [1998] 1 All ER, 148, 154 g – 156 e, unter Berufung auf *Dumez France v Hessische Landesbank*, EuGH, Rs. 220/88, Slg. 1990, 49.

[296] EuGH, Rs. 68/93, Slg. 1995, 415. Zu Verletzungen des allgemeinen Persönlichkeitsrechts aus britischer Sicht *Carter*, in: *McLachlan/Nygh*, 105–124.

Staates geltend machen könne, in dem die Beklagte ihren Sitz habe. Ob die *Shevill*-Entscheidung auf parallele Verletzungen von Immaterialgüterrechten übertragbar ist, läßt Jacob J offen. „The case is of great importance if it also governs parallel infringements of intellectual property rights and governs the grant of injunctions as well as damages. It would mean that a plaintiff could not forum shop around Europe for a Europe-wide injunction. He could only seek such an injunction in the State of the source of the allegedly infringing goods or piratical acivity. I say no more here. For present purposes the Shevill case is as clear a case as one could find that art 5 (3) does not exclude the possibility of action in several states. I think the plaintiffs are within art 5 (3)."[297] Für Jacob J ist allein entscheidend, daß die behauptete Schutzrechtsverletzung in England stattgefunden hat.

Das Verfahren müsse nicht ausgesetzt werden. Art. 21 EuGVÜ sei nicht einschlägig, weil die Klagen nicht denselben Anspruch beträfen. Die Klage vor dem deutschen Gericht sei allein auf die Verletzung deutscher Immaterialgüterrechte, die Klage vor dem englischen Gericht allein auf die Verletzung englischen Rechts gerichtet.[298] Die Klagen stünden auch nicht im Zusammenhang gemäß Art. 22 EuGVÜ. Es bestehe kein Risiko, einander widersprechende Entscheidungen zu erhalten, da die Verletzungshandlungen lokal unterschiedlich beurteilt würden.[299] Im übrigen spreche gegen die Aussetzung des Verfahrens, daß ein deutsches Gericht das englische Recht und die Beweismittel aus England importieren müßte, um über das Delikt des passing off entscheiden zu können. Das durch Art. 22 EuGVÜ eröffnete Ermessen müsse deshalb zugunsten des englischen Gerichts ausgeübt werden.[300]

Obiter befasst sich Jacob J mit der Frage, welche Konsequenzen die Anwendung der Regeln des EuGVÜ hat. Wenn ein Gericht, das über das EuGVÜ zur Entscheidung berufen sei, die Pflicht habe, eine Entscheidung zu treffen (wie die Beklagte meine), spielten nationale Regeln wie die double actionability rule, die die Kompetenz des Gerichts beschränkten, keine Rolle mehr. Bei parallelen Verletzungen in mehreren Vertragsstaaten habe die Klägerin die Wahl zwischen mehreren Gerichtsständen. Einziges Korrektiv sei dann das in *Shevill* aufgestellte Prinzip, daß nur ein Gericht am Sitz der Beklagten umfassend über alle geltend gemachten Ansprüche entscheiden dürfe, ein Gericht des Ortes, an dem ein schädigendes Ereignis eingetreten sei, hingegen auf das lokale Ereignis beschränkt sei.[301] Die Entscheidung der Frage, wie sich die traditionellen englischen Regeln zum EuGVÜ verhalten, überläßt er Lloyd J, dem sie in *Pearce v Ove Arup* vorgelegt wird.

---

[297] [1998] 1 All ER, 148, 157 a.
[298] [1998] 1 All ER, 148, 157 b–g.
[299] [1998] 1 All ER, 148, 158 b–e, unter Berufung auf *Tatry v Maciej Rataj*, EuGH, Rs. 406/92, Slg. 1994, 5439, 5479–5480.
[300] [1998] 1 All ER, 148, 159 h – 160 b.
[301] [1998] 1 All ER, 148, 159 c–h i.V.m. 156 j.

f. Pearce v Ove Arup Partnership Ltd and others – High Court (7.3.1997)

Pearce v Ove Arup Partnership Ltd and others markiert einen Wendepunkt der englischen Rechtsprechung zum internationalen Immaterialgüterrecht. Erstmals entschied ein englisches Gericht darüber, ob die Regeln des EuGVÜ die traditionellen englischen Regeln verdrängen.

Der Kläger, Gareth Pearce, entwarf während seines Architekturstudiums 1986 ein Rathaus. Die Beklagten errichteten die „Kunsthal" in Rotterdam. Die erste Beklagte, das Ingenieurbüro Ove Arup Partnership Limited mit Sitz im Vereinigten Königreich, war mit der Errichtung des Gebäudes (1990-1993) beauftragt. Der zweite Beklagte, der Architekt Rem Koolhas, entwarf gemeinsam mit der dritten Beklagten („Office for Metropolitan Architecture Stedebouw BV") das Gebäude. Die vierte Beklagte ist die Stadt Rotterdam, der die Kunsthal gehört. Pearce behauptet, seine Zeichnungen und Pläne seien von den Beklagten kopiert und dazu verwendet worden, die „Kunsthal" in Rotterdam zu errichten. Er beruft sich auf das EuGVÜ und hält die englischen Gerichte für zuständig. Er klagt auf Schadensersatz und beantragt injunctive relief wegen Verletzung seiner englischen und niederländischen Urheberrechte. Die Beklagten beantragen striking out. Der zweite, die dritte und die vierte Beklagte behaupten, daß die Klage – insofern sie auf ein niederländisches Urheberrecht gerichtet sei – in England wegen der Moçambique rule und der double actionability rule nicht justitiabel sei.

Lloyd J entscheidet am 7. März 1997, daß die Chancery Division des High Court of Justice insgesamt zuständig sei.[302] Dennoch streicht er den Klageantrag aus, weil er die Klagen für spekulativ hält. Er ist der Ansicht, die Pläne des Klägers seien den Ausführungen der Beklagten nicht so ähnlich, daß man von Kopien sprechen und von einer Urheberrechtsverletzung ausgehen könne.

Hier ist allein der erste Punkt von Interesse, nämlich die Frage, ob ein englisches Gericht über eine Klage wegen Verletzung eines niederländischen Urheberrechts entscheiden darf. Lloyd J befaßt sich zunächst summarisch mit den traditionellen Regeln wie sie sich seit *Phillips v Eyre* und *British South Africa v Companhia de Moçambique* bis hin zu *Def Lepp Music* und *Tyburn v Conan Doyle* entwickelt haben.[303] Danach müßte er die Klage eigentlich ausstreichen, wenn nicht das EuGVÜ seit dem 1.1.87 auch in England die Zuständigkeit innerhalb des Anwendungsbereichs der Konvention regeln würde.[304]

Anwendbar sei Art. 2 Abs. 1 EuGVÜ, da die Beklagte zu 1 ihren Sitz in England habe. Gegenüber den anderen Beklagten ergebe sich die Zuständigkeit aus Art. 6 Nr. 1 EuGVÜ.[305] Lloyd J erwägt auch die Anwendung des

---

[302] [1997] 3 All ER 31 = [1997] 2 WLR 779 = GRUR Int 1998, 317–322 (deutsche Übersetzung).

[303] [1997] 3 All ER 31, 34 g–35 e.

[304] [1997] 3 All ER 31, 35 f.

[305] [1997] 3 All ER 31, 37, g–h. „Thus, applying the articles of the convention, I would come to the conclusion that the English courts have jurisdiction in relation to an action

Art. 16 Nr. 1 lit. a und Nr. 4 EuGVÜ.[306] Unter Berufung auf den Schlosser-Bericht[307] stellt er klar, daß der Begriff „dingliche Rechte" in Art. 16 Nr. 1 lit. a EuGVÜ autonom interpretiert werden müsse. Auf die Regeln des autonomen englischen Rechts, die „intangible rights" „immovable property" gleichstellen,[308] dürfe folglich nicht zurückgegriffen werden.[309] Die Gleichsetzung von Urheberrechten mit dinglichen Rechten sei deshalb zumindest innerhalb des Anwendungsbereichs des EuGVÜ ausgeschlossen.[310]

Sodann setzt sich Lloyd J mit der Frage auseinander, ob die traditionellen englischen Regeln durch die Regeln des EuGVÜ verdrängt werden. Die Regel aus *British South Africa Co v Companhia de Moçambique* betrachtet Lloyd J nicht als Gerichtsstandsregel im engeren Sinne (rule of jurisdiction), sondern als Regel der justiciability oder admissibility of proceedings.[311] Die double actionability rule sei hingegen eine choice of law rule.[312] Beide Regeln träten hinter das EuGVÜ zurück. Ein Gericht dürfe solche nationalen Vorschriften nicht anwenden, die die Wirksamkeit des EuGVÜ beeinträchtigten.[313] Dies habe der EuGH bereits mehrfach betont.[314] Da die Moçambique rule und die double actionability rule das EuGVÜ faktisch außer Kraft setzten, dürften sie nicht angewandt werden. Andernfalls müßte ein englisches Gericht erst seine Zuständigkeit nach den Regeln des EuGVÜ bejahen, um die Klage dann abzuweisen.[315]

Ältere englische Urteile stünden dieser Einschätzung nicht entgegen, da englische Gerichte (im Gegensatz zu deutschen und niederländischen Ge-

---

against the first defendant on the basis of its domicile and against the other defendants together with the first defendant on the basis of art 6 (1), even though the courts of the Netherlands would also have jurisdiction, on the basis of the domicile of the fourth defendant and possibly the third defendant, and in particular the courts of Rotterdam would have jurisdiction as being the place where the harmful event occurred, under art 5 (3)."

[306] Vgl. *Arnold*, 7 EIPR [1990], 254, 260.

[307] *Schlosser*, ABl. 1979 Nr. C 59, Nr. 163.

[308] *Potter v Broken Hill* [1906] 3 CLR, 479, A.I.3.b.; *Norbert Steinhardt* [1961] 105 CLR 440, A.I.3.d.; *Def Lepp Music* [1986] RPC 273, A.I.4.f.

[309] Bestätigt durch *Coin Controls v Suzo International* [1997] 3 All ER 45, 54 d, siehe unten A.II.2.g.

[310] [1997] 3 All ER 31, 37 e–f.

[311] [1997] 3 All ER 31, 38 e.

[312] [1997] 3 All ER 31, 43 b–d.

[313] [1997] 3 All ER 31, 38 c: „It might therefore be said that to apply the Moçambique rule or Rule 203 [double actionability rule] deprives the fundamental rule of its content and calls into question, in the particular case, the very existence of the principle."

[314] [1997] 3 All ER 31, 38 f. – 39 f. Vgl. *Kongress Agentur Hagen GmbH v Zeehaghe BV*, Case C-365/88 (1990) 1845, 1865–1866: „It should be noted, however, that the application of national procedural rules may not impair the effectiveness of the Convention." *Shevill v Presse Alliance SA*, EuGH Rs. 68/93, Slg. 1995, 415.

[315] [1997] 3 All ER 31, 37, j: „[...] the quixotic position would be reached that the court is required to accept jurisdiction under article 2 but would immediately strike out the action as nonjusticiable."

richten) zuvor noch nie mit dieser Frage konfrontiert worden seien.[316] Der Widerwille englischer Richter gegenüber ausländischen Immaterialgüterrechten beruhe auf vernünftigen Gründen: „There may well be sound policy reasons for that reluctance, including a judge's natural hesitation at having to decide, possibly in the absence of national decisions, what some unclear provision of foreign law means."[317]

Lloyd J stützt sein Urteil auf den Schlosser-Report[318] und auf die Entscheidung des EuGH *Rutten v Cross Medical Ltd.*[319] Für Kläger und Beklagte müsse vorhersehbar sein, vor welchem Gericht Klage zu erheben sei. Dem Kläger könne nicht zugemutet werden, Geld und Zeit durch Anrufen eines Gerichts zu verlieren, das sich für unzuständig erkläre. Seine Entscheidung, vor einem bestimmten Gericht zu klagen, dürfe nicht davon abhängen, ob sich dieses Gericht nach nationalen Prozeßvorschriften für unzuständig halte. Der Beklagte müsse die Möglichkeit haben, das zuständige Gericht im voraus zu identifizieren. Keinesfalls dürfe die Zuständigkeit nur deshalb verweigert werden, weil fremdes Recht angewandt werden müsse.[320]

Darüber hinaus führt Lloyd J politische Gründe für die Abkehr von den traditionellen Regeln an. Wenn das EuGVÜ einem englischen Gericht erlaube, über ausländische Urheberrechtsverletzungen zu entscheiden, könne dieses gleichzeitig über mehrere gleichartige Verletzungen in verschiedenen Staaten entscheiden. Eine solche Bündelung von Klagen vor einem Gericht erscheine im Hinblick auf drohende Massenverletzungen von Urheberrechten durch moderne Kommunikationsmittel geboten: „In circumstances of increasingly international dealings as regards intellectual property rights and articles created using them, including the dramatic potential effects of the Internet and other transnational communication systems, and the possible supply of articles in breach of copyright in a Contracting State by a person who does not establish a place of business there, it might be said to be convenient to be able to sue a person who is said to have infringed such rights in two or more Contracting States by one action in the court of domicile (unless article 16(4) requires otherwise) instead of proceeding separately in each relevant jurisdiction: this might result in an economic and efficient resolution of a dispute of an international character, and avoid inconsistent results."[321] Dem Einwand, daß dadurch dem forum shopping Vorschub geleistet werde, weil sich der

---

[316] [1997] 3 All ER 31, 40 a–h: „So far as I know this is the first English case in which the point put to me has been argued."*Lloyd* J diskutiert folgende Urteile: *Mölnlycke* (A.II.2.b.); *Def Lepp* (A.I.4.f.); *Tyburn* (A.I.4.g.); *Plastus Kreativ* (A.II.2.d.); *LA Gear* (A.II.2.a.); *James Burrough* (A.I.3.h.).

[317] [1997] 3 All ER 31, 40 h–j.

[318] *Schlosser*, ABl. 5.3.1979 Nr. C 59, 71–151.

[319] *Rutten v Cross Medical*, Rs. 383/95, Slg. 1997, 57 = [1997] All ER (EC) 121, 131.

[320] [1997] 3 All ER 31, 41 a–e.

[321] [1997] 3 All ER 31, 41 g–j.

Kläger das Gericht mit dem für ihn günstigsten Prozeßrecht aussuchen könne, läßt Lloyd J nicht gelten. Forum shopping sei kein spezifisch urheberrechtliches Problem. Es müsse stets von den Gerichten berücksichtigt werden.[322]

Schließlich macht er auf die kollisionsrechtliche Konsequenz aufmerksam, zu der seine Entscheidung, die Zuständigkeit auf der Grundlage des EuGVÜ zu begründen, führe. Ohne Gründe anzugeben vermutet Lloyd J, daß die lex protectionis, also niederländisches Recht, anzuwenden sei. Da der Kläger hierzu nichts vorgetragen und den Beweis niederländischen Rechts nicht erbracht habe, müsse er nicht entscheiden, welches Recht anwendbar sei. Es gelte die Vermutung, daß kein relevanter Unterschied zwischen niederländischem und englischem Recht bestehe. Folglich wendet Lloyd J englisches Recht auf die Frage an, ob die Ähnlichkeit zwischen Plänen und Bauwerk ausreiche, um von einer Urheberrechtsverletzung sprechen zu können.[323]

g. *Coin Controls v Suzo International (UK) Ltd and others (26.3.1997)*

Nicht einmal drei Wochen nach ihrer Verkündung wird die *Pearce*-Entscheidung von Laddie J in *Coin Controls v Suzo International (UK) Ltd and others* bestätigt.[324]

> Der Klägerin wurde ein europäisches Patent für das Vereinigte Königreich, Deutschland und Spanien für die Erfindung eines Geldausgabegeräts für Spielautomaten erteilt. Die Beklagten gehören zu einer Holding, der Global Investments Holdings BV mit Sitz in den Niederlanden, die als zweite Beklagte auftritt. Die erste Beklagte, eine britische Gesellschaft, verkaufte in England Geldausgabegeräte, die die zweite Beklagte, eine niederländische Gesellschaft, entwickelt und hergestellt hatte. Dieselben Geräte wurden von der vierten Beklagten, einer deutschen Gesellschaft, in Deutschland und von einem Vertreter in Spanien verkauft, der nicht verklagt wird. Die Klägerin klagt gegen alle vier Beklagten wegen Verletzung ihrer Patentrechte im Vereinigten Königreich, Deutschland und Spanien. Die Beklagten beantragen, alle bis auf die gegen Suzo UK gerichtete Klage wegen Verletzung des britischen Patentrechts auszustreichen. Die Klägerin verzichtet auf einstweiligen Rechtsschutz, da Laddie J ein beschleunigtes Verfahren einleitet, um über die Frage zu entscheiden, gegen welche Parteien und auf welche Verletzungshandlungen sich die Klage richtet.

Wie Dillon LJ in *Mölnlycke v Procter & Gamble* hat es Laddie J mit der Frage zu tun, ob mehrere Personen gemeinsam verklagt werden können (joint tortfeasance), weil Indizien auf ein gemeinschaftliches Handeln hindeuten. Er kommt zu dem Ergebnis, daß weder die Holding noch Suzo Deutschland an

---

[322] [1997] 3 All ER 31, 42 a.
[323] [1997] 3 All ER 31, 43 b–d.
[324] [1997] 3 All ER 45, 54 d 59 e.

der Verletzung in Großbritannien beteiligt waren.[325] Die Frage, ob die Beklagten bei der Verletzung der deutschen und spanischen Patentrechte beteiligt waren, richte sich nach deutschem bzw. spanischem Recht. Da keine Partei vorgetragen habe, daß sich das deutsche oder das spanische Recht in dieser Hinsicht von dem englischen Recht unterscheide, legt Laddie J englisches Recht zugrunde.[326] Übrig bleibe neben den Teilen der Klage, die sich gegen Suzo UK und Suzo Holland wegen Verletzung des britischen Patentrechts richten, die Teile, die sich gegen Suzo Deutschland und Suzo Holland wegen Verletzung des deutschen Patentrechts und gegen Suzo Holland wegen Verletzung des spanischen Patentrechts richten.[327]

Hinsichtlich der Teile der Klage, die sich gegen die Verletzung eines ausländischen Patentrechts richteten, stelle sich nun die Frage, ob sie justitiabel seien. Da die double actionability rule durch den PIL Act 1995 abgeschafft worden sei, stehe sie einer Klage wegen Verletzung eines ausländischen Immaterialgüterrechts nicht mehr entgegen.[328] Dagegen sei die Moçambique rule noch immer anwendbar. In Anlehnung an Aldous J in *Plastus Kreativ v 3M*[329] betont er, daß Immaterialgüterrechte territorial begrenzte Monopole schafften, die der lokalen Wirtschaft als Anreiz dienten und ihr Schutz böten.[330] Die Moçambique rule diene der Durchsetzung des öffentlichen Interesses an Immaterialgüterrechten. „[The Moçambique rule] is a principle of public policy based on the undesirability of our courts adjudicating on issues which are essentially foreign and local."[331]

Das von dem Prozeßbevollmächtigten der Klägerin vorgetragene Argument, die Moçambique rule sei zusammen mit der double actionability rule durch den PIL Act 1995 abgeschafft worden, läßt Laddie J nicht gelten. Die Moçambique rule habe mit der double actionability rule nichts zu tun.[332] Die gemeinsamen historischen Wurzeln beider Regeln verliert aber auch Laddie J nicht aus dem Blick, der ausgerechnet die Passage aus *British South Africa v Companhia de Moçambique*[333] zitiert, in der Lord Herschell LC aus *Phillips v Eyre*[334] die Stelle über die Offenheit englischer Gerichte für Fälle mit Auslandsbezug zitiert.[335]

---

[325] [1997] 3 All ER 45, 49 f.; vgl. RSC Order 11 rule 1(1)(c) und *Dillon* LJ unter Berufung auf *Unilever plc v Gillette (UK) Ltd* [1989] RPC 583; außerdem zitiert er *Unilever plc v Chefaro Proprietaries Ltd* [1994] FSR 135.

[326] [1997] 3 All ER 45, 51 c.

[327] [1997] 3 All ER 45, 51 h.

[328] [1997] 3 All ER 45, 52 d.

[329] [1995] RPC 438, 447. (A.II.2.d).

[330] [1997] 3 All ER 45, 53 a–b.

[331] [1997] 3 All ER 45, 53 h.

[332] [1997] 3 All ER 45, 53 h.

[333] [1893] AC 602, 622, [1891–4] All ER Rep 640, 646. (A.I.2.a).

[334] [1870] LR 6 QB, 28. (A.I.1.b).

[335] [1997] 3 All ER 45, 52 j.

Der Prozeßbevollmächtigte der Klägerin argumentiert ferner, daß die Zuständigkeit für ausländische Immaterialgüterrechte gemäß section 30 CJJA eröffnet sei, da Immaterialgüterrechte wie Immobiliarsachenrechte zu behandeln seien. Das folge aus der analogen Anwendung der Moçambique rule auf Immaterialgüterrechte. Dieses Argument findet Laddie J attraktiv.[336] Doch hält er mit Lloyd J[337] entgegen, daß Patente und andere Immaterialgüterrechte nicht als immovables i.S.v. section 30 CJJA bezeichnet werden könnten.[338] Die zwischen immovables und intellectual property rights bestehende Analogie rechtfertige die Anwendung von section 30 CJJA auf Immaterialgüterrechte nicht.[339] „It follows that, in the absence of any change in our law brought about by the convention, the three foreign claims are not justiciable here and I would order them to be struck out of the plaintiff's pleadings."[340]

Das Richterrecht beruhe auf common sense. Ausgangspunkt jeder Entscheidung sei die Frage, welches Forum geeignet erscheine, über einen Fall zu entscheiden.[341] Das Problem bestehe nun darin, daß verschiedene Rechtssysteme diese Frage unterschiedlich beantworteten. Zweck des EuGVÜ sei es, die gegenläufigen einzelstaatlichen Regelungen zu vereinheitlichen.[342] Wenn die Konvention von einem Gericht verlange, über eine ausländische Klage zu entscheiden, müsse das Gericht dies akzeptieren und entsprechend handeln.[343] Laddie J verweist auf die EuGH-Entscheidung *Kalfelis v Bankhaus Schröder*.[344] Danach sei Art. 6 Nr. 1 EuGVÜ nur anwendbar, wenn es ein Gericht für geboten halte, über mehrere Klagen zugleich zu entscheiden, um zu verhindern, daß einander widersprechende Urteile aufgrund unterschiedlicher Verfahrensregeln gefällt würden. Wie bei Art. 22 EuGVÜ müsse ein Zusammenhang zwischen den Klagen bestehen. Das sei hier insofern der Fall, als es sich jeweils um die Verletzung Europäischer Patente handele, die dieselbe Erfindung schützten.[345]

Der Prozeßbevollmächtigte der Beklagten kontert mit zwei Gegenargumenten. Zum einen ändere das EuGVÜ nichts daran, daß ein Anspruch wegen

---

[336] [1997] 3 All ER 45, 54 c–e.
[337] *Pearce v Ove Arup* [1997] 3 All ER 31, 35 c.
[338] [1997] 3 All ER 45, 54 d.
[339] Vgl. *Pearce v Ove Arup Partnership Ltd* [1997] 3 All ER 31, 35, c ff. (*Lloyd* J) und *Tyburn Productions Ltd v Conan Doyle* [1990] 3 WLR 167, 172, D ff. (per *Vinelott* J, A.I.4.g.). Vgl. auch: Section 90 (1) Copyright, Designs and Patents Act (CDPA) 1988: „Copyright is transmissable by assignment, by testamentary disposition or by operation of law, as personal or moveable property."
[340] [1997] 3 All ER, 45, 54 e.
[341] [1997] 3 All ER, 45, 54 j.
[342] [1997] 3 All ER, 45, 55 b–c, unter Berufung auf den Bericht von *Schlosser*, OJ 1979 C 59, 71, 97.
[343] [1997] 3 All ER, 45, 55 e.
[344] EuGH, Rs. 189/87, Slg. 1988, 5565, 5583–5584.
[345] [1997] 3 All ER, 45, 57 j–58 a.

Verletzung eines ausländischen Patentrechts nach den traditionellen englischen Regeln nicht einklagbar sei. Zum anderen müsse sich das Gericht gemäß Art. 19 EuGVÜ von Amts wegen für unzuständig erklären, da die deutschen bzw. spanischen Gerichte gemäß Art. 16 Nr. 4 EuGVÜ ausschließlich für Klagen zuständig seien, welche die Gültigkeit von Patenten zum Gegenstand hätten.[346]

Den ersten Einwand läßt Laddie J nicht gelten. Wenn das EuGVÜ für eine Klage nur den allgemeinen Gerichtsstand des Art. 2 Abs. 1 bereithalte, dürfe sich gemäß Art. 3 EuGVÜ kein Gericht eines anderen Vertragsstaats für zuständig erklären. In diesem Fall liege die Entscheidungsbefugnis allein bei dem nach Art. 2 Abs. 1 berufenen Gericht. Laddie J meint, daß es mit dem Grundgedanken des EuGVÜ nicht vereinbar sei, in diesem Fall die Klage aufgrund nationaler Vorschriften zur Justitiabilität abzuweisen.[347] „If I may say so, it appears to me that Pearce's case is correct and, prima facie, the convention can force the courts of a contracting state to entertain and determine foreign infringement proceedings."[348] Absurde Ergebnisse wie eine in England erhobene Klage gegen ein englisches Unternehmen, das in den Niederlanden oder Deutschland einen nicht registrierten Namen wettbewerbswidrig gebrauche, seien in Kauf zu nehmen.[349]

Aufgrund des zweiten Einwands streicht Laddie J alle Klagen wegen Verletzung ausländischer Patentrechte aus. Die Verletzung eines ausländischen Patentrechts unterscheide sich von der Verletzung eines ausländischen Urheberrechts, weil ein Patent im Gegensatz zu einem Urheberrecht der Registrierung bedürfe. Da die Verletzung mit der Gültigkeit eines Patents eng verbunden sei, solle über beide Gegenstände gemeinsam entschieden werden.[350] Für die auf die Verletzung der spanischen und deutschen Patentrechte gerichteten Klagen seien deshalb gemäß Art. 19 i.V.m. Art. 16 Abs. 4 EuGVÜ ausschließlich spanische bzw. deutsche Gerichte zuständig. Die Konsequenz, daß die Verletzung eines Europäischen Patents parallel in verschiedenen Staaten verfolgt werden müsse, sei hinzunehmen. Im Ergebnis führe die unterschiedliche Behandlung von nicht eingetragenen und eingetragenen Schutzrechten wohl zu einer Zunahme von Prozessen. Während die *Pearce*-Entscheidung

---

[346] [1997] 3 All ER, 45, 58 h.

[347] [1997] 3 All ER, 45, 59 b–d.

[348] [1997] 3 All ER, 45, 59 e.

[349] [1997] 3 All ER, 45, 62 c.

[350] [1997] 3 All ER, 45, 61 a. Ausführlich dazu *Stauder* IPRax 1998, 317. *Aldous LJ*, der bis zu seiner Ernennung zum Richter am Court of Appeal selbst Chancery Judge am Patent Courts war, bestätigt diese Ansicht [2000] FCBJ 523, 526: „In my view, nullity and infringement proceedings are indissoluably linked. That being so, both infringement and nullity should be decided by the courts of the state granting the monopoly. I do not believe that can be seen as a step backwards. It may involve patentees litigation in more than one state, but that is necessary today. That does not mean that findings of fact would not be binding between the parties, provided the parties are the same."

dem Kläger die Möglichkeit zum forum shopping eröffne, habe der Beklagte die Möglichkeit zum forum shopping, wenn er sich mit dem Einwand verteidige, ein eingetragenes Schutzrecht sei ungültig.[351]

Wie Lloyd J in *Pearce*[352] versteht Laddie J sowohl die Moçambique rule als auch Art. 16 Nr. 4 EuGVÜ als Regeln zum Schutz des öffentlichen Interesses. Englische Richter entscheiden mit commonsense, ob eine Klage vor ihrem Gericht gut aufgehoben ist oder nicht. Eingeschränkt wird ihr Ermessen durch das EuGVÜ, das ihnen eindeutig anzeigt, ob sie für eine Klage zuständig sind oder nicht.[353] Art. 19 i.V.m. 16 Abs. 4 EuGVÜ stellt die Weichen. Die Verletzung eines ausländischen Urheberrechts ist in allen Vertragsstaaten eingklagbar, in denen eine über Art. 2, 5 oder 6 EuGVÜ eröffnete Zuständigkeit besteht; die Verletzung eines registrierten ausländischen Immaterialgüterrechts ist nur in dem Staat einklagbar, in dem das Recht registriert worden ist.

h. Mother Bertha Music Ltd and another v Bourne Music Ltd (31.7.1997)

Ferris J beschäftigte sich in *Mother Bertha Music v Bourne Music*[354] mit der Frage, ob der Kläger eine Verletzung ausländischen Urheberrechts beweisen muß oder ob er sich auf die Vermutung berufen darf, daß englisches Urheberrecht ausländischem Urheberrecht entspricht.

Der Liedermacher Philip Spector komponierte 1958 das populäre Musikstück „To know him is to love him". Die Nutzungsrechte übertrug er teilweise an das Unternehmen Warman Music Inc. Im Oktober 1958 übertrug Warman all' seine Rechte der in England registrierten Beklagten mit Ausnahme der Urheberrechte für die USA und für Kanada. 1986 lief der zwischen Spector und Warman geschlossene Vertrag aus. Die Rechte wurden von Philip Spector den von ihm kontrollierten Klägern übertragen. Die Beklagten verwerteten das Lied über das Jahr 1986 hinaus, ohne die Kläger zu entschädigen. Die Kläger fordern alle Einnahmen, die die Beklagte durch die Nutzung des Lieds in aller Welt mit Ausnahme der USA und Kanada erzielt haben. Im Prozeß gestehen die Kläger zu, daß das Gericht nur über die Verletzung des britischen Urheberrechts zu entscheiden hat. Dieses Zugeständnis widerrufen sie. Nunmehr behaupten sie, die Beklagte habe ihre Urheberrechte auch in Staaten des EuGVÜ und der Luganer Konvention verletzt. Allerdings erweitern sie ihre Klage nicht, weil sie sich auf die Vermutung stützen, die in Frage kommenden

---

[351] [1997] 3 All ER, 45, 62 b–e.

[352] [1997] 3 All ER, 31, 39 j – 40 a: „It is true that this article derives from the same policy as the English rule of territoriality, as mentioned by the House of Lords in the Moçambique case and by Vinelott J in *Tyburn Productions Ltd v Conan Doyle*, but that does not itself mean that the article is the only permissible extent of such an exclusionary rule."

[353] Vgl. *Lloyd* J in *Pearce v Ove Arup* [1997] 3 All ER, 31, 40 j: „It is not, therefore, a case in which this court has a discretion, to which such policy considerations are relevant: either the case is not justiciable, because of the Moçambique rule and r 203 [double actionability], or it must be accepted because art 2 prevails."

[354] [1997] EMLR 457 (headnote), 463; hier liegt die Textversion von Lexis-Nexis zugrunde.

ausländischen Urheberrechte seien mit dem britischen Urheberrecht identisch. Kurz vor Beginn der mündlichen Verhandlung haben die Kläger beantragt, die Klage zu erweitern, nachdem sie Dokumente erhalten hatten, die das Vertragswerk in anderem Licht erscheinen lasssen. Dem Antrag ist nicht stattgegeben worden. Die Beschwerde ist vom Court of Appeal abgewiesen worden.[355]

Die vertragsrechtlichen Fragen entscheidet Ferris J zugunsten der Kläger. Er ist der Ansicht, daß das britische Urheberrecht nach 28 Jahren an Philip Spector zurückgefallen sei (reverted) und die Beklagte dieses Recht durch die fortdauernde Verwertung verletzt habe.

Zum Schluß befasst sich Ferris J mit der Frage, ob die Kläger berechtigt sind, Ersatz für die Einnahmen zu verlangen, die die Beklagten durch die weltweite Verwertung des Stücks seit dem 1.1.1987 erzielt haben. Da die Kläger ihre Klage zunächst auf die Verletzung eines britischen Urheberrechts beschränkt hätten, müsse er nicht über die Frage entscheiden, ob Verletzungen in anderen Staaten stattgefunden haben.[356] Das Zugeständnis dürfe schon deshalb nicht widerrufen werden, weil die Beklagte darauf vertrauen dürfe, daß in diesem Verfahren abschließend über ihre Haftung entschieden werde. Es habe weder ein Treuhandsverhältnis (trust) bestanden, das die Beklagte verpflichte, die weltweit erzielten Einnahmen an die Kläger zurückzuzahlen, noch sei die Beklagte ungerechtfertigt bereichert. Da die Kläger zugestanden hätten, daß über Verletzungen im Ausland nicht zu entscheiden sei, sei nicht ersichtlich wie ein trust entstanden sein könnte.[357]

Ferris J verkündete sein Urteil am 21. März 1997. Zwei Wochen zuvor war *Pearce v Ove Arup* verkündet worden. So fühlt sich Ferris J verpflichtet, die Parteien darauf hinzuweisen, daß der Prozeß nun möglicherweise auf einer anderen Grundlage steht: „It appears to me that this decision may be said to undermine the basis on which the present case was argued before me, namely that a claim for infringement of a non-United Kingdom copyright is not justiciable here, even when the country in which the infringement is said to have occurred is a convention country." Vor diesem Hintergrund hält es Ferris J für geboten, den Tenor mit den Parteien abzustimmen.

Es läßt sich nun darüber spekulieren, wie Ferris J entschieden hätte, wenn die Kläger von Anfang an auch gegen Verletzungshandlungen vorgegangen wären, die in anderen Staaten begangen wurden, namentlich innerhalb der EU. Nimmt man an, Ferris J hätte sich wie Lloyd J für alle Verletzungen innerhalb der EU für zuständig erklärt, besteht kein Zweifel, daß er einen Nachweis

---

[355] Vgl. *Nourse, Saville, Brooke* LJJ, Court of Appeal, 18.12.1996; Lexis-Nexis.

[356] [1997] EMLR 463, kurz vor (A). „But Mr Hirst accepted on behalf of the Plaintiffs that I cannot make a declaration as to the subsistence of or entitlement to any copyright apart from a United Kingdom copyright or to award damages or other relief in respect of any act said to constitute an infringement of copyright which was done outside the United Kingdom. (c.v. *Def Lepp Music v Stuart-Brown* and *Tyburn Productions Ltd v Conan Doyle*)."

[357] [1997] EMLR 463, unter (D).

ausländischen Rechts gefordert hätte, hält er doch die Annahme, daß die Urheberrechtsgesetze aller in Frage kommenden Staaten dieselben Regelungen treffen wie das britische Urheberrechtsgesetz, auf dessen Grundlage der Fall zugunsten der Kläger entschieden worden ist, nicht für realistisch. „[...] and one would expect the Agreement to have the same construction in all countries. But I am not wholly satisfied that this is the case. If, as Mr Hirst [for the plaintiff] accepted, I am not able to decide the question of infringement in other countries, I must, I think, leave it to those countries to detemine what remedy the plaintiffs are to have for infringement."[358] Hätte Mr. Hirst sein Zugeständnis nicht gemacht, hätte Ferris J die Klage vermutlich ausgestrichen oder solange ausgesetzt, bis die Kläger für jeden einzelnen Staat den entsprechenden Rechtsbehelf gefunden und bewiesen hätten.

i. *Fort Dodge Ltd v Akzo Nobel NV (27.10.1997)*

Fort Dodge v Akzo Nobel NV[359] lenkt das Augenmerk auf die seit Ende der achtziger Jahre zu beobachtende Tendenz niederländischer Gerichte, über Verletzungen ausländischer Immaterialgüterrechte im Wege des einstweiligen Rechtsschutzes zu entscheiden.[360]

> Das niederländische Unternehmen Akzo Nobel NV hat ihrem niederländischen Tochterunternehmen exklusive Rechte für die Nutzung verschiedener britischer und niederländischer Patente für Impfstoffe eingeräumt. Die Tochterunternehmen behaupten, daß drei britische Unternehmen, die zur American Home Products Gruppe gehören, das britische Patentrecht verletzt haben. Ein australisches Unternehmen habe Impfstoffe in Großbritannien an ein britisches Unternehmen zum Weiterverkauf geliefert. Ein niederländisches Unternehmen habe das niederländische Patentrecht verletzt. Akzo Nobel und ihre Tochter erheben Klage in den Niederlanden und begehren außerdem vorläufigen Rechtsschutz gegen die Verletzung ihrer niederländischen und britischen Patente. Die Beklagten beantragen beim englischen Patentgericht, das britische Patent von Akzo Nobel zu widerrufen. Außerdem beantragen sie, den niederländischen Klägern zu verbieten, das auf die Verletzung des britischen Patents gerichtete Verfahren aufrecht zu erhalten.

Laddie J faßt die drei im selben Jahr ergangenen Entscheidungen *Pearce*, *Coin Controls* und *Mecklermedia* zusammen und weist darauf hin, daß sie sich nicht auf den einstweiligen Rechtsschutz bezogen hätten. Er sei nicht davon überzeugt, daß die Entscheidung in *Pearce*, die traditionellen Regeln hinter das EuGVÜ zu stellen, falsch sei. Es bleibe einem höheren Gericht überlassen, die Entscheidung aufzuheben.[361] Er vergleicht sein Urteil in *Coin Controls* mit der niederländischen Rechtspraxis und stellt fest, daß die niederländischen Gerichte anders als er selbst grenzüberschreitende Verletzungs-

---

[358] [1997] EMLR 463, unter (D).
[359] [1998] FSR 222.
[360] Siehe oben 3. Kapitel III.2.b.hh.
[361] [1998] FSR 222, 233.

verbote im Patentrecht aussprechen.[362] Zwar sei ein englischer Richter in Einzelfällen befugt, einer Partei zu verbieten, im Ausland Klage zu erheben oder weiterzuverfolgen. Im vorliegenden Fall sei dies jedoch nicht angebracht. „What I am being asked to do is to impose my view of the Construction of the Convention on the Dutch courts. [...] As a matter of comity the High Court should think long and hard before taking any such step."[363] Es bestehe ein fundamentaler Unterschied zwischen den Fällen, in denen eine Gerichtsstandsvereinbarung gebrochen werde und den Fällen, in denen lediglich der Verdacht bestehe, ein ausländisches Gericht wende eine internationale Konvention falsch an oder handele ungerecht.[364] Deshalb müsse der EuGH entscheiden, welche Auslegung zutreffe.

Fort Dodge geht in die Berufung.[365] Lord Woolf MR bestätigt[366] Laddie J und legt die Fragen dem EuGH vor.[367] Inzwischen scheint der Prozeß zum Stillstand gekommen zu sein.[368]

j. Sepracor Inc v Hoechst Marrion Roussel Ltd and others (14.1.1999)

Wie in *Fort Dodge v Akzo Nobel* zielte auch die Klage in *Sepracor Inc v Hoechst Marrion Roussel* darauf ab, ein im Ausland anhängig gemachtes Verfahren zu unterlaufen.[369] Das Verfahren ist Teil eines europaweiten Rechtsstreits.

Die Klägerin hat ein europäisches Patent für ein Antihistaminikum in 17 Staaten inne. Die Beklagten sind Mitglieder der Hoechst-Gruppe, die europaweit ein Medikament herstellt

---

[362] [1998] FSR 222, 229.

[363] [1998] FSR 222, 235.

[364] [1998] FSR 222, 235.

[365] Lord *Woolf* MR, *Aldous, Chadwick* LJJ [1998] FSR 237.

[366] [1998] FSR 237: „It will give proper weight to our conclusion that it would be wrong for this Court to anticipate the decision of the European Court."

[367] Der Court of Appeal fragt, ob der im Europäischen Patentübereinkommen angeordnete Verweis auf die Anwendbarkeit nationalen Rechts in Patentverletzungsverfahren eine spezielle Regelung gegenüber dem EuGVÜ ist (Art. 57 EuGVÜ) und, wenn die Antwort ja lautet, ob Verletzungsklagen aus europäischen Patenten nur vor die Gerichte des Patentstaates gebracht werden können. Zur Anwendung des EuGVÜ fragt das Gericht, ob die wegen einer Verletzungsklage erhobene Nichtigkeitsklage gegen das Klagepatent automatisch wegen Art. 16 Nr. 4 i.V.m. Art. 19 EuGVÜ zur ausschließlichen Zuständigkeit der Gerichte des Patentstaates führt. Schließlich wird um die Absteckung des Anwendungsbereichs von Art. 6 Nr. 1 EuGVÜ gebeten. Vgl. die Übersetzung der Vorlagefragen bei *Stauder*, IPRax 1998, 318, 322 Fn. 30.

[368] *Laddie* J in *Sepracor Inc v Hoechst Marrion Roussel Ltd and others* [1999] FSR 746, Nr. 16. Die gleichen Fragen hat der Court of Appeal dem EuGH im Parallelfall *Boston Scientific v Cordis Corporation and another* vom 18.11.1997 (Lexis-Nexis) mit Entscheidung vom 18.11.1997 vorgelegt. Sie sind dort am 19.5.2000 eingegangen (Rs. 186/00). (Nachweis bei *Jayme/Kohler*, IPRax 2000, 454, 461, Fn. 87). Zur Anerkennung des *kort geding* als einstweilige Maßnahme i.S. von Art. 50 TRIPS: *Hermès v FHT Marketing*, EuGH, Rs. 53/96, Slg. 1998, 3603.

[369] [1999] FSR 746, ChD (Patents Court).

und vertreibt, das die Schutzrechte der Klägerin verletzen soll. Eine deutsche und eine belgische Tochter der Hoechst AG reichten gegen die Klägerin in Belgien eine Klage ein, um feststellen zu lassen, daß der belgische und der deutsche Teil des europäischen Patents nichtig seien und von ihnen nicht verletzt würden. Die Klägerin behauptet, daß die Klage in Belgien nur deswegen eingereicht worden sei, um mögliche deutsche Patentverletzungsverfahren an den Zeitplan belgischer Verletzungsverfahren zu koppeln.[370] Sie begehrt den Erlaß einer Unterlassungsverfügung gegen alle sechs Beklagte wegen Patentverletzungen in Großbritannien und 12 anderen Staaten. Die Beklagten beantragen die Streichung der Klage. Sie sind der Ansicht, Bestimmungen des EuGVÜ verbieteten es, Klagen wegen der Verletzung ausländischer Patente vor englischen Gerichten anhängig zu machen, wenn die Gültigkeit der Patente in Streit stehe oder stehen werde.[371]

Laddie J meint, die derzeitige Rechtslage lade dazu ein, Klagen in Ländern anhängig zu machen, in denen mit dem Abschluß des Verfahrens nicht innerhalb eines vernünftigen Zeitrahmens zu rechnen sei oder die keinen tatsächlichen Bezug zu den angeblichen Verletzungshandlungen hätten, oder bei denen – wie im vorliegenden Fall, beides zutreffe. „A less sensible system could not have been dreamt up by Kafka.“[372]

Da die Klägerin einräumt, daß diejenigen Teile der Klage, die sich auf die ausländischen Patente bezögen, gestrichen werden müßten, streicht sie Laddie J aus.[373] Dem Vortrag der Beklagten, die Teile auch deshalb auszustreichen, weil das Verfahren wegen der ausländischen Patente und der Notwendigkeit, das ausländische Recht zu beweisen zu komplex werde, folgt er nicht.[374] Für ihn steht außer Zweifel, daß die Entscheidung in nur einem Gerichtsverfahren trotz einer Beweisaufnahme hinsichtlich des Rechts von 12 Staaten schneller, billiger und zweckmäßiger ist als die Alternative, einzelne Klagen in jedem der dreizehn Staaten zu erheben. Die Gefahr sich widersprechender Entschei-

---

[370] Diese Strategie wird martialisch „deploying the Belgian/Italian torpedo“ genannt. Durch das Anhängigmachen von Gerichtsverfahren in EuGVÜ-Staaten, denen langsame Gerichtsverfahren nachgesagt und unterstellt werden, soll verhindert werden, daß der Patentinhaber selbst effektiven Rechtsschutz erlangen kann. Die negative Feststellungsklage „blockiert" die Leistungsklage. Vgl. Tribunale di Bologna, 16.9.1998, GRUR Int. 2000, 1021–1022 – *Verpackungsmaschine,* mit Anm. *Stauder.* Kritisch *Pitz,* GRUR Int. 2001, 32–37 m.w.N. zur europäischen Rechtsprechung. Vgl. nur Rechtbank van eerste aanleg te Brussel, 12.5.2000, GRUR Int. 2001, 170–173 – *Röhm Enzyme:* „Die Kl. haben das Prozeßrecht mißbraucht, indem sie – trotz Kenntnis, daß für die Gültigkeit eines Patents gemäß Art. 16 Nr. 4 EuGVÜ eine ausschließliche Zuständigkeit besteht – ihre Klage auf die Frage der Gültigkeit des Patents (= Bestreiten seiner Gültigkeit) für das belgische Staatsgebiet beschränkt haben, obwohl sich aus der gesamten Begründung dieser Nichtigkeitsklage ergibt, daß der Rechtsstreit sich keineswegs auf das belgische Staatsgebiet beschränkt, sondern das gesamte Gebiet betrifft, in dem das europäische Patent seine Geltung entfaltet. [...] Die Kl. werden auf jeden Fall die Klagen in jedem einzelnen Staat gesondert erheben müssen." (S. 173)[.71] In Anlehnung an die Übersetzung von *Zigann,* GRUR Int. 1999, 784–787.

[372] [1999] FSR 746, Nr. 14.

[373] [1999] FSR 746, Nr. 15.

[374] [1999] FSR 746, Nr. 18–22.

dungen zu ein- und derselben EPÜ-Fragestellung werde dadurch verringert. Abschließend betont er, daß Überlegungen zu forum non conveniens keinen Platz innerhalb des Systems des EuGVÜ hätten.[375]

k. Pearce v Ove Arup Partnership Ltd and others – Court of Appeal (21.1.1999)

Die erstinstanzliche Entscheidung zu *Pearce v Ove Arup* läßt folgende Aktionenstruktur erkennen: Gegen die Klage verteidigen sich die Beklagten zunächst mit dem doppelten Einwand, die Klage sei in England auf der Grundlage der Moçambique rule und der double actionability rule nicht justitiabel. Der Kläger erwidert, daß die beiden traditionellen Regeln durch die Regeln des EuGVÜ verdrängt würden. Daraufhin wenden die Beklagten in der Berufungsinstanz ein, das EuGVÜ sei gemäß Art. 57 gar nicht anwendbar, da Art. 5 Abs. 2 RBÜ vorgehe. Dieser Einwand wird schließlich mit dem Hinweis darauf entkräftet, daß Art. 5 Abs. 2 RBÜ keine Zuständigkeitsregel sei. Im Ergebnis ersetzten die Regeln des EuGVÜ die traditionellen Regeln.

Der Court of Appeal hat die Entscheidung des High Court am 21.01.1999 im Hinblick auf die Zuständigkeit englischer Gerichte bestätigt, die Ausstreichung aber im übrigen rückgängig gemacht.[376] Der High Court müsse dem Kläger in der mündlichen Verhandlung Gelegenheit geben, Beweis für die behauptete Ähnlichkeit zu erbringen.[377] Roch LJ nähert sich seinem Gegenstand in sieben Schritten:[378] (1) Actionability, (2) non-justiciability under the Moçambique rule, (3) the extension of the Moçambique rule to intellectual property disputes: the Australian cases, (4) the English cases, (5) the Berne Convention, (6) the requirement of double actionability, (7) the need for a reference to the Court of Justice.

(1) Actionability – Roch LJ schickt vorweg, daß es nicht um die Verletzung eines britischen Urheberrechts in den Niederlanden, sondern um die Verletzung eines niederländischen Urheberrechts in den Niederlanden gehe.

---

[375] [1999] FSR 746, Nr. 22: „I can think of no circumstances which would justify me exercising any disretion I may have so as to make an order which prevents a party from litigating in a court in which, in accordance with the provisions of the Convention, he is entitled to sue."

[376] [1999] 1 All ER 769; [1999] FSR 525, vertreten durch die Richter *Roch, Chadwick* und *May* LJJ. Eine Zusammenfassung und Übersetzung nebst Anmerkung von *Zigann* findet sich in GRUR Int. 1999, 787–793.

[377] *Pearce v Ove Arup* [1999] 1 All ER 769 = [1999] FSR 525. Dies ist dem Kläger nicht gelungen. Vgl. *Jacob* J, <http://www.bailii.org/> [2001] EWHC Ch B9, Nr. 2: „I state my con-clusion at the outset: the case has no foundation whatsoever. It is one of pure fantasy – pre-posterous fantasy at that. The Kunsthal owes nothing to the claimant. I very much doubt that Mr Koolhaas ever saw the claimant's plans. But even if he did so briefly, I am quite satisfied he never copied them, either 'graphically' or in any other way."

[378] *Roch, Chadwick* und *May* LJJ haben das Urteil erlassen. Da *Roch* LJ die Entscheidungsgründe formuliert hat, wird im folgenden nur sein Name genannt.

Folglich müsse niederländisches Urheberrecht als das lokal geltende Recht angewandt werden. Wenn auch nur eine Regel des englischen internationalen Privatrechts dagegen spräche, niederländisches Urheberrecht anzuwenden, müsse die Klage insgesamt ausgestrichen werden.[379] Das EuGVÜ sei auf den Fall grundsätzlich anwendbar. Die Zuständigkeit folge aus Art. 2 Abs. 1 und aus Art. 6 Nr. 1 EuGVÜ. Ein ausschließlicher Gerichtsstand gemäß Art. 16 Nr. 4 EuGVÜ sei nicht gegeben. Ungeachtet dieser Zuständigkeitsregeln müßten Regeln der justiciability beachtet werden. „It is not enough for the plaintiff to establish that he can bring proceedings against the defendants in the English court. Where the wrong of which he complains has been committed outside England, he must also establish that the English court, applying its own conflict of laws rules, will regard his complaint as giving rise to a cause of action that it will recognise and entertain."[380] So müsse eine Klage außerhalb des Anwendungsbereichs des EuGVÜ als nicht justitiabel ausgestrichen werden, wenn entweder die Moçambique rule oder die double actionability rule nicht erfüllt sei.

(2) Non-justiciability under the Moçambique rule – Roch LJ weist darauf hin, daß sich aus der Moçambique-Entscheidung selbst nicht ergebe, ob eine Klage wegen Verletzung eines ausländischen Urheberrechts in England justitiabel sei. Nach sorgfältiger Analyse des Urteils kommt er zu dem Ergebnis, daß sich die Lordrichter nicht mit einer Frage der jurisdiction befasst hätten, sondern mit einer Frage der justiciability.[381] Zum Schluß erinnert Roch LJ an das in Vattel's Law of Nations 1797 formulierte und vom House of Lords in *British South Africa v Companhia de Moçambique* anerkannte Prinzip der comity of nations,[382] wonach ein Staat Urteile mit Wirkung in einem anderen Staat nur erlassen dürfe, wenn dieser sich ausdrücklich einverstanden erklärt habe, das ausländische Urteil trotz Einmischung in seine Souveränität zu akzeptieren.[383] Ihr auf Gegenseitigkeit beruhendes Einverständnis hätten die europäischen Staaten mit dem Beitritt zum EuGVÜ erteilt.[384] Das EuGVÜ

---

[379] [1999] 1 All ER 769, 784 j–785 b.

[380] [1999] 1 All ER 769, 785 h–j.

[381] [1999] 1 All ER 769, 792 d.; ausführlich zur *Moçambique*-Entscheidung oben A.I.2.a.; zur Frage der *justiciability* unten A.II.3.

[382] [1999] 1 All ER 769, 793 c–f.

[383] Vgl. den von *Roch* LJ (792 h) zitierten Lord *Esher MR*, der in *British South Africa v Companhia de Moçambique* die Frage stellt „whether, in regard to an act of trespass done to land situated outside its territory, there is evidence to justify the inference that by the comity of nations the jurisdiction to determine the rights resulting from such an act has been allowed by other nations to this country, and has been accepted by this country." [1892] 2 QB 358, 395. (A.I.2.a).

[384] *Zigann* hält dies unzutreffend für einen „Kunstgriff", GRUR Int 1999, 791, 792. Der Gedanke, die Entscheidung über einen ausländischen Hoheitsakt von dem Einverständnis des betroffenen Staats abhängig zu machen ist nicht eigens vom Court of Appeal erfunden worden, sondern entspringt einer hundert Jahre alten Tradition; vgl. oben A.I.2.a./e.

erlaube englischen Gerichten nunmehr, über eine Klage wegen einer in einem anderen Vertragsstaat begangenen Verletzung von Immobiliarsachenrechten zu entscheiden. „Where the land is situate [sic] within a contracting state, that state, by signing or acceding to the convention, has given consent, as a matter of comity, to an action for trespass being determined by the English court; provided, of course, that the English court has jurisdiction under Art. 2 or other provisions of the convention."[385]

(3) The extension of the Moçambique rule to intellectual property disputes: the Australian cases – Roch LJ hält die Argumentation der australischen Gerichte in *Potter v Broken Hill* und *Norbert Steinhardt Meth* für zwingend, da Patente keine extra-territoriale Wirkung entfalteten.[386] Ausdruck dieses Prinzips der Nichteinmischung sei heute Art. 16 Nr. 4 EuGVÜ wie der Jenard-Bericht belege.[387] Klagen, die die Verletzung eines Immaterialgüterrechts in einem anderen Vertragsstaat beträfen und nicht unter Art. 16 Nr. 4 EuGVÜ fielen, seien hingegen wegen Art. 2, 5 und 6 EuGVÜ auch in England justitiabel.[388] Roch LJ betont, daß nur *Potter v Broken Hill* mit dem vorliegenden Fall vergleichbar sei, in dem es ebenfalls um die Verletzung eines ausländischen Immaterialgüterrechts im Ausland gehe. Die *Steinhardt*-Entscheidung entfalte dagegen keine präjudizielle Wirkung, da über die Verletzung eines heimischen (australischen) Patentrechts im Ausland (England) zu entscheiden gewesen sei.[389]

(4) The English cases – Aus demselben Grund sei *Def Lepp Music* nicht relevant. Genau wie in *Norbert Steinhardt v Meth* müsse über die Verletzung eines heimischen (englischen) Urheberrechts im Ausland (in den Niederlanden) entschieden werden, während sich hier die Frage stelle, ob die Verletzung eines niederländischen Urheberrechts in den Niederlanden vor einem englischen Gericht einklagbar sei. Gleichwohl hält Roch LJ die Def-Lepp-Entscheidung wegen der territorialen Beschränkung der Urheberrechte für richtig.[390] Ausdrücklich bestätigt Roch LJ auch die *Tyburn*-Entscheidung. Sie sei die einzige Entscheidung, die den Einwand der Beklagten stützen könne, daß die im Ausland begangene Verletzung eines ausländischen Immaterialgüterrechts in England nicht einklagbar sei. Roch LJ betont jedoch, daß Vinelott J in *Tyburn* nur mit der Frage konfrontiert gewesen sei, ob ein ausländisches (amerikanisches) Urheberrecht bestehe, nicht aber mit der Verletzung eines ausländischen Urheberrechts. Im übrigen habe nicht das Urheber-

---

[385] [1999] 1 All ER 769, 793 d–e.
[386] [1999] 1 All ER 769, 797 b–d.
[387] *Jenard*, ABl. 5.3.1979 Nr. C 59, 36. „Since the grant of a national patent is an exercise of national sovereignty, Article 16 (4) of the Judgments Convention provides for exclusive jurisdiction in proceedings concerned with the validity of patents."
[388] [1999] 1 All ER 769, 796 f–g.
[389] [1999] 1 All ER 769, 797 c.
[390] [1999] 1 All ER 769, 798 e–h.

recht eines Vertragsstaates in Frage gestanden. Deshalb sei die *Tyburn-Entscheidung* von geringem Nutzen. Zuletzt befaßt sich Roch LJ mit Dillons in *Mölnlycke v Procter & Gamble* geäußerter Feststellung, „that the English court could not entertain a claim for the infringement of a German patent."[391] Da es sich um ein obiter dictum handele, das von den beiden anderen Richtern nicht unterstützt werde, sei es nicht bindend. Im Ergebnis gebe es kein Präjudiz, das die Anwendung der Moçambique rule vorschreibe, wenn Klage wegen Verletzung eines ausländischen Immaterialgüterrechts im Ausland erhoben worden sei.

(5) The Berne Convention – Dem Einwand der Beklagten, die Anwendung des EuGVÜ auf Klagen wegen Verletzung eines Urheberrechts sei gemäß Art. 57 Abs. 1 EuGVÜ durch Art. 5 Abs. 2 RBÜ ausgeschlossen, begegnet Roch LJ mit einem Hinweis darauf, daß Art. 5 Abs. 2 RBÜ keine Zuständigkeitsregel sei, die die Regeln des EuGVÜ verdrängen könnte. „What art 5 (2) does, in our view, is to leave it to the courts of the country in which the proceedings are brought to decide whether the claim for protection should be upheld. It does not seek to confer jurisdiction on the courts of one country to the exclusion of any other. We reject the submission that the Berne Convention excludes the application of the Brussels Convention to proceedings in respect of infringement of copyright."[392]

(6) The requirement of double actionability – Roch LJ weist darauf hin, daß Browne-Wilkinson die double actionability rule in *Def Lepp* unter dem Aspekt der Zuständigkeit, also auf derselben Ebene wie die Moçambique rule, geprüft habe,[393] obwohl sich das House of Lords in *Chaplin v Boys* ausdrücklich für eine andere Deutung entschieden hatte.[394] Die erste Hälfte der double actionability rule sei keine Zuständigkeitsregel, sondern bilde zusammen mit der zweiten Hälfte eine Kollisionsregel.[395] Würde man den ersten Teil der double actionability rule eng auslegen wie es Browne-Wilkinson VC in *Def Lepp* getan habe, müßte die Klage in *Pearce v Ove Arup* abgewiesen werden, weil das englische Recht für ein niederländisches Urheberrecht keinen Rechtsbehelf vorsehe. Würde man hingegen die in *Red Sea Insurance v Bouygues* bestätigte Ausnahmeregelung anwenden, käme das Recht zur Anwendung, das zum Fall die engste Verbindung habe, also niederländisches Urheberrecht als lex loci delicti.[396] Roch LJ schließt mit der Bemerkung: „We are encouraged in that view by the fact that it accords with the policy subsequently adopted by Parliament when enacting s 11 of the 1995 Act."[397]

---

[391] [1992] 4 All ER 47, 52. A.I.4.b.
[392] [1999] 1 All ER 769, 801 j.
[393] [1999] 1 All ER 769, 803 a.
[394] Per Lord *Wilberforce* [1969] 2 All ER 1085, 1098. A.I.1.d.bb.
[395] [1999] 1 All ER 769.
[396] [1999] 1 All ER 769, 803–804.
[397] [1999] 1 All ER 769, 804 a.

(7) The need for a reference to the Court of Justice – Die Beklagten emp-
fahlen dem Court of Appeal dem EuGH folgende Fragen gemäß Art. 177
EGV vorzulegen: „[...] (i) whether the rules of English private international
law derived from *British South Africa Co v Companhia de Moçambique* are in
conflict with, and so must yield to, the basic principle, embodied in art 2 of
the Brussels Convention, that a defendant must (subject to the special jurisdictions of the convention) be sued in the country in which he is domiciled,
and (ii) whether, by reason of art 5 (2) of the Berne Convention, in conjunction with art 57(1) of the Brussels Convention, the Brussels Convention has
no application to proceedings in respect of infringement of copyright." Der
Court of Appeal sieht keinen Anlaß, diese Fragen dem EuGH vorzulegen. Die
erste Frage betreffe weder das EG-Recht noch die Auslegung des EuGVÜ.
„In our view it is properly to be regarded as a question which turns on the
policy underlying the relevant rules of English private international law." Die
Antwort auf die zweite Frage sei so eindeutig, daß sie ohne Anrufung des
EuGH gegeben werden könne.[398]

3. Reaktionen im Schrifttum

Die Moçambique rule wird gemeinhin als rule of jurisdiction verstanden,
während die double actionability rule als choice of law rule begriffen wird.[399]
Der Zusammenprall der europäischen Regeln des EuGVÜ mit den traditionellen englischen Regeln zwingt die englischen Gerichte, erneut über die
dogmatische Natur dieser Regeln nachzudenken. Im Mittelpunkt steht die
Frage, ob die Moçambique und die double actionability rule durch die Regeln
des EuGVÜ verdrängt werden. Das wäre unproblematisch der Fall, wenn es
sich um Zuständigkeitsregeln handeln würde. Da sich die Moçambique rule
als rule of jurisdiction etabliert hat,[400] dürfte kein Zweifel daran bestehen, daß
sie hinter die Regeln des EuGVÜ zurücktritt. Lloyd J und die Richter des
Court of Appeal sind jedoch der Ansicht, daß sich die Lordrichter in *British
South Africa v Companhia de Moçambique* gar nicht mit einer Frage der jurisdiction, sondern mit einem Problem der justiciability auseinandergesetzt
haben. „It is, we think, clear from an analysis of the judgments in the Moçambique case that the House of Lords treated the question whether the English
courts should entertain an action for trespass to foreign land as one of justiciability. The English courts should not claim jurisdiction to adjudicate upon
matters which, under generally accepted principles of private international
law, were within the peculiar province and competence of another state."[401]

---

[398] [1999] 1 All ER 769, 804 d–h.
[399] Per Lord *Wilberforce* [1969] 2 All ER 1085, 1098. A.I.1.d.bb.
[400] Siehe oben A.I.2.
[401] [1999] 1 All ER 769, 792 d–e.

Aufgrund dieser Wertung müssen die Richter den Umweg über die Wirksamkeit (effectiveness) des EuGVÜ nehmen, um den Vorrang der europäischen Regeln zu begründen. Hätten sie die Moçambique rule kommentarlos als rule of jurisdiction hingenommen, hätten sie sich diesen Umweg ersparen können. Darüber hinaus weist Roch LJ auf die dogmatische Einordnung der double actionability rule als choice of law rule durch das House of Lords in *Chaplin v Boys* hin. Er beugt sich diesem höchstrichterlichen Diktum nicht ohne auf die abweichende Meinung Diplocks hinzuweisen, der zumindest den ersten Teil der Regel als rule of jurisdiction identifiziert hat.[402]

Läßt sich die Moçambique rule wirklich als rule of justiciability begreifen und die double actionability rule womöglich auch? In der Literatur stößt der Begriff der justiciability zum Teil auf Ablehnung, zum Teil auf Zustimmung.

a. Torremans

Torremans meint, daß die Unterscheidung zwischen jurisdiction und admissibility/justiciability falsch sei und auf einem Mißverständnis beruhe. Es gehe um nichts anderes als um die Beschränkung der Zuständigkeit im Hinblick auf ausländische Immaterialgüterrechte, a subject matter limitation in relation to jurisdiction.[403] Die Unterscheidung sei gefährlich, weil sie zu der von den Beklagten vertretenen Argumentation führe, daß die Moçambique rule auch dann gelte, wenn das EuGVÜ anwendbar sei. Das EuGVÜ könnte auf diese Weise durch nationale Regeln unterlaufen werden.[404] Erleichtert stellt Torremans fest, daß Lloyd J dennoch zum richtigen Ergebnis gekommen sei und das EuGVÜ angewandt habe.[405]

Im übrigen hebt Torremans hervor, daß die double actionability rule stets eine choice of law rule gewesen sei, die nie eine Rolle bei der Frage der Zuständigkeit gespielt habe.[406] Indem Lloyd J die double actionability rule auf derselben Ebene wie die Moçambique rule diskutiere, verhindere er eine Auseinandersetzung mit der Frage, welches Recht anwendbar sei. Torremans meint, daß die erste Voraussetzung der double actionability rule nicht erfüllt sei. Auf die in *Red Sea Insurance v Bouygues* getroffene Ausnahmeregelung, die der Court of Appeal später zugrunde gelegt hat,[407] geht er nicht ein[408].

---

[402] [1999] 1 All ER 769, 803 a; per *Diplock* LJ [1968] 1 All ER 283, 298.

[403] IPRax 1998, 495, 500. *Fawcett/Torremans*, 192. Dieser Begriff findet sich bei *Fawcett/Torremans* wieder, vgl. 279–306.

[404] IPRax 1998, 495, 500. *Fawcett/Torremans*, 192.

[405] Der Entscheidung stimmt auch *Kieninger* zu, GRUR Int 1998, 280, 287, ohne den Unterschied zwischen *jurisdiction* und *justiciability* zu problematisieren. Sie erwähnt zwar die „Stellungnahmen (der englischen Rechtsprechung) zur Justiziabilität" (S. 287), spricht aber stets von „internationaler Zuständigkeit".

[406] IPRax 1998, 495, 502.

[407] [1999] 1 All ER 769, 803, e–j.

[408] *Fawcett/Torremans*, 192, 610.

b. Wadlow

Wadlow identifiziert die Moçambique rule ausdrücklich als rule of justiciability.[409] „Whether jurisdiction over actions for infringement of foreign intellectual property rights is to be accepted or declined, the issue is squarely one of justiciability rather than choice of law and should be addressed as such."[410] Wadlow betont, daß englische Gerichte es traditionell ablehnten, über Klagen zu entscheiden, die eine Auseinandersetzung mit einem Hoheitsakt eines anderen souveränen Staates erforderten.[411] Auch wenn die Frage der justiciability logisch strikt von der Frage des anwendbaren Rechts getrennt werden sollte, seien beide Fragen in der Praxis miteinander verknüpft, da die Anwendung der double actionability rule bis zu ihrer Aufhebung durch den Private International Law Act 1995 regelmäßig zur Ausstreichung einer Klage wegen Verletzung eines ausländischen Immaterialgüterrechts führte.[412]

c. Briggs

Auch Briggs betrachtet die Moçambique rule als rule of justiciability.[413] Er kritisiert jedoch, daß sich die Doktrin der non-justiciability der Doktrin des forum conveniens zu stark annähere, wenn man der Interpretation Lloyds in *Pearce v Ove Arup* folgen würde. Entgegen der Ansicht Lloyds implizierten die beiden Regeln (Moçambique und double actionability rule) nicht, daß englische Gerichte ungeeignet (not suitable) seien, über die Verletzung eines ausländischen Immaterialgüterrechts zu entscheiden.[414] „Such an analysis of the doctrine of non-justiciability comes close to treating it as little more than forum conveniens in another guise, and views the Convention as being designed, inter alia, to stamp out all forum conveniens reasoning, whereever it may be found."[415]
Wenn der Einwand der justiciability stets hinter die europäischen Regeln trete, werde die justiciability als substantielle Verteidigung unbrauchbar. An

---

[409] Vgl. nur die Überschrift in „Enforcement": „Justiciability of Actions on Foreign Intellectual Property Rights: *Tyburn v Doyle* and the Moçambique rule", Chapter 6.C.

[410] Enforcement, 345.

[411] Enforcement, 345.

[412] Enforcement, 358 „In practice the two questions have become entangled through the operation of the former common law choice of law rule which was understood as preventing the action having any prospect of succeeding."

[413] [1997] LQR, 364, 365. So auch *Dutson*, Actions for Infringement of a Foreign Intellectual Property Right in an English Court, [1997] ICLQ, 918–925; The Internet, the Conflict of Laws, [1997] JBL, 495, 506 und in dem darauf aufbauenden Beitrag „Jurisdiction" in: A Practitioner's Guide to the Regulation of the Internet, 112. Allerdings übernimmt *Dutson* den Begriff „justiciability" kritiklos.

[414] „[...] because both Rule 203 and the Moçambique rule proceed on the clear premise that the English courts are not a suitable forum for such an action whereas the courts of another country are appropriate." *Lloyd* J, [1997]

[415] *Briggs*, [1997] LQR, 364, 366.

ihre Stelle trete die Doktrin forum (non) conveniens, die ihrerseits nur schwer mit den Regeln des EuGVÜ in Einklang zu bringen sei.[416] Briggs weist darauf hin, daß es schwierig sei, zu bestimmen, ob die Regeln des EuGVÜ stets über die Doktrin der non justiciability obsiegten, also auch dann, wenn nicht die Verletzung eines ausländischen Urheberrechts, sondern ein anderes Delikt in Frage stehe, das eigentlich nicht justiabel sei. Er hält die Entscheidung Lloyds für falsch, weil der EuGH mehrfach entschieden habe, daß Prozeßregeln, die die Zuständigkeit nicht berührten, ungeachtet der Konvention fortbestünden.[417] Briggs zieht den Schluß: „that the doctrinaire view of certain influential civilian jurists, that the Convention finds no place for a doctrine of forum conveniens, has been extended to strike at any rule of law which might be mis-regarded as having that principle as a justification."

d. Cornish

Cornish spricht nur von jurisdiction und nennt die Moçambique rule nicht explizit. Er deutet aber an, daß auch er beide Regeln als rules of justiciability versteht.[418] „The question to which we ultimately come is whether there are countervailing reasons for refusing to hear the case, even when the defendant is there to be tackled."[419] Der einzige Grund, nicht über die Verletzung ausländischer Immaterialgüterrechte zu entscheiden, sei ihr territorialer Charakter. Jedes Immaterialgüterrecht sei eng mit den wirtschaftlichen und sozialen Interessen des Staates verknüpft, in dem es ursprünglich geschützt werde.[420] Ausdruck der Territorialität sei zum einen die wenig überzeugende Unterscheidung zwischen local und transitory actions, die etwa in *Tyburn v Conan Doyle* zugrunde gelegt worden sei. Sie sei eine Zuständigkeitsregel.[421] Zum anderen spiegele die double actionability rule die Territorialität der Immaterialgüterrechte wider.

Cornish lenkt den Blick auf die politischen Gründe für das Festhalten an der Territorialität, an denen sich nach der teilweisen Abschaffung der double actionability rule nichts geändert habe. „As before, intellectual property offers incentives for creativity and procures fairness in marketing primarily because there is a national economic interest to do so. Courts can hardly escape at least being accused of seeing matters from the perspective of their national interests. The 'comity of nations' is all too likely to be shaken if the courts of X hold that a national of X has an action against a national of Y for infringement

---

[416] Vgl. unten A.III.2. *Re Harrods (Buenos Aires) Ltd* [1991] 4 All ER 334–347; *Re Harrods (Buenos Aires) Ltd (No 2)* [1991] 4 All ER 348–369.

[417] *Briggs* [1997] LQR, 364, 367.

[418] GRUR Int. 1996, 285–289.

[419] GRUR Int. 1996, 285.

[420] GRUR Int. 1996, 285, 287.

[421] GRUR Int. 1996, 285, 288: „which by its antecedents forms a rule directly about jurisdiction".

of a Y patent committed (as it must be) within the borders of Y."[422] Aus Respekt vor der comity of nations müsse ein englisches Gericht seine Entscheidungsbefugnis weiterhin vorsichtig ausüben. Genauso wie Cornish sehen auch Copinger and Skone James in der territorialen Beschränkung der Immaterialgüterrechte den wahren Grund der Zuständigkeitsbeschränkung: „[The rule precluding jurisdiction is] really no more than a necessary reflection of the territorial limit to the sovereignty of the state concerned." [423]

e. Austin

Austin reflektiert die traditionellen Regeln im Lichte des modernen internationalen Privatrechts.[424] „The policy of modern private international law is reflected in a series of principles, presumptions and rules which accommodate the fact that in particular circumstances Justice and convenience are served by recognition of rights created by foreign sovereigns and by application of foreign rules of law." Er ordnet die Moçambique rule dem Zuständigkeitsrecht und die double actionability rule dem Kollisionsrecht zu.[425] Die Moçambique rule identifiziert er als „jurisdictional bar,"[426] als Zuständigkeitshürde, die dem ordre public entspringe und nicht dem Territorialitätsprinzip.[427]

f. Tugendhat

Tugendhat hält die double actionability rule für eine Regel des ordre public (an indiscriminate rule of public policy), die ungeachtet der Besonderheiten eines Falles gelte. „It means that if a wrong is not actionable as a tort in England, then no English court should give relief in respect of it, even if the particular foreign law in question does not contravene public policy."[428] Die Regel habe wenig mit den Problemen zu tun, die unweigerlich entstünden, wenn ausländisches Recht angewandt werde. Tugendhat betont, daß englische Gerichte sehr erfahren seien im Umgang mit ausländischem Recht. Zugleich behielten sie sich vor, in bestimmten Fällen auf die public policy zurückzugreifen. Die double actionability rule sei ein Beispiel für die pauschale Anwendung des ordre public auf eine Gruppe von Fällen.

---

[422] GRUR Int. 1996, 285, 288.

[423] On copyright, 13. Aufl, 1991, 418.

[424] [1997] LQR, 321, 331: „For jurisdictional purposes, the relevant point is [...] whether the exercise of jurisdiction over their infringement offends against the policies of private international law."

[425] [1997] LQR, 321, 321: „Defendants have been shielded at common law by jurisdictional and choice of law rules."

[426] Vgl. nur die Überschriften II. (S. 324) und III. (S. 335).

[427] [1997] LQR, 321, 332.

[428] [1997] LQR, 360, 363.

g. Stellungnahme

Der Vergleich der beiden Entscheidungen *Phillips v Eyre* und *British South Africa v Companhia de Moçambique* hat gezeigt, daß ihr gemeinsamer Ursprung in der Unterscheidung zwischen local und transitory action liegt.[429] Hundert Jahre Rechtsprechung und Gesetzgebung haben diese Gemeinsamkeit überlagert. Im Hinblick auf die historischen Gemeinsamkeiten beider Regeln erscheint es geboten, auch die double actionability rule als rule of justiciability zu bezeichnen. Ihre Funktion ist dieselbe: Beide Regeln sollen verhindern, daß sich englische Gerichte mit einer Sache befassen, die der Hoheitsmacht eines anderen Staates unterliegt. Die Freiheit des Verletzten, vor einem englischen Gericht zu klagen, wird zum besten der Allgemeinheit rechtlich eingeschränkt. Die public policy wird vor die Zuständigkeit und vor die Anwendung ausländischen Rechts geschoben. Sie führt dazu, daß die Verletzung eines ausländischen Immaterialgüterrechts in England nicht justitiabel, also keiner gerichtlichen Entscheidung unterworfen ist. So läßt sich auch der hybride Charakter der Regeln erklären.[430] Sie sind weder Zuständigkeits- noch Kollisionsregel, sondern Instrumente, die einen flexiblen Umgang mit der Entscheidungskompetenz erlauben.

Der Begriff „justiciability" ist hilfreich, weil er den gemeinsamen Ursprung der Regeln erhellt und ihre Funktion auf den Begriff bringt. Allerdings darf nicht vergessen werden, daß dahinter die public policy steht. Ob man sich nun, wie die englischen Gerichte, auf den Grundsatz der comity of nations beruft oder, wie Cornish, auf das Territorialitätsprinzip zurückzieht oder, ob man sie wie Austin, mit der modernen Dogmatik des IPR begründet oder ob dahinter handfeste wirtschaftliche Interessen stehen, kann letztlich dahinstehen. Maßgeblich ist, daß in Fällen, in denen über die Verletzung von Immaterialgüterrechten im Ausland zu entscheiden ist, stets öffentliches Interesse in vielerlei Gestalt mitschwingt. Das wird auch nach der teilweisen Abschaffung der double actionability rule und der durch *Pearce v Ove Arup* eingeschränkten Anwendung der Moçambique rule so sein. Fraglich ist nur, in welches Gewand das öffentliche Interesse künftig gekleidet wird. Wird die Doktrin forum non conveniens die Rolle der traditionellen Regeln übernehmen?

---

[429] Siehe oben A.I.2.e.
[430] Siehe oben A.I.1.h. und A.I.2.e.

III. Forum non conveniens

Die dritte Phase der englischen Rechtsprechung zum internationalen Immaterialgüterrecht könnte im Zeichen der Doktrin forum non conveniens stehen. Im folgenden werden die der Doktrin zugrundeliegenden Regeln (1.) und ihr Verhältnis zum EuGVÜ (2.) beschrieben. Entscheidend ist die Frage, ob forum non conveniens auch auf internationale Urheberrechtsfälle anwendbar ist (3.). Da englische Judikate hierzu noch nicht ergangen sind, wird auf Beispiele aus der US-amerikanischen Rechtsprechung zurückgegriffen (4.). Abschließend kommt das englische Schrifttum zu Wort (5.).

1. Die Regeln

Die Doktrin forum non conveniens eröffnet englischen Gerichten einen weiten Ermessensspielraum.[431] Eine Prüfung findet entweder bereits im Zustellungsverfahren statt oder auf Einrede des Beklagten im Hauptsacheverfahren. In beiden Fällen prüft das Gericht, ob erstens auch ein anderes Gericht im Ausland zuständig ist, das zweitens nach Abwägung verschiedener Faktoren offenkundig besser geeignet erscheint, den Fall zu entscheiden.[432] Bei der Ermessensentscheidung sind rechtliche und praktische Aspekte zu berücksichtigen, wie die Verfügbarkeit von Zeugen und Beweismaterial oder die voraussichtlichen Kosten des Rechtsstreits oder die Anwendung ausländischen Rechts oder die Aussicht auf Anerkennung und Vollstreckung einer Entscheidung im Ausland.[433]

Kommt das Gericht im Zustellungsverfahren zu dem Ergebnis, daß ein ausländisches Gericht den Interessen der Parteien und der Gerechtigkeit besser dienen könnte, stellt es die Klage nicht zu. Der Kläger muß darlegen und beweisen, daß die Voraussetzungen für eine Zustellung der Klage außerhalb Großbritanniens gemäß Order 11 rule 1 (1) vorliegen.[434] Stellt der Beklagte im Hauptsacheverfahren den Antrag, das Verfahren auszusetzen (application to stay proceedings), muß er beweisen, daß es ein anderes zuständiges Forum gibt und daß es zweckmäßiger ist, die Sache vor diesem Forum zu verhan-

---

[431] Vgl. *Spiliada Maritime Corpn v Cansulex Ltd* [1987] AC 460; *Connelly v RTZ Corpn plc* [1997] 3 WLR 373; zuletzt präzisiert in *Lubbe v Cape,* [2000] 1 WLR 1545 HL. Ausführlich *Beaumont,* in: *Fawcett,* Declining Jurisdiction, 207–233, insbesondere 207–220. Zum Einfluß dieser Urteile auf die Rechtsprechung der Länder des Commonwealth und anderer Staaten *Fawcett,* Declining Jurisdiction, 11–13.

[432] „A stay will only be granted on the ground of forum non conveniens where the court is satisfied that there is some other available forum, having competent jurisdiction, which is the appropriate forum for trial of the action, ie in which the case may be tried more suitably for the interests of all the parties and the ends of justice." Lord *Goff,* in: *Spiliada Maritime Corpn v Cansulex Ltd* [1987] AC 460, 476 und [1986] 3 All ER 843 (H.L.).

[433] *Ginsburg,* Recueil, 313–314.

[434] *Seaconsar Far East Ltd v Bank Markazi Jomhouri Islami Iran* [1994] 1 AC 438.

deln.[435] Gibt es ein geeigneteres Forum, trägt der Kläger die Beweislast dafür, daß ein gerechtes Verfahren vor diesem Gericht nicht gewährleistet ist.[436] Wird von einer Partei bewiesen, daß ein Delikt in einem bestimmten Staat begangen wurde, ist der Ermessensspielraum reduziert. „If the substance of an alleged tort is committed within a certain jurisdiction, it is not easy to imagine what other facts could displace the conclusion that the courts of that jurisdiction are the natural forum."[437] In *Berezovsky v Michaels and others* bestätigte das House of Lords, daß ein in England begangenes Delikt ein gewichtiges Argument gegen die Anwendung der Doktrin forum non conveniens sei.[438]

2. Forum non conveniens und das EuGVÜ – Re Harrods (Buenos Aires)

Die Anwendung der Doktrin wird in Frage gestellt, wenn der Beklagte seinen Sitz in England hat und das EuGVÜ gemäß Art. 2 Abs. 1 anwendbar ist. In diesem Fall darf ein englisches Gericht die Zuständigkeit nicht auf der Grundlage der Doktrin des forum conveniens verweigern, wenn ein alternativer Gerichtsstand in einem Vertragsstaat des EuGVÜ eröffnet ist.[439] Das folgt schon aus section 49 CJJA, wonach die Aussetzung, Einstellung, Ausstreichung oder Abweisung eines Verfahrens auf der Grundlage von forum non conveniens nur erlaubt ist, wenn die Entscheidung nicht mit dem EuGVÜ in Widerspruch steht.

Hobhouse J ist in *S & W Berisford plc v New Hampshire Insurance Co*[440] der Ansicht, daß das EuGVÜ keinen Raum für Ermessensentscheidungen

---

[435] *Spiliada Maritime Corpn v Cansulex Ltd* [1987] AC 460, 474.

[436] Lord *Goff* in *Spiliada Maritime Corpn v Cansulex Ltd* [1987] AC 460, 474 und [1986] 3 All ER 843, 858: „The effect is, not merely that the burden of proof rests on the plaintiff to persuade that England is the appropriate forum for the trial of the action, but that he has to show that this is clearly so." Und Lord *Goff* in *Connelly v RTZ Corpn Ltd* [1997] 2 WLR 373, 384–385: „Only if the plaintiff can establish that substantial justice cannot be done in the appropriate forum, will the courts refuse to grant a stay." Ein Gerechtigkeitsdefizit bestehe schon deshalb, weil im alternativen Forum Namibia keine Prozeßkostenhilfe gewährt werde.

[437] *The Albaforth* [1984] 2 Lloyd's Rep 96 per *Goff* LJ, der später zum Lord *Goff of Chieveley* geschlagen wurde.

[438] 11.5.2000. Lexis-Nexis. Per *Steyn, Nolan, Hoffmann, Hope of Craighead, Hobhouse of Woodborough* LJJ. Zwei einflußreiche russische Geschäftsleute verklagten Journalisten des Nachrichtenmagazins „Forbes" wegen libel. Die in England verbreiteten Exemplare des Magazins hatten nur einen geringen Teil an der Gesamtauflage. In der ersten Instanz wurde das Verfahren wegen forum non conveniens ausgesetzt, da *Popplewell* J Rußland als Forum für geeigneter hielt. Die Aufhebung dieser Entscheidung durch den Court of Appeal wurde vom House of Lords bestätigt.

[439] *Re Harrods (Buenos Aires) Ltd* [1991] 4 All ER 334, 338, j. Vgl. auch *Huber*, Die englische forum-non-conveniens-Doktrin und ihre Anwendung im Rahmen des EuGVÜ.

[440] [1990] 2 All ER 321: Ein amerikanisches Unternehmen mit Sitz in New York klagt gegen eine amerikanische Versicherung mit Sitz in New Hampshire. Da die Beklagte auch einen Sitz in London hat, kann sie vor einem englischen Gericht verklagt werden. Der Streit ist auf das Geschäftsgebaren der Londoner Zweigstelle der Beklagten zurückzuführen.

lasse, wenn der Beklagte seinen Wohnsitz in England oder in einem Vertragsstaat habe und ein alternativer Gerichtsstand in einem anderen Vertragsstaat
eröffnet sei. „It is clear that the convention is designed (subject to art 4) to
achieve uniformity and to 'harmonise' the relevant procedural and jurisdictional rules of the courts of the contracting states. The convention leaves no
room for the application of any discretionary jurisdiction by the courts of this
country; the availability of such a discretion would destroy the framework of
the convention and create lack of uniformity in the interpretation and implementation of the convention."[441] Dieser Entscheidung folgt Potter J in *Arkwright Mutual Insurance Co v Brynston Insurance Co Ltd*, obwohl er forum
non conveniens für ein effizientes, kosten- und zeitsparendes Mittel der
Streitbeilegung hält.[442] Nur wenn es ungerecht erscheine, die Klage vor einem
englischen Gericht zu verhandeln (etwa, wenn Beweise dafür vorliegen, daß
der Kläger den Beklagten mit einem Verfahren in England überzieht, um ihn
zu unterdrücken), dürfe ein Gericht das Verfahren aussetzen.[443]

Einigkeit besteht darüber, daß die Aussetzung des Verfahrens erlaubt ist,
wenn Klage gegen einen Beklagten erhoben wird, der keinen Wohnsitz in
dem Hoheitsgebiet eines Vertragsstaats hat, da in diesem Fall autonome Regeln wie forum non conveniens unberührt bleiben.[444] Allerdings müsse in
diesem Fall verhindert werden, daß das später angerufene Gericht eines Vertragsstaats seine Zuständigkeit nicht seinerseits aussetze.[445]

Doch wie ist zu entscheiden, wenn der Beklagte seinen Sitz in Großbritannien oder in einem anderen Vertragsstaat hat und es einen alternativen Gerichtsstand in einem Staat gibt, der *kein* Vertragsstaat ist? Dillon, Stocker und
Bingham LJJ entschieden in *Re Harrods (Buenos Aires)*, daß die Doktrin des
forum non conveniens anwendbar ist, wenn ein alternativer Gerichtsstand in
einem Staat eröffnet ist, der dem EuGVÜ nicht beigetreten ist.[446]

Das in England registrierte Unternehmen Harrods (Buenos Aires) Ltd. gehört zwei
schweizerischen Unternehmen, der Intercomfinanz SA zu 51% und der Ladenimor SA zu
49%. Harrods hat seinen Sitz in England, übt aber sein Geschäft der Rinderzucht aus-

---

[441] *S & W Berisford plc v New Hampshire Insurance Co* [1990] 2 All ER 321, 332.

[442] [1990] 2 All ER 335, 345: Die Klägerin, eine amerikanische Versicherungsgesellschaft, macht einen Anspruch gegen eine Londoner Rückversicherungsgesellschaft geltend,
die sich mit dem Einwand verteidigt, der Anspruch sei nicht durch die Versicherungspolice
gedeckt. Die Beklagte hat vor einem New Yorker Gericht beantragt, festzustellen, daß sie
nicht hafte. Sie beantragt, das englische Verfahren wegen forum non conveniens und lis alibi
pendens auszusetzen, da die Durchführung des Verfahrens in New York im Interesse der
Sache zweckmäßiger sei.

[443] *Dicey & Morris*, 13. Aufl., 12-015.

[444] *Dicey & Morris*, 13. Aufl., 12-016.

[445] Vgl. *Sarrio SA v Kuwait Investment Authority* [1997] 1 Lloyd's Rep 113, 124, 128–129
CA; *Haji-Ioannou v Frangos* [1999] 2 Lloyd's Rep 337 CA.

[446] *Re Harrods (Buenos Aires) Ltd* [1991] 4 All ER 334–347; *Re Harrods (Buenos Aires)
Ltd (No 2)* [1991] 4 All ER 348–369.

schließlich in Argentinien aus, von wo aus das Unternehmen auch kontrolliert und verwaltet wird. Die Ladenimor SA fühlte sich nachteilig behandelt und beantragte 1989, die Intercomfinanz SA als Mehrheitsaktionärin zu verurteilen, die Anteile der Ladenimor SA zu kaufen. Die Zustellung des Antrags im Ausland wurde genehmigt. Die Intercomfinanz beantragte, das Verfahren auszusetzen, da Argentinien das einzig geeignete Forum sei. Dieser Antrag wurde in der ersten Instanz abgewiesen. Die Intercomfinanz legte Berufung ein. Der Court of Appeal befaßt sich in einem Termin vor der Hauptverhandlung zunächst mit der abgetrennten Rechtsfrage (preliminary issue)[447], ob die Doktrin des forum non conveniens durch das EuGVÜ ausgeschlossen sei. Ladenimor SA meint, Art. 2 Abs. 1 EuGVÜ (i.V.m. s 2(1) CJJA) sei anwendbar, weil das Unternehmen Harrods, das unstreitig[448] auch Partei ist, seinen Sitz in England habe.

Nach Ansicht der Lordrichter sei die Frage, ob das EuGVÜ die Doktrin in diesem Fall verdränge, weder in dem Protokoll zum EuGVÜ von 1971, noch in den Berichten von Jenard und Schlosser beantwortet werde, da sie schlichtweg nicht in Betracht gezogen worden sei.[449] Zweck des Abkommens sei es, durch ein System von Zuständigkeitsregeln Rechtssicherheit und Rechtseinheit zu schaffen.[450] Wenn ein Verfahren besser bei einem Gericht eines Nichtmitgliedstaates aufgehoben sei und ein englisches Gericht deshalb wegen forum non conveniens seine Zuständigkeit versage, sei dieses Ziel nicht gefährdet, weil die Entscheidung ja gerade nicht in einem anderen Vertragsstaat durchgesetzt werden müsse.[451] Die Konvention habe lediglich ein System geschaffen, das die Zuständigkeit und Anerkennung unter den Mitgliedstaaten regele. Beziehungen mit Nichtmitgliedstaaten blieben davon unberührt.[452] So regelten die Art. 21 bis 23 EuGVÜ nur solche Fälle, in denen bei Gerichten verschiedener Vertragsstaaten Klagen wegen desselben Anspruchs anhängig gemacht würden. Der Fall, daß eine Klage in einem Staat anhängig gemacht werde, der dem EuGVÜ nicht beigetreten sei, werde von

---

[447] Deshalb gibt es zwei Entscheidungen.

[448] Vgl. *Dillon* LJ [1991] 4 All ER, 334, 337 b.

[449] *Dillon* LJ [1991] 4 All ER, 334, 341 e–h. *Bingham* LJ ergänzt, daß sich aus den Berichten Argumente für beide Seiten ziehen ließen und weist darauf hin, daß die Auswahl von Passagen aus den „closely-reasoned reports" willkürlich sei. [1991] 4 All ER 334, 346 b.

[450] Vgl. Art. 220 EGV, der die Mitgliedstaaten anhält, untereinander Verhandlungen einzuleiten, um zugunsten ihrer Staatsangehörigen die Vereinfachung der Förmlichkeiten für die gegenseitige Anerkennung und Vollstreckung richterlicher Entscheidungen und Schiedssprüche sicherzustellen. Vgl. auch *Schlosser*: „A plaintiff must be sure which court had jurisdiction. He should not have to waste his time and money risking that the court concerned may consider itself less competent than another" (ABl. 5.3.1979 Nr. C 59, 71, 78) und *Jenard*: „The purpose of the Convention is also, by establishing common rules of jurisdiction, to achieve, in relation between the Six and in the field which it was required to cover, a genuine legal systemization which will ensure the greatest possible degree of legal certainty." (ABl. 5. 3. 1979 Nr. C 59, 1, 15).

[451] *Dillon* LJ [1991] 4 All ER, 334, 342 e.

[452] *Dillon* LJ [1991] 4 All ER, 334, 343 a; *Bingham* LJ 347 b–e; unter Berufung auf *Collins*, Forum Non Conveniens and the Brussels Convention, [1990] 106 LQR 535, 538, 539.

den Vorschriften nicht erfaßt. Wäre das EuGVÜ auch in diesem Fall gemäß Art. 2 Abs. 1 anwendbar, hätte ein Gericht nicht die Möglichkeit, das Verfahren wegen lis alibi pendens auszusetzen.[453] Bei weiter Auslegung des Art. 2 Abs. 1 EuGVÜ dürfte sich ein Gericht selbst dann nicht für unzuständig erklären, wenn die Parteien vereinbart hätten, daß ein Gericht eines Nichtmitgliedstaates entscheiden solle. Art. 17 EuGVÜ käme in diesem Fall nicht zur Anwendung, da die Vereinbarung keinen Vertragsstaat beträfe.[454] Diese Folgen widersprächen dem Zweck der Konvention, eine Entscheidung kosten- und zeitsparend zu erwirken.[455] Im Ergebnis verweisen die Lordrichter das Verfahren auf der Grundlage der forum-non-conveniens-Doktrin an ein argentinisches Gericht.[456]

Die Entscheidung stößt überwiegend außerhalb Englands auf Ablehnung.[457] Hauptsächlich wird kritisiert, daß ein übergeordnetes Ziel des EuGVÜ – die Harmonisierung der internationalen Zuständigkeit – unterlaufen werde. Während englische Gerichte ein Verfahren unter Berufung auf die forum-non-conveniens-Doktrin aussetzen könnten, müßten kontinentaleuropäische Gerichte denselben Fall verhandeln, weil sie kein dem forum non conveniens entsprechendes Institut kennen würden.[458] In der Tat könnte ein englisches Gericht unter Berufung auf die *Harrods*-Entscheidung das Verfahren aussetzen, wenn die Zuständigkeit zwar nach Art. 2 Abs. 1 EuGVÜ begründet, das Gericht eines Nichtmitgliedstaates aber ebenfalls zuständig wäre. Ein deutsches Gericht hätte diese Möglichkeit nicht.[459] Doch darf nicht ver-

---

[453] *Dillon* LJ [1991] 4 All ER, 334, 342 f–g und 340 h–j, unter Berufung auf *Potter* J in *Arkwright Mutual Insurance Co v Bryanston Insurance Co Ltd* [1990] 2 Al ER 335, 345.

[454] *Dillon* LJ [1991] 4 All ER, 334, 342 h–j.

[455] *Dillon* LJ [1991] 4 All ER, 334, 343 a–b.

[456] *Re Harrods (Buenos Aires) Ltd (No. 2)* [1991] 4 All ER, 348–369. Nur *Stocker* LJ und *Bingham* LJ sind dafür. Da der Geschäftsmittelpunkt in Argentinien liege und auch alle Dokumente auf Spanisch abgefaßt worden seien, könne ein argentinisches Gericht zweckmäßiger über den Fall entscheiden. Anders als *Dillon* LJ halten sie den in Argentinien gewährten Rechtsschutz für ausreichend.

[457] Vgl. aus deutscher Sicht: *Martin Fricke* NJW 1992, 3066–3069; *Reinhold Geimer*, NJW 1991, 3072–3074, *Wolfgang Lüke*, ZZP 105 (1992), 321–329; *Haimo Schack* JZ 1992, 54–56; *Rolf A. Schütze*, DWiR 1991, 239–243; differenzierter: *Schlosser* IPRax 1992, 140–143. Vgl. die Diskussion auf dem XIV. Internationalen Kongreß für Rechtsvergleichung 1994 in Athen: *Fawcett*, Declining Jurisdiction. Reports; Kongreßberichte: *Mistelis/Grunert*, ZvglRWiss 94 (1995), 204–215; *Jayme*, IPRax 1994, 481–482; *Remien*, JZ 1994, 1159–1160.

[458] Der EuGH hat sich bislang noch nicht mit dieser Frage befaßt. Zuletzt hat der *Court of Appeal* wegen der voraussichtlichen Kosten und der unzumutbaren Verzögerung davon abgesehen, die Frage dem EuGH vorzulegen. Vgl. *The Nile Rhapsody* [1994] 1 Lloyd's Report, 382.

[459] Die Situation wird noch komplizierter, wenn nicht nur ein Forum, sondern mehrere alternative Fora zur Verfügung stehen, beispielsweise, wenn neben dem angerufenen Gerichtsstand ein Gerichtsstand in einem Mitgliedsstaat, ein anderer dagegen in einem Nichtmitgliedsstaat eröffnet ist. Dieses Szenario entwerfen *Fawcett/Torremans*, 187 f. *Bingham* LJ deutet in *Re Harrods* an, daß in diesem Fall das EuGVÜ die Doktrin forum non conveniens

gessen werden, daß der BGH den Anwendungsbereich des EuGVÜ ähnlich abgrenzt wie die Lordrichter in *Re Harrods*. Nach Auffassung des BGH ist das EuGVÜ räumlich nicht anwendbar, wenn der Sachverhalt keinen Berührungspunkt zu einem anderen Vertragsstaat aufweist.[460] Genau wie das House of Lords vergrößert der BGH die Nische für die Anwendung autonomen Rechts. Anstatt die Beschneidung der Doktrin zu verlangen, könnte man darüber nachdenken, sich dem Wettbewerb mit englischen Gerichten zu stellen und ein ebenso flexibles Instrument wie die Doktrin forum non conveniens zu entwickeln. Vor diesem Hintergrund erstaunt nicht, daß englische Gerichte die Doktrin forum non conveniens weiterhin anwenden.[461]

Die Frage, ob Art. 2 EuGVÜ der Anwendung der Doktrin forum non conveniens entgegensteht, wird wohl bei nächster Gelegenheit dem EuGH vorgelegt.[462] Der EuGH wird dann voraussichtlich an *Group Josi v Universal General Insurance Company* anknüpfen.[463] Danach ist Art. 2 EuGVÜ auch dann anwendbar, wenn es keine Berührungspunkte zu einem anderen Vertragsstaat gibt. Die englischen Gerichte wären gezwungen bei einem entsprechend gelagerten Fall die in *Re Harrods* begründete Rechtsprechung aufzugeben.[464]

3. Forum non conveniens und Urheberrecht?

Verfahren, in denen über eine Urheberrechtsverletzung zu entscheiden ist, sind bislang noch nicht wegen forum non conveniens ausgesetzt worden. Grund dafür ist die bisherige restriktive Rechtsprechung englischer Gerichte

---

wohl verdrängen würde: „In any choice of jurisdiction between the courts of contracting states, he [Mr Boyle for Intercomfinanz] accepted that the conventions provide a mandatory and comprehensive code." [1991] 4 All ER 334, 345, j.

[460] BGH NJW 1986, 1438, 1439; BGH NJW 1993, 1070, 1071.

[461] Die Aussetzung wird allein aus sachlichen, nicht aus dogmatischen Gründen verweigert. Vgl. *R v R* [1994] 2 FLR 108; *Bank of Credit & HK v Sonali Bank* [1995] 1 LI R 227; *Connelly v RTZ* [1996] QB 361 CA; [1997] 3 WLR 373 HL.

[462] Vgl. *Lubbe v Cape* [2000] 4 All ER 268 (HL), Nr. 40 per Lord *Bingham of Cornhill*: „For reasons already given, I am unwilling to stay the plaintiffs' proceedings in this country. It is accordingly unnecessary to decide whether the effect of Article 2 is to deprive the English court of jurisdiction to grant a stay in a case such as this. Had it been necessary to resolve that question, I would have thought it necessary to seek a ruling on the applicability on Article 2 from the European Court of Justice, since I do not consider the answer to that question to be clear."

[463] Urteil vom 13.7.2000, Rs. 412/98, IPRax 2000, 520, 522–524, Nr. 33–61. Die Frage stellte sich in einem Rechtsstreit zwischen einer Versicherungsgesellschaft kanadischen Rechts mit Sitz in Vancouver und einer Rückversicherungsgesellschaft belgischen Rechts mit Sitz in Brüssel, wegen einer von der Klägerin an die Beklagte aus einem Rückversicherungsvertrag gestellten Geldforderung.

[464] *Blobel/Späth*, RIW 2001, 598, 604. *Staudinger* spricht von „persuasive precedent", IPRax 2000, 483, 488.

zu Immaterialgüterrechtsfällen mit Auslandsberührung.[465] Da sich englische Gerichte gar nicht erst für ausländische Immaterialgüterrechtsverletzungen zuständig erklärt haben, bot sich bis vor kurzem keine Gelegenheit, die forum-non-conveniens-Doktrin anzuwenden. Erst die Abschaffung der double actionability rule durch den Private International Law Act von 1995 und die Aufweichung der Moçambique rule in *Pearce v Ove Arup* geben überhaupt Anlaß, über die Anwendbarkeit der forum-non-conveniens-Doktrin nachzudenken. Lloyd J stellt in einem obiter dictum die entscheidende Frage: „Whether article 2 (and other rules of the Convention) apply only when the competing jurisdictions are or include Contracting States, or rather apply in every case where an action is brought against a person domiciled in a Contracting State, even if the 'rival' jurisdiction is, for example, one of the States of the United States of America."[466] Insoweit der Zweck des EuGVÜ darin bestehe, ein System zu schaffen, das auf der gegenseitigen Anerkennung von Urteilen beruht, bestehe kein Bedarf, die Konvention auf Fälle auszudehnen, in denen ein Urheberrecht im Ausland verletzt werde und das EuGVÜ nur deshalb in Frage komme, weil der Verletzer seinen Wohnsitz innerhalb der EU habe. Auf der anderen Seite lasse sich eine solche Verkürzung des Anwendungsbereichs nicht aus dem EuGVÜ ableiten, das ja die Entscheidungszuständigkeit und nicht die Anerkennungszuständigkeit regele.[467] Folglich dürfe es auf die Anerkennung im Ausland selbst dann nicht ankommen, wenn sie zweifelhaft sei wie in *Tyburn v Conan Doyle*.[468] In Anlehnung an O'Malley & Layton[469] erwägt Lloyd J, die Zuständigkeit zu verneinen, wenn es

- eine gültige Vereinbarung über die Zuständigkeit gibt,

- eine Klage bereits in einem anderen Staat anhängig ist mit der Aussicht, in England anerkannt zu werden oder

- über ein Immaterialgüterrecht zu entscheiden ist, das in einem Nichtvertragsstaat geschützt ist.[470]

Demgegenüber habe Vinelott J in *Tyburn* daran gezweifelt, daß ein anderer Staat außerhalb des EuGVÜ, namentlich die USA, eine ausländische (englische) Entscheidung über sein eigenes Urheberrecht anerkennen würde.

---

[465] Zur Anwendung der forum-non-conveniens-Lehre bei Verletzungen von Persönlichkeitsrechten: *Kubis*, 60–62.

[466] *Pearce v Ove Arup* [1997] 3 All ER 31, 42 b.

[467] Vgl. *Jenard*, Kapitel 2, Absatz C.

[468] [1997] 3 All ER 31, 42 e: „[...] makes it difficult to imply such an exception, even if, as Vinelott J said in *Tyburn Productions*, there may be grave doubt whether a non-Contracting State would recognise the English judgment."

[469] European Civil Practice, 30–32.

[470] [1997] 3 All ER 31, 42 f.

Genau wie Vinelott J hält Roch LJ das EuGVÜ unabhängig vom Wohnsitz des Beklagten nicht für anwendbar, wenn der alternative Gerichtsstand außerhalb der EU liegt. Obwohl die beklagte Lady Bromet in *Tyburn v Conan Doyle* ihren Wohnsitz in England habe, sei das EuGVÜ selbstverständlich nicht anwendbar, weil die USA und ihre Einzelstaaten keine Vertragsstaaten der Konvention seien. „He [Vinelott] did not, of course, find it necessary to consider the Brussels Convention. The foreign state with wich he was concerned (whether that be the United States of America or one of the states within that country) was not party to the convention."[471] Auch die Tatsache, daß Roch LJ die *Tyburn*-Entscheidung ausdrücklich bestätigt,[472] weil die Durchsetzbarkeit der Entscheidung in den USA fraglich war, läßt darauf schließen, daß er die Zuständigkeitsregeln des EuGVÜ nur dann für anwendbar hält, wenn eine Entscheidung mit Wirkung für einen Vertragsstaat ergeht, in dem die Anerkennung durch das EuGVÜ gesichert ist. Ein Gedanke, der sich bereits in *Re Harrods* findet.

In beiden Fällen stellt sich dieselbe Frage: Verdrängt das EuGVÜ die traditionellen Regeln des englischen Rechts? Die Antwort in *Re Harrods* und in *Pearce* ist dieselbe: ‚ja'. Die beiden Urteile sind insofern vergleichbar. Die Richter in *Re Harrods* gehen nur einen Schritt weiter: Sie verneinen die Frage, ob das EuGVÜ auch dann die traditionellen Regeln verdrängt, wenn ein alternativer Gerichtsstand in einem Nichtmitgliedstaat eröffnet ist. Da die starre Moçambique rule und die flexible Doktrin forum non conveniens dieselbe Funktion haben, spricht viel dafür, die in *Re Harrods* getroffene Entscheidung auf die Moçambique rule zu übertragen und das EuGVÜ nur dann anzuwenden, wenn ein Gerichtsstand in einem anderen EuGVÜ-Vertragsstaat eröffnet ist. Beide Regeln erlauben dem Gericht, eine grundsätzlich begründete Zuständigkeit abzulehnen. Beide Regeln dienen der Verteidigung.[473] Beide Regeln des autonomen englischen Rechts geraten zwangsläufig in Konflikt mit dem EuGVÜ, das einen Ermessensspielraum nur in den engen Grenzen der Art. 21 und 22 EuGVÜ vorsieht.[474]

---

[471] [1999] 1 All ER, 769, 799 d.

[472] [1999] 1 All ER, 769, 799 f–g.

[473] Diesen Zusammenhang stellt implizit *Briggs* her, [1997] LQR 364, 366. „If the decisions [*Pearce* and *Coin Controls*] are correct, non-justiciability has ceased to be a substantive defence, and has become a matter of civil procedure capable of being overridden by the Convention. [...] The only escape from this would be to apply *Re Harrods (Buenos Aires) Ltd* and to stay the proceedings on forum conveniens grounds: a solution not plainly compatible with the Convention either."

[474] Englische Gerichte wenden Art. 21 und 22 EuGVÜ unter strikter Beachtung des Territorialitätsprinzips restriktiv an, wenn sie über parallele Immaterialgüterrechtsverletzungen zu entscheiden haben. In *LA Gear* und in *Mecklermedia* (siehe oben A.I.2.a./e.) wurde das Verfahren nicht ausgesetzt. Die Klage wegen Verletzung eines britischen Markenrechts in Großbritannien stehe nicht im Zusammenhang mit der Klage wegen Verletzung eines irischen bzw. deutschen Markenrechts in Irland bzw. Deutschland.

Der Schluß, die Moçambique rule ebenso wie die Doktrin forum non conveniens ungeachtet des EuGVÜ anzuwenden, wenn der Gerichtsstand eines
Nichtmitgliedstaates mit einen englischen Gericht konkurriert, wird nicht von
allen gezogen. Fawcett und Torremans sind der Ansicht, daß forum non conveniens die Moçambique rule in diesem Fall ablöse, da die Zuständigkeit wegen *Pearce v Ove Arup* auf den Regeln des EuGVÜ gründe.[475] Dieser Interpretation zu folgen hieße jedoch, mehr in die *Pearce*-Entscheidung zu legen
als in ihr steht. Roch LJ stellt klar, daß in *Pearce* – anders als in *Tyburn* –
über die Gültigkeit oder Verletzung eines Urheberrechts in einem Mitgliedstaat des EuGVÜ zu entscheiden sei und gerade nicht über die Verletzung in
einem Drittstaat.[476] Das oben zitierte Diktum Rochs aus *Pearce* über die Anwendbarkeit des EuGVÜ in *Tyburn* deutet eher daraufhin, das EuGVÜ überhaupt nicht anzuwenden, wenn es keinen Berührungspunkt zu einem weiteren
Vertragsstaat gibt. Fawcetts und Torremans Vorschlag, mit Hilfe des EuGVÜ
die Moçambique rule auszuschalten, dann aber die Zuständigkeit mit dem
Instrument des forum non conveniens nach Bedarf abzulehnen, ist inkonse-
quent. Entweder das EuGVÜ ist anwendbar oder nicht. Die beiden Regeln
stehen nicht in einem Stufenverhältnis zueinander; sie stehen gleichberechtigt
nebeneinander. Erst wenn die Moçambique rule auch für das Immaterialgüterrecht abgeschafft werden sollte (sei es per Gesetz, sei es durch Richterrecht),
kommt die Doktrin forum non conveniens zum Zuge.

Die funktionelle Vergleichbarkeit beider Regeln erlaubt auch den Umkehrschluß: Sollten englische Gerichte im Hinblick auf die EuGH-Entscheidung
Josi Groups die in *Re Harrods* begründete Rechtsprechung aufgeben, läge es
nahe, den Anwendungsbereich der Moçambique rule weiter zu beschränken
und Art. 2 EuGVÜ auch dann anzuwenden, wenn der Kläger sein Domizil in
einem Drittstaat hat.[477]

4. Exkurs: Beispiele aus der US-amerikanischen Rechtsprechung

Welche Rolle die forum-non-conveniens-Doktrin im Immaterialgüterrecht
spielen kann, zeigt ein flüchtiger Blick auf die US-amerikanische Rechtspraxis. Grundsätzlich bejahen amerikanische Gerichte die sachliche Zuständigkeit (subject matter jurisdiction) für Urheberrechtsfälle mit Auslandsberührung.[478] Ein Urheberrecht begründe anders als die örtlich gebundenen gewerblichen Schutzrechte (local actions) keinen ausschließlichen Gerichts-

---

[475] Vgl. *Fawcett/Torremans*, 270.

[476] [1999] 1 All ER, 769, 799 j.

[477] Zu *Group Josi*, IPRax 2000, 520–524, oben A.III.2.

[478] *London Film Prods Ltd v Intercontinental Communications, Inc*, 580 F. Supp. 47
(SDNY 1984); *Frink America, Inc. V. Champion Road Mach. Ltd*, 961 F. Supp. 398, 404
(NDNY 1997). Einen guten Überblick gibt *Austin*, [1999] Columbia-VLA 1, 28–36. Allge-
mein zur internationalen Zuständigkeit in den USA *Blumer*, Patent Law and International
Private Law, 20–28; *Ginsburg*, Recueil, 282–302; *dies.*, 2000 Update, 3–11.

stand, weil mangels Registrierung keine administrativen Handlungen für das Entstehen des Urheberrechts notwendig seien (transitory action) und amerikanische Gerichte demnach ohne Auskunft ausländischer Verwaltungsstellen über eine Urheberrechtsverletzung entscheiden könnten.[479] Allerdings hat die auf dem Begriffspaar „local/transitory action" beruhende Argumentation nicht alle Gerichte überzeugt. Auf der Ebene des forum non conveniens werden deshalb vor allem rechtspolitische Gründe bemüht, um die Zuständigkeit abzuwenden.[480] Genau wie im englischen Recht wird der Fall nach amerikanischem Recht einem zweistufigen Test unterzogen. Der Beklagte muß zeigen, daß es ein alternatives Forum gibt.[481] Erst dann wägt das Gericht alle relevanten Faktoren ab, um das Gericht zu bestimmen, das am besten für die Entscheidung des Falles geeignet ist.[482] Abwägungskriterien sind etwa die Verfügbarkeit angemessener Rechtsbehelfe oder die Anwendung ausländischen Rechts.[483] Aber auch öffentliche Faktoren werden einbezogen. Darin unterscheidet sich die amerikanische Doktrin von der englischen. Lord Bingham hat sich in *Lubbe v Cape* ausdrücklich von der Einbeziehung öffentlicher Interessen distanziert. Die Gerichte seien nicht in der Lage, öffentliche Interessen zu ermitteln oder die inländischen und internationalen Auswirkungen zu bewerten. Auch die Sorge um die Kosten eines Verfahrens oder die Belastung der Justiz spielten nur eine Rolle, sofern sie in einem Zusammenhang mit den privaten Interessen der Parteien stünden.[484]

In *Boosey & Hawkes v Walt Disney* versagt die untere Instanz die Zuständigkeit wegen forum non conveniens, weil es die Schwierigkeiten fürchtet, die mit der Anwendung achtzehn verschiedener Rechtsordnungen verbunden sind.[485]

1940 schloß die Walt Disney Corporation einen Lizenzvertrag nach New Yorker Recht mit dem Musikverlag Boosey & Hawkes, um den Märchenfilm „Fantasia" mit Igor Strawinskys Komposition „Le sacre du printemps" unterlegen zu dürfen. 1991 veröffentlichte Walt Disney Videokassetten von „Fantasia". Da US-amerikanische Rechte an der Kom-

---

[479] *Nimmer* on Copyright, § 17.03.

[480] *Nimmer* on Copyright, § 17.05: „With the global reach of the Internet, [the issue of forum non conveniens] is likely to increase dramatically in significance."

[481] *Boosey & Hawkes Music Publishers, Ltd v Walt Disney Co*, 145 F.3d 481, 491 (2d Cir. 1998) (unter Berufung auf *Peregrine Myanmar Ltd v Segal*, 89 F.3d 41, 46 (2d Cir. 1996)). Allerdings kann es auch passieren, daß eine Klage abgewiesen wird, obwohl nicht sicher ist, daß ein ausländisches Gericht zuständig ist. Vgl. *Creative Tech Ltd v Aztech Sys Pte, Ltd*, 61 F.3d 696 (9th Cir. 1995).

[482] Vgl. *Gulf Oil Corp v Gilbert*, 330 U.S. 501 (1947); *Piper Aircraft Co v Reyno*, 454 U.S. 235 (1981).

[483] Zur Anwendung der Doktrin forum non conveniens im Patentrecht *Blumer*, Patent Law and International Private Law, 27–28.

[484] [2000] 1 WLR 1545, 1561–1567; *Blobel/Späth*, RIW 2001, 598, 603.

[485] 934 F. Supp. 119 (SDNY 1996).

position inzwischen erloschen sind, beruft sich die Klägerin auf ihre Urheberrechte in 18 Staaten, in denen die Tonträger vertrieben worden sind.

Der District Court for the Southern District of New York ist der Ansicht, daß wegen des starken öffentlichen Interesses, das durch die Verletzung von Urheberrechten berührt sei und wegen der administrativen Schwierigkeiten bei der Ermittlung ausländischen Rechts, nur Gerichte eines Staates angerufen werden sollten, in dem ein Urheberrecht verletzt worden sei.[486] Das Berufungsgericht hebt die Entscheidung auf, weil auch die privaten Interessen der Parteien in die forum-non-conveniens-Entscheidung einbezogen werden müßten.[487] So spreche das Domizil der Parteien und der Zeugen eher für New York als für einen ausländischen Gerichtsstand. Allerdings räumt das Berufungsgericht ein, daß nicht nur die Zweckmäßigkeit eines Gerichtsstandes für die Parteien, sondern auch das öffentliche Interesse, das durch die Anwendung ausländischen Urheberrechts berührt sei, in die Abwägung einzubeziehen sei.

Andere Gerichte haben lange vor *Boosey & Hawkes v Walt Disney* das Argument der public policy bemüht, um sich nicht mit einem Urheberrechtsfall mit Auslandsberührung befassen zu müssen.[488] Doch gibt es auch den umgekehrten Fall eines Plädoyers für die Begründung der Zuständigkeit amerikanischer Gerichte aufgrund öffentlicher, d.h. amerikanischer Interessen.

In *Creative Technology Ltd v Aztech System Pte Ltd* streiten zwei Computerunternehmen aus Singapur in den Vereinigten Staaten über die Vermarktung von „sound cards" und die dazu gehörende Computersoftware. Creative Technology klagt vor einem amerikanischen District Court wegen Urheberrechtsverletzung, während Aztech System in Singapur Klage erhebt, um feststellen zu lassen, daß ein Urheberrecht nicht verletzt worden sei.[489] Die Entscheidung des District Courts, das Verfahren wegen forum non conveniens auszusetzen, ist vom Ninth Circuit bestätigt worden.[490]

In einer abweichenden Meinung streitet Judge Ferguson leidenschaftlich für die Zuständigkeit amerikanischer Gerichte und die Anwendung amerikanischen Urheberrechts, insbesondere dann, wenn Computersoftware betroffen sei und amerikanische Interessen auf dem Spiel stünden: „A copyright may not be as important as the Congressional Medal of Honor, but the district court and the majority have completely disregarded the fact that an American

---

[486] 934 F. Supp. (SDNY 1996), 119, 124.

[487] *Boosey & Hawkes Music Publishers, LTd v Walt Disney Co*, 145 F.3d 481 (2d Cir. 1998).

[488] Vgl. *ITSI TV Prods, Inc v California Auth of Racing Fairs*, 785 F. Supp. 854, 866 (ED Cal 1992) und *Zenger-Miller, Inc v Training Team, GmbH*, 757 F. Supp. 1062 (ND Cal 1991).

[489] *Aztech System Pte, Ltd v Creative Technology, Ltd*, 1996-1 SLR 683 (Sing High Court); *Creative Technology, Ltd v Aztech Sys Pte, Ltd*, 1997-1 SLR 621 (Sing CA).

[490] *Creative Technology, Ltd v Aztech System Pte, Ltd*, 61 F.3d 696 (9th Cir. 1995). Dazu *Ellis*, IDEA, Vol. 36, 327, 331–338.

copyright is a valued benefit granted by the United States government for the primary purpose of benefitting the general public good; therefore, a copyright infringement claim must not be treated as a mere private cause of action like a tort or breach of contract. The majority confuse the importance of copyright law to the public good with the importance of copyright law to the American consumer. [...] The district court failed to consider the enormous impact on the general public good resulting from its decision to leave to a Singapore court unsettled issues relating to the intellectual freedom to create American copyrights to computer software in a rapidly expanding market."[491] Selten hat ein Richter die politische und wirtschaftliche Bedeutung des Urheberrechts stärker betont als Judge Ferguson.

Die beiden Urteile zeigen, daß sich die Doktrin forum non conveniens leicht zum Wohle nationaler Interessen instrumentalisieren läßt. Ist die Anwendung ausländischen Urheberrechts mühselig, kann die Zuständigkeit wegen forum non conveniens wie in *Boosey & Hawkes v Walt Disney* abgelehnt werden. Stehen dagegen amerikanische Interessen auf dem Spiel, läßt sich die Zuständigkeit mit der Argumentation Fergusons in *Creative Technology v Aztech System* ebensogut begründen. Hier offenbart die forum-non-conveniens-Doktrin ihre Schwäche: die Kehrseite der Flexibilität ist die bei der Abwägung privater und öffentlicher Interessen latente Gefahr der Willkür. Sie läßt sich nur durch sorgfältige und gewissenhafte Offenlegung der entscheidungserheblichen Kriterien eindämmen. Die wohlbegründete Berufungsentscheidung in *Boosey & Hawkes v Walt Disney* und das Votum der Mehrheit in *Creative Technology v. Aztech System* stimmen jedoch zuversichtlich, daß einer Perversion der forum-non-conveniens-Doktrin vorgebeugt und dieses für komplexe Urheberrechtsfälle geeignete Instrument in den USA künftig sensibel gehandhabt wird.[492]

5. Ausblick

Der gegenwärtige Stand der Rechtsprechung wirft manche Frage auf. Werden Gerichte des Commonwealth *Pearce v Ove Arup* generell berücksichtigen

---

[491] *Creative Technology, Ltd v Aztech System Pte, Ltd,* 61 F.3d 696, 708 (9th Cir. 1995).

[492] Vgl. die neueren Entscheidungen *World Film Services v RAI* US Dist Lexis 985 (SDNY 1999), 26: „[...] there is no reason to believe that this Court will be unable to apply Italian copyright law as necessary." (zitiert nach *Austin,* in: *Rickett/Austin,* 105, 111) und *Armstrong v Virgin Records,* 91 F. Supp. 2d 628 (SDNY 2000), 637: „[...] certain courts have, at times, demonstrated their reluctance to ´enter the bramble bush of ascertaining and applying foreign law without an urgent reason to do so,´ there is no principled reason to bar, in absolute fashion, copyright claims brought under foreign law for lack of subject matter jurisdiction. Not only is this Court called upon to enter bramble bushes, briar patches, and other thorny legal thickets on a routine basis, but a number of persuasive authorities and commentators have also indicated that the exercise of subject matter jurisdiction is appropriate in cases of transnational copyright infringement." (zitiert nach *Ginsburg,* 2000 Update, 6).

oder wird die Entscheidung auf den europäischen Kontext beschränkt bleiben?[493] Werden die Gerichte die in *Pearce v Ove Arup* eingeschlagene Richtung weiter verfolgen und die Moçambique rule insgesamt verbannen? Welche Alternativen stehen ihnen zur Verfügung? Einige Autoren verweisen auf die weltweite Harmonisierung des Urheberrechts (a.). Die meisten sprechen sich für die Anwendung der Doktrin forum non conveniens (b.) oder für eine Kombination der Doktrin mit der public policy (c.) aus.

a. Einheitsrecht

Sterling meint, die Welt brauche ein einheitliches Urheberrechtssystem.[494] Wenn in der globalen Informationsgesellschaft zentrale Aspekte von Land zu Land unterschiedlich geregelt werden würden, herrschte Chaos. Deshalb seien die Vertreter von WIPO, WTO, EU, NAFTA gemeinsam mit Regierungsvertretern, Rechteinhabern und Verbrauchern aufgefordert, über ein gemeinsames Vorgehen zu beraten und die notwendigen Schritte zur Verwirklichung eines World Copyright Law zu unternehmen.[495]

Dutson beschränkt seinen Blick auf Europa. Er liebäugelt mit einem System, das die international einheitliche Anwendung eines Immaterialgüterrechts garantiert. Das habe den Vorteil, daß ein Rechtsstreit über die Verletzung oder Gültigkeit eines internationalen Rechts nur vor einem Gericht verhandelt werden müsse und nicht vor mehreren Gerichten wie bisher.[496] Exekutive und Legislative der EU seien dazu aufgerufen, ein solches System zu entwerfen und umzusetzen, während die Judikative sich in Zurückhaltung üben müsse.[497] Raum für individuelle fallbezogene Lösungen bleibt da nicht.

So verdienstvoll das Bemühen um die Idee eines weltweiten Urheberrechts ist, die gegenwärtigen Probleme der Rechtsprechung löst dieser Vorschlag nicht. Selbst wenn eines Tages ein Welturheberrechtssystem das Kollisionsrecht ablöst, werden Entscheidungen immer noch von staatlichen Gerichten

---

[493] *Austin*, in: *Rickett/Austin*, 105, 109; ders., Overview, Fn. 44.

[494] *Sterling*, World Copyright Law, Chapter 28, 709–711. Für die Harmonisierung des Urheberrechts sprechen sich auch *D'Amato/Long* aus, International IP Law, 390 ff.

[495] *Sterling*, World Copyright Law, Chapter 28, 709–710: „The provisions of the Berne Convention, taken in conjunction with those of the other relevant international instruments and the relevant regional instruments, can, it is suggested, provide the basis for a unified global system of copyright, and, to be effective, future planning should be based on moves towards a world copyright regulation which will incorporate harmonised rules on all fundamental issues."

[496] [1998] ICLQ 659, 679. In Anlehnung an *Laddie J, Coin Controls* [1997] 3 All ER 45, 62 (A.II.2.g.). Vgl. auch *Dutson* [1997] ICLQ 918–935; [1997] JBL 495–513 (teilidentisch mit: Jurisdiction, 101–115).

[497] [1998] LQR 659, 679: „The solution to the problems in this area is something that the English courts can force on their unwilling neighbours in a manner reminiscent of Imperial Britain, and they should not attempt to circumvent the spirit or text of the Convention in order to approximate the best solution as they see fit."

nach den Regeln ihrer eigenen Prozeßordnung getroffen. Erst wenn das Einheitsrecht in den Niederungen der Prozeßführung zu weltweit einheitlichen Ergebnissen führt, wird man von einem effizienten System sprechen können. Noch führt der Unterschied zwischen den einzelnen Urheberrechtsordnungen zu erheblicher Reibung und zu der Frage, ob ein Gericht über die Gültigkeit oder Verletzung eines ausländischen Urheberrechts entscheiden soll oder nicht.[498]

b. Forum non conveniens

Das Instrument des forum non conveniens halten allen voran Cornish und Austin für ein geeignetes Mittel.[499] Im Gegenzug erwartet Cornish von anderen europäischen Gerichten, daß sie ihrerseits ihre Zuständigkeit mit Bedacht überprüfen. Keinesfalls dürfe man sich auf bloßen Legalismus zurückziehen und den Prozeß der Harmonisierung in Europa blindlings vorantreiben.[500] Nach wie vor seien Klagen wegen Verletzung eines Immaterialgüterrechts am besten in dem Staat aufgehoben, in dem das Immaterialgüterrecht entstanden ist.[501] „The process, however, is not likely to be aided, if judges in one country, brought up on their own understandings, begin to apply the law of another country according to their own style of driving. That is all too likely to gouge the carriage-way with potholes of mutual incomprehension and derision."[502]

Austin nennt die individuelle Kontrolle der Zuständigkeit „appropriateness of jurisdiction".[503] Im Unterschied zu Cornish stützt er die Kontrollüberle-

---

[498] Vgl. *Cornish,* IP, 4. Aufl., 538, 13-72 zum besonderen Problem der Verbreitung von Inhalten über das Internet: „Until the world eliminates all conflicts of substantive law and jurisdiction affecting copyright material on the Internet, the issues of private international law and procedure remain acute and plans for dealing with them proliferate."

[499] Allgemein zur Ablösung der traditionellen Regeln durch die forum non conveniens-Doktrin: *Gibson* et al., Report, 2.10: „Finally, in view of the acceptance into English law of the doctrine of *forum non conveniens,* some cases where the application of the *lex fori* is inappropriate can be eliminated at the jurisdiction stage." Vgl. auch die Einschränkung in Fn. 41: „Although where jurisdiction is assumed under the Brussels Convention, the doctrine of *forum non conveniens* probably has no application in the United Kingdom."

[500] GRUR Int. 1996, 285, 289: „Legislators may ride happily over the cobbles of different national traditions and attitudes; but litigation is liable to show how bumpy the surface actually is."

[501] Allerdings nennt *Cornish* auch mehrere Gründe, Klagen in England wegen Verletzung eines Immaterialgüterrechts im Ausland zuzulassen, HL Paper 36 [1995], 64. Eine Zusammenfassung dieser Gründe findet sich bei *Wadlow,* Enforcement, 404: „[...] the increasing international trade in goods, services and information protected by intellectual property; progress in agreeing world wide minimum standards of intellectual property protection, and in particular TRIPs; the problem of international counterfeiters with no fixed place of establishment; the Brussels Convention; and the example set by the courts of the Netherlands."

[502] GRUR Int. 1996, 285, 289.

[503] [1997] LQR, 321, 337; in einem späteren Aufsatz spricht *Austin* auch von forum non conveniens [1999] Columbia-VLA 1–48.

gung nicht auf das Territorialitätsprinzip, sondern auf allgemeine Prinzipien des internationalen Privatrechts. Spezielle Regeln für das Immaterialgüterrecht seien nicht notwendig.[504] Sowohl Cornish als auch Austin zitieren Aldous, der in *Plastus* auf die Interessen der Öffentlichkeit hingewiesen hat, die bei Streitigkeiten über Immaterialgüterrechte stets zu berücksichtigen seien.[505] Cornish folgert daraus, daß Verletzungen ausländischer Immaterialgüterrechte nach Möglichkeit nur vor Gerichten im betreffenden Ausland verhandelt werden sollten, also dort, wo das Interesse der Öffentlichkeit gewahrt werde. Austin zieht den umgekehrten Schluß. Da beinahe jedes Problem des internationalen Wirtschaftsrechts soziale und wirtschaftliche Auswirkungen auf einen ausländischen Staat habe, dürften die Immaterialgüterrechte keine Sonderbehandlung erfahren.[506] Den Einwand, daß Gerichte zumindest nicht über die Frage entscheiden sollten, ob ein ausländisches Immaterialgüterrecht besteht, begegnet Austin mit einem Hinweis auf die Praxis vieler Gerichte, über ausländische Rechtstitel zu entscheiden. Warum sollten Gerichte nicht in der Lage sein, über ausländische Immaterialgüterrechte zu entscheiden, wenn sie ausländisches Recht ansonsten ohne Vorbehalt anwenden? Der Gegensatz zu Cornish könnte größer nicht sein. Während Cornish vor den „Schlaglöchern" ausländischen Immaterialgüterrechts warnt, drängt Austin darauf, alle Holprigkeiten in Kauf zu nehmen, um der fortschreitenden Internationalisierung des Immaterialgüterrechts gerecht zu werden.

Austin schlägt vor, die Zuständigkeit in zwei Schritten zu überprüfen.[507] Ein Gericht müsse sich erstens die Frage stellen, ob ein geeigneter Rechtsbehelf zur Verfügung stehe. In Fällen von Immaterialgüterrechtsverletzungen müsse danach unterschieden werden, ob der Charakter oder der Inhalt eines Rechts durch ein Urteil verändert werde oder lediglich die Beziehung der Parteien zum Recht. Nur in letzterem Fall stehe ein Rechtsbehelf zur Verfügung.[508] Mit Hilfe dieses Kunstgriffs findet Austin doch wieder zur Territorialität zurück, betont er doch, daß ein ausländisches Gericht nicht darüber entscheiden solle, ob ein Immaterialgüterrecht überhaupt hätte registriert werden dürfen. Unklar bleibt jedenfalls, wann ein geeigneter Rechtsbehelf zur Verfügung steht und wann nicht. Auf der zweiten Stufe will Austin die Doktrin forum non conveniens anwenden.[509] Relevante Faktoren seien z.B. die Verfügbarkeit von Dokumenten, die bei der Beweisführung anfallenden Ko-

---

[504] *Austin* [1997] LQR, 321, 335.

[505] *Plastus Kreativ AB v Minnesota Mining and Manufacturing Co*, [1995] RPC 438, 447. A.II.2.d.

[506] [1997] LQR, 321, 333.

[507] [1997] LQR, 321, 335–338; [1999] Columbia-VLA 1, 38, 41–48.

[508] [1997] LQR, 321, 336.

[509] [1997] LQR, 321, 336. „Assuming that an appropriate remedy is available, consideration should then be given to whether jurisdiction should be exercised in the cirumstances of the individual case."

sten, lis alibi pendens und die Wirkung des Urteils auf Dritte. In Fällen, die registrierte Rechte berührten, sei zudem der Sitz des Registers zu berücksichtigen, auch wenn immer mehr Daten online abrufbar seien.[510]

Auch Carter und Arnold meinen, daß englische Gerichte die Möglichkeit behalten sollten, die Entscheidung über Gültigkeit oder Verletzung eines ausländischen Urheberrechts abzulehnen, wenn der Beklagte stay of the proceedings on the ground of forum non conveniens beantragt.[511]

c. Forum non conveniens und Public Policy

Dicey & Morris verlagern das Problem auf die Ebene des anwendbaren Rechts. Nach dem derzeitigen Stand der Dinge kämen die Regeln des PIL Act nur zur Anwendung, wenn das Gericht nach den Regeln des EuGVÜ zuständig sei. In allen anderen Fällen verhindere die Moçambique rule eine Entscheidung in der Sache – ein Ergebnis, das mit common sense nicht in Einklang zu bringen sei. Die Moçambique rule solle deshalb bei nächster Gelegenheit insgesamt aufgehoben werden.[512]

Fawcett und Torremans sind um klare Dogmatik bemüht. Sie unterscheiden zwischen Zuständigkeit und anwendbarem Recht. Auf beiden Ebenen sei zu erwägen, ob die Entscheidung über ein ausländisches Urheberrecht mit der public policy im Einklang steht;[513] auf der Ebene der Zuständigkeit mit Hilfe der Doktrin forum non conveniens,[514] auf der Ebene des anwendbaren Rechts über section 14 (3) PIL Act,[515] wonach eine Rechtsnorm eines anderen Staates nicht anzuwenden ist, wenn ihre Anwendung zu einem Ergebnis führt, das mit den Prinzipien der public policy unvereinbar ist.[516] Allerdings müsse section 14 (3) restriktiv gehandhabt werden, etwa wenn ein ausländisches Recht in England oder in einem anderen Staat verletzt werde.[517] So stehe auch dann ein Korrektiv zur Verfügung, wenn die Doktrin forum non conveniens durch das EuGVÜ verdrängt werde.

d. Stellungnahme

Die Moçambique rule entsprang der Rücksicht auf die hoheitlichen Befugnisse ausländischer Staaten, die wie Großbritannien die Geltung der Immaterial-

---

[510] [1997] LQR, 321, 337 f.; Columbia-VLA 1, 40.

[511] *Carter,* [1990] BYIL 306, 402; *Arnold,* [1990] 7 EIPR 254, 262–263.

[512] *Dicey & Morris,* 13. Aufl., 35-031.

[513] Zur public policy im Immaterialgüterrecht *Wadlow,* Urheberrecht 6-114–1-162.

[514] *Fawcett/Torremans,* 293–295.

[515] *Fawcett/Torremans,* 605 f., 634 f., vgl. B.IV.4.c.

[516] Section 14 (3) PIL Act: „Nothing in this Part – (a) authorises the application of the law of a country outside the forum as the applicable law for determining issues arising in any claim in so far as to do so – (i) would conflict with principles of public policy [...].“

[517] *A.A. Briggs* [1995] LMCLQ 519, 525, der sich für eine weite Auslegung ausspricht, weil das Wort „manifestly“ vor „public policy“ fehle.

güterrechte territorial begrenzen.[518] Die comity of nations steht am Anfang aller Überlegungen zum internationalen Urheberrecht. Auch in Zukunft werden englische Gerichte mit der Frage konfrontiert werden, wie der Grundsatz der comity nach Auflösung der traditionellen Regeln zu wahren ist. Sie überlagert alle internationalprivatrechtlichen Aspekte.

Auf der Ebene der Zuständigkeit/Justitiabilität liegt die Anwort in der Doktrin forum non conveniens. Lord Fraser nahm die Entwicklung vorweg als er 1978 in *Hesperides*[519] schrieb: „One probable repercussion would be that, if the English courts were to have the wider jurisdiction of the suggested ‚true rule', they might at the same time have to limit their new jurisdiction by applying it to a rule of forum non conveniens."[520] Auf der Ebene des anwendbaren Rechts kann immer noch mit der public policy korrigiert werden. Aldous J und Laddie J haben das öffentliche Interesse als neuralgischen Punkt des Immaterialgüterrechts identifiziert.[521]

Die traditionellen Regeln mögen untergegangen sein, der Rechtsgedanke, dem sie entspringen, wird auch künftig das internationale Urheberrecht in England prägen.

---

[518] Siehe oben A.I.2.e.
[519] Siehe oben A.I.2.b.
[520] *Hesperides Hotel v Aegean Turkish Holidays* [1978] 2 All ER 1168, 1183, e. A.I.2.b.
[521] Siehe oben, *Plastus Kreativ*, A.II.2.d. und *Coin Controls*, A.II.2.g. Das öffentliche Interesse spielt auch bei der Anerkennung ausländischer Entscheidungen eine Rolle, siehe unten B.IV.

B. Systematische Darstellung

Die Frage nach der Anwendbarkeit der Doktrin forum non conveniens im internationalen Urheberrecht ist nicht die einzig offene. In *Pearce v Ove Arup* wurde auch das Kollisionsrecht angesprochen.[522] Nun, da die Geltung der Moçambique rule grundsätzlich in Frage gestellt wird, muß das System des internationalen Urheberrechts insgesamt überdacht werden. Die systematische Darstellung orientiert sich an den Kategorien, die bereits dem deutschen Teil zugrunde gelegt wurden. Die englischen Begriffe Remedies (I.), Characterisation and Localisation (II.), Jurisdiction and Justiciability (III.), Choice of Law (IV.), Pleading and Proof of Foreign Law (V.), Recognition and Enforcement (VI.) korrespondieren mit den deutschen Begriffen Rechtsbehelfe, Qualifikation und Lokalisierung, Justitiabilität und internationale Zuständigkeit, Kollisionsrecht, Ermittlung ausländischen Rechts und Anerkennung und Vollstreckung. Anhand des statutory law (PIL Act, CJJA, CDPA) werden die Lücken geschlossen, die die englische Rechtsprechung gelassen hat.

I. Remedies

In *Re Harrods* stellt sich die Frage, ob der Rechtsbehelf nach argentinischem Recht dem Kläger adequaten Rechtsschutz bietet.[523] In *James Burrough* wird geprüft, ob dem Kläger nach der lex loci delicti überhaupt ein Rechtsbehelf zusteht.[524] In *Plastus Kreativ* überlegt Aldous J, ob der Staat, in dem ein Immaterialgüterrecht geschützt wird, einen für den Kläger angemessenen Rechtsbehelf bereithält.[525] Immer ist ein remedy Ausgangspunkt der Betrachtung. Die erste Frage, die sich einem ausländischen Urheber stellt, der sein Immaterialgüterrecht in England einklagen möchte, ist, welche Rechtsbehelfe nach englischem Recht überhaupt zur Verfügung stehen.[526]

---

[522] Siehe unten B.IV.

[523] Siehe oben A.III.2.

[524] Siehe oben, A.I.3.h.

[525] Siehe oben, A.II.2.d.

[526] Allgemein zu „remedy" und „defence" im englischen Zivilprozeß: Lord *Woolf,* Access to Justice (The Woolf Report), 152–163, s. 21 und 23: „The basic requirements for claims are that they should contain the following: [...] the remedy claimed. [...] A defence should state the following: [...] specific defences (voluntary assumption of risk, failure to mitigate loss, etc) and any grounds for denying the claim arising out of the facts stated by the defendant."

1. Final relief

Welche Rechtsbehelfe einem Urheber zur Verfügung stehen, wenn sein Urheberrecht verletzt wird, ergibt sich aus der Rechtsprechung und aus Chapter VI Copyright, Designs and Patents Act 1988 (CDPA). Die entsprechenden Klageformeln stehen in Bullen, Leake & Jacob's „Precendents of Pleadings".[527] Die Feststellungsklage (declaratory judgment) ist aus *Tyburn v Conan Doyle* bekannt.[528] Der Kläger kann auch beantragen, den Beklagten zu verurteilen, die Verletzung zu unterlassen (permanent injunction).[529] Der wohl wichtigste Rechtsbehelf im Hauptsacheverfahren ist auf Schadensersatz gerichtet. Gemäß section 96 (2) CDPA wird dem obsiegenden Kläger Schadensersatz (damages) für die Verletzung seines Rechts zugesprochen.[530] Der Beklagte kann sich darauf berufen, daß er von dem Urheberrecht nichts gewußt habe.[531] Zudem kann der Kläger zusätzlichen Schaden geltend machen (additional damages).[532] Eine Schadensersatzklage wegen unrechtmäßigen Eigengebrauchs fremden Eigentums (conversion) ist nach dem CDPA nicht möglich.[533] Anstatt auf Schadensersatz kann der Kläger auch auf Herausgabe des Gewinns klagen, den der Beklagte durch Nutzung des Urheberrechts gemacht hat

---

[527] Part II-Statements of Claim, section 29, S. 363–370. Folgende claims werden unterschieden:
- Claim for Infringement of Copyright in a Literary Work (163);
- Claim for Infringement of Copyright in Artistic Works (164);
- Claim by the Owner and an Exclusive Licensee for Infringement of Copyright in a Dramatic Work (165);
- Claim for Infringement of Copyright in a Foreign Painting (166);
- Claim for Exemplary or Aggravated Damages for Infringement of Copyright (167).

[528] Siehe oben, A.I.4.g.

[529] Einzelheiten bei *Copinger/Skone James*, On Copyright, 11-58–11-64 und bei *Laddie/Prescott/Vitoria*, Chapter 24.20–24.33.

[530] Section 96 CDPA 1988 [Infringement actionable by copyright owner]: „(1) An infringement of copyright is actionable by the copyright owner. (2) In an action for infringement of copyright all such relief by way of damages, injunctions, accounts or otherwise is available to the plaintiff as is available in respect of the infringement of any other property right. (3) This section has effect subject to the following provisions of this Chapter."

[531] Section 97 (1) CDPA 1988.

[532] Section 97 CDPA 1988 [Provisions as to damages in infringement action]: „(1) Where in an action for infringement of copyright it is shown that at the time of the infringement the defendant did not know, and had no reason to believe, that copyright subsisted in the work to which the action relates, the plaintiff is not entitled to damages against him, but without prejudice to any other remedy. (2) The court may in an action for infringement of copyright having regard to all the circumstances, and in particular to (a) the flagrancy of the infringement, and (b) any benefit accruing to the defendant by reason of the infringement, award such additional damages as the justice of the case may require."

[533] Vgl. aber Section 18 (1) CDPA 1956: „The owner of any copyright shall be entitled to all such rights and remedies, in respect of the conversion or detention by any person of any infringing copy, or of any plate used or intended to be used for making infringing copies, as he would be entitled to if he were the owner of every such copy or plate and had been the owner thereof since the time when it was made."

(account of profits).[534] Schließlich kann der Kläger Herausgabe von Kopien verlangen, die sein Urheberrecht verletzen (delivery up).[535] Gemäß section 98 CDPA kann der Beklagte eine Verurteilung abwenden, indem er während des Verfahrens eine Lizenz erwirbt.[536]

2. Interlocutory relief

Ebensowenig wie in Deutschland werden Schadensersatzansprüche in England im Eilverfahren geltend gemacht. Mit dem interlocutory relief begehrt der Kläger vorläufigen Schutz gegen andauernde Verletzungen seines Urheberrechts, für die er keine adequate Entschädigung in Geld erhalten würde.[537] Deshalb wird dem Urheber nach englischem Recht nur dann einstweiliger Rechtsschutz gewährt, wenn er die Unterlassung einer Urheberrechtsverletzung beantragt[538] oder die Erlaubnis zum Betreten und Durchsuchen be-

---

[534] Section 96 (2) CDPA.

[535] Section 99 [Order for delivery up]: „(1) Where a person (a) has an infringing copy of a work in his possession, custody or control in the course of a business, or (b) has in his possession, custody or control an article specifically designed or adapted for making copies of a particular copyright work, knowing or having reason to believe that it has been or is to be used to make infringing copies, the owner of the copyright in the work may apply to the court for an order that the infringing copy or article be delivered up to him or to such other person as the court may direct. (2) An application shall not be made after the end of the period specified in section 113 (period after which remedy of delivery up not available); and no order shall be made unless the court also makes, or it appears to the court that there are grounds for making, an order under section 114 (order as to disposal of infringing copy or other article). (3) A person to whom an infringing copy or other article is delivered up in pursuance of an order under this section shall, if an order under section 114 is not made, retain it pending the making of an order, or the decision not to make an order, under that section. (4) Nothing in this section affects any other power of the court."
Section 100 (1) [Right to seize infringing copies and other articles]: „An infringing copy of a work which is found exposed or otherwise immediately available for sale or hire, and in respect of which the copyright owner would be entitled to apply for an order under section 99, may be seized and detained by him or a person authorised by him."

[536] Section 98 [Undertaking to take licence of right in infringement proceedings]: (1) „If in proceedings for infringement of copyright in respect of which a licence is available as of right under section 144 (powers exercisable in consequence of report of Monopolies and Mergers Commission) the defendant undertakes to take a licence on such terms as may be agreed or, in default of agreement, settled by the Copyright Tribunal under that section (a) no injunction shall be granted against him, (b) no order for delivery up shall be made under section 99, and (c) the amount recoverable against him by way of damages or on an account of profits shall not exceed double the amount which would have been payable by him as licensee if such a licence on those terms had been granted before the earliest infringement. (2) An undertaking may be given at any time before final order in the proceedings, without any admission of liability. (3) Nothing in this section affects the remedies available in respect of an infringement committed before licences of right were available."

[537] *Copinger/Skone James*, On Copyright, 321; *Laddie/Prescott/Vitoria*, 24.40–24.47.

[538] *Coral Index Ltd v Regent Index Ltd* [1970] RPC 147; *Annabel's (Berkely Square) Ltd v G. Schock* [1972] RPC 838, 845; *Slick Brands (Clothing) Ltd v Jollybird Ltd* [1975] FSR 470;

stimmter Räumlichkeiten erbittet, um (beweiskräftige) Dokumente zu sichten oder um deren Weitergabe zu verhindern (Anton Piller Order).[539] Außerdem kann sich der Kläger auf Geldzahlung gerichtete oder in solche umwandelbare Ansprüche vorläufig sichern lassen, wenn sich der Beklagte außerhalb des Gebiets aufhält, für das englische Gerichte zuständig sind (Mareva Injunction)[540] Während die Durchsetzung eines Unterlassungsanspruchs in personam ergeht, sind die Anton Piller Order und die Mareva Injunction in rem.

Ein für den Urheber wichtiger Rechtsbehelf ist die interlocutory injunction. Die in American *Cyanamid Co v Ethicon Ltd*[541] aufgestellten Voraussetzungen wurden in *Series 5 Software Ltd v Philip Clarke & others*[542] nochmals erwogen. Laddie J fasst wie folgt zusammen: „It follows that it appears to me that in deciding whether to grant interlocutory relief, the court should bear the following matters in mind:

1. The grant of an interlocutory injunction is a matter of discretion and depends on all the facts of the case.

2. There are no fixed rules as to when an injunction should or should not be granted. The relief must be kept flexible.

3. Because of the practice adopted on the hearing of applications for interlocutory relief, the court should rarely attempt to resolve complex issues of disputed fact or law.

4. Major factors the court can bear in mind are (a) the extent to which damages are likely to be an adequate remedy for each party and the ability of the other party to pay, (b) the balance of convenience, (c) the maintenance of the status quo, (d) any clear view the court may reach as to the relative strength of the parties' cases."[543]

Foseco International Ltd v Fordath Ltd [1975] FSR 507; *Combe International Ltd v Scholl* (UK) Ltd [1980] RPC 1; *Monet of London Ltd v Sybil Richards Ltd* [1978] FSR 368, 175.

[539] Die Anton Piller Order ist eine injunction, deren Namen sich vom Präzedenzfall *Anton Piller KG v Manufacturing Processes Ltd and others* [1976] ChD 55 ableitet. Darin geht es um den unrechtmäßigen Besitz von Dokumenten, die Copyright-Verletzungen belegen. Die Weitergabe der Beweisstücke wird durch eine injunction verhindert.

[540] Benannt nach *Mareva Compania Naviera SA v. International Bulk Carriers Ltd* (1975) 2 Lloyd's Rep 509.

[541] [1975] AC 396; [1975] 1 All ER 504.

[542] [1996] FSR 273–291. Die Antragstellerin behauptet, die Antragsgegner, drei ehemalige Angestellte, hätten Betriebseigentum entwendet und Geschäftsgeheimnisse über ein Software-System an Dritte verraten. Sie beantragt, die Antragsgegner zu verurteilen, die Sachen herauszugeben und die Preisgabe von Geschäftsgeheimnissen zu unterlassen. Die Antragsgegner behaupten, erst kürzlich alle Sachen, die der Antragstellerin gehörten, zurückgegeben zu haben.

[543] [1996] FSR 273, 286.

II. Characterisation and Localisation

Im englischen Zivilverfahren werden die Qualifikationen häufig schon im Rahmen des Zuständigkeitsverfahrens vorgenommen. Wenn der Richter prüft, ob ein good arguable case on the merits vorliegt, muß er die von den Parteien vorgetragenen Positionen einer umfassenden Schlüssigkeitsprüfung unterziehen.[544] Bereits auf dieser Ebene entscheidet sich dann, ob (1.) und wo (2.) eine Urheberrechtsverletzung vorliegt. Die Charakterisierung im Zuständigkeitsverfahren prägt auch die kollisionsrechtliche Qualifikation.[545]

1. Characterisation

In *Phillips v Eyre* wird der klägerische Schadensersatzanspruch aus Delikt zunächst nach englischem Deliktsrecht beurteilt, dann aber in bezug auf die haftungsbegrenzenden oder haftungsausschließenden Rechtspositionen (Rechtfertigungsgründe u.a.) explizit nach dem Recht des Tatorts qualifiziert.[546] Der Sache nach handelt es sich um eine parteispezifisch vorgenommene Qualifikation, die mit einer parteispezifisch vorgenommenen Anknüpfung einhergeht.[547] In *Boys v Chaplin* deutet Lord Wilberforce die double actionability rule in eine flexible Kollisionsregel um.[548] Diese Ansicht hat sich durchgesetzt.[549] Statt „must not have been justifiable" heißt es jetzt im zweiten Teil der Regel „must be actionable according to the law of the foreign country where it was done."

Das statutory law hat die Qualifikation lege fori zementiert. Gemäß Section 9 (2) PIL Act ist bei Anwendbarkeit des PIL Acts nach der lex fori zu qualifizieren.[550] Vereinzelt wird bezweifelt, daß der dritte Teil des Private International Law Acts (über torts) auf Fälle von Immaterialgüterrechtsverlet-

---

[544] Zum englischen Zuständigkeitsverfahren oben A.II.1.b.

[545] *Fawcett/Torremans,* 614: „If the cause of action has been characterised as tortious for jurisdictional purposes, the same characterisation should be adopted for the purposes of Part III. If a non-tortious characterisation has been adopted for jurisdictional purposes, the same characterisation should be adopted for the purposes of Part III [PIL Act]."

[546] Siehe oben A.I.1.b.

[547] *Hartwieg,* RabelsZ 57 (1993), 608–642 (passim); *Hartwieg,* Remedial Metamorphosis, 49, 75–81; *Mistelis,* Charakterisierungen, 237; *Austin,* Overview, Fn. 67: „At common law, the lex fori rule [the double actionability rule] effectively rendered the applicable law an amalgam of the lex fori (establishing liability) and the lex loci (applicability of defences)."

[548] Siehe oben A.I..1.d./h.

[549] Vgl. *Red Sea Insurance* [1994] 3 All ER 749 und *Grupo Torras v Al-Sabah,* CA, 2. November 2000, Lexis-Nexis.

[550] Section 9 (2) PIL Act: „The characterisation for the purposes of private international law of issues arising in a claim as issues relating to tort or delict is a matter for the courts of the forum." Ausführlich zum Problem der Characterisation: *Dicey & Morris,* 13. Aufl., Chapter 2.

zungen (infringements) anwendbar ist.[551] Dagegen ist einzuwenden, daß sowohl nach englischem Zuständigkeitsrecht als auch nach englischem materiellen Recht infringements als torts qualifiziert werden.[552] Darüber hinaus werden Urheberrechtsverletzungen auch im common law als torts qualifiziert.[553] Die Regeln des III. Teils des Private International Law Act über tort gelten somit auch für copyright infringement.[554]

Fraglich ist, ob zumindest auf Zuständigkeitsebene parteispezifisch oder lege fori qualifiziert wird. In *Mecklermedia v DC Congress* trägt die Klägerin schlüssig vor, daß die deutsche Klage mit der englischen Klage nicht im Zusammenhang stehe, weil in Deutschland ein deutsches, in England aber ein britisches Schutzrecht verletzt worden sei. Die Beklagte verteidigt sich vergeblich mit dem Argument, daß beide Klagen (nach deutschem Verständnis) auf der Verletzung von Markenrechten durch dieselbe Handlung gründeten. Jacob J charakterisiert die Organisation von trade shows unter dem bereits verwendeten Namen „Internet World" als passing off und nicht als trade mark infringement.[555] Hätte Jacob J denselben Vorgang nach deutschem Recht beurteilt, hätte er sich über die territoriale Beschränkung des britischen Markenrechts hinwegsetzen und die Verletzungshandlung wie das Landgericht München I als Markenrechtsverletzung qualifizieren müssen und nicht etwa als Kennzeichenmißbrauch, eine Form des unlauteren Wettbewerbs, die dem passing off am ehesten entspricht.[556] Sein ausführliches faktenorientiertes Urteil dokumentiert, daß beide Parteien bereits im Zuständigkeitsverfahren Gelegenheit hatten, ihren Standpunkt umfassend darzulegen. Auch wenn am Ende der Charakter der Verletzung nach den Begriffen des englischen Rechts bestimmt wird, ist keineswegs sicher, daß die Charakterisierung lege fori gemäß section 9 (2) PIL Act die parteispezifische Charakterisierung nach common law auch im Rahmen der Zuständigkeit verdrängt.[557]

---

[551] *Rogerson* in *HL Paper* 36 (1995) Written Evidence, 54; *Norton Rose* in *HL Paper* 36 (1995) Written Evidence, 48; *Briggs* [1995] LMCLQ 519, 522.

[552] *Fawcett/Torremans*, 615. *Dicey & Morris*, 13. Aufl., Rule 201, 35-027–35-029 m.w.N.

[553] Vgl. nur *Def Lepp Music v Stuart Brown* [1986] RPC 273 (ChD); *Tyburn Productions Ltd v Conan Doyle*, [1995] 1 All ER 909 (ChD); *Pearce v Ove Arup* [1999] 1 All ER, 769 (CA)

[554] So auch *Beatson*, HL Paper 36 (1995), 61–63.

[555] [1998] 1 All ER, 148, 158 b–e,

[556] Zum Unterschied zwischen passing off und trade mark infringement: *Bainbridge*, IP, 598: „Passing off is a tort and can be described as the common law form of trade mark law. [...] Business 'goodwill' is protected by passing off and, whilst this may be associated with a particular name or mark used in the course of trade, this area of law is wider than trademark law in terms of the scope of marks, signs, materials and other aspects of a trader's 'get-up' that can be protected. The owner of the goodwill has a property right that can be protected by an action in passing off."

[557] A.A. *Fawcett/Torremans*, 613–614, die offenbar von einer durchgehenden Qualifikation *lege fori* gemäß section 9(2) PIL Act ausgehen.

2. Localisation

Auch die Lokalisierung orientiert sich an dem Vortrag der Parteien. In dem 1898 entschiedenen Patentverletzungsfall *Badische Anilin* bestimmen beide Parteien den Ort der Verwertungshandlung stillschweigend nach englischem Recht durch (konträre) Auslegung englischer Judikate.[558] In *Mecklermedia* lokalisiert die Klägerin das schädigende Ereignis im Sinne von Art. 5 Nr. 3 EuGVÜ in England, da in England der ideelle Firmenwert (goodwill) des Klägers beschädigt worden sei. Jacob J weist die Ansicht der Beklagten zurück, der Ort, an dem das schädigende Ereignis eingetreten sei, befinde sich in Deutschland.[559]

In *ABKCO Music* haben die Parteien bereits im Zuständigkeitsverfahren Gelegenheit, ihre unterschiedlichen Rechtsstandpunkte darzulegen. Die Klägerin plädiert für die Anwendung britischen Urheberrechts, um den Ort der Verletzungshandlung zu bestimmen.[560] Die Beklagte wehrt sich gegen die Anwendung britischen Rechts auf die Einräumung der Nutzungsrechte in Dänemark unter Berufung auf das Territorialitätsprinzip. Hoffmann LJ bewertet die Einräumung der Nutzungsrechte nach britischem Recht als Vorbereitungshandlung, die zu einer Urheberrechtsverletzung in Großbritannien führe. Hätte Hoffmann LJ die Verletzungshandlung in Dänemark lokalisiert, wäre er nicht zuständig gewesen und der Fall vielleicht vor ein dänisches Gericht gelangt.

Wie werden englische Richter Handlungen im umgekehrten Fall lokalisieren, also dann, wenn Handlungen in England Rechtsverletzungen im Ausland fördern oder in sonstiger Weise bewirken? Geller meint, die Gerichte sollten in diesem Fall die Rechtsordnungen der Länder anwenden, auf dessen Markt die Handlungen zielen, um solche Handlungen im eigenen Land zu verbieten.[561] Eine solche Verallgemeinerung ist jedoch irreführend, da es allein auf

---

[558] [1898] AC 200, 206, A.I.3.a.

[559] [1998] 1 All ER, 148, 155 j: „So far as the English tort of passing off is concerned, the harm is to the goodwill in England, to the effect on the reputation in England. That is a direct effect on the plaintiffs' claimed English property." (Zum Fall oben A.II.2.e.). Vgl. zur Lokalisierung of the event giving rise to the damage im Sinne von Art. 5 Nr. 3 EuGVÜ in einem innerbritischen Fall: *Modus Vivendi v British Products Sanmex* [1996] FSR 790. (Zum Verhältnis zwischen EuGVÜ und CJJA oben A.II.1.). Die Klägerin stellt Nachfüllpatronen für gasbetriebene Feuerzeuge her, die sie in Hong Kong und China verkauft. Die erste Beklagte füllt ähnliche Patronen in Schottland ab, die sie ebenfalls in Hong Kong und China verkauft. Die Kläger klagen vor dem englischen High Court wegen passing off. Sie sind der Ansicht, daß die Verletzungshandlung in England zu lokalisieren sei, da die Behälter für die Beklagte in England von einem englischen Subunternehmen hergestellt und die gefüllten Patronen über englische Häfen exportiert worden seien. *Knox J* stellt auf die Herstellung in Schottland ab und entscheidet, daß der Ort, an dem das schädigende Ereignis eingetreten sei, in Schottland liege.

[560] Siehe oben A.II.2.c.

[561] *Geller*, GRUR Int. 2000, 659, 663.

die konkreten Umstände des Einzelfalls und auf die Bewertung der Fakten durch die Parteien ankommt. Wie auch immer die englischen Richter entscheiden, sie werden sich bemühen, abstrakte Regeln zu meiden.

III. Jurisdiction and Justiciability

Internationale Zuständigkeit und Justitiabilität sind im englischen Urheberrecht untrennbar miteinander verbunden.[562] Eine systematische Darstellung muß deshalb beiden Aspekten zugleich gerecht werden. Zu unterscheiden ist zwischen Hauptsache- (1.) und Eilverfahren (2.). Abschließend wird der Aspekt der grenzüberschreitenden Wirkung diskutiert (3.).

1. Hauptsacheverfahren

Um Systematisierung sind bereits die Lordrichter in *Pearce v Ove Arup* bemüht (a.). Doch erfassen sie bei weitem nicht alle denkbaren Fälle. Das gelingt erst mit Hilfe eines Schemas. Wie im 2. Kapitel wird der Ort der Verletzungshandlung dem Ort gegenübergestellt, in dem das Urheberrecht geschützt wird (b.). In dieses Schema werden alle besprochenen Fälle eingeordnet (c.). Berücksichtigt wird sodann der Wohnsitz des Beklagten (d.). Unter (e.) wird eine Prognose gewagt.

a. Systematische Ansätze in Pearce v Ove Arup

Roch LJ unterscheidet in *Pearce v Ove Arup* zwischen der Verletzung eines ausländischen Immaterialgüterrechts im Ausland und der Verletzung eines heimischen Immaterialgüterrechts im Ausland. In *Potter v Broken Hill* entschied ein Gericht des Staates Victoria über die Verletzung eines neusüdwalisischen Patents in Neusüdwales. Dieser Fall entspricht der Konstellation in *Pearce v Ove Arup*, da ein englisches Gericht über die Verletzung eines niederländischen Urheberrechts in den Niederlanden zu entscheiden hat.[563] Auch *Tyburn Productions v Conan Doyle*, in der ein englisches Gericht über die Gültigkeit eines amerikanischen Urheberrechts in den USA zu befinden hatte, gehört zu dieser Gruppe. An diese Entscheidung fühlt sich Roch LJ nur deshalb nicht gebunden, weil sich die Klage in *Tyburn* auf Feststellung der Gültigkeit und nicht auf Verletzung eines Urheberrechts richtete.[564] Demgegenüber ist der andere bedeutsame australische Fall, *Norbert Steinhardt v Meth*, der zweiten Gruppe zuzuordnen. Ein heimisches (australisches) Patent wird im Ausland (England) verletzt. In diese Gruppe fällt auch *Def Lepp Music v Stuart Brown*. Hier steht die Verletzung eines englischen Urheberrechts in den Niederlanden und in Luxemburg in Frage. An keine der beiden Entscheidungen ist Roch LJ gebunden.[565]

---

[562] Siehe oben *Pearce v Ove Arup*, zur *justiciability* A.II.2.f./k.
[563] Vgl. zur Analogie *Roch* LJ in *Pearce v Ove Arup* [1999] 1 All ER, 769, 798 h.
[564] [1999] 1 All ER, 769, 799 j.
[565] [1999] 1 All ER, 769, 797 d und 798 h.

b. Schema

Jooris versucht alle denkbaren Fälle von Urheberrechtsverletzungen zu systematisieren, um die Zuständigkeit englischer Gerichte zu bestimmen.[566] Er schlägt vor, die beiden Kriterien „place where copyright protected" und „place of infringement" miteinander zu verknüpfen. Er differenziert zwischen England,[567] EU/EFTA Staaten (im folgenden „EU-Staat") und anderen Staaten, die hier der Einfachheit halber als „Drittstaaten" bezeichnet werden. Horizontal und vertikal ist *derselbe* EU-Staat bzw. *derselbe* Drittstaat gemeint. Die Verletzung des Urheberrechts eines Drittstaats in einem anderen Drittstaat wird ebensowenig abgebildet wie die Verletzung eines Urheberrechts eines EU-Staates in einem anderen EU-Staat.[568] Es ergibt sich folgendes Schema:[569]

	Ursprungsland		
	England	EU-Staat	Drittstaat
England	1	2a	2b
EU-Staat	3a	4a	5a
Drittstaat	3b	5b	4b

(Verletzungsland)

1-5b = Fallgruppe

Abb. 3: Grundschema zu „jurisdiction and justiciability".

---

[566] *Jooris,* Infringement of Foreign Copyright and the Jurisdiction of English Courts [1996] 3 EIPR 127.

[567] Die Zuständigkeit von England und Wales, Schottland und Nordirland im Verhältnis zueinander regelt der CJJA, dazu oben A.II.1.

[568] Dazu sogleich B.III.1.e.

[569] Vgl. Table 3, *Jooris* [1996] 3 EIPR 127, 146.

(1) Ein britisches Urheberrecht wird in England verletzt.
(2) Ein Urheberrecht eines EU-Staates oder eines Drittstaates wird in England verletzt.
(3) Ein britisches Urheberrecht wird in einem EU-Staat oder in einem Drittstaat verletzt.
(4) Ein Urheberrecht eines EU-Staates oder eines Drittstaates wird im betreffenden EU-Staat bzw. im betreffenden Drittstaat verletzt.
(5) Ein Urheberrecht eines EU-Staates wird in einem Drittstaat verletzt oder ein Urheberrecht eines Drittstaates wird in einem EU-Staat verletzt.

c. Einordnung der Rechtsprechung in das Schema

		Ursprungsland		
		England	EU-Staat	Drittstaat
Verletzungsland	England	1 *Rey v Lecouturier* **ABKCO Music**	2a	2b ***Jefferys v Boosey*** ***Baschet v London Illustr.***
	EU-Staat	3a *LA Gear v Gerald Whelan* *Mecklermedia*	4a *Plastus v 3M* **Pearce v Ove Arup** **Mother Bertha v Bourne** *Fort Dodge v Akzo Nobel* *Sepracor v Hoechst*	5a
	Drittstaat	3b **Morocco Bound v Harris** *Badische Anilin* *Norbert Steinhardt v Meth* **Def Lepp Music**	5b	4b *Potter v Broken Hill* *John Walker v Henry Ost* *Alfred Dunhill v Sunoptic* **Librairie v Pardoe Blacker** **Krone GmbH v Amphenol** *Intercontex v Schmidt* *James Burrough v Speymalt* **Tyburn v Conan Doyle**

1-5b = Fallgruppe

Abb. 4: Einordnung der Rechtsprechung in das Schema.

Die Übersicht illustriert, wie sich die besprochenen Urteile in das Grundschema einfügen.[570]

Die Zuständigkeit im Fall (1) ergibt sich schon aus der Tatsache, daß die Verletzungshandlung in England stattgefunden hat, wie Hoffmann J in *ABKCO Music* feststellt.[571]

Seit *Baschet v London Illustrated* entscheiden englische Gerichte über die Verletzung eines ausländischen Urheberrechts in England (2a und 2b).[572]

Die Übersicht verdeutlicht, daß Roch LJ in *Pearce v Ove Arup* zwischen den Konstellationen (3) und (4) unterscheidet. Er läßt keinen Zweifel daran, daß er die *Def Lepp*-Entscheidung für richtig hält. „An action cannot be brought in England for the infringement of United Kingdom copyright by acts done outside the United Kingdom because, as Browne-Wilkinson VC pointed out in the earlier passage of his judgment to which we have referred, the rights conferred by United Kingdom copyright are territorial; and acts done outside the United Kingdom cannot infringe those rights."[573] Bereits Hoffmann LJ hatte Browne-Wilkinsons Diktum in *ABKCO Music v Music Collection* bestätigt.[574] Vor diesem Hintergrund ist zu vermuten, daß Fälle der Gruppe (3b) weiterhin *nicht* vor englischen Gerichten verhandelt werden. Die abweichende Entscheidung *Morocco Bound v Harris* aus dem Jahre 1895 ist schon von Browne-Wilkinson VC selbst entkräftet worden.[575] Für (3a) läßt sich das nicht ohne weiteres sagen, da in diesem Fall das EuGVÜ die Moçambique rule wie in *Pearce v Ove Arup* verdrängen könnte.

Die Analogie zwischen *Pearce v Ove Arup* und *Potter v Broken Hill* bzw. *Tyburn v Conan Doyle*, die Roch LJ zieht, findet sich in der Konstellation (4) wieder. Hier ist zwischen den Fällen, auf die das EuGVÜ anwendbar ist (4a) und „reinen Drittstaatsfällen" zu unterscheiden (4b). Während die Moçambique rule in (4a) durch das EuGVÜ verdrängt wird, ist fraglich, ob sie in (4b) noch immer anwendbar ist. Roch LJ ordnet *Tyburn* der zweiten Kategorie (4b) zu. Vinelott J habe das EuGVÜ deshalb nicht berücksichtigt, weil der betroffene ausländische Staat (die USA oder einer ihrer Staaten) nicht zu den

---

[570] Die Entscheidungen sind in chronologischer Reihenfolge aufgeführt. Die Entscheidungen zum Urheberrecht sind fett gedruckt. Erläuterungen:
- Zu (1) Auch die Entscheidungen *Alfred Dunhill, LA Gear, Plastus Kreativ, LA Gear, Mecklermedia, Coin Controls, Mother Bertha, Sepracor* lassen sich insoweit hier einordnen als sie sich auf die Verletzung eines britischen Urheberrechts in England beziehen.
- Zu (3b) *Def Lepp Music:* Das EuGVÜ galt 1986 im Vereinigten Königreich noch nicht.

[571] „It is I think sufficient [for the assertion of jurisdiction] that the definition of the tort requires an act and that that act is performed within the United Kingdom, however it may be linked to the preliminary act performed abroad." [1995] RPC 657, 660, 46–49.

[572] Ausführlich zum Grundsatz der Inländerbehandlung unten B.IV.1.

[573] [1999] 1 All ER 769, 798 f–g. So auch *Adams*, in: *Rickett/Austin*, 251, 256.

[574] *ABKCO Music v Music Collection* [1995] RPC 657, 660, 10–25 siehe oben A.II.2.c.

[575] In *Def Lepp Music*, A.I.4.f.

Vertragsstaaten des EuGVÜ gehörten.[576] Vinelotts Einschätzung, daß die im Ausland begangene Urheberrechtsverletzung eines ausländischen Urheberrechts in England nicht justitiabel sei, bestätigt Roch LJ ausdrücklich.[577] Auch wenn die *Tyburn*-Entscheidung für Roch LJ keine Bindungswirkung entfaltet, weil sie sich auf das Bestehen und nicht auf die Verletzung eines Urheberrechts beziehe, gibt er doch unmißverständlich zu verstehen,[578] daß er gemeinsam mit seinen Richterkollegen genauso entschieden hätte.[579]

Mit der Konstellation (5) sind englische Gerichte noch nie konfrontiert worden, weil sich die Verletzten offenbar gedacht haben, daß ein Gericht, das nicht einmal über die Verletzung eines ausländischen Urheberrechts in dem betreffenden Ausland entscheidet, erst recht nicht über die Verletzung eines ausländischen Urheberrechts in einem dritten Staat entscheiden wird. Das wird sich möglicherweise nach *Pearce v Ove Arup* ändern. Nach dem derzeitigen Stand der Rechtsprechung ergibt sich folgende Übersicht:

---

[576] [1999] 1 All ER, 769, 799 d. A.II.2.k.

[577] Da *Roch* LJ sowohl *Def Lepp* als auch *Tyburn* bestätigt, ist *Ziganns* Einschätzung fragwürdig, die *Pearce*-Entscheidung habe die bisherige Auslegung der beiden Regeln des common law auf dem Boden des englischen Rechts revidiert und die „teilweise abenteuerlichen Begründungen der Vorentscheidungen" ins rechte Licht gerückt. GRUR Int 1999, 791, 793.

[578] [1999] 1 All ER 769, 799 f: „He [Vinelott J] was, in our view, plainly correct to refuse to make the declaration sought, for the reason given in the penultimate paragraph of his judgment ([1990] 1 All ER 909 at 919, [1991] Ch 75, 89)".

[579] Die Vorfreude, daß englische Gerichte nun auch über die Verletzung eines ausländischen, nicht-europäischen Rechts des geistigen Eigentums entscheiden werden (so *Zigann* GRUR 1999, 791, 793), ist also verfrüht, zumal nicht einmal sicher ist, ob das House of Lords als höchste Instanz die mit *Pearce* eingeleitete Wende mitmachen wird.

	Ursprungsland		
	England	EU-Staat	Drittstaat
England jurisdiction/justiciability Grund	1 +	2a + Inländerbehandlg.	2b + Inländerbehandlg.
EU-Staat jurisdiction/justiciability Grund	3a o	4a + EuGVÜ	5a o
Drittstaat jurisdiction/justiciability Grund	3b - Moçambique rule	5b o	4b - Moçambique rule

*(linke vertikale Beschriftung: **Verletzungsland**)*

1-5b = Fallgruppe

(+) = Ein englisches Gericht hält sich für zuständig und die Klage für justitiabel.

(-) = Ein englisches Gericht hält die Klage nicht für justitiabel.

o = Der Ausgang der Entscheidung ist ungewiß.

Abb. 5: „Jurisdiction and justiciability" aus heutiger Sicht.

d. Berücksichtigung des Wohnsitzes des Beklagten

Jooris kombiniert das Schema mit der Frage, wo der Beklagte seinen Wohnsitz hat.[580] Er hält englische Gerichte grundsätzlich für zuständig, wenn

1. der Beklagte seinen Wohnsitz in England hat;
2. ein britisches Urheberrecht in England verletzt wird (1);
3. ein Urheberrecht eines EU-Staates oder eines Drittstaates in England verletzt wird und der Beklagte seinen Wohnsitz in England oder einem EU-Staat hat (2);
4. ein britisches Urheberrecht in einem Drittstaat oder in einem EU-Staat verletzt wird und der Beklagte seinen Wohnsitz in England oder einem EU-Staat hat (3).[581]

---

[580] Vgl. Table 2, 3 und 4 [1996] 3 EIPR 127, 146.

[581] Vgl. [1996] 3 EIPR 127, 142–144. Daraus folgt umgekehrt, daß englische Gerichte nicht zuständig sind, wenn

1. ein Urheberrecht eines EU-Staates oder eines Drittstaates in England verletzt wird und der Beklagte seinen Wohnsitz in einem Drittstaat hat (2);

Daß ein englisches Gericht grundsätzlich zuständig sei, wenn der Beklagte seinen Wohnsitz in England hat, ergebe sich schon aus Art. 2 EuGVÜ.[582] Die Zuständigkeit eines englischen Gerichts im internen Fall (1) verstehe sich von selbst.[583] Die Zuständigkeit in den Fällen (2) und (3) sei auf die besonderen Zuständigkeitsregeln des EuGVÜ zurückzuführen.[584] Jooris kommt zu folgendem Ergebnis:[585]

		Ursprungsland		
		England	EU-Staat	Drittstaat
Verletzungsland	**England**	1	2a	2b
	jurisdiction/justiciability	+	+	+
	Voraussetzung: Bekl. hat seinen Sitz in		England/ EU-Staat	England/ EU-Staat
	EU-Staat	3a	4a	5a
	jurisdiction/justiciability	+	+	+
	Voraussetzung: Bekl. hat seinen Sitz in	England/ EU-Staat	England	England
	Drittstaat	3b	5b	4b
	jurisdiction/justiciability	+	+	+
	Voraussetzung: Bekl. hat seinen Sitz in	England/ EU-Staat	England	England

1-5b = Fallgruppe

(+) = Ein englisches Gericht hält sich für zuständig und die Klage für justitiabel.

Abb. 6: Erweiterung des Schemas um den Wohnsitz des Beklagten.

---

2. ein britisches Urheberrecht im Drittstaat oder in einem EU-Staat verletzt wird und der Beklagte seinen Wohnsitz in einem Drittstaat hat (3).
3. ein Urheberrecht eines EU-Staates oder eines Drittstaates in dem betreffenden Staat verletzt wird und der Beklagte seinen Wohnsitz in einem EU- oder Drittstaat hat (4);
4. ein Urheberrecht eines EU-Staates oder eines Drittstaates in einem anderen Staat verletzt wird und der Beklagte seinen Wohnsitz in einem EU- oder Drittstaat hat (5).

[582] [1996] 3 EIPR 127, 133.
[583] [1996] 3 EIPR 127.
[584] Ausführlich [1996] 3 EIPR 127, 132–142.
[585] Vgl. Table 2, 3 und 4 [1996] 3 EIPR 127, 146.

e. *Prognose*

Jooris' Vorschlag unterscheidet sich von dem gegenwärtigen Stand der Rechtsprechung in folgenden Punkten:

(zu 2a und 2b) Jooris hält ein englisches Gericht grundsätzlich für zuständig, wenn ein ausländisches Immaterialgüterrecht in England verletzt wird, es sei denn, der Beklagte hat seinen Wohnsitz im Ausland. Die von Jooris getroffene Ausnahme ist ungenau. Da nach den common law rules of jurisdiction ein englisches Gericht auch dann zuständig ist, wenn dem Beklagten die Klageschrift auf seiner Durchreise zugestellt worden ist,[586] kann es vorkommen, daß ein englisches Gericht zuständig ist, obwohl der Beklagte seinen Wohnsitz im Ausland hat.

(zu 3) Roch LJ hat in *Pearce v Ove Arup* die Anwendung der Moçambique rule in der *Def-Lepp*-Entscheidung bestätigt (3b). Wird ein britisches Urheberrecht in einem anderen Vertragsstaat verletzt (3a), ist fraglich, ob das EuGVÜ die Moçambique rule verdrängt. Jooris bejaht dies, wenn der Beklagte seinen Wohnsitz in England oder in einem anderen Vertragsstaat hat. Dagegen könnten die Entscheidungen *LA Gear* und *Mecklermedia* sprechen. Weder Mummery J noch Jacob J setzen das Verfahren aus, obwohl Markenrechte parallel in Großbritannien und im Ausland verletzt worden sind. Da ein britisches Markenrecht im Ausland nicht einklagbar sei, stehe die im Ausland anhängig gemachte Klage nicht im Zusammenhang mit der in England erhobenen Klage.[587] Doch versagt die Argumentation mit dem Territorialitätsprinzip, wenn nicht über die Aussetzung, sondern über die Zuständigkeit eines Verfahrens zu entscheiden ist. Rücksicht auf die Territorialität der gewerblichen Schutzrechte nimmt das EuGVÜ nur innerhalb der engen Grenzen des Art. 16 Nr. 4 EuGVÜ. Die Zuständigkeit für Klagen, welche die Verletzung eines Urheberrechts zum Gegenstand haben, sind davon nicht berührt. Allerdings ist Jooris insofern zu widersprechen, als englische Gerichte gemäß Art. 2 Abs. 1 (Art. 6 Nr. 1) EuGVÜ nur dann zuständig sind, wenn zumindest einer der Beklagten seinen Wohnsitz in England hat. Wird ein britisches Urheberrecht in einem anderen Vertragsstaat verletzt und hat der Beklagte seinen Wohnsitz in einem anderen Vertragsstaat sind englische Gerichte weder nach Art. 2 Abs. 1 noch nach Art. 5 Nr. 3 EuGVÜ zuständig.

(zu 4a) Jooris schrieb seinen Aufsatz kurz bevor die double actionability rule durch section 10 PIL Act (teilweise) am 1.5.1996 abgeschafft wurde[588] und ein Jahr bevor die Entscheidung *Pearce v Ove Arup* veröffentlicht wurde. Vielleicht stellt er sich deshalb nicht die Frage, ob die beiden traditionellen englischen Regeln überhaupt Zuständigkeitsregeln sind, die durch das EuGVÜ verdrängt werden können. „Thus, the common law rules of jurisdiction

---

[586] Siehe oben A.II.1.b.
[587] Siehe oben A.II.2.a./e.
[588] Zum PIL Act A.I.1.g.

only remain applicable [...] when the defendant is neither domiciled in the European Union nor in any of the EFTA countries."[589] Für den Fall, daß der Beklagte seinen Wohnsitz in England hat, hat Jooris die Entwicklung zur Öffnung englischer Gerichte vorhergesehen. Es genügt, wenn zumindest eine der Beklagten ihren Sitz in England hat. In *Pearce v Ove Arup* hatten die dritten Beklagten, das „Office for Metropolitan Architecture Stedebouw B.V." und die vierte Beklagte, die Stadt Rotterdam, ihren Sitz in einem anderen Vertragsstaat. Lloyd J und Roch LJ stützten sich auf Art. 2 Abs. 1 und Art. 6 Nr. 1 EuGVÜ.

(zu 4b) Jooris stimmt insofern mit der Rechtsprechung überein, als er annimmt, daß die Moçambique rule weiterhin gelte, wenn das Urheberrecht eines Drittstaats im betreffenden Drittstaat verletzt werde. Unverständlich ist hingegen, daß er eine Ausnahme machen will, wenn der Beklagte seinen Wohnsitz in England hat. Obwohl die Beklagte in *Tyburn v Conan Doyle*, Lady Bromet, in England wohnte, wandte Vinelott J die Moçambique rule an. Möglicherweise hat Jooris diesen Fall außer acht gelassen, weil sich die Parteien gewissermaßen spiegelverkehrt gegenüberstanden. Der potentielle Verletzer klagte gegen die Inhaberin eines Urheberrechts auf Feststellung, daß er ihr Urheberrecht nicht verletzt. Da *Tyburn* aber zuletzt von Roch LJ in *Pearce* bestätigt worden ist,[590] besteht (ungeachtet der aus dogmatischen Gründen berechtigten Kritik)[591] kein Grund, die Moçambique rule nicht anzuwenden, wenn der Beklagte seinen Wohnsitz in England hat.[592]

(zu 5) Diese Konstellation spaltet sich in vier verschiedene Unterfälle auf, von denen nur die ersten zwei im Schema erscheinen. (5a) Ein Urheberrecht eines Drittstaats wird in einem EU-Staat verletzt. (5b) Ein Urheberrecht eines EU-Staats wird in einem Drittstaat verletzt. (5c) Ein Urheberrecht eines Drittstaats wird in einem anderen Drittstaat verletzt.[593] (5d) Ein Urheberrecht eines EU-Staats wird in einem anderen EU-Staat verletzt.

Mangels case law läßt sich über diese Fallkonstellationen nur spekulieren. Bei konsequenter Anwendung des EuGVÜ müßten sich englische Gerichte für zuständig erklären, wenn der Beklagte seinen Wohnsitz in England hat. Doch was heißt konsequent? Folgt man der restriktiven Auslegung Rochs LJ in *Pearce*,[594] ist das EuGVÜ nicht schon dann anwendbar, wenn der Beklagte

---

[589] [1996] 3 EIPR 127, 142. Der Begriff „Zuständigkeit" impliziert deshalb im folgenden auch die Justitiabilität.

[590] Siehe oben A.II.2.k.

[591] Siehe Stellungnahme oben A.I.4.h.

[592] Einschränkend *Apple Corps v Apple Computer* [1991] 3 CMLR 49 CA, siehe oben A.I.4.h.

[593] Denkbar ist etwa (in Abwandlung von *Re Harrods*), daß ein argentinisches Urheberrecht in Argentinien verletzt wird und die Zuständigkeit eines englischen Gerichts über das EuGVÜ eröffnet ist, weil der Verletzer seinen Sitz in England hat.

[594] Siehe oben B.II.11. [1999] 1 All ER, 769, 799 d.

seinen Wohnsitz im Vereinigten Königreich hat. Hinzu kommen muß, daß der englische Gerichtsstand mit einem anderen Vertragsstaat konkurriert.[595] So könnten englische Gerichte ein Verfahren aussetzen, das die Verletzung eines Urheberrechts eines EU-Staates (5b) oder eines Drittstaates in einem anderen Drittstaat (5c) betrifft, selbst wenn der Beklagte seinen Sitz im Vereinigten Königreich hat.[596] Dieses Ermessen haben sie nicht, wenn ein Urheberrecht eines Drittstaats (5a) in einem EU-Staat verletzt wird, und erst recht nicht, wenn ein Urheberrecht eines EU-Staats (5d) in einem anderen EU-Staat verletzt wird. In beiden Fällen konkurrieren zwei Vertragsstaaten miteinander (das Vereinigte Königreich mit dem Staat, in dem die Verletzungshandlung begangen worden ist), die sich verpflichtet haben, die Entscheidung des jeweils anderen Staates anzuerkennen. Da die Anerkennung der Entscheidung gesichert ist, müßte auch Roch LJ zu dem Ergebnis kommen, daß die Regeln des EuGVÜ die autonomen Regeln der Zuständigkeit (die Moçambique rule oder die Doktrin forum non conveniens) verdrängen.

Dieses Ergebnis stürzt die englischen Gerichte in ein Dilemma. Gegen die Zuständigkeit englischer Gerichte in den Fällen (5a) und (5d) spricht, daß englische Gerichte einen Fall für nicht justitiabel halten, wenn ein britisches Urheberrecht in einem Drittstaat verletzt wird (siehe Konstellation 3b).[597] Man darf vermuten, daß sie sich unter Berufung auf das Territorialitätsprinzip erst recht nicht zu einer Entscheidung befugt fühlen, wenn ein Urheberrecht eines Drittstaates in einem EU-Staat (5a) oder ein Urheberrecht eines EU-Staats in einem anderen EU-Staat (5d) verletzt wird. Dennoch wären sie nach den Regeln des EuGVÜ zuständig.

Einen Ausweg bieten Art. 21 und 22 EuGVÜ – allerdings nur dann, wenn eine Klage in dem Vertragsstaat anhängig ist, in dem das Urheberrecht verletzt worden ist. Wird eine Klage nur bei einem englischen Gericht anhänig gemacht, muß es entscheiden. So entsteht die paradoxe Situation, daß ein englisches Gericht nicht über die Verletzung eines britischen Urheberrechts in einem Drittstaat, wohl aber über die Verletzung eines Urheberrechts eines Drittstaats in einem anderen EU-Staat in der Sache entscheiden muß. Möglicherweise wird diese Ungleichbehandlung über die public policy korrigiert.[598]

---

[595] *Re Harrods,* siehe oben A.III.2.

[596] Dies ist im Hinblick auf die EuGH-Entscheidung *Group Josi* (IPRax 2000, 520–524) fraglich, da der EuGH das EuGVÜ auch dann für anwendbar erklärt hat, wenn der Kläger in einem Drittland ansässig ist. Siehe oben A.III.2./3.

[597] Vgl. vor allem die *Def Lepp*-Entscheidung, die in *Pearce v Ove Arup* bestätigt wurde, siehe oben A.I.4.f. und A.II.2.f./k.

[598] Zur *public policy* unten B.IV.4.c.

		Ursprungsland		
		England	EU-Staat	Drittstaat
Verletzungsland	**England**	1	2a	2b
	jurisdiction/justiciability	+	+	+
	Grund		Inländerbehdlg.	Inländerbehdlg.
	Voraussetzung		Klageschrift kann zugestellt werden	Klageschrift kann zugestellt werden
	EU-Staat	3a	4a	5a
	jurisdiction/justiciability	+	+	+
	Grund	EuGVÜ	EuGVÜ	EuGVÜ
	Voraussetzung: Bekl. hat seinen Sitz in	England	England	England
	Drittstaat	3b	5b	4b
	jurisdiction/justiciability	-	-	-
	Grund	Moçambique rule	Moçambique rule	Moçambique rule
	Alternative	fnc	fnc	fnc

1-5b = Fallgruppe
fnc = forum non conveniens
(+) = Ein englisches Gericht hält sich für zuständig und die Klage für justitiabel.
(-) = Ein englisches Gericht hält die Klage nicht für justitiabel.

Abb. 7: Prognose zu „jurisdiction and justiciability".

2. Eilverfahren

Verfahren des einstweiligen Rechtsschutzes unterscheiden sich von Hauptsacheverfahren funktionell gesehen in vier Punkten: 1. Rechtsfolgen, 2. Voraussetzungen und Umfang, 3. etwa widerstreitendes rechtliches Gehör, 4. der Antragsgegner hat die Möglichkeit, Schadensersatz zu verlangen, sofern der Rechtsbehelf unberechtigt erging.[599] Dieser funktionelle Unterschied wirkt sich auch auf die Voraussetzungen der internationalen Zuständigkeit aus (a.).

[599] Vgl. *Hartwieg/Grunert,* ZIP 2000, 721, 723.

Fraglich ist, ob die durch section 25 CJJA eröffnete weitreichende Entscheidungskompetenz der Gerichte durch die Moçambique rule eingeschränkt wird (b.).

a. Die Zuständigkeit englischer Gerichte nach section 25 CJJA

Nach den Regeln des common law durfte ein englisches Gericht nur dann einstweilige Maßnahmen erlassen, wenn es im Hauptsacheverfahren zuständig war.[600] Erst der Civil Jurisdiction and Judgments Act (CJJA) von 1982 durchbrach die strikte Koppelung des Eilverfahrens an das Hauptsacheverfahren.[601] Gemäß section 25 CJJA dürfen englische Gerichte (unabhängig vom Wohnsitz des Beklagten) eine vorläufige Maßnahme unter folgenden Voraussetzungen erlassen:

(a) Proceedings have been or are to be commenced in a Contracting State to the Brussels or Lugano Convention other than the United Kingdom, or in another part of the United Kingdom; and

(b) they are or will be proceedings whose subject matter is within the scope of the 1968 Convention as determined by Article 1.

Inzwischen genügt, daß ein Hauptsacheverfahren irgendwo begonnen hat – sei es in einem Mitgliedstaat, sei es in einem Staat, der dem EuGVÜ nicht beigetreten ist.[602] Auf die Zuständigkeit des *englischen* Gerichts im Hauptsacheverfahren kommt es nicht an. Durch diese Regelung erfährt der Anwendungsbereich von section 25 CJJA eine enorme Ausdehnung, die allerdings dadurch eingeschränkt wird, daß der Richter gemäß section 25 (2) im Einzelfall einen Ermessensspielraum hat:[603] „The court may refuse to grant interim relief if, in the opinion of the court, the fact that the court has no jurisdiction

---

[600] *Fawcett/Torremans*, 215.

[601] Vgl. *Hartley*, Civil Jurisdiction and Judgments Act.

[602] Das House of Lords hat zunächst in *Owners of cargo lately laden on board the vessel Siskina v Distos Compania Naviera SA*, [1977] 3 All ER 803–830, die Zuständigkeit noch verneint, wenn einstweiliger Rechtsschutz (hier: Mareva Injuction) für einen Staat beantragt wurde, der dem EuGVÜ nicht beigetreten ist. Dieser Leitentscheidung folgte auch der Privy Council in *Mercedes-Benz AG v Leiduck* [1995] 3 All ER 929–952. (Vgl. zur frühen Entwicklung der Rechtsprechung zur internationalen Zuständigkeit: *Hartwieg*, JZ 1997, 381–390; *Grunert*, Mareva Injunction; *Hartwieg/Grunert*, ZIP 2000, 721–732. Mit Wirkung vom 1. April 1997 hat der englische Gesetzgeber die internationale Zuständigkeit für den Erlaß einstweiliger Verfügungen bei im Ausland anhängigen Hauptsacheverfahren erneut erweitert. Der Civil Jurisdiction and Judgments Act 1982 (Interim Relief) 1997 (SI 1997/302) sieht in section 25 vor, daß der CJJA auf Länder anwendbar ist, die weder Mitgliedstaaten des EuGVÜ noch des LugÜ sind, sowie auf Verfahren außerhalb ihres Anwendungsbereichs. (Vgl. dazu *Capper*, Interim relief in and of foreign proceedings (1997) 16 CJQ 185.) Die order hebt die Prinzipien der Entscheidung des Privy Council in *Mercedes-Benz v Leiduck* auf.

[603] Zum Sachkriterium der Unzweckmäßigkeit (expediency) *Hartwieg/Grunert*, ZIP 2000, 730 f.

apart from this section in relation to the subject matter of the proceedings in question makes it inexpedient for the court to grant it."[604]

Außerdem verlangt section 25 CJJA noch immer, daß ein *ausländisches* Gericht in der Hauptsache zuständig ist. Demnach muß ein ausländisches Hauptsacheverfahren bereits anhängig sein oder sein Beginn unmittelbar bevorstehen. Die bloße Möglichkeit eines Hauptsacheverfahrens genügt nicht.[605] Ist ein englisches Gericht in der Hauptsache zuständig, ergibt sich die Zuständigkeit im Eilverfahren aus der eingangs zitierten common law Regel, die insoweit im Einklang mit dem auf nationales Recht verweisenden Art. 24 EuGVÜ steht.[606]

Fazit: Englische Gerichte gewähren in Eilverfahren je nach dargelegtem Bedürnis weitreichenden einstweiligen Rechtsschutz, eventuell sogar „provisorisch" unter ausdrücklichem Offenlassen der Auslandskompetenz.[607] Ein Grund dafür mag das Bestreben englischer Gerichte sein, den ausländischen Entscheidungsprozeß mit effektiven vorläufigen Maßnahmen zu unterstützen.[608]

b. Beschränkung durch Moçambique rule?

Die englische Rechtsprechung hat bislang nur dreimal über den Erlaß einer einstweiligen Unterlassungsverfügung wegen Verletzung eines Urheberrechts entschieden. In *Librairie du Liban v Pardoe Blacker* erklärt sich Vinelott J für zuständig, weil sich die Beklagte auf das Verfahren eingelassen hat.[609] Dieser Umstand allein genügt ihm jedoch nicht. Hinzu kommen müsse (wie in *Morocco Bound v Harris*[610]), daß die Durchsetzung der Entscheidung im Ausland

---

[604] Zur Auslegung von Section 25 (2) vgl.: *Crédit Suisse Fides Trust SA v Cuoghi* [1997] 3 WLR 871, 882.

[605] Anders, wenn das Gericht nach Art. 2 Abs. 1, 5 Abs. 3 oder 6 Abs. 1 EuGVÜ in der Hauptsache zuständig wäre, vgl. 3. Kapitel III.2.b.; *Fawcett/Torremans*, 226.

[606] „An English court which has jurisdiction as to the substance of the matter doubtless has the power to grant provisional measures by virtue of this fact and does not need to rely on Section 25." *Fawcett/Torremans*, 216, 226, 227 unter Berufung auf *Van Uden v Kommanditgesellschaft in Firma Deco-Line*, EuGH, Rs. 391/95, Slg. 1998, 7091 = [1999] 1 All ER 385.

[607] Vgl. die Beispiele aus *Hartwieg/Grunert*, ZIP 2000, 721, 730 f.:
- Im Jahre 1990 ging es in *Rosseel NV v Oriental Commercial and Shipping (UK) Ltd* [1990] 3 All ER 545–547 um eine weltweite Mareva Injunction zur Unterstützung der Vollstreckung eines New Yorker Schiedsspruchs. *Hirst J* gewährte im High Court die injunction, allerdings beschränkt auf die in England und Wales belegenen Vermögenswerte des Antragsgegners. Der Court of Appeal bestätigte.
- Noch weiter begrenzte der Court of Appeal im Juli 1996 die Wirkung einer ex parte ergangenen Mareva Injunction bei in Deutschland anhängigem Hauptverfahren in Sachen *S& T Bautrading v Nordling* [1997] 3 All ER 718–724 per *Saville* and *Judge* LJJ (CA).

[608] Vgl. Lord *Mustill* in *Channel Tunnel Group Ltd v Balfour Beatty Construction Ltd* [1993] AC 334, 365.

[609] Siehe oben A.I.4.d.

[610] Siehe oben A.I.4.b.

gesichert sei. Nur weil die Beklagten damit einverstanden sind, das Urteil des englischen Gerichts wie ein Urteil eines New Yorker Gerichts anzuerkennen, erklärt sich Vinelott J für zuständig. In *Krone v Amphenol* nimmt sich Oliver LJ des Antrags schon deshalb an, weil die Klageschrift der englischen Beklagten in England zugestellt worden ist. Die Anerkennung der Entscheidung in Deutschland problematisiert er ebensowenig wie die Beschränkung der Zuständigkeit durch die Moçambique rule.[611]

Dieser Befund läßt den Schluß darauf zu, daß die Zuständigkeit englischer Gerichte im Verfahren des einstweiligen Rechtsschutzes nicht durch die Moçambique rule beschränkt wird. Wenn der Erlaß einer einstweiligen Verfügung wegen Verletzung eines Urheberrechts beantragt wird, kommt es allenfalls auf die Durchsetzbarkeit der Entscheidung im Ausland an, die mittlerweile durch das EuGVÜ in weiten Teilen Europas gesichert ist. Daß die Klageschrift zugestellt wird, ist nicht mehr erforderlich.

3. Zur Wirkung zivilrechtlicher Sanktionen im Ausland

Ein Grund für Entwicklung und Langlebigkeit von Moçambique und double actionability rule ist neben der comity of nations praktischer Natur: „Common law courts seldom, if ever, wish to be involved in the recognition of rights that cannot be enforced."[612] Deshalb befassen sich englische Richter explizit mit der grenzüberschreitenden Wirkung ihrer Entscheidungen.[613]

a. Hauptsacheverfahren

Browne-Wilkinson unterscheidet in *Def Lepp* zwischen to have jurisdiction und to exercise jurisdiction. Kekewich J hat seine in *Morocco Bound* an sich begründete Zuständigkeit nicht ausgeübt. Der Blick auf die grenzüberschreitende Wirkung einer Sanktion könnte auch der wahre Grund für Vinelotts Abneigung sein, über ein amerikanisches Urheberrecht zu entscheiden, In einem obiter dictum am Ende stellt Vinelott J praktische Erwägungen zur Anerkennungsproblematik und zur Beweisführung an: „In the instant case there is no evidence that, if the validity of the rights claimed were justiciable in the English courts, the decision of the English courts would be treated as binding on any of the states of the United States of America and it would in my judgment be an exercise in futility to allow these claims, which raise complex issues which may require a survey by the English courts with the assistance of

---

[611] A.I.4.e.
[612] *Austin*, Overview, Nr. 7.
[613] Vgl. zur Diskussion in den USA *D'Amato/Long*, International IP Law, Chapter 11: Extraterritoriality and the „Border" Problem.

experts of the laws of each of the states of the United States of America, to continue."[614]

Das Zitat lenkt den Blick auf die Durchsetzbarkeit[615] der Entscheidung.[616] Wie schon Kekewich J in *Morocco Bound v Harris* stellen sich Vinelott J und Roch LJ[617] die Frage, ob ihre Entscheidung in dem Staat, in dem sie durchgesetzt werden soll, voraussichtlich als bindend anerkannt und entsprechend durchgesetzt wird. Lloyd J betont in *Pearce*, daß durch das EuGVÜ die Anerkennung einer Entscheidung gesichert werde.[618] In *Plastus Kreativ AB v 3M* drückt Aldous J seine Erleichterung darüber aus, daß er nicht über die Verletzung eines ausländischen Patents zu entscheiden habe.[619] Obiter vertritt er die Ansicht, daß ein englisches Gericht über die Verletzung eines ausländischen Immaterialgüterrechts nur dann entscheiden sollte, wenn das ausländische Recht keinen Rechtsbehelf bereit halte.[620] Verfahrensorientiert argumentiert Jacob J in *Mecklermedia Corporation v DC Congress*. Er stellt fest, daß ein Gericht, das über die Verletzung eines ausländischen Immaterialgüterrechts zu entscheiden hat, Beweise und Recht importieren müßte. Langfristig hält es Jacob J aber für unausweichlich, grenzüberschreitende Fälle zu verhandeln: „It seems unavoidable that we should assume jurisdiction over foreign (or at least other European State) infringements given what is happening in Europe. If we do not the Continental Europeans will simply take over."[621]

Da die Ausführungen von Vinelott, Aldous und Jacob JJ als obiter dicta keine präjudizielle Wirkung haben, bleibt abzuwarten, wie sich die englische

---

[614] [1990] 3 WLR 178 A, 179 A. (A.I.4.f.) Von *Roch* LJ bestätigt und wörtlich zitiert in *Pearce* [1999] 1 All ER 769, 799 f–h. A.II.2.k.

[615] Und auf die Beweisführung, dazu unten B.V.

[616] Vgl. *Wadlow*, Enforcement, 397–398, „*Tyburn v. Doyle* as an exercise of discretion: There is a final aspect to *Tyburn v. Doyle* which does not depend on the Moçambique rule (on any of its interpretations) and which perhaps provides the safest justification for the result on the facts of the case. [...] The American courts could quite legitimately ignore an English declaratory judgment which purported to decide the case by applying American Federal or State law; but they would certainly refuse to recognise one which treated them as if they were still British colonies."

[617] Die Passage aus *Tyburn* wird von *Roch* LJ bestätigt und wörtlich zitiert in *Pearce* [1999] 1 All ER 769, 799 f–h. A.II.2.k.

[618] [1997] 3 All ER 31, 36 b–c: „By adopting the direct approach the convention establishes an autonomous system of international jurisdiction in relations between the member states. The rules are applicable independently of any proceedings for international recognition or enforcement. This approach was seen as allowing increased harmonisation of laws, providing greater legal certainty, avoiding discrimination, and facilitating the ultimate objective of ,free movement' of judgments: see Jenard report (OJ 1979 C59, p 7)."

[619] [1995] RPC 438 ChD.

[620] Siehe oben A.II.2.d. a.E. [1995] RPC 438, 447.

[621] Minutes of Evidence Taken Before the Special Public Bill Committee on the Private International Law (Miscellaneous Provisions) Bill vom 23.1.95; zitiert nach *Perkins/Mills*, Patent Infringement and Forum Shopping in the European Union, Fn. 213.

Rechtsprechung entwickeln wird.[622] Scheinbar sind englische Richter nur bereit, eine Entscheidung über die Verletzung eines Urheberrechts mit Wirkung im Ausland zu erlassen, wenn die Durchsetzung gewährleistet ist. Möglicherweise wird in Zukunft genügen, daß die Gerichte eines ausländischen Staates selbst über die Verletzung ausländischer Immaterialgüterrechte entscheiden und entsprechende Urteile anderer Staaten anerkennen.[623] Der Wettbewerb der Gerichtsstandorte um die attraktivsten und lukrativsten Fälle wird die Entwicklung beschleunigen.

b. Eilverfahren

Von der Zuständigkeit zu unterscheiden ist die Frage, ob englische Gerichte auch von ihrer Auslandskompetenz Gebrauch machen würden.[624] Vinelott J hält sich in *Librairie du Liban v Pardoe Blacker* nur deshalb für zuständig, weil sich die Beklagten einverstanden erklärt haben, jedes Urteil eines englischen Gerichts wie ein Urteil des New Yorker Gerichts anzuerkennen.[625] Bislang haben englische Richter noch keine grenzüberschreitenden Verletzungsverbote im Urheberrecht ausgesprochen.

Unbekannt sind ihnen extraterritoriale Verletzungsverbote jedoch nicht. Die Rechtsprechung zur Mareva Injunction zeigt, daß englische Gerichte durchaus bereit sind, von ihrer Auslandskompetenz Gebrauch zu machen. Die world-wide Mareva Injunction verpflichtet den Antragsgegner, Vermögensverfügungen auch im Ausland zu unterlassen bzw. bestimmte Handlungen vorzunehmen und alle Gewahrsamsinhaber seines Vermögens vom Inhalt der injunction in Kenntnis zu setzen.[626] In *Derby and Co Ltd v Weldon* bemerkt Lord Donaldson dazu: „Considerations of comity require the courts of this country to refrain from making orders which infringe the exclusive jurisdiction of the courts of other countries."[627] Inzwischen ist anerkannt, daß ein extraterritorialer Eingriff *nicht* vorliegt, solange der Rechtsstreit eine sachdienliche Verbindung mit England hat, Eigentumsrechte des Antragsgegners im Ausland unberührt bleiben und das englische Gericht nicht mit Hilfe der injunction versucht, verfahrensunbeteiligte Dritte, über die es keine Entschei-

---

[622] Vgl. *Wadlow*, Enforcement, 403: „It might be said that in the last decade of the twentieth century, to require a patent or other intellectual property right to be litigated only in the country of grant, is as anachronistic as it was, a century ago, to expect a company to be sued only in the state of its incorporation."

[623] *Zigann* GRUR Int 1999, 791, 793.

[624] Vgl. zu dieser Unterscheidung *Fawcett/Torremans*, 225–228.

[625] Siehe oben A.I.4.d., 34. Absatz.

[626] *Republic of Haiti and others v Duvalier and others* [1990] 1 QB 202; *Babanaft International Co SA v Bassatne and another* [1990] 1 Ch 13, 30–32; statt vieler *Grunert*, Die „world-wide" Mareva Injunction, 47 ff. m.w.N.; 167–169 m.w.N.; *Cheshire/North*, 242.

[627] *Derby and Co. Ltd. v. Weldon* (Nos. 3 and 4) [1990] Ch. 65, 82 CA. Nachweis bei *Grunert*, Mareva Injunction, 167.

dungsbefugnis hat, im Ausland zu Handlungen und Unterlassungen zu veranlassen.[628]

Im Unterschied zur Mareva Injunction ergeht die im Urheberrecht so wichtige interlocutory injunction allerdings nicht in rem, sondern in personam.[629] Deshalb wird es entscheidend darauf ankommen, ob die interlocutory injunction gegen den Antragsgegner auch durchsetzbar ist. Das wird regelmäßig der Fall sein, wenn sich der Antragsgegner dauerhaft im Vereinigten Königreich aufhält,[630] aber auch dann, wenn die Durchsetzung nach den Regeln des EuGVÜ anerkannt wird.[631] Wichtiges Druckmittel ist die Androhung harter Strafen (contempt of court). Bei Verstößen gegen die mit der injunction erlassenen Anordnungen einer Strafe wegen contempt of court droht dem Schuldner und Dritten eine Strafe in Form von Bußgeldern oder Haft.[632] Auf diese Weise könnten urheberrechtliche Verletzungsverbote englischer Gerichte genau wie Mareva Injunctions weltweite Effektivität erreichen.

Darüber hinaus ist fraglich, ob englische Richter bereit sind, sich über den völkerrechtlichen Grundsatz der comity of nations hinwegzusetzen. Laddie J hat sich in *Fort Dodge v Akzo Nobel* geweigert, das Problem der comity im Rahmen einer anti-suit injunction zu diskutieren und das niederländische Gericht durch Erlaß einer solchen Verfügung womöglich zu brüskieren.[633] Er

---

[628] *Grunert*, Mareva Injunction, 169 mit Hinweisen auf *Jaeckel*, Lex Fori, 31; *Collins*, Territorial Reach, 105 LQR, 262, 299.

[629] Siehe oben B.I.2.

[630] Vgl. den neuseeländischen Fall *NZ Post v Leng*, Auckland High Court, 17.12., 1998, CP No. 573/98. Der Neuseeländer David Leng hatte sich „nzpost.com" als domain name über ein amerikanisches Unternehmen registrieren lassen, das die internationalen .com domain names verwaltet. Die neuseeländische Post stützt ihre Klage auf passing off und unlauteren Wettbewerb. *Williams* J bejahte seine Zuständigkeit, den Gebrauch des in den USA registrierten domain names per injunction zu untersagen. Neben der Frage der jurisdiction widmet er sich dem Aspekt der enforceability. Anders als in *British Telecommunications v One In A Million Ltd*, [1998] 4All ER 476 CA, betrifft die Klage einen im Ausland eingetragenen domain name. Allerdings verweisen mehrere Aspekte auf Neuseeland: die *internet site* des Beklagten richtete sich in erster Linie an Neuseeländer, der Anstoß für die Registrierung kam aus Neuseeland, dort ist auch der Schaden für die Klägerin entstanden, der Beklagte ist selbst Neuseeländer und (das ist entscheidend) hat seinen Wohnsitz in Neuseeland. Zustimmend *Gravatt/Elliott,* [1999] EIPR 417–419. Zurückhaltend *Macquarie v Berg* [1999] NSWSC 526 (abrufbar unter <http://www.austlii.edu.au>), zitiert nach *Austin,* Overview, Nr. 54: „In a recent Australian decision, for example, a New South Wales Judge dismissed an *ex parte* application for an interim injunction to restrain dissemination *via* the Internet of allegedly defamatory material."

[631] Vgl. *EMI Records v Modern Music* [1992] 1 All ER, 616–624.

[632] *Hartwieg,* JZ 1997, 381; *Hartwieg/Grunert,* ZIP 2000, 721, 722.

[633] [1998] FSR 222, 232 und 234: „Notwithstanding the language in which the relief sought by the petitioners is couched, there is no doubt that at the heart of this application is a desire to obtain an order from this court which prevents the Dutch court from carrying on in a way which the petitioners say will breach the Convention and offends principles of comity. [...] I am by no means persuaded that any of these arguments are so clearly correct that I could say with confidence that any right-minded lawyer would have to agree with them."

überläßt es höheren Gerichten, den mit *Pearce v Ove Arup* eingeschlagenen Weg auf interlocutory injunctions zu übertragen.

Werden englische Gerichte dem Gerechtshof Den Haag folgen, der sich in *Expandable Grafts Partnership v Boston Scientific BV* gegen grenzüberschreitende Verletzungsverbote ausgesprochen und damit die extraterritoriale niederländische Rechtsprechung vorläufig eingedämmt hat?[634] Oder werden sie den Rückzug der niederländischen Gerichte nutzen, um an deren Stelle zu treten? Wadlow kritisiert, daß die materiell-rechtlich begründete Territorialität eines ausländischen Immaterialgüterrechts nicht durch prozessuale Maßnahmen eines niederländischen Gerichts unterlaufen werden dürfe. Ein Gericht dürfe ein grenzüberschreitendes Verletzungsverbot nur dann aussprechen, wenn das *nationale* Recht von vornherein eine extraterritoriale Wirkung vorsehe.[635] Fehlt es an der rechtlichen Grundlage (wie beim niederländischen kort-geding-Verfahren) dürfe das Gericht keine Auslandskompetenz beanspruchen und müsse die Wirkung seiner Entscheidungen auf das eigene Territorium beschränken. Würde das niederländische Recht also eine Verfügung mit extraterritorialer Wirkung vorsehen, etwa in der Art einer Mareva Injunction, hätte Wadlow keine Bedenken, die Entscheidung anzuerkennen.[636] Art. 24 EuGVÜ stelle existierende Verfahren zur Disposition und schaffe keinesfalls neue Rechtsbehelfe.[637] Eben dies sei aber im Falle der niederländischen Verbotsverfügungen mit extraterritorialer Wirkung geschehen. Wadlows Ansicht führt dazu, daß nur der Staat, in dem der Beklagte seinen Wohnsitz hat oder in dem die Verletzungshandlung stattgefunden hat, anerkennungsfähige grenzüberschreitende Verbotsverfügungen erlassen darf.[638]

In *Chiron Corporation v Murex Diagnostics and Chiron Corporation v Organon* hat sich Aldous J obiter zu der Möglichkeit englischer Gerichte geäußert, ein grenzüberschreitendes Verletzungsverbot zu erlassen: „At one time I wondered whether it would be right for this court to do the same as the Dutch Court, but have concluded that it would not be right for this court to grant an injunction which had an effect outside the United Kingdom. Further I believe that the Dutch Court was correct not to grant an injunction preventing trade in the United Kingdom. Even though the basic law as to validity and infringement of patents is the same in Holland as it is in this country, the factual matrix is unlikely to be the same as the procedure for ascertaining the facts and scientific evidence are different. Further this case shows that there are many considerations which have to be taken into account by a United Kingdom judge before deciding that injunctive relief is appropriate, which do

---

[634] Siehe oben B.II.9 [1999] FSR 352, Nr. 1–35.

[635] *Wadlow*, Enforcement, 148.

[636] *Wadlow*, Enforcement, 148. Zur niederländischen Rechtsprechung oben 3. Kapitel III. 2.b.cc.(2).

[637] Unter Berufung auf *Reichert v. Dresdner Bank*, Rs. 261/90, Slg. 1992, 2149.

[638] *Wadlow*, Enforcement, 149.

not appear to be relevant in a Dutch Court. Thus it would be unlikely that a Dutch Court could be sure that an injunction would be appropriate in the United Kingdom upon an application in Holland for interlocutory, preliminary or final relief." [639]

Im Jahr 2000 begründet Aldous LJ, inzwischen Richter am Court of Appeal, seine Zurückhaltung gegenüber grenzüberschreitenden Verletzungsverboten im Patentrecht mit der Notwendigkeit, Verletzung und Gültigkeit eines Patents einheitlich zu beurteilen. „In England, interim injunctions of the type granted by the Dutch courts are not possible. Interim injunctions can only be granted in patent cases if it can be established that damages after trial would not be an adequate remedy and that justice requires the grant of an injunction pending trial. [...] I do not envisage the cross-border injunction becoming widespread as validity has to be decided in the courts of the state which granted the patent. There is no-one stop option available."[640] Anders als bei einem Patent ist für die Überprüfung der Gültigkeit eines Urheberrechts nicht ausschließlich ein Gericht des Ursprunglands zuständig. Art. 16 Abs. 4 EuGVÜ ist auf urheberrechtliche Klagen nicht anwendbar.[641] Aldous' Argumentation kann deshalb nicht ohne weiteres auf Klagen wegen Verletzung eines Urheberrechts übertragen werden.[642] Gleichwohl macht er auf einen wichtigen Punkt aufmerksam: Ob ein grenzüberschreitendes Verletzungsverbot erlassen wird, hängt maßgeblich vom Prozeßrecht der einzelnen Staaten ab. Solange das Prozeßrecht nicht vereinheitlicht ist, wird es trotz zunehmender Vereinheitlichung des Urheberrechts keinen Entscheidungeinklang geben.

---

[639] High Court 29.11.1994, [1995] FSR 1995, 338. *Aldous* J bezieht sich auf den niederländischen Fall *Chiron Corp. V Akzo Pharma-Organon Technika-UBI* (Pres. Rb. Den Haag 22.7.1994, IER 1994, S. 150, Nr. 24): Chiron ist Inhaber eines europäischen Patents für eine biotechnische Erfindung, die sich auf ein Diagnosehilfsmittel und eine Schutzimpfung gegen einen bestimmten Hepatitisvirus bezieht. Das Patent ist für Belgien, Deutschland, Frankreich, Großbritannien, Italien, Liechtenstein, Luxemburg, die Niederlande, Österreich, Schweden, die Schweiz und Spanien erteilt worden. Die amerikanische Gesellschaft UBI hat der niederländischen Gesellschaft Akzo Pharma und vier anderen Tochter- und Schwestergesellschaften von AkzoPharma die Erlaubnis erteilt, weltweit Produkte zu vertreiben, die das europäische Patent von Chiron verletzen. Chiron beantragt ein Patentverletzungsverbot für alle Beklagten und für alle Länder, in denen das Patent erteilt ist. Der Präsident der Rechtbank Den Haag legt allen Beklagten ein Verletzungsverbot auf, das sich auf alle Länder, in denen Chiron ein europäisches Patent hält, bezieht. Nur in bezug auf das Vereinigte Königreich wird kein Verletzungsverbot auferlegt. Vgl. zum Fall: *Bertrams*, GRUR Int. 1995, 193, 194 f.

[640] *Aldous* LJ [2000] FCBJ 523, 527.

[641] *Roch* LJ [1999] 1 All ER 769, 785 f.

[642] In *Pearce v Ove Arup* hätte ein grenzüberschreitendes Verletzungsverbot durchaus erlassen werden können. *Perkins/Rosenberg*, 191, 206: „What is not clear (as this was a strikeout application ie. motion to dismiss) is whether the Court envisaged that if infringement of the Dutch copyright was found, the English Court could give an injunction preventing further infringement in Holland. However, it appears that this is the logical consequence of the decision (which has not proceeded to a full trial). If that is correct, this is a form of pan-European injunction envisaged by the English Courts."

IV. Choice of Law

Bis zu der Entscheidung *Pearce v Ove Arup* im Jahre 1997 waren Klagen wegen Verletzung eines ausländischen Urheberrechts oder wegen Verletzung eines britischen Urheberrechts im Ausland nicht justitiabel. Die Frage des anwendbaren Rechts stellte sich nicht. Roch LJ hat in *Pearce v Ove Arup* angedeutet, daß das anwendbare Recht künftig nach den Regeln des PIL Act bestimmt werde, wenn ein englisches Gericht nach den Regeln des EuGVÜ zuständig sei.[643] Vorab ist der Grundsatz der Inländerbehandlung zu berücksichtigen (1.). Fraglich ist, ob Art. 5 Abs. 2 RBÜ im englischen Recht als Kollisionsnorm fungiert (2.). Bevor die für eine Klage wegen copyright infringement relevanten Vorschriften des PIL Act vorgestellt werden (4.) ist außerdem zu klären, welchen Anwendungsbereich der PIL Act hat (3.). Andere remedies, die etwa auf Feststellung der Gültigkeit eines Urheberrechts gerichtet sind,[644] werden inzidenter unter dem Aspekt der defences (5.) behandelt.[645]

1. Der Grundsatz der Inländerbehandlung

Englische Richter sind nicht unmittelbar an den in der Berner Konvention verankerten Grundsatz der Inländerbehandlung gebunden, da völkerrechtliche Verträge im Vereinigten Königreich eines Ausführungsgesetzes bedürfen, das gegebenenfalls zum Erlaß von Verordnungen ermächtigt.[646] Der Copyright, Designs and Patents Act von 1988 (CDPA) gibt Auskunft darüber, ob ein ausländisches Werk geschützt ist.[647] Section 157 CDPA erlaubt der Exekutive, den Geltungsbereich des Gesetzes per Verordnung auf andere Gebiete wie die Isle of Man oder die Kanalinseln auszudehnen.[648] Section 159 CDPA ermächtigt die Exekutive, die Vorschriften über das Urheberrecht auf ausländische Urheber und Werke anzuwenden, sofern sich der betreffende ausländische Staat vertraglich zu einer entsprechenden Behandlung verpflichtet hat.[649]

---

[643] Siehe oben A.II.2.k.

[644] Vgl. *Tyburn v Conan Doyle* [1990] 3 WLR 167–179. A.I.4.g.

[645] Mangels case law orientiert sich die Darstellung an den House of Lords Papers zum PIL Act, in denen auch die besondere Problematik der Immaterialgüterrechte diskutiert wird. Hilfsweise werden die internationalen Konventionen, kontinentale IPR-Gesetze und die Literatur berücksichtigt.

[646] Siehe oben, 2. Kapitel II.3.b.

[647] *Bently/Cornish*, UK-68.

[648] Eine entsprechende Regelung findet sich im Copyright Act von 1956, der eine Ausdehnung auf Kolonialgebiete erlaubte. Die Regeln des 1956 Act gelten dort teilweise heute noch.

[649] 159. „(1) Her Majesty may by Order in Council make provision for applying in relation to a country to which this Part does not extend any of the provisions of this Part specified in the Order, so as to secure that those provisions (a) apply in relation to persons who are citizens or subjects of that country or are domiciled or resident there, as they apply to persons

Auf diese Weise hat sich das Vereinigte Königreich gegenüber allen Staaten, die bis 1995 der Berner Konvention, dem WUA oder der WTO beigetreten sind, verpflichtet, den Grundsatz der Inländerbehandlung anzuwenden.[650] Ausländische Urheber genießen für ihre Werke im Vereinigten Königreich den Schutz, den der CDPA britischen Urhebern gewährt. Der genaue Wortlaut des Art. 5 RBÜ (oder Art. II WUA) ist hingegen nicht in das britische Urheberrechtsgesetz aufgenommen worden. Insbesondere enthält der CDPA keine Vorschrift, die Art. 5 Abs. 2 RBÜ entspricht.

2. Zum kollisionsrechtlichen Gehalt des Art. 5 Abs. 2 RBÜ

Roch LJ hat in *Pearce v Ove Arup* klargestellt, daß durch Art. 5 Abs. 2 RBÜ autonomes Kollisionsrecht nicht ausgeschlossen wird.[651] Vermutlich werden sich englische Richter auch künftig nicht an Art. 5 Abs. 2 RBÜ gebunden fühlen und ausschließlich auf die Regeln des Private International Law Act zurückgreifen.[652] Während Lloyd J (Chancery Division) die lex loci protec-

---

who are British citizens or are domiciled or resident in the United Kingdom, or (b) apply in relation to bodies incorporated under the law of that country as they apply in relation to bodies incorporated under the law of a part of the United Kingdom, or (c) apply in relation to works first published in that country as they apply in relation to works first published in the United Kingdom, or (d) apply in relation to broadcasts made from or cable programmes sent from that country as they apply in relation to broadcasts made from or cable programmes sent from the United Kingdom.

(2) An Order may make provision for all or any of the matters mentioned in subsection (1) and may (a) apply any provisions of this Part subject to such exceptions and modifications as are specified in the Order; and (b) direct that any provisions of this Part apply either generally or in relation to such classes of works, or other classes of case, as are specified in the Order.

(3) Except in the case of a Convention country or another member State of the European Economic Community, Her Majesty shall not make an Order in Council under this section in relation to a country unless satisfied that provision has been or will be made under the law of that country, in respect of the class of works to which the Order relates, giving adequate protection to the owners of copyright under this Part.

(4) In subsection (3) 'Convention country' means a country which is a party to a Convention relating to copyright to which the United Kingdom is also a party.

(5) A statutory instrument containing an Order in Council under this section shall be subject to annulment in pursuance of a resolution of either House of Parliament."

[650] Vgl. Copyright (Application to Other Countries) (Amendment) Order 1995 (1995/2987). Ausführlich *Bently/Cornish*, UK-71 f.

[651] [1999] 1 All ER 769, 801, g–j: „The protection is claimed in the country in which the proceedings are brought. Article 5(2) requires that the extent of the protection to be afforded is governed by the laws of that country. There is, of course, no reason to assume that the laws of that country do not include its own rules of private international law. What art 5(2) does, in our view, is to leave it to the courts of the country in which the proceedings are brought to decide whether the claim for protection should be upheld." Ausführlich dazu oben 3. Kapitel IV.3.b.

[652] *Kieninger* meint, daß auch in England das Schutzlandprinzip als Kollisionsregel Geltung erlange, GRUR Int. 1998, 280, 289. „Da gewerbliche Schutzrechte und Urheberrechte im allgemeinen nur in dem Staat verletzt werden können, in dem sie geschützt sind, führen

tionis ohne Begründung für anwendbar hielt,[653] verliert Roch LJ (Court of Appeal) kein Wort über die Anwendbarkeit der lex loci protectionis und befürwortet die lex loci delicti commissi:[654] „Section 11 (1) of that Act [the Private International Law (Miscellaneous Provisions) Act 1995] requires that, where the Act applies, the general rule is that the applicable law is the law of the country in which the events constituting the tort in question occur. If the Act applied in the present case (which it does not, because the relevant events in respect of which the plaintiff complains before 1996) the applicable law would be Dutch law."[655]

Das englische Schrifttum hat sich mit der Rechtsnatur des Art. 5 Abs. 2 RBÜ nur beiläufig befaßt. Fawcett und Torremans stellen lakonisch fest, daß die Berner Konvention zur Anwendung des Rechts des Schutzlandes führe.[656] Eine Auseinandersetzung mit dem kollisionsrechtlichen Gehalt einzelner Vorschriften fehlt. Art. 5 Abs. 2 RBÜ wird nur im Kontext der Erfüllung von Förmlichkeiten diskutiert.[657] Die Anwendung der lex loci protectionis wird von Stewart auf das in der Berner Konvention festgeschriebene Prinzip der Inländerbehandlung gestützt und mit einer praktischen Überlegung untermauert: Da jeder Inhaber eines Urheberrechts, der einem Verbandsstaat angehört, berechtigt sei, in jedem anderen Verbandsstaat denselben Schutz zu erlangen wie Inländer, müßten die Gerichte in dem Staat, in dem das Recht verletzt werde, fast immer ihr eigenes nationales Recht anwenden.[658]

Folgt man der englischen Rechtsprechung wird Art. 5 Abs. 2 RBÜ im Kollisionsrecht keine Rolle spielen, zumal die Berner Konvention für englische Gerichte nicht unmittelbar gilt.[659] Die internationalen Konventionen sind allenfalls dann zu berücksichtigen, wenn über die vom PIL Act nicht gere-

---

die neuen gesetzlichen Kollisionsregeln zum selben Ergebnis wie die lex protectionis." Eine solche Verkürzung auf die lex protectionis ist aus terminologischen Gründen bedenklich. Da auch Fälle denkbar sind, in denen ein Urheberrecht nicht in dem Staat verletzt wird, in dem es geschützt wird (vgl. *Def Lepp* und *Morocco Bound*) und der Begriff „lex protectionis" im PIL Act nicht verwendet wird, sollte konsequent von der lex loci delicti die Rede sein. Zur Frage des anwendbaren Rechts unten B.IV.

[653] [1997] 3 All ER 31, 43c.: „The answer is presumably the law of the protecting country, copyright arising under which is alleged to have been infringed (lex protectionis), here Dutch law, but that is not a matter which arises on this application."

[654] Ungenau *Zigann*, GRUR Int 1999, 791, 793, der meint, nach englischem Recht sei demnach nunmehr das Recht des Schutzlandes anzuwenden. Die Rede ist aber nur vom PIL Act.

[655] *Pearce v Ove Arup* [1999] 1 All ER, 769, 802 d.

[656] *Fawcett/Torremans*, Intellectual Property, 499 f. In Anlehnung an *Ulmer*, Gutachten, 37 ff., verstehen die Autoren unter „creation" die Entstehung, unter „scope" die Wirkung und unter „termination" das Erlöschen des Urheberrechts, 500, Fn. 72.

[657] *Fawcett/Torremans*, 498, 501.

[658] *Stewart*, International Copyright, 39.

[659] Zur Inländerbehandlung soeben B.IV.1.

gelte Frage zu entscheiden ist, welches Recht auf Entstehung und Umfang eines Urheberrechts anwendbar ist.[660]

3. Anwendungsbereich des PIL Act

Der Private International Law (Miscellaneous Provisions) Act 1995 (PIL Act) ist seit dem 1.5.1996 in Kraft.[661] Die Vorschriften des III. Teils des Private International Law Acts sind nur auf *nach* dem 1.5.1996 begangene torts anwendbar,[662] und zwar unabhängig davon, ob ein tort in England oder im Ausland begangen worden ist.[663] Die Vorbehaltsklauseln der section 14 PIL Act sind zu beachten. Gemäß section 14 (2) PIL Act bleiben die Regeln des common law mit Ausnahme der double actionability rule unberührt.[664] Da sich englische Gerichte erst vor kurzem für Urheberrechtsklagen mit Auslandsbezug für zuständig erklärt[665] und infolgedessen noch keine Kollisionsnormen entwickelt haben, werden die gesetzlichen Regelungen des Private International Law Acts nicht von case law überlagert.

4. Copyright Infringement

Zu welchem Ergebnis die gesetzlichen Kollisionsregeln (a.) bei einer Klage wegen Verletzung eines Urheberrechts führen, soll durch systematische Analyse aller denkbaren Konstellationen (b.) ermittelt werden.[666] Gegebenenfalls ist mit Hilfe der public policy zu korrigieren (c.). Abschließend wird geprüft, nach welchem Recht sich die remedies beurteilen (d.).

a. Section 11 und section 12 PIL Act

Section 11 PIL Act unterscheidet den Fall, daß alle Tatbestandselemente in einem Staat auftreten von dem Fall, daß Tatbestandselemente in mehreren Staaten verortet sind. Section 12 erlaubt Abweichungen von der generellen Regelung in section 11 (1).[667]

---

[660] Zu den „defences" unten B.IV.5.

[661] S.I. 1996 Nr. 995.

[662] Vgl. Section 14 (1): „The provisions of this Part do not apply to acts of omissions giving rise to a claim which occur before the commencement of this Part."

[663] Section 9 (6): „For the avoidance of doubt (and without prejudice to the operation of Section 14 below) this Part applies in relation to events occurring in the forum as it applies in relation to events occurring in any other country."

[664] Section 14 (2): „Nothing in this Part affects any rules of law (including rules of private international law) except those abolished by Section 10 above."

[665] *Pearce v Ove Arup*, [1997] 3 All ER 31; [1999] 1 All ER 769 CA. A.II.2.f./k.

[666] Vgl. *Arnold* [1990] 7 EIPR 254; *Beatson*, HL Paper 36 [1995], 61–63; *Cornish*, HL Paper 36 [1995], 64–65.

[667] Vgl. *Briggs*, [1995] LMCLQ, 519; *Carter*, [1996] LQR, 190; *von Hein*, Günstigkeitsprinzip, 18–20; *Kaye*, IPRax 1995, 406; *Morse*, [1996] ICLQ, 888; *Rogerson*, [1995] ICLQ, 650.

Grundsätzlich ist gemäß section 11 (1) PIL Act das Recht des Staates anwendbar, in dem die Verletzungshandlung stattgefunden hat.[668] Wie section 9 (5) PIL Act klarstellt, handelt es sich dabei um eine Verweisung auf internes Recht unter Ausschluß des Kollisionsrechts, wodurch ein renvoi verhindert wird.[669]

Gemäß section 12 PIL Act kann die durch section 11 (1) PIL Act berufene lex loci delicti commissi durch ein anderes Recht ersetzt werden, wenn dies nach Würdigung aller Umstände geboten erscheint (rule of displacement).[670] Das ist der Fall, wenn die Bedeutung anderer in Betracht kommender Anknüpfungspunkte im Vergleich zur Bedeutung der allgemeinen Anknüpfungspunkte als in der Sache angemessener (substantially more appropriate) erscheint:[671] Zunächst berücksichtigt das Gericht alternative Anknüpfungspunkte wie etwa Wohnsitz oder Aufenthaltsort der Parteien oder Handlungen, die nicht von der allgemeinen Regelung der section 11 PIL Act erfaßt werden (und z.B. der Vorbereitung dienen) oder Konsequenzen der Verletzungshandlung – jedoch keine rechtspolitischen Erwägungen,[672] die erst dann eine Rolle spielen, wenn ein Gericht nach eigenem Ermessen die Bedeutung (significance) aller Anknüpfungspunkte bewertet, die ein Delikt mit einem bestimmten Staat verbinden.[673] Die Bewertung der alternativen Anknüpfungs-

---

[668] Section 11 PIL Act: „(1) The general rule is that the applicable law is the law of the country in which the events constituting the tort or delict in question occur. (2) Where elements of those events occur in different countries, the applicable law under the genereel rule is to be taken as being (a) for a cause of action in respect of personal injury caused to an individual or death resulting from personal injury, the law of the country where the individual was when he sustained the injury; (b) for a cause of action in respect of damage to property; the law of the country where the property was when it was damaged; and (c) in any other case, the law of the country in which the most significant element or elements of those events occured. (3) In this section 'personal injury' includes disease or any impairment of physical or mental condition."

[669] Section 9 (5) PIL Act folgt der Empfehlung der Law Commission, vgl. *Gibson* et al., Report, 3.56. Section 9 (5) PIL Act lautet: „The applicable law to be used for determining the issues arising in a claim shall exclude any choice of law rules forming part of the law of the country or countries concerned."

[670] Section 12 PIL Act: „(1) If it appears, in all the circumstances, from a comparison of (a) the significance of the factors which connect a tort or delict with the country whose law would be the applicable law under the general rule; and (b) the significance of any factors connecting the tort or delict with another country, that it is substantially more appropriate for the applicable law for determining the issues arising in the case, or any of those issues, to be the law of the other country, the general rule is displaced and the applicable law for determining those issues or that issue (as the case may be) is the law of that other country.

[671] Vgl. zur Prüfung der „Rule of Displacement", *Dicey & Morris*, Chapter 35, S. 1549 ff.

[672] Vgl. *Fawcett/Torremans*, 625–626. Vgl. aber im common law die Entscheidung für die Anwendung englischen Rechts zum Schutz englischer Arbeiter, die sich in einem Land verdingen, dessen Rechtssystem ihnen fremd ist: *Johnson v Coventry Churchill International Ltd* [1992] 3 All ER 14 (*JW Kay QC*). Nach Ansicht der Verfasser des PIL Act sei ein Vergleich mit dem common law allerdings wenig hilfreich, vgl. *Beatson*, HL Paper 36 (1995), 63.

[673] *Parker*, HL Paper, 36 (1995), Written Evidence, 49–50.

punkte ist mit der Bewertung der Anknüpfungspunkte zu vergleichen, die das Delikt mit dem Staat verbinden, dessen Recht nach den allgemeinen Regeln der section 11 PIL Act berufen ist. Wenn das Gericht aufgrund dieses Vergleichs meint, daß die Anwendung eines anderen Rechts dem Rechtsbehelf in der Sache eher gerecht werde als das nach der allgemeinen Vorschrift berufene Recht, kann es von section 11 PIL Act abweichen und das andere Recht anwenden.[674]

Section 12 (2) PIL Act gibt eine Auslegungshilfe. Der Kriterienkatalog nennt drei Gruppen von Faktoren: Faktoren in bezug auf die Parteien; Faktoren in bezug auf die Ereignisse, die das in Rede stehende Delikt konstituieren; Faktoren in bezug auf die Umstände oder Folgen dieser Ereignisse.[675] Zu den „factors relating to the parties" zählt unter anderem die Tatsache, daß eine Beziehung der Parteien vor der Verletzung bestand und die Tatsache, daß ein Vertrag zwischen den Parteien besteht.[676] Indirekt kann also das von den Parteien gewählte Vertragsstatut, ähnlich wie nach Art. 41 Abs. 2 Nr. 1 EGBGB, auch die Bestimmung des Deliktsstatuts beeinflussen.[677]

Fraglich ist, ob die rule of displacement (section 12 PIL Act) auch auf Fälle von Urheberrechtsverletzungen anwendbar ist. Cornish hat sich gegen die Verdrängung der allgemeinen Regel (section 11 PIL Act) ausgesprochen, weil nur die Anwendung des Rechts des Ortes, an dem die Verletzungshandlung begangen worden sei, dem Territorialitätsprinzip gerecht werde.[678] Allerdings schlagen sich seine Bedenken nicht im PIL Act nieder, so daß section 12 PIL Act auch bei Urheberrechtsverletzungen zu beachten ist.

b. Zur Anwendung der Regeln in verschiedenen Konstellationen

Folgende Konstellationen sind denkbar:[679] Verletzung eines britischen Urheberrechts in England (aa.); Verletzung eines ausländischen Urheberrechts in England (bb.); Verletzung eines britischen Urheberrechts im Ausland (cc.); Verletzung eines ausländischen Urheberrechts im Ausland (dd.); mehrere Verletzungshandlungen (ee.). Vor Anwendung der einzelnen Vorschriften des PIL Act stellt sich jeweils die Frage, ob die Vorschriften des Copyright, De-

---

[674] Die Kommissionen zur Vorbereitung des PIL Act (*Gibson* et al., Report, 3.8.) geben drei Beispiele für „displacements": 1. Die Verletzungshandlung erfolgt zufällig in einem Land. 2. Schon vor dem schädigenden Ereignis bestand eine besondere Beziehung zwischen den Parteien. 3. Jedes Tatbestandselement deutet auf ein bestimmtes Recht hin.

[675] *Von Hein,* Günstigkeitsprinzip, 20.

[676] *Morse,* [1996] ICQL, 888, 899.

[677] *Von Hein,* RabelsZ 2000, 595, 606. Ausdrücklich läßt der PIL Act die Rechtswahl nicht zu.

[678] *Cornish,* HL Paper 36 (1995), 64.

[679] In Anlehnung an den deutschen Teil (3. Kapitel IV.3.a.bb).

signs and Patents Act 1988 (CDPA) gemäß section 14 (4) PIL Act[680] zwingend anwendbar sind.[681] Erst wenn feststeht, daß der CDPA die Klage wegen copyright infringement nicht zwingend regelt, sind section 11 und section 12 PIL Act anwendbar.

aa. Verletzung eines britischen Urheberrechts in England

Schutz gewährt der CDPA gemäß section 16 (1) nur Inhabern eines britischen Urheberrechts in den Grenzen seines Geltungsbereichs.[682] Als zwingendes Recht sind die Vorschriften des CDPA jedenfalls dann anwendbar, wenn ein britisches Urheberrecht in England verletzt wird.[683] Das gilt sogar dann, wenn in England begangene Urheberrechtsverletzungen im Ausland autorisiert werden.[684] Sections 11 und 12 PIL Act sind nicht anwendbar.[685]

bb. Verletzung eines ausländischen Urheberrechts in England

Fraglich ist, ob der CDPA auch dann zwingend anzuwenden ist, wenn ein ausländisches Urheberrecht in England verletzt worden ist. Zu differenzieren ist zwischen Urheberrechten eines anderen EU-Staates und Urheberrechten eines Drittstaates.

An das in Art. 6 Abs. 1 EGV ausgesprochene Diskriminierungsverbot sind seit dem *Phil-Collins*-Urteil des EuGH auch englische Gerichte gebunden.[686] Gegenüber Inhabern von Urheberrechten, die keinem EU-Staat angehören,

---

[680] Section 14 (4): „This Part has effect without prejudice to the operation of any rule of law which either has effect notwithstanding the rules of private international law applicable in the particular circumstances or modifies the rules of private international law that would otherwise be so applicable."

[681] Vgl. *John Huston*, Cour de Cassation [1991] Urteil vom 28.5.1991, Revue Critique de Droit International Privé, 752, mit Anm. von *Gautier*. Die Vorschriften über die Persönlichkeitsrechte, die das französische Recht als *lex fori* gewährt, seien zwingend anwendbar, wenn der Autor nach der lex loci protectionis (i.e. nach amerikanischem Recht) schutzlos dastünde.

[682] Vgl. Section 16 (1) Cpyright Act 1988: „The owner of the copyright in a work has, in accordance with the following provisions of this Chapter, the exclusive right to do the following acts in the United Kingdom (a) to copy the work (see section 17); (b) to issue copies of the work to the public (see section 18); (c) to perform, show or play the work in public (see section 19); (d) to broadcast the work or include it in a cable programme service (see section 20); (e) to make an adaptation of the work or do any of the above in relation to an adaptation (see section 21); and those acts are referred to in this Part as the 'acts restricted by the copyright'."

[683] *Beatson*, HL Paper 36 (1995), 61 f.; *Dicey & Morris*, Rule 201, 35-028; *Fawcett/Torremans*, 600.

[684] Vgl. *ABKCO Music Records Inc (Body Corporate) v Music Collection International Ltd and another* [1995] RPC 657.

[685] *Beatson*, HL Paper 36 [1995], 62; *Cornish*, HL Paper 36 [1995], 64.

[686] *Phil Collins v Imtrat*, Rs. 92/92 u. 326/92, Slg. 1993, 5145, vgl. *Dworkin/Sterling* [1994] EIPR 187, 190, siehe 2. Kapitel A.III.2.

gilt der Grundsatz der Inländerbehandlung gemäß section 159 CDPA.[687]
Beatson schließt daraus, daß der CDPA zwingend auf die Verletzung eines
ausländischen Urheberrechts anwendbar sei. „Any other view would mean
that there would be two IP rights competing in one country which appears
contrary to the principle of national treatment upon which the IP conventions
and legislation are based."[688]

Dieses Argument überzeugt Fawcett und Torremans nicht. Sie meinen, daß
eine klare Intention des Parlaments nicht erkennbar sei. Deshalb sei das Kollisionsrecht des PIL Act anwendbar. [689] Auf die Entscheidung dieses Streits
kommt es nur deshalb an, weil der PIL Act durch section 12 die Möglichkeit
eröffnet, ein anderes als das am Tatort geltende (britische) Recht anzuwenden.
Für die Meinung Fawcetts und Torremans spricht, daß sich zwingendes Recht
nur ausnahmsweise über Kollisionsrecht hinwegsetzen darf und nur, wenn die
Intention des Parlaments eindeutig ist.[690] Sie übersehen jedoch, daß der Gesetzgeber in section 159 CDPA eine klare Aussage zugunsten der Inländerbehandlung getroffen hat.

Im Ergebnis ist der CDPA zwingend anzuwenden, wenn ein ausländisches
Urheberrecht in England verletzt worden ist. Raum für Kollisionsrecht bleibt
nur, wenn ein ausländisches Urheberrecht im Ausland verletzt wird[691] oder
wenn ein britisches Urheberrecht im Ausland verletzt wird (wo der CDPA
nicht gilt).[692]

cc. Verletzung eines britischen Urheberrechts im Ausland

Wird ein britisches Urheberrecht im Ausland verletzt, ist gemäß section 11
PIL Act das ausländische Recht auf die Klage anwendbar. Die in den Niederlanden und in Luxemburg begangenen Verletzungshandlungen in *Def Lepp v
Stuart-Brown*[693] müßten nach niederländischem bzw. luxemburgischem Recht
beurteilt werden. Ob dieses Ergebnis der public policy standhält, ist noch zu
prüfen.[694]

Auch in dieser Fallkonstellation könnten englische Richter section 12 PIL
Act berücksichtigen, etwa, wenn das britische Urheberrecht im Ausland von
einem Briten verletzt worden ist. Unter Gesichtspunkten des common law
wurde schon in *Boys v Chaplin* eine Ausnahme von der zu maltesischem

---

[687] Siehe oben B.IV.1.

[688] *Beatson*, HL Paper 36 (1995), 62.

[689] *Fawcett/Torremans*, 604 f.

[690] *Fawcett/Torremans*, 605, wo auf die auf S. 601 geäußerten grundsätzlichen Bedenken
gegen die Behandlung des CDPA als zwingendes Recht verwiesen wird.

[691] *Dicey & Morris*, 13. Aufl., Rule 201, 35-029; *Fawcett/Torremans*, 605–606.

[692] Nach common law wäre es in diesem Fall unmöglich, die erste Hälfte der double actionability rule zu erfüllen. Vgl. *Def Lepp Music v. Stuart-Brown* [1986] RPC 273.

[693] [1986] RPC 273.

[694] Sogleich B.IV.4.c.

Recht führenden lex loci delicti commissi gemacht und englisches Recht angewandt, weil sowohl Kläger als auch Beklagter englische Staatsangehörige waren.[695] Ob sich diese Entscheidung über eine im Ausland begangene Körperverletzung, bei der naturgemäß der Wohnsitz der Parteien eine größere Rolle spielt als im Urheberrecht, ohne weiteres auf Urheberrechtsverletzungen übertragen läßt, ist jedoch zweifelhaft.[696]

dd. Verletzung eines ausländischen Urheberrechts im Ausland

Unbestritten werden die Regeln des PIL Act in dieser Konstellation nicht durch den CDPA verdrängt,[697] soweit sich die Frage des anwendbaren Rechts wegen der Moçambique rule überhaupt stellt. Wird ein ausländisches Urheberrecht des Staates B auch in B verletzt, kommt ein anderes Recht als die lex loci delicti nicht in Betracht.[698] Wird ein ausländisches Urheberrecht des Staates B im Ausland C verletzt, ist auf die Klage gemäß section 11 PIL Act das Recht des Staates anwendbar, in dem die Verletzungshandlung stattgefunden hat. Section 12 PIL Act ist möglicherweise dann zu beachten, wenn um Rechtsschutz in einem bestimmten Staat nachgesucht wird oder wenn sich die Klage auch auf ein anderes in einem bestimmten Staat begangenes Delikt bezieht, das mit der Urheberrechtsverletzung einhergeht.[699]

ee. Multi-country torts

Gemäß Section 11 (2) PIL Act sind auf torts, die eine Beziehung zu mehreren Staaten aufweisen, besondere Regeln anwendbar.[700] Der Entwurf des Private International Law Act schließt die Anwendung von Section 11 (2) auf Fälle von Immaterialgüterrechtsverletzungen aus.[701] Fawcett und Torremans erwägen dennoch, gemäß section 11 (2) (c) PIL Act das Recht des Landes anzuwenden, in dem die signifikantesten Elemente des Sachverhalts auftreten, wenn ein tort einen Bezug zu mehreren Ländern hat.[702] Sie weisen zu Recht

---

[695] *Boys v Chaplin* [1968] 1 All ER, 283–302; vgl. auch *Red Sea Insurance v Bouygues S.A.* [1994] 3 All ER 749.

[696] Vgl. *Fawcett/Torremans*, 631–632.

[697] *Fawcett/Torremans*, 605–606.

[698] Vgl. *Pearce v Ove Arup*, oben A.II.2.f./k.

[699] *Fawcett/Torremans*, 630–631.

[700] Section 11 (2) PIL Act: „Where elements of those events occur in different countries, the applicable law under the general rule is to be taken as being (a) for a cause of action in respect of personal injury caused to an individual or death resulting from personal injury, the law of the country where the individual was when he sustained the injury; (b) for a cause of action in respect of damage to property; the law of the country where the property was when it was damaged; and (c) in any other case, the law of the country in which the most significant element or elements of those events occured."

[701] HL Paper 36 (1995), Written Evidence, 64; *Cornish*, Annex zum Memorandum von Beatson, HL Paper 36 (1995), 64.

[702] *Fawcett/Torremans*, 621–623.

darauf hin, daß die Reduktion auf ein Land im Sinne von section 11 (1) PIL Act die Lokalisierung der Verletzungshandlung voraussetzt, bei der dieselben Überlegungen anzustellen sind wie bei section 11 (2) PIL Act.[703]

c. Public Policy

Gemäß section 14 (3) PIL Act steht die Anwendung des III. Teils des Private International Law Act unter dem Vorbehalt der public policy.[704] Traditionell wird der ordre public in England zurückhaltend angewandt.[705] Im Deliktsrecht hat die double actionability rule die Anwendung ausländischen Rechts oft verhindert, so daß sich in der Vergangenheit selten die Frage gestellt hat, ob die Anwendung ausländischen Rechts gegen englische public policy verstößt.[706] Die Kommission zur Vorbereitung des Private International Law Act hat jedoch betont, daß die public policy auf tort mit ebenso großer Zurückhaltung angewandt werden soll wie bisher in bezug auf andere Rechtsgebiete.[707]

Die Territorialität der Urheberrechte gibt Anlaß, das aufgrund ausländischen Rechts gefundene Ergebnis anhand englischer public policy zu überprüfen und gegebenenfalls zu korrigieren.[708] Auch der für tort im allgemeinen und für infringement im besonderen so wichtige Grundsatz der comity of na-

---

[703] *Fawcett/Torremans*, 621, Fn. 148. Zur Auslegung dieser Vorschrift und zum Vergleich der in section 12 (2) und 11 (2) (c) PIL Act enthaltenen Regeln *Blaikie*, [1997] Edinburgh L. Rev., 361, 367; *Briggs*, [1995] LMCLQ, 519, 524; *Carter*, [1996] LQR 190, 193 f.; *von Hein*, Günstigkeitsprinzip, 19 f.; *Morse*, [1996] ICLQ, 888, 898.

[704] Section 14 (3) PIL Act: „Nothing in this Part (a) authorises the application of the law of a country outside the forum as the applicable law for determining issues arising in any claim in so far as to do so (i) would conflict with principles of public policy (ii) would give effect to such a penal, revenue or other public law as would not otherwise be enforceable under the law of the forum (b) affects any rules of evidence, pleading or practice or authorises questions of procedure in any proceedings to be determined otherwise than in accordance with the law of the forum."

[705] Vgl. *Dicey & Morris*, 1556–1559; *Gibson* et al., Report, 3.18: „[...] public policy in the conflict of laws has traditionally only excluded intrinsically repugnant foreign law or foreign law which is contrary to this country's national interest." 3.55: „Over-enthusiastic resort to public policy so as to avoid the application of foreign law would thwart the whole purpose of the conflict of laws, which is to do justice between the parties to a dispute, if necessary by the application of a foreign law to the resolution of the dispute." *Mann*, Foreign Affairs in English Courts, 159: „In other words public policy could only be invoked against the foreign legislation if it is arbitrary or abusive in character, if it is unsupported by internationally acceptable reasons. It will hardly ever be possible to prove this nor is an English court likely to exercise its discretion so as to grant discovery designed to obtain insight into the strictly internal procedures and motivations of a foreign government."

[706] Zum *ordre public* bei internationalen Immaterialgüterrechtsverträgen *Wadlow*, Enforcement, 451–469.

[707] *Gibson* et al., Report, 3.55; vgl. auch *Beatson*, HL Paper 36 (1995), 60.

[708] Siehe oben A.III.5.c.

tions ist auf dieser Ebene zu berücksichtigen.[709] Wenn in der Vergangenheit ein Urheberrecht in einem anderen Staat verletzt wurde als in dem Staat, in dem es geschützt war, kam die Moçambique rule zur Anwendung. Die Klage war nicht justitiabel. Dahinter stand die comity of nations, also der Gedanke, sich nicht in die Angelegenheiten eines anderen Staates einzumischen. Roch LJ hat in *Pearce* durch die Bestätigung der Entscheidungen *Def Lepp* und *Tyburn* zu verstehen gegeben, daß englische Richter auch künftig den Grundsatz der comity wahren wollen. Allerdings ist ihnen durch das EuGVÜ die Anwendung der Moçambique rule unmöglich gemacht worden. (3a), (5a) und (5d) sind Konstellationen, in denen die Moçambique rule durch das EuGVÜ verdrängt wird.[710] Auch die Doktrin forum non conveniens ist wegen des EuGVÜ nicht anwendbar.[711] Die Richter sind gezwungen, eine Sachentscheidung zu treffen und den PIL Act anzuwenden. Ihnen bleibt nur die public policy, um die Anwendung „fremden" Rechts auf heimische Urheberrechte zu vermeiden. Der Schwerpunkt der Entscheidung verlagert sich von der Ebene der Zuständigkeit/Justitiabilität auf die Ebene des anwendbaren Rechts.

Welche Wirkung hat die Anwendung der pubic policy in diesen Fällen (3a, 5a und 5d)? (zu 3a) Möglicherweise setzt sich wegen section 14 (3) PIL Act britisches Urheberrecht durch, wenn ein britisches Urheberrecht in einem anderen EU-Staat verletzt wird. Fawcett/Torremans meinen, die public policy spreche gegen die Anwendung ausländischen Rechts auf ein britisches Immaterialgüterrecht, das im Ausland verletzt worden sei. Sie berufen sich auf das als Regel des internationalen Rechts etablierte Territorialitätsprinzip.[712] Auch Beatson verweist auf den territorialen Charakter der Immaterialgüterrechte, zieht jedoch eine andere Konsequenz. Auf ein britisches Immaterialgüterrecht sei zwingend der CDPA anwendbar.[713] Der CDPA selbst steht dieser Ansicht nicht entgegen, enthält er doch keine Vorschrift, die einen Rückgriff auf britisches Immaterialgüterrecht verbietet. Allerdings räumt der CDPA dem Urheber auch keine Rechte für den Fall ein, daß sein Urheberrecht im Ausland verletzt wird.[714] Der Urheber stünde schutzlos da. Eine derart protektionistische und chauvinistische Haltung ist nicht zeitgemäß. Es ist nicht einzusehen, warum internationalprivatrechtliche Grundsätze und Regeln mißachtet werden sollen, nur weil ein Urheberrecht verletzt worden ist und

---

[709] Siehe oben A.I.1.h./2.e.

[710] Zu den Konstellationen Abb. 7 (B.III.1.e).

(3a): Ein britisches Urheberrecht wird in einem anderen EU-Staat verletzt;

(5a): Ein Urheberrecht eines Drittstaates wird in einem EU-Staat verletzt;

(5d): Ein Urheberrecht eines EU-Staats wird in einem anderen EU-Staat verletzt.

[711] Siehe *Re Harrods,* oben A.III.2

[712] *Fawcett/Torremans,* 604–605, 634–635.

[713] *Beatson,* HL Paper 36 (1995), 63.

[714] Vgl. section 16 (1) CDPA 1988, siehe oben B.IV.4.b.cc.

nicht der Körper oder das Eigentum.[715] Wenn schon die public policy der Anwendung eines ausländischen Rechts auf ein britisches Urheberrecht entgegensteht, sollte zumindest ersatzweise britisches Urheberrecht angewandt werden, auch wenn die in section 16 (1) CDPA festgeschriebene Territorialität dagegen spricht. Wie auch immer sich die Gerichte entscheiden werden, die Anwendung der public policy führt unweigerlich in ein Dilemma, durch das das Prinzip der Territorialität in Frage gestellt wird. Die englische Rechtsprechung ist an einen Punkt gelangt, an dem sie 1854 in *Jefferys v Boosey* schon einmal war.[716] Sie muß sich erneut auf die universale Natur des Urheberrechts besinnen.

(zu 5a und 5d) Zurückhaltend sollte die public policy jedenfalls dann ausgeübt werden, wenn ein ausländisches Urheberrecht in einem EU-Staat oder ein Urheberrecht eines EU-Staates in einem anderen EU-Staat verletzt wird, da britische Interessen nicht berührt sind.

d. Remedies

Traditionell ist auf remedies die lex fori anwendbar.[717] Soweit die Unterlassung eines Verhaltens oder die Höhe eines Schadens in Frage steht, der durch die Verletzung eines Urheberrechts entstanden ist, gibt es keinen Grund, von dieser Regel abzuweichen.[718] Nur wenn das anwendbare ausländische Recht Formen des Schadensersatzes oder der Haftung vorsieht, die dem englischen Recht unbekannt sind, führt die Anwendung der lex fori zu Schwierigkeiten, weil entsprechende Regeln zur Bestimmung der Höhe des Schadensersatzes nicht zur Verfügung stehen.[719] Die Law Commission hat dieses Problem der Rechtsprechung überlassen.[720] Im Einzelfall wird wohl eher die lex loci delicti commissi anwendbar sein, weil über einen Anspruch dem Grunde nach, also über eine Frage des materiellen Rechts, zu entscheiden ist.[721]

---

[715] So auch *Fawcett/Torremans*, 601–603.

[716] Siehe oben A.I.4.a.

[717] *Dicey & Morris*, 13. Aufl., 7-006 ff. Vgl. *Kekewich* J in *Baschet v London Illustrated Standard* [1900] 1 Ch 71, oben A.I.4.c.; vgl. auch *Vinelott* J in *Librairie du Liban*, oben A.I.4.d., 34. Absatz: „If the issue is to be finally determined by this Court then clearly it is for this Court to decide whether interlocutory relief should be granted pending the determination of the dispute. In doing so the Court must apply the principles of English law and the practice in these courts relating to the grant or refusal of interlocutory relief as the lex fori."

[718] *Dicey & Morris*, 13. Aufl., 35-051–35-052.

[719] *Austin*, Overview, Fn. 95: „A tension might arise where, for instance, the forum's law requires proof of damage as a precondition to monetary relief, whereas one or more of the applicable *foreign* laws makes statutory damages available. See eg 17 USC 504(c)."

[720] *Gibson* et al., Report, 3.38.

[721] Vgl. *Dicey & Morris*, 13. Aufl., 35-055; *Mother Bertha*, A.II.2.h. *Austin*, Overview, Nr. 52: „The close link between the existence of the rights and the means of their protection might support the view that remedies and rights should be governed by the same body of law."

e. Übersicht

Anknüpfend an die oben erstellte Prognose zu jurisdiction/justiciability, ergibt sich folgendes Schema:

	Ursprungsland		
	A (England)	B (EU-Staat)	C (Drittstaat)
A (England)	1	2a	2b
anwendbares Recht	CDPA	CDPA	CDPA
anwendbare Regel	section 16 (1) CDPA	*Phil Collins*	Section 159 CDPA
B (EU-Staat)	3a	4a	5a
anwendbares Recht	CDPA	a/b	a/b/c
anwendbare Regel(n)	section 14 (3) PIL Act	sections 11/12 PIL Act	sections 11/12 PIL Act
C (Drittstaat)	3b	5b	4b
anwendbares Recht	-	-	-
anwendbare Regel	Moçambique rule	Moçambique rule	Moçambique rule
Alternative	fnc	fnc	fnc

(Die linke Randbeschriftung der Tabelle lautet: **Verletzungsland**)

1-5b = Fallgruppe

fnc = forum non conveniens

(-) = Ein englisches Gericht hält die Klage nicht für justitiabel.

a, b, c = anwendbares Recht der Länder A, B oder C

Abb. 8: Schema zum anwendbaren Recht (England).

5. Defences

Dem Beklagten stehen im Vorverfahren drei Alternativen offen: Er kann Tatsachenbehauptungen bestreiten (contesting averments) und so den Kläger in der öffentlichen Hauptverhandlung zur Beweisführung zwingen, er kann seinerseits Tatsachen zur Verteidigung mit passendem Gegenrecht (special or affirmative defence) behaupten oder beides alternativ tun.[722] Behauptet der Kläger, der Beklagte habe sein Urheberrecht verletzt, wird der Beklagte versuchen, das Gericht davon zu überzeugen, daß der Kläger kein Urheberrecht innehat (b.) oder daß die Verwertung des angeblich verletzten Schutzrechts auf Vertrag beruht (c.).[723] Andere defences spielen entweder keine Rolle (wie die des mitwirkenden Verschuldens) oder sind wie bei jedem anderen Delikt auch zu berücksichtigen (wie die Einrede der Verjährung).[724] Um zu ermitteln, welches Recht auf die Einreden anwendbar ist, muß aus englischer Sicht zunächst das anwendbare IPR-Statut ermittelt werden (a.).

a. Bestimmung des anwendbaren IPR-Statuts

In Betracht kommen die IPR-Gesetze der lex fori oder der lex loci delicti commissi. Die Law Commission hielt es für einfacher und angemessener die Kollisionsregeln der lex fori anzuwenden.[725] Dafür spricht nicht zuletzt, daß eine gemäß section 9 (5) PIL Act unzulässige Rückverweisung auf englisches Recht ausgeschlossen ist.[726] Das auf Einreden gegen copyright infringement anwendbare Recht wird folglich nach englischem IPR bestimmt.

b. Invaliditiy: Creation of Copyright, Scope and Termination

Hauptsächlich stützt sich die auf die Ungültigkeit eines Urheberrechts abzielende Verteidigung kumulativ oder alternativ (auch hilfsweise) auf drei Argumente: das Urheberrecht sei gar nicht entstanden, das Urheberrecht sei gar

---

[722] *Hartwieg*, ZZPInt 2000, 19, 31.

[723] Die entsprechenden Verteidigungsformeln stehen in *Bullen, Leake and Jacob's*, Precedents of Pleadings, Part III, section 30, S. 1028–1031. Folgende *defences* werden unterschieden:
- Defence denying Subsistence of Copyright (774);
- Defence alleging that Author was not a Qualified Person (775);
- Defence denying Ownership of Copyright (776);
- Defence setting up Licence of the Plaintiff (777);
- Defence setting up Assignment by the Plaintiff (778);
- Defence denying Infringement of Copyright (779);
- Defence alleging Fair Dealing for Purposes of Research (780);
- Defence alleging Fair Dealing for Purposes of Criticism or Review (781);
- Defence alleging Innocent Infringement (782);
- Defence alleging Innocent Conversion or Detention of Infringing Copies (783).

[724] Vgl. *Dicey & Morris*, 13. Aufl., 35-045–35.046.

[725] Law Commission, Working Paper Nr. 87 (1984), 6.51–6.53, 2.89–2.101.

[726] *Fawcett/Torremans*, 641.

nicht berührt oder das Urheberrecht sei wieder erloschen. Unter dem Eindruck der double actionability und der Moçambique rule wurden diese defences in internationalen Rechtsstreitigkeiten bislang nur selten vorgetragen. Da sich die meisten Beklagten mit Erfolg auf die territoriale Beschränkung der vom Kläger geltend gemachten Urheberrechte beriefen, wurden sachrechtliche Fragen gar nicht erst erörtert.[727] Nach Abschaffung und Auflösung der Regeln gewinnen die sachrechtlichen defences an Bedeutung. So wird in *Pearce* behauptet, das Urheberrecht des Klägers sei gar nicht berührt. Die Beklagten sind der Ansicht, die Zeichnungen des Klägers wiesen keine Ähnlichkeit mit der Rotterdamer Kunsthalle auf.[728] In *ABKCO Music* wird die Inhaberschaft in Frage gestellt. Die Beklagten behaupten ihrerseits Inhaber des fraglichen Urheberrechts zu sein.[729] Darüber hinaus kann die Beklagte sogenannte Euro-Defences geltend machen: In *Krone v Amphenol* behauptet die Beklagte, die Klägerin mißbrauche ihre marktbeherrschende Stellung.[730]

Das englische statutory law schweigt zu der Frage, wie Entstehung, Inhaberschaft, Inhalt und Schranken eines Urheberrechts kollisionsrechtlich zu beurteilen sind.[731] Weder der PIL Act noch der CDPA enthalten besondere Kollisionsregeln für die Entstehung und Geltung eines Immaterialgüterrechts. Section 11 und section 12 PIL Act sind nur auf die Klage wegen copyright infringement anwendbar. Die defences sind ausgenommen.[732] Traditionell richten sich substantive defences im common law nach dem auf das Delikt anwendbaren Recht.[733]

---

[727] Vgl. *Jefferys, Morocco Bound, Baschet, Def Lepp Music* und *Tyburn* (A.I.4.a.–c. und f./g.).

[728] A.II.2.f./k.

[729] A.II.2.c.

[730] A.I.4.e. Zu den Einreden, die sich auf europäisches Recht stützen, insbesondere zur Erschöpfungsproblematik 3. Kapitel IV.4.e. vor aa. Zu Art. 86 EGV *British Leyland v Armstrong Patents* [1986] 2 WLR 400, HL (dazu *Hartwieg*, Die Kunst des Sachvortrags, 187–203); *Mars UK v Teknowledge*, 11.6.1999, ChD, Lexis-Nexis (dazu *Briggs*, [2000] Copyright World, 6–7: „It is difficult to see in what circumstances the British Leyland defence can now be available to assist those manufacturing in aftermarkets, whether in relation to traditional manufacturing industry or indeed newer technologies. The courts have made it increasingly clear that spare parts and infringement issues will now be determined under the terms of the new legislation, much of which is European in its genesis."

[731] *Fawcett/Torremans*, 643–647 sehen hier Bedarf für Reformen und schlagen eine „spezielle Generalnorm" vor, die an die bestehenden Kollisionsregeln angepasst und mit den Zuständigkeitsregeln sowie mit den Regeln für complementary torts kompatibel sein soll (645).

[732] Section 9(4) PIL Act: „The applicable law shall be used for determining the issues arising in a *claim*, including in particular the question whether an actionable tort or delict has occurred." [Hervorhebung durch Verfasser].

[733] *Gibson* et al., Report, 3.37: „We recommend that there should be no change in the law that substantive defences are governed by the applicable law in tort or delict."

Fawcett und Torremans wollen creation of copyright,[734] scope[735] und ter-mination[736] nach dem Recht des Schutzlandes bestimmen.[737] Sie verweisen auf die internationalen Konventionen und deren Auslegung durch Gerichte anderer Staaten und durch europäische und amerikanische Autoren.[738] Wenn bei Klagen auf Feststellung der Gültigkeit eines Urheberrechts das Schutz-landprinzip angewandt werde, solle es konsequenterweise auch im Kontext einer Verletzungsklage zugrunde gelegt werden.[739] Die Logik ist zwingend. Zweifelhaft ist jedoch, ob die englische Rechtsprechung überhaupt dem Schutzlandprinzip folgen wird, da die internationalen Konventionen nicht unmittelbar anwendbar sind.[740] Art. 5 Abs. 2 RBÜ enthält aus Sicht der Rechtsprechung lediglich eine Kollisionsregel für die Klage (claim), genauer, eine Verweisung auf die lex fori unter Einschluß des nationalen Kollisions-rechts.[741] Die Ansicht der Lehre („la doctrine") hat für die englische Rechtsprechung nur persuasive value.[742]

Eine Kollisionsregel für die urheberrechtlichen defences muß von der englischen Rechtsprechung erst entwickelt werden.

c. Contractual Defence

Verwertet jemand ein Urheberrecht, kann er sich gegen eine Klage des Urhebers wehren, indem er behauptet, ihm sei ein Urheberrecht insgesamt übertragen worden (assignment) oder er habe ein exklusives Nutzungsrecht erworben (licence). Stützt sich die Einrede auf einen Vertrag, bestimmt sich das an-

---

[734] *Fawcett/Torremans,* Intellectual Property, 499 f. In Anlehnung an *Ulmer,* Immaterial-güterrechte, 37 ff., verstehen die Autoren unter *creation* die Entstehung, unter *scope* die Wirkung und unter *termination* das Erlöschen des Urheberrechts, 500, Fn. 72.

[735] *Fawcett/Torremans,* 501, mit Hinweis auf *Novello & Co Ltd v Hinrichsen Edition Ltd and another* [1951] 1 Ch 595.

[736] *Fawcett/Torremans,* 507.

[737] *Dicey & Morris,* 22-051: „The essence of an intellectual property right is the owner's right to take action to prevent others from engaging in certain types of activity in a given territory. [A patent, a trade mark, or a copyright] is situated in the country whose law governs its existence." Dazu *Austin,* Overview, Nr. 37: „This approach, the inevitable corollary of territoriality, links the law governing ownership and transfers of rights to the law governing infringement and enforcement." *Stewart,* 47, plädiert in Anlehnung an *Ulmer* (Übersetzung des Gutachtens, Intellectual Property Rights and the Conflict of Laws, 1978, 10) für das Schutzlandprinzip, ohne jedoch die Frage zu berühren, ob die lex loci protectionis auch auf Einreden im Rahmen einer Verletzungsklage anwendbar ist.

[738] *Fawcett/Torremans,* 499, Fn. 70–72; 503, Fn. 82 und 86; 508, Fn. 120.

[739] *Fawcett/Torremans,* 642.

[740] Zur Geltung der internationalen Konventionen in England 2. Kapitel II.3.b.

[741] Zur Auslegung des Art. 5 Abs. 2 RBÜ: 3. Kapitel IV.3.b und 4. Kapitel B.IV.2.; *Roch LJ* in *Pearce v Ove Arup* [1999] 1 All ER 769, 801 j: „What art 5(2) does, in our view, is to leave it to the courts of the country in which the proceedings are brought to decide whether the *claim* for protection should be upheld." [Hervorhebung durch Verfasser].

[742] Lord *Diplock* in *Fothergill v Monarch Airlines* [1980] 2 All ER (HL), 696, 708.

wendbare Recht nach den englischen Kollisionsregeln für Verträge[743] und nicht für Delikte.[744]

In *Librairie du Liban* und in *Mother Bertha* berufen sich die Beklagten jeweils auf Nutzungsrechte, die ihnen durch Verträge eingeräumt worden sind.[745] In *Librairie du Liban* läßt Vinelott J offen, ob er den Vertrag nach amerikanischem oder nach englischem Recht beurteilt.[746] Er stützt sich allein auf die Fakten. In *Mother Bertha* waren sich die Parteien über die Anwendbarkeit New Yorker Rechts auf den Vertrag einig. Folglich wendet Ferris J New Yorker Recht an.[747]

Auch eine Replik des Urhebers (etwa: dem Beklagten sei nur ein eingeschränktes Nutzungsrecht eingeräumt worden oder nur für eine bestimmte Dauer) sollte sich nach dem Vertragsstatut richten, da sich die Replik ebenfalls aus dem Vertrag ergibt. Collins schlägt vor, zusätzlich zu prüfen, ob die vertragliche Einrede nach der lex loci delicti commissi zulässig ist.[748] Da auf diese Weise mögliche Verstöße gegen den ordre public des Anerkennungsstaates antizipiert werden können, ist eine solche Kontroll-überlegung sinnvoll.

---

[743] Vgl. *Dicey & Morris,* 13. Aufl., Chapter 32. Die vorläufige Regel der Law Commission, die Einreden aus Vertrag im Rahmen einer Deliktsklage insgesamt dem Vertragsstatut unterstellt, ist nicht in den PIL Act übernommen worden, Working Paper Nr. 87 (1984), 6.51–6.53. Zur Ansicht der *Law Commission* 1990 *Gibson* et al., Report, 3.49. Die Frage der „assignability" von Immaterialgüterrechten wollen *Dicey & Morris,* 13. Aufl., 22-051, allerdings dem Recht des Schutzlandes unterstellen. Dazu *Austin,* Overview, Nr. 37: „The result might be, for example, that a purportedly global transfer of copyright might not be effective for particular countries if, according to the laws of those countries, the transfer was inconsistent with a procedural requirement."

[744] *Fawcett/Torremans,* 640. Die Law Commission hat diesen Punkt offen gelassen, vgl. *Gibson* et al., Report, 3.49–3.50. Allgemein zu vertraglichen Einreden *North,* Contract as a Tort Defence in the Conflict of Laws, [1977] ICLQ 914–931, mit Hinweis auf *Coupland v Arabian Gulf Oil Co* [1983] 3 All ER 226, 228 k–j: „The plaintiff can advance his claim, as he wishes, either in contract or in tort and no doubt he will, acting on advice, advance the claim on the basis which is most advantageous to him." (per Lord *Goff* LJ).

[745] Oben A.I.4.d. und A.II.2.h.

[746] Zur Frage, welche Faktoren bei der Bestimmung des Vertragsstatuts nach englischem Recht relevant sind, *Nimmer,* GRUR Int. 1973, 302, 303–304.

[747] [1997] EMLR ChD, 457, Einleitung; „It was common ground between the parties that in consequence of this the proper law of the Agreement is the law of New York."

[748] *Dicey & Morris,* 13. Aufl., 35-014–35-077, 35-047: „It is submitted that a contractual defence, even if valid by the law applicable to the contract, should be irrelevant unless it is effective under the law which is applicable by virtue of Rule 202 or Rule 203, as the case may be." Unter Berufung auf Lord *Denning* in *Sayers v International Drilling Co* [1971] 1 WLR 1176 CA, der in seiner dissenting opinion fordert, einheitlich ein Rechtssystem auf Klage und Verteidigung anzuwenden.

V. Pleading and Proof of Foreign Law

Darlegung und Beweis, pleading and proof,[749] ausländischen Rechts sind schwierig.[750] Anwälte und Richter müssen sich mit fremden Rechtsordnungen auseinandersetzen oder Gutachten von Experten einholen. Das ist teuer.[751] Wie ein Damoklesschwert hängt die Möglichkeit, ausländisches Recht darlegen und beweisen zu können oder zu müssen über den Parteien.[752] Der Beweis ausländischen Rechts spielt eine zentrale Rolle in internationalen Urheberrechtsverfahren.

1. Zur Rolle ausländischen Rechts im englischen Zivilverfahren

Aufschlußreich für die Rolle des pleading im englischen Zivilverfahren ist die aufgrund eines interlocutory appeal der Beklagten zu 2 ergangene Entscheidung des Court of Appeal in *John Walker v Henry Ost*,[753] berührt sie doch das für den englischen Zivilprozeß so wichtige Vorverfahren.[754] Die Entscheidung

---

[749] Zur Begrifflichkeit *Hartwieg*, ZZPInt 5 (2000), 19, 25: „Was im deutschen Prozeß als Behauptungs- oder Darlegungslast (§§ 138, 288, 293 ZPO) gefaßt wird, erscheint im common law als 'pleading'."

[750] Zur Rolle ausländischen Rechts im Verfahren *Buzzard/May/Howard*, Phipson On Evidence, 2230–2231; *Fentiman*, Foreign Law, Chapter II, 23–59; *Hartley*, Pleading and Proof of Foreign Law, 45 (1996) Int & Comp LQ, 271–292; *Sir Jacob*, The Fabric of English Civil Justice, 82–92; *Vinelott* J weist in *Tyburn* nicht nur auf die Schwierigkeiten bei der Durchsetzbarkeit, sondern auch auf die Schwierigkeiten bei der Beweisführung hin, siehe oben A.I.4.g. [1990] 3 WLR 178 A, 179 A.

[751] *Fentiman*, Foreign Law, 58: „Above all, perhaps, the complexity and cost of proof bears significantly upon whether a court will entertain proceedings involving foreign law. It may even determine the parties' decision whether to lititgate at all."

[752] Zur sozialen Problematik aus deutscher Sicht *von Hein*, Günstigkeitsprinzip, 260–266.

[753] [1969] FSR CA 450 vom 16.10.1969. Zum Endurteil *Fosters*, [1970] 2 All ER 106, siehe oben, A.I.3.e. Die Klage wurde 1965 rechtshängig. Trotzdem schaffte es die Beklagte zu (2) bis zum Jahre 1969 nicht, ihren Anspruch durch Urkunden hinreichend zu belegen. Daraufhin wurde die Verteidigung ausgestrichen. *Foster* J wies einen Antrag auf Wiedereinsetzung der Verteidigung (restoration) ab. Dagegen wehrt sich die Beklagte zu 2. Der federführende Richter *Harmann* LJ vom Court of Appeal mutmaßt, daß sich die Beklagten in dem Glauben wähnten, der Klage werde ohnehin nicht stattgegeben, weil ein englisches Unternehmen nichts gegen ihre ecuadorianische Lizenz ausrichten könne. *Harmann* LJ wundert sich, warum die Beklagten ihrerseits das Ausstreichen der Klage beantragt haben. Nachdem er sich mit den vorgelegten Dokumenten und mit den Voraussetzungen von Order 24 Rules 16 und 17 RSC auseinandergesetzt hat, kommt er zu dem Schluß, daß die Entscheidung *Fosters* nur insofern abgeändert werden müsse, als die Beklagten eine letzte Chance bekommen müßten, die eidesstattliche Versicherung (affidavit) eines Geschäftsführers vorzulegen.

[754] Die Parteien haben im Vorverfahren die Pflicht zur Offenlegung von Dokumenten. Vgl. *Hartwieg*, Die Kunst des Sachvortrags, 61 f. m.w.N. Man unterscheidet fünf „Stationen" innerhalb des Vorverfahrens:
1. die eigentliche Klageerhebung (*issue of writ* u.a.);
2. die Einlassung des Beklagten (*entry of appearance*);

zeigt beispielhaft, daß es im englischen Zivilprozeß auf die frühzeitige Klarstellung der Standpunke ankommt. Sie verdeutlicht die Grundidee des englischen Verfahrens, den Parteien dazu zu verhelfen, ihren Streit mit Hilfe der Anwälte möglichst selbst, also ohne richterlichen Entscheid und möglichst frühzeitig zu bereinigen.[755] Genügt eine Partei ihren Darlegungspflichten nicht, droht ihr die Sanktion des striking out, die bis zum Ausstreichen des gesamten Vortrags reichen kann.[756]

In allen Stadien der Prozeßführung, von der Planung bis zum rechtskräftigen Urteil, ist der Beweis ausländischen Rechts von Bedeutung. Sogar bei Vertragsschlüssen hängt die Wahl eines Gerichtsstandes entscheidend von den Anforderungen ab, die dort an den Beweis ausländischen Rechts gestellt werden.[757] In der Vorbereitungsphase orientieren sich Anwälte bei der Wahl eines Gerichts an dem anwendbaren Recht (forum shopping). Eine finanzstarke Partei kann die finanziellen Ressourcen der schwächeren Partei erschöpfen und sie vorzeitig zur Aufgabe zwingen, indem sie die schwächere Partei in eine Situation bringt, in der sie ausländisches Recht darlegen und beweisen muß. Oder die Aussicht, ausländisches Recht beweisen zu müssen, veranlaßt eine Partei, sich vorprozessual zu vergleichen. Die Beweislast kann prozeßentscheidend sein, insbesondere dann, wenn Urheberrechte in mehreren Staaten gleichzeitig verletzt worden sind.

Im Verfahren ist der Beweis ausländischen Rechts zunächst bei der Prüfung der Zuständigkeit von Bedeutung. Schon im Zustellungsverfahren hat ein englisches Gericht die Möglichkeit, das Verfahren auszusetzen, wenn die Beklagte beweisen kann, daß ein anderes Gericht geeigneter ist, über die Sache zu entscheiden (forum non conveniens).[758] Allein wegen der Schwierigkeiten, die der Beweis ausländischen (Urheber-)Rechts mit sich bringt, mag ein englisches Gericht geneigt sein, das Verfahren auszusetzen und die Sache an ein ausländisches Forum abzugeben. Die Aussetzung des Verfahrens kann die Klägerin vermeiden, wenn sie das englische Gericht davon überzeugt, daß Gerechtigkeit vor dem ausländischen Gericht nicht gewährleistet ist. Dafür

---

3. den Wechsel der Schriftsätze (*pleading*):
4. den Antrag an den Richter des Vorverfahrens „Fortsetzung des Verfahrens" (*summons for directions*);
5. die Beschaffung weiteren Materials durch Offenlegung von Dokumenten (*discovery of documents*) oder durch Einvernahme der Parteien (*interrogatory*).

[755] Vgl. *Hartwieg*, Die Kunst des Sachvortrags, 60 und 74.

[756] Hätte der Court of Appeal den Vortrag der Beklagten ausgestrichen, hätten sie keine Möglichkeit mehr gehabt, sich zu jurisdiction und actionability zu äußern. Zur Rolle des „striking out" nach den CPR-Rules *Stürner*, ZVglRWiss 2000, 310, 331–335, 333: „Ein gewichtiger Unterschied besteht jedoch: Bei der Ausübung ihres Ermessens haben die Gerichte nicht mehr ausschließlich die Belange der Parteien zu berücksichtigen, sondern auch das Interesse der Allgemeinheit an einer effektiven Justiz."

[757] *Fentiman*, Foreign Law, 41–44.

[758] Zur Beweislast bei forum non conveniens siehe oben, A.III.1.

muß sie ausländisches Recht darlegen und beweisen. Auch im Rahmen des EuGVÜ kann es notwendig sein, ausländisches Recht zu beweisen, etwa um die Frage zu klären, ob zwei Klagen im Zusammenhang stehen (Art. 22 EuGVÜ).[759]

Schließlich ist bei Delikten der Beweis der lex loci delicti erforderlich (section 11 (1) PIL Act). Section 12 PIL Act eröffnet die Möglichkeit, ausnahmsweise ein anderes Recht zu plädieren und zu beweisen. Damit ist der Weg frei für eine parteispezifische Anknüpfung. Jede Partei hat die Möglichkeit, das für sie günstigste Recht darzulegen und zu beweisen. Nach welchen Regeln ausländisches Recht grundsätzlich und insbesondere bei Urheberrechtsstreitigkeiten dargelegt und bewiesen werden muß, wird im folgenden skizziert.

2. Die Regeln

Die „rules of evidence, pleading or practice, or procedure" richten sich gemäß section 14 (3) (b) PIL Act nach der lex fori.[760] Im englischen common law[761] gilt der Grundsatz, daß ausländisches Recht als Tatsache dargelegt und bewiesen werden muß.[762] Wichtigstes Beweismittel ist die Anhörung eines Sachverständigen (expert evidence).[763] Die Beweislast trägt die Partei, die ihre

---

[759] *Fentiman,* Foreign Law, 44–58.

[760] Section 14 (3) (b) PIL Act: „Without prejudice to the generality of subsection (2) above, nothing in this Part affects any rules of evidence, pleading or practice or authorises questions of procedure in any proceedings to be."

[761] Statutory rules, die Darlegung und Beweis ausländischen Rechts ausdrücklich regeln, gibt es nicht, *Hartwieg,* Pleading Actions, 176–178; allgemein zu Darlegung und Beweis CPR, Part 33 Miscellaneous Rules about Evidence, Rule 33.7; The Supreme Court Practice 1997, Vol. 1, London 1996, Order 39/2-3/2; CPR, Part 16 (16.2 – 16.4 contents of the claim form, 16.5–16.6 contents of defence). Part III PILA 1995 berührt die Regeln des pleading und des proof of foreign law nicht. Vgl. *Fawcett/Torremans,* 663. Zu Informationsbeschaffung und Beweislast *Hartwieg,* ZZPInt 5 (2000), 19, 34–40.

[762] *Fentiman,* 286–287, identifiziert vier Prinzipien: „1. foreign law as a question of fact; 2. proof by expert evidence; 3. pleading of foreign law as voluntary; 4. the presumption of the same content as English law. Seine Reformvorschläge, S. 312–314, umfassen sechs Punkte: 1. English law as applicable; 2. mandatory choice of law rules; 3. particulars of the law in question and about evidence at trial; 4. the application of foreign law as a matter of private international law and not as a voluntary matter of procedure; 5. establishing foreign law by evidence of experts or by reference to relevant materials; 6. the operation of the foregoing principles without prejudice to terms of existing enactment. (Zusammenfassung bei *Hartwieg,* Pleading Actions, 185, Fn. 78.) *Fentimans* Reformüberlegungen haben kaum Einfluß auf die Civil Procedure Rules (CPR) gehabt, vgl. Part 33 CPR Miscellaneous Rules about Evidence, Rule 33.7.

[763] Vgl. *Laddie/Prescott/Vitoria,* 24.19: „The prospect of an English court being obliged to entertain a dispute concerning the subsistence and infringement of a large number of foreign copyrights is not an inviting one and it may be that use would be made of the provisions of RSC Order 38, r 3 or Order 40 to appoint foreign lawyers as court experts since questions of foreign law are in England treated as questions of fact." Ausländische Sachverständige wur-

Klage oder Verteidigung auf ausländisches Recht stützt. Das Gericht wendet englisches Recht an, wenn auf die Anwendung eines ausländischen Rechts nicht plädiert oder der Beweis nicht geführt wird.[764]

Wenn die Klägerin darauf verzichtet, ausländisches Recht darzulegen, das über section 11 oder 12 PIL Act anwendbar wäre, kann die Beklagte das für sie vorteilhafte ausländische Recht darlegen und beweisen, sei es weil das ausländische Recht ein Gegenrecht enthält, sei es weil das ausländische Recht den Haftungsumfang beschränkt.[765] Plädieren die Parteien für die Anwendung verschiedener ausländischer Rechte, muß jede den Inhalt des von ihr favorisierten Rechts darlegen und beweisen.[766] Diese Regeln bestehen nach der Reform des englischen Zivilprozesses durch die CPR-rules immer noch.[767]

3. Zur Anwendung der Regeln im Urheberrecht

Für welches Recht die Parteien plädieren, steht in ihrem eigenen Ermessen. Nur ausnahmsweise kann ein englisches Gericht von einer Partei verlangen, ein bestimmtes Recht darzulegen und zu beweisen.

In *Baschet v London Illustrated Standard* beweist der Kläger, daß er nach französischem Recht Inhaber eines Urheberrechts ist. Die Beklagten bestreiten dies, wiederum unter Berufung auf französisches Recht. Die Verletzung des Urheberrechts in England wird von beiden Parteien nach englischem Recht beurteilt. Dem englischen Recht sind auch die auf indecency und ignorance beruhenden Einreden entnommen.[768] In *Def Lepp* hätten die Kläger eine Verletzung nach niederländischem und nach luxemburgischem Recht nachweisen müssen.[769]

---

den z.B. in *Morocco Bound v Harris* ([1895] 1 Ch 534, 535) und in *Baschet v London Illustrated Standard* ([1900] 1 Ch 73, 75) eingeschaltet, oben A.I.4.b./c.

[764] *Dicey & Morris,* 13. Aufl., Rule 18, 9-001: „(1) In any case to which foreign law applies, that law must be pleaded and proved as a fact to the satisfaction of the judge by expert evidence or sometimes by certain other means. (2) In the absence of satisfactory evidence of foreign law, the court will apply English law to such a case."

[765] Zu Vortragsstrategien der Verteidigung und zu Verteidigungen aus fremdem Recht vgl. *Hartwieg,* Die Kunst des Sachvortrags, 162–166 und 177–195 mit Beispielen. Zu *pleading* und Beweis ausländischen Rechts im Deliktsprozeß *Blaikie,* [1997] Edinburgh L. Rev., 361, 365; *Rogerson,* [1995] ICLQ, 650, 657.

[766] *Dicey & Morris,* 13. Aufl., 35-060.

[767] *Woolf,* Access to Justice, Final Report, 14: „The legal profession will [...] be performing its traditional adversarial role in a managed environment governed by the courts." Zur „discovery" im Immaterialgüterrechtsprozeß *Perkins/Rosenberg,* 193-198. Zum disclosure-Verfahren nach den neuen CPR-Rules *Stürner,* ZVglRWiss 2000, 310, 323–324.

[768] *Kekewich* J [1900] 1 Ch 71, oben A.I.4.c.

[769] *Def Lepp Music v Stuart-Brown* [1986] RPC. A.I.4.f. Dazu *Fawcett/Torremans,* 624: „Thus, if the Def Lepp case, which involved infringements in the Netherlands and Luxembourg, were to arise now the plaintiffs would be able to succeed in an action based on proof that there were legal wrongs under the law of those countries [...]."

In *Dunhill v Sunoptic* wird der Erlaß einer weltweiten Verfügung verweigert, weil die Antragsteller (außer für die Schweiz und das Vereinigte Königreich) nicht bewiesen haben, daß ihre Rechte in allen Staaten der Welt verletzt worden sind. Die Antragsteller dürfen nicht auf englisches Recht abstellen. Der springende Punkt ist die Beweislast. Wenn die Kläger auf englisches Recht zurückgreifen dürften, würde die Beweislast auf die Antragsgegner verlagert werden. Diese müßten für jeden Staat der Welt darlegen und beweisen, daß sie die Rechte der Antragsteller nicht verletzt haben. Die in *Dunhill v Sunoptic* aufgestellte und durch *Intercontex v Schmidt* und *Def Lepp Music v Stuart Brown* bestätigte Regel für passing off wird in *Krone v Amphenol* auf das Urheberrecht übertragen. Ein ersatzweiser Rückgriff auf englisches Recht scheint nicht nur bei passing off, sondern auch bei Immaterialgüterrechtsverletzungen ausgeschlossen zu sein.[770]

Doch lohnt eine genauere Betrachtung der Umstände. Im Präzedenzfall *Dunhill v Sunoptic* wie auch in *Intercontex v Schmidt* und in *Krone v Amphenol* berufen sich die Kläger im Rahmen einer interlocutory injunction auf ausländisches Recht, ohne es zu beweisen. Einstweiliger Rechtsschutz wird jedoch nur gewährt, wenn eine Verletzung im Inland oder im Ausland glaubhaft gemacht wird.[771] Da die Antragsteller nicht glaubhaft machen können, daß ihre Rechte in verschiedenen Staaten verletzt worden sind, wird ihnen für diese Staaten Rechtsschutz verweigert. Die Frage, ob ersatzweise auf englisches Recht abgestellt werden kann, erübrigt sich.

Darüber hinaus werden der Präzedenzfall *Dunhill v Sunoptic* und die anderen Fälle noch von der double actionability rule überschattet, auch wenn sie in den Urteilen nicht erwähnt wird. Nach dieser Regel muß dargelegt und bewiesen werden, daß die Verletzungshandlung nach der lex loci delicti als Delikt einklagbar wäre. Den Beweis der Beklagten zu überlassen, wäre unbillig.[772] Dies könnte ein weiterer Grund dafür sein, daß die Kläger in *Dunhill v Sunoptic* aufgefordert waren, den Beweis ausländischen Rechts zu führen. Mittlerweile kommt die double actionability rule bei Klagen wegen copyright infringement nicht mehr zum Zuge.[773] Es besteht kein Grund, die in section 11

---

[770] *Perkins/Rosenberg*, 191, 206: „However, in contrast to the Dutch Courts which tend to assume that issues of infringement and validity will be determined by the Courts of different countries in the same way (particularly where laws have been harmonised such as in the patent and trade mark fields), it is clear that the English Court acknowledges that it will have to apply foreign law and examine each case on the basis of each law that applies to particular acts."

[771] *Fentiman*, Foreign Law, 103.

[772] *Fentiman*, Foreign Law, 105: „It might be said that the dynamics of double actionability make the pleading of foreign actionability compulsory, the rule working in such a way as to make English domestic law inapplicable unless the wrong is actionable under the lex loci delicti. By this account the practice of pleading claims based on foreign torts under English domestic law, and leaving it to the defendand to assert non-actionability, is illegitimate."

[773] Siehe oben, A.I.7.

und 12 PIL Act verankerten Regeln anders zu behandeln als die übrigen Kollisionsregeln. Die Klägerin sollte nicht länger verpflichtet sein, den Beweis ausländischen Rechts zu führen. Wenn sie auf englisches Recht abstellen will, kann sie der Beklagten überlassen, die Verteidigung auf ein ausländisches Recht zu gründen und dafür den Beweis zu führen.[774] Lloyd J wendet in *Pearce* englisches Recht an, weil keine Partei für die Anwendung niederländischen Rechts plädiert hat.[775] Laddie J legt in *Coin Controls* englisches Recht zugrunde, weil keine Partei vorgetragen hat, daß sich deutsches oder spanisches Recht von englischem Recht in der Frage der Beteiligung an Patentverletzungen unterscheidet.[776]

Allerdings könnte es unter bestimmten Umständen ungerecht sein, der Beklagten den Beweis ausländischen Rechts zu überlassen. Ferris J weist in *Mother Bertha v Bourne* darauf hin, daß die Vermutung, das Urheberrecht sei innerhalb Europas gleich, nicht realistisch sei.[777] Beruft sich eine Partei aus taktischen Gründen darauf, ohne den Inhalt der einzelnen Rechtsordnungen

---

[774] *Fentiman*, Foreign Law, 106.

[775] A.II.2.f. [1997] 3 All ER 31, 43 c–d: „Although the plaintiff's case is challenged on the merits, to which I will turn next, there is no allegation of any particular proposition of Dutch copyright law diverse from English law by reference to which the merits are to be tested, nor any evidence of that law. I must therefore proceed on the basis that, for present purposes, there is no relevant difference between Dutch and English law and I do not have to decide which applies." Ohne dieses Diktum in Frage zu stellen, folgt ihm *Roch* LJ und wendet ebenfalls englisches Recht an [1999] 1 All ER 769, 773–784. A.II.2.k. Vgl. *Aldous'* LJ Kommentar zu *Pearce v Ove Arup*, [2000] FCBJ 523, 526: „The need for the English court to apply Dutch law will make the decision more difficult for the English court than it would be for a Dutch court: that under the Articles of the Brussels Convention is inevitable. In principle, that decision could have been applied to allegations of infringement in a number of countries." Im weiteren Verfahren vor der Chancery Division wurden dann von beiden Parteien Experten des niederländischen Urheberrechts zu Rate gezogen. *Jacob* J, <http://www.bailii.org/> [2001] EWHC Ch B9, Nr. 6: „Like our law, Dutch copyright and moral rights depend upon copying. The parties' respective Dutch law experts, could not, however, completely agree the effect of Dutch law. [...] I asked the parties whether, in view of the fact that Dutch law required some degree of copying for a finding of infringement, it would not make sense for me to make my findings on this point first. The Dutch lawyers could then consider whether or not, in view of those findings, they disagreed as to their effect in Dutch law. The parties consented to this course. So it is that what has always been the real point of the case has been isolated. That real point is, of course, did Mr Koolhaas copy or not? In the event, given my firm rejection of any copying whatever, the Dutch lawyers' evidence has proved unnecessary."

[776] A.II.2.f.[1997] 3 All ER 45, 51 b–c: „In this case brief evidence was served from German and Spanish lawyers touching on this issue but in the end I did not understand either side to suggest that the law in either of those countries was significantly different to the law here and I will proceed on the basis that it is the same." Vgl. auch *IBM v Phoenix* [1994] RPC 251, 266: Die Klage richtet sich gegen trade mark infringement und passing off in England, Portugal und Dänemark. Da das Recht der beiden letztgenannten Länder nicht vorgetragen wird, beurteilt *Ferris* J die Klage allein nach englischem Recht.

[777] Siehe oben A.II.2.h. [1997] 457, 463 ff. unter (D).

darzulegen und zu beweisen, könne dies zu einem Mißbrauch des Verfahrens führen (abuse of process). Es komme auf die Motive der Partei an. Da die Kläger in *Mother Bertha* hätten wissen müssen, daß der Streit letztlich zur Anwendung ausländischen Rechts führen würde, hätten sie ihre Klage entsprechend ausrichten müssen. Ihre Strategie, einfach auf englisches Recht abzustellen, sei schon deshalb unbillig, weil die Beklagten nicht genau wüßten, auf welche Aspekte der in Frage kommenden Rechte sie ihre Verteidigung stützen sollten.[778] „Only a claimant who has good reason to believe that nothing would be served by seeking to establish foreign law is thus entitled to rely upon it without doing so. The argument that English law applies unless foreign law is established cannot be employed to shift to the defendant the burden of disproving what, in truth, the plaintiff must prove.“[779] Beruft sich eine Partei auf ausländisches Recht, muß sie es auch detailliert darlegen und beweisen,[780] wenn es die fairness gebietet.[781] Der Kläger darf in einem solchen Fall nicht auf die Vermutung vertrauen, daß ausländisches Recht englischem Recht entspreche und daß eine Klage auch ohne Beweis ausländischen Rechts Erfolg habe.[782] Auch Vinelott J impliziert in *Tyburn v Conan Doyle* die Notwendigkeit, ausländisches Urheberrecht zu beweisen.[783]

---

[778] *Fentiman*, Foreign Law, 151–152.

[779] *Fentiman*, Foreign Law, 152.

[780] Vgl. *Popplewell* J in *University of Glasgow v The Economist and another* [1997] EMLR 495. Die Universitäten von Glasgow und Edinburgh klagen wegen Verleumdung durch ein Buch des Verlags *The Economist*. Die Kläger beantragen, die Klage zu erweitern, da das Buch auch außerhalb des Zuständigkeitsbereichs des Gerichts veröffentlicht worden sei. *Popplewell* J erlaubt die Erweiterung und befasst sich mit der Beweislast. Da es sich um defamation handelt, sei die double actionability rule gemäß s. 10, 13 (1) PIL Act (rule 205 *Dicey & Morris*) ausnahmsweise noch anwendbar. Am Ende stellt *Popplewell* J fest: „All the plaintiff has to do is to say that the tort is actionable in another country. He may if he so wishes, affirmatively set out what the law in that foreign country is in order to support that plea. If he chooses so to do of course he must plead the facts and matters upon which he relies. But he does not have to, because until and unless foreign law is shown by the defendant to be different by proper evidence the court will presume that English law applies and will apply it. [...] the plaintiff need only set out that it is actionable by the law of the foreign country and then say there is the presumption. If he chooses to do that, it is then for the defendant to raise the issue that the foreign law is different from English law." Kritisch dazu *Fentiman*, Foreign Law, 153: „It might be objected that the general principle should indeed apply to one who gives particulars of the content of foreign law in the pleadings but offers no evidence, although not to one who merely states that foreign law is to ascertain effect without pariculaarising that assertion in the pleadings. This is implied by Popplewell J's reasoning in *University of Glasgow*. But it is hard to find merit in a distinction between, on the one hand, pleading the content of foreign law (which requires proof), and merely relying upon an unsubstantiated proposition of foreign law in the statement of claim or defence (which does not).“

[781] So auch *Dicey & Morris*, 13. Aufl., 35-062.

[782] So aber *Fawcett/Torremans*, 663.

[783] Siehe oben, A.I.4.g. [1990] 3 WLR 178 A, 179 A: „[...] it would in my judgment be an exercise in futility to allow these claims, which raise complex issues which may require a survey by the English courts with the assistance of experts of the laws of each of the states of

Unabhängig davon, ob Klage auf Schadensersatz oder auf Unterlassung erhoben wird,[784] zeichnet sich folgende Tendenz ab: Wird ein Urheberrecht in einem anderen Staat verletzt, kann die Klägerin auf englisches Recht abstellen. Dagegen muß sie ausländisches Recht beweisen, wenn sie sich darauf beruft, daß Urheberrechte in mehreren Staaten verletzt worden seien.[785]

---

the United States of America, to continue." Von *Roch* LJ in *Pearce v Ove Arup* bestätigt: [1999] 1 All ER 769, 799 g–h.

[784] *Dicey & Morris*, 13. Aufl., 35-062. Als rule of pleading and practice wäre sie stets zu berücksichtigen, da sich pleading-Regeln nach der lex fori richten und nicht durch ausländisches Recht ersetzt werden können

[785] Möglicherweise wird der Beweis eines ausländischen Rechts genügen. Vgl. *Fawcett/Torremans*, 637: „In a case of multiple infringements in a number of different foreign countries, proving foreign law will be expensive and inconvenient for the plaintiff, but there does not appear to be any alternative to this, not unless a radical solution is adopted whereby once one foreign law is proved it is assumed that the other foreign laws are the same as the one that has been proven."

VI. Recognition and Enforcement

In England richtet sich die Anerkennung und Vollstreckung ausländischer Entscheidungen entweder nach common law oder nach statutory law.[786] Da die gesetzlichen Vorschriften maßgeblich auf den Regeln des common law beruhen,[787] ist hier nur von diesen die Rede (1.). Die Regeln des common law sind nur insoweit anwendbar, als sie nicht durch das EuGVÜ verdrängt werden (2.).[788] Da die Vollstreckung ausländischer Urteile zum Urheberrecht keine speziellen Probleme aufwirft, wird auf eine Darstellung des englischen Vollstreckungsverfahrens verzichtet.[789]

1. Die Regeln des common law

Gibt es kein bilaterales oder multilaterales Abkommen mit einem anderen Staat, so erfolgt die Anerkennung und Vollstreckung in England nach den Regeln des autonomen Rechts. Englische Gerichte betrachten eine Klage auf Durchsetzung eines ausländischen Urteils als eine Klage auf Erfüllung eines schuldrechtlichen Vertrages (a contract action to collect payment on a debt); der Beklagte des ausländischen Urteils wird wie ein Schuldner des Klägers behandelt.[790] Drei Voraussetzungen müssen vorliegen, damit eine ausländische Entscheidung überhaupt anerkannt werden kann. Erst danach ist über die

---

[786] *Carver/Napier*, (in: Platto/Horton, Enforcement, 223–252) unterscheiden auf S. 223 f. fünf verschiedene Regelsätze, die die Anerkennung von Entscheidungen *in personam* regeln können: „(a) Rules under the 1968 Brussels Convention and the 1988 Lugano Convention on Jurisdiction and the Enforcement of Judgments in Civil and Commercial Matters. (b) Rules under s 18 and s 6 and 7 of the 1982 Act, applicable to the enforcement of judgments given by a court in one part of the UK in another part of the UK. (c) Administration of Justice Act 1920 rules, to judgments of courts in those territories to which the 1920 Act applies (most Commonwealth countries). (d) Foreign Judgments Act 1933 rules. In practice, its application is confined because of the Brussels Convention. (e) In England and Northern Ireland, common law rules, applicable generally to judgments in personam of foreign courts which are not covered by any statutory provisions for reciprocal enforcement of judgments. Scotland has slightly different rules."

[787] *Cheshire/North*, 392–405. So regelt der Civil Jurisdiction and Judgments Act von 1982 die Anerkennung und Vollstreckung innerhalb des Vereinigten Königreichs. Entscheidungen des obersten Gerichts eines Commonwealth Staates werden gemäß dem Administration of Justice Act von 1920 vollstreckt. Der Foreign Judgments (Reciprocal Enforcement) Act von 1933 eröffnet die Möglichkeit, die Anerkennung und Vollstreckung mit anderen Ländern unter der Voraussetzung der Gegenseitigkeit zu erleichtern.

[788] *Fawcett/Torremans*, 725.

[789] Einen Überblick über das englische Zwangsvollstreckungsrecht bietet *Graf von Bernstorff*, § 12.

[790] *Cheshire & North*, 346.

defences (vor allem über die public policy) zu entscheiden, die gegen die Anerkennung vorgebracht werden können.[791]

Die erste Voraussetzung ist, daß das ausländische Gericht aus englischer Sicht international zuständig war.[792] Um diese Voraussetzung zu erfüllen, muß sich eine Person entweder im Gerichtsstaat aufgehalten[793] oder sich der ausländischen Gerichtsbarkeit unterworfen haben.[794] Die Berufung auf den Tatortgerichtsstand genügt nicht.[795] Die zweite Voraussetzung ist, daß die ausländische Entscheidung nach dem Recht des ausländischen Staates eine res iudicata ist.[796] Provisorische Eilverfügungen werden nach englischem common law nicht anerkannt. Doch selbst eine rechtskräftige ausländische Entscheidung wird von englischen Gerichten dann nicht anerkannt, wenn es sich um eine Leistungsverfügung handelt. Nur auf Schadensersatz gerichtete Entscheidungen in personam sind anerkennungsfähig.[797]

Und selbst diese Entscheidungen unterliegen noch der Überprüfung durch die public policy, die der Vollstreckungsgegner als defence vorbringen kann. Sollte ein ausländisches Gericht über ein britisches Urheberrecht entschieden oder es gar für ungültig erklärt haben, wird dies ein englisches Gericht nach dem Prinzip der comity of nations als Einmischung in die Hoheitsmacht des Vereinigten Königreichs verstehen und der ausländischen Entscheidung die Anerkennung versagen. Das folgt aus der spiegelbildlichen Anwendung der Moçambique rule im Anerkennungsverfahren.[798] In *Rey v Lecouturier* stellt Buckley LJ klar, daß ein französisches Gericht über ein englisches Markenrecht nicht zu entscheiden hat.[799] Nur in Fällen, in denen das EuGVÜ die Anerkennung verbindlich vorschreibt, werden englische Gerichte als Konsequenz aus *Pearce v Ove Arup* ausländische Entscheidungen über britische Immaterialgüterrechte künftig anerkennen müssen.

---

[791] Vgl. *Cheshire/North*, 377 ff. Defences sind etwa: fraud, public policy, foreign penal law, the natural justice defence, the cause of action estoppel oder the breach of a dispute settlement agreement.

[792] *Pemberton v Hughes* [1899] 1 Ch 781, 790 ff.; *Salvesen v Administrator of Austrian Property* [1927] AC 641, 659.

[793] *Carrick v Hancock* [1895] 12 TLR 59; juristische Personen müssen ihren Sitz für längere Zeit im betreffenden Staat gehabt und von dort die in Frage stehenden Geschäfte geführt haben: *Adams v Cape Industries plc* [1990] Ch 433, 503–531.

[794] *Novelli v Rossi* [1831] 2 B & Ad 757; *Schibsby v Westenholz* [1870] LR 6 QB 155, 161.

[795] *Ginsburg*, Recueil, 318.

[796] *Nouvion v Freeman* [1889] 15 App Cas 1, 5, 9 (HL); *Blohn v Desser* [1962] 2 QB 116, [1961] 3 All ER 1.

[797] *Sadler v Robin* [1808] 1 Camp 253. Insofern ist die englische Anerkennungspraxis noch restriktiver als die deutsche.

[798] *Fawcett/Torremans*, 736–737.

[799] Siehe oben, A.I.3.c.

2. *Die Regeln des EuGVÜ – EMI Records Ltd v Modern Music GmbH*

Die Entscheidung *EMI Records Ltd v Modern Music GmbH*[800] illustriert, welche Konsequenzen die Anerkennungspraxis des EuGH[801] für den Urheberrechtsschutz hat, der effektiv oft nur durch ex-parte-Verfügungen gewährleistet werden kann.[802]

> Die Modern Music Walterbach GmbH mit Sitz in Berlin schloß einen Nutzungsvertrag mit einer „bestimmten Popgruppe". EMI Records Ltd mit Sitz in London brachte ebenfalls Aufnahmen dieser Gruppe heraus. Dagegen hat sich Modern Music mit einem Antrag auf einstweilige Verfügung an das Landgericht Berlin gewandt. Am 12. Februar 1991 hat das Landgericht Berlin EMI Records per einstweiliger Verfügung ohne mündliche Verhandlung verboten, die inkriminierten Tonbänder an Dritte weiterzugeben oder Aufnahmen der Gruppe samt Werbematerial zu reproduzieren oder zu verkaufen. Die Entscheidung ist am 26. Februar 1991 in England registriert worden. Dagegen wendet sich EMI Records mit Erfolg.

Hobhouse J befasst sich mit dem Präjudiz *Denilauler v Couchet Frères*.[803] Auch im vorliegenden Fall fehle es an einer mündlichen Verhandlung, ja sogar an einer Benachrichtigung der Antragsgegnerin, so daß eine Verteidigung unmöglich wurde. Unter Berufung auf Art. 27 Abs. 2 und Art. 46 Abs. 2 EuGVÜ, die die ordnungsgemäße und rechtzeitige Zustellung des das Verfahren einleitenden Schriftstücks verlangen, versagt Hobhouse J der deutschen Verfügung die Anerkennung. Das Argument, die Anhörung des Antragsgegners werde sobald wie möglich nachgeholt – notfalls in einem weiteren Verfahren – läßt er nicht gelten. Vor Erlaß einer Entscheidung müsse zumindest die Möglichkeit zur Verteidigung bestehen. Hobhouse J räumt ein, daß dieser im EuGVÜ verankerte Grundsatz den Antragsteller um das Überraschungsmoment bringe. Gleichwohl stehe ihm immer noch die Möglichkeit offen, einen Antrag in all den Staaten zu stellen, in denen die Maßnahme auch vollzogen werden soll.[804] Allein dieses Vorgehen entspreche der durch *Denilauler v Couchet* manifestierten Anerkennungspraxis. Dagegen würde die Anerkennung der deutschen ex parte Verfügung in England einen dauerhaften Zustand

---

[800] *EMI Records Ltd v Modern Music Karl-Ulrich Walterbach GmbH*, [1992] 1 All ER, 616–624 QB = [1991] 3 WLR 663 = WRP 1994, 25 mit Anm. *Remien.*

[801] Siehe oben *Denilauler v Couchet Frères*, Rs. 125/79, Slg. 1980, 1553.

[802] Zum Anerkennungsverfahren bei ex parte-Entscheidungen 3. Kapitel VI.2.b. und *Perkins/Rosenberg*, 191, 216: „The person wishing to enforce the order must apply to the English Court for its registration. This application is made ex parte and will succeed providing simple formal requirements are met. Providing that the formalities have been properly followed, an order for leave to register is made and the applicant draws up the order and serves notice on the Defendant. Once served with notice of registration, the Defendant may appeal to the Court on the grounds that the judgment is not enforceable for the reasons set out above. Once these processes have been properly followed, the judgment of the foreign Court can be enforced in the same way as if it were a judgment of the English Court."

[803] EuGH Rs. 125/79, Slg. 1980, 1553.

[804] *Fawcett/Torremans*, 727.

schaffen, der weit über das in Deutschland erwirkte Provisorium hinausginge. „It is apparent that what the plaintiffs are seeking to achieve by registration in England is something of a completely different character. They are seeking to register a permanent injunction. [...] They are seeking to achieve a completely different effect, a registered judgment which establishes substantive, permanent and final rights, not provisional interim relief. They seek to establish this position without serving any process upon the defendants and without giving the defendants any opportunity to be heard before the relevant order was made."[805]

Im Ergebnis wird der Grundsatz des rechtlichen Gehörs über das Interesse des Antragstellers an einer den Gegner überraschenden Maßnahme gestellt. Da die im Urheberrecht häufig ausgesprochenen ex-parte-Verfügungen nach den Vorschriften des EuGVÜ nicht anerkennungsfähig sind, bleibt dem Kläger nur die Möglichkeit, gleichzeitig bei den Gerichten verschiedener Staaten die entsprechenden Maßnahmen zu beantragen[806] oder die Anhörung des Gegners abzuwarten.

---

[805] [1992] 1 All ER 616, 622, g–j.
[806] Art. 21 EuGVÜ steht dem nicht entgegen, vgl. *Matscher*, ZZP 1982, 224.

5. Kapitel:

Rechtsvergleichende Zusammenfassung

I. Rechtsbehelfe

Remedies haben im common law einen rein prozessualen Charakter.[1] Rechtsbehelfe werden in Deutschland als „Ansprüche" bezeichnet und dem deutschen Sachrecht entnommen.[2] Die Vorschriften der Art. 42-50 TRIPs zur Durchsetzung von Rechten des geistigen Eigentums gelten weder in Deutschland noch in England unmittelbar.[3] Während das englische Recht Verfügungen des Typs „Anton Piller" und „Mareva" kennt und damit den Anforderungen des Art. 50 TRIPs vollständig genügt,[4] weist das deutsche Recht Abweichungen auf. Das Einsichtnahmerecht bleibt hinter der Beweissicherungsklausel des Art. 50 Abs. 1 b TRIPs zurück und das deutsche Arrestverfahren entspricht in einigen Punkten nicht der in Art. 50 Abs. 2 TRIPs vorgesehenen Maßnahme.[5] Klagen auf Unterlassung der Prozeßführung im Erststaat, wie sie aus dem englischen Recht bekannt sind (anti-suit injunctions),[6] sind in Deutschland regelmäßig unzulässig.[7]

---

[1] 4. Kapitel B.I. *Austin*, Overview, Nr. 50: „Remedies are generally regarded as procedural matters."

[2] 3. Kapitel I. Vgl. vor allem §§ 97–99, 101a UrhG.

[3] Für Deutschland BT-Drucksache 12/7655, 347 (3. Kapitel I.3); für England *Bently/Cornish*, UK-68 (4. Kapitel B.I).

[4] *Blakeney*, Chapter 13, 123–132.

[5] *Grosheide*, GRUR Int. 2000, 310, 323. Rechtsvergleichend zu Maßnahmen des einstweiligen Rechtsschutzes in Deutschland und England: *Albrecht*, Das EuGVÜ und der einstweilige Rechtsschutz in England und in der Bundesrepublik Deutschland; *Grunert*, Die world-wide Mareva injunction; *Eilers*, Maßnahmen des einstweiligen Rechtsschutzes im europäischen Zivilrechtsverkehr, 5 ff.; *Heiss*, Einstweiliger Rechtsschutz im europäischen Zivilrechtsverkehr, 68 ff.

[6] *Fort Dodge v Akzo Nobel*, [1998] FSR 222, 4. Kapitel A.II.2.i.

[7] 3. Kapitel I.2.

II. Qualifikation und Lokalisierung

Sowohl in Deutschland als auch in England wird lege fori qualifiziert.[8] Qualifikation und Lokalisierung spielen bereits bei der Tatortzuständigkeit eine Rolle, wenn zu entscheiden ist, ob und wo eine Urheberrechtsverletzung vorliegt. Bei der Lokalisierung einer Verwertungshandlung stellt sich ein Qualifikationsproblem.[9] Unklar ist, nach welchen Begriffen der Verletzungsort zu bestimmen ist. Verbindliche autonome Kriterien zur Bestimmung des Tatorts haben sich noch nicht für alle Deliktsformen herausgebildet. In diesem Zustand der Rechtsunsicherheit, ist es sinnvoll, den Tatort allein aufgrund des Tatsachenvortrags der Parteien zu bestimmen.[10]

In *The Doors* wird die nach ausländischem Recht rechtmäßige Herstellung von Tonträgern lege fori in Deutschland lokalisiert, um eine Unterlassungsverfügung gegen den Import dieser Tonträger zu begründen.[11] In *Beuys* und *Felsberg* wird der Ort der Verletzungshandlung nach dem Recht des Schutzlandes bestimmt.[12] In *ABKCO Music* wird der Ort der Verletzungshandlung von den Parteien unterschiedlich lokalisiert. Hoffmann LJ folgt der Klägerin und wendet britisches Recht auf Vorbereitungshandlungen in Dänemark an, die zu einer Urheberrechtsverletzung in Großbritannien führten.[13] Sowohl in *The Doors* als auch in *ABKCO Music* werden für die Entscheidung über nach innen gerichtete, den heimischen Markt bedrohende Handlungen ausländischer Parteien, diese Handlungen im Forumstaat lokalisiert.[14] Heimisches Recht wird mit extraterritorialer Geltung angewandt, um diese Handlungen zu sanktionieren.[15]

---

[8] 3. Kapitel II.1. Für Deutschland *Kegel/Schurig,* § 7 III 1 a) m.w.N.; BGHZ 132, 105, 115; 4. Kapitel B.II.1. für England section 9 (2) PIL Act; *Dicey & Morris,* 13. Aufl., Chapter 2, insbesondere 2-034–2-043.

[9] 3. Kapitel II.2.a.

[10] 3. Kapitel II.2.c.ee.

[11] 3. Kapitel IV.5.c.; BGHZ 121, 319; OLG Hamburg ZUM 1991, 496.

[12] 3. Kapitel IV.5.d./h; BGHZ 126, 252–260; Saarländisches OLG, GRUR Int. 2000, 933–936.

[13] 4. Kapitel A.II.2.c. [1995] RPC 657.

[14] *Geller,* GRUR Int. 2000, 659, 663, zu Fn. 36.

[15] Vgl. auch *National Football League v Primetime 24 Joint Venture,* GRUR Int. 2000, 1082–1083.

III. Justitiabilität, internationale Zuständigkeit und Auslandswirkung

Nach Qualifikation und Lokalisierung der Verwertungshandlung, stellen sich folgende Fragen:

1. Sind Klagen aus einer Verletzung des Urheberrechts oder Bestandsklagen justitiabel?
2. Ist das angerufene Gericht international zuständig?
3. Welche Wirkung hat die begehrte Sanktion im Ausland?

1. Justitiabilität

Sowohl in England als auch in Deutschland ist die Klagbarkeit ausländischer Immaterialgüterrechte diskutiert worden. Dahinter verbirgt sich das Problem, ob das Territorialitätsprinzip einer Klage wegen Verletzung oder auf Bestand eines ausländischen Schutzrechts entgegensteht. Bei konsequenter Beachtung der territorial beschränkten Geltung des Urheberrechts dürften Gerichte in der Sache nur entscheiden, wenn ihnen für ihre Entscheidung heimisches Sachrecht zur Verfügung stünde. Bereits bei der Prüfung der Justitiabilität einer Klage ist deshalb zu prüfen, ob und inwieweit das Territorialitätsprinzip gilt.[16]

a. Comity of nations und Achtung fremder Hoheitsmacht

In England und in Deutschland wird zwischen zwei Teilfragen differenziert. Die erste Frage lautet: Liegt in der Entscheidung über ein ausländisches Schutzrecht ein Eingriff in die ausländische Souveränität, ein Verstoß gegen den Grundsatz der comity of nations? Die erste Frage lautet: Liegt in der Entscheidung über ein ausländisches Schutzrecht ein Eingriff in die ausländische Souveränität, ein Verstoß gegen den Grundsatz der comity of nations?
In England ist diese Frage zur Moçambique rule geronnen.[17] In der Entscheidung über ein ausländisches Schutzrecht wird ein Eingriff in die wirtschaftlichen und politischen Interessen des Staates gesehen, in dem das Recht als Monopol ursprünglich zum Wohle der Allgemeinheit geschützt worden ist.[18] Die comity of nations gilt unterschiedslos für gewerbliche Schutzrechte und für Urheberrechte. Sie ist die gemeinsame Wurzel der Moçambique und der double actionability rule.[19]

---

[16] 3. Kapitel III.1.e.

[17] 4. Kapitel A.I.2. *Bornkamm* (S. 132) weist auf folgende Parallele hin: Ähnlich wie die den dinglichen Gerichtsstand betreffende Bestimmung des § 24 ZPO besagt die Moçambique rule urspünglich, daß eine Besitzstörungsklage, die ein im Ausland belegenes Grundstück betrifft, nicht vor ein englisches Gericht gebracht werden kann.

[18] Am deutlichsten *Aldous* J in *Plastus Kreativ v 3M* [1995] RPC 438 Ch D und *Laddie J* in *Coin Controls v Suzo International* [1997] 3 All ER 45, 53 a–b (4. Kapitel A.II.2.d. und g.).

[19] 4. Kapitel A.I.2.e.

In Deutschland ist ein Eingriff in fremde Hoheitsmacht zunächst vom Reichsgericht bejaht, später aber in *Norsk Vacuum Oil* vom Reichsgericht für Klagen auf Schadensersatz und in *Flava Erdgold* vom BGH für Klagen auf Unterlassung verneint worden. Da ein deutsches Urteil nur Wirkungen im Inland erzeuge, bleibe die ausländische Souveränität unangetastet.[20] Anders als in Deutschland, wo der BGH die praktischen Schwierigkeiten bei der Ermittlung der im Ausland bestehenden Rechtslage als nicht größer einschätzte als sie sonst bei internationalen Fällen bestehen,[21] zögerten englische Gerichte, über ein ausländisches Immaterialgüterrecht zu entscheiden – nicht aus Bequemlichkeit, sondern aus Respekt vor dem diffizilen von allerlei Interessen überlagertem Gefüge fremden Immaterialgüterrechts.[22]

b. Double actionability rule und Art. 12/38 EGBGB a.F.

Die zweite Frage lautet: Fällt ein ausländisches Immaterialgüterrecht unter den Schutz heimischen Rechts? Der funktionale Vergleich offenbart, daß auf die Frage nach der Justitiabilität entgegengesetzte Antworten gegeben werden.[23]

In England wurde bis zum Inkrafttreten des Private International Law Act im Jahre 1995 ein doppelter Maßstab angelegt.[24] Gemäß der double actionability rule ist zu prüfen, ob eine im Ausland begangene Verletzungshandlung sowohl nach dem am Tatort geltenden als auch nach englischem Recht einklagbar ist.[25] Da ein im Ausland verletztes Schutzrecht wegen des Territorialitätsprinzips nicht von englischem Recht erfaßt wird, ist ein solches Delikt nicht einklagbar. Nicht einklagbar ist auch ein britisches Schutzrecht, das im Ausland verletzt wurde.

Die Vorschrift des Art. 12 (später 38) EGBGB, wonach aus einer im Ausland begangenen unerlaubten Handlung gegen einen Deutschen nicht weitergehende Ansprüche geltend gemacht werden können als nach den deutschen Gesetzen begründet sind, stellte die deutschen Gerichte vor ein vergleichbares Problem.[26] Nach deutschem Recht wären bei der Verletzung eines Schutzrechts im Ausland wegen des Territorialitätsprinzips gar keine Ansprüche

---

[20] 3. Kapitel III.1. RGZ 13, 424, 425; RG JW Nr. 19, 1890, 280, 281; RGZ, 129, 385, 388; BGHZ 22, 1, 13; OLG Düsseldorf, GRUR Int. 1968, 100.

[21] *Flava Erdgold* 22, 1, 13; OLG Düsseldorf, GRUR Int. 1968, 100.

[22] Vgl. *Lloyd* J in *Pearce v Ove Arup* [1997] 3 All ER 31, 40 h–j. 4. Kapitel II.2.k.

[23] Vgl. *Kieninger*, GRUR Int. 1998, 280, 290.

[24] 4. Kapitel A.I.1. Die double actionability rule gilt für Klagen wegen defamation noch heute. Vgl. sections 9(3), 10, 13 PILA und *Dicey & Morris*, 13. Aufl., rule 205, Chapter 35.

[25] *Dicey & Morris*, 12. Aufl., rule 203-1.

[26] 3. Kapitel III.1.

begründet. Indem der BGH das Bestehen eines analogen Schutzrechts in Deutschland fingierte, überwand er die Vorschrift des Art. 12/38 EGBGB.[27]

c. Zum prozessualen Aspekt des Territorialitätsprinzips

Der Respekt vor fremder Hoheitsmacht ist in England ausgeprägter und facettenreicher als in Deutschland, wo die Diskussion über den Zusammenhang zwischen der Territorialität der Immaterialgüterrechte und der Entscheidungskompetenz eines Gerichts durch die Entscheidung *Flava Erdgold* endgültig beendet wurde.[28] Während sich englische Richter über die Moçambique und die double actionability rule nach und nach die wirtschaftliche und politische Dimension der Intellectual Property Rights durch sorgfältige Analyse der Fakten und der Rechtsprechung erschlossen, begnügte sich der BGH mit der Feststellung, daß die ausländische Souveränität unangetastet bleibe, weil das von einem deutschen Gericht erwirkte Urteil nur Wirkungen im Inland erzeuge. Ein prozessualer Aspekt wird dem Territorialitätsprinzip in Deutschland abgesprochen.[29] Ein Gleichlaufstreben, wonach deutsche Gerichte in der Sache nur dann entscheiden dürfen, wenn ihnen für ihre Entscheidung deutsches Sachrecht zur Verfügung steht, gibt es nicht.[30]

Gleichwohl strahlt das Territorialitätsprinzip auch in Deutschland auf die Entscheidungsbefugnis eines Gerichts aus. Das Oberlandesgericht München korrigiert in *Foxy Lady* die an sich gegebene Klagbarkeit eines ausländischen Schutzrechts.[31] Anstatt die Justitiabilität offen in Frage zu stellen, legt das OLG den Tatortgerichtsstand retriktiv aus. Das gelingt nur mit Hilfe des Territorialitätsprinzips. So hat das Territorialitätsprinzip auch in Deutschland eine – wenn auch verdeckte – prozessuale Komponente. An diesem Beispiel wird der unterschiedliche Umgang mit dem Territorialitätsprinzip deutlich. Während sich die deutschen Gerichte offiziell schon vor über fünfzig Jahren vom prozessualen Aspekt der Territorialität losgesagt haben, ist die Territorialität der Immaterialgüterrechte für englische Gerichte noch immer die erste und höchste Hürde auf dem Weg zu einer Entscheidung über ein ausländisches Immaterialgüterrecht. Die beiden traditionellen englischen Regeln mögen für

---

[27] 3. Kapitel III.1.c. *Flava Erdgold* 22, 1, 13. Die Vorschrift hat in abgeschwächter Form in Art. 40 Abs. 3 EGBGB überdauert.

[28] Zum Territorialitätsprinzip 2. Kapitel I.

[29] Ausdrücklich LG Düsseldorf in *Schußfadengreifer*, GRUR Int.1999, 455, 456, 1. Spalte: „Denn auch Ansprüche wegen Verletzung eines ausländischen Patents können grundsätzlich durchaus vor einem deutschen Gericht verfolgt werden. Der Grundsatz der Territorialität des Patentrechts steht dem nicht entgegen; er betrifft nur die materielle Begrenzung des Rechts. Mit der Frage, wo die Ansprüche verfolgt werden können, hat dies unmittelbar nichts zu tun." (3. Kapitel III.2.b.bb.(2)).

[30] *Von Bar*, UFITA 108 (1988), 27, 43.

[31] OLG München ZUM 1990, 255–258 *Foxy Lady (Postervertrieb)*, (3. Kapitel III.2.a.cc. (2)).

den Inhaber von Immaterialgüterrechten ungünstig sein, bei strikter Anwendung des Territorialitätsprinzips sind sie konsequent. Dank dieser Regeln hat sich die englische Rechtsprechung intensiv mit den Interessen der Parteien und vor allem mit den urheberrechtsimmanenten Interessen der Allgemeinheit auseinandergesetzt.[32] Erst das EuGVÜ zwingt englische Gerichte, über ausländische Schutzrechte zu entscheiden. In *Pearce v Ove Arup*[33] halten sich englische Richter erstmals für befugt, über die Verletzung eines ausländischen Urheberrechts zu entscheiden. Die Moçambique rule wird durch das EuGVÜ verdrängt – aus englischer Sicht ein Systembruch.

Die englische Rechtsprechung ist nicht etwa rückständig,[34] sondern bestens für die Herausforderungen der Zukunft gewappnet, weil sie über die Funktion der Immaterialgüterrechte im internationalen Wirtschaftsverkehr nachdenkt und weil sie flexibel genug ist, alte Zöpfe abzuschneiden wie sie es mit der Bejahung der Justitiabilität für ausländische Schutzrechte für das EuGVÜ getan hat. Die englische Rechtsprechung pflegt einen offenen Urteilsstil. Der englische Richter deckt staatliche Interessen auf, die der deutsche Richter hinter dem diffusen Territorialitätsprinzip verbirgt. Während sich die deutsche Rechtsprechung mit der Beschränkung auf die internationale Zuständigkeit zum Sklaven starrer Regeln machte, schuf sich die englische Rechtsprechung durch die wiederkehrende Auseinandersetzung mit der Klagbarkeit ausländischer Schutzrechte einen Spielraum: Sie kann sich insgesamt von der Moçambique rule lossagen oder an ihr festhalten; sie kann die Territorialität der Immaterialgüterrechte insgesamt hinterfragen oder sie weiterhin außerhalb des EuGVÜ der Klagbarkeit entgegenhalten.

Überdies steht dem englischen Richter mit der Doktrin forum non conveniens ein Instrument zur Verfügung, mit dem er auf grenzüberschreitende Klagen im Immaterialgüterrecht auch ohne die funktional vergleichbare Moçambique rule angemessen reagieren könnte.[35] Dem deutschen Richter bleibt nur die dogmatisch zweifelhafte Korrektur über Billigkeitsgesichtspunkte.[36]

---

[32] 4. Kapitel A.I.4. und A.II.2. Vgl. nur *Aldous* J in *Plastus Kreativ v 3M* [1995] RPC 438, 447 (4. Kapitel A.II.2.d).

[33] [1999] 1 All ER 769 (4. Kapitel A.II.2.k).

[34] *Kubis* spricht von „überholtem Territorialitätsdenken", S. 199.

[35] 4. Kapitel B.III.5. Das sieht auch *Bornkamm* so, S. 131–132.

[36] Vgl. *Schußfadengreifer* LG Düsseldorf, GRUR Int. 1999, 455, 458, 2. Spalte (3. Kapitel III.2.b.bb.(2)).

2. *Internationale Zuständigkeit*

Da die Moçambique rule in England das Immaterialgüterrecht immer noch beherrscht, (zumindest in Fällen, in denen das EuGVÜ nicht anwendbar ist),[37] kommen die autonomen Vorschriften zur internationalen Zuständigkeit anders als in Deutschland nicht zum Zuge.[38] Miteinander vergleichbar ist dagegen die Anwendung der Regeln des EuGVÜ. Methodisch fällt hier zunächst der unterschiedliche Stellenwert des Schrifttums auf. In England folgt die Literatur der Rechtsprechung, in Deutschland scheint es seit jeher umgekehrt zu sein.[39] Häufig zitierte Rechtsquellen in deutschen und englischen Urteilen sind die Berichte von Schlosser und Jenard. Trotz dieser gemeinsamen Rechtsquellen und der Rechtsprechung des EuGH wird das EuGVÜ nicht in allen Punkten gleich ausgelegt.

a. *Art. 2 Abs. 1 EuGVÜ*

Übereinstimmend sind deutsche und englische Gerichte gemäß Art. 2 Abs. 1 EuGVÜ zur Entscheidung über ausländische Schutzrechte befugt. Schutzrechtsverletzungen, die in anderen Vertragsstaaten bestehende parallele oder inhaltsgleiche Schutzrechte betreffen, können bei dem gemäß Art. 2 Abs. 1 EuGVÜ für den Sitz des Beklagten zuständigen Gericht geltend gemacht werden.[40]

b. *Art. 5 Nr. 3 EuGVÜ*

Einigkeit besteht auch über die Möglichkeit, eine Schutzrechtsverletzung gemäß Art. 5 Nr. 3 EuGVÜ dort einzuklagen, wo sie stattgefunden hat. Steht nach Lokalisierung der Verletzungsorte fest, daß Urheberrechte in mehreren Ländern berührt sind, kommen mehrere Tatortzuständigkeiten in Frage. Die Zahl der in Frage kommenden Gerichtsstände ist gegebenenfalls einzugrenzen.[41] Eine Möglichkeit besteht darin, die Kognitionsbefugnis bestimmter

---

[37] Das House of Lords und der BGH verneinen die räumliche Anwendbarkeit des EuGVÜ, wenn der Sachverhalt keinen Berührungspunkt zu einem anderen Vertragsstaat aufweist; vgl. *Re Harrods (Buenos Aires) Ltd* [1991] 4 All ER 334–347; *Re Harrods (Buenos Aires) Ltd (No 2)* [1991] 4 All ER 348–369; BGH NJW 1986, 1438, 1439; 1993, 1070, 1071. Dagegen hat der EuGH in *Group Josi* entschieden, daß Titel II des EuGVÜ auch dann Anwendung findet, wenn der Kläger in einem Drittland ansässig ist, Rs. 412/98, IPRax 2000, 520, 524, Nr. 61.

[38] 3. Kapitel III.2. und 4. Kapitel A.I.4. Zur internationalen Zuständigkeit in den USA *Ginsburg*, Recueil, 282–302.

[39] Schon die Judikate des Reichsgericht verweisen umfänglich auf die Literatur, vgl. RGZ 13, 424, 425; RG JW Nr. 19, 1890, 280, 281 (3. Kapitel III.1.a).

[40] Für England: *Pearce v Ove Arup* [1997] 3 All ER 31, 37, g (4. Kapitel A.II.2.f.); für Deutschland: *Schußfadengreifer* LG Düsseldorf GRUR Int. 1999, 455, 458, 2. Spalte (3. Kapitel III.2.b.bb.(2)).

[41] 3. Kapitel III.2.c.

Gerichte in Anlehnung an die *Shevill*-Entscheidung des EuGH zu beschränken.[42] Das Landgericht Düsseldorf vertritt in *Schußfadengreifer* im Hinblick auf *Shevill* die Ansicht, ein deutsches Gericht dürfe wegen des Territorialitätsprinzips nicht über die Verletzung eines ausländischen Patents entscheiden.[43] Ob eine umfassende Zuständigkeit des Gerichts des Landes besteht, von wo aus das patentverletzende Erzeugnis auf den Weg gebracht wurde, muß das Landgericht nicht entscheiden. Jacob J geht in *Mecklermedia* vorsichtiger mit der *Shevill*-Entscheidung um. Wenn *Shevill* auf Immaterialgüterrechte übertragbar wäre, könnte ein Kläger nur dort klagen, wo sein Schutzrecht verletzt ist.[44] Das Territorialitätsprinzip erwähnt Jacob J in diesem Zusammenhang nicht.

c. Art. 6 Nr. 1 EuGVÜ

Gemeinsamkeiten weist die Rechtsprechung zu Art. 6 Nr. 1 EuGVÜ auf. Unstreitig ist die Anwendbarkeit des Art. 6 Nr. 1 EuGVÜ, wenn mehrere Verletzer wegen der Verletzung eines Schutzrechts in einem Staat in Anspruch genommen werden.[45] Aber auch bei der parallelen Verletzung von Schutzrechten soll Art. 6 Nr. 1 EuGVÜ anwendbar sein. Das Landgericht Düsseldorf hat in *Kaiser v Chemax* den Gerichtsstand der Streitgenossenschaft gemäß Art. 6 Nr. 1 EuGVÜ bejaht und über die Verletzung eines britischen Patents entschieden.[46] Für die strenge Anwendung des Territorialitätsprinzips spricht sich Dillon J in *Mölnlycke v Procter & Gamble* obiter im Kontext einer Klage wegen Verletzung eines britischen Patents in England aus.[47] Laddie J folgt dieser Ansicht in *Coin Controls* nicht. Er gründet seine Zuständigkeit auf Art. 6 Nr. 1 EuGVÜ, um zu verhindern, daß einander widersprechende Urteile aufgrund unterschiedlicher Verfahrensregeln gefällt werden.[48] Daß die Beklagten zu einer Holding mit Sitz in den Niederlanden gehören, hat keine

---

[42] 3. Kapitel III.2.b.bb.
[43] LG Düsseldorf GRUR Int. 1999, 455, 457, 2. Spalte a.E. Bestätigt durch das OLG Düsseldorf, IPRax 2001, 336, 337.
[44] *Mecklermedia v DC Congress* [1998] 1 All ER, 148, 157 a (4. Kapitel A.II.2.e).
[45] *Pearce v Ove Arup* [1997] 3 All ER 31, 37 g (4. Kapitel A.II.2.f.); *Bornkamm*, 135. (3. Kapitel.III.2.b.cc).
[46] Urteil vom 16.1.1996 – 4 O 5/95, zitiert nach *von Rospatt*, GRUR Int. 1997, 861, 862 und *Wadlow*, Enforcement, 23. Vgl. auch die niederländischen Judikate *Interlas v Lincoln* HR 24.11.1989, NJ 1992, Nr. 404, 1597 und *Applied Research Systems v Organon*, GRUR Int 1995, 253–255.
[47] [1992] 4 All ER 47, 52 g–h (4. Kapitel A.II.2.b).
[48] [1997] 3 All ER, 45, 57 j–58 a (4. Kapitel A.II.2.g.). Die auf ausländische Patente gerichteten Klagen werden jedoch wegen Art. 19 i.V.m. Art. 16 Nr. 4 EuGVÜ ausgestrichen. Zur unterschiedlichen Auslegung des Art. 16 Nr. 4 EuGVÜ *Stauder*, IPRax 1998, 317, 319 ff.

Auswirkung auf die Entscheidung.[49] Anders hätte wohl der Gerechtshof Den Haag entschieden, der in *Expandable Grafts* seine Zuständigkeit nicht auf Art. 6 Nr. 1 EuGVÜ stützt, weil keine der Beklagten ihren Hauptsitz in den Niederlanden hat.[50]

Die englischen Gerichte finden einen anderen Weg, um die weite Zuständigkeit des Art. 6 Nr. 1 EuGVÜ zu begrenzen. Sie stellen hohe Anforderungen an die mittäterschaftliche Beteiligung. In *Mölnlycke* genügte der Vortrag, daß sich beweiserhebliche Dokumente bei einer Tochter der Beklagten befänden, um diese zum Verfahren hinzuzuziehen.[51] In *Sepracor* verneint Laddie J dagegen die Schlüssigkeit des Vorwurfs der Mittäterschaft. Ausländische Beklagte hätten so lange als unschuldig zu gelten, bis ihre Mittäterschaft zweifelsfrei nachgewiesen sei.[52] Angelegt wird derselbe Maßstab wie im autonomen Zuständigkeitsrecht.[53] Auch Bornkamm, Richter am BGH, stellt auf die Beweislast ab. Er kommt der Klägerin insofern entgegen, als für diese erkennbar sein müsse, wo der Schwerpunkt der Tätigkeit der zu verklagenden Konzernunternehmen liege. Andernfalls sei Art. 6 Nr. 1 EuGVÜ uneingeschränkt anwendbar.[54] Während Laddie J der Klägerin die volle Beweislast für eine mittäterschaftliche Beteiligung aufbürdet, scheint Bornkamm die Beweislast umdrehen zu wollen: Die Beklagte muß sich vom Vorwurf der mittäterschaftlichen Begehung entlasten, wenn die Klägerin ihre Organisationsstrukturen nicht erkennen kann.[55]

Von einer einheitlichen Anwendung des Gerichtsstands der Streitgenossenschaft kann keine Rede sein. Erst eine *Shevill* vergleichbare Entscheidung des EuGH für Immaterialgüterrechte wird die in Nuancen durchaus unterschiedliche Rechtsprechung in den Niederlanden, England und Deutschland einander näher bringen. Unabhängig davon wird die für die Praxis so wichtige Frage der Beweislast stets den Vorgaben der eigenen Rechtskultur und des

---

[49] In *Sepracor* (4. Kapitel A.II.2.j.) räumt die Klägerin freiwillig ein, daß diejenigen Teile der Klage, die sich mit ausländischen Patenten beschäftigen, gestrichen werden müssen [1999] FSR 746, Nr. 15 Ch D (Patents Court).

[50] [1999] FSR 352 (3. Kapitel III.2.b.cc.(2)).

[51] [1992] 4 All ER 47, 58, a (4. Kapitel A.II.2.b).

[52] *Sepracor v Hoechst* [1999] FSR 746 Nr. 33 (4. Kapitel A.II.2.j).

[53] Vgl. *Credit Lyonnais v ECGD* [1998] 1 Lloyd's Rep. 19, 46 (rechte Spalte) per LJ *Hobhouse*; *Unilever v Chefaro Properties* [1994] FSR 135, 141 per LJ *Gildewell*.

[54] *Bornkamm*, 136–137.

[55] Dagegen *Laddie* J in *Sepracor* [1999] FSR 746 Nr. 32 und 33: „Furthermore he [Mr Waugh for the plaintiffs] said that I should bear in mind that the plaintiff had no direct knowledge of the precise details of what went on inside the Hoechst group. The latter point has strength to this extent that the court is entitled to draw reasonable inferences from the facts pleaded. But it does not mean that where there are insufficient facts to support an inference of joint tortfeasance the plea should be allowed to remain in the hope that something will turn up later. Foreign defendants are not to be assumed to be joint tortfeasors unless they prove otherwise." (4. Kapitel A.II.2.j.).

Einzelfalls folgen. Die Klägerin wird sich beim forum shopping dasjenige Gericht aussuchen, das ihr die geringste Last aufbürdet.

d. Art. 21 und 22 EuGVÜ

Ähnlich ist die Behandlung paralleler Schutzrechtsverletzungen im Zusammenhang mit Art. 21 und 22 EuGVÜ. Das Oberlandesgericht Düsseldorf vertritt in *Impfstoff III* die Ansicht, daß über verschiedene Ansprüche gestritten werde, sofern verschiedene Teile eines Bündelpatents betroffen seien.[56] Offen ist, ob dies auch für Urheberrechte gilt. Mummery J verweigert in *LA Gear* die Aussetzung. Da in Irland nur die Verletzung eines irischen und in England nur die Verletzung eines britischen Markenrechts geltend gemacht werden könne, seien die Klagen in Irland und England auf zwei verschiedene Delikte gerichtet.[57] Ähnlich argumentiert Jacob J in *Mecklermedia*. Die Klage vor dem deutschen Gericht sei allein auf die Verletzung deutscher Immaterialgüterrechte, die Klage vor dem englischen Gericht allein auf die Verletzung englischen Rechts gerichtet.[58]

Auch einen Gerichtsstand des Sachzusammenhangs gemäß Art. 22 EuGVÜ verneinen die englischen Richter zum Schutz der Kläger. Ihrer Ansicht nach bestehe kein Risiko einander widersprechender Entscheidungen, da die Verletzungshandlungen lokal unterschiedlich behandelt werden. Andererseits ist auch in England eine Tendenz zu erkennen, die Entscheidung über die Verletzung paralleler Schutzrechte zu bündeln. Laddie J betont in *Sepracor*, daß es schneller, billiger und zweckmäßiger sei, eine Entscheidung in nur einem Gerichtsverfahren zu treffen als einzelne Klagen in verschiedenen Staaten durchzuführen.[59] Sollte Laddies Vision Wirklichkeit werden, wäre das der endgültige Abschied vom prozessualen Aspekt des Territorialitätsprinzips in England.

In Zukunft könnten einander widersprechende Entscheidungen durch Bündelung der Verfahren entsprechend dem übergeordneten Zweck der Art. 21 und 22 EuGVÜ vermieden werden. Man sollte meinen, eine Entscheidung aus einer Hand gewährt dem Inhaber von Schutzrechten den effizientesten Rechtsschutz, erst recht, wenn mit der Umsetzung der Richtlinie zum Urheberrecht europaweit nach Voraussetzungen und Umfang vergleichbare Urheberrechte geschaffen werden.[60] Die Bündelung hätte auch Vorteile für den

---

[56] GRUR Int. 2000, 776, 777 (3. Kapitel III.2.b.ff.(2)).

[57] [1991] FSR 670, 674 (4. Kapitel A.II.2.a.).

[58] [1998] 1 All ER, 148, 157, b–g (4. Kapitel A.II.2.e.).

[59] [1999] FSR 746 Nr. 22 (4. Kapitel A.II.2.j.).

[60] Vgl. *Laddie* J in *Sepracor:* „A sensible man, uncontaminated by familiarity with the Brussels Convention, and faced with the necessity to litigate in a national court, would be forgiven for thinking that the obvious ways of resolving the issues without unnecessary duplication of proceedings would be to litigate validity and infringement in Germany. But that is the course that both sides wish to avoid."

Beklagten, der sich auf ein Gericht und auf eine Rechtskultur einstellen könnte.

Die Praxis sieht anders aus. Von zentraler Bedeutung ist, welches Gericht über alle Verletzungen zugleich entscheidet. Die Parteien kämpfen erbittert um den für sie günstigsten Gerichtsstand. Der Kläger ruft das „schnellste" Gericht mit einer Verletzungsklage, der Beklagte das „langsamste" Gericht mit einer negativen Feststellungsklage an. Laddie J hat die Taktik der Beklagten bei Patentstreitigkeiten mit den Worten „deploying the Belgian torpedo" auf den Punkt gebracht.[61] Im Vorteil ist die Partei, die als erste klagt, da die nachfolgenden Verfahren gemäß Art. 21 oder Art. 22 EuGVÜ ausgesetzt werden. Das Kriterium der Sachnähe bleibt dabei auf der Strecke.[62] Vor diesem Hintergrund erscheint eine eindeutige Regelung der internationalen Zuständigkeit unerläßlich. Nur wenn vorab feststünde, welches Gericht zuständig ist, könnte ein Wettlauf der Parteien verhindert werden.

Die Rechtsprechung zu Art. 5 Nr. 3 und insbesondere zu Art. 6 Nr. 1 EuGVÜ hat jedoch gezeigt, daß es eindeutige und für alle Vertragsstaaten verbindliche Zuordnungskriterien nicht gibt. Sie entwickeln sich auf der Basis des EuGVÜ in jeder einzelnen Rechtsordnung selbständig bis zur Überprüfung durch den EuGH.[63] Das erfordert Zeit. In der angebrochenen Phase der Rechtsunsicherheit ist ein Wettbewerb der Parteien um einen Gerichtsstand nicht die schlechteste Lösung. Da beide Parteien gleichermaßen am forum shopping teilnehmen können, herrscht zumindest Waffengleichheit. Schließlich kann das in *Sepracor* sich ankündigende Szenario auch als Chance für die Gerichte begriffen werden, sich ihrerseits dem Wettbewerb um internationale Fälle zu stellen.[64] Die Zeiten, da sich die Gerichte hinter dem Territorialitätsprinzip verstecken konnten, um Entscheidungen über ausländische Immaterialgüterrechte zu vermeiden, sind zumindest in Europa vorbei.[65]

---

[61] *Sepracor* [1999] FSR 746 Nr. 7. Der Ausdruck stammt aus dem Aufsatz von *Franzosi*, World Wide Patent Litigation and the Italian Torpedo, [1997] EIPR 382, Nachweis bei *Kur*, GRUR Int. 2001, 908, 911 Fn. 20.

[62] Zur Kritik an der „Torpedostrategie" *Pitz*, GRUR Int. 2001, 32–37.

[63] Eine Möglichkeit wäre, grundsätzlich das Gericht am Sitz des Beklagten über alle parallelen Schutzrechtsverletzungen entscheiden zu lassen. Vgl. *Tritton*, IP in Europe, 13.025 i.V.m. 13.011. Dadurch verlagert sich das Problem der Zuordnung aber nur auf die Ebene der Beweislast. Begeht ein multinationaler Konzern durch seine Tochtergesellschaften die Verletzungshandlungen, ist fraglich, wo der Sitz ist und ob der Hauptsitz für den Kläger erkennbar ist (vgl. die Diskussion zu Art. 6 Nr. 1 EuGVÜ). Außerdem würden die Ausnahmegerichtsstände des EuGVÜ durch eine Reduktion der Gerichtsstände auf den Wohnsitz des Beklagten unterlaufen.

[64] Vgl. zum Wettbewerb der Gerichte *Fawcett/Torremans*, 220: „There is a natural fear that the Netherlands will become the European centre for international infringement litigation, and that the Patents Court in England will lose business."

[65] Vgl. *Adams*, in: *Rickett/Austin*, 251, 262: „If jurisdictions can be found which adopt the same bullish approach formerly adopted by the Dutch courts (and the need for jurisdictions

e. Art. 24 EuGVÜ

Grundsätzlich sind sowohl deutsche als auch englische Gerichte befugt, grenzüberschreitende Verfügungen auszusprechen.[66] Das gilt sowohl für Verfügungen in personam als auch für Verfügungen in rem.[67] Nationale Gerichte sind auch dann für Eilverfahren zuständig, wenn ein Hauptsacheverfahren noch nicht anhängig ist, aber die Möglichkeit besteht, ein solches alsbald einzuleiten.[68] Von der Zuständigkeit zu unterscheiden ist die Frage, ob die Gerichte auch bereit sind, Verfügungen mit extraterritorialer Wirkung zu erlassen. Maßgeblich hierfür ist die Auslandswirkung.[69]

3. Auslandswirkung

Bereits auf Zuständigkeitsebene ist die Wirkung zivilrechtlicher Sanktionen im Ausland zu berücksichtigen. Dieser Aspekt ist insbesondere bei einstweiligen grenzüberschreitenden Verletzungsverboten von Bedeutung. Im Unterschied zur deutschen Rechtsprechung diskutieren die englische und die niederländische Rechtsprechung das Problem der Auslandswirkung vor Erlaß eines grenzüberschreitenden Verletzungsverbots.[70] Dabei spielt neben verfahrensorientierten Überlegungen zur Beweisführung und zum Import fremden Rechts vor allem die comity of nations eine Rolle. Ob grenzüberschreitende Verletzungsverbote erlassen werden, hängt auch vom Prozeßrecht der einzelnen Staaten ab.[71]

---

to attract lucrative legal business is likely to offer strong temptations to go down this route!), the door will be opened to global injunctions, perhaps granted on fairly dubious grounds."

[66] 3. Kapitel II.2.b.hh. und 3. Kapitel B.III.2.b. Vgl. statt vieler *Grosheide*, GRUR Int. 2000, 310, 324: „Aber davon ganz abgesehen, scheint es eigentlich generell keinen guten Grund dafür zu geben, den [englischen] Gerichten zu verbieten, unter geeigneten Umständen europaweiten vorläufigen Rechtsschutz zu gewähren, auch ohne dabei auf Art. 24 zurückgreifen zu müssen. Dies gilt zumindest für solche Verfügungen, die nach vorheriger Inkenntnissetzung des Antragsgegners erlassen werden." Vgl. für England: *Librairie du Liban*, Ch D, 21.12.1983, Lexis-Nexis und *Krone v Amphenol*, 27.7.1984, Lexis-Nexis. Für Deutschland: *EMI Records* [1992] 1 All ER, 616–624; KG NJW 1997, 3321.

[67] Vgl. *Tritton*, IP in Europe, 13.020.

[68] EuGH *Van Uden* 17.11.1998 Rs. 391/95; *Schlosser* Bericht, Abl. 53.1979 Nr. C-59, 111.

[69] Vgl. *Fawcett/Torremans*, 227, die diesem Punkt eine eigene Überschrift widmen: „Will the English Courts be willing to grant cross-border injunctions?" Vgl. auch *Tritton*, IP in Europe, 13.022: „In considering the power of a court to make an extra-territorial order, the legal advisor should be careful to distinguish between whether a court can make the order and whether the order should be made."

[70] Zur Situation in Deutschland 3. Kapitel III.3.; zur niederländischen Rechtsprechung 3. Kapitel III.3.b.; zur englischen Rechtsprechung 4. Kapitel B.III.3.

[71] *Aldous* LJ [2000] FCBJ 523, 528: „I suspect that the differences between Dutch procedure and English procedure is just one example of an analysis of procedure which if applied to other countries in the world would also expose striking differences. It is inevitable that judges in Europe tend to concentrate on the effect of differences of procedure in Europe."

Die Auslandswirkung eines Urteils ist von der Nationalisierung internationaler Sachverhalte zu unterscheiden.[72] Beispiele für die Nationalisierung internationaler Sachverhalte finden sich in der Rechtsprechung zum Mißbrauch von domain names.[73]

IV. Anwendbares Recht

1. Die internationalen Konventionen, ihr kollisionsrechtlicher Gehalt und der Grundsatz der Inländerbehandlung

Internationales Urheberrecht besteht nicht mehr aus einem „Bündel" nationaler Gesetze. Durch die weltweite Angleichung des Schutzstandards, die allseitige Anerkennung der Immaterialgüterrechte und durch die im TRIPs-Übereinkommen aufgeführten Rechtsbehelfe hat das Urheberrecht eine relative Universalität erreicht.[74] Die Harmonisierung des Urheberrechts ist jedoch noch nicht so weit fortgeschritten, daß von Einheitsrecht die Rede sein kann. Urheberrechtsinhaberschaft sowie Ausnahmen und Schranken sind weiterhin der Regelung durch nationale Urheberrechtsgesetze vorbehalten.[75]

Die Bundesrepublik Deutschland und das Vereinigte Königreich haben alle wichtigen internationalen Verträge zum Urheberrecht ratifiziert.[76] In Deutschland sind die staatsvertraglichen Vorschriften zum Urheberrecht bis auf das TRIPs-Übereinkommen unmittelbar geltendes Recht; im Vereinigten Königreich sind sie es mangels Ausführungsgesetz nicht. Anders als deutsche Gerichte sind englische Gerichte deshalb nicht unmittelbar an Art. 5 RBÜ gebunden.[77]

Der Grundsatz der Inländerbehandlung ist sowohl im deutschen als auch im englischen Urheberrechtsgesetz verankert. An das in Art. 6 Abs. 1 EGV ausgesprochene Diskriminierungsverbot sind seit dem *Phil-Collins*-Urteil des EuGH sowohl deutsche als auch englische Gerichte gebunden.[78]

Englische Gerichte verstehen Art. 5 Abs. 2 S. 2 RBÜ als Gesamtnormverweisung auf die lex fori.[79] Die herrschende Meinung in Deutschland geht dagegen von einer staatsvertraglichen Sachnormverweisung auf die lex loci protectionis aus.[80] Aufgrund der unterschiedlichen Auslegung läßt sich der

---

[72] 3. Kapitel III.2.c.
[73] KG NJW 1997, 3321, 3322; *British Telecommunications v One In A Million Ltd,* [1998] 4 All ER 476; *NZ Post v Leng,* Auckland High Court, 17.12., 1998, CP No. 573/98.
[74] 2. Kapitel I.4.
[75] 2. Kapitel I.4.
[76] 2. Kapitel II.3.
[77] *Bentley/Cornish,* UK-68.
[78] 2. Kapitel III.2.
[79] 4. Kapitel B.IV.1.
[80] 3. Kapitel IV.3.

Streit über den kollisionsrechtlichen Gehalt des Art. 5 Abs. 2 S. 2 RBÜ auf völkerrechtlicher Ebene nicht klären.[81] Da das Kollisionsrecht der Immaterialgüterrechte auf europäischer Ebene (noch) nicht geregelt ist, bleibt es den Einzelstaaten überlassen, das internationale Privatrecht des Urheberrechts zu kodifizieren.

2. Die Kollisionsregeln

Das Urheberrecht wird durch die Handlung des Schädigers verletzt. Einen Erfolgsort gibt es aufgrund der immateriellen Natur des Urheberrechts nicht.[82] Die Urheberrechtsverletzung beurteilt sich in Deutschland nach dem Recht des Landes, für das der Verletzte Schutz beansprucht.[83] Selbst die Rechtswahl wird vom Schutzlandprinzip beherrscht (*Spielbankaffaire*).[84] Da die englischen Gerichte Entscheidungen über ausländische Immaterialgüterrechte bis *Pearce v Ove Arup* an der Justitiabilität haben scheitern lassen, hat die englische Rechtsprechung keine Kollisionsregel für die Verletzung von Immaterialgüterrechten entwickelt. Anwendbar sind die Regeln des Private International Law Act (PIL Act).[85]

a. Deliktsstatut

Ausgangspunkt im deutschen Recht ist der Handlungsort (Art. 40 Abs. 1 S. 1 EGBGB).[86] Die allgemeine Regel des section 11 (1) PIL Act stellt auf das Recht des Landes ab, „in which the events constituting the tort in question occur."

Art. 40 Abs. 1 S. 2 und 3 EGBGB gibt dem Geschädigten ein Bestimmungsrecht, das entsprechend für die Auswahl unter mehreren Handlungsorten herangezogen werden könnte.[87] Ein solches Optionsrecht ergibt sich nach englischem Recht bereits aus dem Grundsatz, daß ausländisches Recht als Tatsache dargelegt und bewiesen werden muß.[88]

Parallel zur vertypten Sonderanknüpfung des Art. 40 Abs. 2 EGBGB, der auf den gewöhnlichen Aufenthalt der Parteien abstellt, kommen auch nach englischem Recht besondere Umstände der Parteien in Betracht (section 12 (2) PIL Act). Allerdings sind diese Faktoren nicht in eine eigene Kollisionsregel gepreßt, sondern im Rahmen einer Gesamtabwägung zu berücksichtigen.

---

[81] 3. Kapitel IV.3.b.
[82] 3. Kapitel III.2.a.cc.(1).
[83] 3. Kapitel IV.4.
[84] BGHZ 136, 380–393 (3. Kapitel IV.5.f.).
[85] 4. Kapitel B.IV.4.
[86] 3. Kapitel IV.6.b.
[87] 3. Kapitel IV.6.b.bb.
[88] 4. Kapitel B.V.2.

Section 12 PIL Act enthält wie Art. 41 EGBGB eine Ausweichklausel. Gemäß Art. 41 EGBGB wird geprüft, ob mit dem Recht eines anderen Staates eine wesentlich engere Verbindung besteht als mit dem Recht, das nach der Tatortregel des Artikel 40 Abs. 1 und nach der Sonderanknüpfung des Art. 40 Abs. 2 EGBGB maßgebend wäre. Gemäß section 12 PIL Act wird die generelle Regel der section 11 (1) PIL Act mit anderen relevanten Anknüpfungspunkten verglichen und nach den gesamten Umständen abgewogen, welche Anknüpfung „substantially more appropriate" erscheint.[89]

Die flexiblen Anknüpfungsmöglichkeiten, die der englische PIL Act bietet, scheinen den Herausforderungen an das internationale Urheberrecht durch Welthandel und moderne Kommunikationstechnologien eher gerecht zu werden als die Schutzlandregel, die in Deutschland apodiktisch auf alle internationalprivatrechtlichen Aspekte angewandt wird.[90] Doch ist eine Bewertung des englischen Kollisionsrechts der Immaterialgüterrechte verfrüht, da seine Entwicklung gerade erst begonnen hat und nur wenige einschlägige Urteile vorliegen.

b. Ordre public/public policy

Der ordre public wird in beiden Staaten zurückhaltend ausgeübt. Das Territorialitätsprinzip steht weder in Deutschland noch in England der Anwendung einer ausländischen Urheberrechtsnorm entgegen.[91]

c. Rechtsbehelfe/remedies

Deutsche Gerichte unterstellen die Rechtsbehelfe (Ansprüche) dem Recht des Schutzlandes.[92] Englische Gerichte beurteilen remedies nach der lex fori.[93] Daraus folgt, daß remedies, die nach der lex causae erlaubt sind, dem Kläger vor einem englischen Forum nicht zur Verfügung stehen. Umgekehrt kann ein englischer Rechtsbehelf abgelehnt werden, wenn er sich grundlegend von Rechtsbehelfen der lex causae unterscheidet.[94]

d. Vorfragen/defences

Während das deutsche Recht die Fragen nach Entstehung, Inhaberschaft, Inhalt, Schranken und Übertragbarkeit des Urheberrechts als Vorfragen (Haftungsvoraussetzungen) selbständig anknüpft, behandelt das englische Recht

---

[89] 3. Kapitel IV.6.b. und 4. Kapitel B.IV.4.
[90] Zur Kritik am deutschen System 3. Kapitel IV.6.
[91] 3. Kapitel IV.4.c. und 4. Kapitel B.IV.4.c.
[92] 3. Kapitel IV.4.d.
[93] 4. Kapitel IV.4.d. *Dicey & Morris*, 13. Aufl., 7-006 ff.
[94] *Austin*, Overview, Nr. 50.

diese Fragen als defences.[95] Es empfiehlt sich, die urheberrechtlichen Vorfragen (defences) für jede behauptete Verletzung einheitlich nach demselben Urheberrechtsstatut zu beurteilen.[96] Die überwiegende Meinung in Deutschland unterwirft die Vorfragen dem Schutzlandprinzip.[97] Sogar die Frage der Übertragbarkeit soll sich nach der lex loci protectionis richten (*Alf*).[98] Nach welchem Recht sich die urheberrechtlichen defences des englischen Rechts beurteilen, ist offen.[99] Contractual defences richten sich in England nach dem Vertragsstatut (*Mother Bertha*).[100]

V. Ermittlung und Beweis ausländischen Rechts

Sind mehrere Rechte anwendbar kommt dem Nachweis ausländischen Rechts eine Schlüsselfunktion zu.[101] Deutschland und England gehen von unterschiedlichen Grundsätzen bei der Ermittlung ausländischen Rechts aus. Während ein deutsches Gericht gemäß § 293 ZPO eine Ermittlungspflicht hat,[102] gilt im englischen Recht der Grundsatz, daß ausländisches Recht als Tatsache dargelegt und bewiesen werden muß. Unterläßt es der Kläger, sich vor einem deutschen Gericht ausdrücklich zugunsten der Anwendung eines der einschlägigen Rechte auszusprechen, wird die konkludente Wahl des deutschen Rechts vermutet, wenn entweder der Handlungs- oder der Erfolgsort in Deutschland liegt.[103] Ein englisches Gericht wendet generell englisches Recht an, wenn die Anwendung eines ausländischen Rechts nicht plädiert oder der Beweis nicht geführt wird.[104]

Die parallele Verletzung von Urheberrechten in mehreren Staaten wirft das Problem auf, ob eine Verletzung der Schutzrechte für jeden Staat einzeln nachgewiesen werden muß oder ob der Richter bzw. die Parteien von der Vermutung ausgehen dürfen, ausländisches Recht entspreche heimischem Recht. Das OLG Hamburg hat in *Feliksas Bajoras* der Klägerin den Nachweis ausländischen Rechts aufgebürdet und mangels Nachweis ausländischen

---

[95] 3. Kapitel IV.4.e. und 4. Kapitel B.IV.5. Vgl. *Bullen, Leake and Jacob's*, Precedents of Pleadings, Part III, section 30, S. 1028–1031.

[96] 3. Kapitel IV.6.c.aa.

[97] *Spielbankaffaire*, BGHZ 136, 380–393 (3. Kapitel IV.5.f.).

[98] BGHZ 118, 394, 396 (3. Kapitel IV.5.b.).

[99] *Austin*, Overview, Nr. 43: „Because common law private international law principles on ownership and transfer of intellectual property remains in a fairly underdevelopped state, we are left with many more questions than answers."

[100] [1997] EMLR 457, 463 (4. Kapitel A.II.2.h.). Allgemein zur Anknüpfung der „contractual defence" im Deliktsprozeß *Hartwieg,* Pleading Actions, 184–185.

[101] 3. Kapitel V; 4. Kapitel B.V.

[102] MünchKomm-*Peters*, § 293, Rn. 1–17; *Stein/Jonas*, § 293 ZPO, Rn. 26–51.

[103] *Von Hein*, Günstigkeitsprinzip, 267.

[104] *Dicey & Morris*, 13. Aufl., rule 18, 9-001.

Rechts deutsches Recht angewandt.[105] Demgegenüber haben englische Gerichte in den Fällen *Dunhill*, *Intercontex*, *Def Lepp* und *Krone* den Rückgriff auf englisches Recht ausnahmsweise nicht gestattet und von den Klägern verlangt, ausländisches Recht darzulegen und zu beweisen.[106] Ferris J hält in *Mother Bertha* die Vermutung, das Urheberrecht sei innerhalb Europas gleich, für unrealistisch.[107] Stelle eine Partei dennoch auf diese Vermutung ab, könne darin ein Mißbrauch des Verfahrens liegen, weil die andere Partei nicht genau wisse, auf welche Aspekte der in Frage kommenden Rechte sie ihre Verteidigung stützen solle und weil sie möglicherweise gar nicht die Mittel für eine umfangreiche Beweisführung habe.[108]

Letztlich werden Gerechtigkeitserwägungen den Ausschlag für die Beweislast geben. Die deutsche Ermittlungspflicht ist scheinbar „gerechter" als die englische Antragslast, weil die Ermittlung fremden Rechts oft dem Gericht leichter fällt als rechtsunkundigen und armen Parteien.[109] Die Ermittlungspflicht des Gerichts schließt unbillige Ergebnisse jedoch nicht aus. Wenn zahlreiche verschiedene Rechtsordnungen zu ermitteln sind, werden die Parteien ihren Einfluß durch Privatgutachten geltend machen. Im Vorteil ist dann die Partei, die sich den besseren Gutachter leisten kann. Die unklare Formulierung des § 293 ZPO bietet genug Spielraum für eine weite Auslegung der Ermittlungspflicht. Das OLG Hamburg hat mit *Feliksas Bajoras* in Deutschland die Diskussion eröffnet.[110] Das englische Modell hat den Vorzug, daß der Beweis fremden Rechts der Parteidisposition untersteht und insofern Waffengleichheit herrscht. Unbillige Ergebnisse kann der englische Richter (wie in *Krone* oder *Mother Bertha*) über die Beweislast regulieren. Die englische Diskussion zeigt, daß die Handhabung fremden Rechts für internationale Urheberrechtsprozesse von entscheidender Bedeutung ist – nicht zuletzt wegen der Kosten.[111]

---

[105] GRUR Int. 1998, 431–436. Vgl. die parallele und zum Teil wortgleiche Entscheidung des OLG Hamburg, GRUR Int. 1999, 76–82 vom 18.6.1998. (3. Kapitel IV.5.g.).

[106] *Alfred Dunhill* [1979] FSR 337; *Intercontex* [1988] FSR 575 ChD; *Krone*, CA, 27. Juli 1984, Lexis-Nexis; *Def Lepp* [1986] RPC 273–277 ChD (4. Kapitel A.I.3.f., g./4.e., f.).

[107] [1997] EMLR 457 (headnote), 463; hier liegt die Textversion von Lexis-Nexis zugrunde. (4. Kapitel A.II.2.h.).

[108] *Fentiman*, Foreign Law, 152.

[109] *Kropholler*, IPR, § 59 I 2.

[110] 3. Kapitel IV.5.g.

[111] *Adams*, in: *Rickett/Austin*, 251, 264: „To those who may welcome a free market in litigation, I would give an additional warning: the playing field is not level. Traditionally, in common law litigation most of the costs are borne by the parties themselves; by contrast, in civil law countries a large part of the costs are borne in the state, including in patent actions the considerable costs of expert witnesses."

VI. Anerkennung und Vollstreckung

Bei der Anerkennung eines ausländischen Urteils zum internationalen Urheberrecht ist wegen des Territorialitätsprinzips der ordre public zu beachten.[112] Aufgrund ihrer traditionellen Zurückhaltung gegenüber ausländischen Immaterialgüterrechten werden englische Gerichte eine ausländische Entscheidung über britisches Urheberrecht eher als Einmischung in eigene Angelegenheiten verstehen (und ihre Anerkennung verweigern) als deutsche Gerichte, die schon seit siebzig Jahren über ausländische Immaterialgüterrechte entscheiden.[113] Nur in Fällen, in denen das EuGVÜ die Anerkennung vorschreibt, sind deutsche und englische Gerichte wegen Art. 26 EuGVÜ gezwungen, ausländische Entscheidungen über heimisches Immaterialgüterrecht anzuerkennen. Ein Rückgriff auf den ordre public (Art. 27 Abs. 1 EuGVÜ) ist nur in sehr engen, vom EuGH überwachten Grenzen möglich.[114] Ex-parte-Verfügungen sind nach den Vorschriften des EuGVÜ nicht anerkennungsfähig.[115] Besonderheiten bei der Vollstreckung ergeben sich nicht.

---

[112] 3. Kapitel VI; 4. Kapitel B. VI.

[113] 3. Kapitel VI. und 4. Kapitel VI. Vgl. *Rey v Lecouturier* [1908] 2 Ch 715, 731; [1910] AC HL 262 (4. Kapitel A.I.3.c.).

[114] *Renault v Maxicar* GRUR Int. 2000, 759, 761, (33) (3. Kapitel IV.2.a.).

[115] *EMI Records Ltd* [1992] 1 All ER, 616–624 QB (4. Kapitel B.IV.2.).

Literaturverzeichnis

Adams, John N.: Choice of Forum in Patent Disputes. The Herchel Smith Lecture 1995, [1995] EIPR, 497–502.
- Industrial Property in a Globalised Environment: Issues of Jurisdiction and Choice of Law, in: *Rickett/Austin* (ed.), International Intellectual Property and the Common Law World, Oxford 2000, 251–264.

Addor, Felix/Luginbuehl, Stefan: The First Steps Towards an Optional Protocol Under the European Patent Convention on the Settlement of Litigation Concerning European Patents, [2000] EIPR, S-1–S-12.

Albrecht, Christian: Das EuGVÜ und der einstweilige Rechtsschutz in England und in der Bundesrepublik Deutschland, Diss., Heidelberg 1991.

Aldous, William LJ: The Brussels Convention: A New Convention Impinging on Disputes on Jurisdiction Including Those Relating to Intellectual Property Litigation, [2000] FCBJ, 523–528.

American Law Institute: Restatement of Law Second on Conflict of Laws, St. Paul, Vol. 1 1971.

Arndt, Hans-Wolfgang: Europarecht, 2. Aufl., Heidelberg 1995.

Arnold, Richard: Can one Sue in England for Infringement of Foreign Intellectual Property Rights?, [1990] 7 EIPR, 254.

Austin, Graeme W.: The Infringement of Foreign Intellectual Property, [1997] 113 LQR, 321.
- Domestic Laws and Foreign Rights: Choice of Law in Transnational Copyright Infringement Litigation, Columbia-VLA Journal of Law & The Arts 1999, 1–48.
- Copyright Across (and Within) Domestic Borders, in: *Rickett/Austin* (ed.), International Intellectual Property and the Common Law World, Oxford 2000, 105–122.
- Private International Law and Intellectual Property Rights. A Common Law Overview. WIPO Forum, Genf 2001, <http://www.wipo.int/pil-forum/en/> [zitiert: Overview].

Bachmann, Birgit: Internet und IPR, in: *Michael Lehmann* (Hrsg.), Internet- und Multimediarecht (Cyberlaw), Stuttgart 1997, 169–183.
- Der Gerichtsstand der unerlaubten Handlung im Internet, IPRax 1998, 179–187.

Bainbridge, David: Intellectual Property, 4. Aufl., London 1999.

Bappert, Walter/Maunz, Theodor/Schricker, Gerhard: Verlagsrecht, Kommentar zum Gesetz über das Verlagsrecht vom 19.6.1901, 2. Aufl., München 1984.

Bappert, Walter /Wagner, Egon: Internationales Urheberrecht, Kommentar, 1956.
- Das Verhältnis zwischen dem Welturheberrechtsabkommen, der revidierten Berner Übereinkunft und den anderen zwischenstaatlichen Abkommen über das Urheberrecht, GRUR Int. 1956, 350.

von Bar, Christian: Internationales Privatrecht, Band I: Allgemeine Lehren, München 1987.
- Internationales Privatrecht, Band II: Besonderer Teil, München 1991.
- Kollisionsrecht, Fremdenrecht und Sachrecht für internationale Sachverhalte im Internationalen Urheberrecht, UFITA 108 (1988), 27–49.

- Persönlichkeitsrechtsschutz im gegenwärtigen und zukünftigen deutschen Internationalen Privatrecht, in: Law in East and West/Recht in Ost und West, FS zum 30jährigen Jubiläum des Instituts für Rechtsvergleichung der Waseda Universität Tôkyô 1988, 575–596.

Bariatti, Stefania: Internet e il diritto internationale privato: aspetti relativi alla disciplina del diritto d'autore, in: AIDA, Vol. V, 1996, Mailand 1997, 59–82.

Bartin, Emile: Localisation territoriale des monopoles intellectuels (Propriété littéraire et artistique/propriété industrielle), Journal du droit international (Clunet) 1934, 781–833.

- Principes de droit international privé, Bd. III, 1935.

Bartsch/Lutterbeck (Hrsg.): Neues Recht für neue Medien. Im Auftrag der Deutschen Gesellschaft für Recht und Informatik e.V., Köln 1998.

Basedow, Jürgen/Kono,Toshiyuki (ed.): Legal Aspects of Globalization. Conflict of Laws, Internet, Capital Markets and Insolvency in a Global Economy, Den Haag 2000.

Beale, Joseph H.: A Treatise on the Conflict of Laws, Vol. I, New York 1935.

Beatson: [1995] House of Lords, Paper 36, 61–63.

Bechtold, Stefan: Multimedia und Urheberrecht, Tübingen 1997.

Beier, Friedrich: La territorialité du droit des marques et les échanges internationaux, Clunet 1971, 5.

- Territorialität des Markenrechts und internationaler Wirtschaftsverkehr, GRUR Int. 1986, 12.

Beier/Schricker: From GATT to TRIPS – The agreement on Trade-Related Aspects of Intellectual Property Rights, Vol. 18, ICC-Studies, München 1996.

Beier/Schricker/Ulmer: Stellungnahme zum Entwurf eines Gesetzes zur Ergänzung des internationalen Privatrechts (außervertragliche Schuldverhältnisse und Sachen), GRUR Int. 1985, 104–108.

Bender, Gretchen Ann: Clash of the Titans: The Territoriality of Patent Law vs. The European Union, [2000] IDEA, 49–82.

Bently/Cornish: United Kingdom, in: *Geller* (ed.): International Copyright Law and Practice, New York, Stand: Oktober 1999.

Benton, Gary L./Schmidtberger, Paul S.: Intellectual Property Disputes Under the Amended AAA International Rules, [1998] IBL, 359–363.

Bergé, Jean-Sylvestre: La protection internationale et communautaire du droit d'auteur: Essai d'une analyse conflictuelle, Diss., Paris 1996.

Berger, Klaus-Peter: Einheitliche Rechtsstrukturen durch außergesetzliche Rechtsvereinheitlichung, JZ 1999, 369–377.

Bergsma, Regula: Das Prinzip der Inländerbehandlung im internationalen und schweizerischen Urheberrecht, Diss., Bern 1990.

Bergström, Svante: Schutzprinzipien der Berner Übereinkunft nach der Stockholm-Pariser Fassung, GRUR Int. 1973, 238–244.

Graf von Bernstorff, Christian: Einführung in das englische Recht, München 1996.

Bertrams, Heleen: Das grenzüberschreitende Verletzungsverbot im niederländischen Patentrecht, GRUR Int. 1995, 193–201.

Bettinger, Thorsten: Der lange Arm amerikanischer Gerichte: Personal Jurisdiction im Cyberspace. Bericht über die neuere Rechtsprechung amerikanischer Gerichte zur interlokalen und internationalen Zuständigkeit bei Kennzeichenkonflikten im Internet, GRUR Int. 1998, 660–666.

Bettinger, Thorsten/Thum, Dorothee: Territoriales Markenrecht im Global Village. Überlegungen zu internationaler Tatortzuständigkeit, Kollisionsrecht und materiellem Recht bei Kennzeichenkonflikten im Internet, GRUR Int. 1999, 659–681.

Blaikie, James: Choice of Law in Delict and Tort: Reform at Last!, [1997] Edinburgh L. Rev., 361–368.

Blakeney, Michael: Trade Related Aspects of Intellectual Property Rights: A Concise Guide to the TRIPs Agreement, London 1996.

Blobel, Felix/Späth, Patrick: Zum Entwicklungsstand der Lehre vom „forum non conveniens" in England, RIW 2001, 598–604.

Blomeyer, Arwed: Zivilprozeßrecht – Erkenntnisverfahren, 2. Aufl. 1985.

Blumer, Fritz: Patent Law and International Private Law on Both Sides of the Atlantic, WIPO Forum, Genf 2001, <http://www.wipo.int/pil-forum/en/>.

Bogsch, Arpad: Universal Copyright Convention: An analysis and commentary, New York 1958.

Bornkamm, Joachim: Die Gerichtsstandsbestimmung nach §§ 36, 37 ZPO, NJW 1989, 2713–2724.

– Gerichtsstand und anwendbares Recht bei Kennzeichen- und Wettbewerbsverstößen im Internet, in: *Bartsch/Lutterbeck*, 99–115.

– Grenzüberschreitende Unterlassungsklagen im Urheberrecht?, In: *Juergen Schwarze* (Hrsg.), Rechtsschutz gegen Urheberrechtsverletzungen und Wettbewerbsverstöße in grenzüberschreitenden Medien, Baden-Baden 2000, 127–141 [zitiert: *Bornkamm*].

Bouche, Nicolas: Le principe de territorialité de la propriété intellectuelle, Diss., Paris 2000.

Boytha, György: Urheber- und Verlegerinteressen, UFITA 85 (1979), 18.

– Le droit international privé et la protection des droits d'auteur: analyse de certains points spécifiques, DdA 1988, 422–438.

Bradley, Curtis A.: Territorial Intellectual Property Rights in an Age of Globalism, [1997] 37 Virginia J. Int. L., 505.

Braun, Alfons Maria: Die internationale Coproduktion von Filmen im internationalen Privatrecht, Diss., München 1996.

Braun, Thorsten: Das Diskriminierungsverbot des Art. 7 I EWGV und das internationale Urheber- und Leistungsschutzrecht, IPRax 1994, 263–266.

– Joseph Beuys und das deutsche Folgerecht bei ausländischen Kunstauktionen. Anmerkung zu BGH 16.6.1994 - I ZR 24/92, IPRax 1995, 227–230.

Briggs, Adrian: Two Undesirable Side-Effects of the Brussels Convention?, [1997] LQR, 364–368.

– Choice of Law in Tort and Delict [1995] LMCLQ, 519–527.

Briggs, Nicholas: Repairs and spare parts: Mars UK Limited v Teknowledge Limited, [2000] Copyright World, 6–7.

Briggs, W.: The Law of International Copyright, London 1906.

Brinkhof, Jan J.: Das einstweilige Verfügungsverfahren und andere vorläufige Maßnahmen im Zusammenhang mit Patentverletzungen, GRUR Int. 1993, 387.

– Could the President of the District Court of The Hague Take Measures Concerning the Infringement of Foreign Patents?, [1994] 8 EIPR, 360–364.

– Geht das grenzüberschreitende Verletzungsverbot im niederländischen einstweiligen Verfügungsverfahren zu weit?, GRUR Int. 1997, 489.

Buck, Petra: Geistiges Eigentum und Völkerrecht: Beiträge des Völkerrechts zur Fortentwicklung des Schutzes von geistigem Eigentum, Diss., Berlin 1994.

Bühler, Lukas: Schweizerisches und internationales Urheberrecht im Internet, Diss., Freiburg/Schweiz 1999.

Bullen/Leake/Jacob: Precedents of Pleadings, 12. Aufl., London 1975.

Bungeroth, Erhard: Der Schutz der ausübenden Künstler gegen die Verbreitung im Ausland hergestellter Vervielfältigungsstücke ihrer Darbietungen, GRUR 1976, 454–466.

Burghardt, Walter: Der subjektive Anwendungsbereich der in der Pariser Verbandsübereinkunft vorgesehenen besonderen Rechte, GRUR Int. 1973, 600–602.

Burnstein, Matthew R.: Conflicts on the Net: Choice of Law in Transnational Cyberspace, [1996] Vand. J. Transnat. L., 75–116.
Buzzard/May/Howard: Phipson on Evidence, 12. Aufl., London 1976.

Capper, David: Interim Relief in and of Foreign Proceedings, [1997] 16 CJQ, 185.
Carter, P. B.: Decisions of British Courts During 1990, [1990] 61 BYIL, 306.
- The Private International Law (Miscellaneous Provisions) Act 1995, [1996] LQR, 190–194.
Carver, Jeremy/Napier, Christopher: United Kingdom, in: *Platto, Charles/Horton, William G.*, Enforcement of Foreign Judgments Worldwide, 2. Aufl., London 1993.
Carvers, David, F.: The Choice of Law Process, Ann Arbor 1965.
Celli, Alessandro L.: Internationales Kennzeichenrecht, Diss., Basel 2000.
Cheshire/North: Private International Law, *Peter M. North/James J. Fawcett* (ed.), 12. Aufl., London 1992.
Cigoj, Stojan: Internationalprivatrechtliche Aspekte der Urheberrechte, in: *Dieter Henrich und Bernd von Hoffmann* (Hrsg.), Festschrift für Karl Firsching zum 70. Geburtstag, München 1985, 53.
Collins, Lawrence: Territorial Reach, [1989] 105 LQR, 262.
- Forum Non Conveniens and the Brussels Convention, [1990] 106 LQR, 535.
Copinger/Skone James: On Copyright, James, E.P. Skone/Mummery, Sir John/James, J. E. Rayner/Garnett, K. M., 13. Aufl., London 1991.
Cornish, William R.: [1995] House of Lords, Paper 36, 64–65.
- Intellectual Property Infringement and Private International Law: Changing the Common Law Approach, GRUR Int. 1996, 285–289.
- Intellectual Property: Patents, Copyrights, Trade Marks and Allied Rights,
  3. Aufl., London 1996 [zitiert: IP];
  4. Aufl., London 1999 [zitiert: IP, 4. Aufl.].
- Technology and Territoriality: A New Confrontation for Intellectual Property, in: *Werner/Häberle/Kitagawa/Saenger* (Hrsg.), Brücken für die Rechtsvergleichung, Festschrift für Hans Leser, Tübingen 1998, 298–308.
Currie, Brainerd: On the Displacement of the Law of the Forum, in: Selected Essays on the Conflict of Laws 3, Durham 1963.
- Notes on Methods and Objectives in the Conflict of Laws, [1959] Duke LJ, 175–181.

D'Amato, Anthony/Long, Doris Estelle: International Intellectual Property Law, London 1997.
Davies: The Influence of Hubers de Conflictu Legum on English Private International Law, [1937] 18 BYIL, 49.
Davies, Gillian: Urheberrecht in der Informationsgesellschaft: Technische Mechanismen zur Kontrolle privater Vervielfältigung, GRUR Int. 2001, 915–919.
Desbois, Henri: Le droit d'auteur en France, 3. Aufl., Paris 1978.
Dessemontet, Francois: Internet, le droit d'auteur et le droit international privé, SJZ 93 (1996), 285–295.
- Internet, la propriété intellectuelle et le droit international privé, in: *Katharina Boele-Woelki/Catherine Kessedjian* (ed.), Internet: Which Court Decides? Which Law Applies?, Proceedings of the international colloquium in honour of Michel Pelichet in Utrecht, Amsterdam 1998, 47–64.
Dicey & Morris: The Conflict of Laws, 3. Aufl., London 1922; 9. Aufl., London 1973; 12. Aufl., London 1993; 13. Aufl., London 2000.

Dieselhorst, Jochen: Anwendbares Recht bei Internationalen Online-Diensten, ZUM 1998, 293–300.

Dietz, Adolf: Die EU-Richtlinie zum Urheberrecht und zu den Leistungsschutzrechten in der Informationsgesellschaft. Vorstoß in den Kernbereich des Urheberrechts und Leistungsschutzes und seine Folgen, ZUM 1998, 438–451.

Dinwoodie, Graeme B.: A New Copyright Order: Why National Courts Should Create Global Norms, [2000] U. Penn. L. Rev., 469–579.

Dogauchi, Masato: Law Applicable to Torts and Copyright Infringement through the Internet, in: *Basedow/Kono*, Legal Aspects, 49–65. [zitiert: *Dogauchi*].

- Private International Law on Intellectual Property: A Civil Law Overview. WIPO Forum, Genf 2001, <http://www.wipo.int/pil-forum/en/> [zitiert: WIPO Forum]

Dreier, Thomas: TRIPS und die Durchsetzung von Rechten des geistigen Eigentums, GRUR Int. 1996, 205–218.

- The Cable and Satellite Analogy, in: *P. Bernt Hugenholtz* (ed.), the Future of Copyright in a Digital Environment, Proceedings of the Royal Academy Colloquium, Information Law Series, Vol. 4, Den Haag 1996, 57–65.

- Urheberrecht und digitale Werkverwertung: Die aktuelle Lage des Urheberrechts im Zeitalter von Internet und Multimedia, Gutachten an die Friedrich-Ebert-Stiftung, Bonn 1997.

- Urheberrecht an der Schwelle des 3. Jahrtausends. Einige Gedanken zur Zukunft des Urheberrechts, CR 2000, 45–49.

Drexl, Josef: Nach „GATT und WIPO": Das TRIPs-Abkommen und seine Anwendung in der EG, GRUR Int. 1994, 777–788.

Dreyfuss, Rochelle C./Ginsburg, Jane C.: Draft Convention on Jurisdiction and Recognition of Judgments in Intellectual Property Matters, WIPO Forum, Genf 2001, <http://www.wipo.int/pil-forum/en/>.

Drobnig, Ulrich: Originärer Erwerb und Übertragung von Immaterialgüterrechten im Kollisionsrecht, RabelsZ 40 (1976), 195–208.

Droz, Georges A. L.: Vorwort zur Konferenz von Bern vom 7. September 1885, in: Actes de la Conférence, Bern 1884, 1885.

Dunkl, Hans/Moeller, Dieter/Baur, Hansjörg/Feldmeier, Georg: Handbuch des vorläufigen Rechtsschutzes. Einstweiliger Rechtsschutz in allen wichtigen Verfahrensarten, 3. Aufl., München 1999.

Dutson, Stuart: The Internet, the Conflict of Laws, international litigation and intellectual property: the implications of the international scope of the Internet on intellectual property infringements, [1997] JBL, 495–513.

- Actions for Infringement of a Foreign Intellectual Property Right in an English Court, [1997] ICLQ, 918–925.

- The Infringement of Foreign Intellectual Property Rights – A Restatement of the Terms of Engagement, [1998] ICLQ, 659–679.

- Jurisdiction, in: A Practitioner's Guide to the Regulation of the Internet, London 1999, 101–115.

Dworkin/Sterling: Phil Collins and the Term Directive [1994] EIPR, 187.

Ehrenzweig, Albert A: Private Internatioal Law. A Comparative Treatise on American International Conflicts Law, Including the Law of Admiralty. Vol. I, General Part, Leyden 1974.

Eilers, Anke: Maßnahmen des einstweiligen Rechtsschutzes im europäischen Zivilrechtsverkehr – Internationale Zuständigkeit, Anerkennung und Vollstreckung, Diss., Bielefeld 1990.

Ellis, Edward J.: National Treatment Under the Berne Convention and the Doctrine of Forum Non Conveniens, 36 IDEA, 327–339.

EU-Kommission: Vorschlag der Europäischen Kommission für eine Richtlinie des Europäischen Parlaments und des Rates zur Harmonisierung bestimmter Aspekte des Urheberrechts und der verwandten Schutzrechte in der Informationsgesellschaft vom 10. Dezember 1997, Abl. EG 1998 Nr. C 108, S. 6 = KOM 97, 626 = GRUR Int. 1998, 402.

Fawcett, James J. (ed.): Declining Jurisdiction in Private International Law. Reports to the XIV Congress of the International Academy of Comparative Law, Athens, August 1994, Oxford 1995.

Fawcett, James J./Torremans, Paul: Intellectual Property and Private International Law, Oxford 1998.

Fechner, Frank: Geistiges Eigentum und Verfassung: schöpferische Leistungen unter dem Schutz des Grundgesetzes, Tübingen 1999.

Federrath, Hannes: Mulimediale Inhalte und technischer Urheberrechtsschutz im Internet, ZUM 2000, 804–810.

Fentiman, Richard: Foreign Law in English Courts, Oxford 1998.

Ferid, Murad: Internationales Privatrecht, 3. Aufl., Frankfurt am Main 1986.

Fichte, Johann Gottlieb: Beweis der Unrechtmäßigkeit des Büchernachdrucks (1793), UFITA 106 (1987), 155–172.

Firsching: Der Schutz der ausübenden Künstler aus europäischer Perspektive im Hinblick auf das „Phil Collins"-Urteil des EuGH, UFITA 133 (1997), 131–247.

Flechsig, Norbert P.: Urheberrecht und verwandte Schutzrechte in der Informationsgesellschaft. Der Richtlinienvorschlag der EG-Kommission zur Harmonisierung bestimmter Aspekte dieser Rechte, CR 1998, 225–232.

Flechsig/Klett, EU und europäischer Urheberschutz, ZUM 1994, 685–698.

Franzosi: World Wide Patent Litigation and the Italian Torpedo, [1997] EIPR, 382.

Freitag, Robert/Leible, Stefan: Das Bestimmungsrecht des Art. 40 Abs. 1 EGBGB im Gefüge der Parteiautonomie im Internationalen Deliktsrecht, ZVglRWiss 99 (2000) 101–142.

Fromm, Friedrich Karl/Nordemann, Wilhelm: Urheberrecht, 8. Aufl., Stuttgart 1994.

von Gamm, Otto-Friedrich Freiherr: Die Pariser Revisionen der Revidierten Berner Übereinkunft und des Welturheberrechtsabkommens, NJW 1972, 2065.

- Urheberrechtsgesetz, München 1968.

Gaster, Jens: Die Erschöpfungsproblematik aus der Sicht des Gemeinschaftsrechts, GRUR Int. 2000, 571–584.

Gautier, Pierre-Yves: Du droit applicable dans le „village planétaire" au titre de l'usage immatériel des œuvres, Recueil Dalloz Sirey 1996, Chronique, 131–135.

Geimer, Reinhold: Internationales Zivilprozeßrecht, 2. Aufl., Köln 1993.

- Rechtsschutz in Deutschland künftig nur bei Inlandsbezug?, NJW 1991, 3072–3074.

Geimer/Schütze: Handbuch des Internationalen Zivilverfahrensrechts, Bd. I, München 1982; Bd. II/1, München 1994; Bd. III/1 und Bd. III/2, München 1984.

- Europäisches Zivilverfahrensrecht. Kommentar zum EuGVÜ und zum Lugano-Übereinkommen, München 1997.

Geller, Paul Edward: Conflicts of Laws in Cyberspace: Rethinking International Copyright in a Digitally Networked World, [1996] Columbia-VLA JLA, 571–603.

- From Patchwork to Network: Strategies for International Intellectual Property in Flux, [1998] 31 Vanderbilt J. Transnat. L., 553.

- International Copyright. An Introduction, in: *Geller* (ed): International Copyright Law and Practice, New York, Stand: Oktober 1999.

- Internationales Immaterialgüterrecht, Kollisionsrecht und gerichtliche Sanktionen im Internet, GRUR Int. 2000, 659–664.

Gerhart, Peter M.: Why Lawmaking for Global Intellectual Property is Unbalanced, [2000] EIPR, 309–313.

Gerth, Joachim: Sind wir auf dem Weg zu einem einheitlichen Urheberrecht in Europa?, in: *Prütting* (Hrsg.), Entwicklung, 99–118.

Gibson, Peter et. al.: The Law Commission and The Scottish Law Commission. Private International Law. Choice of Law in Tort and Delict, London 1990 [zitiert: Report].

Ginsburg, Jane C.: Global Use/Territorial Rights: Private International Law Questions of the Global Information Infrastructure, [1995] 42 Journal of the Copyright Society USA, 318.
- Copyright Without Borders? Choice of Forum and Choice of Law for Copyright Infringement in Cyberspace, [1997] 15 Cardozo Arts & Ent. L. J., 153.
- Comment, Extraterritoriality and Multiterritoriality in Copyright Infringement, [1997] 37 Virginia J. Int. L., 587–602.
- Private International Law Aspects of the Protection of Works and Objects of Related Rights Transmitted through Digital Networks, in: Group of Consultants on the Private International Law Aspects of the Protection of Works and Objects of Related Rights Transmitted through Global Digital Networks, WIPO-Dok. GCPIC/2, 30. November 1998, <http://www.wipo.int/eng/meetings/1998/gcpic/index.htm> [zitiert: Study].
- The Private International Law of Copyright, in: Académie de Droit International de la Haye, Recueil des cours 1998, Tome 273, 241–405, Den Haag 1999 [zitiert: Recueil].
- Die Rolle des internationalen Urheberrechts im Zeitalter der internationalen Urheberrechtsnormen, GRUR Int. 2000, 97–110.
- Private International Law Aspects of the Protection of Works and Objects of Related Rights Transmitted Through Digital Networks (2000 Update), WIPO Forum, Genf 2001, <http://www.wipo.int/pil-forum/en/> [zitiert: 2000 Update].

Ginsburg, Jane C./Gauthier, Myriam: The Celestial Jukebox and Earthbound Courts: Judicial Competence in the European Union and the United States over Copyright Infringements in Cyberspace, RIDA 173 (1997), 61–135.

Glenn, Patrick: Codification of Private International Law in Quebec – an Overview, IPRax 1994, 308–311.

Gloy/Loschelder: Haager Konferenz für internationales Privatrecht – Vorentwurf eines Übereinkommens über die gerichtliche Zuständigkeit in Zivil- und Handelssachen. Ergänzende Ausführungen vom 17.01.2001 zur Stellungnahme der Deutschen Vereinigung für gewerblichen Rechtsschutz vom 16.12.1999, GRUR 2001, 404–405.

Lord *Goff of Chieveley:* The Future of the Common Law. The Wilberforce Lecture 1997, [1997] ICLQ, 745–760.

Goldschmidt, Werner: Zur ontologisch-logischen Erfassung des IPR, ÖZÖffR 4 (1952), 121.

Götting, Horst-Peter (Hrsg.): Multimedia, Internet und Urheberrecht, Dresden 1998.

Grabinski, Klaus: Zur Bedeutung des Europäischen Gerichtsstands- und Vollstreckungsübereinkommens (Brüsseler Übereinkommens) und des Lugano-Übereinkommens in Rechtsstreitigkeiten über Patentverletzungen, GRUR Int. 2001, 199–213.

Gravatt, Brean/Elliott, Clive: Domain Name Disputes in a Cross-border Context, [1999] EIPR, 417–419.

Graveson, R.H.: Towards a Modern Applicable Law in Tort, [1969] 85 LQR, 505–515.

Grosheide, Willem: Durchsetzung von Urheberrechten im Wege einstweiliger Maßnahmen, GRUR Int. 2000, 310–324.

Großfeld, Bernhard: Kernfragen der Rechtsvergleichung, Tübingen 1996.

Grünbuch der Kommission der Europäischen Gemeinschaften vom 19. Juli 1995. Abgedruckt in: UFITA 129 (1995), 251–289 und UFITA 130 (1996), 163–201.

Grunert, Jens: Die „world-wide" Mareva Injunction. Eine Zwischenbilanz, Diss., Baden-Baden 1998.

Hansen, Hugh C.: International Copyright: An Unorthodox Analysis, [1996] Vand. J. Transnat. L., 579–593.

Hardy, Trotter: The Proper Legal Regime for „Cyberspace", [1994] 55 U. Pitt. L. Rev., 993.

Hartley, T.C.: Civil Jurisdiction and Judgments Act, London 1984.

- Pleading and Proof of Foreign Law: The Major European Systems Compared, [1996] 45 ICLQ, 271–292.

Hartwieg, Oskar: Die Kunst des Sachvortrags im Zivilprozeß. Eine rechtsvergleichende Studie zur Arbeitsweise des englischen Pleading-Systems, Heidelberg 1988.

- Die Klassifikation von Mobiliarsicherheiten im grenzüberschreitenden Handel. Zur verfahrensorientierten Qualifikation im Kollisionsrecht, RabelsZ 57 (1993), 607–640.

- Forum Shopping zwischen Forum Non Conveniens und „hinreichendem Inlandsbezug"; JZ 1996, 109–118.

- Die schnellen Rechtsbehelfe – *world-wide* und notfalls *ex proviso* – in der Debatte um die Juristenausbildung und Anwaltsbezogenheit, JZ 1997, 381–390.

- Remedial Metamorphoses of Collateral at State Borders – Classifications of Security Interests on the Highways of International Commerce, in *Norton/Röver/Andenas* (ed.), Emerging Financial Markets and Secured Transactions, 1998, 49–81.

- Prozeßreform und Summary Judgment, ZZPInt 5 (2000), 19–58.

- Pleading Actions and Defences under Foreign Law, in: *Fletcher/Mistelis/Cremona* (ed.), Foundations and Perspectives of International Trade Law, London 2001, 173–192. [zitiert: Pleading Actions].

- Auslandsurteile im Wirkungsvergleich, in: *Hof/Schulte* (Hrsg.), Wirkungsforschung zum Recht – Folgen von Gerichtsentscheidungen, Baden-Baden 2002.

Hartwieg, Oskar/Grunert, Jens: Bedarf und Möglichkeiten provisorischer Eilverfügungen im E-Commerce, ZIP 2000, 721–732.

Hartwieg, Oskar/Korkisch, Friedrich: Die geheimen Materialien zur Kodifikation des deutschen Internationalen Privatrechts 1881-1896; Tübingen 1973.

Hausmann, R.: Zur Anerkennung und Vollstreckung von Maßnahmen des einstweiligen Rechtsschutzes im Rahmen des EG-Gerichtsstands- und Vollstreckungsübereinkommens, IPRax 1981, 79–82.

Heimsoeth, Stefan: Der Schutz ausländischer Urheber nach dem deutschen Urheberrechtsgesetz. Zugleich ein Beitrag zum Diskriminierungsverbot des Art. 6 Abs. 1 EG-Vertrag, Diss., Bonn 1997.

von Hein, Jan: Das Günstigkeitsprinzip im Internationalen Deliktsrecht, Diss., Tübingen 1999

- Günstigkeitsprinzip oder Rosinentheorie? – Erwiderung auf Lorenz, NJW 1999, 2215, NJW 1999, 3174–3175.

- Rück- und Weiterverweisung im neuen deutschen Internationalen Deliktsrecht, ZVglRWiss 99 (2000), 251–277.

- Rechtswahlfreiheit im Internationalen Deliktsrecht, 595–613.

Heiss, B.-R.: Einstweiliger Rechtsschutz im europäischen Zivilrechtsverkehr (Art. 24 EuGVÜ), Berlin 1987.

Heß, Burkhard: Steht das geplante weltweite Zuständigkeits- und Vollstreckungsübereinkommen vor dem Aus?, IPRax 2000, 342.

Hilpert, Hanns Günther: TRIPS und das Interesse der Entwicklungsländer am Schutz von Immaterialgüterrechten in ökonomischer Sicht, GRUR Int. 1998, 91–99.

Hilty, Reto M.: Die Rechtsbeziehungen rund um den Information Highway, in: ders. (Hrsg.): Information Highway: Beiträge zu rechtlichen und tatsächlichen Fragen, Bern 1996, 437–488.

von Hinden, Michael: Persönlichkeitsverletzungen im Internet: das anwendbare Recht, Diss., Tübingen 1999.

Hoeren, Thomas: Entwurf einer EU-Richtlinie zum Urheberrecht in der Informationsgesellschaft. Überlegungen zum Zwischenstand der Diskussion, MMR 2000, 515–521.

Hoeren, Thomas/Thum, Dorothee: Internet und IPR – Kollisionsrechtliche Anknüpfungen in internationalen Datennetzen, in: *Robert Dittrich* (Hrsg.), Beiträge zum Urheberrecht V, Wien 1997, 78–97.

Hoffmann, Willy: Das Urheberrecht im Internationalen Privatrecht, UFITA 11 (1938), 185–196.

von Hoffmann, Bernd (Hrsg.): Internationales Haftungsrecht im Referentenentwurf des Bundesjustizministeriums vom 1.12.1993, IPRax 1996, 1–8.

- European Private International Law, Nijmegen 1998.

Hohagen, Gisbert: Geistiges Eigentum im Dienst der Innovation. Bericht über das Eröffnungssymposium des Max-Planck-Institutes für ausländisches und internationales Patent-, Urheber- und Wettbewerbsrecht, München (12. und 13. Oktober 1999), GRUR Int. 2000, 246–265.

Hohloch, Gerhard: Anknüpfungsregeln des Internationalen Privatrechts bei grenzüberschreitenden Medien, in: *Schwarze*, Rechtsschutz, 92–107 [zitiert: *Hohloch*].

House of Lords: [1995] Paper 36, Working Commission, Private International Law Act 1995.

Huber, Peter: Die englische forum-non-conveniens-Doktrin und ihre Anwendung im Rahmen des Europäischen Gerichtsstands- und Vollstreckungsübereinkommens, 1994.

- Persönlichkeitsschutz gegenüber Massenmedien im Rahmen des Europäischen Zivilprozeßrechts. Anmerkung zur Entscheidung des Europäischen Gerichtshofes vom 7. März 1995 – Fiona Shevill u.a./Presse Alliance SA, ZEuP 1996, 300–313.

Hugenholtz, Bernt: Why the Copyright Directive is Unimportant, and Possibly Invalid, [2000] EIPR, 499–505.

Intveen, Carsten: Internationales Urheberrecht und Internet. Zur Frage des anzuwendenden Urheberrechts bei grenzüberschreitenden Datenübertragungen, Diss., Baden-Baden 1999.

Jacob, Sir Jack I.H.: The Fabric of English Civil Justice, London 1987.

Jaeckel, F.: Die Reichweite der lex fori im internationalen Zivilprozeßrecht, Diss., Berlin 1995.

Jayme, Erik: Internationaler Kongreß für Rechtsvergleichung in Athen – Fragen des Internationalen Privatrechts, IPRax 1994, 481–482.

- Zum Jahrtausendwechsel: Das Kollisionsrecht zwischen Postmoderne und Futurismus, IPRax 2000, 165–171.

Jayme, Erik/Hausmann, Rainer: Internationales Privat- und Verfahrensrecht, 10. Aufl., München 2000.

Jayme, Erik/Kohler, Christian: Europäisches Kollisionsrecht 2000: Interlokales Privatrecht oder universelles Gemeinschaftsrecht?, IPRax 2000, 454–464.

Jehoram/Keuchenius/Brownlee (ed.): Trade-Related Aspects of Copyright. The 10th Annual Seminar of the Dutch Foundation for Copyright Promotion, Deventer 1996.

Jenard: Bericht zum EuGVÜ vom 27.9.1968 und zum Protokoll betreffend die Auslegung des EuGVÜ vom 3.6.1971, ABl. 5. 3. 1979 Nr. C 59, 1–70 = BT-Drucksache VI/1973, 52–104 und VI/3294.

Joerges, Christian: Zum Funktionswandel des Kollisionsrechts, Berlin 1971.

Johnson, David R./Post David: Law and Borders – The Rise of Law in Cyberspace, [1996] 48 Stanford L. Rev., 1367–1402.

Jooris, Eric: Infringement of Foreign Copyright and the Jurisdiction of English Courts [1996] 3 EIPR, 127.

Junker, Abbo: Neuere Entwicklungen im Internationalen Privatrecht, RIW 1998, 741–750.

- Die IPR-Reform von 1999: Auswirkungen auf die Unternehmenspraxis, RIW 2000, 241.

Kant, Immanuel: Zum ewigen Frieden, in: Königlich Preußische Akademie der Wissenschaften (Hrsg.), Kant's Werke, Bd. VIII, Abhandlungen nach 1781, Berlin 1923, Erster Abschnitt Nr. 5, 346.

- Von der Unrechtmäßigkeit des Büchernachdrucks (1785), in: UFITA 106 (1987), 137–144.

Karg, Tanja: Interferenz der ZPO durch TRIPS – Auswirkungen auf den einstweiligen Rechtsschutz im Urheberrechtsprozess, ZUM 2000, 934–945.

Karnell, Gunnar W.G.: Wer liebt Phil Collins?, GRUR Int. 1994, 733–741.

- The Berne Convention Between Authors' Rights and Copyright Economics – An International Dilemma, [1995] 26 IIC, 193–213.

Karsten, I.G.F.: Foreign Torts and English Courts. Chaplin v Boys: Another Analysis, [1970] 19 ICLQ, 35–46.

Katzenberger, Paul: Deutsches Folgerecht und ausländische Kunstauktionen, GRUR Int. 1992, 567–588.

- TRIPS und das Urheberrecht, GRUR Int. 1995, 447–468.

Kaye, Peter: Recent Developments in the English Private International Law of Tort, IPRax 1995, 406–409.

Kegel, Gerhard: Internationales Privatrecht, 7. Aufl., München 1995.

Kegel/Schurig: Internationales Privatrecht, 8. Aufl., München 2000.

Kéréver, André: Propriété intellectuelle – La détermination de la loi applicable aux transmissions numérisées, in: *Jacques Frémont/Jean-Paul Ducasse* (ed.), Les autoroutes de l'information: enjeux et défis, Actes du colloque tenu dans le cadre des Huitièmes Entretiens Centre Jacques Cartier, Montréal 1996, 253–269.

Kessedjian, Catherine: Synthesis of the Work of the Special Commission of June 1997 on International Jurisdiction and the Effects of Foreign Judgments in Civil and Commercial Matters, Den Haag 1997, <http://www.hcch.net/e/workprog/jdgm.html>.

- Synthesis of the Work of the Special Commission of March 1998 on International Jurisdiction and the Effects of Foreign Judgments in Civil and Commercial Matters, Den Haag 1998, <http://www.hcch.net/e/workprog/jdgm.html>.

- Note on Provisional and Protective Measures in Private International and Comparative Law – Preliminary Document No. 10 of Ocober 1998, Den Haag 1998, <http://www.hcch.net/e/workprog/jdgm.html>.

Khadjavi-Gontard: Der Grundsatz der Inländerbehandlung im Internationalen Urheberrecht, Berlin 1977.

Kieninger, Eva-Maria: Internationale Zuständigkeit bei der Verletzung ausländischer Immaterialgüterrechte: Common Law auf dem Prüfstand des EuGVÜ. Zugleich Anmerkung zu Pearce v. Ove Arup Partnership Ltd. and others (Chancery Division) und Coin Controls Ltd. v. Suzo International (UK) Ltd and others (Chancery Division), GRUR Int. 1998, 280–290.

Klett, Alexander: Urheberrecht im Internet aus deutscher und amerikanischer Sicht, Diss., Baden-Baden 1998.

Knörzer, Thomas: Das Urheberrecht im deutschen Internationalen Privatrecht, Diss. Mannheim 1991.

Koch, Harald: Anerkennung und Vollstreckung ausländischer Urteile und ausländischer Schiedssprüche in der Bundesrepublik Deutschland, in: *Peter Gilles* (Hrsg.), Effiziente Rechtsverfolgung. Deutsche Landesberichte zur VIII. Weltkonferenz für Prozeßrecht in Utrecht 1987, Heidelberg 1987.

- Grenzüberschreitender einstweiliger Rechtsschutz, in: *Reinhold Geimer* (Hrsg.), Anerkennung ausländischer Entscheidungen in Deutschland, München 1995, 84–102.

Koch/Magnus/Winkler von Mohrenfels: IPR und Rechtsvergleichung, 2. Aufl., München 1996.

Köster, Thomas: Urheberkollisionsrecht im Internet – Aufweichung des „Territorialitätsprinzips" durch das europäische „Ursprungslandprinzip"?, in: *Götting* (Hrsg.) Multimedia, 152–168.

Koumantos, Georges: Le droit international privé et la Convention de Berne, DdA 1988, 439.

- Sur le droit international privé du droit d'auteur, in: Il diritto di autore, Rivista trimestriale publicata a cura della Consulta legale della Società italiana degli autori et editori, Anno L, Nr. 2–3, Rom 1979, 616.

Kreile, Reinhold/Becker, Jürgen: Neuordnung des Urheberrechts in der Europäischen Union, GRUR Int. 1994, 901–911.

Kreuzer, Karl: Gutachtliche Stellungnahme zum Referentenentwurf eines Gesetzes zur Ergänzung des Internationalen Privatrechts (Außervertragliche Schuldverhältnisse und Sachen) – Sachenrechtliche Bestimmungen, in: *Dieter Henrich* (Hrsg.), Vorschläge und Gutachten zur Reform des deutschen internationalen Sachen- und Immaterialgüterrechts. Im Auftrag der Ersten Kommission des Deutschen Rates für Internationales Privatrecht, Tübingen 1991 [zit.: Gutachten].

Kreuzer, Karl/Klötgen, Paul: Die Shevill-Entscheidung des EuGH: Abschaffung des Deliktsortgerichtsstands des Art. 5 Nr. 3 EuGVÜ für ehrverletzende Streudelikte, IPRax 1997, 90–96.

Kropholler, Jan: Europäisches Zivilprozeßrecht. Kommentar zu EuGVÜ und Lugano-Übereinkommen, 6. Aufl., Heidelberg 1998 [zit.: EZPR].

- Internationales Privatrecht einschließlich der Grundbegriffe des Internationalen Zivilverfahrensrechts, 3. Auflage, Tübingen 1997 [zit.: IPR].

- Internationales Privatrecht einschließlich der Grundbegriffe des Internationalen Zivilverfahrensrechts, 4. Auflage, Tübingen 2001 [zit.: IPR, 4. Aufl.].

Krüger, Christof: Zum Leistungsschutzrecht ausländischer ausübender Künstler in der Bundesrepublik Deutschland im Falle des sog. bootlegging, GRUR Int. 1986, 381–387.

Kubis, Sebastian: Internationale Zuständigkeit bei Persönlichkeits- und Immaterialgüterrechtsverletzungen, Diss., Bielefeld 1999.

Kuner, Christopher: Internationale Zuständigkeitskonflikte im Internet, CR 1996, 453–458.

Kur, Annette: Immaterialgüterrechte in einem weltweiten Vollstreckungs- und Gerichtsstandsübereinkommen – Auf der Suche nach dem Ausweg aus der Sackgasse, GRUR Int. 2001, 908–915.

Ladas, S.: The International Protection of Literary and Artistic Property, Vol. I, New York 1938.

Laddie, Hugh/Prescott, Peter/Vitoria, Mary: The Modern Law of Copyright and Designs, 2. Aufl., London 1995.

Lambert, John: I.P. Litigation after Woolf, [1999] EIPR, 427–440.

Leflar, Robert A.: Conflicts Law: More on Choice-Influencing Considerations, [1966] 54 Cal. L. Rev., 267–327.

Lehmann, Michael: Konvergenz der Medien und Urheberrecht, CR 2000, 50–60.

von Lewinski, Silke: Das Urheberrecht zwischen GATT/WTO und WIPO, UFITA 136 (1998) 103–127.
-   Der EG-Richtlinienvorschlag zum Urheberrecht und zu verwandten Schutzrechten in der Informationsgesellschaft, GRUR Int. 1998, 637–642.
Lipstein, Kurt: Philips v Eyre – A Re-Interpretation, in: *Ernst von Caemmerer/Soia Mentschikoff/Konrad Zweigert* (Hrsg.), Festschrift für Max Rheinstein zum 70. Geburtstag, Bd. 1, Tübingen 1969, 411–427.
-   Principles of the Conflict of Laws National and International, Den Haag 1981.
Locher, Felix: Das internationale Privat- und Zivilprozeßrecht der Immaterialgüterrechte aus urheberrechtlicher Sicht, Diss., Zürich 1993.
Locke, John: Two Treatises of Government, Book II, *Peter Lawslett* (ed.), 2. Aufl., Cambridge 1967.
Loewenheim, Ulrich: Gemeinschaftsrechtliches Diskriminierungsverbot und nationales Urheberrecht, NJW 1994, 1046–1048.
-   Harmonisierung des Urheberrechts in Europa, GRUR Int. 1997, 285.
Löffler, Severin: Mediendelikte im IPR und IZPR. Persönlichkeitsverletzungen durch Medien im Spiegel des deutschen, französischen, schweizerischen und österreichischen Rechts unter besonderer Berücksichtigung des Internets und des Gegendarstellungsanspruchs, Diss., Frankfurt 2000.
Lorenz, Stephan: Zivilprozessuale Konsequenzen der Neuregelung des Internationalen Deliktsrechts: Erste Hinweise für die anwaltliche Praxis, NJW 1999, 2215–2218.
Lucas, André: Droit d'auteur et numérique, Paris 1998.
-   Aspects de droit international privé de la protection d'œuvres et d'objets de droits connexes transmis par réseaux numériques mondiaux, in: Group of Consultants on the Private International Law Aspects of the Protection of Works and Objects of Related Rights Transmitted through Global Digital Networks, WIPO-Dok. GCPIC/1, 25. November 1998; <http://www.wipo.int/eng/meetings/1998/gcpic/index.htm> [zitiert: Study].
-   Private International Law Aspects of the Protection of Works and of the Subject Matter of Related Rights Transmitted over Digital Networks. WIPO Forum, Genf 2001, <http://www.wipo.int/pil-forum/en/>. [zitiert: WIPO Forum]
Lütcke, Jens: Persönlichkeitsrechtsverletzungen im Internet: eine rechtsvergleichende Untersuchung zum deutschen und amerikanischen Recht, Diss., München 2000.
Lundstedt, Lydia: Gerichtliche Zuständigkeit und Territorialitätsprinzip im Immaterialgüterrecht – Geht der Pendelschlag zu weit?, GRUR Int. 2001, 103–111.

Mackensen, Jürgen: Der Verlagsvertrag im internationalen Privatrecht, Diss., München 1965.
Mäger, Stefan: Der Schutz des Urhebers im internationalen Vertragsrecht, Diss., 1995.
Majoros, Ferenc: Les arrangements bilateraux en matière de droit d'auteur. Avant-propos de Gerhard Kegel, Paris 1971.
Mankowski, Peter: Das Internet im Internationalen Vertrags- und Deliktsrecht, RabelsZ 63 (1999), 203–294.
Mann, Frederick A.: Öffentlich-Rechtliche Ansprüche im IPR, RabelsZ 21 (1956), 6.
-   Foreign Affairs in English Courts, Oxford 1986.
Martiny, Dieter: Verletzung von Immaterialgüterrechten, RabelsZ 40 (1976), 218.
-   Handbuch des Internationalen Zivilverfahrensrechts, Bd. III/1, Tübingen 1984.
Matscher, Franz: Vollstreckung im Auslandsverkehr von vorläufig vollstreckbaren Entscheidungen und von Maßnahmen des provisorischen Rechtsschutzes, ZZP 95 (1982), 170–235.
McLachlan, Campbell/Nygh, Peter (ed.): Transnational Tort Litigation: Jurisdictional Principles, Oxford 1996.

von Mehren, Arthur T.: The Hague Jurisdiction and Enforcement Convention Project Faces an Impasse – A Diagnosis and Guidelines for a Cure, IPRax 2000, 465–468.

von Mehren, Arthur T./Trautmann, D.T.: The Law of the Multistate Problems. Cases & Materials on Conflict of Laws, Boston 1965.

von Mehren, Arthur T./Michaels, Ralf: Pragmatismus und Realismus für die Haager Verhandlungen zu einem weltweiten Gerichtsstands- und Vollstreckungsübereinkommen, DAJV-NL 2000, 124–128.

von Meibom/Pitz, Grenzüberschreitende Verfügungen im internationalen Patentverletzungsverfahren, Mitteilungen der deutschen Patentanwälte 1996, 181.

Mes, Peter: Si tacuisses. – Zur Darlegungs- und Beweislast im Prozeß des gewerblichen Rechtsschutzes, GRUR 2000, 934–942.

Mestmäcker, Ernst-Joachim: Schutz der ausübenden Künstler und EWG-Diskriminierungsverbot, GRUR Int. 1993, 532–536.

Mestmäcker, Ernst-Joachim/Schulze, Erich: Kommentar zum deutschen Urheberrecht, Band I und II, Loseblattsammlung, 25. Lieferung, Juli 1998, Frankfurt a.M.

Mistelis, Loukas: Charakterisierungen und Qualifikation im internationalen Privatrecht: zur Lehre einer parteispezifischen Qualifikation im Kollisionsrecht der privaten Wirtschaft, Diss., Tübingen 1999.

- Is Harmonisation a Necessary Evil? The Future of Harmonisation and New Sources of International Trade Law, in: *Fletcher/Mistelis/Cremona* (ed.), Foundations and Perspectives of International Trade Law, London 2001, 3–27.

Mistelis, Loukas/Grunert, Jens: XIV. Internationaler Kongreß für Rechtsvergleichung (Athen 31. Juli – 6. August 1994), Versagung der internationalen Zuständigkeit in Zivil- und Handelssachen, Rules For Declining To Exercise Jurisdiction in Civil and Commercial Matters: *Forum non conveniens* and *lis alibi pendens,* in ZvglRWiss 94 (1995), 204–215.

Mohrbach, B.: Einstweiliger Rechtsschutz in Zivilsachen – eine rechtsvergleichende Untersuchung, Diss., Frankfurt 1988.

Möhring, Philipp/Nicolini, Käte: Urheberrechtsgesetz, Berlin 1970.

Morse, C. G. J.: Torts in private international law: a new statutory framework, [1996] ICLQ, 888–902.

Münchener Kommentar zum Bürgerlichen Gesetzbuch: EGBGB, 3. Aufl., München 1998 [zit.: MünchKomm-*Kreuzer*].

Münchener Kommentar zur Zivilprozeßordnung: *Gerhard Lüke/Alfred Walchshöfer* (Hrsg.), 3 Bände, München 1992 [zit.: MünchKomm-Bearbeiter].

Lord *Mustill:* The New Lex Mercatoria: The First Twenty-five Years, in: Liber Amicorum for Lord Wilberforce, Oxford 1987, 149–183.

Muth, Susanne: Die Bestimmung des anwendbaren Rechts bei Urheberrechtsverletzungen im Internet, Diss., Frankfurt 2000.

Nerenz, Jochen: Urheberschutz bei grenzüberschreitenden Datentransfers: Lex Loci Protectionis und Forum Delicti, Diss., Konstanz 2000.

Neuhaus, Paul Heinrich: Internationales Zivilprozessrecht und Internationales Privatrecht. Eine Skizze, RabelsZ 20 (1955), 201.

- Die Grundbegriffe des Internationalen Privatrechts, Berlin 1962.

- Freiheit und Gleichheit im internationalen Immaterialgüterrecht, RabelsZ 40 (1976), 191–195.

Neuhaus: Das EuGVÜ und das LugÜ soweit hiervon Streitigkeiten des gewerblichen Rechtsschutzes betroffen werden, Mitteilungen der deutschen Patentanwälte 1996, 296.

Melville B. Nimmer: Who is the Copyright Owner When Laws Conflict?, GRUR Int. 1973, 302–306.

Nimmer, Melville B./Nimmer, David: Nimmer on Copyright, New York, Loseblattsammlung, Stand: 1997.

Nirk, Rudolf: Zum Anwendungsbereich des Territorialitätsprinzips und der lex rei (sitae) im Internationalen Patent- und Lizenzrecht, in: *Glanzmann/Faller* (Hrsg.), Ehrengabe für Bruno Heusinger, München 1968, 217–237.

- Grundfragen des deutschen Internationalen Privat- und Zivilprozeßrechts im Patent- und Lizenzrecht, Mitteilungen der deutschen Patentanwälte 60 (1969), 328.

Nirk/Hülsmanm: Urheberrechtlicher Inlandsschutz aufgrund des gemeinschaftsrechtlichen Diskriminierungsverbotes?, in: Festschrift Piper 1996, 725–746.

Nordemann, Wilhelm/Vinck, Kai/Hertin, Paul W.: Internationales Urheberrecht und Leistungsschutzrecht der deutschsprachigen Länder unter Berücksichtigung auch der Staaten der Europäischen Gemeinschaft, Kommentar, Düsseldorf 1977.

Nordemann/Vinck/Hertin/Meyer, International Copyright and Neighbouring Rights Law, Weinheim 1990.

Norton Rose on Civil Jurisdiction and Judgments, *Briggs/Rees* (ed.), London 1993.

North, P.M./Webb, P.R.H.: Foreign Torts and English Courts I. The Effect of *Chaplin v Boys*, [1970] 19 ICLQ, 24–35.

North, P.M.: Contract as a Tort Defence in the Conflict of Laws, [1977] ICLQ, 914–931.

Nouvier, Mercedes: La propriéte intellectuelle en droit international privé suisse, Diss., Genf 1996.

Nussbaum, Arthur: Deutsches internationales Privatrecht, Tübingen 1932.

- Grundzüge des Internationalen Privatrechts unter besonderer Berücksichtigung des amerikanischen Rechts (übersetzt und mit Erläuterungen versehen von Ab Hosiolky), München 1952.

Olzen, Dirk: Die Wahrheitspflicht der Parteien im Zivilprozeß, ZZP 1985, 403–426.

O'Malley, S./Layton, A.: European Civil Practice, London 1989.

Otte, Karsten: Scheitert das Haager Zuständigkeits- und Vollstreckungsabkommen?, DAJV-NL 2000, 43–46.

- Internationale Zuständigkeit und Territorialitätsprinzip – Wo liegen die Grenzen der Deliktszuständigkeit bei Verletzung eines europäischen Patents?, IPRax 2001, 315–320.

Pacón, Ana María: What Will TRIPs Do For Developing Countries?, in: *Beier/Schricker:* From GATT to TRIPS – The agreement on Trade-Related Aspects of Intellectual Property Rights, Vol. 18, IIC-Studies, München 1996.

Parker: [1995] House of Lords, Paper 36, Written Evidence, 49–50.

Patry, William: Choice of Law and International Copyright, [2000] Am. J. Comp. L, 383–469.

Paul, Joel: Comity in International Law (Private International Law), [1991] Harv. Int. L. J., 1–79.

Perkins, David/Mills, Garry: Patent Infringement and Forum Shopping in the European Union, [1996] 20 Fordham Int. L. J., 549.

Perkins, David/Rosenberg, David: Litigating Trademark, Trade Dress and Unfair Competition Cases. Discovery in Foreign Jurisdictions; Enforcing Judgments Abroad, ALI-ABA Course of Study, November 18, 1999, 191–219.

Perritt, Dean Henry H.: Electronic Commerce: Issues in Private International Law and the Role of Alternative Dispute Resolution, WIPO Forum, Genf 2001, <http://www.wipo.int/pil-forum/en/>.

Pfeiffer, Thomas: Die Entwicklung des Internationalen Vertrags-, Schuld- und Sachenrechts 1997–1999, NJW 1999, 3674–3687.

Phegan, Colin: Tort Defences in Conflict of Laws. The Second Condition of the Rule in *Philips v Eyre* in Australia, [1984] 58 Australian LJ, 24–37.

Pitz, Johann: Torpedos unter Beschuss, GRUR Int. 2001, 32–37.

Plant, David W.: Resolving Intellectual Property Disputes, Paris 1999.

Platto, Charles/Horton, William G.: Enforcement of Foreign Judgments Worldwide, 2. Aufl., London 1993.

Prütting, Hanns et al. (Hrsg.): Die Entwicklung des Urheberrechts im europäischen Rahmen. Expertentagung vom 2. und 3. Oktober 1998 in Köln, München 1999 [zitiert: *Prütting, Entwicklung*].

- Verfahrensrechtliche Fragen der Durchsetzung urheberrechtlicher Ansprüche im internationalen Bereich, in: *Prütting*, Entwicklung, 33–52.

Püschel, Heinz: Urheberrecht: eine Einführung in das Urheberrecht mit dem TRIPS-Abkommen über handelsbezogene Aspekte der Rechte des geistigen Eigentums, Freiburg 1997.

Raape, Leo: Internationales Privatrecht, 4. Aufl., Berlin 1955.

- Internationales Privatrecht, 5. Aufl., Berlin 1961.

Rabel, Ernst: Das Problem der Qualifikation, RabelsZ 5 (1931) 241.

- The Conflict of Laws. A Comparative Study. Vol. IV, Ann Arbor, University of Michigan Law School, 1958.

Reese, William L. M.: Choice of Law in Tort Cases, *Chaplin v Boys* (England: Court of Appeal and House of Lords), [1970] 18 Am. J. Comp. L., 189–194.

Regelin, Frank Peter: Das Kollisionsrecht der Immaterialgüterrechte an der Schwelle zum 21. Jahrhundert, Diss., Frankfurt 2000.

Rehbinder, Manfred: Urheberrecht. Ein Studienbuch, 10. Aufl. des von Prof. Dr. Heinrich Hubmann begründeten Werkes „Urheber- und Verlagsrecht", München 1998.

Rehbinder, Manfred/Staehelin, Alesch: Das Urheberrecht im TRIPs-Abkommen. Entwicklungsschub durch die New Economic World Order, UFITA 127 (1995) 5–34.

Reinbothe, Jörg: Der Schutz des Urheberrechts und der Leistungsschutzrechte im Abkommensentwurf GATT/TRIPs, GRUR Int. 1992, 707.

- Trade-Related Aspects of Copyright: The Enforcement Rules in TRIPS, in: *Jehoram* (ed.), Trade-Related Aspects of Copyright, Deventer 1996, 41–51.

- Der EU-Richtlinienentwurf zum Urheberrecht und zu den Leistungsschutzrechten in der Informationsgesellschaft, ZUM 1998, 429–437.

- Perspektiven für den Schutz des geistigen Eigentums in der Europäischen Gemeinschaft, in: *Rehbinder/Schaefer* (Hrsg.), Aktuelle Rechtsprobleme des Urheber- und Leistungsschutzes sowie der Rechtswahrnehmung. Festschrift für Norbert Thurow, Baden-Baden 1999.

Reindl, Andreas P.: Choosing Law in Cyberspace: Copyright Conflicts on Global Networks, [1998] 19 Mich. J. Int. L., 799.

Remien, Oliver: Athener Impressionen, JZ 1994, 1159–1160.

Renck, Andreas: WIPO Arbitration and Mediation Center. Eine Analyse der Spruchpraxis der ersten sechs Monate, MMR 2000, 586–591.

Rhein: Phil Collins und das 3. Urheberrechtsänderungsgesetz, in: Festschrift Piper, 755–768.

Ricketson, Sam: The Berne Convention for the Protection of Literary and Artistic Works 1886–1986, 1987.

- The Future of the Traditional Intellectual Property Conventions in the Brave New World of Trade-Related Intellectual Property Rights, [1995] IIC Vol. 26, 872–899.

- New Wine Into Old Bottles: Technological Change and Intellectual Property Rights, in: *Drahos* (ed.), Intellectual Property, Aldershot 1999, 53–82.

Rickett, Charles E.F./Austin, Graeme W. (ed.): International Intellectual Property and the Common Law World, Oxford 2000.

Riezler, Erwin: Internationales Zivilprozeßrecht und prozessuales Fremdenrecht, Berlin 1949.

Rijsdijk, Michiel: Patent Cases: 1994 to the Present, [2000] EIPR, 121–124.

Rintelen, Max: Urheberrecht und Urhebervertragsrecht nach österreichischem, deutschem und schweizerischem Recht, Wien 1958.

Röttinger, Moritz: Das Urheberrecht in Rechtspolitik und Rechtsetzung der Europäischen Gemeinschaft – vom Handelshemmnis zum „Espace européen de la créativité" UFITA 2001, 9–94.

Rogerson, Pippa: Choice of law in tort: a missed opportunity?, [1995] ICLQ 650–658.

Saenger, August: Das Verhältnis der Berner Konvention zum innerstaatlichen Urheberrecht, Basel 1940.

Salerno, S.: The Brussels Jurisdiction and Enforcement Convention. The Judicial Outlook, Chapter 6, in: *Bernd von Hoffmann* (ed.), European Private International Law, Nijmegen 1998.

Salomonson, C. D.: Klage wegen in Deutschland verübter Verletzung eines deutschen Patents vor einem holländischen Gericht, GRUR 1928, 25–26.

Sandrock, Otto: Die kollisionsrechtliche Behandlung der Deliktshaftung bei der Verletzung von gewerblichen Schutzrechten und Urheberrechten; in: *Ernst von Caemmerer* (Hrsg.), Vorschläge und Gutachten zur Reform des deutschen internationalen Privatrechts der außervertraglichen Schuldverhältnisse. Vorgelegt im Auftrag der Zweiten Kommission des Deutschen Rates für Internationales Privatrecht, Tübingen 1983, 382–439 [zit.: Gutachten].

von Savigny, Friedrich Carl: System des heutigen römischen Rechts, Nachdruck von 1849, Aalen 1974.

Schack, Haimo: Zur Anknüpfung des Urheberrechts im Internationalen Privatrecht, Diss., Berlin 1979 [zit.: Anknüpfung].

- Urheberrechtsverletzung im internationalen Privatrecht – Aus der Sicht des Kollisionsrechts, GRUR Int. 1985, 523–525.

- Die grenzüberschreitende Verletzung allgemeiner und Urheberpersönlichkeitsrechte: UFITA 108 (1988), 51–72.

- Der Vergütungsanspruch der in- und ausländischen Filmhersteller aus § 54 Abs. 1 UrhG, ZUM 6 (1989), 267–285.

- Anmerkung zum Urteil *The Doors* des BGH, JZ 1994, 43–45.

- Anmerkung zum Urteil *Phil Collins* des EuGH, JZ 1994, 144–147.

- Anmerkung zum Urteil *Beuys* des BGH, JZ 1995, 357–359.

- Anmerkung zum Urteil *Mauerbilder* des BGH, JZ 1995, 837–839.

- Internationales Zivilverfahrensrecht, 2. Aufl., München 1996.

- Urheber- und Urhebervertragsrecht, Tübingen 1997.

- Neue Techniken und Geistiges Eigentum, JZ 1998, 753–763.

- Entscheidungszuständigkeiten in einem weltweiten Gerichtsstands- und Vollstreckungsübereinkommen, ZEuP 1998, 931–956.

- Anmerkung zum Urteil *Spielbankaffaire* des BGH, JZ 1998, 1018–1020.

- Anmerkung zum Urteil *Itar-Tass*, GRUR Int. 1999, 645–647.
- Internationale Urheber-, Marken- und Wettbewerbsrechtsverletzungen im Internet. Internationales Privatrecht, MMR 2000, 59–65.
- Internationale Urheber-, Marken- und Wettbewerbsrechtsverletzungen im Internet. Internationales Zivilprozessrecht, MMR 2000, 135–140.
- Europäisches Urheberrecht im Werden, ZEuP 2000, 799–819.

Schäfer, Erik: Die Schlichtungs- und Schiedsgerichtsordnungen der World Intellectual Property Organization (WIPO/OMPI), BB 1996, 10–22.

Schäfers, Alfons: Normsetzung zum geistigen Eigentum in internationalen Organisationen. WIPO und WTO – ein Vergleich, GRUR Int. 1996, 763–778.

- Haager Konferenz für internationales Privatrecht – Entwurf eines Übereinkommens über gerichtliche Zuständigkeiten und ausländische Urteile in Zivil- und Handelssachen. Bericht über die Besprechung im Bundesministerium der Justiz, Berlin 29.5.2001, GRUR Int. 2001, 809–810.

Schellhammer, Kurt: Zivilprozeß. Gesetz – Praxis – Fälle. Ein Lehrbuch, 8. Aufl., Heidelberg 1999.

Schikora, Lienhard: Der Begehungsort im gewerblichen Rechtsschutz und Urheberrecht, Diss., München 1968.

Schlachter, Eric: The Intellectual Property Renaissance in Cyberspace: Why Copyright Law Could be Unimportant on the Internet, [1997] 12 Berk. Tech. L. J., 15–51.

Schlosser, Peter: Bericht zum EuGVÜ vom 9.10.1978: ABl. 5.3.1979 Nr. C 59, 71–151 = BT-Drucksache 10/61, 31–83.

- EuGVÜ, 1996.

Schöfisch, Volker: Konsequenzen aus der EU-Richtlinie zum Urheberrecht für die innerstaatliche Umsetzung, 23–31.

Schønning, Peter: Anwendbares Recht bei grenzüberschreitenden Direktübertragungen, ZUM 1997, 34–39.

- Internet and the Applicable Copyright Law: A Scandinavian Perspective, EIPR 1999, 45–52.

Schricker, Gerhard (Hrsg.): Urheberrecht. Kommentar, 2. Aufl., München 1999 [zit.: *Schricker-Katzenberger*].

Schricker/Bastian/Dietz: Konturen eines europäischen Urheberrechts, 1996.

Schulze, Erich (Hrsg.): Hundert Jahre Berner Konvention. Sonderband, Frankfurt 1987.

Schwarze, Juergen (Hrsg.): Rechtsschutz gegen Urheberrechtsverletzungen und Wettbewerbsverstöße in grenzüberschreitenden Medien, Baden-Baden 2000.

Schwind, Fritz: Entwurf eines Bundesgesetzes über das internationale Privat- und Prozeßrecht, ZfRV 1971, 238.

Scoles, Eugene/Hay, Peter: Conflict of Laws, 2. Aufl., St. Paul, Minn. 1992.

Siehr, Kurt: Das Urheberrecht in neueren IPR-Kodifikationen, UFITA 108 (1988), 9–25.

- Das urheberrechtliche Folgerecht inländischer Künstler nach Versteigerung ihrer Werke im Ausland, IPRax 1992, 29–33.

- Joseph Beuys und das Internationale Folgerecht: Eine Zwischenbilanz, IPRax 1992, 219–221.

Sodipo, Bankole: Piracy and Counterfeiting. GATT, TRIPS and Developing Countries, London 1997

Soergel: Bürgerliches Gesetzbuch, Kommentar, Bd. 8: EGBGB, 11. Aufl., Stuttgart 1984 [zit.: *Soergel-Lüderitz*].

Soergel: Bürgerliches Gesetzbuch, Kommentar, Bd. 10, EGBGB, 12. Aufl., Stuttgart 1996 [zit.: *Soergel-Kegel*].

Spellenberg, Ulrich/Leible, Stefan: Die Notwendigkeit vorläufigen Rechtsschutzes bei transnationalen Streitigkeiten – Need for provisional remedies in transnational litigation, in: *Peter Gilles* (Hrsg.), Transnationales Prozeßrecht: Deutsche Landesberichte zur Weltkonferenz für Prozeßrecht in Taormina, Sizilien 1995, 293–335, Baden-Baden 1995.

Spickhoff, Andreas: Die Restkodifikation des Internationalen Privatrechts: Außervertragliches Schuld- und Sachenrecht, NJW 1999, 2209–2215.

- Die Tatortregel im neuen Deliktskollisionsrecht, IPRax 2000, 1–8.

Spindler, Gerald: Deliktsrechtliche Haftung im Internet – nationale und internationale Rechtsprobleme, ZUM 1996, 533–563.

Spoendlin, Kaspar: Der internationale Schutz des Urhebers, UFITA 107 (1988), 11–54.

Stauder, Dieter: Patentverletzung im grenzüberschreitenden Wirtschaftsverkehr, Köln 1975.

- Die Anwendung des EWG-Gerichtsstands- und Vollstreckungsübereinkommens auf Klagen im gewerblichen Rechtsschutz und Urheberrecht, GRUR Int. 1976, 465–477 und 510–520.

- Einheitliche Anknüpfung der Verletzungssanktionen im Gemeinschaftspatentübereinkommen, GRUR Int. 1983, 586.

- Grenzüberschreitende Verletzungsverbote im gewerblichen Rechtsschutz und das EuGVÜ, IPRax 1998, 317–322.

- Anmerkung zum Urteil des Tribunale di Bologna vom 16. September 1998 (Verpackungsmaschine), GRUR Int. 2000, 1021–1023.

Stauder/von Rospatt/von Rospatt: Grenzüberschreitender Rechtsschutz für europäische Patente, GRUR Int. 1997, 859–864.

Staudinger, Ansgar: Vertragsstaatenbezug und Rückversicherungsverträge im EuGVÜ. IPRax 2000, 483–488.

von Staudinger: Kommentar, EGBGB 1. Teil, Allgemeine Vorschriften, 1998 [zit.: *Staudinger-von Hoffmann*].

Stein/Jonas: Kommentar zur Zivilprozeßordnung, 21. Aufl., Tübingen 1994.

Sterling, J.A.L.: World Copyright Law. Protection of Authors' Works, Performances, Phonograms, Films, Video, Broadcasts and Published Editions in National, International and Regional Law, London 1998.

- Creator's right and the bridge between author's right and copyright, in: *Kreile/Black/Frotz/ Schubert* (Hrsg.), Schutz von Kultur und geistigem Eigentum in der Informationsgesellschaft, XIII. INTERGU-Kongreß Wien 1997, Baden-Baden 1998 [zitiert: INTERGU 1997].

Stewart, Stephen M.: International Copyright and Neighbouring Rights, London 1983.

Stoll, Hans: Sturz vom Balkon auf Gran Canaria – Akzessorische Anknüpfung, deutsches Deliktsrecht und örtlicher Sicherheitsstandard, IPRax 1989, 89–93.

Story, Joseph: Conflict of Laws, 8. Aufl., 1883.

Strömer, Tobias H.: Online-Recht: Rechtsfragen im Internet und in Mailboxen, Heidelberg 1997.

Strowel, Alain/Triaille, Jean-Paul: Le droit d'auteur, du logiciel au multimédia: droit belge, droit européen, droit comparé, Brüssel 1997.

Stürner, Michael: „ ...What so exhausts finances, patience, courage, hope ...". Zur Reform des englischen Zivilprozeßrechts, ZVglRWiss 2000, 310–337.

Tetzner, Volkmar: Die Verfolgung der Verletzung ausländischer Patente vor deutschen Gerichten unter Berücksichtigung des EWG-Gerichtsstands- und Vollstreckungs-Abkommens, GRUR Int. 1976, 669–672.

Thomas, Heinz/Putzo, Hans/Reichold, Klaus/Hüßtege, Rainer: Zivilprozeßordnung, 21. Aufl., München 1998 [zitiert: *Thomas/Putzo*].

Thum, Dorothee: Das Territorialitätsprinzip im Zeitalter des Internet. Zur Frage des auf Urheberrechtsverletzungen im Internet anwendbaren Rechts, in: *Bartsch/Lutterbeck,* 117–144.

- Internationalprivatrechtliche Aspekte der Verwertung urheberrechtlich geschützter Werke im Internet. Zugleich Bericht über eine WIPO-Expertensitzung in Genf, GRUR Int. 2001, 9–28.

Thünken, Alexander: Die EG-Richtlinie über den elektronischen Geschäftsverkehr und das internationale Privatrecht des unlauteren Wettbewerbs, IPRax 2001, 15–22.

Torremans, Paul: Copyright in English Private International Law in the Light of Recent Cases and Developments, IPRax 1998, 495–505.

Tritton, Clare/Tritton, Guy: The Brussels Convention and Intellectual Property, [1987] 12 EIPR, 349–354.

Tritton, Guy: Intellectual Property in Europe, London 1996.

Troller, Alois: Das internationale Privat- und Zivilprozeßrecht im gewerblichen Rechtsschutz und Urheberrecht, Basel 1952 [zit.: IPR].

- Das Welturheberrechtsabkommen, RabelsZ 1954, 1.
- Neu belebte Diskusion über das internationale Privatrecht im Bereich des Immaterialgüterrechts, [1977] 25 Riv. dir. int., 1126.
- Immaterialgüterrecht: Patentrecht, Markenrecht, Urheberrecht, Muster- und Modellrecht, Wettbewerbsrecht, Bd. I, 3. Aufl., Basel 1983.

Troller, Kamen: Manuel du droit suisse des biens immatériels, Basel 1992.

Ullrich, Hanns: Technologieschutz nach TRIPS: Prinzipien und Probleme, GRUR Int. 1995, 623–641.

Ulmer, Eugen: Die Immaterialgüterrechte im Internationalen Privatrecht. Rechtsvergleichende Untersuchung mit Vorschlägen für die Vereinheitlichung in der Europäischen Wirtschaftsgemeinschaft, Köln 1975 [zit.: Gutachten].

- Gewerbliche Schutzrechte und Urheberrechte im Internationalen Privatrecht, RabelsZ 41 (1977), 479–514.
- Fremdenrecht und internationales Privatrecht im gewerblichen Rechtsschutz und Urheberrecht, in: *Holl/Klinke* (Hrsg.), Internationales Privatrecht – Internationales Wirtschaftsrecht. Referate eines Symposiums der Alexander-von-Humboldt-Stiftung vom 26. bis 30. September 1985 in Ludwigsburg, 257–268, Köln 1985 [zit.: Fremdenrecht].
- Urheber- und Verlagsrecht, 3. Aufl., 1980.
- Points de rattachement et Pays d'origine dans le système de la Convention de Berne, 36 Nordiskt Immateriellt Rättsskydd 1967, 208.

von Ungern-Sternberg, Joachim: Das anwendbare Urheberrecht bei grenzüberschreitenden Rundfunksendungen, in: *Juergen Schwarze* (Hrsg.), Rechtsschutz gegen Urheberrechtsverletzungen und Wettbewerbsverstöße in grenzüberschreitenden Medien, Baden-Baden 2000, 109–125.

Verkade: Anmerkung zu *Interlas v Lincoln*, BIE 1991, Nr. 23, 86.
- Anmerkung zu Cour d'Appel, Paris, 28.1.1994, 1994 BIE Nr. 111, 395 – *Braillecellen II.*

Vischer, Frank: Das Internationale Privatrecht des Immaterialgüterrechts nach dem schweizerischen IPR-Gesetzentwurf, GRUR Int. 1987, 670–682.
- Das IPR des Immaterialgüterrechtes (unter besonderer Berücksichtigung des Patentrechtes), in: INGRES (Hrsg.), Kernprobleme des Patentrechts, FS zum einhundertjährigen Bestehen eines eidgenössischen Patentgesetzes, Bern 1988, 363–385.

Vivant, Michel: Cybermonde: Droit et droits des réseaux, JCP 1996 I, No. 3969, 401–407.

Vorpeil: Deutsches Folgerecht und Versteigerung eines Werkes im Ausland, GRUR Int. 1992, 913.

Wadle, Elmar: Geistiges Eigentum: Bausteine zur Rechtsgeschichte, Weinheim 1996.
Wadlow, Christopher: Intellectual Property and the Judgments Convention, [1985] 10 ELR, 305.
- Enforcement of Intellectual Property in European and International Law. The New Private International Law of Intellectual Property in the United Kingdom and the European Community, London 1998.
Wagner, Rolf: Der Regierungsentwurf eines Gesetzes zum Internationalen Privatrecht für außervertragliche Schuldverhältnisse und für Sachen, IPRax 1998, 429–438.
- Die Bemühungen der Haager Konferenz für Internationales Privatrecht um ein Übereinkommen über die gerichtliche Zuständigkeit und ausländische Entscheidungen in Zivil- und Handelssachen. Ein Sachstandsbericht nach dem 1. Teil der Diplomatischen Konferenz, IPRax 2001, 533–547.
Waldenberger, Arthur: Zur zivilrechtlichen Verantwortlichkeit für Urheberrechtsverletzungen im Internet, ZUM 1997, 176–188.
Wand, Peter/Leistner, Matthias: ALAI-Kongreß: Die Rechtsdurchsetzung und die Rolle der nationalen Gesetzgebung im Urheberrecht, Berlin 16.–19. Juni 1999, GRUR Int. 2000, 151–159.
Wauwermans, Paul: La Convention de Berne (revisée à Berlin) pour la Protection des Œuvres Littéraires et Artistiques, Brüssel/Leipzig/Paris 1910.
Weber, Tilman: Die Behandlung von Patent-, Warenzeichen- und Urheberrechtsverletzungen im internationalen Privat- und Zivilprozeßrecht, Diss. München 1968.
Wengler, Wilhelm: Internationales Privatrecht – Kommentar (Band VI, 2 Teilbände), in: BGB-RGRK, Das Bürgerliche Gesetzbuch mit besonderer Berücksichtigung der Rechtsprechung des Reichsgerichts und des Bundesgerichtshofes, 12. Aufl., Berlin 1981.
Wieczorek, Bernhard: ZPO und Nebengesetze, Bd. 2, §§ 253–510c, 2. Aufl., Berlin 1976.
Wilder, Richard C.: Global Harmonisation of Intellectual Property, in: *Fletcher/Mistelis/Cremona* (ed.), Foundations and Perspectives of International Trade Law, London 2001, 513–534.
Wille, Andreas: Die Verfügung im internationalen Urheberrecht: Zur kollisionsrechtlichen Beurteilung von Inhalt, Umfang und Form der Verfügung unter besonderer Berücksichtigung deutschen, spanischen sowie französischen Urheberrechts, Diss., Sinzheim 1997.
Williams, Alan: Has Copyright had its Day?, [1999] IBL, 148–150 und 163–164.
Wolff, Martin: Das Internationale Privatrecht Deutschlands, 3. Aufl., Berlin 1954.
- Private International Law, Aalen 1977 (Nachdruck der 2. Aufl., Oxford 1950).
Lord *Woolf:* Access to Justice, Final Report 1996 (The Woolf Report), London 1998 <http://www.open.gov.uk/lcd>.

Zöller: Zivilprozeßordnung, Kommentar, 19. Aufl., Köln 1995.
Zigann, Matthias: Anmerkung zu *Pearce v Ove Arup*, GRUR Int. 1999, 791–793.
Zitelmann, Ernst: Internationales Privatrecht, Zweiter Teil, Leipzig 1912.
Zweigert, Konrad/Kötz, Hein: Einführung in die Rechtsvergleichung auf dem Gebiete des Privatrechts, 3. Aufl., Tübingen 1996.
Zweigert, Konrad /Puttfarken, Hans-Jürgen: Zum Kollisionsrecht der Leistungsschutzrechte, GRUR Int. 1973, 573–578.

Verzeichnis der zitierten Entscheidungen

[Referenzseiten in eckigen Klammern]

EuGH (alphabetisch)

Assco Gerüste GmbH v Wilhelm Layher GmbH & Co KG, 14.12.2000, Rs. 392/98 [verbunden mit *Parfum Dior*] <http://www.curia.eu.int>. [25]

De Cavel v De Cavel (Nr. 1), 27.3.1979, Rs. 143/78, Slg. 1979, 1055. [92, 212]
De Cavel v De Cavel (Nr. 2), 6.3.1980, Rs. 120/73, Slg. 1980, 731 = IPRax 1981, 95 = RIW 1980, 510 = NJW 1980, 2016. [92, 212]
Denilauler v SNC Couchet Frères, 21.5.1980, Rs. 125/79, Slg. 1980, 1553 = IPRax 1981, 95. [95, 209, 214, 369]
Duijnstee v Goderbauer, 15.11.83, Rs. 288/82, Slg. 1983, 3663 = IPRax 1985, 92. [72]
Dumez France and Tracoba v Hessische Landesbank et al., EuGH 10.1.1990, Rs. 220/88, Slg. 1990, 49. [76, 98, 274]

Gubisch Maschinenfabrik KG v Giulio Palumbo, 8.12.1987, Rs. 144/86, Slg. 1987, 4861. [87 f.]
Group Josi Reinsurance Company SA v Universal General Insurance Company (UGIC), 13.7.2000, Rs. 412/98, IPRax 2000, 520. [303, 306, 332, 377]

Handelskwerkerij Bier v Mines de Potasse d'Alsace SA, 30.11.1976, Rs. 21/76, Slg. 1976, 1735. [73, 76]
Hendrikman v Feyen, 10.10.1996, Rs. 78/95, Slg. 1996, 4943. [212]
Hermès v FHT Marketing, 16.6.1998, Rs. 53/96, Slg. 1998, 3603 = MMR 1999, 88 = [1999] RPC 107 = IIC 1999, 292. [92, 286]
Hoffmann v Krieg, 4.2.1988, Rs. 145/86, Slg. 1988, 645. [110, 209]

IHT v Ideal Standard GmbH, 22.6.1994, Rs. 9/93, Slg. 1994, 2789 = GRUR Int. 1994, 614. [142]

(Athanassios) Kalfelis v Bankhaus Schröder, Münchmeyer, Hengst et Cie, 27.9.1988, Rs. 189/87, Slg. 1988, 5565. [43, 73, 76, 82, 281]
Kongress Agentur Hagen GmbH v Zeehaghe BV, 15.5.1990, Rs. 365/88, Slg. 1990, 1845. [277]
Krombach, 28.3.2000, Rs. 7/98 = IPRax 2000, 406. [212 f.]

(Antonio) Marinari v Lloyd's Bank plc and Zubaidi Trading Company, 19.9.1995, Rs. 364/93, Slg. 1995, 2719. [43, 74–76, 98]
Mietz v Intership Yachting, 27.4.1999, Rs. 99/96, Slg. 1999, 2277. [93]

Parfum Christian Dior SA v Tuk Consultancy BV, 14.12.2000, Rs. 300/98 [verbunden mit *Assco Gerüste*] <http://www.curia.eu.int>. [26]
Patricia Im- und Export GmbH v EMI Electrola GmbH („Cliff Richard"), 24.1.1989, Rs. 341/87, Slg. 1989, 79 = [1989] 2 CMLR 413. [31]

Phil Collins v IMTRAT Handels-GmbH, 20.10.1993, Rs. 92/92 und Rs. 326/92, Slg. 1993, 5145 = JZ 1994, 142 = [1993] 3 CMLR 773 = [1994] FSR 166 = 158 RIDA 304. [31 f., 348]

Reichert v Dresdner Bank, 26.3.1992, Rs. 261/90, Slg. 1992, 2149. [92, 340]
Renault SA v Maxicar SpA und Orazio Formento, 11.5.2000, Rs. 38/98, GRUR Int. 2000, 759. [212–214, 388]
Réunion européenne SA u.a. v Spliethoff's Bevrachtingskantoor BV, 27.10.1998, Rs. 51/97, Slg. 1998, 6511. [98]
Rutten v Cross Medical Ltd, 9.1.1997, Rs. 383/95, Slg. 1997, 57 = [1997] All ER (EC) 121. [278]

(Fiona) u.a. v Presse Alliance SA, 7.3.1995, Rs. 68/93, Slg. 1995, 415. [68, 73–76, 78, 81, 84, 97, 274 f., 277, 378 f.]
Silhouette v Hartlauer Handelsgesellschaft, 16.7.1998, Rs. 355/96, Slg. 1998, 4799. [142]
Solo Kleinmotoren, 2.6.1994, Rs. 414/92, Slg. 1994, 2237. [212]

Tatry (Owners of the Cargo Lately Laden on Board the Ship Tatry) v Maciej Rataj (Owners of the Ship Maciej Rataj), 6.12.1994, Rs. 406/92, Slg. 1994, 5439 = JZ 1995, 616. [87 f., 91, 275]

Van Uden Maritime BV v Kommanditgesellschaft in Firma Deco-Line and another, 17.11.1998, Rs. 391/95, Slg. 1998, 7091 = [1999] 2 WLR 1181 = [1999] 1 All ER 385. [92 f., 95 f., 107, 335, 382]

EFTA-Gerichtshof

Mag Instrument Inc. v California Trading Company Norway, Ulsteen, E-2/97, GRUR Int. 1998, 309 = IIC 1998, 316. [143]

Australien

John Pfeiffer Pty Limited v Rogerson [2000] HCA 36 (High Court). [226]
Potter v The Broken Hill Proprietary Co Ltd [1905] VLR 612 (Supreme Court of Victoria). [235, 241, 256, 258, 277, 290, 300, 302, 323, 326]
Potter v The Broken Hill Proprietary Co Ltd [1906] 3 CLR 479 (High Court). [235, 241, 256 f., 259, 277, 290, 300, 302, 323, 326]
Macquarie Bank Ltd v Berg [1999] NSWSC 526. [339]
Meth v Norbert Steinhardt and Son Ltd [1962] 107 CLR 187 (High Court). [237 f., 241, 256 f., 259, 277, 290, 323]
Norbert Steinhardt and Son Ltd v Meth and another [1961] 105 CLR 440 (High Court). [237 f., 241, 256, 258, 277, 290, 323]

Belgien

Rechtbank van eerste aanleg te Brussel, 12.5.2000, GRUR Int. 2001, 170 – *Röhm Enzyme*. [287, 341]

Deutschland

RGZ 13, 424 – *Zentralweiche*. [13, 53, 374, 377]
RG JW 1890, 280. [54, 120]
RGZ 16, 427. [209]
RGZ 71, 145 – *Bronzen*. [131]
RG JW 1911, 412. [37, 131, 144]
RGZ 118, 76 – *Springendes Pferd*. [54]
RGZ 129, 385 – *Eagle Oil v. Norsk Vacuum Oil*. [57, 60]
RGZ 144 (1934), 75 – *Rennvoraussagen*. [133]
RG GRUR 1934, 657. [56]

BVerfGE 81 (1990), 208 – *Bob Dylan* = IPRspr. 1990 Nr. 149 = GRUR 1990, 438. [15, 117, 140]

BGHZ 17, 266 – *Grundig-Reporter*. [19, 139]
BGHZ 22, 1 – *Flava-Erdgold*. [56, 58, 62 f., 71, 173 f., 374 f.]
BGHZ 23, 100 = BGH GRUR 1958, 189 – *Zeiss*. [52, 69]
BGHZ 35, 329 – *Kindersaugflaschen*. [141]
BGHZ 41, 84 – *Maja*. [58, 142]
BGHZ 43, 21 – *zur Stellvertretung*. [162]
BGHZ 50, 370 – *ordre public*. [210]
BGH GRUR Int. 1965, 504 – *Carla*. [157]
BGH GRUR 1972, 141 – *Konzertveranstalter*. [149]
BGH GRUR Int. 1973, 49 – *Goldrausch*. [145]
BGHZ 64, 183 = BGH NJW 1975, 1220 – *August Vierzehn*. [15, 19, 139 f., 145, 162, 183, 148, 165]
BGHZ 70, 268 – *Buster Keaton*. [145]
BGH NJW 1977, 1590 = BGH GRUR 1980, 227 – *Monumenta Germaniae Historica*. [59, 68, 70, 162]
BGH GRUR 1978, 194 – *Profil*. [59, 68, 70]
BGHZ 75, 167= NJW 1980, 527 = RIW 1979, 861. [212]
BGHZ 80, 101 – *Schallplattenimport*. [139, 142, 149, 173]
BGH GRUR 1982, 369 – *Allwetterbad*. [145]
BGH GRUR 1982, 727 – *Altverträge*. [138]
BGH GRUR 1985, 924 – *Schallplattenimport II*. [142]
BGH GRUR Int. 1986, 801 – *Puccini*. [146]
BGH NJW 1986, 1438 – *EuGVÜ*. [303, 377]
BGHZ 98, 263 – *Internationales Deliktsrecht*. [42, 148, 159]
BGH GRUR 1987, 814 – *Die Zauberflöte*. [149]
BGH GRUR 1988, 296 – *GEMA-Vermutung IV*. [157]
BGH NJW 1990, 990 – *US-amerikanisches Insolvenzrecht und Zuständigkeit*. [51]
BGHZ 115, 90 – *hinreichender Inlandsbezug*. [101, 112]
BGHZ 118, 151 – *zum Nachweis fremden Rechts*. [202]
BGHZ 118, 394 – *Alf*. [23, 59, 110, 133, 144, 146–148, 151, 157–160, 163, 167, 186 f., 197, 386]
BGH NJW 1993, 1070 – *EuGVÜ*. [203, 303]
BGHZ 121, 319 – *The Doors*. [49, 148 f., 153, 155, 158, 166, 168, 173, 372]
BGHZ 122, 16 = NJW 1993, 1801. [144]
BGHZ 125, 382 – *Rolling Stones*. [31]

BGHZ 126, 252 – *Beuys*. [15, 49, 59, 139, 150–152, 155, 157, 163–166, 168, 372]
BGHZ 129, 66 = JZ 1995, 835 – *Mauerbilder*. [71, 155, 166, 168, 211]
BGH WM 1995, 1060 – *zur Anwendung deutschen IPRs*. [202]
BGHZ 132, 105 – *zur Qualifikation*. [37, 164, 372]
BGHZ 136, 380 = GRUR Int. 1998, 427 = WM 1998, 200 – *Spielbankaffaire*. [37, 59, 71, 139 f., 142–144, 148, 156, 158 f., 163, 166, 174, 186, 197, 203, 211, 384, 386]
BGH GRUR Int. 1999, 62 – *Bruce Springsteen*. [31]

KG GRUR 1931, 1090 – *Dreyfuß*. [66]
OLG München, 29.4.1954, in: *Schulze*, Rechtsprechung zum Urheberrecht, OLGZ Nr. 8. [133, 145]
Hanseatisches OLG Hamburg UFITA 26 (1958), 344 – *Brotkalender*. [138, 144, 174, 186]
OLG München GRUR Int. 1960, 75 – *Le Mans*. [144, 186]
OLG Koblenz GRUR Int. 1968, 164 – *Liebeshändel in Chioggia*. [145 f., 173]
OLG Düsseldorf GRUR Int. 1968, 100 – *Kunststofflacke*. [58 f., 63, 110, 204]
OLG Frankfurt RIW 1980, 799. [217]
OLG Frankfurt GRUR 1981, 739 – *Lounge Chair*. [145]
OLG Karlsruhe GRUR Int. 1984, 528 – *Atari*. [145]
OLG Hamm RIW 1985, 973. [209]
OLG Frankfurt NJW-RR 1987, 764. [209]
OLG München ZUM 1990, 255 = NJW 1990, 3097 – *Foxy Lady (Postervertrieb)*. [59, 68–71, 78, 107, 375]
Hanseatisches OLG Hamburg ZUM 1991, 496 – *The Doors*. [148, 372]
Hanseatisches OLG Hamburg GRUR 1991, 207 – *Alf*. [149]
OLG Düsseldorf IPRax 1992, 245 = GRUR 1992, 436 = GRUR Int. 1992, 665 – *Beuys*. [150]
OLG München ZUM 1995, 792 – *Spielbankaffaire*. [160]
KG NJW 1997, 3321 – *domain names*. [115, 383]
Hanseatisches OLG Hamburg GRUR Int. 1998, 431 – *Feliksas Bajoras*. [59, 160–162, 168, 188, 197, 204, 386 f.]
Hanseatisches OLG Hamburg GRUR Int. 1999, 76 – *Estnischer Komponist*. [168, 188, 204]
OLG Düsseldorf 22.7.1999, IPRax 2001, 336 – *Schußfadengreifer*. [59, 75 f., 80, 375–378]
OLG Düsseldorf 30.9.1999, GRUR Int. 2000, 776. [89 f., 380]
Saarländisches OLG GRUR Int. 2000, 933 – *Felsberg*. [59, 162–164, 166–168, 180, 197, 372]
OLG Köln MMR 2000, 365 – *Elektronischer Pressespiegel*. [4]
OLG Düsseldorf, 29.6.2000 - 2 U 76/99. [91]

LG Düsseldorf GRUR Int. 1958, 430 – *Hohlkörper*. [58]
LG Düsseldorf GRUR Int. 1968, 101 – *Frauenthermometer*. [58 f., 99, 177]
LG München I UFITA 54 (1969), 320. [138]
LG Düsseldorf IPRax 1992, 46 Nr. 7 = NJW-RR 1991, 1193 – *Beuys*. [150]
LG Düsseldorf 1.2.94, 4 O 193/87, Entscheidungen 1998, 1 – *MCC Nederland v Rexnord Kette/Kettenbandförderer III*. [82]
LG Düsseldorf 16.1.1996, 4 O 5/95 – *Kaiser v Chemax*, zitiert nach *von Rospatt*, GRUR Int. 1997, 861, 862 und *Wadlow*, Enforcement, 23. [82 f., 110, 378]
LG Düsseldorf GRUR Int. 1998, 803 – *Kondensatorspeicherzellen*. [91]
LG Düsseldorf GRUR Int. 1998, 804 – *Impfstoff*. [73, 76, 81, 88 f., 380]
LG Düsseldorf GRUR Int. 1999, 455 – *Schußfadengreifer*. [59, 67, 75–77]
LG Düsseldorf GRUR Int. 1999, 775 – *Impfstoff II*. [73, 76, 81, 88 f., 380]
LG Düsseldorf GRUR Int. 2001, 983 – *Schwungrad*. [85]

England und Schottland

ABKCO Music Records Inc (Body Corporate) v Music Collection International Ltd and another [1995] RPC 657. [11, 243, 267, 269, 271, 321, 326, 348, 356, 372]

Adams v Cape Industries plc [1990] Ch 433. [368]

(The) Albaforth [1984] 2 Lloyd's Rep 96. [299]

Alfred Dunhill Ltd v Sunoptic SA [1979] FSR 337 CA. [239–241, 247, 253 f., 256, 259, 326, 363, 387]

American Cyanamid Co v Ethicon Ltd [1975] AC 396 = [1975] 1 All ER 504 = [1975] 2 WLR 316. [239, 318]

Annabel's (Berkely Square) Ltd v G. Schock [1972] RPC 838. [318]

Anton Piller KG v Manufacturing Processes Ltd and others [1976] ChD 55. [240, 269, 318, 371]

Apple Corps v Apple Computer [1991] 3 CMLR CA 49; [1992] FSR ChD 63. [261, 331]

Arkwright Mutual Insurance Co v Brynston Insurance Co Ltd [1990] 2 All ER 335. [300, 302]

(The) Atlantic Star [1973] 2 All ER 175. [232, 262]

Azrak-Hamway International Inc [1997] RPC 134. [29]

Babanaft International Co SA v Bassatne and another [1990] 1 Ch 13. [338]

Badische Anilin Und Soda Fabrik v The Basle Chemical Works, Bindschedler [1898] AC 200 HL; [1897] 2 Ch 322 CA. [234, 241, 256, 268, 321]

Baschet v London Illustrated Standard [1900] 1 Ch 73. [242, 246, 248 f., 326, 353, 356, 362]

Beckford v Hood [1798] 7 Term Rep 621. [244]

Berezovsky v Michaels and others; Glouchkov v Michaels and others, 11.5.2000, Lexis-Nexis HL. [299]

(S & W) Berisford plc v New Hampshire Insurance Co [1990] 2 All ER 321. [299 f.]

Blohn v Desser [1962] 2 QB 116 = [1961] 3 All ER 1. [368]

Boston Scientific v Cordis Corporation and another, 18.11.1997, Lexis-Nexis CA. [286, 340]

Boys v Chaplin [1968] 2 QB 11 = [1968]1 All ER 283 CA. [220, 223, 225–237, 233, 238 f., 250–252, 257, 291, 293, 319, 349 f.]

Boys v Chaplin [1969] 2 All ER 1085 HL. [220, 223, 225–227, 233, 238 f., 250–252, 257, 291, 293, 319, 349 f.]

British Leyland Motor Corp Ltd and another v Armstrong Patents Co Ltd and another [1986] 2 WLR 400 HL. [356]

British South Africa Co v Companhia de Moçambique [1893] AC 602 HL = [1891-4] All ER Rep 640. [228 f., 233, 235, 246 f., 252, 258, 276 f., 280, 289, 292, 297]

British Telecommunications v One In A Million Ltd [1998] 4 All ER 476 CA. [7, 339, 383]

Canada Trust Co and others v Stolzenberg and others (No 2) [1998] 1 All ER 318. [265]

Carrick v Hancock [1895] 12 TLR 59 373. [368]

Channel Tunnel Group Ltd v Balfour Beatty Construction Ltd [1993] AC 334 = 1 [1993] All ER 664 = [1993] 2 WLR 262, HL. [94, 335]

Chaplin v Boys [1971] AC 356 HL; [1968] 1 All ER 283 CA. [220, 223, 225–227, 233, 238 f., 250–252, 257, 291, 293, 319, 349 f.]

Chiron Corporation v Murex Diagnostics and Chiron Corporation v Organon, [1995] FSR 338. [340 f.]

Coin Controls Ltd v Suzo International Ltd [1997] 3 All ER 45 ChD = [1997] FSR 660, Übersetzung in GRUR Int. 1998, 314. [87, 213, 261 f., 277, 279, 285, 305, 310, 314, 326, 364, 373, 378]

Combe International Ltd v Scholl (UK) Ltd [1980] RPC 1. [318]
Companhia de Moçambique v British South Africa Company [1892] 2 QB 358. [228 f., 233, 235, 246 f., 252, 258, 276 f., 280, 289, 292, 297]
Connelly v RTZ Corpn plc [1997] 3 WLR 373. [298 f., 303]
Coral Index Ltd v Regent Index Ltd [1970] RPC 147. [317]
Coupland v Arabian Gulf Oil Co [1983] 3 All ER 226. [358]
Crédit Lyonnais v ECGD [1998] 1 Lloyd's Rep 19. [379]
Crédit Suisse Fides Trust SA v Cuoghi [1997] 3 WLR 871. [335]

Davidoff v A&G Imports [1999] 3 All ER 711 ChD. [143, 268, 372, 383]
Def Lepp Music v. Stuart-Brown [1986] RPC 273. [29, 241 f., 246, 253, 255, 257, 259, 270, 272, 276–278, 284, 290 f., 320, 323, 326 f., 332, 336, 344, 349, 352, 356, 362 f., 387]
Derby and Co Ltd v Weldon (Nr. 3 und 4) [1990] Ch 65 CA. [338]
Dobree v Napier 2 Bing. NC 781. [219]
Donaldson v Beckett 2 Brown PC 129. [11, 244, 266, 338]
Doulson v Matthews [1792] 4 Term Rep 503. [217 f., 228, 230, 233, 252]

(The) Electric Furnace Co v Selas Corpn of America, [1987] RPC 23. [268]
EMI Records Ltd v Modern Music Karl-Ulrich Walterbach GmbH, [1992] 1 All ER, 616 QB = [1991] 3 WLR 663 = WRP 1994, 25. [111, 243, 339, 369, 382, 388]
Erven Warnink BV v J Townsend & Sons (Hull) Ltd [1979] 2 All ER 927. [238]

Fort Dodge Animal Health Ltd. and other v Akzo Nobel NV [1998] FSR 222 ChD; [1998] FSR 237, CA. [87, 262, 285 f., 339, 371]
Foseco International Ltd v Fordath Ltd [1975] FSR 507. [318]
Fothergill v Monarch Airlines Ltd [1980] 2 All ER 696 HL. [128, 132 f., 357]

Grupo Torras SA and another v Khaled Naser Hamoud Al-Sabah and another, 2. November 2000, Lexis-Nexis; <http://www.bailii.org/> [2000] EWCA Civ 273, CA. [223, 228, 319]

Haji-Ioannou v Frangos [1999] 2 Lloyd's Rep 337 CA. [300]
(The) Halley: Liverpool, Brazil and River Plate Steam Navigation Co v Benham [1868] LR 2 PC 193. [223]
(Re) Harrods (Buenos Aires) Ltd [1991] 4 All ER 334. [295, 299–303, 305 f., 315, 331 f., 352, 377]
(Re) Harrods (Buenos Aires) Ltd (No. 2) [1991] 4 All ER 348. [300]
Hesperides Hotels Ltd v Aegean Turkish Holidays Ltd [1979] AC 508. [231, 262, 314]

Intercontex and another v Schmidt and another [1988] FSR 575 ChD. [240, 253 f., 363, 387]
International Business Machines Co v Phoenix International (Computers) Ltd [1994] RPC 251. [364]

James Burrough Distillers plc v Speymalt Whisky Distributors Ltd, Outer House, Schottland, 1989 SLT 561 = [1991] RPC 130. [241, 278, 315]
Jefferys v Boosey [1854] 4 HLC 814. [11, 242–246, 248, 273, 307–309, 353, 356]
Johnson v Coventry Churchill International Ltd [1992] 3 All ER 14. [191, 346]
John Walker & Sons Ltd and others v Henry Ost & Co Ltd and another [1970] 2 All ER 106; [1969] FSR 450 CA. [222, 238, 241, 359, 346]
Johnathan Cape v Consolidated Press [1954] 3 All ER 253 QB. [249, 298, 303, 307]

Pearce v Ove Arup Partnership Ltd, Court of Appeal [1999] 1 All ER 769 = [1999] FSR 525, Übersetzung in GRUR Int. 1999, 787. [72, 82, 87, 133, 217, 243, 246, 261 f., 267–269, 274–276, 281–285, 288, 291, 294, 297, 304–306, 310, 315, 321, 323, 326 f., 330–332, 337, 340–345, 350, 352, 356 f., 364, 366, 368, 374, 376, 384]
Pearce v Ove Arup Partnership Ltd, 2. November 2001, [2001] EWHC Ch B9, Ch D, <http://www.bailii.org/>. [288, 366]
Pemberton v Hughes [1899] 1 Ch 781. [368]
Phillips v Eyre [1870] Law Reports 6 QB 1. [218, 220–223, 225–229, 234, 248, 253, 260, 276, 281, 288, 319]
Plastus Kreativ AB v Minnesota Mining and Manufacturing Co and another [1995] RPC 438 ChD. [272 f., 278, 280, 312, 315, 326, 337, 373, 376]

Red Sea Insurance Ltd v Bouygues SA [1995] 1 AC 190 PC = [1994] 3 All ER 749. [223, 225, 227 f., 291, 293, 319, 350]
Republic of Haiti and others v Duvalier and others [1990] 1 QB 202 = [1989] 2 WLR 261 = [1989] 1 All ER 456 CA. [338]
Rey v Lecouturier [1910] AC 262 HL; [1908] 2 Ch 715 CA. [236 f., 259, 368, 388]
Rosseel NV v Oriental Commercial and Shipping (UK) Ltd [1990] 3 All ER 545. [335]

Sadler v Robin [1808] 1 Camp. 253. [368]
Salvesen v Administrator of Austrian Property [1927] AC 641. [368]
Sarrio SA v Kuwait Investment Authority [1997] 1 Lloyd's Rep 113 CA; [1997] 3 WLR 1143 HL. [91, 300]
Sayers v International Drilling Co [1971] 1 WLR 1176 CA. [358]
Schibsby v Westenholz [1870] Law Reports 6 QB 155. [368]
Seaconsar Far East Ltd v Bank Markazi Jomhouri Islami Iran [1994] 1 AC 438. [298]
Sepracor Inc v Hoechst Marion Roussel Ltd and others [1999] FSR 746, ChD (Patents Court), Übersetzung in GRUR Int. 1999, 784. [83, 87, 90, 286, 326, 379–381]
Series 5 Software v Philip Clarke & others [1996] FSR 273. [318]
Shevill and others v Presse Alliance SA [1992] 1 All ER, 409 CA. [274 f., 277, 283 f.]
Shevill and others v Presse Alliance SA II [1996] 3 All ER 929, auszugsweise deutsche Übersetzung in: GRUR Int. 1998, 314. [274 f., 277, 283 f.]
Sisikina (Owners of cargo lately laden on board the vessel Siskina) v Distos Compania Naviera SA, [1977] 3 All ER 803 = [1977] 3 WLR 818. [334]
Skinner v East India Co [1666] 6 State Tr 710. [230]
Slick Brands (Clothing) Ltd v Jollybird Ltd [1975] FSR 470. [317]
Spiliada Maritime Corpn v Cansulex Ltd [1987] AC 460 und [1986] 3 All ER 843 HL. [108, 298 f.]
S & T Bautrading v Nordling [1997] 3 All ER 718. [335]

Tyburn Productions Ltd v Conan Doyle [1990] 3 WLR 167 (ChD) = [1990] 1 All ER 909 = [1990] RPC 185 = [1991] Ch 75. [237, 242, 246, 258, 261, 267, 272, 276, 278, 281, 283 f., 290, 294 f., 304–306, 316, 320, 323, 326 f., 331, 337, 342, 352, 356, 359, 365]

Unilever plc v Gillette (UK) Ltd [1989] RPC 583. [268, 280]
Unilever plc v Chefaro Proprietaries Ltd [1994] FSR 135. [280, 379]
University of Glasgow v The Economist and another; University of Edinburgh v The Economist and another [1997] EMLR 495 QB. [365]

Frankreich

Cour de Cassation, 22.12.1959 (1960) 28 RIDA 120 – *Société Fox-Europa v Société Le Chant du Monde.* [133]
Cour de Cassation, 28.5.1991, Rev. Crit. 1991, 752 – *John Huston.* [348]
Tribunal de Grande Instance, Paris [1992] ECC 209 – *Herscovici (Charly) and another v Société Karla and another.* [87 f.]
Cour d'Appel, Paris 28.1.1994, 1994, BIE Nr. 111, 395 = 3 [1995] EIPR, D-73 – *Braille-cellen II.* [94]
Cour de Cassation, [1997] ILPr 760 – *Wegmann v Société Elsevier Science Ltd.* [75]
Tribunal de Grande Instance, Paris, Urteil vom 16.5.1997, 77 Rev. Droit de propriété industrielle (1997), 46 – *Sté Panek v Sté IBM Corp.* [185]

Italien

Tribunale di Bologna,16.9.1998, GRUR Int. 2000, 1021 – *Verpackungsmaschine.* [287]

Japan

Urteil des Obergerichts Tôkyô vom 27. Januar 2000, GRUR Int. 2001, 83. (Auszugsweise übersetzt aus Hanrei Jihô 1691 (2000) 131 ff., 1711 (2000) 131 ff. von Anja Petersen.). [62]

Neuseeland

NZ Post v Leng, Auckland High Court, 17.12., 1998, CP No. 573/98. [339, 383]

Niederlande

Applied Research Systems (ARS) Holding NV v Organon, Gerechtshof Den Haag, 3.2.1994, GRUR Int. 1995, 253. [84, 378]
Chiron Corp v Akzo Pharma-Organon Technika-UBI, President Rechtbank Den Haag, 22.7.1994, IER 1994, Nr. 24, 150. [340 f.]
Expandable Grafts Partnership et al v Boston Scientific BV et al, Gerechtshof Den Haag, 23.4.98, [1999] FSR 352. [84, 340, 379]
Flesstop II, Gerechtshof Den Haag, 16.5.1991, BIE 1994, Nr. 68, 249. [86]
Interlas v Lincoln, Hoge Raad, 24.11.1989, NJ 1992, Nr. 404, 1597. [84, 95, 378]
Philips v Hemogram, President Rechtbank Den Haag, 30.12.1991, BIE 1992, Nr. 80, 323, = IER 1992, Nr. 17, 76. [95]
Rhône Poulenc Rorer v Prographarm, President Rechtbank Den Haag, 5.1. 1993, IER 1993, Nr. 15, 61. [86]
United Feature Syndicate Inc v Van der Meulen Sneek BV (Garfield Puppen), Arrondisse-mentsrechtbank in Leewarden, 1.3.1989, BIE 1990, 329. [133]

Österreich

OGH GRUR Int. 1991, 920 – *Tele-Uno II.* [164, 166]
OGH GRUR Int. 1994, 638 – *Adolf Loos-Werke II.* [133]
OGH Beschluß GRUR Int. 2000, 447 – *Sicherheitsanweisung für Flugzeugpassagiere.* [136]
OGH GRUR Int. 2000, 795. [76]

Schweden

Oberster Gerichtshof, 14.6.2000, GRUR Int. 2001, 178. [74]

Schweiz

Schweizerisches Bundesgericht, 29.8.2000, GRUR Int. 2001, 477. [205]

Singapur

Aztech System Pte, Ltd v Creative Technology Ltd, 1996-1 SLR 683 (Sing. High Court). [307–309]

Creative Technology Ltd v Aztech System Pte, 1997-1 SLR 621 (Sing. CA). [307–309]

USA

Armstrong v Virgin Records, 91 F. Supp. 2d 628 (SDNY 2000). [309, 356]

Boosey & Hawkes Music Publishers, Ltd v Walt Disney Co, 934 F.Supp. 119 (SDNY 1996), teilweise aufgehoben durch den Second Circuit, 145 F.3d 481 (2nd Cir. 1998). [307–309]

Creative Tech Ltd v Aztech System Pte, 61 F.3d 696 (9th Cir. 1995). [308 f.]

Frink America Inc v Champion Road Machines Ltd, 961 F. Supp. 398, 404 (NDNY 1997). [306]

Gulf Oil Corp v Gilbert, 330 US 501 (1947). [307]

Itar Tass v Russian Kurier Inc, 27. 8.1998, 153 F 3d 82, 90 (2nd Cir. 1998) = GRUR Int. 1999, 639–645; Vorinstanz: 886 F.Supp. 1120, SDNY 1995 (preliminary injunction); 24.3.1997 in 42 USPQ 2d 1810, SDNY 1997 (Hauptsacheentscheidung). [185, 193]

ITSI TV Productions Inc v California Authority Of Racing Fairs, 785 F. Supp. 854, 866 (ED Cal. 1992) und 3 F.3d 1289 (9th Cir. 1993). [192, 308]

LA News Server v Reuters Television, 149 F.3d 987 (9th Cir. 1998). [40]

London Film Productions Ltd v Intercontinental Communications Inc, 580 F. Supp. 47 (SDNY 1984). [306]

Murray v British Broad. Corp, 81 F.3d 287 (2nd Cir. 1996). [106, 223, 228]

National Football League v PrimeTime 24 Joint Venture, 211 F.3d 10 (2nd Cir. 2000) = GRUR Int. 2000, 1082. [3, 40, 372]

Peregrine Myanmar Ltd. v Segal, 89 F.3d 41 (2nd Cir. 1996). [307]

Peter Starr Production Co v Twin Continental Films Inc, 783 F.2d 1440 (9th Cir. 1986). [270]

Piper Aircraft Co v Reyno, 454 U.S. 235 (1981). [307]

Thomas v Pansy Ellen Products Inc, 672 F.Supp 237 (ND Ill., 1987). [270]

Twentieth Century Fox Film Corp v iCraveTV, No 00-121 Western District of Pennsylvania, 20.1.2000. [3, 194]

World Film Services v RAI, US Dist. Lexis 985 (SDNY 1999). [309]

Zenger-Miller Inc v Training Team GmbH, 757 F. Supp. 1062 (ND Cal. 1991). [308]

Sachregister

Studien zum ausländischen und internationalen Privatrecht

Alphabetische Übersicht

Adam, Wolfgang: Internationaler Versorgungsausgleich. 1985. *Band 13.*

Ahrendt, Achim: Der Zuständigkeitsstreit im Schiedsverfahren. 1996. *Band 48.*

Anderegg, Kirsten: Ausländische Eingriffsnormen im internationalen Vertragsrecht. 1989. *Band 21.*

Bartels, Hans-Joachim: Methode und Gegenstand intersystemarer Rechtsvergleichung. 1982. *Band 7.*

Basedow, Jürgen (Hrsg.): Europäische Verkehrspolitik. 1987. *Band 16.*

Baum, Harald: Alternativanknüpfungen. 1985. *Band 14.*

Behrens, Peter: siehe *Hahn, H.*

Böhmer, Martin: Das deutsche internationale Privatrecht des timesharing. 1993. *Band 36.*

Boelck, Stefanie: Reformüberlegungen zum Haager Minderjährigenschutzabkommen von 1961. 1994. *Band 41.*

Brockmeier, Dirk: Punitive damages, multiple damages und deutscher ordre public. 1999. *Band 70.*

Brückner, Bettina: Unterhaltsregreß im internationalen Privat- und Verfahrensrecht. 1994. *Band 37.*

Buchner, Benedikt: Kläger- und Beklagtenschutz im Recht der internationalen Zuständigkeit. 1998. *Band 60.*

Busse, Daniel: Internationales Bereicherungsrecht. 1998. *Band 66.*

Döse-Digenopoulos, Annegret: Der arbeitsrechtliche Kündigungsschutz in England. 1982. *Band 6.*

Dopffel, Peter (Hrsg.): Ehelichkeitsanfechtung durch das Kind. 1990. *Band 23.*

– (Hrsg.): Kindschaftsrecht im Wandel. 1994. *Band 40.*

–, *Ulrich Drobnig* und *Kurt Siehr* (Hrsg.): Reform des deutschen internationalen Privatrechts. 1980. *Band 2.*

Drobnig, Ulrich: siehe *Dopffel, Peter.*

Eichholtz, Stephanie: Die US-amerikanische Class Action und ihre deutschen Funktionsäquivalente. 2002. *Band 90.*

Eisenhauer, Martin: Moderne Entwicklungen im englischen Grundstücksrecht. 1997. *Band 59.*

Eschbach, Sigrid: Die nichteheliche Kindschaft im IPR – Geltendes Recht und Reform. 1997. *Band 56.*

Faust, Florian: Die Vorhersehbarkeit des Schadens gemäß Art. 74 Satz 2 UN-Kaufrecht (CISG). 1996. *Band 50.*

Fenge, Anja: Selbstbestimmung im Alter. 2002. *Band 88.*

Fetsch, Johannes: Eingriffsnormen und EG-Vertrag. 2002. *Band 91.*

Fischer-Zernin, Cornelius: Der Rechtsangleichungserfolg der Ersten gesellschaftsrechtlichen Richtlinie der EWG. 1986. *Band 15.*

Freitag, Robert: Der Einfluß des Europäischen Gemeinschaftsrechts auf das Internationale Produkthaftungsrecht. 2000. *Band 83.*

Fricke, Martin: Die autonome Anerkennungszuständigkeitsregel im deutschen Recht des 19. Jahrhunderts. 1993. *Band 32.*

Fröschle, Tobias: Die Entwicklung der gesetzlichen Rechte des überlebenden Ehegatten. 1996. *Band 49.*

Fromholzer, Ferdinand: Consideration. 1997. *Band 57.*

Godl, Gabriele: Notarhaftung im Vergleich. *Band 85.*

Gottwald, Walther: Streitbeilegung ohne Urteil. 1981. *Band 5.*

Grigera Naón, Horacio A.: Choice of Law Problems in International Commercial Arbitration. 1992. *Band 28.*

Grolimund, Pascal: Drittstaatenproblematik des europäischen Zivilverfahrensrechts. 2000. *Band 80.*

Hahn, H. u.a.: Die Wertsicherung der Young-Anleihe. Hrsg. von Peter Behrens. 1984. *Band 10.*

Hartenstein, Olaf: Die Privatautonomie im Internationalen Privatrecht als Störung des europäischen Entscheidungseinklangs. 2000. *Band 81.*

Hein, Jan von: Das Günstigkeitsprinzip im Internationalen Deliktsrecht. 1999. *Band 69.*

Hellmich, Stefanie: Kreditsicherungsrechte in der spanischen Mehrrechtsordnung. 2000. *Band 84.*

Hinden, Michael von: Persönlichkeitsverletzungen im Internet. 1999. *Band 74.*

Hippel, Thomas von: Der Ombudsmann im Bank- und Versicherungswesen. 2000. *Band 78.*

Janssen, Helmut: Die Übertragung von Rechtsvorstellungen auf fremde Kulturen am Beispiel des englischen Kolonialrechts. 2000. *Band 79.*

Jung, Holger: Ägytisches internationales Vertragsrecht. 1999. *Band 77.*

Kadner, Daniel: Das internationale Privatrecht von Ecuador. 1999. *Band 76.*

Kannengießer, Matthias N.: Die Aufrechnung im internationalen Privat- und Verfahrensrecht. 1998. *Band 63.*

Kapnopoulou, Elissavet N.: Das Recht der mißbräuchlichen Klauseln in der Europäischen Union. 1997. *Band 53.*

Karl, Anna-Maria: Die Anerkennung von Entscheidungen in Spanien. 1993. *Band 33.*

Karl, Matthias: siehe *Veelken, Winfried.*

Kircher, Wolfgang: Die Voraussetzungen der Sachmängelhaftung beim Warenkauf. 1998. *Band 65.*

Kliesow, Olaf: Aktionärsrecht und Aktionärsklage in Japan. 2001. *Band 87.*

Koerner, Dörthe: Fakultatives Kollisionsrecht in Frankreich und Deutschland. 1995. *Band 44.*

Kopp, Beate: Probleme der Nachlaßabwicklung bei kollisionsrechtlicher Nachlaßspaltung. 1997. *Band 55.*

Kronke, Herbert: Rechtstatsachen, kollisionsrechtliche Methodenentfaltung und Arbeitnehmerschutz im internationalen Arbeitsrecht. 1980. *Band 1.*

Landfermann, Hans-Georg: Gesetzliche Sicherungen des vorleistenden Verkäufers. 1987. *Band 18.*

Leicht, Steffen: Die Qualifikation der Haftung von Angehörigen rechts- und wirtschaftsberatender Berufe im grenzüberschreitenden Dienstleistungsverkehr. 2002. *Band 82.*

Linker, Anja Celina: Zur Neubestimmung der Ordnungsaufgaben im Erbrecht in rechtsvergleichender Sicht. 1999. *Band 75.*

Meier, Sonja: Irrtum und Zweckverfehlung. 1999. *Band 68.*

Minuth, Klaus: Besitzfunktionen beim gutgläubigen Mobiliarerwerb im deutschen und französischen Recht. 1990. *Band 24.*

Mistelis, Loukas A.: Charakterisierungen und Qualifikation im internationalen Privatrecht. 1999. *Band 73.*

Stiller, Dietrich F.R.: Das internationale Zivilprozeßrecht der Republik Korea. 1989. *Band 19.*

Takahashi, Eiji: Konzern und Unternehmensgruppe in Japan – Regelung nach deutschem Modell? 1994. *Band 38.*

Thoms, Cordula: Einzelstatut bricht Gesamtstatut. 1996. *Band 51.*

Tiedemann, Andrea: Internationales Erbrecht in Deutschland und Lateinamerika. 1993. *Band 34.*

Tiedemann, Stefan: Die Haftung aus Vermögensübernahme im internationalen Recht. 1995. *Band 45.*

Veelken, Winfried, Matthias Karl, Stefan Richter: Die Europäische Fusionskontrolle. 1992. *Band 30.*

Verse, Dirk A.: Verwendungen im Eigentümer-Besitzer-Verhältnis. 1999. *Band 72.*

Waehler, Jan P. (Hrsg.): Deutsch-polnisches Kolloquium über Wirtschaftsrecht und das Recht des Persönlichkeitsschutzes. 1985. *Band 12.*

– (Hrsg.): Deutsches und sowjetisches Wirtschaftsrecht. Band 1. 1981. *Band 4.* – Band 2. 1983. *Band 9.* – Band 3. 1990. *Band 25.* – Band 4. 1990. *Band 26.-* Band 5. 1991. *Band 28.*

Wang, Xiaoye: Monopole und Wettbewerb in der chinesischen Wirtschaft. 1993. *Band 35.*

Weishaupt, Axel: Die vermögensrechtlichen Beziehungen der Ehegatten im brasilianischen Sach- und Kollisionsrecht. 1981. *Band 3.*

Wesch, Susanne: Die Produzentenhaftung im internationalen Rechtsvergleich. 1994. *Band 39.*

Weyde, Daniel: Anerkennung und Vollstreckung deutscher Entscheidungen in Polen. 1997. *Band 58.*

Wu, Jiin Yu: Der Einfluß des Herstellers auf die Verbraucherpreise nach deutschem und taiwanesischem Recht. 1999. *Band 71.*

Ziegert, K.A.: siehe *Plett, K.*

Einen Gesamtkatalog erhalten Sie vom
Verlag Mohr Siebeck, Postfach 2040, D-72010 Tübingen.
Neueste Informationen im Internet unter http://www.mohr.de.